I0295721

www.ingramcontent.com/pod-product-compliance
Lightning Source LLC
Chambersburg PA
CBHW060218230426
43664CB00011B/1473
*9781685681647*

**برمهنسا يوغانندا**

(٥ يناير/كانون الثاني ١٨٩٣ – ٧ مارس/آذار ١٩٥٢)

لقبه بريمافاتار «تجسُّد المحبة» (راجع الصفحة ٣٩٢ حاشية)

# مذكرات يوغي

بقلم

برمهنسا يوغانندا

مع مقدمة بقلم

دبليو. واي. أفانز- ونتز، ماجستير، دكتوراه في الآداب،
ودكتوراه في العلوم

---

"لا تؤمنون إن لم تروا آيات وعجائب"

– يوحنا ٤:٤٨

Self-Realization Fellowship
FOUNDED 1920 BY PARAMAHANSA YOGANANDA

تم نشر العنوان الأصلي باللغة الإنكليزية
*Autobiography of a Yogi*
بواسطة Self-Realization Fellowship، لوس أنجلوس (كاليفورنيا):
ISBN: 978-0-87612-083-5

حقوق الطبع والنشر محفوظة لـ Self-Realization Fellowship © ٢٠٢٥
Copyright © 2025 Self-Realization Fellowship

جميع الحقوق محفوظة. باستثناء الاقتباسات الموجزة في مراجعات الكتب وبما يسمح به القانون المعمول به، لا يجوز إعادة إنتاج أي جزء من (مذكرات يوغي *Autobiography of a Yogi*) أو تخزينه، أو نقله، أو عرضه بأي شكل، أو بأي وسيلة (إلكترونية أو ميكانيكية أو غير ذلك) معروفة الآن أو سيتم ابتكارها فيما بعد — بما في ذلك النسخ والتسجيل أو أي نظام لتخزين المعلومات واسترجاعها — دون إذن كتابي مسبق من الناشر:
Self-Realization Fellowship, 3880 San Rafael Avenue, Los Angeles, California 90065-3219, U.S.A.

تم نشر كتاب مذكرات يوغي باللغات التالية: الإنكليزية، الآسامية، البنغالية، الغوجراتية، الكنادية، المالايالامية، الماراثية، النيبالية، الأورية، البنجابية، السنسكريتية، السنهالية، التاميلية، التيلوغوية، الأردية، الألبانية، العربية، الأرمينية، البلغارية، الصينية، الكرواتية، الدانماركية، الهولندية، الأستونية، الفارسية، الفلبينية، الفنلندية، الفرنسية، الألمانية، اليونانية، العبرية، الهنغارية، الآيسلندية، الاندونيسية، الإيطالية، اليابانية، الكازاخية، الكورية، اللاتفية، اللثوانية، النرويجية، البولندية، البرتغالية، الرومانية، الروسية، الصربية، الإسبانية، السويدية، التايلاندية، التركية، الأوكرانية، والفيتنامية.

بترخيص من مجلس النشر الدولي التابع إلى
Self-Realization Fellowship

إن اسم وشعار Self-Realization Fellowship (المبينين أعلاه) يظهران على جميع كتب وتسجيلات ومطبوعات أخرى صادرة عن Self-Realization Fellowship، مما يؤكد للقارئ أن المادة المنشورة مصدرها الجماعة التي أسسها برمهنسا يوغانندا وأنها تنقل تعاليمه بصدق وأمانة.

First edition in Arabic, 2025
الطبعة العربية الأولى، ٢٠٢٥
This printing, 2025
هذا الإصدار، ٢٠٢٥
ISBN: 978-1-68568-164-7
1275-J7996

# ميراث برمهنسا يوغانندا الروحي

## جميع كتاباته، ومحاضراته، وأحاديثه غير الرسمية

أسس برمهنسا يوغانندا Self-Realization Fellowship في عام ١٩٢٠ لنشر تعاليمه في جميع أنحاء العالم وللحفاظ على نقائها وسلامتها للأجيال القادمة. لقد كان كاتباً ومحاضراً غزير الإنتاج منذ سنواته الأولى في أمريكا، ووضع مجموعة ضخمة ومشهورة من الأعمال حول علم اليوغا الخاص بالتأمل، وفن الحياة المتوازنة، والوحدة الأساسية لجميع الأديان الكبرى. اليوم، يستمر هذا الإرث الروحي الفريد والبعيد الأثر ويلهم الملايين من الباحثين عن الحقيقة في جميع أنحاء العالم.

وامتثالاً لرغبات المعلم العظيم الصريحة، استمرت Self-Realization Fellowship في أداء المهمة المتواصلة المتمثلة في نشر الأعمال الكاملة لبرمهنسا يوغانندا وإبقائها مطبوعة بشكل دائم. لا يشمل هذا فقط الطبعات النهائية لجميع الكتب التي نشرها إبان حياته، ولكن أيضاً العديد من العناوين الجديدة – الأعمال التي ظلت غير منشورة وقت انتقاله من هذا العالم في عام ١٩٥٢، أو التي تم نشرها ضمن حلقات على مر السنين في صيغ غير مكتملة في مجلة معرفة الذات Self-Realization Magazine، إضافة إلى مئات المحاضرات والأحاديث غير الرسمية ذات الإلهام العميق التي تم تسجيلها والتي لم تنشر قبل رحيله.

لقد اختار برمهنسا يوغانندا ودرّب شخصياً أولئك التلاميذ المقربين منه الذين تولوا إدارة مجلس منشورات Self-Realization Fellowship منذ رحيله، وأعطاهم إرشادات محددة بشأن إعداد ونشر تعاليمه. إن أعضاء مجلس منشورات SRF (من رهبان وراهبات نذروا أنفسهم للزهد والخدمة الإيثارية) يحترمون تلك الإرشادات كأمانة مقدسة بحيث تستمر الرسالة العالمية لهذا المعلم العالمي المحبوب بقوتها وأصالتها.

لقد تم تصميم شعار Self-Realization Fellowship (الذي يظهر على صفحة سابقة) بواسطة برمهنسا يوغانندا لتمييز المؤسسة غير الربحية التي أسسها بصفتها المصدر المعتمد لتعاليمه. إن اسم وشعار SRF يظهران على جميع منشورات وتسجيلات Self-Realization Fellowship، مما يؤكد للقارئ أن العمل صادر عن المؤسسة التي أسسها برمهنسا يوغانندا وتنقل تعاليمه بالطريقة التي أراد هو إيصالها للجمهور.

— *Self-Realization Fellowship*

إهداء إلى ذكرى
**لوثر بربانك**
«قديس أمريكي»

# شكر وتقدير من المؤلف

إنني مدين جداً للآنسة أل. في. برات [تارا ماتا] لأعمالها التحريرية الطويلة على مخطوطة هذا الكتاب. وأتقدم بالشكر أيضاً للسيد سي. ريتشارد رايت لسماحه بالاقتباس من يوميات سفره الهندية. وامتناني موصول للدكتور دبليو. واي. أفانز- وِنتز ليس فقط لكتابته المقدمة، بل أيضاً لاقتراحاته وتشجيعه.

**برمهنسا يوغانندا**

٢٨ أكتوبر/ تشرين الأول ١٩٤٥

# المحتويات

قائمة بالصور ........................................ ٨
مقدمة بقلم دبليو. واي. أفانز-ونتز ........................ ١١
تمهيد ................................................ ١٣

**الفصل** **الصفحة**

١. أبواي وطفولتي المبكرة ................................ ٢٤
٢. وفاة أمي والتميمة الغامضة ............................ ٣٨
٣. القديس ذو الجسدين .................................. ٤٦
٤. فراري المُعَوَّق إلى الهملايا .............................. ٥٤
٥. «قديس عطور» يعرض معجزاته .......................... ٦٩
٦. سوامي النمور ........................................ ٧٩
٧. القديس المرتفع في الهواء .............................. ٨٩
٨. عالم الهند العظيم جيه. سي. بوز ......................... ٩٧
٩. العابد المغتبط وغرامه الكوني ........................... ١٠٨
١٠. ألتقي معلمي سري يوكتسوار ........................... ١١٨
١١. وَلَدان مفلسان في برندبان .............................. ١٣٣
١٢. سنوات في صومعة معلمي .............................. ١٤٤
١٣. القديس الذي لا ينام ................................... ١٧٦
١٤. اختبار في الوعي الكوني ............................... ١٨٤
١٥. سرقة القرنبيطة ....................................... ١٩٤
١٦. التغلب على تأثير الكواكب .............................. ٢٠٦
١٧. سازي والياقوتات الثلاث ............................... ٢١٩
١٨. مسلم يصنع العجائب .................................. ٢٢٧
١٩. معلمي الموجود في كلكتا يظهر في سيرامبور .............. ٢٣٣
٢٠. لا نزور كشمير ....................................... ٢٣٧
٢١. نزور كشمير ......................................... ٢٤٤
٢٢. قلب تمثال حجري ..................................... ٢٥٦
٢٣. أحصل على شهادتي الجامعية ........................... ٢٦٢
٢٤. أصبح راهباً في سلك السوامي ........................... ٢٧١
٢٥. أخي أنانتا وأختي ناليني ................................ ٢٨٠
٢٦. علم الكريا يوغا ....................................... ٢٨٧
٢٧. تأسيس مدرسة يوغا في رانشي .......................... ٢٩٩
٢٨. كاشي يولد من جديد ويتم اكتشافه ......................... ٣٠٩
٢٩. رابندرانات طاغور وأنا نتبادل الآراء حول المدارس ......... ٣١٥
٣٠. قانون المعجزات ...................................... ٣٢١
٣١. مقابلة مع الأم المقدسة .................................. ٣٣٤

٣٢. راما يعود إلى الحياة بعد موته ........................ ٣٤٥
٣٣. باباجي يوغي ومسيح الهند الحديثة ........................ ٣٥٥
٣٤. تجسيد قصر في جبال الهملايا ........................ ٣٦٥
٣٥. حياة لاهيري مهاساياالشبيه بالمسيح ........................ ٣٨٠
٣٦. اهتمام باباجي بالغرب ........................ ٣٩٥
٣٧. أذهب إلى أمريكا ........................ ٤٠٦
٣٨. لوثر بربانك قديس بين الورود ........................ ٤٢٢
٣٩. تريز نيومن الكاثوليكية الموسومة بجروح المسيح ........................ ٤٢٩
٤٠. أعود إلى الهند ........................ ٤٣٩
٤١. جولة ممتعة في جنوب الهند ........................ ٤٥٤
٤٢. أيامي الأخيرة مع معلمي ........................ ٤٧٠
٤٣. قيامة سري يوكتسوار ........................ ٤٩٠
٤٤. مع المهاتما غاندي في واردها ........................ ٥١١
٤٥. الأم البنغالية المنتشية بالفرح الإلهي ........................ ٥٣٢
٤٦. المرأة اليوغية التي لا تأكل أبداً ........................ ٥٣٩
٤٧. أعود إلى الغرب ........................ ٥٥٢
٤٨. في إنسينيتاس بكاليفورنيا ........................ ٥٥٧
٤٩. السنوات من ١٩٤٠ إلى ١٩٥١ ........................ ٥٦٤
برمهنسا يوغانندا: يوغي في الحياة والموت ........................ ٥٨٧
خط المعلمين الروحيين ........................ ٥٨٩

# قائمة بالصور

**الصفحة**

صورة المؤلف ........................ ١
والد شري يوغانندا، بهاغاباتي شاران غوش ........................ ٢٧
والدة شري يوغانندا، غُرّو (غيانا برابها) غوش ........................ ٢٨
شري يوغانندا في سن السادسة ........................ ٣٣
يوغانانداجي (واقفاً) وهو شاب في المدرسة الثانوية، مع شقيقه الأكبر أنانتا ........................ ٤١
شقيقة شري يوغانندا الكبرى روما (يسار)
وشقيقته الصغرى ناليني في منزل طفولته، كلكتا، ١٩٣٥ ........................ ٤١
شقيقة يوغانانداجي الكبيرة أوما عندما كانت صغيرة، غوراخبور ........................ ٤١
سوامي برانابانندا، «قديس بنارس ذو الجسدين» ........................ ٤٩
سوامي كيبالانندا، مدرس اللغة السنسكريتية ليوغانندا ........................ ٦٨
بيت شري يوغانندا، كلكتا ........................ ٦٨
ناجندرا ناث بهادوري، «القديس المرتفع في الهواء» ........................ ٩٢
جاغادس تشاندرا بوز، عالم الهند العظيم ........................ ١٠٣
المعلم مهاسايا (ماهندرا ناث غوبتا) ........................ ١١٢
الأم الإلهية ........................ ١١٤

| | |
|---|---|
| شري يوغاناندا وسوامي غاياناندا | ١٢٤ |
| سري يوكتسوار | ١٢٥ |
| معبد التأمل المكرّس لـ سوامي سري يوكتسوا في سيرامبور | ١٢٧ |
| يوغانداجي في عام ١٩١٥ | ١٢٧ |
| السيد كريشنا، نبي الهند العظيم | ١٣٨ |
| جيتندرا مازومدار، رفيق الرحلة إلى برندبان | ١٤١ |
| رام غوبال موزمدار، «القديس الذي لا ينام» | ١٧٨ |
| صومعة سري يوكتسوار على الشاطئ، بوري، أوريسا | ١٨٨ |
| سري يوكتسوار في وضعية اللوتس | ١٩١ |
| سري يوغاناندا في السادسة عشرة من عمره | ٢٢٤ |
| الإله بصورة شيفا، «ملك اليوغيين» | ٢٤٣ |
| مبنى الإدارة في المقر العالمي لـ Self-Realization Fellowship | ٢٤٩ |
| تلاميذ يوغاناندا المباشرون الذين خلفوه كرؤساء روحيين لجماعة SRF/YSS | ٢٥١ |
| برابهاس شندرا غوش وبرمهنسا يوغاناندا | ٢٦٥ |
| شري دايا ماتا في التناغم الإلهي | ٢٨٦ |
| غربيٌّ في النشوة الروحية ماهاسمادهي – شري راجارسي جاناكاناندا (.Mr. J. J. Lynn) | ٢٩٨ |
| فرع مقر يوغودا والصومعة، رانشي | ٣٠٥ |
| كاشي، تلميذ في مدرسة رانشي | ٣١٢ |
| رابندرانات طاغور | ٣١٨ |
| شانكاري ماي جيو، تلميذة ترايلانغا سوامي | ٣٤٣ |
| لاهيري مهاسايا | ٣٤٩ |
| مهافاتار باباجي، معلم لاهيري مهاسايا | ٣٦٤ |
| كهف باباجي في الهملايا | ٣٧٠ |
| لاهيري مهاسايا، معلم سري يوكتسوار | ٣٨٤ |
| بانشانون بهاتاتشاريا، تلميذ لاهيري مهاسايا | ٣٩٤ |
| صورة برمهنسا يوغاناندا الخاصة بجواز سفره | ٤١٠ |
| موفدون لمؤتمر الأديان، بوسطن، ١٩٢٠ | ٤١١ |
| شري يوغاناندا في طريقه إلى آلاسكا، في صيف عام ١٩٢٤ | ٤١٢ |
| فصل تعليمي لطلاب اليوغا في دنفر، كولورادو | ٤١٣ |
| برمهنسا يوغاناندا، في القاعة الفيلهارمونية، لوس أنجلوس | ٤١٤ |
| برمهنسا يوغاناندا يحتفل بعيد القيامة في ماونت واشنطن | ٤١٥ |
| برمهنسا يوغاناندا يضع إكليلاً من الزهور على ضريح جورج واشنطن | ٤١٦ |
| شري يوغاناندا في البيت الأبيض | ٤١٧ |
| برمهنساجي يتأمل في قارب على بحيرة زوشيميلكو، المكسيك، عام ١٩٢٩ | ٤١٩ |
| معالي إميليو بورتس جيل، رئيس المكسيك الذي استضاف شري يوغاناندا عندما زار مدينة مكسيكو في عام ١٩٢٩ | ٤١٩ |
| لوثر بربانك ويوغانداجي، سانتا روزا، ١٩٢٤ | ٤٢٧ |
| تريز نيومان، سي. آر. رايت، ويوغانداجي | ٤٣٥ |
| سري يوكتسوار وشري يوغاناندا، كلكتا، ١٩٣٥ | ٤٤٠ |
| في صومعة سري يوكتسوار | ٤٤٣ |

| | |
|---|---|
| برمهنسا يوغاناندا في التأمل | ٤٤٤ |
| شري يوغاناندا وسكرتيره مع المعلمين والمعلمات في رانشي | ٤٤٥ |
| شري يوغاناندا مع معلمي وتلاميذ رانشي | ٤٤٥ |
| مسيرة لمعلمي وتلاميذ مدرسة رانشي | ٤٤٦ |
| تلاميذ مدرسة يوغودا ساتسانغا للبنين في رانشي | ٤٤٦ |
| مقر يوغودا، داكشينسوار، الهند | ٤٤٩ |
| شري يوغاناندا ومرافقوه على ضفة نهر يامونا في ماثورا، ١٩٣٥ | ٤٥٠ |
| رامانا مهاريشي وبرمهنسا يوغاناندا في صومعة شري رامانا | ٤٦٦ |
| سري يوكتسوار ويوغانانداجي في موكب ديني، ١٩٣٥ | ٤٦٩ |
| آخر احتفال لسري يوكتسوار بالانقلاب الشتوي، ١٩٣٥ | ٤٧١ |
| شري يوغاناندا مع بعض طلاب اليوغودا | ٤٧٢ |
| كريشناندا مع لبؤة أليفة في كومبه ميلا | ٤٧٧ |
| شري يوغاناندا وسكرتيره سي. ريتشارد رايت مع سوامي كيشاباناندا، ١٩٣٦ | ٤٨٢ |
| معبد سري يوكتسوار التذكاري في بوري | ٤٨٩ |
| المهاتما غاندي مع شري يوغاناندا، في صومعة واردها، ١٩٣٥ | ٥١٣ |
| آناندا مويي ما، «الأم المنتشية بالغبطة الإلهية»، وبرمهنسا يوغاناندا | ٥٣٣ |
| شري يوغاناندا في تاج محل، أغرا، ١٩٣٦ | ٥٣٦ |
| جيري بالا، قديسة البنغال التي لا تأكل، ١٩٣٥ | ٥٤٩ |
| برمهنساجي وشري دايا ماتا | ٥٥٩ |
| برمهنسا يوغاناندا وجيمس جيه. لين | ٥٥٩ |
| برمهنسا يوغاناندا على أرض صومعة إنسينيتاس | ٥٦٠ |
| منظر جوي لصومعة SRF في إنسينيتاس، كاليفورنيا | ٥٦١ |
| مزار البحيرة ونصب غاندي التذكاري للسلام العالمي | ٥٦٥ |
| برمهنسا يوغاناندا، مزار البحيرة Lake Shrine ١٩٥٠ | ٥٦٦ |
| معبد Self-Realization Fellowship ، هوليود، كاليفورنيا | ٥٦٨ |
| سعادة غودوين جيه. نايت، نائب حاكم كاليفورنيا، مع يوغانداجي في افتتاح مركز الهند، هوليود، كاليفورنيا | ٥٦٨ |
| برمهنسا يوغاناندا في صومعة إنسينيتاس | ٥٧٢ |
| سفير الهند، السيد بي. آر. سِن في المقر العالمي لـ SRF | ٥٧٥ |
| شري يوغاناندا، قبل ساعة واحدة من انتقاله الواعي الأخير من الجسد ماهاسمادهي ٧ مارس/آذار ١٩٥٢ | ٥٨٠ |

# مقدمة

بقلم الدكتور و. ي. إيفانز- ونتز
ماجستير، دكتوراه في الآداب، ودكتوراه في العلوم
كلية يسوع، أكسفورد ومؤلف العديد من الأعمال الكلاسيكية عن اليوغا وتقاليد الشرق الحكيمة، بما في ذلك يوغا التبت والتعاليم الغامضة *Tibetan Yoga and Secret Doctrines* ويوغي التبت العظيم ميلاريبا *Tibet's Great Yogi Milarepa* وكتاب الموتى التبتي *The Tibetan Book of the Dead*

ما يعزز قيمة سيرة يوغاننـدا الذاتية «مذكرات يوغي» إلى حد كبير هو لأنها إحدى الكتب القليلة باللغة الانكليزية عن حكماء الهند، والتي لم يقم بتدوينها صحفي أو أجنبي، بل كُتبت بقلم واحد من أبناء شعبهم وحاصل على تدريبهم وتعليمهم. وباختصار هي كتاب عن اليوغيين بقلم يوغي. وكشاهد على حياة وقوى حكماء الهند المعاصرين، فإن للكتاب أهمية للزمن الحالي وللأجيال القادمة على السواء. فليقدم كل قارئ لمؤلفه الألمعي المرموق، الذي تشرفتُ بمعرفته في الهند وأمريكا، التقدير والعرفان بالجميل اللذين يستحقهما. فوثيقة حياته الاستثنائية هي بكل تأكيد واحدة من أكثر الوثائق سبراً لأغوار العقل والقلب الهنديين، وإظهاراً لثروة الهند الروحية التي لم يُنشر من قبل مثلها في الغرب.

وكان من حسن حظي أنني تعرفت على واحد من أولئك الحكماء الذين يتضمن هذا الكتاب قصة حياتهم وهو القديس المبجل سري يوكتسوار غِيري الذي تظهر صورة له في كتابي *Tibetan Yoga and Secret Doctrines*[1]. لقد قابلت سري يوكتسوار في مدينة بوري بولاية أوريسا [أوديشا اليوم] على خليج البنغال. لقد كان آنذاك رئيساً لصومعة هادئة قرب شاطئ البحر. وكان مشغولاً بشكل رئيسي بالتدريب الروحي لمجموعة من التلامذة الفتيان، وقد أعرب عن اهتمام كبير برفاهية شعب الولايات المتحدة وجميع الأمريكيين وبإنجلترا. وسألني عن الأنشطة في تلك البلدان النائية، لاسيما في كاليفورنيا، التي يقوم بها تلميذه برمهنسا يوغانندا الذي أحبه كثيراً وأرسله مبعوثاً له إلى الغرب في عام ١٩٢٠.

[1] Oxford University Press, 1958.

كان سري يوكتسوار ذا طلعة لطيفة وصوت هادئ ومحضر سار، وجديراً بالاحترام الذي كان يقدمه له مريدوه من تلقاء أنفسهم. وكان كل من يعرفه، سواء من مجتمعه أو من خارجه، يقدم له التبجيل والتقدير. ولا زلت أذكر بجلاء شكله النسكي وقامته الطويلة والمعتدلة وهو يرتدي الثياب الزعفرانية اللون التي تميّز من تخلى عن المطامح الدنيوية، وهو يقف أمام صومعته للترحيب بي. كان شعره طويلاً وفيه بعض التجاعيد ووجهه ملتحياً. أما جسمه النحيف فكان عضلياً وقوياً وحسن التكوين، وكانت خطواته نشطة. وكان قد اختار مكان إقامته الأرضية في مدينة بوري المقدسة التي تحج إليها حشود الهندوس الأتقياء الذين يمثلون كل مناطق الهند لزيارة معبد جاغنات (سيد العالم) المشهور.

وأطبق سري يوكتسوار عينيه البشريتين على مشاهد هذا الوجود الأرضي العابر في بوري سنة ١٩٣٦، حيث انتقل من هذا العالم مدركاً أن تجسده الأرضي قد اكتمل وتكلل بالنصر.

ويسعدني حقاً أن أسجل هذه الشهادة عن الخُلق الرفيع والقداسة لسري يوكتسوار. ومع أنه قنع في البقاء بعيداً عن الحشود، لكنه منح ذاته بهدوء ودون تحفظ لتلك الحياة المثالية التي وصفها تلميذه برمهنسا يوغانندا في يومنا هذا لأجل الأجيال.

— و. ي. إيفانز- ونتز

# تمهيد

«قد انطبعتْ تجربة لقائي مع برمهنسا يوغانندا في ذاكرتي كحدثٍ لا يُنسى في حياتي... عندما نظرتُ إلى وجهه كادت عيناي تتبهران من نور ساطع – نور الروحانية الذي شعّ بالفعل من محياه. فقد غمرني لطفه اللامتناهي وشملتني مودته الكريمة كأشعة الشمس الدافئة... وقد أدركتُ أن فهمه وبصيرته يمتدان إلى أكثر المسائل دنيويةً، مع أنه كان رجل روحاني. ولقد وجدتُ فيه سفير الهند الحقيقي، الذي نقل ونشر جوهر حكمة الهند القديمة للعالم.»

— الدكتور بيناري آر. سِن، سفير الهند الأسبق إلى الولايات المتحدة

كانت حياة وكيان برمهنسا يوغانندا، بالنسبة للذين عرفوه، برهاناً مقنِعاً على قوة وأصالة الحكمة العريقة التي قدّمها للعالم. لقد شهد عدد لا يحصى من قراء سيرته الذاتية [مذكرات يوغي] بأن صفحات الكتاب تحتوي على نفس القوة الروحية التي كانت تشع من شخصه. هذا الكتاب الذي استُقبل بالترحاب كتحفة رائعة منذ ظهور طبعته الأولى قبل خمسة وسبعين سنة، هو ليس فقط سيرة حياة لا يتطرق الشك إلى عظمتها، بل مقدمة رائعة لفكر الشرق الروحي – لا سيما العلم الفريد للتواصل الشخصي مع الله – مما فتح أمام جمهور الغرب ميداناً من المعرفة لم يكن متاحاً من قبل سوى لفئة قليلة من الناس.

كتاب مذكرات يوغي *Autobiography of a Yogi* معترف به اليوم في جميع أنحاء العالم كواحد من الأعمال الأدبية الروحية النموذجية.

❖ ❖ ❖

لقد تم التنبؤ بتدوين الكتاب قبل وقت طويل. فأحد الشخصيات المؤثرة في نهضة اليوغا في العصر الحديث، المعلم الجليل لاهيري مهاسايا من القرن التاسع عشر، تنبأ بالقول: «بعد حوالي خمسين عاماً من رحيلي سيتم تدوين

سيرة حياتي بسبب الاهتمام العميق باليوغا الذي سينشأ في الغرب. فرسالة اليوغا ستعم العالم وستساعد على ترسيخ الإخاء البشري وخلق وحدة إنسانية تقوم على إدراك الناس المباشر للآب السماوي الأوحد.»

بعد ذلك بسنوات عديدة، أخبر تلميذ لاهيري مهاسايا الأكثر تقدماً، سوامي سري يوكتسوار، شري يوغانندا بتلك النبوءة وصرّح له قائلاً: «يجب عليك أن تقوم بدورك في نشر تلك الرسالة وتدوين تلك السيرة المقدسة.»

وفي عام ١٩٤٥، بعد خمسين سنة بالتمام من رحيل لاهيري مهاسايا في عام ١٨٩٥، انتهى برمهنسا يوغانندا من تأليف كتاب مذكرات يوغي باللغة الإنكليزية، محققاً على نحو أكمل وصية معلمه المتمثلة في تعريف مفصل بحياة لاهيري مهاسايا الباهرة، وتقديم عِلم الروح القديم الذي تخصصت به الهند للجمهور العالمي.

❖ ❖ ❖

إن تأليف كتاب مذكرات يوغي كان مشروعاً عمل عليه برمهنسا يوغانندا على مدى سنوات عديدة. وفي هذا الصدد تستذكر شري دايا ماتا، إحدى أقدم وأقرب تلاميذه[١] قائلة:

«عندما أتيت إلى ماونت واشنطن في عام ١٩٣١، كان برمهنساجي قد بدأ العمل بالفعل على سيرته الذاتية (المذكرات). وذات مرة عندما كنت في مكتبه أقوم ببعض الواجبات السكرتارية، حظيت بامتياز أن أرى أحد الفصول الأولى التي كتبها – وكان عن 'سوامي النمور.' وقد طلب مني الاحتفاظ به موضحاً أن الفصل سيكون ضمن كتاب يقوم بتأليفه. وقد تم إتمام الجزء الأكبر من الكتاب فيما بعد، بين عامي ١٩٣٧ و ١٩٤٥.»

من يونيو/حزيران ١٩٣٥ ولغاية أكتوبر/تشرين الأول ١٩٣٦، عاد شري يوغانندا إلى الهند (عن طريق أوروبا وفلسطين) في زيارة أخيرة لمعلمه سوامي سري يوكتسوار. وأثناء وجوده هناك، قام بجمع قدر كبير من البيانات الوقائعية الخاصة بـ المذكرات، إضافة إلى قصص عن بعض القديسين والحكماء الذين عرفهم وأراد وصف حياتهم على نحو لا يُنسى في كتابه. وقد

١ التحقت شري دايا ماتا بالجماعة الرهبانية التي أسسها برمهنسا يوغانندا على قمة ماونت واشنطن، المطلة على مدينة لوس أنجلوس، في عام ١٩٣١. وعملت كرئيسة لـ Self-Realization Fellowship من سنة ١٩٥٥ ولغاية انتقالها من هذا العالم سنة ٢٠١٠.

مقدمة بقلم دبليو. واي. أفانز-ونتز

كتب فيما بعد: «أثناء وجودي في الهند لم أنسَ أبداً طلب سري يوكتسوار بأن أقوم بتدوين حياة لاهيري مهاسايا. فاغتنمتُ كل فرصة للاتصال بتلاميذ اليوغافاتار المباشرين وبأقربائه. وقد قمت بتسجيل محادثاتهم في ملاحظات ضخمة، وعملت على التأكد من الوقائع والتواريخ، وجمعتُ صوراً ورسائل قديمة ووثائق.»

ولدى عودته إلى الولايات المتحدة بنهاية عام ١٩٣٦، بدأ يقضي الكثير من وقته في الصومعة التي بُنيت من أجله أثناء فترة غيابه، في إنسينيتاس على ساحل جنوب كاليفورنيا. وقد ثبُت أنها مكان مثالي للتركيز على إتمام الكتاب الذي بدأ بتأليفه منذ سنين.

وتروي شري دايا ماتا: «لا زلت أتذكر بوضوح الأيام التي قضيتها في تلك الصومعة الهادئة بالقرب من شاطئ المحيط. لقد كانت لديه مسؤوليات والتزامات كثيرة جداً بحيث لم يتمكن من العمل على المذكرات كل يوم. ولكن بشكل عام كان يكرّس الأمسيات لتدوينها، إضافة إلى أي وقت فراغ تمكّن من تخصيصه لهذا الغرض. وابتداءً من حوالي العام ١٩٣٩ أو ١٩٤٠، كان قادراً على العمل بتركيز كامل وبدوام كامل على الكتاب – من الصباح الباكر وحتى ساعات الفجر! وكانت مجموعة صغيرة من التلميذات – تارا ماتا؛ أختي أناندا ماتا؛ شرادها ماتا؛ وأنا – حاضرات لمساعدته. وبعد طباعة كل جزء على الآلة الكاتبة، كان يعطيه إلى تارا ماتا التي عملت كمحرر.

«يا لها من ذكريات ثمينة! فأثناء كتابته كان يعيش مجدداً الاختبارات المقدسة التي كان يدوّنها. وكان هدفه المقدس مقاسمة الآخرين الفرح الذي اختبره والالهامات التي حصل عليها في صحبة القديسين والمعلمين العظام ومعرفته الشخصية بالله. غالباً ما كان يتوقف لبعض الوقت، وكانت نظرته مرتفعة وجسمه ساكناً دون حراك، مستغرقاً في النشوة الإلهية سمادهي، في حالة من التواصل العميق مع الله. أثناء ذلك، كانت الغرفة بكاملها تمتلئ بهالة قوية للغاية من الحب الإلهي. وبالنسبة لنا، نحن التلاميذ والتلميذات، كان وجودنا معه في تلك اللحظات يعني الارتفاع إلى حالة سامية من الوعي.

«أخيراً، في عام ١٩٤٥، حلّ اليوم السعيد لاكتمال الكتاب. وعندما كتب برمهنساجي الكلمات الأخيرة، 'يا رب، لقد أعطيت هذا الراهب عائلة كبيرة' وضع القلم جانباً وهتف فرحاً:

"لقد أُنجز كل شيء، واكتمل هذا الكتاب الذي سيغيّر حياة الملايين.'

وسيكون رسولي للعالم بعد رحيلي عنه.'»

❖ ❖ ❖

بعد ذلك أصبح العثور على ناشر للكتاب من مسؤولية تارا ماتا التي كان برمهنسا يوغانندا قد التقى بها أثناء عقد سلسلة من المحاضرات في سان فرنسيسكو في عام ١٩٢٤. كانت تتمتع ببصيرة روحية نادرة، وأصبحت واحدة من الدائرة الصغيرة المكوّنة من أكثر تلاميذه تقدماً. لقد حظيت قدراتُها التحريرية بأعلى تقدير له، وكان يقول إنها من بين كل الذين عرفهم في حياته امتلكت أحد أكثر العقول ذكاءً وعبقرية. لقد أدرك قيمة معرفتها الغزيرة وفهمها للحكمة التي تختزنها أسفار الهند المقدسة، وفي إحدى المرات أبدى الملاحظة التالية: «باستثناء معلمي سري يوكتسوارجي، لا يوجد شخص استمتعت معه بالحديث عن الفلسفة الهندية أكثر منها.»

أخذت تارا ماتا المخطوطة إلى مدينة نيويورك. لكن لم يكن من السهل العثور على ناشر. وكما يمكن ملاحظته في كثير من الأحيان، في البداية قد لا يستطيع ذوو العقلية الأكثر تقليديةً تمييز طبيعة العمل العظيم. وعلى الرغم من أن العصر الذري حديث الولادة قد وسّع الوعي الجمعي للبشرية بفهم متزايد للوحدة الشفافة للمادة، والطاقة، والفكر، فإن الناشرين آنذاك بالكاد كانوا مستعدين لقبول ما ورد في فصل «تجسيد قصر في جبال الهملايا» وفصل «القديس ذو الجسدين»!

على مدى عام، وأثناء بحثها عن دور للنشر، عاشت تارا ماتا في شقة مجهزة بالقليل جداً من الأثاث، لا تدفئة فيها، ومياهها باردة [دون إمكانية تسخينها]. أخيراً تمكنت من إرسال برقية تحمل أنباء النجاح. فالمكتبة الفلسفية Philosophical Library، إحدى دور النشر المعتبرة في نيويورك، قبلت بنشر السيرة الذاتية (المذكرات). فقال شري يوغانندا: «لا يمكنني أن أبدا بوصف الجهود التي بذلتها [تارا ماتا] من أجل هذا الكتاب... فلولاها لما كان للكتاب أن يُنشر.»

في عام ١٩٤٦، وقبل عيد الميلاد بقليل، وصلت نسخ الكتاب التي طال انتظارها إلى المقر العالمي: ماونت واشنطن.

❖ ❖ ❖

استُقبل الكتاب من القراء والصحافة العالمية بالترحاب وبفيض من الثناء

والتقدير. ففي قسم مراجعة الأديان، ذكرت مطبعة جامعة كولومبيا «لم يُدون من قبل، لا باللغة الإنكليزية ولا بأية لغة أوروبية أخرى، مثل هذا العرض لليوغا.» واعتبرته نيويورك تايمز «قصة نادرة.» وأعلنت مجلة نيوزويك «إن كتاب يوغاننداهو سيرة ذاتية للروح وليس للجسد... إنه دراسة رائعة ومستوفية الشروح لطريقة حياة دينية، موصوفة وصفاً بارعاً بأسلوب الشرق الباذخ.»

ومع ظهور ترجمات للكتاب إلى لغات أخرى، بدأت العديد من مراجعات الكتاب تظهر في الصحف والدوريات حول العالم.

تم إعداد طبعة ثانية للكتاب بسرعة، وفي عام ١٩٥١ ظهرت طبعة ثالثة له. وبالإضافة إلى تنقيح وتحديث أجزاء من النص، وحذف بعض الفقرات التي تتضمن وصفاً لأنشطة تنظيمية وخطط لم تعد موجودة، أضاف برمهنسا يوغاننداً فصلاً أخيراً – هو أحد أطول الفصول في الكتاب – ويغطي السنوات من عام ١٩٤٠ ولغاية عام ١٩٥١. وذكرَ في حاشية للفصل الجديد ما يلي: «إن قدراً كبيراً من المواد الجديدة في الفصل ٤٩ قد أضيف للطبعة الثالثة من هذا الكتاب (١٩٥١). فاستجابة لطلبات بعث بها عدد من قراء الطبعتين الأوليتين، أجبت في هذا الفصل على أسئلة عديدة حول الهند واليوغا والفلسفة الفيدية.»[١]

١ قام برمهنسا يوغانندا بتنقيحات إضافية تمت إضافتها إلى الطبعة السادسة (١٩٥٦) بحسب ما ورد في ملاحظة الناشر التالية لتلك الطبعة:

«إن طبعة ١٩٥٦ الأمريكية هذه تحتوي على تنقيحات وضعها برمهنسا يوغانندا في عام ١٩٤٩ لطبعة لندن الإنكليزية؛ كما قام المؤلف بتنقيحات إضافية في عام ١٩٥١. وفي ملاحظة له لطبعة لندن، بتاريخ ٢٥ أكتوبر/تشرين الأول ١٩٤٩، كتب برمهنسا يوغانندا ما يلي: 'إن إعداد طبعة لندنية لهذا الكتاب قد أتاح لي الفرصة لتنقيح وتوسيع النص بعض الشيء. فبالاضافة إلى المواد الجديدة في الفصل الأخير، أضفت عدداً من الحواشي أجبت من خلالها على أسئلة أرسلها لي قراء الطبعة الأمريكية'.

«التنقيحات اللاحقة التي وضعها المؤلف في عام ١٩٥١، كان الهدف منها ظهورها في الطبعة الأمريكية الرابعة (١٩٥٢). في ذلك الوقت كانت حقوق طبع ونشر كتاب مذاكرات يوغي *Autobiography of a Yogi* ممنوحة لدار نشر في نيويورك. في عام ١٩٤٦ في نيويورك، كانت كل صفحة من صفحات الكتاب منضدة على لوحة إلكتروتايب. وبسبب ذلك، فإن إضافة ولو فاصلة كان يتطلب تقطيع اللوحة المعدنية للصفحة بكاملها وإعادة تلحيمها بعد إضافة سطر جديد لها يحتوي على الفاصلة المطلوبة. ونظراً للتكلفة

❖❖❖

كتبَ شري يوغانندا في ملاحظة المؤلف لطبعة ١٩٥١ ما يلي: «الرسائل التي وصلتني من آلاف القراء تركت في نفسي أبلغ الأثر. فتعليقاتهم، والحقيقة أن الكتاب قد تُرجم إلى عدة لغات، شجعتني على الاعتقاد بأن الغرب قد وجد في هذه الصفحات إجابة أكيدة على السؤال: 'هل هناك أي دور جدير بالاهتمام لعلم اليوغا القديم في حياة الإنسان العصري؟'»

ومع توالي السنين أصبح «آلاف القراء» ملايين، وأصبح القبول العالمي والمستمر لكتاب مذكرات يوغي أكثر تزايداً ووضوحاً. وبعد نشر الكتاب للمرة الأولى منذ خمسة وسبعين عاماً، لا زال يظهر على قوائم الكتب الميتافيزيقية والإلهامية الأكثر مبيعاً. إنها ظاهرة نادرة! فالكتاب متوفر بترجمات عديدة – وكذلك بصيغة كتاب مسموع بصوت السير بن كينسغلي وكتاب إلكتروني – كما أنه يستعمل على نطاق واسع في الكليات والجامعات في كافة أنحاء العالم في فصول دراسية تتراوح من الفلسفة الشرقية والدين إلى الأدب الإنكليزي، وعلم النفس، وعلم الاجتماع، والأنثروبولوجي، والتاريخ، وحتى إدارة الأعمال. في عام ٢٠١٤ صدر فيلم توثيقي حصل على جوائز

ذات الصلة بإعادة تلحيم العديد من اللوحات، لم يقم الناشر في نيويورك بتضمين الطبعة الرابعة التنقيحات التي قام المؤلف بإعدادها في عام ١٩٥١.

«في أواخر عام ١٩٥٣ اشترت Self-Realization Fellowship (SRF) من الناشر الأمريكي جميع حقوق مذكرات يوغي *Autobiography of a Yogi*. وقامت SRF بإعادة طباعة الكتاب في عامي ١٩٥٤ و١٩٥٥ (الطبعة الخامسة والطبعة السادسة). ولكن خلال تينك السنتين حالت واجبات أخرى دون قيام قسم التحرير في SRF من القيام بالمهمة الجسيمة المتمثلة في دمج تنقيحات المؤلف وإدخالها على لوحات الإلكتروتايب. ومع ذلك، فقد أُنجز العمل في الوقت المناسب وتم تضمين تلك التنقيحات في الطبعة السابعة.»

بعد عام ١٩٥٦، تم إجراء بعض التعديلات التحريرية الإضافية، وفقاً للتوجيهات التي كانت تارا ماتا قد حصلت عليها من برمهنسا يوغانندا قبل رحيله.

الطبعات الأولى من مذكرات يوغي تضمنت التهجئة الإنكليزية لاسم برمهنسا على النحو التالي «Paramhansa»، بما يعكس الممارسة البنغالية المألوفة حيث يُحذف الحرف الساكن 'a' أو الساكن تقريباً من التهجئة. ولضمان نقل المعنى المقدس لهذا اللقب الذي يستند إلى الفيدا، فقد استُخدم النسخ الحرفي السنسكريتي للإسم وهو «Paramahansa» من الكلمة *Parama* والتي تعني «أعلى أو أسمى» و «*hansa*»، «طائر التم» – بما يعني ذلك الذي بلغ أسمى إدراك لذاته الإلهية الحقيقية، واتحاد تلك الذات مع الروح الإلهي.

بعنوان استيقظ: حياة يوغانندا *Awake: The Life of Yogananda*. وقد قدّم لجمهور السينما في كل أنحاء العالم العديد من القصص التي يتضمنها كتاب مذكرات يوغي. ومثلما تنبأ لاهيري مهاسايا، فإن رسالة اليوغا وتقليدها العريق الخاص بالتأمل قد أحاطا فعلاً بالكرة الأرضية.

وقد ذكرت مجلة نيو فرونتير *New Frontier* للعلوم الماورائية (عدد أكتوبر/ تشرين الأول ١٩٨٦): «إن برمهنسا يوغانندا، الذي ربما اشتهر بكتابه مذكرات يوغي الذي ألهم ملايين عديدة حول العالم، يشبه غاندي، إذ جلب الروحانية إلى التيار الرئيسي للمجتمع. ومن المعقول القول أن يوغانندا عمل أكثر من أي شخص آخر لإدخال كلمة 'يوغا' إلى مفرداتنا.» كما رددت عالمة الدين المشهورة في جامعة هارفارد ديانا أل. إيك هذه العبارة عندما ذكرت في كتابها *A New Religious America* الذي نُشر في عام ٢٠٠١: «لقد لامست أنشودة يوغانندا وتراً في أمريكا: إذ بتوحيده العلم والدين... وضع يوغانندا اليوغا على الخريطة في أمريكا.» أما فيليس تيكل، المحررة الدينية السابقة في ببلشرز ويكلي *Publishers Weekly* الأسبوعية وإحدى المرجعيات الدينية الرائدة في أمريكا لغاية وفاتها في عام ٢٠١٥، فقد ذكرت في كتابها الله يتحدث في أمريكا *God Talks in America* (أبريل/نيسان ١٩٩٧)، «كتب قليلة.. كان لها تأثير أكبر على اللاهوت الشعبي من كتاب برمهنسا يوغانندا مذكرات يوغي *Autobiography of a Yogi*.»

وذكر العالم الجليل الدكتور ديفيد فرالي، مدير المعهد الأمريكي للدراسات الفيدية، في مجلة يوغا إنترناشيونال *Yoga International* (أكتوبر/نوفمبر ١٩٩٦): «يمكن القول إن يوغانندا هو أبو اليوغا في الغرب – ليس فقط يوغا التمارين الجسدية التي أصبحت ذات شعبية، بل اليوغا الروحية: علم معرفة الذات الذي هو المعنى الحقيقي لليوغا.»

وصرّح البروفيسور الدكتور آشوتوش داس، دكتوراه في الآداب من جامعة كلكتا: «يُعتبر كتاب مذكرات يوغي أوبانيشاد العصر الحديث... فقد روّى العطش الروحي للباحثين عن الحقيقة في كافة أنحاء العالم. ونحن في الهند شاهدنا بتعجبٍ وانبهار الرواج والانتشار المدهشين لهذا الكتاب عن قديسي الهند وفلسفتها. ولقد شعرنا بفخر وارتياح كبيرين لمعرفتنا أن رحيق الهند الخالد النابع من قوانين الحق ساناتنا دهارما قد تم حفظه في كأس مذكرات يوغي الذهبية.»

وحتى في الاتحاد السوفييتي السابق، ترك الكتاب أثراً عميقاً في نفوس عدد قليل نسبياً ممن حصلوا عليه تحت النظام الشيوعي. وفي هذا الصدد يذكر القاضي في. آر. كريشنا آيير، القاضي السابق في محكمة الهند العليا، أنه زار بلدة بالقرب من بطرسبرغ (لينينغراد سابقاً) وسأل مجموعة من أساتذة الجامعة هناك «إن كانوا قد فكروا بما يحدث للإنسان عندما يموت... فذهب أحد الأساتذة إلى الداخل، وتفاجأت عندما خرج وبيده كتاب مذكرات يوغي. ففي بلد تحكمه الفلسفة المادية لكل من ماركس ولينين، وجدتُ مسؤولاً في مؤسسة حكومية يريني كتاب برمهنسا يوغانندا! وقد قال لي: 'أرجو أن تعرف أن روح الهند ليست غريبة علينا. فنحن نتقبل كل ما هو مدوّن في هذا الكتاب كحقائق موثوقة.'»

ويختتم مقال في مجلة إنديا جورنال *India Journal* (٢١ أبريل/نيسان ١٩٩٥) بالفقرة التالية: «من بين آلاف الكتب التي تُطبع كل سنة، هناك كتب ترفّه، وكتب تعلّم، وكتب تنوّر. والقارئ الذي يجد كتاباً يقدّم الثلاثة معاً يمكن أن يعتبر نفسه محظوظاً. وكتاب مذكرات يوغي هو أندر من ذلك – لأنه كتاب يفتح نوافذ العقل والروح.»

في السنوات الأخيرة، رحّب بائعو ومراجعو الكتب والقراء على حد سواء بالكتاب كأحد أكثر الكتب الروحية تأثيراً في العصر الحديث. في عام ١٩٩٩، وفي إحدى لجان هاربر كولنز المؤلفة من المؤلفين والعلماء، تم اختيار كتاب مذكرات يوغي كواحد «من أفضل ١٠٠ كتاب روحي في هذا القرن.» وفي مؤلفه ٥٠ كتاباً روحياً كلاسيكياً *50 Spiritual Classics* إصدار ٢٠٠٥، كتب توم بتلر-بودون: «ما يبرر الاحتفاء بالكتاب هو كونه أحد أكثر الكتب الروحية إمتاعاً وتنويراً التي كُتبت على الإطلاق.»

في الفصل الأخير من الكتاب، يذكر برمهنسا يوغانندا التأكيد العميق التالي الذي أكده قديسو وحكماء جميع أديان العالم على مر العصور:

«الله محبة، وخطته من أجل الخليقة لا يمكن إلا أن تكون مؤسسة على الحب وحده. ألا تقدم هذه الفكرة البسيطة للقلب البشري عزاءً أكبر من كل الحجج والبراهين الغزيرة؟ إن كل قديس نفذ إلى قلب الحقيقة شهد بأن هناك خطة كونية مقدسة

وأنها جميلة ومليئة بالفرح.».

وإذ يواصل كتاب مذكرات يوغي مسيرته في نصف القرن الثاني من عمره، نأمل أن يجد جميع قراء هذا العمل الملهم – الذين يقرؤونه للمرة الأولى والذين أصبح بالنسبة لهم رفيقاً عزيزاً على طريق حياتهم – أن نفوسهم تنفتح على إيمان أعمق بالحقائق الفائقة التي تبدو كامنة في قلب أسرار الحياة وخفاياها.

SELF-REALIZATION FELLOWSHIP

لوس أنجلوس، كاليفورنيا
سبتمبر/أيلول ٢٠٢١

# القانون الأبدي للنزاهة والاستقامة

إن عَلم الهند الحديثة الاستقلال (١٩٤٧) له شرائط باللون الزعفراني العميق، والأبيض، والأخضر الغامق. («عجلة القانون») دهارما شاكرا ذات اللون الأزرق البحري هي إعادة إنتاج للتصميم الذي يظهر على نصب سارناث الحجري الذي شيّده الامبراطور آسوكا في القرن الثالث قبل الميلاد.

لقد اختيرت العجلة كرمز لقانون النزاهة والاستقامة الأبدي؛ وبالمناسبة، تكريماً لذكرى أكثر ملوك الدنيا استنارة. وقد كتب المؤرخ الإنكليزي إتش. جي. رالنسون: «لم يعرف التاريخ حكماً موازياً لحكمه الذي استمر أربعين عاماً. وفي أوقات مختلفة تمت مقارنته بماركوس أوريليوس والقديس بولس، وقسطنطين... فقبل المسيح بـ ٢٥٠ سنة، امتلك آسوكا الجرأة للتعبير عن رعبه وندمه نتيجة لحملة ناجحة، والتخلي المتعمد عن الحرب كوسيلة للسياسة.»

لقد ورث آسوكا أقاليم شملت الهند، نيبال، أفغانستان، وبلوشستان. وكان أول أممي، حيث أرسل بعثات دينية ثقافية، مع هدايا كثيرة وبركات، إلى بورما، سيلان، مصر، سوريا، ومقدونيا.

وقد ذكر العالم بي ماسون-أورسل: «إن آسوكا، ثالث ملوك سلالة الموريا، كان أحد... الملوك الفلاسفة في التاريخ. ولم يتمكن أحد من الجمع بين النشاط والبِر، والعدل والإحسان، كما فعل. لقد كان تجسداً حياً لعصره، ويظهر بالنسبة لنا شخصية عصرية للغاية. وخلال فترة حكمه الطويلة حقق ما يبدو أنه مجرد طموح لإنسان رؤيوي: فهو تمتع بأكبر قدر ممكن من القوة المادية، ونظّم السلام. وأبعد من أقاليمه الشاسعة بكثير، حقق ما كان حلماً لبعض الأديان – نظاماً عالمياً يحتضن البشرية.»

«إن دهارما (القانون الكوني) يهدف إلى إسعاد كل الكائنات.» لقد نصح آسوكا بمودة رعايا امبراطوريته المترامية الأطراف، من خلال مراسيمه المنقوشة على الصخر والأعمدة الحجرية التي ما زالت قائمة حتى اليوم، أن السعادة متأصلة في الأخلاق والقداسة.

إن الهند العصرية، التي تطمح لتجديد سموها ورخائها الذي عمّ أراضيها على مدى آلاف السنين، تكرّم من خلال عَلَمها الجديد ذكرى آسوكا، الملك «العزيز على الآلهة.»

(قبل عام ١٩٤٧. تشكل الأقسام الواقعة في الشمال الغربي الآن باكستان؛ وفي الشمال الشرقي، بنغلاديش.)

## الفصل ١

# أبواي وطفولتي المبكرة

تميزت الثقافة الهندية بالبحث عن الحقائق الخالدة والعلاقة ذات الصلة بين التلميذ ومعلمه الروحي[1]. وقد قادني الدرب الذي سلكته إلى حكيم شبيه بالمسيح صيغت حياته الرائعة للأجيال. إذ كان من أولئك السادة العظام الذين هم ثروة الهند ومجدها، والذين ببزوغهم على مر العصور جنّبوا بلادهم مصير بابل ومصر القديمتين.

وأجد أن ذكرياتي الأولى تشتمل على ومضات ذات صلة بتجسد سابق، وقد أتتني تذكارات واضحة عن حياة بعيدة لي كيوغي[2] وسط ثلوج الهملايا. وومضات الماضي هذه زودتني أيضاً، عن طريق حلقة متواصلة، بلمحة عن المستقبل.

ولم أنسَ مذلات الطفولة الواهنة، إذ كنت على دراية وحنق بعدم قدرتي على المشي أو التعبير بسهولة عن نفسي. وكانت أمواج من الابتهالات تعتمل في داخلي عندما أصبحت على دراية بعجزي الجسدي، واتخذت حياتي العاطفية القوية شكلاً صامتاً من كلمات بلغات عديدة. ووسط الخليط الداخلي للغات تعودت أذناي على سماع المقاطع البنغالية الخاصة بأهلي. ويا له من مجال رحب لعقل الطفل الذي يعتبره الكبار محصوراً في الدمى والألعاب.

وبالإضافة إلى عجزي الجسدي فقد أحدث هيجاني النفسي نوبات عديدة من البكاء. وإنني أتذكر حيرة العائلة الشاملة بسبب معاناتي. ولكن ذكريات أكثر بهجة تزدحم في عقلي، مثل ملاطفة أمي لي ومحاولاتي الأولية في نطق جملة صغيرة ومشي بعض خطوات ببطء. وهذه الانتصارات الأولية والتي غالبا ما تنسى سريعاً هي أساس طبيعي للثقة بالنفس.

هناك العديد من اليوغيين ممن احتفظوا بوعيهم الذاتي دون الانقطاع

١ غورو *Guru* معلم روحي. وتصف الفقرة ١٧ من كتاب غورو غيتا Guru Gita الغورو وصفا دقيقاً وملائماً بأنه (مبدد الظلام). والتسمية مشتقة من الكلمتين السنسكريتيتين (غو: «الظلام») و (رو: «الذي يبدد».)

٢ اليوغي *Yogi* هو ممارس اليوغا «الاتحاد»، العلم القديم للتأمل على الله. (راجع الفصل ٢٦ «علم الكريا يوغا».)

الذي يحصل بفعل الانتقال الدراماتيكي من وإلى «الحياة» و«الموت». ولو كان الإنسان مجرد جسم لا غير لكان فقدانه للجسد نهاية لكينونته. ولكن إن كان الرسل والأنبياء نطقوا بالحق على مر العصور، فإن الإنسان في جوهره روح غير مادي وكلي الحضور.

وتذكارات الطفولة الواسعة والبعيدة المدى ليست نادرة للغاية؛ فأثناء تجوالي في بلدان عديدة، استمعت إلى ذكريات باكرة من شفاه رجال ونساء صادقين.

لقد ولدتُ في ٥ يناير/كانون ثاني ١٨٩٣ وأمضيت السنوات الثماني الأولى في غوراخبور، شمال شرق الهند بالقرب من جبال الهملايا. كنا ثمانية أطفال: أربعة أولاد وأربع بنات. وأنا موكندا لال غوش[٣] كنت الابن الثاني والطفل الرابع.

أبي وأمي كانا بنغاليين من طائفة كشاتريا[٤]. كلاهما كان تقياً بطبيعته، وكان حبهما المتبادل الهادئ رزيناً ولم يعبّر عن ذاته بطيش واستهتار، بل كان الوفاق الأبوي الكامل المحور الذي تدور حوله ضوضاء وصخب ثمانية أطفال.

كان أبي بهاغاباتي شاران غوش لطيفاً، جاداً، وصارماً في بعض الأحيان. وعلى الرغم من حبنا الكبير له فقد كنا كأطفال نراعي مساحة من الاحترام والتبجيل. وكرياضي ومنطقي بارز، فقد كان العقل يسيّره بصورة رئيسية. أما أمي فكانت ملكة القلوب، إذ علمتنا دروس الحياة عن طريق المحبة فقط. وقد أظهر والدي بعد وفاتها فيضاً من العطف الداخلي، إذ لاحظت آنذاك أن نظرته كانت تتحول أحياناً إلى نفس نظرة الحنان الذي لمسناه في أمي.

وفي حضرة أمنا تذوقنا – نحن الأطفال – المعرفة الحلوة والمُرة للكتب المقدسة. فقد كانت الوالدة تغرف من المهابهاراتا والراماياانا[٥] قصصاً ملائمة للتهذيب والتأديب، وقد سار التعليم والعقاب يداً بيد في تلك المناسبات.

وكلفتة احترام نحو الوالد كانت الأم تلبسنا ثيابنا بعناية بعد ظهر كل يوم

٣ تغيّر اسمي إلى يوغانندا في سنة ١٩١٥ حينما انخرطت في سلك السوامي القديم. وفي عام ١٩٣٥ أطلق عليّ معلمي اللقب الإضافي برمهنسا(راجع الصفحة ٢٧٢ والصفحتين ٤٧٣-٤٧٤).

٤ الطبقة الثانية، وهي في الأصل طبقة الحكام والمحاربين.

٥ هاتان الملحمتان هما من ذخائر تاريخ الهند وأساطيرها وفلسفتها.

لنستقبله عند عودته للبيت من المكتب. وكان منصبه شبيهاً بمنصب نائب رئيس سكة حديد بنغال – ناغبور إحدى الشركات الكبيرة في الهند. وإذ كان السفر من متطلبات عمله، فقد سكنت أسرتنا في مدن عديدة أثناء طفولتي.

والدتي كانت سخية وتساعد المحتاجين عن طيب خاطر. وأبي كذلك كان كريماً، لكن مراعاته للقانون والنظام كانت تحتم عليه الاقتصاد والتفكير في كيفية إنفاق المال. وذات مرة أنفقت أمي خلال أسبوعين على إطعام الفقراء ما يفوق الدخل الشهري لوالدي، فقال لها والدي: «كل ما أرجوه منكِ هو أن تحتفظي بصدقاتك ضمن نطاق معقول.»

لكن هذا اللوم الرقيق من الزوج كان موجعاً بالنسبة للأم. وبدون أي تلميح للأطفال عن الخلاف استدعت عربة أجرة، وأبلغتنا بإنذارها النهائي، قائلة: «في أمان الله. فأنا ذاهبة إلى بيت أمي.»

انفجرنا باكين وقد شعرنا بالذهول وبحزن عميق، ولكن خالنا حضر في الوقت المناسب وهمس في أذن والدي نصيحة سديدة مكتسبة ولا شك من كنوز الأجيال، فقام الوالد باسترضاء الوالدة بكلمات ودية مما جعل الوالدة تصرف العربة بسرور. وبذلك انتهى الخلاف الوحيد الذي رأيته على الإطلاق بين أبي وأمي. ولكني أتذكر نقاشاً ذا طابع مميز، حيث ابتسمت الوالدة قائلة:

«أرجو أن تعطيني عشر روبيات لامرأة مسكينة أتت إلينا للتو طلباً للمساعدة»

كانت ابتسامتها جذابة ومقنعة بشكل خاص، فأجاب أبي:

«لماذا عشر روبيات؟ روبية واحدة تكفي.» ثم استطرد مبرراً:

«عندما توفى والدي وجدّي فجأة شعرت لأول مرة بمرارة الفقر والحرمان، إذ كان إفطاري الوحيد قبل السير لبضعة أميال موزة صغيرة. وفيما بعد في الجامعة كنت في أمسّ الحاجة للمال بحيث اضطررت لأن ألتمس المساعدة من قاضٍ ثري كي يمنحني روبية واحدة في الشهر، لكنه رفض طلبي معتبراً الروبية مبلغاً لا يُستهان به!»

فقالت أمي بسرعة بديهتها: «بالفعل أنك ما زلت تذكر بمرارة عدم منح القاضي لك تلك الروبية. وهل ترغب أيضاً أن تحتفظ هذه المرأة بالذكرى المؤلمة لرفضك منحها الروبيات العشر التي هي في حاجة ماسة إليها؟»

فأجاب أبي: «لقد فزتِ.» وبإيماءة ممعنة في القدم من الأزواج المغلوبين، فتح الوالد محفظته وقال: «تفضلي، هذه ورقة نقدية من فئة عشر روبيات.

**بهاغاباتي شاران غوش**
**(١٨٥٣-١٩٤٢)**
والد برمهنسا يوغانندا؛ تلميذ لاهيري مهاسايا

أعطيها لتلك المرأة مع دعائي بالخير.»

كان الوالد يميل إلى عدم قبول أي عرض جديد. وذلك الموقف الذي اتخذه تجاه تلك الغريبة التي فازت على الفور بعطف أمي كان مثالاً على تحفّظه وحذره الاعتياديين. فرفض القبول الفوري هو في الحقيقة احترام لمبدأ التفكر وإمعان النظر. وكنتُ دوماً أجد أبي معقولاً ومتوازناً في أحكامه. فكنت إذا ما دعمت طلباتي العديدة بواحد أو اثنين من البراهين المقنِعة يحقق لي دوماً الأمنية المرغوبة، سواء كانت رحلة أو دراجة نارية.

أبي كان مؤدّباً صارماً لأبنائه في سني طفولتهم، غير أن موقفه تجاه نفسه كان يتسم بالتقشف. مثال على ذلك لم يزر المسرح أبداً في حياته، بل

**غورّو غوش (غيانا برابها غوش)**
**(١٨٦٨–١٩٠٤)**
والدة برمهنسا يوغانندا؛ تلميذة لاهيري مهاسايا

كان يطلب الترفيه في ممارسات روحية متنوعة وفي قراءة البهاغافاد غيتا[٦]. وكان يتفادى أنواع التبذير، فيستعمل زوجاً واحداً من الأحذية حتى يتلف تماماً قبل استبداله. وفي حين اشترى أولاده السيارات بعد أن شاع استخدامها، ظل أبي قانعاً بعربة ترولي في ذهابه اليومي إلى مكتبه. أما تكديس المال من أجل النفوذ فقد كان مغايراً لطبعه وطبيعته. وذات مرة بعد أن قام بتنظيم بنك كلكتا المدني رفض الحصول على أي من أسهم البنك مكافأة لجهوده، إذ كانت أعظم أمنياته القيام بواجب وطني في أوقات فراغه.

وبعد عدة سنوات من تقاعد والدي، جاء محاسب إنكليزي إلى الهند لتدقيق دفاتر شركة سكة حديد بنغال – ناغبور فوجد المفتش المندهش أن أبي لم

٦ البهاغافاد غيتا هي القصيدة السنسكريتية السامية التي تكوّن جزءاً من ملحمة المهابهاراتا. وهي كتاب الهندوس المقدس. وفي هذا الصدد كتب المهاتما غاندي: «إن الذين يتأملون على الغيتا يستمدون منها يومياً فرحاً متجدداً ومعانيَ جديدة. ولا توجد عقدة روحية واحدة تعجز الغيتا عن حلها.»

يطلب أبداً أية تعويضات مستحقة له، وقد أخبر المحاسب الشركة بما يلي:

«لقد قام بعمل ثلاثة رجال ويستحق تعويضاً قدره ١٢٥٠٠٠روبية (٤١٢٥٠ دولار). وأرسل أمين الصندوق لأبي شيكاً بهذا المبلغ. لم يكترث والدي به لدرجة أنه لم يذكر عنه شيئاً للأسرة. وعندما لاحظ أخي الأصغر بشنو هذه الوديعة الكبيرة في إحدى إفادات البنك، استفهم عنها من والدي فأجابه الوالد:

«لماذا نبتهج بالمكاسب المادية؟ إن من يجعل هدفه الاتزان العقلي لا يطرب للكسب ولا يحزن للخسارة؛ فهو يدرك أن الإنسان يأتي إلى هذه الدنيا فارغ اليدين ويغادرها كذلك.»

والداي تتلمذا في بداية حياتهما الزوجية على معلم عظيم من بنارس هو لاهيري مهاسايا، فعززت تلك العلاقة الروحية المزاج الزهدي المترسخ أصلاً في طبيعة أبي. وفي إحدى المرات أدلت والدتي بهذا الاعتراف العجيب لشقيقتي الكبرى روما: «إن أباك وأنا نعيش معاً كزوج وزوجة مرة واحدة في السنة فقط من أجل إنجاب الأطفال.»

تعرّف والدي على لاهيري مهاسايا عن طريق أبيناش بابو[٧] الموظف في سكة حديد بنغال – ناغبور. وفي غوراخبور سمعت من أبيناش قصصاً مذهلة عن عدد من القديسين الهنود، وكان دوماً يختتم كل قصة بتمجيد وتبجيل معلمه الفائق.

بعد ظهر أحد أيام الصيف الساكنة، وبينما كنت أجلس مع أبيناش في فناء منزلنا، فاجأني بالسؤال التالي المحيّر:

«هل سمعت بالظروف الخارقة التي أصبح فيها والدك تلميذاً للاهيري مهاسايا؟»

هززت رأسي مبتسماً وكلي شوق لمعرفة المزيد، فقال:

«قبل أن تولد بسنوات سألت أباك – المسؤول الأعلى الذي أتبع له – أن يمنحني إجازة لمدة أسبوع من واجباتي المكتبية لزيارة معلمي في بنارس، لكنه سخر من فكرتي وسألني: 'هل أتريد في أن تصبح مهووساً دينياً؟ ركّز على عملك في المكتب إن أردت التقدم والترقي.'

«سرتُ حزيناً إلى بيتي في طريق مشجّر حيث التقيت بوالدك وقد صرف

٧ بابو (سيد) تلحق عادة بالأسماء البنغالية.

الخدم مع العربة ومشى بجانبي محاولاً مواساتي وموضحاً فوائد العمل لبلوغ النجاح الدنيوي. ولكني أصغيت إليه بذهن شارد، إذ كان قلبي يردد: 'لاهيري مهاسايا، لا أستطيع العيش دون رؤيتك!'

«سرنا حتى بلغنا حافة حقل هادئ، وكانت أشعة شمس الأصيل تتوج النبات الطويل المتماوج، فوقفنا نتأمل ذلك المنظر الرائع. وفجأة ظهر في الحقل على بعد خطوات منا شكلُ معلمي العظيم[8] فخاطب أباكَ قائلاً:

«'بهاغاباتي، إنك قاسٍ جداً على موظفك!' كان صوته مدوياً في آذاننا الذاهلة ثم اختفى شكله بنفس الطريقة الغامضة التي ظهر بها. فركعت ورحت أهتف: 'لاهيري مهاسايا! لاهيري مهاسايا.'

«أما أبوك فقد أصيب للحظات بالذهول وأصبح عديم الحركة. ثم قال بعد لحظة:

«'أبيناش، لن أمنح إجازة لك وحدك فقط، بل لنفسي أيضا للذهاب إلى بنارس غداً فيجب أن أتعرف على هذا العظيم لاهيري مهاسايا الذي له القدرة على تجسيد ذاته بإرادته كي يتشفع لك! وسأصطحب زوجتي معي وأطلب من هذا المعلم تلقيننا مبادئ طريقه الروحي. فهل تأخذنا إليه'؟

«أجبته: 'بالتأكيد' وقد غمرني الفرح للاستجابة المعجزة تلبية لابتهالي وللتحول الإيجابي السريع للأحداث. وفي مساء اليوم التالي سافرت مع أبويك في القطار إلى بنارس، وفي اليوم التالي أخذنا عربة نقل يجرها حصان، ثم مشينا في دروب ضيقة إلى بيت معلمي المنعزل. وعندما دخلنا حجرته الصغيرة انحنينا أمام المعلم الذي كان جالساً في وضع اللوتس الاعتيادي، فرمش عينيه النفاذتين ثم صوّبهما نحو أبيك وقال: 'بهاغاباتي، إنك قاسٍ جداً على موظفك!'

«وكانت تلك نفس الكلمات التي نطقها منذ يومين في الحقل المعشب. ثم أضاف: 'إنني مسرور لسماحك لأبيناش بزيارتي وأنك أيضاً رافقته مع زوجتك.'

«ولفرح وبهجة أبويك فقد كرّسهما في الممارسة الروحية لطريقة الكريا

٨ القوى الخارقة التي يمتلكها المعلمون العظماء مشروحة في الفصل الثلاثين: «قانون المعجزات.»

يوغا[٩]. وكأخوين في التلمذة صرت ووالدك صديقين حميمين منذ يوم الرؤيا التي لا تُنسى. لقد اهتم لاهيري مهاسايا بولادتك بشكل خاص. وبكل تأكيد سترتبط حياتك بحياته لأن بركاته لا تخيب أبداً.»

غادر لاهيرى مهاسايا هذا العالم بعد دخولي إليه بقليل. وصورته ضمن إطار مزخرف باركت دوماً محراب أسرتنا في المدن العديدة التي انتقل والدي إليها تلبية لمقتضيات عمله. وفي مرات كثيرة في الصباح والمساء جلست مع أمي نتعبد أمام معبد مرتجل ونقدم زهوراً مغموسة في معجون خشب الصندل الطيب الرائحة مع اللبان والمُر إضافةً إلى أشواقنا المشتركة تكريماً للإلوهية التي ظهرت كاملة في لاهيري مهاسايا.

لقد كان لصورته أثر فائق على حياتي. فكنت كلما تقدم بي العمر نما تفكيري بالمعلم. وفي التأمل كنت، في كثير من الأحيان، أرى صورته الفوتوغرافية تظهر من إطارها الصغير فتتخذ شكلاً حياً يجلس أمامي. وعندما كنت أحاول لمس قدمي الجسم المضيء يتغيّر ويصبح صورة من جديد. ومع تحوّل الطفولة إلى الشباب وجدت أن لاهيري مهاسايا قد تحوّل في عقلي من شكلٍ في إطار إلى وجود حيّ مانح للاستنارة الروحية. وأثناء توجهي إليه بالدعاء في أوقات الشدة والالتباس كنت أجد في داخلي توجيهه ومواساته.

في البداية كنت أشعر بالحزن لأنه لم يكن موجوداً بجسمه المادي، ولكني توقفت كلياً عن الحزن عندما بدأت أكتشف وجوده الكلي الخفي. وغالباً ما كان يكتب لتلاميذه المتلهفين شوقاً لرؤيته: «لماذا تأتون لمشاهدة عظامي ولحمي، في حين أنني دائماً ضمن نطاق بصركم الروحي (كوتاستا)؟»

عند حوالي الثامنة من عمري بوركت بشفاء عجيب من خلال صورة لاهيري مهاسايا، وقد عزز ذلك الاختبار من محبتي له. إذ في منزل عائلتنا في إيشابور بالبنغال أُصبت بالكوليرا الآسيوية، وقد يأس الأطباء من شفائي. وبجانب سريري طلبت مني أمي بقوة وبإلحاح شديد كي أنظر إلى صورة لاهيري مهاسايا المعلقة على الجدار فوق رأسي وقالت: «اسجد له بعقلك.» إذ كانت تعلم أنني كنت ضعيفاً لدرجة أنني لم أتمكن من رفع يديّ لتأدية التحية، وقالت: «إن أظهرتَ إخلاصك بصدق وسجدت أمامه في روحك فلن

٩ تدريب يوغي لقنه لاهيري مهاسايا بغية تهدئة عاصفة الحواس ومساعدة الإنسان على بلوغ اتحاد متزايد بالوعي الكوني. (راجع الفصل ٢٦.)

تفقد حياتك!»

حدّقت في صورته فرأيت فيها نوراً ساطعاً يخطف الأبصار، غمر جسمي والغرفة بكاملها. وفي تلك اللحظة بالذات فارقني الغثيان واختفت الأعراض القوية الأخرى فأصبحت سليماً معافى. وعلى الفور شعرت بما يكفي من القوة للانحناء ولمس قدمي والدتي تقديراً لثقتها المطلقة بمعلمها. وضغطتْ أمي برأسها على الصورة الصغيرة مرات عديدة وهي تردد:

«أشكرك أيها المعلم الكلي الحضور لأن نورك قد شفا ابني!»

وقد أدركت أن أمي قد شاهدت أيضاً البريق الساطع الذي منحني شفاءً فورياً من مرض عادة ما يكون قاتلاً.

ومن أثمن ممتلكاتي هي تلك الصورة نفسها التي أعطاها لاهيرى مهاسايا بنفسه لوالدي، والتي تحمل اهتزازاً مباركاً. وللصورة مصدر عجيب، وقد سمعت قصتها من كالي كومار روي الذي كان أخاً لأبي في التلمذة.

على ما يبدو أن المعلم كان غير راغب في أن تؤخذ صور له. لكن أحدهم قام – خلافاً لرغبته – بالتقاط صورة له مع مجموعة من تلاميذه من بينهم كالي كومار روي. وقد تعجب المصور عندما اكتشف أن لوح التصوير الفوتوغرافي الذي ظهرت عليه صور التلاميذ بوضوح لم يظهر في وسطه سوى فراغ حيث كان يتوقع بشكل معقول أن يجد ملامح لاهيرى مهاسايا. وقد نوقشت هذه الظاهرة على نطاق واسع.

غير أن التلميذ والخبير في التصوير غانغادهار بابو تباهى بأن الشكل الفرّار لن يتمكن من الإفلات منه. في الصباح التالي، وأثناء جلوس المعلم في وضع اللوتس على مقعده الخشبي ومن خلفه ستارة، حضر غانغادهار ومعه جهاز تصويره، وبعد اتخاذ كل الاحتياطات اللازمة التي تضمن له النجاح أخذ له – بِنَهَم – اثنتي عشرة صورة، ليكتشف بعد قليل ظهور صورة المقعد الخشبي والستارة وغياب صورة المعلم.

وبدموع وكبرياء محطم قصد غانغادهار بابو معلمه. ومرت ساعات طويلة قبل أن ينهي لاهيري مهاسايا صمته بتعليق مفعم بالمعاني!

«إنني روح، فهل لجهاز تصويرك القدرة على إظهار الكلي الوجود، غير المرئي؟»

أجاب غانغادهار بابو: «أعلم أنه لا يقدر! ولكنني يا مولاي المقدس أرغب من كل قلبي بصورة لهيكلك الجسدي. لقد كانت رؤيتي ضيقة فلم أدرك

أبواي وطفولتي المبكرة

**شري يوغانندا في سن السادسة**

لغاية اليوم أن الروح الإلهي يسكن بك بكليته.»

«إذاً تعال غداً في الصباح، وسأجلس كي تصورني.»

مرة ثانية قام المصور بتركيز كاميرته، فظهر في هذه المرة الشكل المقدس بوضوح على اللوح دون أن تحجبه الأسرار الغامضة. ولم يجلس المعلم بعد ذلك أبداً لتؤخذ له صورة أخرى، أو على الأقل لم أرَ له صورة غيرها.

هذه الصورة منشورة في هذا الكتاب[١٠]. وملامح لاهيري مهاسايا الوسيمة ذات المظهر العام بالكاد تنبئ عن العرق الذي ينتمي إليه. إن فرحه في التناغم مع الله يظهر قليلاً في ابتسامته الملغزة. وعيناه نصف المفتوحتين اللتان تشيران إلى اهتمامه الطفيف بالعالم الخارجي هما أيضا نصف مغلقتين إشارة إلى استغراقه في الغبطة الباطنية. ومع أنه كان مترفعاً عن الإغراءات الدنيوية الزهيدة إلا أنه كان متنبهاً في جميع الأوقات للمشكلات الروحية التي تواجه الباحثين الذين كانوا يقصدونه لفضله وكرمه.

بعيد شفائي بفعل قوة وفاعلية صورة المعلم حصلتُ على رؤيا روحية ذات تأثير. فبينما كنت أجلس فوق سريري ذات صباح استغرقت في يقظة تأملية عميقة وتساءلت:

«ما الذي يكمن خلف ظلمة العينين المغمضتين؟»

اجتاحني هذا التفكير الاستقصائي الفاحص، وعلى الفور سطعت ومضة عظيمة من النور لبصري الداخلي أظهرت لي أشكال مقدسة لقديسين يجلسون في وضع التأمل في كهوف الجبال. وراحت تتعاقب كصور سينمائية صغيرة على الشاشة الكبيرة المتوهجة داخل جبيني.

قلت بصوت عالٍ: «من أنتم؟»

فأتى الجواب السماوي الذي يعصى على الوصف: «نحن يوغيو الهملايا».

فقلت وقد اهتزت أوتار قلبي: «آه كم أتشوق للذهاب إلى الهملايا وأصبح مثلكم!»

وتلاشت الرؤيا إلا أن الأشعة الفضية تمددت عل شكل دوائر متزايدة الاتساع في اللانهاية.

قلت: «ما هذا الوهج المدهش؟»

١٠ راجع الصفحة (٣٤٩). إن نسخاً من هذه الصورة يمكن الحصول عليها من Self-Realization Fellowship. أنظر أيضاً صورة لاهيري مهاسايا الزيتية على الصفحة ٣٨٤. أثناء وجوده في الهند في عام ١٩٣٥-١٩٣٦، أعطى شري يرمهنسا يوغانندا تعليمات لرسام بنغالي ليقوم برسم هذه الصورة الأصلية، وقد تم اعتمادها فيما بعد صورةً رسمية للاهيري مهاسايا في مطبوعاتSRF. (هذه الصورة معلقة في حجرة جلوس برمهنسا يوغانندا في ماونت واشنطن.) (ملاحظة الناشر)

فجاء الرد كالسحب الهامسة: «أنا إشوارا[11] أنا النور.»

قلت: «أتوق للتوحد معك!»

ومن التلاشي التدريجي لنشوتي الروحية حصلت على إرث دائم من الإلهام دفعني إلى البحث عن الله الذي هو الفرح الأبدي والدائم التجدد طوال الدهور. وبقيت هذه الذكرى معي لفترة طويلة بعد يوم النشوة الروحية الغامرة.

وهناك ذكرى أخرى بارزة من الذكريات المبكرة، وهي بالفعل كذلك، إذ ما زلت أحمل أثر الندبة حتى هذا اليوم. ففي صباح باكر كنت أجلس مع شقيقتي الكبرى أوما تحت شجرة نيم في فناء منزلنا في غوراخبور. كانت شقيقتي تساعدني في تعلّم مبادئ القراءة البنغالية وأنا أُبعِد نظري عن الببغاوات القريبة التي كانت تأكل ثمار المارغوزا الناضجة.

كانت أوما تشكو من بثرة على ساقها وقد أحضرت زجاجة من المرهم. فأخذتُ بعض المرهم وفركت به ساعدي. فقالت أوما: «لماذا تضع دواءً على ساعد سليم؟»

أجبتها: «أحس يا أختاه بأن بثرة ستظهر غداً، وإنني أقوم بتجريب مرهمك على البقعة التي سوف تظهر فيها البثرة.»

أجابت: «أيها الكاذب الصغير!»

قلت وقد تملكني السخط: «لا تدْعينني كاذباً يا أختي قبل أن تشاهدي ما سيحدث في الصباح.»

لم تكترث أوما لكماتي، بل كررت توبيخها الساخر لي ثلاث مرات. إلا أن نبرات صوتي حملت قراراً صارماً وأنا أجيب بتؤدة: «قسماً بالإرادة التي في داخلي أقول إن بثرة كبيرة سوف تظهر غداً في نفس هذا المكان من ساعدي، وأن بثرتك ستتورم وتصبح ضعف حجمها الحالي!»

أطل الصباح، ومعه ظهرت على ساعدي بثرة كبيرة في نفس النقطة التي أشرت إليها وتضاعف حجم بثرة أوما. انطلقت أختي نحو أمي وصرخت قائلة: «لقد أصبح موكندا ساحراً!»

١١ الاسم السنسكريتي للرب في مظهر الحاكم الكوني. من الأصل إس، يحكم، يسود. وتتضمن كتب الهندوس ألف إسم لله يشتمل كل منها على لون مختلف من المعاني الفلسفية. والرب في مظهر إشوارا هو الذي بإرادته تـُخلق وتتحلل كل الأكوان في دورات كونية منتظمة.

وقد طلبت أمي مني بجدية كبيرة ألاّ أستخدم قوة الكلام أبداً في إلحاق الأذى. ولطالما تذكرت مشورتها وعملت بها دوماً.

عولجت بثرتي جراحياً وقد ترك مبضع الطبيب ندبة لا زالت موجودة حتى اليوم. فساعدي الأيمن عليه تذكير دائم بالقوة التي في كلمة الإنسان. فتلك الكلمات البسيطة التي على ما يبدو كانت غير مؤذية، والتي خاطبت بها أختي أوما بتركيز عميق امتلكت قوة خفية متفجرة كالقنابل وخلفت آثاراً أكيدة لكنها ضارة. وعرفت بعد ذلك أن القوة الاهتزازية المتفجرة الكامنة في الكلام يمكن توجيهها بحكمة لتحرر الإنسان من المصاعب، وبذلك تعمل دون ندبات أو تأنيب.[١٢]

انتقلت أسرتنا إلى لاهور في البنجاب، وهناك حصلت على صورة للأم الإلهية على هيئة الإلهة كالي[١٣]، وتلك الصورة قدّست معبداً غير رسمي على شرفة منزلنا. وقد اقتنعت اقتناعاً راسخاً أن أياً من صلواتي التي أتفوه بها في تلك البقعة المباركة ستستجاب. وذات يوم، بينما كنت أقف هناك مع أوما رأيت طائرتين ورقيتين تحلقان فوق أسطح المباني التي على الجانب الآخر للزقاق الضيق.

دفعتني أوما وقالت ممازحة: «لماذا أنت هادئ جداً؟»

فقلت: «إنني فقط أفكر كم هو رائع أن تعطيني الأم الإلهية أي شيء أطلبه!»

ضحكت أختي باستهزاء وقالت: «أعتقد أنها ستعطيك هاتين الطيارتين!»

فقلت: «لِمَ لا؟» ورحت أبتهل بصمت كي أحصل عليهما.

تقام المباريات في الهند بالطيارات الورقية التي تُطلى خيطانها بالغراء والزجاج المطحون. ويحاول كل لاعب قطعَ الحبل الذي يمسكه منافسه. والطيارة التي ينقطع خيطها تسبح فوق السطوح حيث يستمتع الناس كثيراً بالإمساك بها. وإذ كنت مع أوما على شرفة داخلية مسقوفة فقد بدا أنه من

١٢ تشتق فاعليات الصوت اللامتناهية من الكلمة الخالقة أوم وهي القوة الاهتزازية الكونية خلف كل الطاقات الذرية. فكل كلمة يتم نطقها بإدراك نقي وجلي وتركيز دقيق وعميق لها قيمة تجسيدية. فالتكرار بصوتٍ عالٍ أو منخفض أو بصمت للكلمات الملهمة ثبتت فاعليته في نظام كويزم Coueism وفي نظم مماثلة للعلاج النفساني. والسر في ذلك يكمن في تسريع المعدل الاهتزازي للعقل.

١٣ كالي هي أحد رموز الله في مظهر الطبيعة الأم الأبدية.

المستحيل أن نمسك بأية طيارة سائبة، لأن خيطها سوف يتدلى بصورة طبيعية فوق السطوح.

بدأ اللاعبون عبر الزقاق بالمباراة. انقطع أحد الخيطان وعلى الفور حلّقت الطيارة باتجاهي. ظلت للحظة ساكنة بسبب الهدوء المفاجئ للهواء، وكان ذلك كافياً لاشتباك الخيط بقوة بنبتة صبار على سطح المنزل المقابل، فتشكلت أنشوطة مناسبة مما أتاح لي الإمساك بالغنيمة ومناولتها لأوما، فقالت:

«تلك كانت حادثة غير عادية لا استجابة لصلاتك. سأصدق إن أتت الطيارة الأخرى إليك». وقد عبّرت عينا أختي السوداوان عن الدهشة أكثر من كلماتها.

واصلتُ ابتهالاتي بحماس أكبر، وقد تسببتْ جذبةٌ قوية للخيط من اللاعب الآخر بفقدانه المباغت لطيارته التي اتجهت نحوي متهادية في الهواء، فقامت معاونتي الصبارة مرة ثانية بتثبيت خيط الطيارة في الأنشوطة التي لا غنى عنها، حيث أمسكت بالطيارة وقدمتها جائزة ثانية لأوما التي قالت:

«بالفعل الأم الإلهية تستمع إليك، وهذا أمرٌ غريب عجيب بالنسبة لي!» وانطلقت هاربة كظبي مرتعد.

الفصل ٢

# وفاة أمي والتميمة الغامضة

زواج أخي الأكبر كان أعز أمنيات أمي، وكثيراً ما سمعتها تعبّر عن عاطفتها الهندية القوية باستمرارية العائلة، قائلة: «آه، عندما أرى وجه زوجة أنانتا سأجد الجنة على هذه الأرض!»

كان عمري بحدود الحادية عشرة عند خطوبة أنانتا، وأمي كانت في كلكتا تشرف بابتهاج على ترتيبات الزواج، في حين بقيت مع أبي لوحدنا بمنزل باريللي في شمال الهند حيث انتقل والدي بعد أن أمضى عامين في لاهور.

كنت قبلاً قد شاهدت روعة طقوس الزواج عندما تزوجت شقيقتاي الكبيرتان روما وأوما، غير أن ترتيبات زواج أنانتا – بصفته أكبر الأبناء – كانت في الحقيقة رائعة. كانت أمي تستقبل بالترحاب العدد الكبير من الأقارب وهم يصلون كل يوم إلى كلكتا من أماكن بعيدة، وتعمل على راحتهم في منزل كبير تم الانتقال إليه حديثاً على ٥٠ شارع أمهرست. كان كل شيء جاهزاً: المآدب الشهية، والعرش البهيج الذي سيُحمل أخي عليه إلى منزل العروس، وصفوف الأضواء الملونة، والفيلة والجِمال العملاقة المصنوعة من الورق المقوى، والأوركسترا الانكليزية والاسكتلندية والهندية، والفنانون المحترفون والكهنة للقيام بالطقوس القديمة.

وكنت مع أبي في غمرة من البهجة نخطط للانضمام إلى العائلة في الوقت المناسب لحضور الاحتفال. ولكن قبل ذلك اليوم الرائع بقليل شاهدت في رؤيا ما ينذر بالشؤوم.

حدث ذلك عند منتصف الليل في باريللي، إذ بينما كنت نائماً بجانب أبي في شرفة منزلنا أيقظتني رفرفة غريبة لبعوض يحوم بكثافة فوق السرير. ثم انفتحت الستائر الرقيقة فرأيت شكل أمي المحبوب وهمست قائلة: «أوقظ أباك! استقلا أول قطار في الساعة الرابعة صباحاً وتعالا بسرعة إلى كلكتا إن كنتما تريدان رؤيتي!» ثم اختفى الشكل الشبيه بالطيف.

وصحتُ: «أبي، أبي! إن أمي تحتضر!»

أيقظه الرعب في نبرة صوتي على الفور وأخبرته منتحباً بالنبأ المحتوم.

لكن أبي نفا الخبر بطريقته الاعتيادية حيال موقف جديد، وقال: «دعك من هواجسك. فوالدتك بخير، وإن أتتنا أخبار سيئة سنغادر في الغد.»

قلت: «لن تسامح نفسك إن لم نذهب الآن!» وبدافع الحسرة والمرارة أضفت: «ولن أسامحك أبداً».

وأتى الصباح الحزين حاملاً معه كلمات صريحة: «الأم مريضة وحالتها خطيرة. الزواج قد تأجل. احضرا على الفور.»

غادرت مع أبي في ارتباك وذهول، وقابلنا أحد أخوالي في إحدى نقاط التحويل بينما كان قطار ينطلق نحونا بسرعة مذهلة. ومن فرط الثوران الداخلي بزغ تصميم فجائي في ذهني كي أرتمي فوق سكة الحديد. وإذ أصبحت محروماً من حنان أمي، شعرت أن لا قدرة لي على العيش في عالم أصبح فجأة عقيماً ومجدباً حتى النخاع. لقد أحببت أمي كأعز صديق على وجه الأرض. فعيناها السوداوان المواسيتان كانتا ملاذي الوحيد في أحداث الطفولة الطفيفة.

وتوقفت لأسأل خالي سؤالاً أخيراً: «هل ما زالت حية حتى الآن؟»

لم يكن بطيئاً في تفسير اليأس الذي ظهر على وجهي، فقال: «بالطبع إنها على قيد الحياة!» ولكنني بالكاد صدقته.

وعندما وصلنا إلى بيتنا في كلكتا لم يكن لنا بد من مواجهة سر الموت المذهل، فسقطت فاقد الوعي كما لو أنني فارقت الحياة. وانقضت سنوات قبل أن يعرف قلبي العزاء. وعندما قرعت أبواب السماء بعزم ما عليه من مزيد استدعتْ نداءاتي أخيراً الأم الإلهية، وجلبت كلماتها الشفاء النهائي لجراحي الملتهبة عندما قالت:

«أنا التي رعيتك حياة بعد حياة، في عطف وحنان أمهات عديدات! أنظر إلى عينيّ وسترى في نظرتي العينين السوداوين الجميلتين اللتين فقدتهما وتبحث عنهما!»

عدت أنا وأبي إلى باريللي بُعيد طقوس حرق جثمان الوالدة المحبوبة. وفي وقت مبكر من كل صباح كنت أقوم بزيارة تذكارية مؤثرة إلى شجرة الشولي الكبيرة التي كانت تظلل العشب الأخضر – الذهبي الناعم أمام منزلنا. وفي لحظات شعرية كنت أفكر أن زهور الشولي البيضاء تنثر نفسها بوفاء وعن طيب خاطر فوق مذبح الأعشاب. كنت عندها أمزج دموعي بقطرات الندى وأحيانا أبصر نوراً من عالم آخر يبزغ مع الفجر فتجتاحني نوبات

كاسحة من الشوق لله، وقد شعرت بانجذاب قوي إلى جبال الهملايا.

زارنا أحد أبناء عمي في باريللي، وكان قد عاد للتو من رحلة للتلال المقدسة. واستمعت بشوق ولهفة إلى قصصه عن المسكن الجبلي الشامخ حيث يعيش اليوغيون والسواميون[1]

وقلت ذات يوم لدواركا براساد، الإبن الصغير لصاحب منزل باريللي: «دعنا نهرب إلى الهملايا!» لكنه لم يكن متعاطفاً مع اقتراحي فكشف خطتي لأخي أنانتا الذي كان قد أتى لرؤية والدي. وبدلاً من أن يضحك أنانتا ضحكة خفيفة على هذه الخطة غير العملية فقد جعل منها سبباً للسخرية مني، إذ قال:

«أين رداؤك البرتقالي؟ إذ لا يمكنك أن تصبح (سوامي) بدونه!»

اهتز كياني بأسره لكلماته بكيفية يصعب تفسيرها، وأظهرتْ تلك الكلمات صورة جلية لذاتي كراهب يتنقل في أرجاء الهند. وربما أيقظت ذكريات لحياة سابقة. وعلى أية حال فقد أيقنت أن ارتدائي للثوب الذي يميّز السلك الرهباني القديم المنشأ سيكون بالنسبة لي أمراً طبيعياً وفي منتهى البساطة.

ذات صباح وبينما كنت أتحدث مع دواركا شعرت بحب الله يجتاح كياني بقوة لا تقاوم. وفي حين كان رفيقي يصغي لبلاغتي المتدفقة بانتباه جزئي، فقد كنت أستمع إلى ذاتي من كل قلبي.

هربت بعد ظهر ذلك اليوم إلى نايني تال في سفوح الهملايا، لكن أنانتا تعقبني بإصرار وأُكرهتُ على العودة بحزن إلى باريللي. والزيارة الوحيدة التي سُمح لي بها كانت الزيارة الاعتيادية إلى شجرة الشولي عند الفجر، وبكى قلبي على الأمَين المفقودتين: البشرية والإلهية.

التصدع الذي تعرضت له العائلة بوفاة أمي كان متعذراً رأبه. فوالدي لم يتزوج ثانية خلال الأربعين سنة الباقية من عمره. وإذ اضطلع بالدور الصعب للأب والأم معاً في ذات الوقت لرعيته الصغيرة فقد أصبح أكثر عطفاً ومودة وانفتاحاً، وكان يحل المشاكل المتعددة للأسرة بهدوء وتبصر. وبعد ساعات العمل في مكتبه كان يخلد للسكينة كالناسك في خلوته يمارس الكريا يوغا بصفاء عذب. وبعد رحيل والدتي بفترة طويلة حاولت أن أوظف مربية إنكليزية للاهتمام بتفاصيل حياتية من أجل توفير قسط أكبر من الراحة

[1] كلمة السوامي هي سنسكريتية الأصل وتعني المتوحد مع الذات الإلهية (سو١). (راجع الفصل ٢٤.)

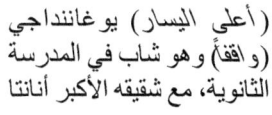

(أعلى اليسار) يوغانانداجي (واقفاً) وهو شاب في المدرسة الثانوية، مع شقيقه الأكبر أنانتا

(أعلى اليمين) شقيقة شري يوغاننندا الكبرى روما (يسار) وشقيقته الصغرى ناليني في منزل طفولته، كلكتا، ١٩٣٥

(يمين) شقيقة يوغانانداجي الكبيرة أوما عندما كانت صغيرة، غوراخبور

لوالدي، لكنه هز رأسه وخاطبني بعينين هادئتين يشع منهما وفاء العمر:

«الخدمة بالنسبة لي انتهت برحيل والدتك، ولن أقبل مساعدة من أية امرأة أخرى.»

بعد وفاة أمي بأربعة عشر شهراً علمت أنها تركت لي رسالة بالغة الأهمية. وأنانتا، الذي دوّن كلماتها، كان حاضراً بالقرب من فراشها. ومع أنها طلبت منه تسليمها لي بعد عام واحد من رحيلها إلا أن أخي تأخر. وعندما كان سيغادر باريللي عن قريب ويذهب إلى كلكتا للزواج من الفتاة التي كانت أمي قد اختارتها له[2] استدعاني في إحدى الأمسيات إلى جانبه، وقال بنبرة حملت نغمة تدل على الاستسلام:

«يا موكندا، كنت متردداً في إطلاعك على أخبار غريبة خوفاً من تأجيج رغبتك في مغادرة المنزل. وعلى أية حال فأنت مملوء بالحماس الإلهي، وعندما أمسكتُ بك مؤخراً وأنت في طريقك إلى الهملايا قررت عدم إرجاء الوفاء بوعدي الجاد الذي قطعته على نفسي.» وناولني أخي صندوقاً صغيراً وسلّمني الرسالة التالية من والدتي:

«لتكن هذه الكلمات بركتي الأخيرة لك يا ولدي الحبيب موكندا. لقد حانت الساعة التي ينبغي لي أن أخبرك بعدد من الأحداث المدهشة التي حصلت بعد ولادتك. بدايةً عرفت بالطريق الذي سوف تسلكه وأنت لا تزال طفلاً بين ذراعي. حملتك آنذاك وذهبت بك إلى منزل معلمي الروحي في بنارس. وبينما كنتُ متوارية خلف حشد من المريدين بالكاد تمكنت من رؤية وجه لاهيري مهاسايا وهو مستغرق في تأمل عميق.

«وفي حين كنت أربتُ على كتفك كنت أيضا أبتهل بأن يلحظنا المعلم العظيم ويمنح بركته. وإذ تعاظم طلبي التعبدي الصامت، فتح عينيه وأشار إليّ كي أقترب منه، فأفسح الآخرون طريقاً لي. انحنيت على القدمين المباركتين، فأجلسك لاهيري مهاسايا في حضنه ووضع يده على جبهتك في إشارة إلى تعميدك روحياً، وقال:

«'أيتها الأم الصغيرة، إن ابنك سيكون يوغياً، وكقطار روحي سينقل نفوساً عديدة إلى ملكوت الله.'»

٢ صمد لتقلّب الزمن التقليد الهندي، حيث يقوم الآباء والأمهات باختيار شريك الحياة لابنهم أو ابنتهم. والنسبة عالية من الزيجات الهندية السعيدة.

«قفز قلبي فرحاً لأن أجد صلاتي السرية قد تحققت على يد المعلم الكلي المعرفة. وقبل ولادتك بفترة قصيرة كان قد أخبرني أنك سوف تسير على طريقه.

«بعد ذلك علمتُ وشقيقتك روما برؤيتك يا ولدي للنور العظيم، إذ رأيناك من الغرفة المجاورة وأنت عديم الحركة على السرير وقد أضاء وجهك الصغير ورنّ صوتك بالتصميم القاطع للذهاب إلى جبال الهملايا للبحث عن الله.

«وبهذه الطرق علمت يا ولدي العزيز أن طريقك بعيد عن الطموحات الدنيوية، وقد عززت ذلك حادثةٌ فردية من أبرز أحداث حياتي، وهي الحادثة التي تدفعني لإملاء رسالتي هذه وأنا على فراش الموت:

«كان ذلك أثناء مقابلة مع أحد الحكماء في البنجاب. فأثناء إقامة أسرتنا في لاهور، وفي صبيحة أحد الأيام، أتت الخادمة مسرعة إلى غرفتي وقالت:

«'سيدتي، لقد حضر سادهو[٣] غريب ويصر على أن «يرى أم موكندا.'»

«لامست هذه الكلمات البسيطة وتراً حساساً في نفسي، وذهبت للتو للترحيب بالزائر. وعندما انحنيت عند قدميه شعرت أن الشخص الذي أمامي هو أحد رجال الله الحقيقيين وقد خاطبني قائلاً:

«'أيتها الأم، إن المعلمين العظام يريدونك أن تعلمي أن إقامتك على هذه الأرض لن تدوم طويلاً، وأن مرضك القادم سيكون المرض الأخير.'[٤]

«خيّم صمتٌ لم أحس خلاله بالخوف أو الارتباك، بل شعرت فقط بموجة من السلام العظيم. ثم استطرد قائلا:

«'إنك ستكونين أمينة على تميمة فضية. لن أعطيها لك اليوم، بل لإثبات حقيقة كلماتي سيتجسد الطلسم في يدك غداً أثناء التأمل. وعليكِ أن تطلبي، وأنتِ على فراش الموت، من ابنك الأكبر أنانتا كي يحتفظ بالتميمة لعام واحد، ثم يسلمها بعد ذلك لابنك الثاني. ولسوف يعرف موكندا معنى هذا الطلسم من العظماء. وينبغي أن يحصل عليه عندما يكون قد أصبح مستعداً لترك كل

٣ السادهو هو ناسك يسلك طريق الزهد والتهذيب الروحي.

٤ عندما علمت من هذه الكلمات أن أمي كانت تمتلك معرفة خفية بأن حياتها ستكون قصيرة عرفت لأول مرة السبب من إلحاحها على الإسراع في التخطيط لزواج أنانتا. ومع أنها ارتحلت قبل العرس إلا أن عاطفة الأمومة الطبيعية كانت مشاهدة الطقوس.

الطموحات الدنيوية والبدء في بحثه الحيوي الجاد عن الله. وبعد احتفاظه بالتميمة لبضع سنوات، وتكون قد حققت غرضها سوف تختفي وتعود إلى حيث أتت، حتى ولو أودعت في أكثر الأماكن سرية".

«قدّمت الحسنة[5] للقديس وانحنيت أمامه بتبجيل كبير، فلم يأخذ الحسنة لكنه ارتحل داعياً بالبركة. وفي مساء اليوم التالي، عندما ضممت يديّ في وضع التأمل تجسدتْ تميمة فضية بين كفيّ تماماً مثلما وعد السادهو، وقد شعرت بوجودها من خلال لمسة باردة ناعمة. ولقد احتفظت بها بعناية كبيرة لأكثر من عامين وإنني أتركها الآن في عهدة أنانتا. لا تحزن لرحيلي فمعلمي العظيم سيأخذني إلى ذراعي اللانهاية. وداعاً يا بني وستحرسك الأم الكونية.»

غمرني وهج من الاستنارة لامتلاك هذه التميمة التي أيقظت العديد من الذكريات الهاجعة. كان هذا الطلسم القديم الجذاب مستديراً وتغطيه أحرف سنسكريتية. وقد علمت أنه أتاني من معلمين من حيوات سابقة كانوا يوجّهون خطواتي بطريقة غير مرئية. وبالتأكيد هناك مغزىً آخر للتميمة التي لا يمكن الكشف بشكل كامل عن قلبها[6].

٥ علامة تبجيل تقليدية للسادهويين النساك.

٦ التميمة تم إنتاجها كوكبياً. ولما كانت ذات بنية قابلة للتلاشي فلا بد لهذه الأشياء أن تختفي في النهاية من عالمنا الأرضي. (راجع الفصل ٤٣.)

كانت هناك مانترا أو كلمات لترنيمة مقدسة منقوشة على الطلسم. ولم يتم استكشاف فاعلية الصوت و (فاش *Vach*، الصوت البشري بعمق كما حدث في الهند. واهتزاز أوم الذي يتردد صداه في كل أرجاء الكون («الكلمة») أو («صوت مياه كثيرة» في الكتاب المقدس) له ثلاثة مظاهر أو غوناز هي الخلق، والحفظ، والدمار، ( تاتريا أوبانيشاد ١:٨). ففي كل مرة ينطق فيها الإنسان يقوم بتفعيل إحدى مزايا أوم الثلاث. وهذا هو السبب الحقيقي من وراء أوامر جميع الكتب المقدسة بأن ينطق الإنسان بالصدق.

وللمانترا السنسكريتية المنقوشة على التميمة قوة نافعة روحياً حينما تُنطق نطقاً صحيحاً ودقيقاً. والأبجدية السنسكريتية المكونة تكويناً مثالياً مؤلفة من خمسين حرفاً يحمل كل حرف نطقاً ثابتاً لا يتغير. وقد كتب جورج برناردشو مقالاً حكيماً، وطبعاً طريفاً، عن القصور الصوتي للأبجدية الانكليزية التي تستند في الأصل إلى اللاتينية والتي يجهد فيها ستة وعشرون حرفاً دون نجاح في تحمّل عبء الصوت. وبقسوته المألوفة قال: («إن أدى إدخال أبجدية إنكليزية على اللغة الإنكليزية إلى حرب أهلية... فلن أنقم على ذلك».) ويحث المستر شو على تبنّي أبجدية جديدة مؤلفة من اثنين وأربعين حرفاً. (راجع مقدمته لكتاب *Miraculous Birth of Language* تأليف ولسون Wilson، منشورات المكتبة

أما كيف تلاشى الطلسم أخيراً في خضم ظروف حزينة جداً من حياتي، وكيف كانت خسارته بمثابة البشير لفوزي بمعلم روحي فلن أذكره في هذا الفصل.

ولكن الولد الصغير موكندا الذي أُحبِطت محاولاته في بلوغ الهملايا، كان ينطلق بعيداً كل يوم على جناحيّ تميمته.

الفلسفية Philosophical Library في نيويورك.) وأبجدية كهذه ستقترب من الكمال الصوتي للسنسكريتية التي يحول استخدامها لخمسين حرفاً دون الخطأ في النطق.

إن اكتشاف الأختام في وادي السند يدفع الكثير من العلماء إلى التخلي عن النظرية القائلة بأن الهند استعارت أبجديتها السنسكريتية من مصادر سامية Semitic. الكشف الحديث عن عدة مدن هندية عظيمة في موهنجو – دارو وهاربا يقدم دليلاً على ثقافة رفيعة «لا بد أن يكون لها تاريخ طويل سابق فوق تربة الهند يأخذنا إلى عصر لا يمكن إلا أن يكون محلاً لتخمينات يكتنفها الغموض.» (سير جون مارشال Sir John Marshall في كتابه موهنجو – دارو وحضارة السند *Mohenjo-Daro and the Indus Civilization* نشر سنة ١٩٣١.)

فإذا صحّت النظرية الهندوسية بوجود الإنسان المتحضر على هذا الكوكب الأرضي منذ عصور موغلة في القدم فيمكن عندئذ تفسير السبب من كون اللغة السنسكريتية أقدم لغات العالم على الإطلاق وأيضاً أكملها(راجع الصفحة ١١٩، حاشية.) وفي هذا الصدد يقول السير وليم جونز مؤسس الجمعية الآسيوية: «وأياً كان قِدم اللغة السنسكريتية فإنها ذات تكوين مثير للعجب، وهي أكثر كمالاً من الإغريقية وأغزر من اللاتينة، وأنقى من الاثنتين معاً.»

وتفيد دائرة المعارف الأمريكية أنه «منذ إحياء العلوم الكلاسيكية لم يحدث في تاريخ الثقافة ما هو أكثر أهمية من اكتشاف السنسكريتية (بواسطة علماء غربيين)، في أواخر القرن الثامن عشر. فعلم اللسانيات، وعلم النحو المقارن، وعلم الأساطير المقارن، وعلم الدين، إما أنها تدين بوجودها لاكتشاف السنسكريتية أو أنها تأثرت بشكل كبير بدراستها.»

الفصل ٣

# القديس ذو الجسدين

«أبي، إن وعدتك بالعودة إلى البيت دون إكراه فهل يمكنني الذهاب برحلة إلى بنارس لمشاهدة معالم المدينة؟»

نادراً ما أعاق أبي حبي الشديد للسفر. فكان يسمح لي، حتى عندما كنت صبياً، بزيارة العديد من المدن والأماكن الدينية. وعادة ما كان يرافقني واحد أو أكثر من أصدقائي. كنا نسافر بشكل مريح بتذاكر الدرجة الأولى التي كان يزودني بها والدي. فمركزه كمسؤول في سكة الحديد كان كافياً تماماً لمتطلبات مدمني التجوال والترحال من أفراد الأسرة.

وعَدَ أبي بأنه سينظر في طلبي؛ وفي اليوم التالي استدعاني وأمسك بيده تذكرة سفر ذهاباً وإياباً من باريللي إلى بنارس وعدداً من الروبيات ورسالتين، وقال:

«لديّ أمر يتعلق بالعمل أود أن أعرضه على صديق لي في بنارس يدعي كيدارنات بابو، لكنني للأسف فقدت عنوانه. غير أنني واثق من أنك تستطيع نقل هذه الرسالة إليه عن طريق صديقنا المشترك سوامي برانابانندا. فالسوامي هو أخي في التلمذة وقد بلغ منزلة رفيعة في الروحيات، وسوف تستفيد من مجالسته. وهذه الرسالة الثانية هي للتعريف بك.»

وأبرقت عينا أبي وهو يضيف: «تذكّر أنه لا فرار من المنزل بعد الآن!»

انطلقتُ وفي صدري حماس طفل في الثانية عشرة (مع أن الزمن لم يقلل من ابتهاجي برؤية مناظر جديدة ووجوه غريبة). وعندما وصلت إلى بنارس توجهت على الفور إلى مكان إقامة السوامي. كان الباب الأمامي مفتوحاً فتقدمت نحو غرفة طويلة تشبه البهو في الطابق الثاني. كان فيها رجل ممتلئ الجسم، يلف مئزراً حول وسطه ويجلس في وضعية اللوتس فوق منصة مرتفعة قليلاً. وكان رأسه ووجهه الخالي من التجاعيد حليقين، في حين بدت على شفتيه ابتسامة طوباوية. ولكي يبدد ظني بأنني تطفلت عليه، حيّاني كما لو كنت صديقاً قديماً وقال:

«بابا آنند: لتحل عليك البركة يا عزيزي» وكان ترحابه نابعاً من القلب

وبنغمة الأطفال. انحنيت ولمست قدميه وقلت:

«هل أنت سوامي برانابانندا؟»

فهز رأسه وقال: «أولستَ ابن بهاغاباتي؟» وقد نطق كلماته قبل أن يفسح لي المجال بإخراج رسالة أبي من جيبي وتسليمها له. وبدهشة سلمته رسالة التعريف التي بدت غير ضرورية، فأجابني:

«بالتأكيد سأحدد لك مكان كيدارنات بابو.» وأدهشني القديس مرة ثانية بجلائه البصري، ثم نظر إلى الرسالة وأشار بمودة إلى والدي، قائلاً:

«هل تعلم أنني أتمتع بمعاشين اثنين، أحدهما بناءً على توصية من والدك الذي عملت معه في سكة الحديد، والآخر بتوصية من أبي السماوي الذي أنجزت واجباتي الدنيوية، بضمير حي، من أجله؟»

ووجدتُ أن كلامه يكتنفه الغموض، فقلت: «سيدي، أي معاش هذا الذي تتقاضاه من الآب السماوي؟ فهل يمطرك بالمال؟»

ابتسم القديس وقال: «إن ما قصدته هو السلام الذي لا يسبر غوره والذي حصلت عليه كمكافأة على سنوات طويلة من التأمل العميق. لا أتشوق الآن مطلقاً لتحصيل المال، فاحتياجاتي المادية القليلة متوفرة بوفرة. وسوف تعرف فيما بعد أهمية المعاش الثاني.»

وفجأة توقف القديس عن الكلام، وأصبح عديم الحركة وعلى قدر كبير من الجدية. في البداية أبرقت عيناه كما لو كان يحدّق في شيء مثير للاهتمام، ثم اختفى بريقهما، وقد شعرت بالارتباك لقلة كلامه، فهو لم يخبرني بعد عن الكيفية التي سأقابل بها صديق أبي. ونظرت ببعض القلق إلى الحجرة التي بدت خالية إلا من كلينا الإثنين، ووقع بصري على نعله الخشبي الموجود تحت منصته، ثم قال:

«سيدي الصغير[1] لا داعي للقلق، فالرجل الذي تريد رؤيته سوف يكون معك بعد نصف ساعة من الآن.»

كان اليوغي يقرأ ما يعتمل في فكري وهو أمر لم يكن صعباً بالنسبة له في تلك اللحظة! واستغرق القديس مرة أخرى في صمت غامض. ولما أخبرتني ساعتي أن ثلاثين دقيقة قد مضت، أيقظ نفسه وقال:

١ تشوتو مهاسايا هي العبارة التي كان يخاطبني بها عدد من القديسين، وتعني «السيد الصغير».

«على ما أظن أن كيدارنات بابو يقترب من الباب.»

سمعت وقع أقدام على درَج، فبزغ في داخلي إحساس غامض وتساءلت في حيرة: «ترى كيف تم استدعاء صديق أبي إلى هذا المكان دون مساعدة مرسال؟ فالسوامي لم يتكلم مع أحد غيري منذ مجيئي إلى هنا!»

تركت الغرفة دون استئذان وهبطت الدرَج فالتقيت في منتصفه برجل نحيف، فاتح البشرة ومتوسط الطول يصعد مسرعاً. سألته وقد مازجت الدهشة صوتي: «هل أنت كيدارنات بابو؟»

أجابني بابتسامة ودية: «نعم. ألستَ ابن بهاغاباتي الذي ينتظرني؟»

شعرت باستياء يشوبه الإرباك، وقلت: «سيدي، كيف تسنى لك المجيء إلى هنا؟»

أجاب: «كل شيء يلفه الغموض اليوم! فمنذ أقل من ساعة، وكنت قد انتهيت للتو من الاغتسال في الغانج اقترب مني سوامي براناباننده ولا أعلم كيف عرف بمكاني في ذلك الوقت، وقال لي: 'إن ابن بهاغاباتي ينتظرك في شقتي، فهل تريد المجيء معي؟'

«وافقت بسرور، وبينما كنا نسير يداً بيد سبقني السوامي مع أنه للغرابة كان ينتعل حذاءً خشبياً، وكنت ألبس حذاء المشي المتين هذا. ثم وقف بغتة وسألني:

«'كم يلزمك من الوقت لوصول بيتي؟' فأجبت 'حوالي النصف ساعة.'

«رمقني الناسك بنظرة غامضة وقال: 'عندي شيء آخر كي أفعله الآن ويجب أن أتركك. على أية حال يمكنك اللحاق بي في منزلي حيث سأكون مع ابن بهاغاباتي في انتظارك'

«وقبل أن أتمكن من الاحتجاج أسرع الخطى واختفى وسط الزحام. فأتيت إلى هنا على وجه السرعة.»

ولم يزدني هذا التفسير إلا دهشة فسألته منذ متى وهو يعرف السوامي، فأجابني:

«التقينا بضع مرات السنة الماضية، ولكن ليس في الآونة الأخيرة. وقد سعدت كثيراً برؤيته ثانية اليوم عند الغات *ghat* (مكان الاستحمام في النهر.)»

قلت: «لا أصدق ما أسمعه! وهل أنني أفقد عقلي؟ هل قابلته في رؤيا أم رأيته بالفعل؟ وهل لمست يده وسمعت صوت قدميه؟»

وبدت علامات الغضب على وجه الرجل وقال: «لا أفهم ما تقصده من

**سوامي برانابانندا**
قديس بنارس «ذو الجسدين»

كلامك هذا! إنني لا أكذب عليك. ألا تفهم أنني لم أعلم أنك في انتظاري هنا إلا من خلال السوامي؟»

فقلت: «عجيب! كيف يمكن ذلك وذاك الرجل سوامي برانابانندا لم يغب لحظة واحدة عن عيني منذ أتيت إلى منزله من حوالي الساعة؟»

وعلى الفور وبدون تفكير أخبرته بالقصة، بل وكررت الحديث الذي دار بين السوامي وبيني، فحملق كيدارنات بابو وقال:

«هل نحن نعيش في هذا العصر المادي أم أننا نحلم؟ ما توقعت أبداً أن أرى معجزة كهذه في حياتي! لقد كنت أفكر بأن السوامي ليس أكثر من شخص عادي، والآن أكتشف أنه قادر على أن يتجسد في جسم إضافي ويعمل من خلاله.»

ودخلنا معاً إلى غرفة السوامي فهمس كيدارنات بابو قائلاً:

«انظر، هذا هو نفس الحذاء الذي كان ينتعله في مكان الاستحمام، وكان يلف حول وسطه نفس قطعة القماش التي أراها الآن.»

وإذ انحنى الزائر أمامه، التفت القديس نحوي وقال بابتسامة ملغزة:

«لماذا تنذهل هكذا؟ إن الوحدة الشفافة للعالم المظهري غير محجوبة عن اليوغيين الحقيقيين. فأنا أرى تلاميذي على الفور وأتحدث معهم في كلكتا البعيدة. وبالمثل، هم أيضاً يمكنهم التغلب بإرادتهم على كل عقبة من العقبات المادية الكثيفة.»

قد يكون أنه بدافع الرغبة في إيقاظ الاهتمام الروحي في نفس فتىً مثلي رضي السوامي بأن يخبرني عن قواه الكوكبية الشبيهة بعمل الراديو والتلفزيون[٢]. ولكني بدلاً من الحماس لم أشعر سوى بالرهبة. ولأنه كان من المقرر لي في بحثي الروحي أن أتلقى إرشاد وتوجيه معلم روحي معيّن هو سري يوكتسوار الذي لم أكن قد التقيت به بعد، فإنني لم أشعر بالميل لأن أقبل براناباننداا معلماً لي. ونظرت إليه بارتياب، وأنا غير متأكد ما إذا كان هو ذاته أو نظيره الذي يتربع أمامي. حاول المعلم أن يبدد هواجسي بإلقاء نظرة تبعث

٢ يؤكد علم الفيزياء بطريقته الخاصة صحة القوانين التي اكتشفها اليوغيون من خلال العلوم العقلية. فعلى سبيل المثال، في ٢٦ نوفمبر/تشرين الثاني ١٩٣٤، في الجامعة الملكية في روما، تم إثبات أن الإنسان لديه قوى تلفزيونية، حيث «قام الدكتور جوزيبي كاليغاريس، أستاذ علم النفس العصبي بالضغط على نقاط معينة من جسم أحد الأشخاص فتمكن ذلك الشخص من إعطاء أوصاف دقيقة لأشخاص آخرين على الجانب الآخر من الجدار. وأخبر الدكتور كاليغاريس أساتذة آخرين أنه في حالة تنبيه مناطق معينة على الجلد، يحصل الشخص على انطباعات حسية فائقة تجعله يرى أشياء لا يمكنه الإحساس بها بطريقة أخرى. ولتمكين الشخص من رؤية أشياء على الجانب الآخر من الجدار قام البروفيسور كاليغاريس بالضغط على بقعة على الجانب الأيمن من التجويف الصدري للشخص لمدة خمس عشرة دقيقة. وأضاف أنه إذا تم تنبيه بقع أخرى من الجسم يمكن للأشخاص رؤية أشياء من أي مسافة، بغض النظر عما إذا كانوا قد رأوا تلك الأشياء من قبل.»

على اليقظة الروحية وبالتحدث إليّ بكلمات ملهمة عن معلمه، فقال:

«لقد كان لاهيري مهاسايا أعظم يوغي عرفته في حياتي، بل كان الألوهية ذاتها تجسدت لحماً ودماً.»

وقلت في نفسي: «إن كان باستطاعة التلميذ أن يجسّد جسماً مادياً إضافياً، فأية معجزات لا يقدر معلمه على الإتيان بها؟»

واستطرد قائلاً: «سأخبرك كم هي بالغة الأهمية مساعدة المعلم الروحي. فقد تعودت على أن أمضي كل ليلة ثماني ساعات في التأمل مع تلميذ آخر. كان يتحتم علينا العمل في مكتب سكة الحديد أثناء النهار. وإذ وجدت صعوبة في أداء واجباتي المكتبية فقد رغبت في أن أكرّس كل وقتي لله. وعلى مدى ثماني سنوات ثابرت على صرف نصف ساعات الليل في التأمل. حصلت على نتائج رائعة وأنارت عقلي مدركات روحية عظيمة، غير أن حجاباً رقيقاً ظل يفصل دوماً بيني وبين المطلق اللانهائي. وحتى عندما بذلت جهوداً جادة تفوق طاقة البشر بقيت محروماً من الاتحاد الإلهي الذي لا رجعة فيه ولا افتراق بعده. وذات مساء ذهبت في زيارة إلى لاهيري مهاسايا وتوسلت إليه طالباً شفاعته المقدسة، وواصلت إلحاحي طوال الليل، قائلاً:

«يا معلمي الملائكي، إن عذابي الروحي قوي جداً بحيث لم أعد قادراً على العيش دون رؤية المحبوب الأعظم وجهاً لوجه!» فقال:

«'وماذا يمكنني أن أفعل؟ يجب أن تتأمل بتركيز أعمق.' فقلت:

«'إنني أتوسل إليك ربي وسيدي، يا من أراك متجسداً أمامي في جسم مادي. باركني حتى أبصرك في شكلك اللانهائي!'

«ومد لاهيري مهاسايا يده في إيماءة كريمة قائلاً: 'يمكنك الآن أن تذهب وتتأمل، فقد تشفعت لك مع براهما[٣].'

«عدت إلى منزلي وأنا أشعر بإلهام لا حد له. وفي تأملي تلك الليلة حققتُ هدف حياتي وبلغت غايتي القصوى. والآن أتمتع دون انقطاع بالمعاش الروحي. ومنذ ذلك اليوم لم يبقَ الخالق المغبوط محتجباً عن ناظري خلف أي ستارة من ستائر الخداع والوهم.»

٣ الله في مظهره الخالق. من الأصل السنسكريتي بره - يتمدد. عندما نشر إمرسون قصيدته براهما في مجلة أتلانتيك الشهرية سنة ١٨٥٧ دهش معظم القراء، فضحك إمرسون وقال: «دعهم يقولون 'يهوه' بدلاً من 'براهما' ولن يشعروا بالارتباك.»

تألق وجه برانابانندا بالنور الإلهي، وشعرت بسلام من عالم آخر يدخل قلبي فتبددت كل المخاوف. وقد أطلعني القديس على سر آخر، قال:

«بعد ذلك بعدة شهور عدت إلى لاهيري مهاسايا وحاولت شكره على الإنعام عليّ بالهبة اللامتناهية، ثم ذكرت له أمراً آخر، وقلت:

«يا معلمي الإلهي، لا أستطيع بعد اليوم مواصلة عملي في المكتب، وأرجوك أن تحررني لأن براهما يبقيني في نشوة روحية دائمة. فقال:

«'إذاً اطلب من الشركة كي تمنحك معاشاً.' فأجبت:

«'ولكن بأي سبب أتذرع لا سيما وأنني حديث العهد في العمل لديها؟' فقال:

«'قل ما يخطر لك!'»

«قدّمت في اليوم التالي طلباً، فسألني الطبيب عن أسباب طلبي السابق لأوانه، فأجبت: 'أثناء العمل أختبر إحساساً قوياً يصعد في العمود الفقري[٤] ويتخلل جسمي بكامله مما يجعلني غير قادر على القيام بواجباتي.'»

«وبدون مزيد من الأسئلة أوصى الطبيب بشدة إحالتي إلى المعاش الذي حصلت عليه بعد فترة قصيرة. وإنني أعلم أن إرادة لاهيري مهاسايا المقدسة قد عملت من خلال الطبيب وموظفي سكة الحديد ومن بينهم والدك، فامتثلوا

٤ في التأمل العميق يحصل أول اختبار للروح الإلهي في العمود الفقري ثم في الدماغ. والغبطة الغزيرة تغمر كيان الشخص بالكامل، غير أن اليوغي يتعلم كيف يتحكم بالمظاهر الخارجية للغبطة.

عندما التقينا كان برانابانندا بالفعل معلماً كامل الاستنارة، غير أن الأيام الأخيرة من حياته العملية كانت قبل ذلك بسنوات عديدة، ولم يكن قد ترسخ بعد رسوخاً كاملاً في حالة نربيكالبا سمادهي (راجع الصفحة ٢٩٠ والصفحة ٤٩٢ حاشية). ففي حالة الاستنارة التامة تلك ذات الإدراك الثابت، لا يجد اليوغي أية صعوبة في القيام بأي من واجباته الدنيوية.

وبعد إحالته على المعاش وضع برانابانندا شرحاً عميقاً ومستفيضاً للبهاغافاد غيتا تحت عنوان براناب غيتا، نشر بالهندية والبنغالية.

والقدرة على الظهور في أكثر من جسم واحد هي (قوة يوغية) *siddhi* ورد ذكرها في سوترات اليوغا لـ باتانجالي *Yoga Sutras* (راجع الصفحة ٢٧٩ حاشية). وأما ظاهرة الظهور المزدوج فإنها حدثت للعديد من القديسين على مر العصور. ففي سيرة حياة تريز نيومن *The Story of Therese Neumann* (منشورات Bruce Pub. Co) يصف أ. ب. شيمبرغ عدة مناسبات حيث ظهرت هذه القديسة المسيحية لعدد من الأشخاص البعيدين ممن كانوا في حاجة لمساعدتها وتحدثت إليهم.

تلقائيا لتعليمات المعلم العظيم الروحية، وأخلوا سبيلي كي أحيا باتصال دائم مع المحبوب الإلهي.»

بعد هذا البوح المدهش دخل سوامي براناباننندا حالة من حالات صمته الطويل، وبينما كنت أهمُّ بالانصراف لمست قدميه باحترام فمنحني بركاته وقال:

«إن حياتك مرتبطة بالنسك واليوغا. سأراك مرة ثانية بعد حين مع والدك.» وقد حققت السنون هاتين النبوءتين.[٥]

مشى كيدارنات بابو بجانبي في الظلمة المتكاثفة، فناولته رسالة أبي التي قرأها على ضوء مصباح الشارع، وقال:

«إن أباك يقترح عليّ قبول عمل في مكتبه بشركة سكة الحديد في كلكتا. ما أروع التطلع للحصول على أحد المعاشين، على الأقل، اللذين يتمتع بهما سوامي براناباننندا! ولكن ذلك غير ممكن بالنسبة لي.»

٥ راجع الفصل ٢٧

الفصل ٤

# فراري المُعَوَّق إلى الهملايا

«غادِر غرفة الدراسة لذريعة واهية واستأجر عربة جر، وتوقف في الزقاق بحيث لا يراك أحد من أفراد أسرتي.»

تلك كانت تعليماتي الأخيرة لصديقي في المدرسة الثانوية آمار ميترا الذي نوى مرافقتي إلى الهملايا، وكنا قد اخترنا اليوم التالي للفرار. كانت الاحتياطات ضرورية لأن شقيقي أنانتا كان يراقبني مراقبة دقيقة، وقد صمم على إحباط خطة فراري عندما أدرك مدى استحواذ تلك الفكرة على عقلي. وكانت التميمة تعمل بسكون كخميرة روحية في داخلي، إذ كان يحدوني الأمل في العثور بين ثلوج الهملايا على المعلم العظيم الذي كثيراً ما ظهر لي وجهه في الرؤى.

في تلك الأيام كانت أسرتي تعيش في كلكتا التي كان قد نُقل إليها أبي بصورة دائمة. وبحسب التقليد الأبوي المتبع في الهند، أتى أنانتا بزوجته لتعيش في منزلنا رقم ٤ على طريق غوربار. وهناك في عِليّة صغيرة كنت أستغرق في تأملات يومية وأحضّر عقلي للبحث المقدس.

حل الصباح الذي لا يُنسى مصحوباً بأمطار لا تبشر بالخير. وما أن سمعت صوت عربة آمار في الطريق حتى حزمت على عجل بطانية وصندلاً وقطعتين من القماش للإتزار ومسبحة للصلاة وصورة لاهيري مهاسايا ونسخة من البهاغافاد غيتا، وألقيت بالحزمة من نافذة الطابق الثالث ثم نزلت الدرج بسرعة. ومررت بعمي الذي كان يشتري سمكاً عند الباب، فحدّق بي بارتياب وقال:

«ما وراء كل هذه الإثارة؟»

ابتسمت له ابتسامة لا تفصح عن الكثير وسرت نحو الزقاق، فالتقطتُ حزمتي ولحقت بآمار في حذر تآمري. ثم توجهنا إلى مركز شاندي شوك التجاري لشراء ثياب انكليزية بالنقود التي كنا نوفرها من مصروفنا الشخصي، إذ كنا ندرك أن أخي الفطين قد يقوم بدور رجل التحري، لهذا فكرنا أن نفوقه حذقاً وذكاءً بالتنكر في ثياب أوروبية.

وفي طريقنا إلى المحطة توقفنا لننتظر ابن عمي جوتن غوش الذي كنت أدعوه جاتندا. وكان قد تحوّل حديثاً إلى الطريق الروحي ويرغب في العثور على معلم في الهملايا. فارتدى البذلة الجديدة التي كنا قد جهزناها له. وإذ أحسسنا بالأمل بأننا أصبحنا مموهين على نحو جيد فقد غمر فرح عميق قلوبنا.

أخذتُ رفيقيّ إلى متجر يعرض أحذية ذات نعال مطاطية وقلت:

«إن ما نحتاج إليه الآن هو أحذية من الخيش، إذ ينبغي أن تكون هذه الرحلة المقدسة خالية من منتجات جلدية متحصلة من ذبح الحيوانات. ثم وقفت في الطريق لأنزع الغلاف الجلدي عن كتاب البهاغافاد غيتا، وكذلك السيور الجلدية عن خوذتي الانكليزية الصنع.

في المحطة قمنا بابتياع تذاكر إلى بوردوان حيث خططنا للتحول إلى هردوار عند سفح الهملايا. وما أن انطلق القطار حتى أعربتُ عن بعض التوقعات الرائعة، ونطقت فجأة وبقوة:

«تصوروا أنه سيتم تكريسنا من قِبل المعلمين وكيف أننا سنختبر نشوة الوعي الكوني حيث ستُشحن أجسامنا بمغناطيسية عظيمة مما يجعل حيوانات الهملايا المتوحشة تقترب منا بوداعة. وحتى النمور لن تكون أكثر من قطط منزلية أليفة تنتظر منا الملاطفة والتدليل!»

هذه الملاحظة التي عبّرتْ عن مظهر اعتبرته فاتناً من الناحيتين المجازية والواقعية استدعت ابتسامة متحمسة من آمار، غير أن جاتندا حوّل بصره نحو النافذة حيث المناظر الطبيعية المتسارعة ثم قدّم الاقتراح التالي بعد صمت طويل:

«دعونا نقتسم المال فيما بيننا الثلاثة، إذ يتعين علينا أن يقوم كل واحد منا بابتياع تذكرته الخاصة في بوردوان، وبهذه الطريقة لن يظن أحد في المحطة بأننا هاربون معاً.»

وافقت دون أدنى شك، وعند الغسق توقف بنا القطار في بوردوان، فدخل جاتندا إلى مكتب التذاكر في حين جلست مع آمار على الرصيف. انتظرنا جاتندا خمس عشرة دقيقة ثم قمنا باستفسارات غير مجدية وبحثنا عنه في كل الاتجاهات وناديناه مرددين اسمه بتوجس، لكنه اختفى في الظلام المجهول الذي يغمر المحطة الصغيرة.

فقدت أعصابي بالمرة وقد صُدمت وأُصبت بتخدير غريب، ورحت

أتساءل عن السبب من سماح الله بهذا الحدث المكدّر! فالفرصة القيّمة لفراري الأول، الذي خططت له بعناية بحثاً عنه، قد تشوهت بطريقة قاسية، فقلت منتحباً كالطفل:

«آمار، يجب أن نعود إلى بيتينا. فاختفاء جاتندا القاسي هو نذير سوء. فهذه الرحلة قد كُتب لها الفشل.» فأجابني:

«وهل هذا مدى حبك لله؟ ألا تستطيع احتمال مثل هذا الاختبار البسيط من رفيق مخادع؟»

تشجعت لكلمات آمار عن الامتحان الإلهي وأنعشنا نفسينا بحلوى بوردوان الشهيرة: سيتابوغ (طعام الإلهة) وموتيشور (شذرات اللؤلؤ الحلو). وبعد بضع ساعات توجهنا نحو هردوار عن طريق باريللي. قمنا بتغيير القطار عند موغول سيراي وناقشنا أمراً حيوياً أثناء انتظارنا على الرصيف، فقلت:

«آمار، قد يتم استجوابنا بدقة من قِبل موظفي سكة الحديد، فأخي على درجة كبيرة من الذكاء. ولكن مهما كانت النتيجة لن أتكلم سوى الصدق.» فأجابني:

«إذا حدث ذلك فكل ما أطلبه منك يا موكندا هو أن تلتزم الصمت، دون أن تبتسم أو تضحك وأنا أتكلم.»

وفي تلك اللحظة اقترب مني موظف أوروبي في المحطة ولوّح ببرقية عرفت محتواها على الفور، وقال:

«هل أنت هارب من المنزل في حالة غضب؟» فأجبته:

«لا!»، وقد كنت سعيداً لأن اختياره للكلمات سمح لي بأن أجيب إجابة حاسمة. فليس الغضب، بل الكرب الروحي هو الذي دفعني – كما أعلم – للتصرف بهذه الطريقة المنافية للعادات والتقاليد.

بعدها التفتَ الموظف إلى آمار. والحوار البارع الذي تلا ذلك لم يتح لي الاحتفاظ بالهدوء الجاد الذي نصحني به آمار إلا بصعوبة بالغة.

صاح الرجل بصوت يحمل في تضاعيفه نبرات السلطة: «أين الصبي الثالث؟ هيا، قل الصدق!»

تبسم آمار بوقاحة وهو يجيبه:

« سيدي أرى أنك ترتدي نظارات. ألست ترى أننا اثنان لا غير؟ وأنا لست ساحراً لكي أستحضر لك رفيقاً ثالث.»

بدا الانزعاج واضحاً على الموظف من هذه الصفاقة، فتابع استجوابه من

زاوية أخرى، وقال:
«ما هو اسمك؟»
«أُدعى توماس. إنني ابن لأم إنكليزية وأب هندي متحول إلى المسيحية.»
«وما هو اسم صديقك؟»
«أدعوه تومسون.»

عند تلك اللحظة بلغ طربي الداخلي الذروة فتوجهت دون استئذان صوب القطار الذي كان يصفر استعداداً للمغادرة. وتبعني آمار مع الموظف الذي كان سريع التصديق ولطيفاً لدرجة أنه أجلسنا في مقصورة مخصصة عادة للأوروبيين. وعلى ما يبدو أنه لم يكن مرتاحاً من سفر صبيين نصف انكليزيين في عربات مخصصة للهنود. ثم تركنا وانصرف بلباقة وأدب، فأسندت ظهري إلى المقعد وأطلقت ضحكة مجلجلة، بينما كان الرضا يشع من وجه آمار لتغلبه ببراعة على موظف أوروبي محنك.

وأثناء وقوفي على الرصيف تمكنت من قراءة البرقية التي أرسلها أخي، وكانت على النحو التالي:

«ثلاثة أولاد بنغاليين في ثياب أوروبية هاربون من منازلهم باتجاه هردوار عن طريق موغول سيراي. رجاء توقيفهم لحين حضوري. مكافأة سخية إكراماً لخدماتكم.»

نظرت إلى آمار معاتباً وقلت: «لقد قلت لك ألا تترك في بيتك جداول زمنية محددة؟ من المؤكد أن أخي عثر على إحداها.»

اعترف صديقي بخجل وقد أحس بزخم عبارتي. وتوقفنا قليلاً في باريللي حيث كان دواركا براساد[1] في انتظارنا ومعه برقية من أناننتا. حاول دواركا جاهداً احتجازنا، لكنني أقنعته بأننا فكرنا جيداً قبل اتخاذ قرار فرارنا. وكما في مرة سابقة، لم يقبل دعوتي للمضي إلى الهملايا.

عندما توقف قطارنا تلك الليلة في إحدى المحطات كنت شبه نائم، وقد قام موظف آخر بإيقاظ آمار وراح يستجوبه. وبالمثل وقع هذا الموظف ضحية حكاية المولد المختلط لكل من «توماس وتومسون». بعدها سار بنا القطار بظفر إلى هردوار فوصلنا عند الفجر حيث ظهرت الجبال الشاهقة تدعونا

١ ورد ذكره في الصفحة ٤٠

عن بُعد لارتيادها، فدخلنا المحطة بسرعة واندمجنا بحرية مع حشود المدينة. وكان أول ما قمنا به هو استبدال ملابسنا الأوروبية بالثياب الوطنية. ولأن أنانتا عرف بكيفية ما بتنكرنا في زي أوروبي فقد انتابني شعور داخلي بأننا سنقع في الأسر.

رأينا من الصواب مغادرة هردوار على الفور، فابتعنا تذكرتين للانطلاق شمالاً إلى ريشيكيش، وهي أرض قدّستها منذ زمن بعيد أقدام العديد من المعلمين. كنت قد صعدت فعلاً إلى القطار في حين كان آمار لا يزال على الرصيف، وإذ به يتوقف فجأة تلبية لأمر أحد ضباط الشرطة. اقتادنا حارسنا غير المرحب به إلى مخفر شرطة واستلم نقودنا، وقد أوضح لنا بأدب أن من واجبه الاحتفاظ بنا لحين وصول أخي الأكبر.

وحين أدرك أن وجهتنا كانت الهملايا روى لنا الضابط قصة غير عادية، قال:

«أرى أنكما مهووسان بالقديسين! لكن أعينكم لن ترى واحداً من رجال الله أعظم من الذي رأيته بالأمس. فقد التقيت به مع أخي الضابط منذ خمسة أيام عندما كنا نقوم بدورية قرب نهر الغانج بحثاً عن أحد القتلة. وكانت التعليمات لنا هي أن نقبض عليه حياً أو ميتاً. ولما كنا نعرف أنه يتخفى في زي سادهو (ناسك) كي يسلب الحجاج، فقد لمحنا على بعد خطوات منا شخصاً تشبه أوصافه أوصاف المجرم الذي نبحث عنه. وإذ تجاهل أمرنا له بالوقوف ركضنا خلفه كي نوقفه بالقوة. وما أن اقتربت من ظهره حتى ضربته ضرة قوية ببلطتي فكاد ذراعه الأيمن ينفصل بالكامل عن جسده. وبدون أن يصرخ أو ينظر إلى الجرح المرعب، ولدهشتنا واصل الشخص الغريب خطواته الحثيثة. وعندما قفزنا أمامه قال بهدوء:

«'أنا لستُ القاتل الذي تبحثون عنه.'

«وأحسست بالخزي وبصدمة كبيرة للتسبب في إيذاء حكيم تشع أنوار القداسة من محياه. فارتميت عند قدميه ملتمساً منه الصفح والمغفرة. وناولته عمامتي كي يضمد بها الدماء المتدفقة بغزارة، فخاطبني بلطف وقال:

«'يا بني، هذا كان مجرد خطأ مفهوم من جانبك. امضِ في حال سبيلك ولا تلم نفسك، فالأم الإلهية المحبوبة سوف تعتني بي!' ثم دفع ذراعه المدلى في جذعه، ويا للدهشة! فقد التصق الذراع في مكانه وتوقف النزيف بكيفية يصعب تفسيرها، وخاطبني القديس قائلاً:

«’تعالَ إلى تلك الشجرة في غضون ثلاثة أيام وستجدني قد شفيت تماماً، ولن يؤنبك ضميرك بعد ذلك.‘

«والبارحة ذهبت مع أخي الضابط بلهفة إلى المكان المحدد فوجدنا السادهو هناك وقد سمح لنا بفحص ذراعه الذي لم تكن عليه ندبة أو أثر للأذى! وقد باركنا وهو يغادر مسرعاً، وقال:

«’إنني في طريقي إلى خلوات الهملايا عن طريق ريشيكيش.‘

«وإنني أشعر بأن حياتي قد تباركت فعلاً وسمَتْ بفضل قداسته.»

واختتم الضابط حديثه بعبارات تنطوي على التقوى والورع، وعلى ما يبدو أن اختباره قد هز أعماقه وترك أثراً كبيراً في نفسه. وبلفتة مثيرة للإعجاب ناولني قصاصة مطبوعة عن المعجزة. وكما في الأخبار الصحفية التي تتعمد الإثارة (والتي مع الأسف لا تخلو منها حتى الهند) فقد كان تقرير المراسل مبالغاً فيه بعض الشيء، إذ ذكر أن رأس السادهو قد انفصل تقريباً عن جسده!

تأسفت مع آمار لعدم لقائنا باليوغي العظيم الذي بمقدوره الصفح عن معذبه على غرار السيد المسيح. فالهند التي عانت من الفقر المادي على مدى القرنين المنصرمين ما زالت تتوفر على ثروة مقدسة لا تنضب. «فناطحات السحاب» الروحية يمكن - بين الحين والآخر - أن يقابلها الدنيويون، من أمثال ذلك الشرطي، على جانب الطريق.

شكرنا الضابط لتخفيفه الملل عنا بقصته المدهشة. وربما كان يوحي بأنه أسعد منا حظاً، لأنه التقى بقديس مستنير دون مجهود. وهكذا انتهى بنا التجوال ليس عند أقدام معلم روحي، بل في مخفر شرطة خشن وجاف!

كنا قريبين جداً من الهملايا، وفي نفس الوقت بعيدين جداً عنها بسبب الأسر، فقلت لآمار أنني أحس برغبة مضاعفة لالتماس الحرية. ثم ابتسمت مشجعاً وقلت له:

«دعنا نهرب عندما تسنح الفرصة، إذ يمكننا الذهاب إلى ريشيكيش المقدسة سيراً على الأقدام.»

لكن رفيقي تحوّل إلى متشائم عندما أُخِذتْ منا دعامتنا المالية وقال:

«لو بدأنا برحلة فوق أرض تكتنفها غابة خطيرة لن نصل إلى مدينة القديسين، بل ستكون نهايتنا في بطون النمور!»

وصل أنانتا وأخو آمار بعد ثلاثة أيام، فحيّا آمار قريبه بمودة وارتياح،

لكنني لم أكن مرتاحاً نفسياً فلم يحصل أنانتا مني إلا على توبيخ شديد، فراح يطيّب خاطري بقوله:

«إنني أشعر بشعورك، وكل ما أطلبه منك هو مرافقتي إلى بنارس لبضعة أيام لزيارة أحد القديسين ثم الذهاب إلى كلكتا لزيارة والدنا الحزين، ويمكنك بعد ذلك استئناف بحثك عن معلم روحي.»

ولمجرد أن شعر آمار بالدفء العائلي شارك في الحديث ليعلن تنصله من أية رغبة في العودة معي إلى هردوار. أما أنا فقد كنت أعلم بأنني لن أتخلى أبداً عن البحث عن معلمي.

ارتحلت مجموعتنا بالقطار إلى بنارس حيث حصلت على استجابة فريدة وعاجلة لابتهالاتي.

كان أنانتا قد دبّر خطة حاذقة. فقبل أن يقابلني في هردوار توقف في بنارس ليطلب من عالم ديني كي يجري معي مقابلة فيما بعد. وقد وعد ذلك العالِم (الबانديت) وابنه بأن يقوما بإقناعي بالعدول عن طريق النسك.

أخذني أنانتا إلى منزلهما، فحيّاني الابن، وهو شاب شديد الحماس، في فناء الدار وراح يلقي عليّ محاضرة فلسفية مطوّلة. وإذ كان يدعي معرفة غيبية بمستقبلي فانه قاوم فكرتي في أن أصبح راهباً، بقوله:

«سيحالفك الحظ السيء على الدوام ولن تفلح في العثور على الله إن أنت أهملت مسؤولياتك العادية، ولن تفلت من كارماك[٢] السابقة دون اختبارات دنيوية.»

وعلى الفور تسارعت إلى لساني كلمات خالدة من البهاغافاد غيتا (٩: ٣٠ ـ ٣١)، فقلت مستشهداً بها:

«حتى الذي له أسوأ كارما يفقد سريعاً آثار أعماله السيئة الماضية إن هو واصل التأمل عليّ دون انقطاع. وإذ يصبح كائناً متقدماً روحياً فإنه يحصل عن قريب على سلام دائم. فاعلم يا أرجونا علم اليقين أن المتعبد الذي يضع ثقته فيّ لا يهلك أبداً.»

لكن تكهنات الشاب القوية زعزعت يقيني بعض الشيء فتوسلت بصمت إلى الله من أعماق قلبي:

٢ الكارما هي نتائج الأعمال الماضية في هذه الحياة أو في تجسد سابق، وهي من الأصل السنسكريتي كري، "يفعل".

«أسألك أن تبدد حيرتي وتستجيب لي هنا وفي هذه اللحظة. عرّفني إن كنت تريدني أن أعيش حياة النسك أو حياة رجل دنيوي!»

ولاحظت ناسكاً بهي الطلعة يقف بالقرب من الفناء الخارجي لمنزل البانديت، وعلى ما يبدو أنه كان يستمع للمحادثة الحادة بيني وبين مدعي علم الغيب لأنه ناداني كي أدنو منه فأحسست بقوة عظيمة منبثقة من عينيه الهادئتين، وقال لي:

«يا بني، لا تلقِ بالاً ولا تصغِ لذلك الشخص الجاهل. فاستجابة لتوسلاتك طلب مني الله كي أؤكد لك بأن النسك هو طريقك الأوحد في هذه الحياة.»

وبدهشة وامتنان تبسمت بسرور لهذه الرسالة الحاسمة.

ناداني «الجاهل» من فناء المنزل وقال: «ابتعد عن ذلك الرجل!»

أما مرشدي القديس فقد رفع يده مباركاً وغادر بهدوء.

وقال البانديت الأشيب وهو يرمقني بحزن:

«ذلك السادهو هو مجنون مثلك. إذ سمعت أنه هو أيضاً قد غادر منزله في بحث غامض عن الله.»

التفتُ إلى أنانتا لأخبره بأنني لن أواصل هذا النقاش مع مضيفينا، فوافقني أخي المثبَّط على الرحيل الفوري. وبعد ذلك بقليل ركبنا القطار الذي انطلق بنا إلى كلكتا، وأثناء عودتنا إلى المنزل نفّست عن فضولي الشديد بقولي: «يا حضرة رجل التحري، كيف علمت بهروبي مع رفيقين؟»

أجابني وهو يبتسم بدهاء: «في مدرستك وجدت أن آمار ترك غرفة الصف ولم يعد، فذهبت إلى منزله في الصباح التالي وعثرت بين أوراقه على جدول مواعيد عليها ملاحظات، في حين كان والده يغادر المنزل في عربة ويقول للحوذي متأوهاً: «لن يركب معي ابني لمدرسته هذا الصباح، فهو قد اختفى!»

فأجابه الحوذي: «سمعت من أخ لي في المهنة أن ابنك مع اثنين آخرين في ثياب أوروبية استقلوا القطار في محطة هاورا، وقد أعطوا أحذيتهم الجلدية كهدية لسائق العربة!»

وتابع أنانتا القول: «وهكذا توفرت لديّ ثلاثة أدلة: جدول المواعيد، ثالوث الأولاد، والملابس الإنكليزية.»

كنت أصغي لتصريحات أنانتا بمزيج من الفرح والاستياء؛ فسخاؤنا لسائق العربة كان في غير محله بعض الشيء!

واستطرد أنانتا قائلاً: «بالطبع سارعت إلى إرسال برقيات لموظفي المحطات في كل المدن التي وضع آمار خطاً تحتها في جدول المواعيد، بما في ذلك باريللي، لذلك أرسلت برقية إلى صديقك دواركا هناك. وبعد استفسارات في حيّنا بكلكتا علمت أن ابن العم جاتندا قد تغيّب عن منزله لليلة واحدة ثم عاد في الصباح التالي بملابس أوروبية. ذهبت لمقابلته ودعوته لتناول العشاء فقبل الدعوة بعد أن بددت شكوكه بطريقتي الودية. وفي الطريق أخذته دون أن يداخله الشك إلى مخفر شرطة فأحاط به عدد من الضباط الذين كنت قد اخترتهم سلفاً لمظهرهم المخيف، وتحت نظراتهم المرعبة وافق جاتندا على أن يشرح السبب من وراء تصرفه الغامض، فقال:

«'بدأتُ رحلتي للهملايا بنفسية عالية ومزاج روحي، وشعرت بالإلهام لمجرد التفكير بملاقاة المعلمين، ولكن ما أن قال موكندا 'أثناء نشواتنا الروحية في كهوف الهملايا ستتذهل النمور وتجلس حولنا كما لو كانت قططاً أليفة' حتى هبطت معنوياتي وتشكلت حبات العرق على جبيني ورحت أفكر 'ماذا لو أن طبيعة النمور الشريرة لم تتبدل بفعل قوة نشوتنا الروحية، فهل ستعاملنا عندئذ بملاطفة القطط المنزلية؟' وفي الواقع تصورت نفسي بعيني عقلي نزيلاً قسرياً في معدة أحد النمور، وقد أكرهت على دخولها ليس دفعة واحدة بل على دفعات من عدة أجزاء!'»

ضحكتُ وقد تلاشى غضبي بسبب اختفاء جاتندا. فهذا التوضيح المضحك للغاية على ظهر القطار كان يساوي كل الحزن الذي عانيته بسببه. ولا بد أن أعترف بشعور بسيط من الرضا، إذ أن جاتندا لم ينجُ أيضاً من مواجهة مع رجال الشرطة. وقلت لأخي:

«أنانتا[٣]، إنك رجل تحرٍ بسليقتك.» لم تكن نظرتي المضحكة خالية من بعض الانزعاج، فأضفت قائلاً: «لا بد أن أخبر جاتندا أن قراره لم يكن مدفوعاً بالغدر، بل بغريزة حب البقاء!»

في منزلنا بكلكتا طلب مني والدي بكلمات مؤثرة كي أضع حداً لتجوالي إلى أن أنهي دراستي الثانوية على الأقل. وكان قد اتصل في غيابي بعالم

٣ كنت أخاطبه دوماً (أنانتا - دا) و [دا] هي لاحقة تدل على الاحترام وتستعمل في مناداة الأخ الأكبر في الأسر الهندية من قبل الذين يصغرونه سناً.

روحيّ الطباع هو سوامي كيبالانندا[٤] ودبّر معه بمودة الترتيبات اللازمة للحضور إلى بيتنا بانتظام قصد تعليمي، وقال والدي بثقة: «هذا الحكيم سيعلمك السنسكريتية.»

كان أبي يأمل في إشباع أشواقي الدينية بالحصول على التعليم من فيلسوف راسخ في المعرفة، ولكن القدر أراد شيئاً آخر. فمعلمي الجديد بدلاً من تقديم تعاليم عقلية جافة وقاحلة ألهب جمر طموحي للتعرف على الله. ولم يكن أبي يعلم أن سوامي كيبالانندا هو أحد تلاميذ لاهيري مهاسايا المتقدمين روحياً. فالمعلم المنقطع النظير كان له آلاف التلاميذ الذين انجذبوا إليه بصمت بفعل مغناطيسيته المقدسة التي لا تُقاوَم. وفيما بعد علمت أن لاهيري مهاسايا غالباً ما كان يصف كيبالانندا بالحكيم المستنير.

الوجه الوسيم لأستاذي الجديد كانت تزينه تجاعيد كثيفة من الشعر، وكانت عيناه السوداوان بصفاء وبراءة عيون الأطفال. وكان التبصّر الهادئ يميّز حركات جسمه النحيف. وكان محباً، رقيق الطباع، وراسخاً على الدوام في الوعي اللانهائي. وقد أمضينا العديد من ساعاتنا السعيدة في تأمل الكريا العميق.

كان كيبالانندا مرجعاً مشهوراً في أسفار الشاسترا القديمة أو الكتب المقدسة. وقد أكسبه تبحّره لقب (شاستري مهاسايا) وهو اللقب الذي كان غالباً ما ينادى به. لكن تقدمي في تحصيل المعرفة باللغة السنسكريتية كان أقل من أن يُذكر. وكنت أتحيّن كل فرصة لتترك القواعد المملة لهذه اللغة والتحدث بدلاً من ذلك عن اليوغا وعن لاهيري مهاسايا. وفي أحد الأيام تكرّم عليّ أستاذي وأخبرني عن جانب من حياته مع معلمه، قال:

«من حسن حظي الكبير تمكنت من البقاء بقرب لاهيري مهاسايا لعشر سنوات. وكان منزله في بنارس مزاري الذي أقصده كل مساء. المعلم كان حاضراً على الدوام في ركن أمامي صغير من الطابق الأول. وإذ كان يجلس في وضع اللوتس، فوق مقعد خشبي بدون ظهر، كان تلاميذه يجلسون حوله

٤ عند لقائنا لم يكن كيبالانندا قد التحق بسلك السوامي، وكان عادة يدعى «شاستري مهاسايا.» ولتفادي الخلط بين لاهيري مهاسايا والمعلم مهاسايا (الفصل ٩) قررت الإشارة إلى أستاذي في السنسكريتية فقط باسمه النسكي سوامي كيبالانندا، وقد نُشرت سيرة حياته بالبنغالية. وُلد سنة ١٨٦٣ في منطقة خولنا بالبنغال وتوفي وهو في عمر السادسة والثمانين في بنارس، وكان اسم عائلته أشوتوش تشاترجي.

في نصف دائرة. وكانت عيناه تومضان وترقصان بالفرح الإلهي. كما كانتا دائماً نصف مغمضتين تنفذان من خلال العين التلسكوبية الباطنية إلى أقطار من الغبطة الأبدية. ونادراً ما كان المعلم يتحدث بإسهاب، بل كان بصره يستقر على أي تلميذ بحاجة إلى المعونة فتنسكب كلماته الشافية إذ ذاك كفيض من النور.

«كان يزهر في داخلي سلام يعصى على الوصف لمجرد نظرة المعلم إليّ. وكان عبيره يسري في كياني كما لو كان متضوعاً من لوتس الخلود. وكان وجودي بقربه لعدة أيام حتى دون النطق بكلمة واحدة اختباراً غيّر مجرى حياتي بكامله. وإن اعترض طريق تركيزي الذهني عائق غير منظور كنت أتأمل عند قدمي المعلم، حيث كنت أتمكن دون عناء من بلوغ أدق الحالات الروحية وأحس بها في أعماق كياني، مع أن ذلك كان متعذراً في حضرة غيره من المعلمين الأقل شأناً. لقد كان المعلم هيكلاً حياً لله وكانت أبوابه السرية تفتح لجميع التلاميذ بواسطة الإخلاص والمحبة التعبدية.

«لم يستعن لاهيري مهاسايا بالكتب لتفسير الأسفار المقدسة، بل كان يغوص في 'المكتبة الإلهية' دون مجهود فيتدفق زبد القول ورذاذ الفكر من فوّارة علمه الكوني. لقد كان يمتلك مفتاحاً عجيباً يستخدمه لفتح مغاليق الفلسفة العميقة المستقرة في خزائن الفيدات[٥] منذ أجيال. وعندما كان يُسأل عن وصف مستويات الوعي المختلفة بحسب ما جاء في الكتب القديمة، كان يقبل بابتسامة ويقول:

«'سأختبر الآن بنفسي تلك الحالات وأخبركم بعد قليل بما أحسه.'

«وبهذه الكيفية كان يختلف كلياً عن أولئك المعلمين الذين يحفظون النصوص الدينية عن ظهر قلب ثم ينشرون مفاهيم مجرّدة لم يختبرونها

٥ تتألف الفيدات الأربع القديمة من أكثر من مائة من الكتب المقدسة التي لا زالت باقية حتى اليوم. وقد أشاد إمرسون في يومياته بالفكر الفيدي على النحو التالي: «إنه مهيب كالحرارة والليل والمحيط الهائج. وهو يضم في تضاعيفه كل عاطفة دينية وكل الآداب العظمى التي تميز كل عقل شعري نبيل... لا جدوى من التخلي عن الكتاب. فلو انطلقتُ في الغابات أو جلست في قارب فوق مياه البحيرة فإن الطبيعة ستجعل مني برهاماً على الفور. تلك هي ضرورة أزلية وتعويض أبدي وقوة لا يسبر غورها وصمتٌ غير مقطوع — تلك هي عقيدة [الفيدات] التي تقول لي بأن السلام والنقاء والترك المطلق هي العلاجات التي تكفر عن كل خطيئة وتأتي بك إلى نعيم الآلهة الثمانية.»

بأنفسهم.

«وكان المعلم القليل الكلام ينصح أحيانا التلاميذ القريبين منه بالقول: 'أرجو أن تفسروا الفقرات المقدسة كما يتبادر معناها إلى ذهنكم. سوف أوجّه تفكيركم كي تتلفظوا بالتفسير الصحيح.' وبهذه الكيفية تم تدوين الكثير من مدركات لاهيري مهاسايا مع تعليقات مستفيضة بواسطة العديد من المريدين.

«لم ينصح المعلم أبداً بالاعتقاد الأعمى، بل كان يقول: 'الكلمات هي مجرد أصداف. تيقنوا من حضور الله عن طريق اتصالكم المغبوط به في التأمل.'

«ومهما كانت المشكلة التي تواجه التلميذ، كان المعلم ينصح بممارسة الكريا يوغا لحلها، ويقول:

«'لن يفقد المفتاح اليوغي فاعليته عندما لا أكون موجوداً في الجسد لأرشدكم؛ فهذا الفن لا يمكن طيه وتخزينه ونسيانه على نحو الإلهامات النظرية. واصلوا السير دوماً على طريق التحرر باستخدام طريقة الكريا التي تكمن قوتها في الممارسة'.»

وختم كيبالانندا حديثه بهذه الشهادة القلبية الصادقة:

«إنني أعتبر الكريا أكثر الوسائل تطوراً وفعالية للخلاص بالمجهود الذاتي الذي يبذله الإنسان في بحثه عن المطلق اللانهائي. فباستخدام الكريا تجسّد الإله الكلي القدرة، المحتجب في كل البشر، بصورة حية في جسم لاهيري مهاسايا وفي عدد من تلاميذه.»

وحدثت معجزة شبيهة بمعجزات السيد المسيح على يد لاهيري مهاسايا في حضور كيبالانندا. فذات يوم روى لي أستاذي التقي القصة وعيناه بعيدتان عن النصوص السنسكريتية الموضوعة على الطاولة أمامنا، قال:

«أثار شفقتي الفعلية تلميذ ضرير يدعى رامو. فهل ينبغي له أن يُحرم من رؤية النور في حين كان يخدم بأمانة معلمنا الذي كانت الألوهية تتوهج في داخله؟ ففي صباح أحد الأيام حاولت التحدث إلى رامو، لكنه ظل جالساً لساعات يهوّي للمعلم، بصبر وأناة، بمروحة مصنوعة يدوياً من سعف النخيل. وحالما ترك ذلك المريد الغرفة تبعته وسألته:

«منذ متى يا رامو وأنت كفيف البصر؟» فأجاب:

«'منذ ولادتي يا سيدي! فعيناي لم تتباركان أبداً برؤية الشمس.' فقلت:

«'إن معلمنا الكلي القدرة يستطيع مساعدتك. أرجو أن تلتمس عونه.'

«في اليوم التالي اقترب رامو بحياء من لاهيري مهاسايا وقد أحس التلميذ ببعض الخجل لأن يلتمس من المعلم ترفاً مادياً يضاف إلى ما يتمتع به من وفرة روحية.

رامو: «'يا معلمي، إن من ينير الكون يسكن بداخلك، وأتوسل إليك أن تأتي بنوره إلى عيني لكي أرى وهج الشمس الأقل سطوعا.'

المعلم: «'رامو لا بد أن أحداً دبّر أمراً ما لإحراجي، فأنا لا أملك قوة شفاء.'

رامو: «'سيدي، إن الواحد اللانهائي الذي في داخلك قادر حقاً على الشفاء.'

المعلم: «'هذا بالتأكيد أمر آخر يا رامو، فالله لا حد ولا انتهاء له. فالذي يشعل النجوم ويضيء خلايا الجسم بألق الحياة الخفي يقدر بالتأكيد على الإتيان لعينيك ببريق البصر.'

«ثم لمس المعلم جبهة رامو بين الحاجبين[٦]، وقال: 'احصر ذهنك في هذه النقطة، وردد اسم النبي راما[٧] لسبعة أيام بوتيرة متكررة، وسوف يشرق عليك بهاء الشمس بكيفية رائعة.'

«ويا للعجب! فقد تم ذلك في أسبوع واحد. ولأول مرة رأى رامو وجه الطبيعة الجميل. فالسيد الكلي المعرفة وجّه بشكل لا يخطئ تلميذه كي يردد اسم راما الذي كان يحبه أكثر من كل القديسين الآخرين. وكان إيمان رامو بمثابة التربة المحروثة بإخلاص ومحبة والتي نمت فيها بذرة المعلم القوية للشفاء الدائم.»

صمَتَ كيبالانندا للحظة ثم أثنى مرة ثانية على معلمه، وقال:

«كان واضحاً في كل المعجزات التي قام بها لاهيري مهاسايا أنه لم يسمح

٦ النقطة التي بين الحاجبين هي مركز العين الواحدة أو الروحية. وعند الوفاة ينسحب وعي الشخص إلى هذه النقطة المقدسة مما يفسر ملاحظة ارتفاع الأعين عند الموتى.

٧ راما هو الشخصية المركزية المقدسة في الملحمة السنسكريتية: الراميانا.

أبداً لمبدأ الأنا[8] بأن يعتبر ذاته القوة السببية للشفاء. ولكن بالتسليم الكامل والتام الذي لا يقاوَم، سمح المعلم لقوة الشفاء الأساسية بالانسياب بحرية من خلاله.

«الأجسام العديدة التي شفاها لاهيري مهاسايا علانية وبكيفية مذهلة أصبحت في النهاية وقوداً لنيران المحارق، لكن اليقظات الروحية التي أحدثها، والتلاميذ المستنيرين الشبيهين بالمسيح الذين درّبهم هم في الحقيقة معجزاته الخالدة.»

لم أصبح أبداً عالماً بالسنسكريتية لأن كيبالانندا لقنني علماً أسمى وأكثر قدسية.

٨ مبدأ الذاتية أو الأنا \أهانكارا\ التي تعني حرفياً «أنا الذي أفعل»، هو أساس الثنائية أو الانفصال الوهمي الظاهري بين الإنسان وخالقه. وهو يدفع الإنسان إلى قبضة مايا\الخداع الكوني حيث تظهر الذاتية من قبيل الخطأ ككائن فاعل، وحيث تتوهم المخلوقات بأنها الخالقة (راجع الصفحة ٧٠ حاشية، والصفحتين ٣٢٢ و ٣٢٣ والصفحة ٣٣٢ حاشية.) فيما يلي ترجمة لبعض الفقرات من البهاغافاد غيتا التي ترجمها [من السنسكريتية إلى الإنكليزية] أدوين آرنولد Edwin Arnold:

من ذاتي لا أفعل شيئاً!\
هكذا سيفكر من يعتصم بحقيقة الحقائق...\
إنه مطمئن على الدوام، ويدرك أن\
«هذا العالم هو عالم الحواس الذي يتفاعل مع الحواس» (٥: ٨-٩).\
من يعلم أن الأعمال أعدّتها الطبيعة لتدريب النفس\
مع أن النفس ليست هي الفاعل\
هو إنسان مستنير. (١٣:٢٩)\
ومع أنني لا أولد ولا أموت ولا أفنى،\
لكنني أنا سيد الكائنات – لا أقل من ذلك.\
بالوهم الكوني، وبسحري الذي أدمغ به\
صور وأشكال الطبيعة غير المستقرة...\
آتي وأمضي ثم آتي ثانية (٤:٦).\
إنه لمن العسير خرق الحجاب المقدس\
المكوّن من مشاهد عديدة تحجبني عن الأنظار،\
لكن الذين يعبدونني يخترقون ذلك الحجاب ويعبرون إلى ما وراءه. (٧:١٤)

**سوامي كيبالانندا**

مدرّس السنسكريتية المحبوب ليوغانانداجي

**بيت يوغانانداجي في مرحلة الطفولة**

مسكن كلكتا الذي غادره ليصبح ناسكاً

الفصل ٥

# «قديس عطور» يعرض معجزاته

«لكل شيء أوان، ولكل أمر تحت السماء زمان.»[1]

لم أمتلك حكمة سليمان هذه لتواسيني، فتطلعت حولي، كما في كل رحلة قصيرة خارج المنزل، بحثاً عن وجه معلمي المقدر لي. لكنني لم أقابله إلا بعد تخرجي من المدرسة الثانوية.

انقضت سنتان منذ محاولتي الفرار مع آمار إلى الهملايا وحتى اليوم العظيم الذي بزغ به سري يوكتسوار في أفق حياتي. وخلال تلك الفترة التقيت العديد من الحكماء: «قديس العطور»، و«سوامي النمور»، وتاجندرانات بهادوري، والمعلم مهاسايا، و العالم البنغالي الشهير جاغادس تشاندرا بوز.

قبيل لقائي بـ «قديس العطور» حدث لي أمران: أحدهما توافقي والآخر فكاهي.

«الله بسيط وكل ما عداه معقّد، فلا تلتمس قيماً مطلقة في عالم الطبيعة النسبي.»

تناهت إلى مسمعي هذه الكلمات الفلسفية بينما كنت أقف صامتاً أمام تمثال في معبد كالي[2]. وإذ التفتُّ أبصرت رجلاً مديد القامة كان رداؤه أو افتقاره إليه ينبئ بأنه سادهو (ناسك) متجول، فتبسمت بامتنان وقلت:

«لقد نفَذتَ بالفعل إلى صميم أفكاري الحائرة! فالتشابك والاختلاط في مظاهر الطبيعية اللطيفة والعنيفة، كما ترمز إليها كالي، قد حيّر عقولاً تفوقني فطنة ومعرفة!» فأجاب:

«قلائل هم القادرون على تفسير غموضها! فالخير والشر هما لغز صعب

١ جامعة ٣:١

٢ تمثل كالي العنصر الأزلي في الطبيعية، وتُصوَّر تقليدياً على أنها امرأة بأربعة أذرع وتقف فوق شكل الإله شيفا أو الكائن اللانهائي، لأن الطبيعة، أو عالم الظواهر، متأصلة في الروح الكوني المحتجب. الأذرع الأربعة تمثل الصفات الأساسية: اثنتان رحيمتان، واثنتان مدمرتان، للدلالة على الثنائية اللازمة لعالم المادة أو الخليقة.

كلغز أبي الهول الذي تضعه الحياة أمام كل عقل. وإذ لا يحاول معظم الناس العثور على الحل فإنهم يضحّون بحياتهم لأن العقاب هو نفسه الذي كان يطبق أيام مدينة طيبة. ولكن بين الحين والآخر يظهر هنا وهناك شخص يتحدى الفشل ولا يعترف بالهزيمة فيقطف من الوهم الكوني مايا[٣] حقيقة الوحدة التي لا تتجزأ.»

قلت: «إنك تتكلم عن قناعة يا سيدي.»

فقال: «منذ وقت بعيد طبّقت بأمانة وإخلاص فحصاً ذاتياً دقيقاً. وهي طريقة حادة ومؤلمة للتوصل إلى الحكمة. ففحص الذات ومراقبة المرء لأفكاره دون هوادة هو اختبار محطم يسحق الأنا والغرور مهما بلغا من القوة والعناد. ومع ذلك فإن التحليل الذاتي الصادق يعمل بدقة وينتج حكماء. أما طريقة 'التعبير الذاتي' وإعجاب الشخص بنفسه فيأتياننا بأنانيين يثقون بأن لهم الحق في تفسيرهم الخاص لله والكون.»

كنت أستمتع بهذا النقاش، فقلت: «لا شك أن الحقيقة تنسحب بتواضع من أمام ''أصالة'' كهذه نابعة من الصلف والكبرياء!»

فقال: «لا يستطيع الإنسان فهم حقيقة خالدة ما لم يحرر ذاته من قيود التظاهر والادعاء. فالعقل البشرى الملطخ بأوحال الدهور يعج بالأوهام الدنيوية التي تعافها النفس: أهواء وشهوات لا حصر لها، بحيث أن الكفاح في ساحات القتال لا يُذكر مقارنة بمواجهة الأعداء الباطنيين! فهؤلاء ليسوا خصوماً عاديين يمكن قهرهم بالعدة والعتاد! فهم دائمو الحضور والإقلاق، ويتعقبون الإنسان حتى أثناء نومه. هؤلاء الجنود هم شهوات الجهل الخبيثة

٣ الوهم الكوني أو (مايا *Maya*) يعني «حافظ الأوزان والمقاييس» هو القوة السحرية في الخليقة والتي بواسطتها تبدو الحدود والتقسيمات في الذي لا حدود له ولا قياس ولا انقسام.
لقد نظم أمرسون القصيدة التالية بعنوان مايا:

الخداع يعمل بكيفية يصعب فهمها
والنفاذ إلى كنهها،
ويحوك أنسجة لا تُعد ولا تحصى:
فصوره الزاهية هي دائمة الظهور
وتزحم وتحجب بعضها بعضا.
وكل من يصدق هذا الوهم الكوني
تنطلي الحيلة عليه ويصبح عقله مسحورا.

ومجهزون بأسلحة فتاكة، ويعملون على القضاء علينا جميعاً. والإنسان الذي يطمر مثله العليا ويستسلم للمصير الجماعي هو غبي وطائش، بل هو عاجز، متحجر، وخانع.»

وسألته: «ألا تتعاطف مع الجماهير الذاهلة الغافلة يا سيدي؟»

صمت الحكيم لبرهة قصيرة ثم أجاب بطريقة غير مباشرة:

«من المحيّر أحيانا أن تحب الله غير المنظور- مصدر كل خير ومكرمة - وتحب أيضاً الإنسان المنظور الذي يبدو مفتقراً تماماً إلى تلك المزايا النبيلة. غير أن البراعة كفيلة بحل المشكلة. فالبحث الباطني يكشف على الفور عن وحدة البشر: وحدة الدوافع الذاتية على الأقل، فتبدو للعيان الإخوة الإنسانية. ومع هذا الاكتشاف المهين لنفس الإنسان يأتي تواضع مذهل يبلغ منتهاه في تعاطف المرء مع بني جنسه الذين ليسوا على دراية بالقوى الروحية الشافية التي في انتظار التنقيب عنها واكتشافها.»

فقلت: «إن قديسي كل العصور قد أحسّوا بما تشعر به يا سيدي نحو أحزان ومآسي العالم.»

لانَ وجه السادهو المتجهم بشكل ملحوظ وقال:

«الإنسان السطحي هو وحده الذي يفقد التعاطف مع أحزان الآخرين والاستجابة لمعاناتهم، في الوقت الذي يغوص في آلامه الشخصية الضيقة.»

واستطرد قائلاً: «إن من يستخدم مبضعاً لتشريح ذاته سيعرف أفقاً رحباً من التعاطف العالمي وسيحرز تحرراً من مطالبه الذاتية التي تصم أذنيه. إن حب الله يزهر في مثل تلك التربة. أخيراً يتوجه المخلوق إلى خالقه، ولو لسبب واحد فقط وهو السؤال بحسرة ولوعة: 'لماذا يا رب. لماذا؟' وهكذا تدفع سياط الألم المرير الإنسان باتجاه الوجود اللانهائي الذي ينبغي لجماله وحده أن يغريه ويجذبه.»

كنت موجوداً مع الحكيم في معبد كاليغات بكلكتا الذي ذهبت إليه لأشاهد روعته المشهورة، لكن رفيقي الذي قابلته بالصدفة صرف النظر عن ذلك البهاء المزخرف، قائلا: «القرميد والملاط لا قدرة لهما على إسماعنا ألحان ونغمات، فالقلب لا ينفتح إلا على أنشودة الوجود الإنساني.»

تمشينا نحو مدخل المعبد حيث أشعة الشمس الجذابة وحشود المتعبدين تمر جيئة وذهابا، فتفحصني الحكيم بإمعان ثم قال:

«إنك ما زلت فتياً، والهند أيضاً حديثة العهد. والحكماء القدامى (الريشيز)[٤] وضعوا أسساً ونماذج للحياة الروحية لا تقوى عليها يد الزمن. ولا زالت تعاليمهم العريقة تفي بمتطلبات العصر الحاضر وهذا البلد. تلك الأسس والنماذج الخالدة لم ولن تفقد جدتها وفعاليتها، وهي المحك الذي يبين زيف ووهمية المذهب المادي. فالقالب العام للهند، وعلى مدى آلاف السنين أثبت للزمن المتشكك قيمة ومقام (الفيدا)، فاتخذها ميراثاً وكنزاً لك.»

وأثناء توديعي باحترام كبير للسادهو الفصيح البليغ، كشف لي من خلال جلائه البصري عن أمر سيحدث، حيث قال:

«اليوم، بعد مغادرتك هذا المكان سيحدث لك اختبار غير عادي.»

غادرت محيط المعبد ورحت أتجول هنا وهناك. وإذ سرت في منعطف التقيت بأحد المعارف القدامى وهو واحد من أولئك الشبان الذين يمتلكون قوى محادثة فريدة تتجاهل الزمن وتعانق الأبدية. فوعدني قائلا: «سوف أتركك وشأنك بعد برهة قصيرة شرط أن تسرد لي كل الذي حدث لك خلال سنوات افتراقنا.»

وأجبته: «يا لها من مفارقة! يجب أن أتركك الآن.»

لكنه أمسك بيدي وراح يستنطقني ليحصل على حكايات ومعلومات. وقد بدا لي، وأنا أبتسم، كذئب كاسر، يزداد تنشقاً للأخبار كلما استرسلت في الحديث، فابتهلت في داخلي للإلهة كالي كي تجد لي وسيلة لائقة للإفلات منه.

وفجأة غادرني صديقي فتنفست الصعداء وحثثت الخطى مخافة الوقوع ثانية في حمى الثرثرة. وإذ سمعت وقع أقدام سريعة ورائي أسرعت في المشي دون أن أجرؤ على النظر للخلف. لكن الشاب أدركني بقفزة وأمسك كتفي بمرح، قائلاً:

«لقد نسيت أن أخبرك عن غاندا بابا ('قديس العطور') الذي يبارك بحضوره ذلك المنزل.»

ثم أشار إلى مسكن على بعد أمتار وقال: «قابله فهو سيعجبك، وقد يحدث لك على يديه اختبار غير عادي. مع السلامة.» ثم تركني فعلاً.

ومضَت في فكري كلمات السادهو المشابهة في معبد كاليغات، وبدافع

٤ الريشيز rishis (ذوو البصائر والرؤى) كانوا مؤلفي كتب الفيدا في عصور موغلة في القدم يتعذر تحديدها.

الفضول دخلت المنزل حيث قادني أحدهم إلى صالة فسيحة كان يجلس فيها على الطريقة الشرقية جمع من الناس على بساط سميك برتقالي اللون. وقد سمعت همسة ملؤها الهيبة والخشوع: «انظر فهذا هو غاندا بابا الجالس على جلد فهد، ويستطيع إعطاء العطر الطبيعي لأية وردة أو زهرة لا رائحة لها، مثلما يمكنه إنعاش الزهور الذابلة وجعل بشرة الشخص تفرز رائحة طيبة.»

نظرت مباشرة إلى القديس الذي التقت نظرته السريعة بعينيّ. كان ممتلئ الجسم، ملتحياً، ذا بشرة سمراء وعينين كبيرتين لهما بريق، وقال:

«تسعدني رؤيتك يا بني. اطلب ما تريده. هل ترغب ببعض العطور؟»

بدت لي عبارته صبيانية، فأجبته:

«وما الفائدة من ذلك؟»

قال: «لكي تختبر الطريقة الخارقة للاستمتاع بالعطور.»

قلت: «تعني تسخير الله لصنع العطور؟»

أجاب: «لا بأس من ذلك، فالله يخلق الروائح الطيبة على أية حال.»

قلت: «صحيح، ولكنه يخلق زجاجات واهية من ورق الزهور والورد للاستعمال الآني، ومن ثم رميها. هل تمتلك المقدرة على تجسيد الورود والزهور؟»

أجاب: «نعم، إلا أنني عموماً أبتدع عطوراً يا صديقي الصغير.»

قلت: «إذاً ستتوقف مصانع العطور عن العمل.»

أجاب: «لكنني سأسمح لها بمواصلة العمل! إن غايتي الوحيدة من ذلك هي إظهار قدرة الله.»

فقلت: «سيدي، هل من الضروري أن تأتي بالبراهين عن الله؟ ألا يصنع المعجزات في كل شيء وفي كل مكان؟»

قال: «نعم. ولكن ينبغي لنا أيضا أن نظهر بعضاً من تعبيراته الخلاقة اللامتناهية.»

سألته: «وكم صرفت من الوقت لإتقان طريقتك؟»

أجاب: «اثني عشر عاماً.»

قلت: «لصنع العطور بوسائل كوكبية! يبدو لي يا قديسي العزيز أنك أضعت اثني عشر عاماً دون طائل من أجل عطور يمكنك شراؤها ببضع روبيات من متجر الزهور.»

قال: «العطور تذوى وتختفي مع الزهور.»

قلت: «والعطور تذوى وتختفي بالموت. فلماذا أشتهي ما يرغبه الجسد فقط؟»

أجاب: «إنك تعجبني يا حضرة الفيلسوف! والآن مد يدك اليمنى.» وقام بإيماءة كدليل على منح البركة.

كنت على بعد خطوات من غاندا بابا، ولم يكن أحد قريباً مني ليلامس جسمي، ومددت يدي التي لم يلمسها اليوغي.

فقال: «ما هو عطرك المفضل؟»

قلت: «الورد.»

قال: «فليكن كذلك.»

ولدهشتي الكبيرة تضوعت رائحة الورد الطيبة من وسط كفي. ابتسمت وأخذت زهرة بيضاء كبيرة عديمة الرائحة من مزهرية قريبة وقلت:

«هل يمكن لهذه الزهرة التي لا رائحة لها أن تتشبع بعطر الياسمين؟»

أجاب: «فليكن كذلك.»

وفاح على الفور أريج الياسمين من أوراق الزهرة، فشكرت صانع العجائب وجلست بالقرب من أحد تلاميذه الذي أفادني أن غاندا بابا، الذي كان أسمه الأصلي فيشودهانندا، قد حصل على العديد من أسرار اليوغا العجيبة في التبت من معلم عمره، بحسب ما أكد لي، أكثر من ألف عام. ثم تحدث التلميذ بفخر واعتزاز عن معلمه، وقال:

«لا يبرهن غاندا بابا عن براعته في خلق العطور بنفس الكيفية الواقعية البسيطة التي رأيتها للتو، بل يستعمل طرقاً عديدة ومختلفة كثيراً بما يلائم أمزجة متنوعة. إنه مدهش، وهناك العديد من أهل الفكر في كلكتا من أتباعه.»

وصممت في قرارة نفسي على عدم إضافة إسمي إلى عددهم. فإن معلماً «مدهشاً» للغاية لا يروق لي. وغادرت المنزل بعد أن شكرت غاندا بابا بأدب. وفي طريقي إلى البيت رحت أفكر باللقاءات الثلاثة التي كانت حصيلة ذلك اليوم.

قابلتني شقيقتي أوما حينما دخلت من الباب فقالت:

«يبدو أنك أصبحت متأنقاً، تستعمل العطور على الموضة العصرية!»

وبدون أن أنطق كلمة واحدة أومأت لها كي تشم يدي، فقالت:

«يا لها من رائحة ورد جذّابة! إنها قوية بشكل غير مألوف!»

لكنني اعتبرتها «غير مألوفة بشكل قوي»، وبصمت وضعت تحت أنفها

الزهرة البيضاء ذات العطر الأثيري، فقالت: «آه، ما أطيب رائحة الياسمين!» وأخذت الزهرة من يدي وارتسمت علامات الحيرة المضحكة على وجهها وهي تتشمم عطر الياسمين من نوع من الزهور تعلم جيداً أن لا رائحة لها. وقد ساعد رد فعلها على تبديد الارتياب الذي شعرت به من أن غاندا بابا قد خلق بي حالة من الإيحاء الذاتي جعلتني أشم العطور دون غيري.

فيما بعد علمت من صديقي ألاكانندا أن قديس العطور كان يمتلك قوة تمنيت لو كانت في متناول ملايين الجياع في العالم.

وقال لي ألاكانندا: «كنت حاضراً مع مئة من الضيوف الآخرين في منزل غاندا بابا في بردوان في مناسبة احتفالية. ولما كان معلوماً أن اليوغي له القدرة على استجلاب أشياء من الهواء الشفاف، فقد طلبت منه ضاحكاً تجسيد ثمار اليوسفي في غير موسمها. وعلى الفور انتفخ خبز اللوتشي[٥] الذي كان موجوداً على الأطباق المصنوعة من أوراق الموز، وصار كل رغيف بداخله ثمرة يوسفي مقشرة. وقد قضمت الثمرة التي أمامي ببعض التوجس ووجدتها لذيذة.»

بعد سنوات عرفت بالإدراك الداخلي الطريقة التي استخدمها غاندا بابا للقيام بهذه الخوارق. وللأسف أن هذه الوسيلة ما زالت غير متوفرة لحشود العالم الجائعة.

إن المنبهات الحسية المختلفة التي يتفاعل معها الإنسان عن طريق اللمس والنظر والذوق والسمع والشم تحدث بسبب الفوارق الاهتزازية في الالكترونات والبروتونات. وهذه الاهتزازات تقوم بتنظيمها كهارب الحياة الشفافة (برانا)، أو القوى الأكثر شفافية من الطاقات الذرية، والمشحونة بكيفية واعية بعناصر الفكر الحسية الخمسة المميزة.

وإذ تمكن غاندا بابا من مناغمة ذاته مع القوة الكونية بممارسات يوغية خاصة فقد استطاع توجيه إلكترونات الحياة لإعادة تنظيم تركيبها الاهتزازي للحصول على النتائج المرغوبة. فمعجزاته المتعلقة بالعطور والثمار وغيرها كانت تجسيدات فعلية وتجسيماً لاهتزازات أرضية وليست إحساسات باطنية تحدث عن طريق التنويم المغناطيسي.

لقد استخدم الأطباء التنويم المغناطيسي في عمليات جراحية بسيطة

٥ خبز رقيق مستدير.

كنوع من المخدر النفساني في علاج الأشخاص الذين قد يعرّض المخدّر حياتهم للخطر. لكن التنويم المغناطيسي يسبب الضرر للذين يتم إخضاعهم له بصورة متكررة. فآثاره النفسية السلبية تضر بخلايا الدماغ. هذا النوع من التنويم هو انتهاك لوعي شخص آخر[٦]، ولا صلة لظواهره المؤقتة بالمعجزات الفعلية التي يقوم بها الحاصلون على المعرفة الإلهية. القديسون الحقيقيون المستيقظون في الله يُحدثون تغييرات أكيدة في دنيا الأحلام هذه بواسطة إرادتهم المتوافقة مع إرادة الحالم الكوني الخلاق.[٧]

إن مثل تلك العجائب التي قام بها «قديس العطور» هي مثيرة، ولكنها عديمة الجدوى روحياً. وبما أن فائدتها لا تتعدى التسلية فإنها تعتبر ابتعاداً عن البحث الجاد عن الله.

المعلمون العارفون يشجبون التباهي بامتلاك القوى الخارقة. وذات مرة سخِر الصوفي الفارسي أبو سعيد من بعض الدراويش الذين كانوا يتفاخرون بما لديهم من قوىً معجزة فوق الماء والهواء والفضاء، وأشار إليهم في سخرية هادئة:

«والضفادع أيضا تعيش بغير عناء في الماء! والغراب والنسر يحلّقان بسهولة في الهواء، والشيطان موجود بالتساوي في مشارق الأرض ومغاربها! لكن الإنسان الأصيل هو الذي يحيا حياة البر والتقوى بين أبناء جنسه،

٦ يحصر علماء النفس الغربيون – على نطاق واسع – دراسات الوعي في فحص اللاشعور أو العقل الباطن والأمراض العقلية التي تتم معالجتها باستخدام الطب النفسي والتحليل النفسي. وهناك بعض الأبحاث في استقصاء أصل الحالات النفسية وتكوينها الأساسي والتغيرات العاطفية والإرادية الملازمة لها. وهو بالفعل موضوع جوهري لم يتم إغفاله في فلسفة الهند. وهناك أيضا تصنيفات دقيقة واردة في مناهج السانخيا واليوغا عن الروابط المختلفة للتعديلات العقلية والطبيعية وللوظائف الخاصة بالفكر التمييزي (بودي) وبمبدأ الأنا (أهانكرا) والعقل أو الوعي الحسي (ماناس).

٧ «الكون ممثل في كل ذرة من ذراته. وكل الأشياء مكونة من مادة خفية واحدة. والعالم يجسد ذاته في قطرة من الندى. إن المذهب الصحيح للحضور الكلي يعني تجلي الله بكلياته في كل طحلب وفي كل نسيج عنكبوت.» – إمرسون في «التعويض *Compensation*»

ويشتري ويبيع دون أن يغفل لحظة واحدة عن ذكر الله!»[8]

وفي مناسبة أخرى أعرب الحكيم الفارسي العظيم عن آرائه في الحياة الدينية بالقول: «تخلَّ عما في رأسك (من رغبات ومطامح أنانية)؛ وامنح بسخاء ما في يدك؛ ولا ترتعد أمام لطمات الشدائد والمحن.»

لكن لا الحكيم المنصف الذي قابلته في معبد كاليغات، ولا اليوغي الحاصل على التدريب في التبت أشبعا شوقي لمعلمٍ روحي. فقلبي لم يطلب مرشداً ليعترف بمكنوناته. ومع أن هذا القلب غالباً ما هتف استحساناً لتلك

٨ «تشتري وتبيع دون أن تغفل عن ذكر الله!» المثل الأعلى هو أن تعمل اليد والقلب معاً في توافق وانسجام. بعض الكتّاب الغربيين يزعمون أن هدف الهنود هو «الهروب» الخانع من العمل والانسحاب من المجتمع، مع أن التنظيم الرباعي الذي وضعت أسسه الفيدا للحياة البشرية هو تنظيم متوازن للجماهير، يكمن في تخصيص نصف العمر للدراسة والواجبات المنزلية، والنصف الآخر للتأمل والممارسات الروحية (راجع الصفحة ٣٠٠ حاشية).

الخلوة ضرورية لبلوغ الذات العليا والرسوخ فيها. لكن المعلمين يعودون إلى العالم لخدمة البشر. وحتى القديسون الذين لا يقومون بأعمال خارجية يمنحون مع ذلك العالم، بواسطة أفكارهم واهتزازاتهم الطاهرة، فوائد جمة وجليلة تفوق من حيث أهميتها الأنشطة الشاقة التي يقوم بها أعظم الغيريين من محبي الإنسانية غير المستنيرين. والمعلمون الكبار يعملون بتفانٍ، كل بطريقته الخاصة، رغم ما يلاقونه من مقاومة حادة، على إلهام ورفع مستوى إخوتهم البشر. لا يوجد مثل أعلى سالب لدى الهنود، سواء في مجال الدين أو الاجتماع. وعدم إلحاق الضرر بالغير (أهيمسا) الذي يدعى «كل الفضائل» (سكالو دهارما) في المهابهاراتا هو وصية ايجابية، لأن من لا يساعد الآخرين يلحق بهم ضرراً بكيفية ما.

وتشير البهاغافاد غيتا (٣:٤-٨) إلى أن العمل متأصل في طبيعة الإنسان، وليس الكسل سوى نشاط مغلوط:

«ما من إنسان يفلت من العمل بتحاشي العمل.
لا ولن يبلغ أحد الكمال بمجرد الترك والزهد لا غير.
بل لا توجد ذرة واحدة تظل دون حركة في أي زمان ومكان.
فقانون الطبيعة يدفع الإنسان إلى العمل دفعاً، ولو بالرغم عن إرادته
(لأن الفكر هو عمل في التصور والخيال).
ومن يكرّس قدراته للقيام بعمل لائق – بجسم قوي وعزيمة ماضية –
ولا يبتغي، يا أرجونا! مكسباً أنانياً، هو رجل شريف.
فقم بواجبك الموكول إليك.»
(الترجمة الأصلية من السنسكريتية إلى الإنكليزية *Edwin Arnold*)

المعجزات، لكن ذلك الهتاف قلما صدر من أعماقه. أخيراً عندما التقيت بمعلمي علّمني بسمو القدوة وبالمثال مقياس الإنسان الحقيقي.

**الفصل ٦**

# سوامي النمور

«لقد اكتشفت عنوان سوامي النمور. دعنا نذهب لزيارته غداً.»

جاء هذا الاقتراح المحبب من شاندي أحد زملائي في الثانوية. وكنت متشوقاً للقاء ذلك القديس الذي أمسك بالنمور وصارعها بيديه العاريتين قبل التحاقه بسلك السوامي، وقد كان الحماس الصبياني لمثل هذه الأعمال البطولية قوياً في نفسي.

جاء اليوم التالي ماطراً وبارداً، ومع ذلك فقد انطلقت مع شاندي بسرور وانشراح. وبعد بحث عشوائي في حي بهوانيبور خارج كلكتا تمكنا أخيراً من العثور على منزله. وكان على بابه حلقتان من الحديد طرقتهما بقوة. وبالرغم من هذه الضوضاء الحادة اقترب خادم منا في سير وئيد وعلى فمه ابتسامة ساخرة توحي بأن ضجيج الزائرين يعجز عن تعكير سكينة بيت القديس.

شعرت بتأنيب صامت، وكنت مع صديقي ممتنين لدعوتنا إلى غرفة الاستقبال، وقد انتابتنا شكوك مقلقة بسبب انتظارنا الطويل. لكن طول البال هو قانون الهند غير المكتوب بالنسبة للباحثين عن الحقيقة. وقد يعمد إليه المعلم عن قصد كاختبار لمعرفة ما إذا كان أحد الأشخاص متشوقاً لقائه. وهذه الحيلة النفسية يستخدمها الآن علانية في الغرب الأطباء وأطباء الأسنان!

أخيراً دعانا الخادم فدخلت مع شاندي إلى غرفة نوم حيث كان سوامي سوهنج[١] متربعاً فوق سريره. وقد أصبنا بالذهول لمرأى جسمه الضخم، فوقفنا دون التفوه بكلمة وقد جحظت أعيننا، إذ لم يسبق أن رأينا قبل اليوم صدراً كصدره أو عضلات كعضلات كتفيه وفخذيه الشبيهة بكرة قدم. وكان الوجه الصارم والهادئ للسوامي يعلو رقبة جبّارة وتزينه خصلات منسدلة من شعر اللحية والشارب. وكانت تتراءى في عينيه الداكنتين ومضة جمعت ما بين وداعة الحملان وشراسة النمور. وكان جسمه عارياً إلا من جلد نمر يغطي وسطه العضلي.

١ كان اسمه النسكي سوهنج، ولكنه اشتهر بين الناس باسم «سوامي النمور.»

وعندما استعدنا قدرتنا على الكلام سلّمنا على الناسك معربين عن إعجابنا ببسالته الخارقة وصموده الملحمي في ساحة النمور الرهيبة، وقلنا: «هلّا تكرمت وأخبرتنا كيف تمكنت بقبضتك الخالية من أي سلاح من إخضاع نمور البنغال الملوكية التي تعتبر أشد وحوش الأدغال ضراوة وفتكا؟»

فضحك كالطفل وقال: «يا ولديّ، إن مصارعة النمور ليست شيئاً يذكر بالنسبة لي، ويمكنني القيام بها الآن إن لزم الأمر. أنتم تنظرون إلى النمور كنمور، أما أنا فأراها مجرد قطط أليفة.»

قلت: «سيدي السوامي، قد يمكنني الإيحاء لعقلي الباطن كي يقتنع بأن النمور هي مجرد قطط منزلية، ولكن هل أستطيع أن أجعل النمور تصدق ذلك؟»

أجابني: «طبعا القوة البدنية ضرورية أيضاً! إذ لا يُعقل أن نتوقع من طفل صغير التغلب على نمر بمجرد التفكير بأنه قط أليف. فالذراعان القويان هما سلاحي الذي أعتمد عليه.»

وطلب منا السوامي كي نتبعه إلى باحة الدار، حيث ضرب حافة أحد الجدران بقبضة يده فأسقط منه على الأرض لبنة مثبتة بالملاط بحيث بدت السماء بجلاء من فجوة الحائط كما لو كانت سناً مخلوعاً! فترنحتُ دهشة لأن من يستطيع أن ينزع بقبضته قرميدة مثبتة بالإسمنت في جدار صلب لا شك بأنه قادر على اقتلاع أنياب النمور!

واستطرد قائلاً:

«هناك العديد من الناس ممن لهم نفس قوتي الجسدية، ولكن يفتقرون إلى الثقة الكاملة بالنفس. الأقوياء جسدياً دون امتلاك القوة العقلية قد يغمى عليهم لمجرد رؤية نمر طليق في الغابة. ونمر الغابة يختلف كثيراً من حيث الضراوة والشراسة عن نمر السرك الذي يتم تهدئته بالمواد المخدرة كالأفيون!

«هناك كثيرون من ذوي القوى الجبارة ومع ذلك خارت عزائمهم وأصبحوا عاجزين تماماً بكيفية يرثى لها أمام هجمة نمر البنغال الملكي. وهكذا فقد حوّل النمرُ الإنسانَ، في تفكيره، إلى شخص واهن ضعيف فأصبح كقط أليف. وباستطاعة الإنسان – ما دام يملك جسماً قوياً وتصميماً في غاية القوة – أن يغير الوضع، فيقنع النمر بالقوة بأنه ليس أكثر من هر ضعيف. وهذا ما فعلته بالضبط في مرات عديدة!»

لم يراودني أدنى شك بأن المارد الذي أمامي كان قادراً على تحويل النمر

إلى قط، وكان يتحدث إلينا بطريقة إرشادية، فأصغيت إليه مع شاندي باحترام وهو يقول:

«العقل هو القوة التي تقوم بتحريك واستخدام العضلات. فقوة ضربة المطرقة تتوقف على الطاقة التي يستخدمها الضارب. والقوة التي يولّدها جسم الإنسان تعتمد على إرادته الصلبة وعلى شجاعته. فالجسم هو بالفعل صنيعة العقل ويستمد منه مقومات البقاء. ونتيجة لضغط الغرائز من تجسدات سابقة تتسرب القوة أو الضعف تدريجياً إلى وعي الإنسان وتتحول إلى عادات متحجرة تظهر بصورة جسم قوي أو ضعيف. والوهن الظاهر له جذور عقلية. وفي هذه الدائرة الخبيثة يعمل الجسم المستعبد للعادات على تعطيل العقل. فإن سمح رب المنزل لخادمه بالتحكم به يصبح الخادم مستبداً ويتصرف على هواه. وبالمثل، فإن العقل يُستعبَد بالخضوع لأوامر ومتطلبات الجسد.»

واستجابة لالتماسنا قبِل السوامي المثير للإعجاب بأن يروي لنا بعض أحداث من حياته الخاصة، فقال:

«كان صراع النمور من أولى طموحات حياتي. ومع أن إرادتي كانت جبارة إلا أن جسمي كان واهناً.»

هتفت مندهشاً، إذ بدا من غير المعقول أن مثل هذا الشخص الجبار العريض المنكبين الشبيه بالجبار الإغريقي أطلس (الذي تقول الأسطورة أنه حمل العالم على كتفيه) أن يكون جسمه قد عرف الوهن في حياته.

وواصل حديثه: «بتصميم لا يقهر في التفكير المتواصل بالصحة والقوة تمكنت من التغلب على إعاقتي. ولدي كل المبررات للإشادة بالقوة العقلية الجبارة التي وجدت أنها القاهر الحقيقي لنمور البنغال.»

قلت: «أتظن يا حضرة السوامي أن باستطاعتي مصارعة النمور؟»

وكانت تلك هي المرة الأولى والأخيرة التي خطر ببالي ذلك الطموح الغريب! فأجاب مبتسماً:

«نعم تستطيع ذلك، ولكن هناك أنواعاً عديدة من النمور يجول بعضها في أدغال الشهوات البشرية. لا فائدة روحية يمكن جنيها من ضرب الوحوش حتى يُغمى عليها، والأفضل للمرء أن يقهر الضواري المتجولة في داخله.»

قلت: «هلّا أخبرتنا يا سيدي كيف تحولتَ من مروّض للنمور الكاسرة إلى مروّض للرغبات الجامحة؟»

خيّم الصمت على سوامي النمور، وبدت نظرته شاردة وهو يسترجع

ويستجمع رؤى وأحداث السنين الماضية. وقد أدركتُ صراعه العقلي البسيط ليرى ما إذا كان سيلبي طلبي. لكنه أخيراً ابتسم موافقاً، وقال:

«عندما بلغتْ شهرتي منتهى الذروة جلبت لي معها نشوة الغرور. وصممت على عدم الاكتفاء بمقاتلة النمور وحسب، بل بعرضها أيضاً في وضعيات مختلفة. وكان طموحي هو إرغام تلك الوحوش الضارية كي تغيّر سلوكها الدموي وتصبح كالحيوانات الداجنة، فشرعت أقوم بأعمالي علانية وبنجاح ممتع.

«ذات مساء دخل أبي إلى غرفتي وعلى وجهه علامات القلق والحزن، وخاطبني قائلاً:

«'يا بني، عندي أخبار غير سارة لك، وأود تجنيبك الإصابة بأمراض قادمة ستحدثها عجلات قانون السبب والنتيجة الطاحنة.'

«فقلت: 'هل أنت ممن يؤمنون بالقضاء والقدر يا والدي؟ وهل ينبغي السماح للاعتقادات الخرافية بتعكير مياه نشاطي الجبارة؟'

«أجابني: 'لا أؤمن بالقضاء والقدر يا بني، ولكني أؤمن بقانون القصاص العادل بحسب ما جاء في الكتب المقدسة. فهناك استياء ضدك بين وحوش الأدغال، وقد تدفع يوماً ما ثمناً باهظاً نتيجة لهذا الاستياء.'

«قلت: 'إنك تحيرني يا والدي! أنت تعلم جيداً طبيعة النمور: إنها جميلة المظهر لكنها شرسة لا ترحم! ومن يدري؟ فلعل لطماتي تدخل قدراً من التعقل والاعتبار إلى رؤوسها الثخينة! إنني مدير مدرسة الغابة ومهمتي هي تلقين الوحوش الكاسرة الآداب الطيبة! فالرجاء يا أبتِ أن تعتبرني مروضاً للنمور وليس قاتلاً لها. وكيف لأعمالي الطيبة هذه أن تعود عليّ بالشر؟ فأرجوك ألّا تأمرني بتغيير طريقة حياتي.'»

كنت أصغي مع شاندي بانتباه تام، مدركين جيداً عواقب هذه الورطة. ففي الهند لا يخالف الابن بسهولة رغبات والديه. وتابع حديثه:

«أنصتَ والدي بهدوء لتبريري هذا، ثم أطلعني بجدية على سر خطير، قال:

«'إنك تضطرني يا بني كي أنقل لك نبوءة لا تبشر بالخير، وردتْ على لسان قديس جاءني ليلة أمس بينما كنت أجلس على الشرفة الأمامية أثناء تأملاتي اليومية وقال لي:

«'يا صديقي العزيز جئت إليك برسالة إلى ابنك المولع بالمصارعة. دعه

يكف عن أنشطته الوحشية وإلا تسببت مواجهته التالية للنمور بجراح خطيرة تعقبها ستة شهور من مرض مميت. عندئذ سيهجر طرقه السابقة ويصبح ناسكاً.'

«لم تؤثر بي هذه القصة واعتبرت أن والدي قد وقع ضحية متعصب ديني موهوم.»

ومع هذا الاعتراف أتى سوامي النمور بإيماءة تدل على نفاد الصبر، على ما يبدو نتيجة لتصرف أحمق، وقد بقي ساكناً بتجهم لفترة طويلة، وبدا غافلاً عن وجودنا معه. ثم استجمع فجأة أطراف الحديث وقال بصوت خفيض:

«بعد وقت قصير من إنذار أبي لي قمت بزيارة لعاصمة كوش بيهار. وكان ذلك الإقليم بما فيه من مناظر خلابة جديداً عليّ وقد توقعت أن أستمتع فيه بتغيير هادئ ومريح. وكما هي العادة في كل مكان فقد تبعني حشد من الفضوليين على الطريق، وسمعت بعضهم يتهامس على النحو التالي:

«'هذا هو الرجل الذي يصارع النمور المتوحشة.'

«'هل له ساقان أم جذعا شجرة؟'

«'أنظروا إلى وجهه، فلا بد أن يكون تجسداً لملك النمور نفسه!'

وتابع قائلاً: «أنتما تعلمان كيف ينقل الصبية الأخبار في القرى مثل الطبعات النهائية للصحف! وتعلمون بأية سرعة تذيع النساء النشرات الإخبارية من بيت إلى آخر! ففي غضون ساعات قليلة كانت كل المدينة في حالة من الإثارة بسبب تواجدي فيها.

«كنت مسترخياً بهدوء في المساء عندما سمعت وقع حوافر جياد تعدو، توقفتْ أمام مكان إقامتي. ثم دخل عدد من رجال الشرطة الطوال المعممين.

«دهشت لذلك، وقلت في نفسي 'إن كل الأشياء ممكنة لمسؤولي القانون البشري.' وتساءلت عما إذا كانوا سيعنفونني بسبب أمور لا علم لي بها. لكن الضباط انحنوا أمامي بأدب غير مألوف وقالوا:

«'أيها السيد المبجل، لقد أتينا للترحيب بك نيابة عن أمير كوش بيهار، ومن دواعي سروره أن يدعوك إلى قصره غداً صباحاً.'

واستطرد: «فكرتُ قليلاً في الأمر، ولسبب غامض شعرت بالأسف الحاد لهذا التشويش المفاجئ على رحلتي الهادئة. لكن توسلات رجال الشرطة لامست مشاعري فوافقت على الذهاب.

«وقد ذهلت في اليوم التالي لأرى نفسي مخفوراً باحترام بالغ من بابي

إلى عربة رائعة تجرها أربعة جياد، وقد حمل خادم مظلة مزخرفة لحمايتي من أشعة الشمس الحارقة. وقد استمتعتُ بالجولة المبهجة داخل المدينة وضواحيها المشجّرة. وكان سليل العائلة المالكة نفسه يقف عند باب قصره للترحيب بي. ثم قدّم لي مقعده الموشى بالذهب وجلس وهو يبتسم على كرسي بسيط التصميم.

«ازدادت دهشتي وفكرت أن هذا التكريم الزائد سيكلفني كثيراً، وقد ظهرت دوافع الأمير الخفية بعد لحظات قليلة من تبادل العبارات الاعتيادية، إذ قال:

«'إن مدينتي مليئة بالشائعات بأنك تستطيع مصارعة النمور الكاسرة بكفيك العاريتين لا غير، فهل هذا صحيح؟'

«قلت: 'هذا صحيح تماماً.'

«قال: 'بالكاد أصدق ذلك. فأنت بنغالي من كلكتا، تعيش على الأرز الأبيض الذي يقتات به سكان المدن. أرجوك صارحني، ألست تقاتل وحوشاً واهنة تم تخديرها بالأفيون؟'

«كان صوته عالياً وتهكمياً وتتخلله لكنة إقليمية. لم أجبه على استفساره المهين، فقال:

«'أتحداك بأن تصارع نمري المدعو راجا بيغام[٢] الذي تم أسره حديثاً. فإن نجحت في مقاومته وتقييده بالأصفاد، وتمكنت من مغادرة قفصه بكامل وعيك، سيكون هدية لك وستحصل أيضاً على بضعة آلاف من الروبيات مع هدايا كثيرة أخرى. أما إن رفضت مواجهته فسأنشر اسمك في كل الولاية وأشهّر بك كمخادع نصّاب.'

«أصابتني كلماته الوقحة كما لو كانت وابلاً من الرصاص، فأطلقت بدوري موافقة غاضبة. نهض الأمير بفعل الإثارة، فوقف نصف وقفة ثم غاص ثانية في كرسيه وعلى وجهه ابتسامة سادية، فتذكرت أباطرة الرومان الذين كانوا يستمتعون بوضع المسيحيين في ساحات الوحوش، ثم قال:

«'المنازلة ستكون بعد أسبوع من اليوم. ويؤسفني بأنني لن أسمح لك برؤية النمر مسبقاً.'

٢ راجا بيغام يعني «الأمير والأميرة»، وقد أطلق على النمر هذا اللقب دلالة على امتلاكه لضراوة النمر والنمرة معاً.

«وسواء كان الأمير يخشى أن أقوم بتنويم الوحش مغناطيسياً أو إطعامه الأفيون سراً فهذا ما لم أكن متأكداً منه!

«غادرت القصر ولاحظت مندهشاً غياب المظلة الملكية والعربة الفاخرة.

«وخلال الأسبوع التالي قمت بتحضير عقلي وجسمي بطريقة منهجية استعداداً للمحنة القادمة. وقد سمعت من خادمي قصصاً خيالية، فنبوءة القديس الرهيبة لأبي قد ذاعت وراحت تتضخم مع انتشارها. واعتقدَ العديد من القرويين البسطاء بأن روحاً شريرة ملعونة من الآلهة قد تجسّدت بصورة نمر يتخذ أشكالاً شيطانية متعددة أثناء الليل، ولكنه يظل حيواناً مخططاً خلال النهار. وأن هذا النمر الشيطاني هو نفسه الذي تم إرساله لإذلالي.

«وكانت هناك رواية أخرى من نسج الخيال تقول إن توسلات الحيوانات إلى النمر السماوي حظيت بالقبول والاستجابة في شكل راجا بيغام الذي أُرسِل وسيلة لعقابي أنا المغامر الجريء ذي الساقين الذي قمت بإذلال فصيلة النمور! أيجوز لإنسان لا فراء ولا مخالب له أن يتحدى نمراً مجهزاً بمخالب حادة وعضلات قوية؟ إن سم الحقد المركّز لجميع النمور التي تعرضت للإذلال – بحسب مقولة القرويين – قد تحوّل إلى قوة تكفي لدفع القوانين الخفية كي تعمل على انهيار مروّض النمور المغرور.

«وأعلمني خادمي أيضاً أن الأمير – بصفته المشرف على هذه المصارعة بين الإنسان والوحش – أشرف بنفسه على إقامة صوان مقاوم للعواصف يتسع لآلاف المتفرجين، ووضع راجا بيغام في وسطه، داخل قفص حديدي ضخم، تحيط به حجرة أمان خارجية. والأسير، الذي كان يُطعم بكميات قليلة، لإثارة شهيته الغاضبة، كان يطلق نوبات من الزمجرة التي تجمّد الدم في العروق. وقد يكون الأمير توقع أن أكون وجبة المكافأة للنمر!

«واستجابة لقرع الطبول المعلنة عن المباراة الفريدة من نوعها، تهافتت الجماهير الغفيرة من المدينة وضواحيها على ابتياع التذاكر. وقد شهد يوم النزال المئات وهم يعودون من حيث أتوا لعدم توفر المقاعد، بينما تمكن آخرون من النفاذ من فتحات الخيمة أو الزج بأنفسهم في أي مجال أسفل أروقة العرض.»

ومع اقتراب قصة السوامي من بلوغ الذروة ازدادت إثارتي إلى حد كبير، وكان شاندي أيضاً صامتاً بذهول. وتابع قائلا:

«وفي خضم الانفجارات الصوتية الصادرة عن راجا بيغام ولغط وضجيج

الجمهور المرتعب بعض الشيء، ظهرتُ بهدوء. وباستثناء الرداء البسيط الذي كنت ألفّه حول وسطي لم تكن هناك من ملابس أخرى لوقاية جسمي. قمت بفتح ترباس حجرة الأمان ثم أقفلته خلفي بهدوء. وما أن أحس النمر بالدم حتى راح يزأر كالرعد القاصف وقفز قفزة مجلجلة فوق قضبانه الحديدية واستقبلني بترحاب مريع. وقد خيّم الصمت الرهيب على الجمهور، وبدوت كحمل وديع أمام وحش هائج مسعور.

«وفي لمح البصر كنت داخل القفص. ولكن بمجرد أن أغلقت بابه بعنف استقر راجا بيغام بجسمه المديد فوقي ونهش يدي اليمنى فمزقها بشكل خطير. وراح الدم البشري يتدفق في سيل مرعب، وهو أشهى وليمة يمكن أن يعرفها النمر. وبدت نبوءة القديس على وشك التحقيق.

«استجمعت شجاعتي واستعدت قوتي على الفور إثر الصدمة التي اعترتني لأول إصابة خطيرة أتلقاها في حياتي، وأخفيت منظر أصابعي المضرجة بالدم بإدخالها تحت قطعة القماش الملفوفة حول وسطي، وبقبضة يدي اليسرى هويت عليه بلطمة ساحقة للعظم، فتراجع الوحش إلى الوراء وراح يدور حول نفسه في مؤخرة القفص، ثم قفز للأمام متشنجاً. فأمطرت رأسه بوابل من اللكمات من قبضتي الشهيرة عقاباً له.

«لكن طعم الدم كان قد فعل في راجا بيغام كجرعة الخمر الأولى لمدمن الخمر الذي لم يذق الشراب منذ زمن، فازدادت هجمات النمر ضراوة وقد تخللتها زمجرات تصم الآذان. وجعلني دفاعي غير الكافي بيد واحدة فقط عرضة للمخالب والأنياب، لكنني أنزلت به عقوبة صادمة أصابته بالذهول، إذ هويت عليه بضربات عنيفة مدوّخة. وإذ جُرح كلانا فقد أخذنا نتصارع حتى الموت. وأصبح القفص معمعة صاخبة وقد تطاير الدم في كل اتجاه، وتصاعدت صرخات الألم مع اشتهاء قاتل من حنجرة الوحش.

«وتعالت صيحات المتفرجين: "اطلقوا النار على النمر! اقتلوه!" وبسرعة فائقة كان الإنسان والوحش ينتقلان بحيث أن رصاصة أطلقها أحد الحراس لم تصب الهدف، فاستجمعت كل ما لدي من إرادة وصرخت صرخة مدوية وهويت بلطمة ختامية ارتجاجية تهاوى على إثرها النمر وانبطح ساكنا.»

هنا تدخلت وقلت: «كالقط الأليف!» فضحك السوامي في تقدير صادق وتابع قصته الجذابة والمثيرة للاهتمام:

«أخيراً قُهر راجا بيغام وأهينت كبرياؤه الملكية. وبجرأة فتحت فكيه

بيديّ الممزقتين. وفي لحظة دراماتيكية مثيرة وضعت رأسي داخل مصيدة الموت الواسعة. ونظرت حولي بحثاً عن جنزير فانتزعت واحداً من كومة على الأرض وقيّدت النمر من رقبته في قضبان القفص. واتجهت منتصراً نحو الباب.

»لكن الشيطان المتجسد «راجا بيغام» كان يمتلك قوة تليق بأصله الشيطاني المزعوم. فقد تمكن من قطع السلسلة ووثب فوق ظهري بكيفية مذهلة فسقطت بعنف على الأرض وقد أطبق فكيه بإحكام على كتفي. ولكنني تمكنت على الفور من طرحه وتثبيته تحتي. وبفعل لطماتي القاسية سقط الحيوان الغادر شبه مغمى عليه. وهذه المرة قمت بتقييده بعناية أكبر وغادرت القفص ببطء وأناة.

»هذه المرة وجدت نفسي في صخب من نوع آخر تمثل في جلبة وضجيج الابتهاج. ودوّت هتافات وتحيات الجماهير كقصف الرعد، وكأنها خرجت من حنجرة عملاقة واحدة. وبالرغم من أنني أصبت بأذى كبير غير أنني أوفيت بشروط المنازلة الثلاثة: صَعْق النمر وإصابته بالذهول، وتقييده بسلسلة، ومغادرته دون طلب المساعدة. وعلاوة على ذلك ألحقت بالوحش المعتدي إصابات بالغة وأرهبته بحيث رضي بالتغاضي عن الغنيمة المناسبة المتمثلة في وضع رأسي في فمه.

»وبعد أن عولجت جراحي تم تكريمي بقلائد الورود، ونُثرت مئات القطع الذهبية عند قدمي، واحتفلت المدينة بفترة من الأعياد. وعُقدت نقاشات لا تنتهي في كل مكان حول انتصاري على أحد أكبر وأشرس النمور التي رآها الناس. وقُدم لي راجا بيغام كهدية بحسب الوعد، لكنني لم أفرح لذلك لأن تغيّراً روحياً قد دخل قلبي، وشعرت أنني أقفلت خلفي باب الطموحات الأرضية بخروجي النهائي من القفص.

»تلت تلك الحادثة فترة من الألم والحزن، فلمدة ستة أشهر مرضت بتسمم الدم وأشرفت على الموت. وبمجرد أن أصبحت بخير بما فيه الكفاية لمغادرة كوش بيهار توجهت إلى مدينتي، واعترفت لأبي بتواضع، قائلا:

»'إنني أعلم الآن يا والدي أن معلمي الروحي هو ذلك الرجل المبارك الذي أوصل إليّ الإنذار الحكيم عن طريقك، ويا حبذا لو تمكنت من العثور عليه.'

»وكان اشتياقي صادقاً لأن القديس حضر ذات يوم دون توقّع ونطق

بكلمات تحمل الطمأنينة والأمل، قال:

»'يكفيك ما قمت به من مصارعة وترويض النمور. تعال معي وسأعلمك كيفية إخضاع وحوش الجهل المتجولة في أدغال العقل البشري. إنك متعود على رؤية المتفرجين، فليكن أولئك المتفرجون جوقات ملائكية تبتهج بإتقانك الرائع لليوغا!'

»وكرّسني معلمي المبارك في الطريق الروحي، وفتح أبواب نفسي التي أصابها الصدأ بسبب طول الإهمال وعدم الاستعمال. وبعد فترة قصيرة انطلقت معه يداً بيد إلى جبال الهملايا لكي أتدرب على يديه.«

انحنيت مع شاندي عند قدمي السوامي معربين عن امتناننا له لهذا التلخيص المشرق لحياته الشبيهة فعلاً بالعواصف والأعاصير. وشعرت أن انتظارنا الاختباري الطويل في الصالة الباردة قد كوفئنا عليه بسخاء كبير.

الفصل ٧

# القديس المرتفع في الهواء

«الليلة الماضية رأيتُ يوغياً يظل في الهواء على ارتفاع بضعة أقدام فوق الأرض.»

بتلك العبارة المثيرة للإعجاب استهل صديقي أوبندرا موهن شودهري حديثه.

وابتسمتُ بحماس قائلاً: «ربما حزرت أسمه: ألا تقصد بهادوري مهاسايا الساكن في طريق الدوّار الأعلى؟»

هز أوبندرا رأسه بالإيجاب، وشعر ببعض الإحباط لأن الخبر لم يأتني عن طريقه. فقد كان أصدقائي يعرفون مدى فضولي بشأن القديسين، إذ كان من دواعي سرورهم أن يدلونني على قديس جديد.

واستطردتُ قائلا: «إن مسكن اليوغي قريب جداً من منزلنا، وإنني أزوره بصورة منتظمة.»

أثارت كلماتي اهتماماً كبيراً في نفس أوبندرا، إذ بدا ذلك ظاهراً على وجهه، وأضفت قائلا:

«لقد رأيته يقوم بأعمال خارقة، فقد أتقن طرق التنفس[١] الثماني لليوغا القديمة بحسب ما دونها الحكيم باتنجالي[٢]. وفي إحدى المرات قام بهادوري مهاسايا أمامي بتمرين بهاستريكا براناياما بقوة عجيبة بحيث شعرت كأن عاصفة قوية هبّت فعلاً في الغرفة! بعد ذلك أخمدَ النفس الراعد وبقي دون

١ طريقة التنفس هذه تعرف باسم (براناياما) وهي التحكم بقوة أو نشاط الحياة (برانا) بواسطة تنظيم عملية التنفس. وبراناياما بهاستريكا («المنفاخ») تعمل على تهدئة العقل.
٢ أعظم الشارحين القدماء لليوغا.

حركة في حالة الوعي السامي[3]. وكان جو السلام الذي أعقب هذه العاصفة جلياً بحيث لا يمكن نسيانه.

فقال وقد امتزج صوته قليلاً بعدم التصديق: «لقد سمعت أن القديس لا يغادر منزله أبداً، فهل هذا صحيح؟»

أجبت: «نعم تلك هي الحقيقة! فهو ظل داخل منزله على مدى العشرين سنة الماضية. غير أنه يخفف قيود هذه القاعدة التي فرضها على نفسه أثناء أعيادنا المقدسة، فيسير إلى الممشى الأمامي حيث يجتمع المتسولون، لأن القديس بهادوري معروف بطيبة قلبه.»

قال: «ولكن كيف يظل في الهواء متحدياً بذلك قانون الجاذبية؟»

أجبته: «إن جسم اليوغي يفقد كثافته بممارسة بعض تمارين براناياما الخاصة بالتنفس، فيستطيع عندئذ الارتفاع أو القفز كالضفدعة. وحتى القديسون الذين لا يمارسون يوغا تقليدية يرتفعون في الهواء أثناء دخولهم حالة سامية من الحب التعبدي الفائق لله.»

أبرقت عينا أوبندرا بحب الاستطلاع وقال: «أود أن أعرف المزيد عن هذا الحكيم، فهل تحضر اجتماعاته المسائية؟»

قلت: «نعم، فغالبا ما أزوره، وإنني شديد الإعجاب بالحس الفكاهي في حكمته. وأحياناً تفسد قهقهتي رصانة الاجتماع. ومع أن القديس لا ينزعج من ذلك، لكن تلاميذه ينظرون إلي بغضب!»

٣ قال البروفيسور جول بوا الأستاذ بجامعة السوربون، في محاضرة له سنة ١٩٢٨، إن العلماء الفرنسيين قاموا باستقصاء الوعي السامي واعترفوا بوجوده. وهو «المقابل الفعلي للعقل الباطن في مفهوم فرويد. وهذا العقل السامي هو الملكة العقلية التي تشتمل على المواهب والمزايا التي تجعل من الشخص إنساناً حقيقياً، وليس مجرد حيوان متطور.» وبيّن العالم الفرنسي أن إيقاظ الوعي السامي «يجب عدم الخلط بينه وبين التنويم المغناطيسي أو الإيحاء الذاتي. فوجود العقل السامي تم الاعتراف به فلسفياً منذ أمد بعيد، وهو في حقيقته النفس العليا التي قال بها إمرسون ولم يُعترف بها علمياً إلا مؤخرا.» (راجع الصفحة ١٦٥ حاشية).

يقول إمرسون في مقالته (النفس العليا): «الإنسان هو واجهة لمعبد به تكمن كل حكمة وخير، وإن ما ندعوه عادة إنساناً: أي إنسان الأكل والشرب والزرع والحساب... يعطي صورة خاطئة عن حقيقته الجوهرية. لكن النفس التي هو أداتها وتعبيرها... لو سُمح لها بالظهور من خلال أفكاره وأفعاله لاضطرنا إلى السجود. لأننا سنقف عندئذ أمام الطبيعة الروحية، وأمام كل الصفات الإلهية.»

وفي طريقي من المدرسة إلى المنزل بعد ظهر ذلك اليوم عرّجت على معتكَف بهادوري مهاسايا وقررت زيارته. كان اليوغي بعيداً عن متناول الناس، يحرس بابه تلميذ في الطابق الأرضي. وهذا التلميذ كان كثير التدقيق مع الزائرين، فاستفسر مني رسمياً إن كنت على موعد مع معلمه، لكن معلمه ظهر على الفور وعيناه تبرقان، فأعفاني من الطرد الفوري، وقال للتلميذ:

«دع موكندا يأتي كلما رغب بذلك. فقاعدة الاختلاء هي ليست لراحتي، بل لراحة الآخرين. الدنيويون لا يرتاحون لصدقنا الذي يحطم غرورهم. والقديسون ليسوا نادرين فقط، لكنهم مربكون أيضا. وحتى في الأسفار المقدسة غالباً ما تسببوا في الإحراج للآخرين.»

تبعتُ بهادوري مهاسايا إلى مسكنه البسيط في الطابق الأعلى الذي نادراً ما غادره. المعلمون يتجاهلون عادة بهرج العالم وضوضاءه بتواريهم عن الأنظار. ونادراً ما يهتم بهم العالم قبل أن يصبحوا راسخين في ذاكرة الزمن، فمعاصرو الحكيم لا يقتصرون على الذين يعيشون في الحاضر المحدود والضيق.

وقلت: «مهاريشي[٤]، إنك أول يوغي عرفته يبقى داخل منزله على الدوام.»

فأجابني: «في بعض الأحيان يغرس الله قديسيه في تربة غير متوقعة حتى لا نظن أن بمقدورنا إخضاعه لقاعدة محددة.»

وتربّع القديس للتأمل وقد ثبّت جسمه المليء بالحيوية في وضع اللوتس. ومع أنه كان قد تجاوز سن السبعين لكن لم تظهر على جسمه علامات الشيخوخة أو الترهل بفعل الجلوس الطويل. لقد كان قوياً، مستقيماً، ومثاليا من كل ناحية. وكان وجهه وجه الحكيم الذي تصفه الأسفار المقدسة بأنه نبيل الرأس، كث اللحية، يجلس دوماً باعتدال، مثبتاً عينيه الهادئتين على الحضور الكلي.

جلست مع القديس ودخلنا في حالة تأملية. وبعد ساعة أيقظني صوته اللطيف:

«إنك غالبا ما تدخل حالة السكون، ولكن هل توصلت إلى حالة (آنوبهافا)[٥]؟»

وقد قصد القديس من ذلك تذكيري بأن أحب الله أكثر من التأمل، وأردف:

٤ حكيم عظيم.

٥ الإدراك الفعلي لله.

**ناجندرا نات بهادوري**
«القديس المرتفع في الهواء»

«لا تخلط بين الطريقة والغاية، ولا تجعل الوسيلة هدفك.»

ثم قدّم لي بعض ثمار المانغو، وببديهته الحاضرة التي وجدتها ممتعة بالرغم من طبيعته الجادة قال:

«الناس عموماً أكثر تلهفاً على الاتحاد بالطعام (جالا يوغا) من تلهفهم على الإتحاد بالله (دهانا يوغا.)»

وقد جعلني هذا الجناس اللفظي أضحك مقهقهاً، فومضت نظرته الحنونة وقال: «يا لها من ضحكة!»

كان وجهه يتسم بالجدية وفي نفس الوقت ترتسم عليه بسمة طوباوية. وعيناه الكبيرتان كانتا كزهر اللوتس وتخفيان ابتسامة باطنية مقدسة.

وأشار القديس إلى عدد من المغلفات السميكة الموضوعة فوق منضدة وقال: «هذه الرسائل أتتني من أمريكا النائية. فأنا أراسل عدداً من الجمعيات التي يُبدي أعضاؤها اهتماماً باليوغا. فهم يكتشفون الهند من جديد بإدراك أفضل من الذي كان يتمتع به كولومبس! وإنني سعيد لتقديم المساعدة لهم، فمعرفة اليوغا هي مجانية لكل طالبيها، تماماً كضوء الشمس الصافي.

«إن ما اعتبره الحكماء أساسياً لخلاص البشر لا ينبغي تخفيفه من أجل الغرب. الشرق والغرب متشابهان في الروح بالرغم من اختلاف تجاربهم الخارجية، ولا أمل لهما في التقدم والازدهار دون ممارسة إحدى طرق اليوغا التهذيبية.»

شدّ القديس انتباهي بعينيه الهادئتين، وما كنت أعلم آنذاك أن كلماته كانت تنبؤات إرشادية خفية. بل لم أدرك حتى هذه اللحظة - وأنا أقوم بكتابة هذه الكلمات، المعنى الكامل لتلميحاته العادية بأنني سأنقل ذات يوم تعاليم الهند إلى الغرب.

وقلت: «أيها الحكيم الكبير، لماذا لا تؤلف كتاباً عن اليوغا لفائدة العالم!»

فأجابني: «إنني أقوم بتدريب تلاميذ سيصبحون مع تلاميذهم كتباً حية تصمد للتحلل الطبيعي للزمن والتفسيرات غير الطبيعية للناقدين.»

بقيت مع اليوغي لوحدنا إلى أن حضر تلاميذه في المساء، حيث ألقى واحدة من محاضراته التي لا تُضاهى. وكطوفان هادئ فقد جرف الحطام والركام العقلي لسامعيه وأخذهم نحو الله. وكانت أمثاله الرائعة بلهجة بنغالية سليمة لا غبار عليها.

وفي تلك الأمسية تناول بهادوري عدة نواحي فلسفية تتعلق بحياة أميرة راجبوتانية من القرون الوسطى تُدعى ميراباي تخلّت عن حياة البلاط الباذخة رغبة في مصاحبة القديسين. في البداية رفض أحد كبار النساك ساناتنا غوسوامي قبولها لأنها امرأة، لكن جوابها له جعله يخضع عند قدميها، عندما قالت:

«قولوا للمعلم إنني لا أعرف بوجود ذكر في الكون سوى الله. ألسنا كلنا إناثاً أمامه؟»

(هناك مفهوم مقدس بأن الله هو العنصر الإيجابي الخلاق الأوحد في الخليقة، وما خليقته سوى وهمٍ سالب.)

وقد نظمت ميراباي قصائد عديدة ملؤها الفرح الروحي لا زالت تعتبر

من كنوز الهند الأدبية، وإنني أترجم إحداها هنا:

لو بالاغتسال اليومي يُعرف الله
لأصبحتُ في العاجل حوتاً في الأعماق.
ولو بأكل الجذور والثمار يمكن إدراكه
لاخترت بسرور شكل عنزة.
ولو أن عَدّ حبات السبحات يكشف حضوره
لرددت صلواتي على حبّات كبيرة الحجم.
ولو بالانحناء أمام التماثيل الحجرية يمكن إظهاره
لتعبّدت له أمام جبل من الصوان.
ولو بشرب الحليب يمكن ارتشاف الرب
لتمكن العجول والأطفال من معرفته.
ولو بهجر الزوجة يمكن استحضار الله
ألا يصبح الآلاف خصياناً؟
ميراباي تعلم أنه للعثور على الكائن الإلهي الأقدس
الشرط الوحيد الذي لا غنى عنه هو الحب.

وضع عدد من التلاميذ روبيات في حذاء بهادوري الذي كان بجانبه وهو يجلس في وضع اليوغا. وهذه التقدمة المألوفة في الهند هي تعبير عن الاحترام والتقدير، بما يعني أن التلميذ يضع عند قدميّ معلمه ممتلكاته المادية. الأصدقاء الحافظون للجميل هم مظهر من مظاهر الله الذي يرعى محبيه من خلالهم ويعتني بشؤونهم.

ونظر أحد التلاميذ بحماس إلى الحكيم الجليل وهو يهم بالمغادرة وقال: «حقاً إنك رائع يا سيدي! فقد نبذت الغنى والراحة الشخصية من أجل البحث عن الله وتلقيننا الحكمة.» إذ كان الكل يعرف أن بهادوري مهاسايا تخلى في شبابه عن ثروة عائلية كبيرة عندما صمم تصميماً قاطعاً على انتهاج مسار اليوغا.

فأجاب القديس: «بل على العكس من ذلك!» وعبّر وجه المعلم عن زجر لطيف، وتابع قائلاً: «لقد زهدتُ بروبيات قليلة وبعض مباهج زائلة من أجل مملكة كونية لا حد لنعيمها ولا انتهاء. فكيف تقول إنني حرمت نفسي من أي

شيء؟ إن قصيري النظر من أهل الدنيا هم التاركون فعلاً! فهم يتخلون عن مملكة مقدسة لا نظير لها طمعاً ببعض الدمى الأرضية الزهيدة!»

ضحكت لهذه النظرة المتباينة عن الزهد والزاهدين: ففي حين يضع أحدهم تاج قارون على رأس قديس فقير، يحوّل الآخر جميع مليونيرات العالم المتفاخرين إلى معدمين لا يعرفون ما يعانون من الحرمان.»

وكانت كلمات المعلم الختامية تجسيداً لعقيدته الإيمانية التي أدركها في حياته، إذ قال: «العالم مليء بالقلقين الذين يضعون ثقتهم في وسائل الحماية الخارجية. وأفكارهم الأليمة والمريرة تشبه آثار الجروح على جباههم. إن الواحد الأحد الذي وهبنا الهواء والحليب من لحظة ولادتنا يعلم كيف يزوّد متعبديه يوماً بيوم بكل ما يحتاجون إليه.»

واصلتُ زياراتي للقديس بعد انتهاء فصول الدراسة، وبتحمس صامت ساعدني على إدراك الحضور الإلهي. وفي أحد الأيام انتقل إلى طريق رام موهان روي على مبعدة من منزلنا في طريق غوربار، إذ قام أتباعه المحبون ببناء صومعة جديدة له عُرفت باسم تاجندراماث[٦].

ومع أن ما سأذكره الآن هو سابق لأوانه في سيرة حياتي هذه، غير أنني أذكر هنا الكلمات الختامية التي قالها لي بهادوري مهاسايا. فقبل سفري إلى

٦ كان أسمه الكامل ناجندراناث بهادوري، و«ماث» بالهندية تعني حرفياً مكان العبادة، وتطلق غالبا على الصومعة أو المنسك.

ومن بين القديسين (المرتفعين في الهواء) في العالم المسيحي كان القدّيس جوزيف من كوبرتينو، وهو من قديسي القرن السابع عشر الذي تم توثيق عجائبه توثيقاً جيداً بمعاينة الشهود. وقد أبدى القديس جوزيف ذهولاً عن العالم هو في حقيقته تذكّر لله. ولم يسمح له إخوته في الدير بخدمة المائدة المشتركة كي لا يحلّق في الهواء بالأواني الخزفية. وفي الحقيقة كان القديس غير كفؤ للقيام بالواجبات الدنيوية بسبب عدم البقاء لفترة طويلة على الأرض! وأحيانا كانت مشاهدة تمثال مقدس تكفي لجعله يرتفع عمودياً في الهواء حيث كان يُشاهَد القديسان – الإنسان والحجر – وهما يحلقان عالياً في الفضاء.

والقديسة تريزا الأفيلية ذات السمو الروحي العظيم هي أيضا وجدت الارتفاع الجسدي مزعجاً للغاية. وإذ كانت تتولى القيام بمهام إدارية جسيمة فقد حاولت دون جدوى وقف اختباراتها «المحلقة» وكتبت في هذا الخصوص: «إن التدابير لا تجدي نفعاً إذا أراد الله عكس ذلك.» وقد بقي جسم القديسة تريزا الذي دُفن في إحدى كنائس ألبا في إسبانيا لأربعة قرون دون أن يصيبه التحلل والفساد، ويتضوع منه عبير الورود، وقد شهد الموقع معجزات لا تحصى.

الغرب بقليل ذهبت لتوديعه وانحنيت أمامه بتواضع للحصول على بركته الوداعية، فقال:
«اذهب يا بني إلى أمريكا، واتخذ من عظمة الهند القديمة درعاً واقياً لك. النصر مكتوب على جبينك، والنبلاء البعيدون سيستقبلونك استقبالاً حسناً.»

الفصل ٨

# عالم الهند العظيم جيه. سي. بوز

»لقد سبقت اختراعات جاغادس تشاندرا بوز اللاسلكية اختراعات ماركوني.«

عندما سمعت هذه الملاحظة اقتربت أكثر من مجموعة من أساتذة الجامعة المشاركين في نقاش علمي. أعتذر إن كان الفخر العرقي هو ما دفعني للاقتراب منهم، لكني لا أنكر رغبتي العميقة في أن أرى الهند تلعب دوراً ريادياً في العلوم الطبيعة، وليس فقط في علوم ما وراء الطبيعة. فقلتُ متسائلاً »ماذا تقصد بذلك يا سيدي؟«

فتفضل البروفيسور بالتفسير قائلاً: »لقد كان بوز المخترع الأول لجهاز اللاسلكي ولجهاز تحديد مدى انكسار الأمواج الكهربائية. لكن العالم الهندي لم يستغل اختراعاته لأغراض تجارية، بل حوّل انتباهه على الفور من العالم غير العضوي إلى العالم العضوي. واكتشافاته الرائدة كعالم نبات تفوق حتى إنجازاته الجوهرية كعالم طبيعة.«

شكرت الأستاذ بأدب، فأضاف: »العالم العظيم هو أحد إخوتي الأساتذة في كلية الرئاسة.«

وفي اليوم التالي قمت بزيارة الحكيم في منزله القريب من منزلنا في شارع غوربار، وكنت قد أعجبت به منذ فترة طويلة بالرغم من عدم محاولتي التواصل معه. وقد حيّاني عالم النبات الجليل والمعتزل بمودة ولطف. لقد كان في الخمسين من عمره؛ وسيم الطلعة، قوي البنية، كث الشعر، عريض الجبهة، وعيناه كعينيّ حالم بمسائل تجريدية. وكانت الدقة في نبرات صوته تظهر طبيعته العلمية التي لازمَته طوال حياته. فقال لي:

»لقد عدت حديثاً من بعثة إلى جمعيات علمية في الغرب أبدى أعضاؤها اهتماماً بالغاً باختراعاتي للأجهزة والأدوات الدقيقة التي تبيّن وحدة الحياة

الكلية التي لا تتجزأ[1]. فجهاز كريسكوغراف[2] بوز يكبّر الأشياء عشرة ملايين مرة. وبما أن الميكروسكوب العادي لا يستطيع تكبيرها أكثر من بضعة آلاف مرة فقط، فقد دفع الكريسكوغراف علم الأحياء خطوات للأمام وفتح آفاقا علمية لا حصر لها.

قلت: «لقد قمت بالكثير يا سيدي لتسريع التواصل بين الشرق والغرب عن طريق الوسائل العلمية الموضوعية.»

فأجابني: «لقد تلقيت العلم في جامعة كامبريدج وكم هو رائع أسلوب الغرب في إخضاع كل النظريات للتحقق التجريبي الدقيق! وهذا الإجراء التجريبي ارتبط ارتباطاً وثيقاً مع موهبة التأمل الباطني التي هي إرثي الشرقي. وباستخدام الوسيلتين معاً تمكنت من وضع نهاية لصمت مجالات الطبيعة الذي أعاق التواصل معها لأزمان طويلة. فخرائط الكريسكوغراف – الذي اخترعته – تبرهن لأكثر المتشككين أن النبات يملك جهازاً عصبياً حساساً، وحياة عاطفية متباينة. فالحب والكراهية، والفرح والخوف، واللذة والألم، والحساسية والتخدّر، واستجابات أخرى عديدة مشابهة، موجودة في النباتات مثلما هي موجودة في الحيوانات.»

قلت: «إن خفقة الحياة الفريدة في كل الخليقة كان ينظر إليها من منظار شِعري قبل ظهورك يا أستاذ! لقد عرفت قديساً كان يتحاشى قطف الورود ويقول «كيف يمكنني أن أجرؤ على سلب غصن الورد اعتزازه بجماله؟ وكيف لي أن أهينه بانتزاعي الفظ لوروده؟» وقد تحققت كلماته التعاطفية حرفياً باكتشافاتك!»

فقال: «الشاعر هو صديق الحقيقة الحميم، أما العالِم فيحاول الاقتراب من نفس تلك الحقيقة بطرق غير مناسبة. تعال يوماً إلى مختبري وتحقق بنفسك من البرهان القاطع على جهاز الكريسكوغراف.»

قبلت الدعوة بامتنان وودعته منصرفاً. وقد سمعت فيما بعد أن عالم النبات قد غادر كلية الرئاسة ويخطط لإنشاء مركز بحوث في كلكتا.

١ «العلم كله فائق، ولو لم يكن كذلك لاندثر. وعلم النبات يكتسب الآن النظرية الصحيحة: فآلهة براهما المتجسدون سيصبحون الكتب المقررة للتاريخ الطبيعي.» – إمرسون

٢ من الكلمة اللاتينية كريسير ومعناها يزيد أو يضاعف. وفي عام ١٩١٧ مُنح بوز لقب فارس تقديراً لاختراعه هذا الجهاز واختراعات أخرى.

عند افتتاح معهد بوز حضرت مراسم تدشينه. وقد تجول المئات من المفعمين بالحماس في مباني المعهد، وأعجبت كثيراً بالذوق الفني الرفيع والرموز الروحية لبيت العلم الجديد، وقد لاحظت أن بابه الأمامي كان عبارة عن تحفة أثرية قديمة من معبد ناءٍ. وخلف نافورة اللوتس[٣] كان شكل منحوت لامرأة تحمل في يدها مشعلاً دلالة على احترام الهند للمرأة كحاملة أبدية للنور. وكان في الحديقة معبد صغير مكرّس للجوهر الفرد المحتجب خلف الظواهر الطبيعية. أما فكرة العنصر الروحي غير المادي فقد كان يُرمز إليها بعدم وجود تمثال على المذبح.

كان خطاب بوز في تلك المناسبة العظيمة جليلاً كما لو كان صادراً من شفاه أحد الحكماء القدامى الملهمين، وقد غمرت هيبته ووقاره القاعة الحاشدة، قال:

«أكرّس اليوم هذا المعهد ليس كمختبَر وحسب، بل كمعبد أيضا. فمن خلال تنقيبي واستكشافاتي اهتديت بصورة لا شعورية إلى المنطقة الفاصلة بين العلوم الطبيعية وعلم وظائف الأعضاء. ولدهشتي وجدت أن الخطوط الفاصلة آخذة في التلاشي وقد برزت مكانها نقاط الاتصال بين عالميّ الأحياء والجماد. ولم تبدُ لي المادة غير العضوية جامدة على الإطلاق، بل رأيتها تنبض بالحياة والحركة بفعل قوى عديدة.

«كما تبيّن وجود تفاعل شامل ينتظم المعدن والنبات والحيوان تحت قانون مشترك، فكلها أبدت نفس ظاهرة الإرهاق والكآبة، مع إمكانية التعافي والابتهاج، وكذلك عدم الاستجابة الدائمة المقترنة بالموت. وإذ غمرتني الدهشة لهذا التعميم الهائل فقد قمت والأمل يملأ قلبي بالإعلان عن نتائجي المعززة بالتجربة والبرهان أمام الجمعية الملكية. لكن علماء وظائف الأعضاء الحاضرين نصحوني بحصر تجاربي في البحوث المادية التي كان نجاحي فيها مؤكداً، بدلاً من التجاوز والتعدي على ميدان اختصاصهم. وقد أدركت أنني دخلت عن غير قصد نظاماً خاصاً بفئة معينة من العلماء فأسأت لآدابها.

«وأدركت أيضاً أن هناك تعصباً لاهوتياً لا شعورياً يخلط بين الجهل والإيمان. فغالباً ما ننسى أن الذي أحاطنا بألغاز وأسرار الخلق الدائمة البزوغ

٣ زهرة اللوتس في الهند هي رمز مقدس منذ القدم. وترمز أوراقها المتفتحة إلى اتساع الروح. ونموها من أصلها الطيني يحمل وعداً روحياً طيباً.

هو نفسه الذي غرس في نفوسنا الرغبة في التساؤل والفهم والاستنتاج. وطوال سنوات عديدة من سوء الفهم بدأت أدرك أن حياة طالب العلم مليئة فعلاً بالجهد المتواصل والكفاح المستمر، وأن عليه أن يكرّس حياته بهمة وحماس لغايته المنشودة، دون النظر إلى الربح والخسارة، والنجاح والفشل.

«وفي الوقت المناسب اعترفت بنظرياتي ونتائجي كبرى الجمعيات العلمية في العالم، وأدركتْ أهمية مساهمة الهند في المجال العلمي[٤]. فهل يمكن لشيء صغير أو محدود أن يرضي العقل الهندي؟ وبفضل تقاليدها الحية وقدرتها الحيوية فى تجديد شبابها تمكنت هذه البلاد من إعادة ترتيب أوضاعها من خلال تحولات تفوق الحصر. وعلى الدوام ظهر هنود ممن نبذوا المكافآت الوقتية العاجلة والمغرية من أجل تحقيق أسمى مثل الحياة، ليس من خلال الزهد السلبي، بل بالكفاح الفعال والمجدي. فالضعيف العاجز الذي رفض الكفاح ولم ينتج شيئاً ليس عنده ما يتخلى عنه. أما الذي عمل بجد وظفر فهو وحده القادر على إغناء العالم بتقديم ثمار تجاربه التي حققت الظفر والانتصار.

«إن العمل المنجز فعلاً في مختبر بوز، من أجل إثبات استجابة المادة والاكتشافات غير المتوقعة في حياة النبات، قد فتح مجالات واسعة جداً من البحث في الفيزياء وعلم وظائف الأعضاء والطب والزراعة وكذلك في علم النفس. والمسائل التي ظلت تُعتبر لغاية الآن دون حلول قد دخلت الآن مجال البحث التجريبي.

«لكن ذروة النجاح لا يمكن بلوغها دون الكثير من العناية والتدقيق. ومن أجل ذلك قمت بتصميم مجموعة كبيرة من المعدات والأجهزة الفائقة الحساسية التي ترونها الآن في حاوياتها في مدخل القاعة. فهي تروي لكم حكاية الجهود الطويلة لاختراق حجب الوهم والنفاذ إلى الحقيقة غير المنظورة. كما تبيّن أيضا الكدح المتواصل والمثابرة وسعة الحيلة الضرورية للتغلب على القصور

٤ «إننا نثق أنه لا يمكن لأي قسم من أقسام الدراسة في أي جامعة كبرى، خصوصاً قسم الإنسانيات، أن يكون مكتملاً دون اختصاصي ضليع في العلوم الهندية. كما نثق أيضاً أنه يتوجب على كل جامعة تهدف إلى إعداد خريجيها للعمل الواعي في العالم الذي سيعيشون فيه أن تختار من بين أساتذتها عالماً خبيراً بالثقافة الهندية». – مقتطفات من مقال للبروفيسور دبليو. نورمان براون في جامعة بنسلفانيا، وقد نشر بعدد مايو/أيار ١٩٣٩ من دورية المجلس الأمريكي للجمعيات العلمية، واشنطن العاصمة.

البشري. فجميع العلماء المبتكرين يعلمون أن المختبر الحقيقي هو العقل الذي بواسطته يتخطون الأوهام ويكتشفون قوانين الحق.

«المحاضرات التي ستلقى هنا لن تكون تكراراً لمعرفة سابقة، بل ستعلن اكتشافات جديدة تعرض للمرة الأولى في هذه القاعات. وعن طريق النشر المنتظم لعمل المعهد ستصل مساهمات الهند هذه إلى كل مكان في العالم وستصبح ملكية عامة، إذ لن نحتكر هذه المعرفة، لأن روح ثقافتنا القومية تتطلب منا عدم تدنيس المعرفة باستغلالها في المنافع الشخصية.

«كما أود أيضاً أن تصبح مرافق هذا المعهد متاحة قدر الإمكان للعاملين من كافة أنحاء العالم، وبهذه الطريقة أواصل التقليد العريق لبلادي الهند التي رحبت في جامعاتها العريقة في تاكسيلا ونالندا، منذ خمسة وعشرين قرناً، بالعلماء وطلاب العلم من كل أقطار العالم.

«ومع أن مصدر العلم ليس الشرق ولا الغرب، بل هو عالمي في شموليته، إلا أن الهند قادرة بكيفية خاصة على المساهمة بقدر كبير فيه.[5]

٥ التركيب الذري للمادة كان معلوماً تمام العلم لقدماء الهنود. وأحد أقسام الفلسفة الهندية الستة فيزيسيكا المشتق من الكلمة السنسكريتية فيزيساس التي تعني الذات الذرية. كان «أولوكيا» أحد أوائل المفسرين للفيزيسيكا، والذي يعرف أيضاً باسم كانادا أي «ملتهم الذرات»، وكانت ولادته منذ حوالي ٢٨٠٠ سنة.

وفي عدد أبريل/نيسان ١٩٣٤ من مجلة الشرق والغرب *East-West*، مقال لـ تارا ماتا Tara Mata يلخص المعرفة العلمية للفيزيسيكا على النحو التالي:

«بالرغم من أن 'النظرية الذرية' الحديثة تعتبر بوجه عام تطوراً علمياً جديداً، إلا أن كانادا 'ملتهم الذرات' شرحها شرحاً رائعاً يبعث على الإعجاب منذ زمن بعيد. فالكلمة السنسكريتية آنوس يمكن ترجمتها إلى 'ذرة' أي غير قابلة للانقسام أو التجزئة وفقاً للمعنى الحرفي الإغريقي. وهناك تفسيرات علمية لرسائل الفايسيسكا دونت قبل الميلاد وتتضمن: (١) حركة الإبر نحو المغناطيس، (٢) دورة الماء في النبات، (٣) أكاش أو الأثير الذي لا حركة ولا شكل له كأساس لنقل القوى الشفافة، (٤) النار الشمسية كمصدر لضروب الحرارة الأخرى، (٥) الحرارة كأساس للتغيير الجزيئي، (٦) قانون الجاذبية الذي يحدث بسبب الصفة الملازمة لذرات الأرض، مما يعطيها قوتها الجاذبة أو الدفع التحتي، (٧) الطبيعة الحركية لكل أنواع الطاقة؛ فالعلاقة السببية متأصلة دوماً في استهلاك الطاقة أو في إعادة توزيع الحركة، (٨) التحلل الكوني بسبب تحلل الذرات، (٩) الإشعاعات الحرارية الضوئية المتناهية الصغر والتي تنتقل في جميع الاتجاهات بسرعة لا يتصورها أو يدركها العقل (وهي نظرية الأشعة الكونية الحديثة)، (١٠) نسبية الزمان والمكان.

«وتعزو الفايسيسكا أصل الكون إلى الذرات ذات الطبيعة الخالدة، أي إلى خاصياتها

فالخيال الهندي المتوقد والقادر على أن يستخلص نظاماً جديداً من كومة من المعطيات المتباينة ظاهرياً، تضبطه عادةُ التركيز الذهني التي تمنح العقل المقدرة على البحث عن الحقيقة بصبر لا نهاية له.»

اغرورقت عيناي بالدمع لسماع كلمات العالم الختامية. أليس «الصبر» حقاً هو التعبير المرادف للهند؟ ذلك الصبر الذي حيّر الزمن والمؤرخين على حد سواء!

قمت بعد يوم الافتتاح بفترة قصيرة بزيارة مركز الأبحاث مرة ثانية، فأخذني عالم النبات العظيم طبقاً لوعده إلى مختبره الهادئ وقال:

«سأقوم بربط الكريسكوغراف بنبات السرخس هذا وسيكون التكبير هائلاً. فلو تم تكبير هذا الحلزون الزاحف ببطء بنفس النسبة لظهر وهو منطلق كقطار سريع!»

ثبّتُ بصري بلهفة على الشاشة التي أظهرت ظل السرخس المكبَّر، فبانت بوضوح حركات صغيرة جداً. كان النبات ينمو ببطء كبير أمام عينيّ المفتونتين. وعندما لمس العالم رأس السرخس بقضيب معدني صغير توقفت حركة نموه فجأة ثم استأنف نموه الايقاعي لمجرد إبعاد القضيب عنه. وقال بوز معلقاً:

«لاحظ أن أي تداخل خارجي مهما كان طفيفاً يلحق الضرر بالأنسجة الحساسة. انظر، سأقوم الآن بإعطائه الكلوروفورم المخدر وبعد ذلك سأعطيه الترياق.»

أدى تأثير الكلوروفورم إلى إيقاف كل نمو، في حين أنعشه الترياق. وقد استقطب ما رأيته على شاشة الكريسكوغراف انتباهي أكثر من مشاهدة أية حبكة «سينمائية».

وأدخل رفيقي (في دور الشرير هنا) أداة حادة في جزء من السرخس فبدا الألم على شكل رفرفات تشنجية متتابعة. وعندما غرز شفرة حادة في الجذع اضطرب الظل بعنف ثم كف عن الحركة إثر حدوث الموت النهائي. وابتسم

الختامية. وهذه الذرات كانت تعتبر ذات حركة اهتزازية دائمة. والاكتشاف الحديث بأن الذرة هي نظام شمسي مصغر ليس جديداً على فلاسفة الفيزيسيكا القدامى الذين اختزلوا أيضاً الزمن إلى أقصى مفهوم رياضي له بوصفه أصغر وحدة للزمن (كالا) وهي الفترة الزمنية التي تستغرقها الذرة لقطع وحدتها الذاتية في الفضاء.»

عالم الهند العظيم جيه. سي. بوز

**جاغادس تشاندرا بوز**
عالم الفيزياء الهندي العظيم، وعالم النبات، ومخترع الكريسكوغراف

جاغادس بسرور وهو يروي تفاصيل المحاولة المنقذة للحياة:

«لقد تمكنت من نقل شجرة ضخمة بنجاح بتخديرها أولاً. فأشجار الغابة المتأصلة عادة ما تموت بسرعة بعد تحريكها مباشرة. وقد أظهرت الرسوم البيانية التي رسمها جهازي الدقيق أن للأشجار نظاماً يشبه الدورة الدموية، وأن حركة العصارة فيها شبيهة بضغط الدم في أجسام الحيوانات. ويستحيل تفسير صعود العصارة والقول بأنها تحدث، كما يشاع، لأسباب ميكانيكية، عن طريق الجذب بفعل الأوعية الشعرية. لكن الكريسكوغراف تمكن من تعليل هذه الظاهرة كنشاط للخلايا الحية. فالتموجات التمعجية تصدر من أنبوبة اسطوانية تمتد إلى أسفل الشجرة وتعمل كقلب فعلي! وكلما تعمق إدراكنا ازداد الدليل وضوحاً بأن خطة موحدة تربط كل شكل من اشكال الطبيعة المتنوعة والمتعددة.»

أشار العالم العظيم إلى جهاز آخر من أجهزة بوز، وقال:

«سأريك بعض التجارب على قطعة من الصفيح. فالمعادن تستجيب إما

بكيفية مغايرة أو مفيدة للمنبهات، وسوف تسجل علامات الحبر الانعكاسات المتنوعة.»

راقبت بانتباه تام الرسم الذي سجل الموجات المميزة للتركيب الذري. وحينما استخدم البروفيسور الكلوروفورم على الصفيح توقفتْ الكتابات الاهتزازية ثم استأنفت حركتها عند استعادة المعدن ببطء لحالته الطبيعية. بعد ذلك وضع رفيقي مادة كيماوية سامة على الصفيح فارتعش، و في نفس اللحظة دوّنت الإبرة نهايته على الخريطة بطريقة دراماتيكية، كما لو أنها أعلنت وفاته. واستطرد قائلاً:

«لقد أثبتت أجهزة بوز أن المعادن كالفولاذ المستعمل في المقصات والآلات الأخرى هي عرضة للإرهاق، وأنها تستعيد نشاطها بعد فترة من الراحة على نحو دوري، وأن نبض الحياة في المعادن يتعرض لأذىً شديد أو قد يخمد باستخدام تيارات كهربائية أو بتسليط ضغط ثقيل.»

أجلتُ بصري في أنحاء الغرفة وشاهدت الاختراعات العديدة التي كانت بمثابة شهادة صادقة على عبقرية ومهارة لا تعرف التعب، وقلت: « للأسف يا سيدي أن النمو الزراعي لا ينتفع على نطاق واسع بأجهزتك الرائعة. ألا يمكن استخدام بعضها في تجارب معملية لإظهار تأثير الأنواع المختلفة من الأسمدة على نمو النبات؟»

أجابني: «هذا صحيح، فالأجيال القادمة ستستخدم أجهزة بوز في تطبيقات لا حصر لها. العالِم نادراً ما يعرف المكافأة المتزامنة، ويكفيه الرضا الذي يحس به في تقديم خدمة نافعة.»

وبامتنان قلبي عميق للحكيم الذي لا يعرف للتعب معنى ودّعته وأنا أقول بيني وبين نفسي: «هل من المعقول أن تقف خصوبة نبوغه المدهشة عند حد؟»

ولم يتضاءل عطاؤه مع مرور الزمن، فبعد أن ابتكر جهازاً دقيقاً ومعقداً يدعى جهاز تخطيط القلب «الكارديوغراف الرنان»، واصل بوز بحوثاً ودراسات مستفيضة على نباتات هندية لا تعد ولا تحصى. ونتيجة لذلك فقد ظهرت عقاقير ذات خواص مفيدة لم تكن متوقعة. وجهاز تخطيط القلب مصمم بدقة متناهية، وبواسطته يمكن إظهار جزء من مئة من الثانية على الرسم البياني. وتقيس التسجيلاتُ الرنانة التذبذبات المتناهية الدقة في تركيبة النبات والحيوان والإنسان. وقد تنبأ عالم النبات العظيم بأن استخدام الكارديوغراف

سيساعد في المستقبل على إجراء التشريح على النبات بدلاًمن الحيوان، وقد أشار إلى ذلك بالقول:

«لقد أظهرت النتائج الخاصة بتأثير الدواء الذي أعطي لنبات وحيوان تطابقاً مدهشاً. فكل شيء في جسم الإنسان له مثيل في النبات، وسيساعد إجراء التجارب على النبات على التقليل من آلام الحيوان والإنسان.»

وبعد سنوات أثبت علماء آخرون صحة أبحاث بوز، فقد نشرت صحيفة نيويورك تايمز تقريراً عن العمل الذي تم في سنة ١٩٣٨ في جامعة كولومبيا كما يلي:

> «لقد أصبح من المؤكد في غضون السنوات القليلة الماضية أنه عندما تنقل الأعصاب رسائل بين الدماغ وأقسام أخرى من الجسم، تتولد نبضات كهربائية صغيرة جداً. وقد تم قياس هذه النبضات بأجهزة غالفانوميتر دقيقة وتكبيرها ملايين المرات بأجهزة تكبير حديثة. ولغاية الآن لم تتوفر بعد طريقة مقنعة لدراسة ممرات النبضات في الألياف العصبية للحيوان أو الإنسان الحي بسبب السرعة الفائقة التي تنطلق بها تلك النبضات.
>
> «وقد أفاد الدكتوران كي. أس. كول وإتش. جيه. كورتس أنهما اكتشفا أن الخلايا الطويلة الوحيدة لنبتة نيتيلا التي تنمو في الماء النقي، والتي غالباً ما تستعمل في أحواض الأسماك الذهبية، هي مطابقة تماماً للألياف العصبية الوحيدة. وعلاوة على ذلك فقد اكتشفا أن إثارة ألياف النيتيلا تولّد موجات كهربائية تماثل من كل ناحية، باستثناء السرعة، الأليافَ العصبية في الحيوان والإنسان. وقد توصل العاملون في مختبرات جامعة كولومبيا إلى هذا الاكتشاف كوسيلة لالتقاط صور متحركة بطيئة لممرات النبضات الكهربائية في الأعصاب. وهكذا فإن نبتة النيتيلا قد تصبح حجر رشيد آخر يزيح الغموض عن أسرار الطبيعة المحفوظة بعناية، والقريبة من الحد الفاصل بين العقل والمادة.»

كان الشاعر رابندرانات طاغور صديقاً مخلصاً للعالم الهندي المثالي، وقد خاطبه المنشد البنغالي الرخيم بالسطور التالية:

أيها الناسك، نادِ بالكلمات الأصيلة\
من تلك الترنيمة القديمة التي تدعى ساما: «انهض! استيقظ!»\
نادِ الرجل المتفاخر بمعرفته اللاهوتية:\
المستقاة من مجادلات حمقاء لا فائدة منها.\
نادِ ذلك الغبي المتبجح الأحمق\
كي يرنو إلى وجه الطبيعة والأرض الرحبة.

ابعث هذا النداء إلى كوكبة رفاقك العلماء
واجتمعوا معا حول قربان النار.
دعهم يجتمعون كلهم،
حتى تتمكن بلادنا الهند
من الرجوع إلى ذاتها
والعودة من جديد إلى العمل الدؤوب:
إلى الواجب والتعبد ونشوة التأمل الجاد.
ولتتربع ثانية فوق عرشها السامي
نقية دون قلق ودون طمع أو اختصام.
ولتجلس فوق منصتها العالية
مانحة العلم والمعرفة لسائر البلدان.[٦]

٦ ترجمها من البنغالية إلى الإنكليزية مانموهان غوش، ونُشرت في المجلة الفصلية فيسفابهاراتي، سانتينيكيتان، الهند.,

«الأنشودة (ساما) الواردة في قصيدة طاغور هي إحدى الفيدات الأربع. أما باقي الفيدات الثلاث الأخرى فهي ريغ، ياجور، وأتارفا. وتشرح الأسفار المقدسة طبيعة براهما الإله الخالق الذي يظهر في الإنسان بصورة أتما أو النفس. الفعل من براهما هو برِه أي يتمدد، يتسع، مما يعبر عن المفهوم الفيدي للقوة المقدسة ذات النمو التلقائي، أو الشروع بالنشاط الخلاق. ويمكن القول إن الكون الذي يشبه نسيج العنكبوت، هو انبثاق (فيكوراتي) من كيان الله. والامتزاج الواعي للنفس أتما مع براهما أو اتحاد النفس بالروح الإلهي هو جوهر الفيدات. والفيدانتا التي هي ملخص الفيدات ألهمت الكثير من مفكري الغرب. فقد قال المؤرخ الفرنسي فيكتور كوسين: «حينما نطالع بتمعن آثار الشرق الفلسفية – لا سيما الهندية منها – نكتشف الكثير من الحقائق العميقة... تضطرنا للإنحناء أمام الفلسفة الشرقية. ونرى في هذا المهد العريق للجنس البشري المنشأ الأصلي لأسمى الفلسفات.»

وشليجل أيضا لاحظ: «إن أسمى الفلسفات الأوروبية ذات الطابع المثالي بحسب ما وضعها فلاسفة الإغريق تظهر – لدى مقارنتها بالحياة الغنية والنشاط الزاخر اللذين يميزان المثالية الشرقية – كبصيص ضئيل من الضوء أمام فيض غامر من نور الشمس.»

والفيدات (من الجذر فيد: يعرف) في الأدب الهندي الغني والغزير هي وحدها النصوص التي لا تعزى إلى مؤلف. فالريغ فيدا (١٠: ٩٠، ٩) تعزو للأناشيد أصلاً إلهياً، وتخبرنا الترانيم (٣: ٣٩، ٢) أنها انحدرت من «العصور القديمة» واكتست بلغة جديدة. وإذ يتوصل الحكماء من «أصحاب الرؤى» إلى فهم جوهرها جيلاً بعد جيل، فإن الفيدات تمتلك نيتيافتا أي ديمومة أبدية.

والفيدات كانت إلهامات صوتية (شروتي) «يسمعها الحكماء مباشرة.» فهي بالضرورة أدب الإنشاد والترتيل. لهذا – وعلى مدى آلاف السنين – لم يتم تدوين المائة ألف بيت من الشعر في الفيدا (كل بيت من سطرين)، بل كان تناقلها يتم مشافهة عن طريق كهنة البراهمة. فالورق والحجر كلاهما يخضع لآثار الزمن الطامسة الماحية، أما الفيدات فقد احتفظت بجوهرها على مر العصور لأن الحكماء أدركوا أن العقل أسمى من المادة وهو الطريقة الصحيحة لنقل المعرفة. فهل من شيء يفوق «ألواح القلب» حفظاً وتخليداً!

وبالنظر إلى الترتيب الخاص (آنوبورفي) الذي تأتي بموجبه كلمات الفيدا، وبمعونة قواعد صوتية بمزيج من الأصوات (ساندهي) وصلتها بالأحرف (ساناتانا)، وباستعمال طرق حسابية دقيقة للتأكد من دقة النصوص المستظهرة، تمكن البراهمة منذ عهد سحيق من الاحتفاظ بالنقاوة الأصلية للفيدا. فلكل مقطع (أكشارا) من مقاطع الكلمة الفيدية أهمية وفاعلية. (راجع الصفحة ٣٩٠).

الفصل ٩

# العابد المغتبط وغرامه الكوني

«سيدي الصغير تفضل بالجلوس، فإنني أتحدث إلى الأم الإلهية.»

كنت قد دخلت الغرفة بهدوء وبشعور غامر من الهيبة والخشوع. وقد بهرني المظهر الملائكي للمعلم مهاسايا الذي بدا بلحيته الحريرية البيضاء وعينيه الكبيرتين البراقتين مثالاً حياً للطهارة والنقاء. وقد شعرت من ذقنه المرتفعة ويديه المضمومتين أن زيارتي الأولى له قد أزعجته أثناء تعبده.

أما تحيته البسيطة لي فقد كان لها أكبر أثر عاطفي عرفته في طبيعتي. كنت أظن أن فراق والدتي المرير كان ذروة العذاب بالنسبة لي. أما الآن فقد شعرت أن الألم المُبرّح للانفصال عن أمي الإلهية هو عذاب لروحي يفوق الوصف، فارتميت منتحباً على الأرض!

فقال القديس بنغمة جمعت بين الكآبة والمواساة: «سيدي الصغير، احتفظ بهدوئك!»

وإذ شعرت بوحشة رهيبة، أمسكت بقدميه كما لو كنت أمسك بطوف نجاة لإنقاذي، وقلت:

«أطلب شفاعتك يا سيدي الطاهر! هلّا سألت الأم الإلهية إن كانت ترضى عني وأجد قبولاً لديها!»

لم يحر المعلم جوابا، لأن وعد الشفاعة المقدس لا يمكن منحه بسهولة.

وكنت متيقناً بكل تأكيد أن المعلم مهاسايا كان بالفعل مستغرقاً في مناجاة وجدانية مع الأم الكونية. وأحسست بالإذلال والمهانة لعدم قدرة عينيّ على رؤيتها، مع أنها كانت بادية لنظرة القديس البريئة الطاهرة. وإذ أمسكت دون خجل بقدميه، متجاهلاً اعتراضه اللطيف، فقد ألحفتُ في طلب بركته ووساطته المرة تلو الأخرى.

وجاءت موافقة المعلم مقترنة بابتسامة رقيقة ودية عندما قال: «سأوصل التماسك للأم المحبوبة.»

وأحسست بقوة عجيبة في تلك الكلمات القليلة التي امتلكتْ القدرة على تحرير كياني من منفاه العاصف!

رنّت نغمة التوقع السار في نبرات صوتي الذي كان ينشج حزنا قبل لحظات، وقلت: «تذكّر وعدك يا سيدي! سأعود قريبا لأتلقى رسالتها لي!»

غمرتني الذكريات أثناء هبوطي درجات السلم الطويل. فمنزل المعلم الحالي رقم ٥٠ بشارع أمهرست هو نفس البيت الذي جمع أسرتنا في الماضي وشهد وفاة أمي. وفي هذا المكان بالذات انكسر خاطري وتصدّع قلبي لاختفائها، وها هي روحي اليوم يبرّحها غياب الأم الإلهية. يا لقدسية هذه الجدران! فهي الشاهد الصامت على آلامي الموجعة وشفائي في نهاية المطاف!

عدتُ إلى منزلي بخطوات نشطة ومتحمسة، والتمست العزلة في غرفتي العليا الصغيرة حيث بقيت غارقاً في التأمل حتى الساعة العاشرة. وفجأة أضاءت ظلمة ليل الهند الدافئ برؤيا مدهشة، إذ وقفت أمامي الأم الإلهية تحيط بها هالة من الروعة والبهاء. أما وجهها الذي ارتسمت عليه ابتسامة رقيقة فكان روح الجمال، وهي تقول:

«لقد أحببتك دوماً! وسأحبك على الدوام!»

ثم اختفت وبقيت النغمات السماوية ترن في الهواء.

وما كادت شمس اليوم التالي تشرق حتى قصدت المعلم مهاسايا مرة أخرى، فصعدت درجات المنزل ذي الذكريات المثيرة للأشجان إلى أن بلغت غرفة المعلم في الطابق الرابع فوجدت مقبض الباب المغلق ملفوفاً بقطعة قماش إشارة إلى أن القديس يرغب بالخلوة. وإذ وقفت متردداً في أعلى الدرج، فتح المعلم الباب مرحّباً بي، فركعت عند قدميه المباركتين. وبمزاج لعوب لبستُ قناعاً من الجدية لأخفي وراءه فرحي المقدس وخاطبته قائلاً:

«سيدي أعترف بأنني أتيت باكراً لأتلقى رسالتك! فهل قالت لك الأم المحبوبة شيئاً عني؟»

فكان جوابه لي: «يا لك من متشاطر يا سيدي الصغير!»

لم يُبدِ المعلم ملاحظة أخرى، وعلى ما يبدو أن وقاري المصطنع لم يثر إعجابه. وربما استفزتني عبارته بعض الشيء فقلت: «لماذا كل هذا التهرب من الجواب؟ ألا يتكلم القديسون بوضوح أبداً؟»

فأجابني وعيناه الهادئتان تطفحان فهماً: «هل ينبغي لك لأن تختبرني؟ وهل يمكنني أن أضيف كلمة واحدة هذا الصباح للتأكيد الذي حصلتَ عليه ليلة أمس في الساعة العاشرة من الأم الجميلة نفسها؟»

سيطر المعلم مهاسايا على بوابات قلبي وفيض مشاعري، فانبطحت مرة أخرى عند قدميه. لكن هذه المرة فاضت عيناي بدموع الفرح لا دموع الألم الذي لا يطاق. وأضاف المعلم قائلاً:

«أتظن أن أشواقك التعبدية لم تلمس قلب الرحمة الكلية؟ إن الأمومة الإلهية التي عبدتَها في مظهريها البشري والإلهي لا يمكن أن تحجم عن الاستجابة لندائك الملهوف.»

تُرى من كان هذا القديس البسيط الذي كان أقل طلب منه للروح الكوني يلقى قبولاً عذباً؟ لقد كان دوره في الحياة متواضعاً كما يليق بأعظم إنسان متواضع عرفته في حياتي. وفي هذا المنزل بشارع أمهرست أشرف المعلم مهاسايا على إدارة مدرسة ثانوية صغيرة للأولاد، حيث لم تتفوه شفتاه بكلمة قاسية ولم يكن من حاجة لقواعد صارمة من أجل حفظ النظام. وفي فصول تلك المدرسة المتواضعة كانت تُدرَّس رياضيات سامية وكيمياء المحبة التي تفتقر إليها الكتب المدرسية. وكان ينشر حكمته بالعدوى الروحية بدلاً من التعليم الجاف. ولأنه كان مستغرقاً في حب طبيعي بسيط للأم الإلهية، فقد كان كالطفل لا يتوقع أي شكل من الاحترام من الآخرين. وقال لي ذات مرة:

«أنا لست معلمك الذي سيأتي عما قريب. وعن طريق إرشاده ستترجم محبتك التعبدية إلى تعبيرات من حكمته التي لا يُسبر غورها.»

وفي أصيل كل يوم كنت أذهب إلى شارع أمهرست التماساً لكأس المعلم مهاسايا المقدسة التي كانت قطراتها المباركة تغمر كياني يومياً. ولم أنحنِ لأحد قبله بمثل هذا الاحترام الكلي. والآن أهنئ نفسي لأنني وطئت الثرى الذي قدّسته قدما المعلم مهاسايا.

ذات مساء ذهبت إليه ومعي قلادة من زهر الشمباك وقدمتها إليه قائلاً:

«سيدي أرجو أن تلبس هذه القلادة التي ضفرتها خصيصاً لك. فتراجع القديس في حياء رافضاً هذا التكريم المرة بعد الأخرى! لكن حينما لاحظ تأثري قبِلَه أخيراً بابتسامة وهو يقول:

«بما أننا نتعبد للأم المقدسة معاً فبإمكانك أن تضع قلادة زهورك على هذا الهيكل الجسدي تقدمة لتلك التي تسكن داخله.» وكانت طبيعته الرحبة أضيق من أن تستوعب الأنانية والغرور. وقد اقترح قائلاً:

«دعنا نذهب غداً إلى معبد داكشينسوار الذي تقدَّس للأبد بوجود معلمي فيه.» وكان المعلم مهاسايا تلميذاً للمعلم الشبيه بالمسيح سري راما كريشنا

برمهنسا.

في صباح اليوم التالي استقلينا قارباً وانطلقنا فوق نهر الغانج إلى مقصدنا الذي كان على بعد أربعة أميال. دخلنا معبد كالي ذي القباب التسع، حيث كانت تماثيل الأم المقدسة والإله شيفا موضوعة فوق زهور اللوتس المصنوعة من الفضة المصقولة، وقد نُحتت الألف ورقة لوتس بدقة فائقة. وأشرق وجه المعلم مهاسايا فراح يناجي الأم الكونية المحبوبة في غمرة من الحب الإلهي المتعاظم. وما أن راح ينشد اسمها حتى شعرت أن قلبي المبتهج يكاد يتحول إلى ألف قطعة متناثرة!

تجولنا بعد ذلك في حرم المعبد المقدس، ثم توقفنا في بستان فيه أشجار الطرفاء. وكان الرحيق المتحلّب من تلك الأشجار يرمز للطعام السماوي الذي يجود به المعلم مهاسايا الذي واصل ابتهالاته المقدسة. جلستُ دون أدنى حراك فوق الحشائش بين زهور الطرفاء القرنفلية النحيلة، ثم انطلقتُ خارج الجسد لبعض الوقت فحلّقت في زيارة عليا.

كانت هذه الزيارة الأولى من بين زيارات عديدة لمعبد داكشينسوار مع المعلم الطاهر الذي منه تعلمت كيف أتذوق عذوبة الله في مظهر الأم الكونية أو الرحمة الإلهية. ولم يكن القديس الشبيه بالأطفال يهتم كثيراً بمظهر الأبوة السماوية أو العدل الإلهي، لأن الحساب الشديد والصارم كان مغايراً لطبيعته الدمثة والرقيقة. وأثناء تأملي له ذات يوم وهو منهمك في ابتهالاته فكرت بمودة بأنه يصلح لأن يكون نموذجاً أرضياً لملائكة السماء أنفسهم. فقد كان ينظر إلى العالم بعينين على دراية وثيقة بالطهارة الأصلية، فلا يوبّخ ولا ينتقد. وكان جسمه وعقله وكلامه وأفعاله كلها منسجمة دون عناء مع روحه.

وكان المعلم يختتم كل نصيحة من نصائحه الحكيمة بالاعتراف بفضل معلمه، قائلاً: «هذا ما قاله لي معلمي.» ولم يرغب في أن يعزو النصح إلى نفسه، إذ كان اتحاده مع سري راما كريشنا عميقاً لدرجة أنه كان يعتبر أن أفكاره صادرة عن معلمه وأنها ليست أفكاره الخاصة.

في إحدى الأمسيات سرت والمعلم يداً بيد في المنطقة القريبة من مدرسته، ولكن تضاءلت بهجتي بقدوم أحد المعارف المغرورين الذي أثقلنا بحديث طويل جداً. لقد كان ذلك الشخص منبهراً بخطابه وحبه لذاته بحيث لم يسمع ما قاله لي المعلم هامساً:

«أرى أن هذا الرجل لا يعجبك. لقد ذكرت ذلك للأم المقدسة، وهي تدرك

المعلم مهاسايا
"العابد المغتبط"

ورطتنا المؤسفة ووعدت بأننا عندما نصل إلى ذلك المنزل الأحمر ستتذكّره بعمل أكثر إلحاحاً.»

التصقت عيناي بمكان النجاة. ولدى وصولنا إلى بوابته الحمراء، استدار الرجل فجأة وانطلق بسرعة دون سبب، من دون أن يكمل عبارته أو أن يودعنا، فخيم السلام من جديد على جونا المقتَحَم.

وفي يوم آخر، بينما كنت أسير لوحدي قرب محطة هوارا توقفت للحظة بجانب معبد ورحتُ أنتقد بصمت مجموعة صغيرة من الرجال كانوا يقرعون

الطبول ويضربون الصنوج وينشدون بصخب وانفعال شديدين. فقلت بيني وبين نفسي: «لماذا يتلفظ هؤلاء الأشخاص باسم الرب المبارك بطريقة آلية وبدون حب وإخلاص؟»

وقد اعترتني الدهشة لأن أرى المعلم مهاسايا يقترب مني بسرعة، فسألته: «سيدي ما الذي أتى بك إلى هنا؟»

تجاهلَ القديس سؤالي وأجاب على ما يدور في فكري، قائلا: «ألا تتفق معي يا سيدي الصغير أن اسم الإله الحبيب له وقع عذب عندما تتلفظ به الأفواه سواء أكان المتلفظون به جاهلين أم حكماء؟» ثم وضع ذراعه حولي بحنان فوجدت نفسي منطلقاً على بساطه السحري إلى الحضرة الرحيمة.

سألني بعد ظهر أحد الأيام: «هل ترغب في مشاهدة الصور المتحركة؟» فحيّرني هذا السؤال من المعلم مهاسايا المنعزل، لكني وافقت على الفور وأنا سعيد لأن أكون في صحبته تحت كل الظروف. وبخطوات سريعة كنا أمام الحديقة المواجهة لجامعة كلكتا، فأشار رفيقي إلى مقعد بجانب الغدير، وقال: «لنجلس هنا لبضع دقائق فقد كان معلمي يذكّرني دائماً بالتأمل كلما أبصرتُ مساحة من الماء، مشيراً إلى أن سكينة الماء تذكرنا بالسكينة الإلهية. ومثلما تنعكس كل الأشياء في الماء، هكذا ينعكس الكون بأسره في بحيرة العقل الكوني. وهذا ما كان يقوله دوماً معلمي الإلهي[1].»

دخلنا بعد قليل إلى قاعة جامعية حيث كان أحد الأساتذة يلقي محاضرة بدت ثقيلة ومملة إلى أقصى حد. وكان يتخللها لوحات على ضوء فانوس مملة أيضاً. فقلت في نفسي بضجر: «أهذه هي الصور المتحركة التي أرادني المعلم أن أراها؟» ولكني لم أظهر الضجر كي لا أتسبب بالإزعاج للقديس، فمال نحوي وهمس سراً:

١ «غوروديفا» هو المصطلح السنسكريتي المتعارف عليه عند إشارة التلميذ إلى معلمه الروحي. الكلمة ديفا («إله») يضاف إليها كلمة غورو («المعلم المستنير») تشير إلى التبجيل الفائق أو الاحترام العميق. وقد ترجمتها ببساطة للإنكليزية إلى «معلم».

**الأم الإلهية**

الأم الإلهية هي ذلك المظهر الإلهي الذي يُمثل في الفن الهندوسي على هيئة امرأة ذات اربع أيدٍ. يدٌ مرفوعة إشارة إلى البركة الشاملة. وفي الأيدي الثلاث الأخرى تحمل سبحة صلاة كناية عن الإخلاص في العبادة، وصفحات من نصوص مقدسة إشارة إلى التعلم والحكمة، ووعاء من الماء المقدس يمثل (الطهارة والنقاء).

«أرى يا سيدي الصغير أنك لا تحب صور البيوسكوب[٢]. لقد ذكرت ذلك للأم الإلهية وهي تشعر بشعورنا. وقد أخبرتني أن الأضواء الكهربائية ستنطفئ الآن، ولن تضاء مرة ثانية حتى نكون قد غادرنا القاعة.»

وما أن أكمل المعلم همسته حتى خيم الظلام على القاعة، وتوقف المحاضر بغتة عن الشرح، وهو يقول: «يبدو أن النظام الكهربائي الخاص بهذه القاعة فيه خلل.» في تلك اللحظة غادرت مع المعلم مهاسايا المكان، وعندما أصبحنا خارجاً نظرت إلى الخلف عبر الردهة وإذا بالنور قد عاد ثانية إلى القاعة المظلمة.

وقفت مع القديس في الممشى الجانبي أمام مبنى الجامعة، فربَتَ المعلم بيده برفق على صدري فوق القلب قائلاً: «سيدي الصغير لقد خيّبت تلك الصور المتحركة أملك، ولكني أعتقد أنك ستحب رؤية صور من نوع آخر.»

حدثَ تحوّل صامت إثر ذلك. ومثلما تصبح الأفلام السينمائية مجرد صور متحركة صامتة عند تعطل جهاز الصوت، هكذا أسكتت اليد المقدسة ضوضاء العالم بمعجزة عجيبة. وأصبح المارة وعربات الترام والسيارات وعربات الجر ذات العجلات الحديدية تسير كلها دون أن تحدث أدنى صوت. وكما لو كنت أملك عيناً كلية الرؤية، هكذا رأيت المشاهد التي كانت خلفي وعن يميني ويساري، بنفس السهولة التي أبصرت فيها الأشياء التي أمامي. كما مر أمامي مشهد النشاط في ذلك الجزء الصغير من مدينة كلكتا دون أي صوت. وكوهج النار الذي يتراءى تحت طبقة رقيقة من الرماد، هكذا لمحتُ لمعاناً رقيقاً يتخلل المنظر البانورامي الشامل.

ولم يبدُ جسمي سوى ظل من ظلال عديدة بدون حركة، في حين كان الآخرون ينطلقون من مكان إلى آخر في صمت تام. واقترب مني عدد من أصدقائي الفتيان ثم واصلوا سيرهم. ومع أنهم نظروا إلى وجهي لكنهم لم يعرفونني.

٢ يعرّف قاموس وبستر العالمي الجديد (١٩٣٤) البيوسكوب على هذا النحو: «مشهد الحياة، أو الشيء الذي يُظهر ذلك المشهد.» وكان اختيار المعلم مهاسايا للكلمة مسوَّغاً بشكل خاص. «المعلم مهاسايا» من ألقاب التبجيل التي كان يُخاطب بها عادةً. كان اسمه ماهيندرا ناث غوبتا؛ وكان يوقّع أعماله الأدبية ببساطة بالحرف «م.»

جلبت لي هذه التمثيلية الإيمائية الصامتة نشوة روحية تفوق الوصف وشربتُ حتى الارتواء من ينبوع مبارك. وفجأة تلقى صدري ربتة أخرى رقيقة من المعلم مهاسايا فضجّ صخب العالم على الفور في أذنيّ غير الراغبتين بسماع الأصوات، فترنحتُ كما لو أنه تم إيقاظي بعنف من حلم لطيف، ولم يبقَ الشراب السماوي في متناولي. وقال القديس مبتسماً: «سيدي الصغير، أرى أنك استمتعت بهذا النوع من الصور المتحركة!»

وعندما شرعت بالانحناء إلى الأرض اعترافاً بالجميل منعني قائلاً: «لا يمكن الآن الانحناء أمامي، فأنت تعلم أن الله موجود في هيكلك الجسدي أيضاً! ولن أدع الأم الإلهية تلمس قدميّ بيديك.»

ولو رأى أحدُهم المعلمَ المتواضع ورآني معه ونحن نغادر ببطء الرصيف المزدحم لظن أننا مخموران. وقد شعرت أن ظلال المساء كانت أيضا منتشية بحب الله.

وإذ أحاول بكلمات عاجزة أن أبيّن فضل هذا المعلم الجليل وعطفه وسخاءه، فإنني أتساءل الآن ما إذا كان المعلم مهاسايا وغيره من القديسين من ذوي الرؤى العميقة الذين التقيت بهم وتعرفت عليهم قد عرفوا مسبقاً بأنني سأدوّن بعد سنوات، في بلد غربي، سير حياتهم كمتعبدين لله. لن تدهشني معرفتهم المسبقة، وآمل ألا تدهش أيضاً قرائي الذين رافقوني حتى الآن.

لقد توصل القديسون من مختلف الأديان إلى معرفة الله عن طريق المعنى البسيط للمحبوب الكوني. ولأن المطلق اللانهائي نيرغونا «لا صفات له»، و آسنتيا «لا تدركه العقول»، فإن الفكر والشوق البشريين أسبغا عليه دوماً الصفة الشخصية بصورة الأم الكونية. وكان من منجزات الفكر الهندي القديم المزج بين الاعتقاد الشخصي بالله وفلسفة الوجود المطلق، وقد تم تفسير الفيدات والبهاغافاد غيتا على هذا الأساس. وهذا «التوفيق بين المتناقضات» يرضي القلب والعقل معاً. إن بهاكتي (المحبة التعبدية) و جنانا (الحكمة) هما بالضرورة واحد. وإن براباتي «الاستجارة بالله» و شاراناغاتي «الارتماء في أحضان الرحمة الإلهية» هما في الحقيقة طريقان لبلوغ أسمى معرفة.

إن تواضع المعلم مهاسايا وجميع القديسين العظام ينبع من إدراكهم لاعتمادهم الكامل (سيشاتفا) على الرب الذي هو الحياة الوحيدة والقاضي الأوحد. ولما كان جوهر الله هو الغبطة، فإن الشخص الذي يتوافق معه يختبر

فرحاً روحياً لا حد له. «فالفرح هو بداية أشواق الروح والإرادة معاً.»[٣]

المتعبدون في كل العصور، ممن تقربوا من الأم الإلهية بروح وبراءة الأطفال شهدوا بأنها تعمل دوماً على إدخال البهجة إلى نفوسهم. أما في حياة المعلم مهاسايا فقد لعبت المظاهر الإلهية أدواراً في مناسبات مهمة وبسيطة. وفي الحقيقة لا يوجد في نظر الله كبير أو صغير. ولولا تلك الدقة المتناهية في تركيب الذرة البالغة الصغر، فهل كان من الممكن أن يكون للسموات ذلك التكوين الجبار الذي نشاهد بعضه في كوكبة النسر الواقع والسماك الرامح؟ إن الفرق بين ما هو «جليل» و «ضئيل» حتماً لا وجود له عند الله، وإلا لانهار الكون لافتقاره إلى مسمار أو دسار!

٣ هذا القول هو للقديس يوحنا الصليبي الذي توفي في سنة ١٥٩١، وعندما تم إخراج جثمانه من مثواه في سنة ١٨٥٩ وُجد أنه لم يتطرق إليه الفساد. وقد نشر السير فرنسيس يونغهازبند (في عدد ديسمبر/كانون الأول ١٩٣٦ من مجلة *Atlantic Monthly*) اختباره للفرح الكوني على هذا النحو: «غمرني إحساس يفوق الانتشاء أو الابتهاج، وشعرت بفرح غامر. ومع هذا الفرح الذي يفوق حد الوصف والاحتمال أتتني رؤيا عن الطيبة الكامنة في العالم. وقد اقتنعت اقتناعاً راسخاً بأن الناس قلوبهم طيبة، وأما الشر الذي فيهم فهو سطحي لا حقيقة جوهرية له.»

الفصل ١٠

# ألتقي معلمي سري يوكتسوار

«الإيمان بالله يمكن أن يحقق أي معجزة ما عدا معجزة واحدة: اجتياز الامتحان دون دراسة.»

أطبقتُ باستياء كتاب «الإلهام» الذي التقطته في لحظة فراغ، وفكرت قائلاً:

«إن هذا الاستثناء من المؤلف دليل على عدم إيمانه بالمرة. يا له من رجل مسكين يعوّل كثيراً على السهر الطويل والحفظ والاستذكار!»

كنت قد وعدت والدي بأنني سأكمل دراساتي الثانوية. لا أدعي بأنني كنت مثابراً على الدراسة، بل يمكنني القول إن ذهابي إلى المدرسة كان أقل وتيرة من زيارة الأماكن المنعزلة قرب مغاطس كلكتا. فأماكن حرق الموتى المجاورة التي تبدو رهيبة ومرعبة، لا سيما في الليل، هي جذابة جداً لليوغي! والذي يبحث عن الجوهر الخالد لا تفزعه بعض الجماجم القبيحة المنظر. ويتضح العجز البشري في ذلك المستقر المظلم حيث العظام البشرية المتناثرة. ومن هذه الناحية كانت سهراتي ذات طبيعة مغايرة لطبيعة طالب العلم.

وكان أسبوع الامتحانات النهائية لمدارس الثانوية الهندية يقترب بسرعة. وفترة الاستجواب – كالقبور – تبعث في النفس رعباً يعرفه جيداً الكثيرون. ومع ذلك كنت مرتاح البال، أستلهم معارف غير موجودة في قاعات الدرس لمواجهة شبح الامتحان الرهيب. غير أنني كنت أفتقر لطريقة السوامي براناباننـدا الذي استطاع الظهور بكل بساطة في مكانين مختلفين في نفس الوقت. ومنطقي (مع أنه للأسف يبدو غير منطقي) كان يوحي لي بالثقة بأن الله سيدرك ورطتي ويخلصني منها. وعدم التصرف المنطقي للمتعبد تبرره آلاف البراهين التي تعصى على التفسير للعون الإلهي الفوري في وقت الضيق.

بعد ظهر أحد الأيام حيّاني أحد زملاء الدراسة على طريق غوربار قائلاً: «مرحبا يا موكندا، إنني بالكاد ألمحك هذه الأيام!»

شعرت بالارتياح تحت نظراته الودية وأجبته: «مرحباً يا نانتو! إن تغيبي

عن المدرسة قد وضعني فعلاً في موقف حرج.»

وضحك نانتو الذي كان طالباً لامعاً ضحكة ملؤها الإخلاص، إذ لم تكن ورطتي خالية من بعض الفكاهة. وقال:

«إنك غير مستعد بالمرة للجلوس للامتحانات النهائية، وأعتقد أن بإمكاني مساعدتك!»

وحملت كلماته البسيطة إلى أذني وعداً مقدساً، وبهمة وابتهاج رحت أتردد على منزل صديقي الذي تكرم بإيجاز بعض الإجابات لمسائل متنوعة يحتمل أن يقوم المدرسون بوضعها، وقال:

«هذه الأسئلة هي الطُعم الذي يوقِع الكثير من التلاميذ الواثقين في مصيدة الامتحان. تذكّر إجاباتي وستنجو دون أذى.»

ارتحلتُ في ساعة متأخرة من الليل وأنا أحس بفيض زاخر من المعرفة التي أتت قبل أوانها، فابتهلت بحرارة أن تلازمني هذه المعرفة في الأيام القليلة الحرجة القادمة. وكان نانتو قد دربني في موضوعاتي الدراسية المختلفة لكنه لضيق الوقت لم يدربني على مادة اللغة السنسكريتية، فتوجهت لله بإخلاص وحرارة وذكّرته بذلك الإغفال.

في الصباح التالي قمت بمشوار قصير وأنا أحاول استيعاب معلوماتي الجديدة على وقع خطواتي ذات الإيقاع. وسرتُ في طريق مختصر عبر الأعشاب فوقع بصري على بضع صفحات سائبة مطبوعة. وبوثبة مظفرة أمسكتها بيدي وإذ بها تحتوي على قصيدة بالسنسكريتية، فبحثت عن عالم لمساعدتي في ترجمتي المتعثرة للقصيدة. فراح الأستاذ الذي عثرت عليه يقرأ القصيدة بصوت جهوري وهز الهواء بالجمال العذب لتلك اللغة القديمة[١]، ثم قال بتشكك وهو يطرحها جانبا: « من غير المعقول أن تنفعك هذه الفقرات غير العادية في فحص السنسكريتية.» إلا أن معرفتي لتلك القصيدة مكنتني في اليوم التالي من اجتياز امتحان السنسكريتية. أما في باقي المواد الأخرى فقد حصلت – بمعونة نانتو وبصيرته الصائبة – على الحد الأدنى للنجاح.

١ كلمة سنسكريتا تعني مهذب أو كامل. واللغة السنسكريتية هي الشقيقة الكبرى لكل اللغات الهندية – الأوروبية. ونصها الأبجدي الذي يُدعى ديفانغاري يعني «مسكن الآلهة.» وقد امتدح عالم اللغويات الهندي القديم بانيني الكمال النفسي والرياضي للغة السنسكريتية بقوله: «من يعرف قواعد لغتي يعرف الله.» فمن يتتبع اللغة إلى أصلها لا بد أن يصبح كلي المعرفة.

كان والدي سعيداً لأنني وفيت بوعدي وأنهيت دراستي الثانوية. فتوجهت بالشكر والامتنان لله الذي بفضل إرشاده قمت بزيارة نانتو والسير على ذلك الدرب الترابي المهجور المليء بالركام. وهكذا عبّر لي الله بطريقتين اثنتين وبمرح عن خطته في إنقاذي من الشدة في الوقت المناسب.

وتذكرت الكتاب الذي أنكر مؤلفه العون الإلهي في قاعات الامتحان، فضحكت وقلت بيني وبين نفسي: «لا شك أن حيرة صاحبنا ستزداد لو أخبرته أن التأمل المقدس بين الجثث هو طريق مختصر للحصول على شهادة الثانوية!»

وبهذا الشرف الجديد بدأت بالتخطيط علانية لترك المنزل، وقررت مع صديق شاب يدعي جيتندرا مزومدار[٢] الالتحاق بصومعة سري بهارات دهارما مهامندال في بنارس[٣] للحصول على تدريبها الروحي.

وذات صباح جعلني التفكير في الانفصال عن أسرتي أشعر بالوحدة والوحشة. فمنذ وفاة والدتي ازددت حناناً وأصبحت أكثر انعطافاً لا سيما نحو أخويَّ الصغيرين سناندا وبشنو وأيضا نحو شقيقتي الصغرى تامو. فهرعت إلى خلوتي: العليّة الصغيرة التي شهدت الكثير من الأحداث المتصلة بتهذيبي الروحي العاصف سادهانا[٤]. وبعد ساعتين من الدموع الحارة شعرت بأنني تغيّرت بصورة فريدة كما لو بفعل مطهّر كيميائي، فذابت جميع الارتباطات[٥] ورسخ في كياني تصميم بصلابة الصوان على التوجه إلى الله الذي هو أوفى رفيق في هذه الدنيا، وأنجزت على عجل تجهيزات السفر.

كان الحزن يخيم على والدي عندما وقفت أمامه لأودعه وألتمس بركته،

٢ هذا ليس جيتندا (جوتن غوش) الذي سيُعرف بخوفه من النمور!

٣ منذ أن حصلت الهند على استقلالها، تمت استعادة التسمية الأصلية للعديد من الأسماء التي كانت قد أُعطيت أسماء بحسب التهجئة الإنكليزية. وهكذا أصبحت بنارس Benaras تعرف باسم فاراناسي Varanasi، أو يشار إليها في معظم الأحيان باسمها القديم كاشي Kashi.

٤ طريق أو مسار أولي إلى الله.

٥ تعلّم أسفار الهند المقدسة أن الارتباط العائلي مخادع فيما إذا حال دون بحث المتعبد عن الله مانح كل الخيرات والنعم، بما في ذلك نعمة الأقارب المحبين، فضلاً عن نعمة الحياة نفسها. وعلى نحو مشابه علّم السيد المسيح قائلاً: «من أحب أباً أو أماً أكثر مني فلا يستحقني» –متى ١٠: ٣٧.

وقال لي: «رجائي الأخير لك هو ألا تتركني وتترك إخوتك وأخواتك المحزونين.»

فأجبته: «يا والدي المبجّل، كيف يمكنني التعبير عن مدى حبي لك؟ ولكن أعظم من ذلك الحب هو حبي لله – الآب السماوي – الذي أنعم عليّ بأب مثالي على الأرض. اسمح لي بالذهاب علني أعود يوماً بمعرفة أكثر لله.»

وبرضاء أبوي ممنوح على مضض انطلقتُ للّحاق بجيتندرا الذي كان قد وصل فعلاً إلى صومعة بنارس. ولدى وصولي رحب بي السوامي الشاب داياننددا ترحيباً قلبياً، وكان مديد القامة، نحيفاً، وذا طلعة تأملية تركت أثراً طيبا في نفسي، وقد أشرق وجهه البهي بهدوء البوذا.

وسررت لوجود غرفة عليا في بيتي الجديد أستطيع أن أقضي فيها ساعات الفجر والصباح في التأمل. لكن قاطني الصومعة الذين كانوا لا يعرفون الكثير عن التأمل حسبوا بأنني سأصرف وقتي بكامله في أعمال إدارية، وقد أثنوا على عملي في مكتبهم بعد الظهر.

وفي إحدى المرات، أثناء توجهي إلى غرفتي العليا سخر مني أحدهم قائلاً: «لا تحاول العثور على الله بهذه السرعة!» فذهبت إلى داياننندا وهو منشغل في خلوته الصغيرة المُطلة على نهر الغانج وقلت له:

«سواميجي[٦] لا أدري ما هو المطلوب مني هنا. إنني أطلب الإدراك المباشر لله، وبدون الله لا يمكنني أن أرضى بالانتماء أو المعتقد أو بالقيام بالأعمال الطيبة.»

ربت الكاهن ذو الرداء البرتقالي على كتفي برقة، وعاتب بعض التلاميذ القريبين منه عتاباً صورياً، قائلا: «لا تزعجوا موكندا، فإنه سيتعلم أساليبنا.»

أخفيت ارتيابي بتأدب بينما غادر التلاميذ الغرفة دون أن يبدوا مكترثين كثيراً بالتعنيف. وقد بحث معي داياننندا أموراً أخرى، قال:

«موكندا، أرى أن والدك يرسل لك مالاً بانتظام. أرجو أن تعيده إليه لأنك لست بحاجة للمال هنا. وهناك أيضا وصية أخرى تتعلق بتدريبك وتتصل بمسألة الطعام: فلا تذكر الجوع حتى عندما تحس به.»

لست أدري ما إذا كان الجوع الشديد يظهر في عيني، لكن ما كنت أعرفه

٦ جي هي لاحقة تقترن بنهاية الاسم للتبجيل، وتستخدم بصفة خاصة في الخطاب المباشر، فيقال: «سواميجي»، «غوروجي»، و «سري يوكتسوارجي.»

جيداً هو شعوري القوي بالجوع، وكانت الساعة الثابتة التي لا تتغير لوجبة الطعام الأولى في الصومعة هي الثانية عشرة ظهراً، بينما في منزلنا كنت معتاداً على تناول إفطار كبير في الساعة التاسعة. وراحت فجوة الساعات الثلاث للإفطار تزداد يوماً بعد يوم. فأيام كلكتا – عندما كنت أعاتب الطاهي إذا تأخر لبضع دقائق – أصبحت في خبر كان، والآن أجد نفسي محاولاً التحكم في شهيتي. وفي أحد الأيام صُمت لأربع وعشرين ساعة. وانتظرت بشوق زائد منتصف اليوم التالي، إلا أن جيتندرا فاجأني بهذا الخبر المدمر:

«لقد تأخر قطار داياننداجي عن موعده، ولن نتناول الطعام قبل وصوله.»

وكترحيب بالسوامي الذي تغيّب لمدة أسبوعين، أُعِدت ألوان من الطعام الشهي عطرت أرجاء الصومعة، لكننا لم نتذوق أياً منها. ولم يكن من شيء أبتلعه سوى افتخاري بصيام الأمس، فتوسلت إلى المعيل الرباني قائلاً: «يا رب، عجّل بوصول القطار!»

وخطر في بالي أن نصيحة داياننداً التي أسكتني بها فيما يتعلق بذكر الجوع كانت خارجة عن نطاق الكرم الإلهي. إلا أن الانتباه الإلهي كان في مكان آخر. أما الساعة المتثاقلة فقد قطعت الوقت ببطء وبشكل ممل، ومع حلول الظلام دخل مرشدنا من الباب، فاستقبلته بفرح حقيقي. لكن جيتندرا اقترب مني ثانية كغراب البين الذي ينذر بالشؤم وقال: «إن داياننداجي سيستحم ويتأمل قبل تقديم الطعام.»

كنت على وشك الانهيار، وكان احتجاج معدتي الحديثة العهد بالحرمان قاسياً. وتراءت لي صور شبيهة بالأشباح لضحايا المجاعات التي كنت قد شاهدتها من قبل، ففكرت بيني وبين نفسي:

«إن الوفاة التالية من الموت جوعاً في بنارس يتوقع حدوثها على الفور في هذه الصومعة.» لكن حدث ما حال دون الموت المحتم، إذ دُعينا بالفعل للوليمة الفاخرة! وقد رسخ ذلك العشاء الأشهى في ذاكرتي كأروع ساعات العمر وأكملها.

وبالرغم من استغراقي الكامل في تناول الطعام الشهي فقد لاحظت أن داياننداً كان يأكل بذهن شارد، وعلى ما يبدو أن باله كان مشغولاً بأمور أرفع من مِتعي الخشنة.

كنت على انفراد مع المرشد في مكتبه فسألته بفرح الشبعان: «سواميجي، ألم تكن جائعاً؟»

قال: «طبعاً كنت جائعاً، إذ أمضيت الأيام الأربعة الأخيرة دون طعام أو شراب. فأنا لا أتناول طعاماً في القطارات المشحونة باهتزازات الأشخاص الدنيويين المتنافرة، كوني ألتزم بدقة بقواعد الشاستراⅦ الخاصة بالرهبان الذين ينتمون للسلك الذي أنتمي إليه. هناك مسائل تتعلق بعملنا التنظيمي تستأثر باهتمامي.» ثم ضحك قائلا: «لمَ التسرع؟ غداً سأتأكد من حصولي على غداء جيد!»

غمرني شعور بالخجل كالشعور بالاختناق. لكن لم يكن من السهل نسيان عذاب اليوم الماضي، فجازفت بتوجيه سؤال آخر له، قلت:

«سواميجي، إنني محتار. لنفرض أنني طبقت تعليماتك ولم أطلب طعاماً أبداً، ولم يقدمه لي أحد، فمعنى ذلك أنني سأموت جوعاً.»

فأجابني السوامي بنصيحة مروّعة اخترقت الهواء كالسهم:

«فليكن! مُتْ يا موكندا إن كان لا بد من الموت! لا تفكر أبداً أنك تحيا بقوة الطعام وليس بقوة الله! إن من خلق أصناف الغذاء ومنح الإنسان الشهية سيتأكد من حصول متعبده على كفايته! لا تظن أن الأرز يعيلك أو أن المال والبشر يسندونك! هل يمكن لهؤلاء تقديم العون لك إذا استعاد الله نسمة حياتك؟ إنهم ليسوا سوى وسائله غير المباشرة. وهل يتم هضم الطعام في معدتك بواسطة أي حذق أو مهارة من جانبك؟ استعمل سيف التمييز العقلي يا موكندا ومزق به ستائر الوسائل والأدوات كي تبصر السبب الأوحد خلف كل وسيلة وأداة.»

شعرت أن كلماته الحادة غاصت في أعماقي حتى النخاع. وولّى الوهم القديم حيث كانت مشتهيات الجسد تتحكم بمتطلبات النفس. عندها فقط تذوقت غذاء الروح الإلهي الذي لا انقطاع لمدده. وخلال إقامتي فيما بعد في العديد

٧ الشاسترا تعني حرفياً «الأسفار المقدسة»: شروتي، سمرتي، بوراناة وتانترا. وهذه الرسائل الجامعة تشمل كل جانب من جوانب الحياة المدنية والاجتماعية، وأيضاً مجالات القانون والطب والمعمار والفن وما إلى ذلك. والشروتات هي الفيدات أو الأسفار المقدسة التي تم «سماعها» أو «إعلانها مباشرة.». والسمريتات أو كنوز الحكمة «المحفوظة في الصدور» تم تدوينها أخيراً في الماضي السحيق كأطول القصائد الملحمية في العالم وهي المهابهاراتا والراماياناً. أما البوراناات الثمانية عشرة فهي قصص مجازية «غابرة». والمعنى الحرفي للتانترات هو «طقوس» أو «شعائر». وهذه الرسائل تنطوي على حقائق عميقة مستترة خلف قناع من الرموز التفصيلية.

شري يوغاننـدا وسوامي غايانندا، معلم سوامي دايانندا، في صومعة ماهامندال، بنارس، ٧ فبراير/شباط ١٩٣٦. وفي لفتة تقليدية تنم عن الاحترام، جلس يوغانانداجي عند قدمي غايانانداجي، رئيس هذه الصومعة. هنا، قام يوغانانداجي وهو فتىً بممارسة التهذيب الروحي قبل عثوره على معلمه، سوامي سري يوكتسوار، في عام ١٩١٠.

من المدن الغريبة التي حللت بها أثناء تنقلاتي المتواصلة، أثبتتْ الظروف فائدة هذا الدرس الذي تعلمته في صومعة بنارس.

وكانت تميمة السادهو الفضية التي تركتها لي أمي هي الكنز الوحيد الذي رافقني من كلكتا، وقد احتفظت بها طوال هذه السنوات وخبأتها بعناية في غرفتي في الصومعة. وذات صباح أردت تجديد ابتهاجي بهذه التعويذة الطلسمية ففتحت الصندوق المقفل ووجدت أن الغطاء المختوم لم يُمس، لكن لشدة دهشتي لم أجد أثراً للتميمة. ومزقت الغلاف بحزن لأستطلع حقيقة الأمر، لكنها كانت قد تلاشت تماماً، بحسب نبوءة السادهو، وذابت في الأثير الذي استحضرها منه.

توترت علاقتي بتلاميذ دايانندا وازدادت سوءاً، وأظهر المقيمون في

**سري يوكتسوار (١٨٥٥-١٩٣٦ )**
لقبه جناناڤاتار «تجسّد الحكمة»
تلميذ لاهيري مهاسايا؛ معلم شري يوغانندا
بارام غورو جميع طلاب SRF-YSS الحاصلين على تكريس الكريا يوغا

الصومعة نفوراً تجاهي، وقد آذاهم تصميمي على التحفظ في تعاملي معهم وراحوا – من كل جانب – ينتقدون مراعاتي الدقيقة للتأمل اليومي كمثل أعلى وضعته لنفسي وتركت من أجله منزل أبي والطموحات الدنيوية.

شعرت بالألم الروحي الشديد يمزقني فدخلت إلى غرفتي العليا فجر أحد الأيام وصممت على الابتهال حتى أحصل على جواب، وقلت:

«أيتها الأم الكونية الرحيمة، علميني طريقة التعرف عليكِ إما بواسطة الرؤى المباشرة أو عن طريق معلم ترسلينه إليّ!»

مرت ساعات على توسلاتي المنتحبة دون أن أحصل على جواب. وفجأة شعرت كما لو أنني ارتفعت بالجسد إلى فضاء لا حد له، وسمعت صوت الأمومة المقدسة آتياً من كل مكان وليس من مكان محدد، قائلاً:

«اليوم يأتي معلمك!»

وفي نفس اللحظة سمعت نداءً من موضع معين، إذ كان كاهن حديث العهد يدعى هابو يناديني من المطبخ في الطابق الأرضي، قائلاً:

«كفى تأملاً يا موكندا، فأنت مطلوب للقيام بمهمة.»

لو حدث ذلك في يوم آخر لكنت أجبت بصبر نافد، لكنني الآن مسحت وجهي المنتفخ بفعل الدموع وامتثلت للنداء بوداعة، وانطلقت مع هابو إلى سوق بعيدة في القسم البنغالي من بنارس. لم تكن شمس الهند القاسية قد بلغت الأوج بعد أثناء شراء لوازمنا من البازارات، ورحنا نشق طريقنا عبر مزيج نابض بالحيوية من ربات المنازل والمرشدين والكهنة والأرامل بملابس بسيطة، والبراهمة المبجلين، والثيران المقدسة المتواجدة في كل مكان. وإذ مررنا من أمام زقاق غير لافت للنظر أدرت رأسي وتفحصت الزقاق الضيق القصير.

أمعنت النظر فرأيت رجلاً شبيهاً بالمسيح، بملابس السوامي الزعفرانية يقف دون حراك عند منتهى الطريق، وبدا لي كأنني أعرفه منذ زمن بعيد. ولبرهة وجيزة صوّبت بصري نحوه بشوق ولهفة، ثم ساورتني الشكوك فرحت أفكر:

«لا بد أنك تخلط بين هذا الراهب المتجول وبين شخص آخر معروف لديك، واصل السير أيها الحالم!»

وبعد عشر دقائق شعرت بخدر شديد في قدميّ، فأصبحتا كحجر ثقيل وغير قادرتين على حملي. استدرت بصعوبة فاستعادت قدماي نشاطهما

معبد التأمل المكرّس لـ سوامي سري يوكتسوار، والذي تم تدشينه في عام ١٩٧٧، على أرض صومعته في سيرامبور. لقد تم أخذ بعض الطوب من صومعته الأصلية واستخدامه في البناء. وتمت هندسة المعبد وفقاً لنموذج من تصميم برمهنسا يوغانندا.

يوغانانداجي في عام ١٩١٥، يجلس على المقعد الخلفي لدراجة نارية أعطاها له والده. ومما قاله: "ركبت الدراجة للذهاب إلى كل مكان، وخاصة لزيارة معلمي سري يوكتسوارجي في صومعته في سيرامبور."

الطبيعي. ولما حاولت السير في الاتجاه المقابل أرهقني الثقل غير المألوف مرة أخرى. فقلت في نفسي «إن القديس يجذبني مغناطيسياً إليه.»

وما أن خطرت لي هذه الفكرة حتى وضعت الأشياء التي كنت أحملها بين ذراعي هابو الذي كان ينظر بدهشة إلى الحركة غير المنتظمة لقدميّ، وقد انفجر ضاحكاً وقال:

«ماذا أصابك؟ هل أصبت بالجنون؟»

صدّني فيض عارم من المشاعر عن الإجابة وتركته في صمت. وبأقصى سرعة وصلت إلى الزقاق الضيق، وأظهرت نظرتي العاجلة الإنسان الهادئ وهو يصوب أنظاره في اتجاهي. وبخطوات قليلة متلهفة كنت عند قدميه وقلت «يا سيدي ومعلمي الملائكي!»

وكان ذلك الوجه الملائكي هو نفس الوجه الذي تراءى لي في آلاف الرؤى. فهاتان العينان المطمئنتان اللتان تزينان رأساً كرأس الأسد، وتلك اللحية المدببة، وخصلات الشعر المتدلية، كثيراً ما رأيتها تبزغ من ظلمة تأملاتي الليلية وهي تحمل وعداً لم أكن أعرف كل مضمونه بعد.

وقال معلمي بالبنغالية، مراراً وتكراراً، بصوت مرتعش من شدة الفرح:

«لقد انتظرتك لسنين طويلة، وها قد عدتَ إليّ يا من أنت خاصتي!»

غمرنا سكون عميق حيث لم يعد الكلام ضرورياً. وانسابت الفصاحة في ترنيمة صامتة من قلب المعلم إلى قلب التلميذ. وببصيرة نفّاذة لا تُدحض ولا تُنقض أدركت بأن معلمي يعرف الله وبأنه سيعرّفني عليه. وتلاشى غموض وظلمة هذه الحياة مع بزوغ فجر شفاف أظهر ذكريات سابقة للولادة. ويا لها من لحظات مؤثرة توالت مشاهدها في حلقات من الماضي والحاضر والمستقبل! فلم يكن هذا اليوم المشمس هو الأول الذي أجد فيه نفسي عند هاتين القدمين المقدستين!

سرت مع المعلم يداً بيد وأخذني إلى مكان إقامته المؤقت في حي رانا ماهال بالمدينة. لقد كان قوي البنية يسير بخطوات ثابتة، وكان طويلاً، منتصب القامة، في حوالي الخامسة والخمسين من عمره آنذاك، يتمتع بنشاط وحيوية الشباب. وكانت عيناه السوداوان كبيرتين وجميلتين تشع منهما حكمة لا يسبر لها غور. وكان شعره المجعّد قليلاً يلطّف وجهاً تنبثق منه قوة روحية أخّاذة وقد امتزجت القوة والرقة بكيفية دقيقة.

توجهنا إلى المنزل وصعدنا إلى الشرفة الحجرية المطلة على نهر الغانج

فخاطبني المعلم بمودة قائلا:

«سأهبك صوامعي وكل ما أملكه.»

فأجبته: «يا سيدي، لقد أتيت إليك من أجل الحكمة ومعرفة الله. تلك هي كنوزك العظيمة التي أطمع فيها.»

أسدل الشفق الهندي السريع نصف ستارته قبل أن يتكلم معلمي ثانية، وقد حملت عيناه رقة يتعذر إدراكها. ثم قال:

«أمنحك حبي دون قيد أو شرط.»

كلمات ثمينة حقاً! وقد انقضى ربع قرن قبل أن أسمع دليلاً آخر على حبه لي. فلم تكن شفتاه تعبّر بسهولة عن دفء المشاعر، والصمت وحده كان الوسيلة المناسبة للتعبير عن مكنونات قلبه الشبيه بالمحيط الفسيح العميق. ونظر إليّ بثقة الأطفال وقال:

«فهل ستمنحني نفس الحب غير المشروط؟»

أجبته: «سأحبك للأبد يا معلمي الملائكي!»

فقال: «الحب العادي أناني بطبيعته ومتصل بالرغبات والمشتهيات المظلمة. أما الحب الإلهي فلا حدود له ولا قيود عليه، ولا يتغيّر أبداً. والأهواء المتقلبة للقلب البشري تتلاشى للأبد باللمسة الراسخة للحب النقي.» ثم أضاف بتواضع:

«إن وجدتني يوماً ما أهبط من مستوى المعرفة الإلهية، عِدْني بأنك ستضع رأسي على حضنك وتعيدني إلى المحبوب الكوني الذي نعبده معاً.»

ثم نهض في الظلام المتنامي وأرشدني إلى حجرة داخلية حيث تناولنا معاً المانغو والحلوى باللوز. وببساطة تحدث عن طبيعتي فتبيَّن لي أنه يمتلك معرفة دقيقة بشخصيتي. وقد ذهلت لعظمة حكمته الممزوجة بالتواضع بكيفية عجيبة. وقد ظهرتْ كل صور حياتي للمعلم كما لو كانت معكوسة في مرآة إلهية! وقال:

«لا تحزن على اختفاء تميمتك، فقد تحققت الغاية منها.»

قلت: «إن الحقيقة الحية لوجودك في حياتي يا معلمي هي غبطة أسمى من أي رمز.»

فعلّق قائلاً: «بقدر ما أنت غير مرتاح في الصومعة فقد حان وقت التغيير.»

لم أذكر شيئاً عن حياتي، إذ بدا ذلك غير ضروري! ومن أسلوبه الطبيعي

وغير التوكيدي أدركت أنه لا يرغب في عبارات الدهشة والتعجب لجلائه البصري، ثم قال:

«ينبغي لك أن تعود إلى كلكتا. فلماذا تستثني أقرباءك من محبتك للناس؟»

أصابني اقتراحه بالفزع لأن أسرتي كانت تتنبأ بعودتي، مع أنني لم أستجب للعديد من الدعوات المتكررة في الرسائل التي وردتني من أهلي بهذا الخصوص. وكان أنانتا يعلّق قائلاً: «دعوا الطائر الصغير ينطلق في الأجواء الميتافيزيقية إلى أن يتعب جناحاه من التحليق ونراه يهوي في اتجاه البيت ليعيش بوداعة في عش الأسرة.»

كان هذا التشبيه المثبط حاضراً على الدوام في عقلي، وقد جعلني مصمماً على عدم «الانقضاض» أبداً في اتجاه كلكتا.

قلت: «سيدي، لن أعود إلى بيت أهلي، ولكني سأتبعك في أي مكان كنت، فالرجاء أن تعطيني اسمك وعنوانك.»

فأجاب: «اسمي سوامي سري يوكتسوار جيري، وصومعتي الرئيسية هي في سيرامبور على جادة راي غات، وإنني موجود هنا في زيارة لوالدتي تستغرق بضعة أيام.»

وتعجبت لتدابير الله المعقدة مع مريديه. فالمسافة بين سيرامبور وكلكتا هي اثني عشر ميلاً فقط، ومع ذلك لم ألمح معلمي أبداً في تلك المنطقة، بل شاءت الظروف أن أسافر لأقابله في المدينة القديمة كاشي (بنارس) التي قدستها ذكريات لاهيري مهاسايا وتباركت تربتها أيضاً بأقدام بوذا وشانكرا[٨]

٨ يعتبر شانكرا تشاريا أعظم فلاسفة الهند. كان تلميذا لغوفيندا جاتي ولمعلمه غودابادا. وقد دوّن شانكرا شروحاً مشهورة لرسالة ماندوكيا كاريكا التي وضعها غودابادا. فبمنطق لا يدحض وأسلوب رشيق وجذاب شرح شانكرا فلسفة الفيدانتا شرحاً دقيقاً وبروح أدفيتا (التوحيدية، اللا ثنائية). كما نظم المتوحد العظيم قصائد تدور حول المحبة التعبدية. وفي صَلاته للأم الإلهية من أجل غفران الخطايا يقول: «مع أن الأبناء السيئين كثيرون، لم يحدث أبداً أن وُجدت أمٌ سيئة.»

كان ساننداتا تلميذ شانكرا قد وضع شرحاً لفلسفة الفيدانتا (براهما سوترا ز) وقد احترقت مخطوطة ذلك الشرح. لكن شانكرا (الذي كان قد ألقى نظرة على ذلك الشرح) ردده كلمة فكلمة لتلميذه. ولا يزال العلماء يدرسون النص المعروف باسم (بانشاباديكا) حتى هذا اليوم. والتلميذ سانندانا حصل على اسم جديد إثر حادثة جميلة. فبينما كان يجلس ذات يوم على ضفة النهر سمع شانكرا يناديه من الضفة المقابلة، وعلى الفور ألقى سانندانا بنفسه في الماء، فتعزز أيمانه وتدعمت قدماه في نفس الوقت عندما قام شانكرا بتجسيد سلسلة من

ألتقي معلمي سري يوكتسوار

تشاريا ويوغيين شبيهين بالمسيح.

وللمرة الأولى كان صوت سري يوكتسوار حازماً وهو يقول:
«ستعود إليّ بعد أربعة أسابيع. لقد أخبرتك عن محبتي الأبدية وأظهرت فرحي بلقياك وها أنت الآن تتجاهل طلبي. من واجبك في المرة التالية التي نلتقي بها أن تثير اهتمامي، لأنني لن أقبلك تلميذاً لي بسهولة. فلا بد من التسليم الكامل بالامتثال لتدريبي الصارم والدقيق.»

بقيت صامتا بعناد، وقد نفذ المعلم بسهولة إلى صعوبتي فقال:

«هل تظن أن أقاربك سيسخرون منك؟»

قلت: «لن أعود.»

أوراق اللوتس في النهر. ومنذ ذلك الوقت بات التلميذ يُعرف بلقبه الجديد بادمابادا أي «قدم اللوتس». ويَرفع بادمابادا في 'البانشابادِيكا' تحيات كبيرة وكثيرة ومحبة خالصة لمعلمه. وشانكرا نفسه دوّن السطور الجميلة التالية:

«لا يوجد في العوالم الثلاثة ما يمكن مقارنته بالمرشد الروحي الصادق. وعلى افتراض أن حجر الفلاسفة هو حقيقي فيمكنه فقط تحويل الحديد إلى ذهب وليس إلى حجر فلاسفة آخر. لكن المعلم المبجل يخلق نظيراً له من تلميذه الذي يلجأ إلى قدميه. فالمعلم الروحي لا يضاهى، بل هو في منتهى السمو! (*Century of Verses,* I)»

وكان السيد شانكرا مزيجاً نادراً من قديس وعالم ورجل أعمال. ومع أنه لم يعش سوى اثنين وثلاثين عاماً، إلا أنه صرف معظم تلك السنين في أسفار شاقة إلى كل بقعة في الهند لنشر فلسفة 'أدفيتا' التوحيدية. وكان الملايين يجتمعون بشوق وتلهف لسماع الحكمة المعزيّة المتدفقة من شفتي ذلك الراهب الشاب الحافي القدمين.

وبهمة إصلاحية، قام شانكرا بإعادة تنظيم سلك السوامي الرهباني (راجع الصفحة ٢٧٣ حاشية، والصفحة ٢٧٤)، فأسس مراكز تعليمية نسكية في أرجاء الهند الأربعة: سرنجيري في الجنوب، بوري في الشرق، دواركا في الغرب، وبادرينات في شمال الهملايا.

المراكز الأربعة التي أسسها المتوحد العظيم، والتي تحصل على هبات سخية من أمراء وعامة الشعب، قدّمت تعليماً مجانياً في قواعد اللغة السنسكريتية، والمنطق، وفلسفة الفيدانتا. وكان هدف شانكرا من وضع مراكزه في أركان الهند الأربعة هو تعزيز الوحدة الدينية والوطنية في جميع أنحاء البلاد الشاسعة. والآن كما كان الحال في الماضي، يجد الهندوسي التقي المبيت المجاني والطعام في أماكن الاستراحة (شولتريز و ساترامز) على طول طرق الحج، والتي يرعاها المحسنون من عامة الناس.

أجاب: «بل ستعود في غضون ثلاثين يوما.»
قلت: «إطلاقاً.»
انحنيت باحترام عند قدميه، وغادرت دون التخفيف من حدة النقاش. وإذ كنت أسير في ظلمة منتصف الليل تعجبت كيف أن لقاءنا العجيب انتهى بنغمة غير سارة. إن الموازين المزدوجة للخداع الكوني تساوي بين الفرح والحزن. ولم يكن قلبي الفتي مرناً بما فيه الكفاية لتحمّل لمسات أصابع معلمي ذات التحويل الجذري.

في صباح اليوم التالي ازداد عداء سكان الصومعة لي، فأصبحت أيامي مؤلمة بسبب ما لاقيته منهم من وقاحة متواصلة. وبعد ثلاثة أسابيع غادر دايانندا الصومعة ليحضر مؤتمراً في بومباي، فانفجر الموقف المتأزم فوق رأسي البائس، ورحت أسمع الملاحظة التالية: «موكندا طفيلي، فهو يقبل ضيافة الصومعة دون أن يدفع مقابل ذلك.»

ولأول مرة تأسفت لأنني وافقت على الطلب كي أعيد المال الذي كان يرسله لي أبي. وبقلب مثقل بالحزن بحثت عن صديقي الوحيد جيتندرا وقلت له:

«سأترك الصومعة فأرجو أن تبلغ داياننداجي أسفي واحترامي عند عودته.»

وأجابني جيتندرا بتصميم: «وأنا أيضا سأترك، لأن محاولاتي في التأمل هنا لم تكن أوفر حظاً من محاولاتك.»

قلت: «لقد قابلت معلماً شبيهاً بالمسيح، فدعنا نذهب لزيارته في سيرامبور.»

وهكذا تأهب «الطائر» لكي «يهبط» هبوطاً محفوفاً بالمخاطر بالقرب من كلكتا!

الفصل ١١

# وَلَدان مفلسان في برندبان

«لو أن والدنا حرمك من الميراث يا موكندا لكنت بالفعل تستحق ذلك، فأنت تضيّع حياتك بسخف وحماقة!»

هكذا اقتحمت أذني تلك الموعظة من أخي الأكبر. وكنت قد عدتُ مع جيتندرا للتو من القطار وقد غطتنا طبقة من الغبار حينما بلغنا منزل أنانتا الذي كان قد انتقل حديثاً من كلكتا إلى مدينة أغرا القديمة. وكان أخي يعمل محاسباً مشرف في قسم الأشغال العامة الحكومي، فقلت له:

«أنت تعلم يا أنانتا أنني أطلب ميراثي من الآب السماوي.»

أجابني: «المال أولاً والله يأتي فيما بعد! من يدري؟ فقد تكون الحياة طويلة!»

قلت: «الله أولاً والمال عبده! ومن يعلم؟ فقد تكون الحياة قصيرة!»

أتت إجابتي عفوية دون هاجس بأن شيئاً ما وشيك الحدوث. (إنما للأسف! ارتحل أنانتا عن هذا العالم في سن مبكرة.)[1]

والتمعت عينا أخي بالرضا إذ كان لا يزال يأمل في عودتي إلى العش العائلي، فقال:

«أعتقد أنها حكمة من الصومعة. ولكن يبدو لي أنك غادرت بنارس!»

قلت: «لم تكن إقامتي في بنارس غير مثمرة، إذ وجدت فيها كل ما كان يصبو إليه قلبي! وبإمكانك أن تثق أن ما وجدته لم يكن البانديت الذي قابلته بمعيتك، ولا ابنه.»

وشاركني أنانتا بالضحك استذكاراً لما حدث، وقد اعترف بنفسه أن عالم بنارس «صاحب الجلاء البصري» الذي اختاره كان قصير النظر. وسألني:

«ما هي خططك يا أخي الهائم الجوّال؟»

فأجبته موضحاً: «أقنعني جيتندرا بالذهاب إلى مدينة أغرا لنستمتع بروائع

١ راجع الفصل ٢٥.

التاج محل٢، ومن بعدها سنذهب إلى معلمي الذي عثرت عليه حديثاً، والذي عنده صومعة في سيرامبور.

أحسنَ أنانتا ضيافتنا، وفي المساء لاحظت عدة مرات أنه كان يرمقني متأملاً، فقلت في نفسي:

«إنني أعلم ما وراء تلك النظرة! فهناك خطة يدبّرها!»

وبالفعل حدث ما توقعته أثناء تناولنا طعام الفطور باكراً. وكانت نظرة أنانتا بريئة وهو يستأنف الحديث الذي دار بيننا البارحة قائلاً: «إذاً أنت تشعر باستغنائك التام عن ثروة والدنا.»

قلت: «أشعر باعتمادي على الله.»

أجابني: «الكلام رخيص! لقد حَمتك الحياة حتى هذه اللحظة. ولكن كم ستكون ورطتك محرجة لو اضطررتَ إلى الاعتماد على تلك اليد غير المنظورة كي تمدك بالغذاء والسكن! لا بد أنك ستلجأ عندئذ إلى التسول في الشوارع!»

قلت: «قطعاً لا! فأنا لن أضع ثقتي في المارة بدلاً من الله الذي يمكنه أن يخلق لمريده ألف مورد من موارد الرزق باستثناء وعاء التسول!»

قال: «كلها تعابير بلاغية! لنفرض أنني طلبت منك أن تضع فلسفتك التي تتبجح وتتباهى بها على محك الاختبار في هذا العالم المادي؟»

قلت: «أقبلُ بذلك! فهل تحصر الله في عالم التخمين وحسب؟»

قال: «سوف نرى. فاليوم ستكون أمامك الفرصة إما لتوسيع آرائي أو للاعتراف بصحتها.»

توقف أنانتا للحظة دراماتيكية ثم تكلم ببطء وجدّية وقال:

«أقترح إرسالك مع صديقك جيتندرا هذا الصباح إلى مدينة برندابان القريبة، شرط ألا تأخذ معك روبية واحدة، ولا تستجدي طعاماً أو مالاً، ولا تخبر أحداً عن ورطتك، ولا تظل بدون طعام أو تتقطع بك السبل في برندبان. فإن عدت إلى منزلي هنا قبل منتصف الليل دون الإخلال بأي شرط من شروط هذا الاختبار سأكون أكثر الناس اندهاشاً في أغرا!»

قلت دون أي تردد في كلماتي أو في قلبي: «وأنا أقبل التحدي.»

وومضت في ذهني ذكريات الشكر والامتنان للإحسان الإلهي الفوري:

٢ الضريح المشهور عالمياً.

شفائي من الكوليرا القاتلة بالتوسل إلى صورة لاهيري مهاسايا، وهدية الطيارتين الورقيتين فوق سطح منزل لاهور، والتميمة التي أتت في حينها وسط القنوط والإحباط في باريللي، والرسالة الحاسمة عن طريق السادهو المجهول في بنارس خارج منزل الBandيت، ورؤية الأم الإلهية وكلمات حبها الجليلة، واستجابتها الفورية لطلباتي المحرجة عن طريق المعلم مهاسايا، والتوجيه الذي جاءني في اللحظة الأخيرة وبواسطته حصلت على شهادة الثانوية، ثم النعمة الأخيرة المتمثلة في معلمي الحي الذي ظهر لي من ضباب أحلام العمر. إنني لن أسمح أبداً بأن تكون «فلسفتي» عاجزة عن إثبات ذاتها على أرض هذا العالم القاسي المؤمن بالأدلة والبراهين الحسية.

أجابني أنانتا: «إن قبولك للتحدي هو شرف لك، وسوف أرافقك حالاً إلى القطار.»

ثم التفت إلى جيتندرا الفاغر الفم وخاطبه قائلاً: «يجب أن تذهب معه كشاهد، ومن المحتمل جداً كضحية أيضاً!»

وفي غضون نصف ساعة كنت مع جيتندرا نمسك تذاكر الذهاب فقط لهذه الرحلة الفجائية، بعد أن أخضعَنا أنانتا لفحص دقيق في إحدى زوايا المحطة وتأكد بنفسه بأننا لم يكن معنا أي نقود، وأن قطعة القماش «الدوتي» التي كان كل منا يلفها حول وسطه لم تكن تخفي شيئاً أكثر مما هو ضروري.

وإذ اكتسح الإيمان عالم المال الفعلي، قال صديقي محتجاً: «أنانتا، اعطني روبية أو اثنتين كاحتياطي أستند إليه لأبعث إليك ببرقية في حال تعرضنا لحظ سيء.»

وصحت به موبخاً: «جيتندرا، لن أمضي في هذا الاختبار إن حملتَ معك نقودا كضمانة أخيرة.»

فأجاب جيتندرا: «إن رنين العملة يبعث على الاطمئنان.» ولكن لم يكن أمامه سوى الصمت عندما زجرته بصرامة.

قال أنانتا وقد رنّت نغمة التواضع في صوته: «يا موكندا، إنني لست متحجر القلب.»

ربما كان ضميره يؤنبه لإرساله ولَدين مفلسين إلى مدينة غريبة، أو بسبب شكوكه الدينية، ثم قال: «إذا تمكنت بفعل أية صدفة أو نعمة من اجتياز محنة برندبان بنجاح فسأطلب منك أن تكرسني تلميذاً لك.»

كان هذا الوعد مخالفاً للمألوف ولا يتلاءم مع العادات والتقاليد المتعارف عليها. فالأخ الأكبر في العائلات الهندية نادراً ما ينحني أمام الأصغر منه سناً، فهو يأتي بعد الأب مباشرة في تلقي الاحترام والطاعة، لكن لم يبق من الوقت ما يسمح بالتعليق على ما قاله، إذ كان قطارنا على وشك المغادرة.

التزم جيتندرا بصمت حزين في حين كان القطار يقطع الأميال. وأخيراً تحرك في مقعده وقرصني قرصة مؤلمة في موضع محرج، وهو يقول:

«لا أرى ما يوحي بأن الله سيزودنا بالوجبة القادمة!»

فقلت: «اهدأ يا مرتاب، فالله يعمل معنا.»

أجاب: «هل يمكنك أن تستعجله؟ إنني أشعر بجوع شديد لمجرد التفكير بما قد يحدث لنا. لقد تركت بنارس لأستمتع بمشاهدة ضريح التاج محل، لا أن أدخل ضريحي الخاص!»

فقلت: «طب نفساً وابتهج يا جيتندرا! ألسنا في طريقنا لنشاهد للمرة الأولى عجائب برندبان المقدسة؟[3] إنني أشعر بفرح عميق لدى التفكير بأنني سأسير على الأرض التي تقدست بقدميّ السيد كريشنا.»

في تلك الأثناء فُتح باب مقصورتنا ودخل رجلان، وكانت المحطة التالية هي الأخيرة.

خاطبني الغريب الذي جلس مقابلي باهتمام ملحوظ مستعلماً: «يا شباب، هل عندكما أصدقاء في برندبان؟»

حوّلت نظري عنه بجفاء وقلت: «هذا ليس من شأنك.»

فقال: «لعلكما هاربان من أسرتيكما بسحر سارق القلوب[4]. أنا أيضاً صاحب أشواق روحية وسأتأكد من حصولكما على الطعام والمأوى من هذا الحر الشديد.»

أجبته: «كلا يا سيدي، دعنا وشأننا. إنك لطيف جداً لكنك تخطئ إذ تظننا هاربين.»

لم نتحدث أكثر من ذلك. وما أن توقف القطار ونزلتُ مع جيتندرا إلى الرصيف حتى شبك صديقا الصدفة أذرعهما بأذرعنا واستدعيا عربة أجرة

٣ برندبان على نهر يامونا هي كعبة الهندوس، وفيها أظهر التجسد الإلهي كريشنا أمجاده لمنفعة البشر.

٤ أي السيد كريشنا، ويطلق عليه مريدوه اسم «هاري» حباً وتودداً.

يجرها حصان.

ترجلنا أمام صومعة فخمة في بقعة نظيفة وجيدة التنسيق وسط أشجار دائمة الخضرة. وواضح أن المحسِنَين لنا كانا معروفين هنا، إذ قادنا صبي مبتسم دون تعليق إلى غرفة استقبال حيث رحبت بنا سيدة متقدمة في السن وذات طلعة مبجلة.

وخاطب أحد الرجلين مضيفة الصومعة قائلاً: «يا حضرة الأم جوري، لم يتمكن الأميران من الحضور. ففي اللحظة الأخيرة تغيّرت خططهما وهما يأسفان لذلك ويبعثان إليكِ بخالص الاعتذار. لكننا أتينا بضيفين آخرين شعرت عند لقائهما في القطار بانعطاف نحوهما كمتعبدين للسيد كريشنا.»

توجّه الرجلان نحو الباب وخاطبانا قائلين: «نستودعكما السلامة يا صديقينا الشابين، سوف نلتقي ثانية إن شاء الله.»

وابتسمت الأم جوري ابتسامة تفيض حناناً لضيفيها غير المتوقعين وهي تقول: «يا أهلاً ويا مرحباً بكما في هذا المكان؟ ما كان من الممكن أن تأتيان في يوم أفضل من هذا اليوم. لقد كنت أتوقع حضور أميرين راعيين لهذه الصومعة. لكَم كنتُ سأتأسف لو أن الطعام الذي أعددته لم يجد من يتذوقه ويستطيبه!»

كان لهذه الكلمات الطيبة تأثير مأساوي على جيتندرا الذي انفجر باكياً. فالمصيبة التي كان يخشى حدوثها في برندبان تحولت إلى مأدبة تليق بالملوك والأمراء. وكان هذا التحول المفاجئ أكبر من أن يتحمله. فتطلعت إليه المضيفة بفضول لكن دون تعليق، إذ ربما كانت على دراية بانفعالات المراهقين.

دُعينا إلى الغداء، فتقدمتنا الأم جوري إلى حجرة الطعام حيث روائح البهارات الفاتحة للشهية، ثم توارت في المطبخ المجاور.

وكنت أنتظر هذه اللحظة، فاخترت بقعة ملائمة من جسم جيتندرا وقرصته قرصة مشابهة لقرصته لي ونحن في القطار، قائلا:

«إن الله يعمل وبسرعة أيضاً يا قليل الإيمان!»

وعادت المضيفة تحمل بيدها مروحة وأخذت تهفهف علينا بها على الطريقة الشرقية دون توقّف، بينما كنا نجلس القرفصاء على بطانيات مزخرفة. أما تلاميذ الصومعة فكانوا يتنقلون جيئة وذهاباً ويجلبون ما يقرب من الثلاثين لوناً من الطعام. تلك لم تكن مجرد وجبة غداء عادية، بل وليمة

**بهغوان (السيد) كريشنا**
تجسّد الهند الإلهي المحبوب

فاخرة! فمنذ قدومنا إلى هذا الكوكب الأرضي لم نذق من قبل مثل هذه الأطعمة الشهية.

وتوجهتُ بالحديث إلى مضيفتنا قائلاً: «إنها أطباق تليق حقاً بالأمراء أيتها الأم المحترمة! لا أدري ما هو ذلك الأمر المُلح الذي اعتبره ضيفاك الملكيان أهم من حضور هذه المأدبة! لقد منحتِنا ذكرى سنحتفظ بها مدى الحياة!»

وإذ منعتنا شروط أنانتا من الإفصاح عن المزيد، فلم نستطع أن نوضح للسيدة الكريمة أن شُكرنا يحمل معنىً مضاعفاً، لكن إخلاصنا على الأقل كان جلياً. وقد غادرنا مزودين ببركاتها وبدعوة مشوقة لأن نعاود زيارة الصومعة.

كان الحر في الخارج قاسياً لا يرحم، فاحتميت مع صديقي في ظل شجرة كادامبا كبيرة عند باب الصومعة. وقد تلا ذلك كلام جارح، إذ من جديد ساورت جيتندرا الشكوك، فقال:

«يا لها من ورطة أوقعتني بها، فغداؤنا كان حظاً سعيداً من قبيل المصادفة! والآن كيف السبيل إلى التمتع بمحاسن هذه المدينة دون قطعة نقود واحدة في يدنا؟ ثم هل لك أن تخبرني كيف سنتمكن من العودة إلى بيت أنانتا؟»

فقلت: «أما وقد امتلأت معدتك الآن، فما أسرع نسيانك لله!»

لم تكن كلماتي قاسية، بل اتهامية. فما أقصر ذاكرة الإنسان حيال النعم الإلهية! لا يوجد في هذا العالم إنسان واحد لم يحصل على استجابة لبعض توسلاته.

أجاب جيتندرا: «لن أنسى حماقتي في المجازفة مع شخص متهور مثلك!»

قلت: «اسكت يا جيتندرا، فالله الذي أطعمنا سيجعلنا نشاهد برندبان وسيعيدنا إلى أغرا!»

في تلك الأثناء اقترب منا بسرعة شاب صغير ذو وجه رضي. وإذ وقف تحت شجرتنا انحنى أمامي وقال:

«يا صديقي العزيز، لا بد أنك ورفيقك غريبان هنا، فدعني أكون مضيفاً ودليلاً لكما.»

ومع أن وجه الهندي نادراً ما يمتقع، إلا أن وجه جيتندرا علاه على الفور شحوب واصفرار المرض. رفضت هذا العرض بأدب، لكن القلق بدا واضحاً على وجه الشاب، ولو حدث ذلك في ظروف أخرى لكان مثيراً للضحك. وأجابني:

«بالتأكيد لن تتخلص مني!»

قلت: «ولِمَ لا؟»

فتطلع إلي بثقة وقال: «لأنك معلمي. فبينما كنت أتأمل عند الظهيرة ظهر لي السيد المبارك كريشنا في رؤية وأراني شخصين تحت هذه الشجرة بالذات، وكان أحد الوجهين وجهك يا معلمي الذي غالباً ما رأيته في تأملاتي! وسأكون سعيداً جداً إن قبلتما خدماتي المتواضعة!»

فقلت: «وأنا أيضاً سعيد لأنك وجدتني. فلا الله ولا الإنسان تخليا عنا!»

ومع أنني كنت واقفاً دون حراك، أبتسم لذلك الوجه المتلهف الذي أمامي،

إلا أن إحساساً بالخشوع جعلني أنحني بالروح عند الأقدام الإلهية.

وقال الشاب: «يا صديقيّ، هلاّ شرفتما بيتي بزيارة؟»

فقلت: «إنك كريم، لكن هذا غير ممكن لأننا في ضيافة أخي في أغرا.»

قال: «إذاً اسمحا لي على الأقل بمرافقتكما في برندبان تذكاراً للقائنا هذا.»

قبلت بسرور، فطلب الشاب – الذي قال إن اسمه براتاب شاترجي – عربة يجرها حصان، فقصدنا معبد مادانا موهانا ومعابد أخرى لكريشنا. وحلّ الظلام ونحن نرفع ابتهالاتنا في المعبد. بعد ذلك قال براتاب:

«أستأذنكما في الحصول على بعض الحلويات الهندية.»

ودخل براتاب دكاناً قريباً من محطة القطار، في حين كنا نتمشى في الشارع الفسيح الذي راح يغص بالمارة، وكان الجو قد أصبح بارداً نسبياً. غاب صديقنا لبعض الوقت ثم عاد ومعه هدايا كثيرة من الحلوى. ثم ابتسم بتوسل وهو يمسك بحزمة من الروبيات مع تذكرتين ابتاعهما للتو لعودتنا إلى أغرا، وقال: «أرجو أن تسمحا لي بالحصول على هذا الشرف الديني.»

وكان قبولي إجلالاً لتلك اليد الخفية. ألم يكن سخاؤها، الذي سخر منه أنانتا، أكثر بكثير مما هو ضروري؟

وبحثنا عن مكان منعزل قرب المحطة وقلت:

«براتاب، سوف أعلّمك الكريا التي هي طريقة لاهيري مهاسايا أعظم يوغي في العصر الحديث. وطريقته هذه ستكون معلمك الروحي.»

تم التكريس في غضون نصف ساعة، وخاطبت التلميذ الجديد قائلاً: «الكريا هي درة التشينتاماني[٥] بالنسبة لك. إن هذه الطريقة التي كما تراها بسيطة تتضمن أسلوب تطور الإنسان الروحي السريع. الأسفار الهندوسية المقدسة تقول إن الذات البشرية المتجسدة تحتاج إلى مليون عام للتحرر من الوهم الكوني مايا، لكن هذه الفترة الطبيعية يمكن اختزالها كثيراً بممارسة الكريا يوغا. وكما أثبتَ جاغادس تشاندرا بوز أن نمو النبات يمكن تسريعه أكثر من المعتاد، هكذا يمكن تسريع النمو الروحي للإنسان بواسطة العلم الباطني. كن مخلصاً في ممارستك وسوف تقترب من الله معلم كل المعلمين.»

وقال براتاب بروية: «أحس ببهجة عارمة لعثوري على هذا المفتاح اليوغي الذي بحثت عنه طويلاً. إن تأثيره المحرر سيخلّصني من قيود

٥ حجر أسطوري كريم له القدرة على تحقيق الرغبات، تشينتاماني أيضاً أحد أسماء الله.

جيتندرا موزمدار، رفيق يوغانانداجي في «اختبار الولدين المفلسين» في برندبان (الفصل ١١)

الحواس للانطلاق نحو مجالات أسمى. فرؤية السيد كريشنا اليوم هي بركات عظيمة في حياتي.»

جلسنا للحظات في تفاهم صامت ثم مشينا على مهل إلى المحطة. كان الفرح يغمرني وأنا أصعد إلى القطار، أما جيتندرا فكان يذرف الدمع. وقد كان وداعي لبراتاب مؤثراً تتخلله التنهدات المكتومة من رفيقيّ الاثنين. ومرة أخرى اكتسحت جيتندرا موجة من الحزن، ليس على نفسه هذه المرة، بل ضد نفسه، وقال:

«كم كان إيماني قليل العمق! لقد كان قلبي حجراً! لن أشك بحماية الله أبداً في المستقبل.»

كان منتصف الليل يقترب عند دخول المغامرين، اللذين تم إرسالهما دون فلس واحد، إلى مخدع أناننتا. وقد كان وجهه بالفعل، مثلما وعد، تعلوه الحيرة والاندهاش. وبصمت أمطرتُ الطاولة بالروبيات. فقال بنبرة مازحة: «قل

الحقيقة يا جيتندرا! ألم يلجأ هذا الشاب إلى السطو والتشليح؟»

ولكن ما أن سمع تفاصيل القصة حتى انقلب أخي رزيناً ثم جاداً، وقال بحماس روحي لم أره من قبل:

«إن قانون العرض والطلب يصل إلى آفاق أكثر شفافية مما كنت أعتقد. ولأول مرة أعرف سبب عدم اكتراثك بالمال وتكديسه المبتذل في خزائن العالم.»

ومع أن الوقت كان متأخراً لكن أخي أصرَّ على حصوله على التكريس ديكشا[٦] في الكريا يوغا. وهكذا كان على «المعلم» موكندا أن يتحمل في يوم واحد مسؤولية «طالبين» لم يطلبهما.

في صباح اليوم التالي تناولنا الإفطار في جو من الانسجام كان مفقوداً في اليوم السابق. وابتسمتُ لجيتندرا وقلت: «لن تُحرم من رؤية التاج محل. دعنا نذهب لمشاهدته قبل ذهابنا إلى سيرامبور.»

ودّعنا أنانتا وبعد فترة قصيرة كنت مع صديقي أمام بهاء وفخر أغرا: التاج محل برخامه الأبيض الباهر في ضوء الشمس، كحلم من التطابق التام. وكان محاطاً بأشجار السرو الداكنة ومروج خضراء وبحيرة ساكنة، وقد ازدان داخله بنقوش مطعّمة بأحجار شبه كريمة. وظهرتْ الأكاليل والنقوش الأنيقة متقاطعة ومتشابكة فوق الرخام البني والبنفسجي، في حين كانت الإضاءة الصادرة عن القبة تسقط على ضريحيّ الامبراطور شاه جيهان وممتازي محل: ملكة مملكته وقلبه.

شعرتُ أنني رأيت بما فيه الكفاية وكنت متشوقاً لرؤية معلمي. وبعد قليل كنت مع جيتندرا نستقل القطار ونتجه جنوباً نحو البنغال. وقال رفيقي: «يا موكندا، لم أرَ أسرتي منذ شهور. لقد غيرت رأيي وقد أزور معلمك فيما بعد في سيرامبور.»

وتركني رفيقي، الذي يمكن وصفه وصفاً لطيفاً بأنه متقلب المزاج، في كلكتا فاستقليت القطار المحلي ووصلت بعد فترة قصيرة سيبرامبور التي تبعد اثني عشر ميلاً إلى الشمال.

وأحسست بخلجة من الدهشة عندما تيقنت أن ثمانية وعشرين يوماً قد انقضت منذ أن التقيت بمعلمي في بنارس وقوله لي حينها: «ستعود إليّ بعد

٦ تكريس روحي، من جذر الفعل السنسكريتي دِكش، «تكريس الشخص نفسه.»

أربعة أسابيع!» وها أنا أقف بقلب خافق في باحة صومعته على جادة راي غات الهادئة، ولأول مرة دخلت الصومعة التي سأمضي فيها القسم الأكبر من السنوات العشر التالية مع جنانافاتار الهند «الحكمة المتجسّدة.»

## الفصل ١٢

# سنوات في صومعة معلمي

«ها أنت قد جئت.»

بهذه الكلمات حيّاني سري يوكتسوار وهو يجلس على جلد نمر في الطابق الذي فيه غرفة الجلوس ذات الشرفات. كان صوته بارداً وأسلوبه غير عاطفي.

ركعت ولمست قدميه وقلت: «نعم يا سيدي العزيز، إنني هنا لكي أتبعك.»

قال: «كيف يمكن ذلك؟ إنك تتجاهل رغباتي؟»

قلت: «لن يحدث ذلك ثانية يا سيدي. فرغبتك ستكون دستوري.»

أجاب: «هذا أفضل! فالآن أستطيع أن أتولى مسؤولية حياتك.»

قلت: «إنني أنقل إليك العبء عن طيب خاطر يا معلمي.»

أجاب: «طلبي الأول إذاً هو أن تعود إلى البيت لأسرتك. أريدك الالتحاق بالكلية في كلكتا، فتعليمك يجب أن يستمر.»

قلت: «حسناً يا سيدي.» وقد أخفيت فزعي وانزعاجي. فهل ينبغي للكتب المقلقة أن تلاحقني طوال السنين؟ أرغمني عليها والدي من قبل والآن يرغمني عليها سري يوكتسوار!

قال: «يوماً ما ستذهب إلى الغرب حيث سيكون الغربيون أكثر تقبلاً لحكمة الهند القديمة إذا كان المعلم الهندي الغريب حاصلاً على درجة جامعية.»

قلت: «أنت تعلم ما هو الأفضل يا معلمي.»

تبددت كآبتي ووجدت الإشارة إلى الغرب محيّرة وبعيدة، لكني شعرت برغبة ملحة وحيوية لإرضاء المعلم بالامتثال لرغبته.

قال: «ستكون قريباً في كلكتا. تعال إلى هنا كلما وجدت لديك متسعاً من الوقت.»

قلت: «كل يوم إن أمكن يا معلم! وإنني أقبل بامتنان سلطتك في جميع تفاصيل حياتي بشرط واحد.»

قال: «وما هو؟»

قلت: «أن تعدني بأن تُظهر لي الله.»

تلا ذلك نقاش استمر ساعة كاملة لأن وعد المعلم لا يقبل التزييف ولا يُعطى بسهولة. ومضامين هذا التعهد تفتح آفاقاً روحية واسعة. والمعلم الروحي يجب أن يكون على توافق تام مع الخالق قبل أن يتمكن من إقناعه بالظهور! لقد أحسست باتحاد سري يوكتسوار بالله، وكتلميذ له فقد صممت على اغتنام فرصتي وتحقيق مبتغاي.

أخيراً أعلن المعلم عن موافقته العطوفة عندما قال: «إنك ذو مزاج متطلب. دع رغبتك تصبح رغبتي.»

وتلاشى من قلبي ظلٌ لازمني مدى الحياة، وانتهى البحث الغامض هنا وهناك، إذ وجدت ملاذاً أبدياً عند معلم صادق أمين.

ونهض المعلم عن بساطه المصنوع من جلد نمر وقال: «تعالَ معي كي أريك الصومعة.»

نظرتُ حولي، ولدهشتي وقع بصري على صورة معلقة على الجدار، محاطة بإكليل من زهر الياسمين، فقلت: «لاهيري مهاسايا!»

فأجاب سري يوكتسوار بصوت ينبض بالخشوع وهو يقول: «نعم، إنه معلمي الأقدس. فهو، كإنسان وكيوغي، كان أعظم من أي شخص آخر قمت بدراسة واستقصاء حياته.»

انحنيتُ بصمت أمام الصورة المألوفة فتدفقت مشاعرُ الإجلال والتقدير من روحي للمعلم النادر المثال الذي بارك طفولتي المبكرة ووجّه خطواتي حتى هذه الساعة.

سرت خلف معلمي وتجولنا في أنحاء الصومعة. لقد كانت كبيرة، عتيقة، ومتينة البناء يحيط بها فناء ذو أعمدة ضخمة، وقد غطّى الطحلب جدرانها الخارجية. وكانت الحمائم ترفرف فوق السطح الرمادي المنبسط وتتقاسم بارتياح أركان الصومعة. وكان منظر الحديقة الخلفية جميلاً بما فيها من شجر الخبز (جاك فروت) والمانغو وموز الجنة. الصومعة كانت مؤلفة من طابقين وكان لحجراتها العليا شرفات بدرابزين، تطل على الفناء من ثلاث جهات. وفي الطابق الأرضي كانت هناك قاعة فسيحة ذات سقف مرتفع يرتكز على أعمدة، ويستخدم حسبما قال المعلم للاحتفال السنوي بأعياد دورغابوجا[1]. كما

١ «عبادة دورغا». إنه العيد الرئيسي للتقويم البنغالي، ويستمر في معظم الأماكن تسعة أيام في شهر أسفينا (سبتمبر/أيلول – أكتوبر/تشرين الأول) حوالي أواخر سبتمبر/ أيلول.

كان هناك سلّم ضيق يفضي إلى حجرة سري يوكتسوار المطلة على الشارع. كان أثاث الصومعة عادياً وكل ما فيها بسيطاً ونظيفاً وعملياً. كما شاهدتُ فيها كراسيَ ومقاعد وطاولات من الطراز الغربي.

دعاني معلمي لقضاء الليل في الصومعة، وقام تلميذان صغيران، كانا يتلقيان تدريب الصومعة، بتحضير وتقديم وجبة العشاء من الخضار المبهرة بالكاري.

بعد ذلك جلست القرفصاء على حصيرة من القش بالقرب من بساط المعلم المصنوع من جلد نمر، وقد بدت النجوم الودية، الوامضة خلف الشرفة، قريبة جداً منا، فقلت له:

«أرجو أن تخبرني شيئاً عن حياتك يا معلمي.»

فأجابني: «كان اسم عائلتي بريانات كارار. لقد ولدتُ هنا في سيرامبور[٢]. كان أبي من رجال الأعمال الأثرياء، وترك لي هذا المسكن الذي هو الآن صومعتي. تعليمي الرسمي كان قليلاً وقد وجدته بطيئاً وسطحياً. وفي مرحلة الرجولة المبكرة أخذت على عاتقي مسؤوليات رب الأسرة ورزقت بابنة هي الآن متزوجة. وفي منتصف العمر تباركتُ بتلقي الإرشاد من لاهيري مهاسايا. وبعد وفاة زوجتي التحقتُ بسلك السوامي وحصلتُ على اسمي الجديد سري يوكتسوار جيري[٣]. وهذا هو تاريخ حياتي البسيط.»

وابتسم المعلم لعلامات اللهفة التي ارتسمت على وجهي. وكسائر سِيَر الحياة الموجزة فقد أظهرت كلماته الحقائق الخارجية دون الكشف عن الإنسان الباطني.

قلت: «سيدي، أود سماع بعض قصص طفولتك.»

وأبرقت عينا سري يوكتسوار وهو يقول منبهاً: «سأروي لك بعض القصص، ولكل واحدة منها عِبرة! ذات يوم حاولت أمي أن تخيفني بقصة

المعنى الحرفي لدورغا هو «العسير المنال»، وهو أحد مظاهر الأم الإلهية شاكتي تجسّد القوة الأنثوية الخالقة. وهي تقليدياً مدمرة لكل الشرور.

٢ وُلد سري يوكتسوار في ١٠ مايو/أيار ١٩٥٥.

٣ يوكتسوار يعني «المتحد بالله». أما جيري فهي علامة تمييز تصنيفية من بين عشرة أفرع لسلك السوامي القديم. وسري معناها «مقدس»، فهي ليست اسماً، بل لقب احترام وتبجيل.

مروعة عن وجود شبح في إحدى الغرف المظلمة، فتوجهتُ على الفور إلى تلك الغرفة وأعربت عن خيبة أملي لعدم عثوري على الشبح! ولم تخبرني أمي بعد ذلك بقصة رعب أخرى. العِبرة: عندما تجابه الخوف يكف عن مضايقتك.

«وهناك ذكرى أخرى من ذكريات الطفولة وهي رغبتي في الحصول على كلب قبيح المنظر كان لأحد الجيران. ولعدة أسابيع أبقيت بيت أهلي في حالة من الفوضى والهيجان من أجل ذلك الكلب، ولم أُلقِ بالاً لعروضٍ بالحصول على حيوانات أليفة أخرى أكثر جمالاً وظرفاً. العِبرة: التعلق يعمي لأنه يمنح جاذبية وهمية للشيء المرغوب فيه.

«وهناك قصة ثالثة تتعلق بمرونة عقل الصغار، إذ كنت أسمع أمي تردد بين الحين والآخر: 'إن من يقبل عملاً تحت سلطة أي إنسان هو عبد.' وقد انطبعت تلك الملاحظة بكيفية لا تمحى على صفحة عقلي بحيث أنني رفضت كل الوظائف بعد زواجي. وقد تمكنت من الوفاء بمتطلبات العيش باستثمار الأرض التي ورثتها عن أهلي. العِبرة: الارشادات الطيبة والايجابية يجب إلقاؤها على مسامع الأطفال الحساسة. فأفكارهم المبكرة تبقى منقوشة في أذهانهم لفترة طويلة.»

استغرق معلمي في صمت هادئ، وحوالي منتصف الليل قادني إلى سرير بسيط، وكان النوم هانئاً في أول ليلة قضيتها تحت سقف معلمي.

اختار سري يوكتسوار صباح اليوم التالي ليكرسني في الكريا يوغا. وكنت قد حصلت على هذه الطريقة قبلاً من اثنين من تلاميذ لاهيري مهاسايا هما والدي وأستاذي سوامي كيبالانندا. لكن معلمي امتلك قوة تحويلية، إذ لمجرد لمسته أشرق نور عظيم على كياني كتوهج شموس لا حصر لها تسطع معاً. وقد غمر قلبي فيضٌ من الغبطة يفوق الوصف وتغلغل في أعماقي، واستمر طوال اليوم التالي.

ولم أتمكن من مغادرة الصومعة إلا في وقت متأخر من بعد ظهر ذلك اليوم. ولدى دخولي إلى منزلنا في كلكتا، دخلتْ معي نبوءة سري يوكتسوار عندما قال لي «سوف تعود بعد ثلاثين يوماً»، ولم يلمّح أحد من أقربائي إلى ما كنت أخشاه من تعليقات جارحة بخصوص عودة «الطائر المحلّق.»

صعدتُ إلى غرفتي العليا الصغيرة وألقيت عليها نظرات حنونة دافئة كما لو كنت أنظر إلى كائن حي، وخاطبتها قائلاً: «لقد شاهدتِ تأملاتي والدموع

والعواصف التي رافقت تهذيبي الروحي، وها أنا الآن قد بلغت مرفأ معلمي الإلهي.».

جلستُ مع والدي في هدوء المساء فقال لي: «يا ابني إنني سعيد لأجلك ولأجلي أنا أيضا. فأنت قد عثرت على معلمك بنفس الكيفية المعجزة التي عثرت بها أنا على معلمي، ولا بد أن يد لاهيري مهاسايا الطاهرة تحرس حياتنا، إذ تبيّن أن معلمك ليس من قديسي الهملايا الذين لا يمكن الوصول إليهم، بل هو في مكان قريب منا. لقد استجيبت توسلاتي، ففي بحثك عن الله لم تبتعد بصورة دائمة عن أنظاري.».

وقد سُر أبي أيضاً لاستئنافي دراساتي الرسمية وقام بعمل الترتيبات اللازمة. وفي اليوم التالي قمت بالتسجيل في كلية البيعة الاسكتلندية بكلكتا.

انقضت بسرعة شهور سعيدة، ولم يكن يخفى على زملائي عدم حضوري إلى الكلية، فإغراء الصومعة كان من الصعب مقاومته. وقد قبِل معلمي حضوري الدائم دون تعليق. وكنت مرتاحاً لأنه نادراً ما أشار إلى قاعات الدراسة. ومع أنه كان معلوماً للجميع بأنني لن أصبح أبداً علّامةً غير أنني تمكنت بين الحين والآخر من الحصول على الحد الأدنى من الدرجات المطلوبة للنجاح.

سارت الحياة اليومية في الصومعة بسلاسة وقلما تغيرت وتيرتها. إذ كان معلمي يستيقظ قبل الفجر ويدخل حالة السمادهي⁴ إما مستلقياً على ظهره أو جالساً على سريره. وكان من السهل جداً معرفة وقت استيقاظه، إذ كان يتوقف فجأة عن الشخير⁵ العالي جداً، يتبع ذلك تنهيدة أو اثنتان وربما حركة جسدية أحياناً، ثم حالة من عدم التنفس الصامت، من بعدها استغراق في الفرح اليوغي العميق.

ولم يكن طعام الإفطار يُقدّم لنا إلا بعد المشي لمسافة طويلة بمحاذاة نهر الغانج. وكم هي حقيقية وجلية تلك المشاوير الصباحية مع معلمي! فكلما استعدتُ ذكرى تلك الأيام أجد نفسي أحيانا بجانبه حيث أشعة الشمس تدفئ النهر ويرن في مسمعي صوته الغني بصدق وأصالة الحكمة.

---

٤ سمادهي تعني «التوجيه الكلي». وهي حالة سامية من النشوة الروحية حيث يدرك بواسطتها اليوغي اتحاد النفس البشرية بالروح الإلهي.

٥ الشخير أو الغطيط، طبقاً لعلماء وظائف الأعضاء، هو دليل على الاسترخاء التام.

بعد الاستحمام كنا نتناول وجبة منتصف النهار التي كان تحضيرها موكولاً بحسب إرشادات المعلم اليومية، إلى التلامذة الصغار. كان معلمي نباتياً مع أنه أكل البيض والسمك قبل اعتناقه الحياة الرهبانية. وكان ينصح التلاميذ بأن يتبعوا أي غذاء بسيط ملائم لصحتهم ولأجسادهم.

المعلم كان يأكل قليلاً، وكان طعامه يشتمل غالباً على الأرز المصبوغ بالكركم أو عصير الشمندر، أو السبانخ مع سمن البقر أو الزبدة. وفي يوم آخر قد يتناول الحساء الكثيف المصنوع من البازلاء المجروشة أو البقول الأخرى، أو البطاطا بالكاري مع الجبن المصنوع من الحليب الطازج والمُقطّع عادة على شكل مكعبات. أما الحلوى فكانت ثمار المانغو أو البرتقال مع الأرز بالحليب، أو عصير فاكهة جاك فروت.

كان الزائرون يأتون بعد ظهر كل يوم في سيل متواصل من العالم إلى سكينة الصومعة. وكان الجميع يلقون من المعلم معاملة ودية ولطيفة، لأن بالنسبة للإنسان الذي أدرك أنه روح وليس جسداً أو شخصية عابرة، يبصر في كل البشر تشابهاً ملحوظاً.

وإنصاف القديسين متأصل في الحكمة، فهم قد تحرروا من ضروب الوهم المتعاقبة ومن تأثير الأهواء الشخصية التي تبلبل تفكير غير المستنيرين وتحجب تمييزهم. ولم يكن سري يوكتسوار يُظهر احتراماً خاصاً لأصحاب القوة والنفوذ أو لذوي التحصيل والإنجاز. كما أنه لم يحتقر أو يستخف بالآخرين لفقرهم أو لأميتهم؛ بل كان يصغي باحترام لكلمات الحق الصادرة عن طفل وأحيانا يتجاهل علناً العالِم المغتر بنفسه.

الساعة الثامنة كانت موعد العشاء، وكانت تشهد أحياناً بعض الضيوف غير المتعجلين في المغادرة. ولم يكن معلمي يتركهم ليتناول الطعام بمفرده. بل لم يدعْ أحداً يغادر الصومعة وهو جائع أو غير مرتاح. وما كان يرتبك أو يشعر بالجزع من الزائرين الفجائيين، إذ بإرشاده للتلاميذ كان الطعام اليسير يبدو وليمة. كما أنه كان مقتصداً وكانت موارده المتواضعة تكفي لسد الحاجيات، وغالباً ما كان يقول: «أدر شؤونك ضمن حدود ميزانيتك، فالتبذير يجلب لك المتاعب.» وسواء في أمور الضيافة أو البناء والصيانة والتصليح أو النواحي العملية الأخرى التي تتطلبها الصومعة، كان المعلم يظهر أصالة روح خلاقة.

ساعات المساء الهادئة كانت تلهم الكثير من محاضرات معلمي التي كانت

كنوزاً تصمد لتقلبات الزمن. كانت كل كلمة من كلماته تُصاغ وتقاس بالحكمة. وكانت طريقة تعبيره السامية تتميز بالثقة بالنفس. كان يتكلم بكيفية لم أرها في سواه من قبل، إذ كان يزن أفكاره بميزان من الفحص الدقيق قبل أن يُلبسها ثوب الكلام. وجوهر الحقيقة الذي كان يتخلل حتى المظهر الجسدي كان ينبثق عنه ويتضوع منه كنفحات الروح العاطرة. وكنت أحس دوماً أنني في حضرة مظهر حي من مظاهر الله، فكانت هامتي تنحني بكيفية تلقائية أمام ألوهيته.

وإن لاحظ الضيوف المتأخرون أن سري يوكتسوار أصبح مستغرقاً في اللانهائي، كان ينهمك على الفور معهم في نقاش، لأنه لم يكن يتصنع من أجل لفت الانتباه إليه أو يتباهى بالغوص الباطني. فاتحاده الدائم مع الخالق جعله في غنى عن أوقات منفصلة للوصال الإلهي. والمعلم الذي عرف نفسه قد تخطى فعلاً ضرورة التأمل، وكان يقول: « تسقط الزهرة عندما تظهر الثمرة.» ولكن القديسين يتمسكون أحياناً بالشكليات الروحية من أجل تشجيع التلاميذ.

ومع انتصاف الليل كان معلمي يهجع كالطفل في غفوة طبيعية. ولم يكن يهتم كثيراً بمستلزمات النوم، بل كان يرقد أحيانا دون وسادة على أريكة أو كنبة ضيقة تُستعمل كخلفية لجلد النمر الذي كان موضع جلوسه التقليدي. لم يكن من النادر أن يستغرق نقاش فلسفي الليل بطوله. وكان بمقدور أي تلميذ أن يُحيي النقاش بالاهتمام الشديد. ولم أكن آنذاك أحس بالتعب أو بالرغبة في النوم، إذ كانت كلمات المعلم الحية تكفيني. وكثيراً ما كانت فترات تنويري الليلية تنتهي بعبارة المعلم: «ها قد بزغ الفجر، هيا بنا نتمشى بجانب الغانج!»

الشهور الأولى مع سري يوكتسوار تتوجت بدرس نافع حول كيفية التغلب على البعوض. ففي منزلنا كنا نستعمل الستائر الواقية ليلاً، وقد جزعت لأن هذا التقليد الحصيف لا يُراعى البتة في صومعة سيرامبور مع أن تلك الحشرات كانت دائمة الوجود في الصومعة وقد تعرضت للدغها من الرأس حتى القدم فأشفق المعلم عليّ وقال وهو يضحك: «اشترِ لنفسك ستارة واشتر أيضاً ستارة لي، لأنك إن اشتريت واحدة لك فقط سيتجه البعوض نحوي بكثافة!»

كنت أكثر من ممتنٍ ومستعد لتلبية طلبه. وفي كل ليلة أمضيتها في سيرامبور كان سري يوكتسوار يطلب مني إحكام الستائر عندما يحين وقت النوم.

في إحدى الليالي كان البعوض مؤذياً بشكل خاص، ومع ذلك لم يصدر

المعلم تعليماته المعتادة. وقد أصغيت بعصبية لطنين تلك الحشرات، وأطلقت نحوها ابتهالاً حاراً بينما كنت آوي إلى الفراش. وبعد مضي نصف ساعة تظاهرتُ بالسعال لكي ألفت انتباه المعلم، فقد كدتُ أفقد صوابي بسبب اللدغات المؤلمة والطنين المزعج حيث يحتفل البعوض بطقوسه المتعطشة للدم.

لم يستجب سري يوكتسوار ولم ألحظ حركة واحدة منه. اقتربت منه بحذر فوجدته عديم التنفس، وكانت تلك هي المرة الأولى التي أراه بها في غيبوبة اليوغا، فامتلأ قلبي خوفاً.

حسبت أن قلبه قد توقف عن الحركة فوضعت مرآة تحت أنفه لكني لم أر أثراً لبخار التنفس. وللتأكد بشكل مضاعف، وضعت أصابعي فوق فمه وأنفه وأحكمت سدهما لبضع دقائق. كان جسمه بارداً وبلا حراك. وبذهول توجهت نحو الباب طلباً للنجدة.

كان صوت المعلم مرتعشاً وهو يقول ضاحكاً: «يا لك من عالم تجريبي ناشئ! لمَ لا تذهب للفراش؟ هل سيتغير العالم كله من أجلك؟ غيّر ذاتك وتخلص من الإحساس بالبعوض.»

عدت بوداعة إلى فراشي دون أن تدنو مني بعد ذلك بعوضة واحدة. وقد تيقنت أن معلمي وافق مبدئياً على ابتياع الستائر إكراماً لي فقط، فهو لا يخشى من البعوض لأنه يستطيع بالقوة اليوغية أن يمنع البعوض من لدغه، أو بإمكانه إن رغبَ تجنّبه باللجوء إلى حصن باطني منيع. وفكرت بيني وبين نفسي: «إنه يعلمني درساً في بلوغ الحالة اليوغية التي ينبغي أن أتوصل إليها.» فيجب على اليوغي أن يكون قادراً على بلوغ حالة الوعي السامي والاحتفاظ بها، بصرف النظر عن المشوشات والمشتتات التي لا تغيب عن هذه الأرض، سواء طنين الحشرات أو وهج النهار المنتشر!

في حالة السمادهي الأولى (سابيكالبا) يقوم المريد بإعاقة كل البيانات الحسية الواردة من العالم الخارجي، ويكافأ بالفعل إذ ذاك بأصوات ومشاهدات لعوالم باطنية تفوق جمالاً وروعة أصوات ورؤى الفردوس[٦].

٦ إن قوى اليوغي الكلية والتي بها يبصر ويسمع ويتذوق ويشم ويشعر بوحدته مع الوجود دون استخدام الأعضاء الحسية، جاء وصفها في كتاب *Taittiriya Aranyaka* على النحو التالي:

« ثقبَ الشخص الأعمى اللؤلؤة، وأدخلَ مقطوع الأصابع فيها خيطاً، ولبسها من لا عنق

وهناك درس آخر تعلمته من البعوض في الصومعة: كان ذلك عند ساعة الغسق الهادئة، بينما كان معلمي يفسر النصوص القديمة بطريقته التي لا تضاهى. كنت أجلس عند قدميه في سلام تام بينما اقتحمت الجو المثالي بعوضة وقحة وتنافست على استرعاء انتباهي، فغرزت إبرتها السامة تحت الجلد في فخذي. رفعتُ يدي بصورة آلية قصد الانتقام منها. إلا أنني تذكرت قولاً للحكيم باتنجالي حول أهيمسا[7] مما أنقذ البعوضة من هلاكٍ محتوم! فقال المعلم:

«لماذا لم تكمل ما تنوي فعله؟»

قلت: «سيدي، هل تؤيد القتل؟»

أجاب: «كلا؛ ولكن عقلك قد وجّه الضربة القاضية فعلاً.»

قلت: «لا أفهم ما تقصد!»

وقرأ سري يوكتسوار ما يدور في خاطري كما لو أنه يقرأ كتاباً مفتوحاً، فقال:

«إن ما قصده باتنجالي من أهيمسا هو التخلص من الرغبة في القتل، لكن هذا العالم غير مؤهل للتطبيق الحرفي لعدم إلحاق الأذى أهيمسا. إذ قد يضطر الإنسان لإبادة مخلوقات مؤذية، لكنه ليس مكرهاً على الشعور بالغضب أو إضمار العداوة. فكل صور الحياة لها الحق مثل غيرها في تقاسم هواء الخداع الكوني مايا. والقديس الذي يقوم بالكشف عن أسرار الخليقة يتوافق مع كل مظاهرها المذهلة. ويمكن لكل الناس الذين يسيطرون على شهوة التدمير في داخلهم أن يقتربوا من ذلك الفهم.»

سألت معلمي: «سيدي، هل ينبغي أن يضحّي الشخص بنفسه بدلاً من قتل وحش ضار؟»

أجابني: «لا. فالجسم البشري ثمين ويشتمل على أسمى مقومات النشوء والارتقاء بسبب عقله ومراكزه الفقرية التي لا مثيل لها. فهي تمكّن المريد المتقدم من إدراك وإظهار أسمى مظاهر الألوهية. ولا يوجد جسم أدنى من جسم الإنسان مجهز بمثل ذلك. لا شك أن الإنسان يرتكب خطيئة طفيفة إن

له، وامتدحها عديم اللسان!»

٧ «المشاعر العدائية لا تظهر [في أي مخلوق] في حضرة الشخص الراسخ رسوخاً تاماً في أهيمسا (اللاعنف.)» - سترات اليوغا ٢ : ٣٥.

هو اضطر لقتل حيوان أو أي كائن حي آخر، لكن الكتب المقدسة *shastras* تعلّم أن الفقدان المتهور للجسم البشري هو خرق خطير للقانون الكارمي.»

تنفست الصعداء، لأن تأييد الأسفار المقدسة لغرائز المرء الطبيعية ليس متاحاً على الدوام.

وقد حدث أنني لم أرَ معلمي على مقربة من نمر أو فهد، لكن كوبرا فتّاكة واجهته يوماً فتغلب عليها بحبه. وهذا النوع من الثعابين مرهوب في الهند حيث يسبب سنوياً ما يزيد عن خمسة آلاف وفاة. وقد حدثت المواجهة في بوري حيث كان لسري يوكتسوار صومعة أخرى في موقع رائع على خليج البنغال. وكان مع المعلم آنذاك تلميذ صغير اسمه برافولا، وقد روى لي القصة على هذا النحو:

«بينما كنا جالسين معاً خارج الصومعة ظهرت بالقرب منا كوبرا طولها أربعة أقدام تثير في النفس الرعب، وقد نفشت رأسها بغضب وهي منطلقة نحونا. وكما لو كان المعلم يرحّب بطفل، فقد استقبلها ضاحكاً. أما أنا فقد أُصبتُ بالفزع وأنا أرى المعلم يقوم بتصفيق[٨] إيقاعي تسليةً للزائر المريع. وقد لزمت الهدوء التام مردداً في نفسي ما استطعت استحضاره من تضرعات حارة. اقتربت الأفعى جداً من المعلم ثم أصبحت ساكنة تماماً كما لو أنها تخدّرت مغناطيسياً بملاطفته، فاستعاد رأسها شكله الطبيعي وانسلت من بين قدمي سري يوكتسوار وتوارت بين الشجيرات القريبة.»

واختتم برافولا قصته قائلاً: «أما لماذا حرّك المعلم يديه، ولماذا لم تهاجمه الكوبرا، فذلك ما زال سراً بالنسبة لي. ومنذ ذلك الحين أدركتُ أن معلمنا الأقدس لا يخشى الأذى من أي مخلوق.»

بعد ظهر أحد الأيام خلال الشهور الأولى من وجودي في الصومعة لاحظت سري يوكتسوار وهو ينظر إليّ نظرة فاحصة، ثم قال: «إنك نحيف جداً يا موكندا.»

لامست كلمات المعلم مني وتراً حساساً؛ فعيناي الغائرتان لم تعجبانني، ومظهري النحيل لم يَرُق لي. وكان عسر الهضم المزمن يلازمني منذ

٨ تلدغ أفعى الكوبرا على الفور أي جسم متحرك ضمن مجالها. والتوقف التام عن الحركة هو في العادة الأمل الوحيد في النجاة منها. وتُخشى الكوبرا كثيراً في الهند، حيث تتسبب سنوياً في وفاة حوالي خمسة آلاف شخص.

الطفولة. أما الأدوية والمقويات على اختلافها فقد كانت تملأ رفوف حجرتي في البيت لكن دون فائدة. وأحيانا كنت أتساءل عن جدوى الحياة في جسم هزيل ومعتل.

وقال المعلم: «إن للأدوية حدوداً، أما قوة الحياة الخلاقة فلا حدود لها. ثق بذلك وستصبح قوياً ومعافى.»

أقنعتني كلمات سري يوكتسوار على الفور أن باستطاعتي تطبيق نصيحته بنجاح على حياتي. ولم يستطع أي معالج آخر (وقد استشرت العديد منهم) أيقاظ مثل هذا الإيمان العظيم في داخلي.

ازددتُ صحة وقوة، وبعد أسبوعين من بركات معلمي الخفية أحرزت الوزن الذي لم أتمكن من اكتسابه في الماضي، واختفت آلام المعدة دون عودة. وفي مناسبات لاحقة شهدت الشفاء الإلهي الفوري الذي منحه معلمي لأشخاص كانوا يعانون من السكري، أو الصرع، أو السل الرئوي، أو الشلل.

وقال لي سري يوكتسوار بعد شفائي بفترة قصيرة:

«منذ سنوات أنا أيضا رغبتُ في زيادة وزني، وأثناء فترة النقاهة التي أعقبت مرضاً حاداً، زرت لاهيري مهاسايا في بنارس وقلت له:

«'سيدي، لقد كنتُ مريضاً جداً، وفقدت الكثير من وزني.'

«فأجابني: 'أرى يا يوكتسوار[٩] أنك جلبت المرض لنفسك، والآن تفكر بأنك نحيف.'

«لكن هذا الجواب كان أبعد بكثير مما توقعته، غير أن معلمي أضاف مشجعاً:

«'دعني أرى، إنني متأكد من أنك ستشعر بالتحسن غداً.'

«وتقبّل عقلي كلماته كإشارة بأنه يقوم سِرةً بشفائي. وفي صباح اليوم التالي ذهبت إلى معلمي وهتفت مبتهجاً:

«'سيدي إنني أشعر بتحسن كبير اليوم!'

«فأجاب: 'بالفعل! فأنت اليوم تنشّط ذاتك!'

٩ لقد قال لاهيري مهاسايا «بريا» (الاسم الأول للمعلم) ولم يقل «يوكتسوار» (الاسم النسكي الذي لم يكن المعلم قد اتخذه بعد في حياة لاهيري مهاسايا (انظر الصفحة ١٤٦.) وقد استُخدم اسم (يوكتسوار) هنا وفي مواضع أخرى من هذا الكتاب تلافياً للخلط بين الاسمين.

«قلت محتجاً: ’كلا يا سيدي! فأنت الذي ساعدتني، وهذه أول مرة منذ أسابيع أشعر فيها بالنشاط.‘

«أجاب: ’نعم! لقد كان مرضك خطيراً جداً، وجسمك لا يزال واهناً. ومن يدري كيف ستكون حالتك يوم غد.‘

«شعرتُ بقشعريرة باردة للتفكير في احتمال عودة المرض. وفي اليوم التالي لم أتمكن إلا بصعوبة من جر نفسي إلى بيت لاهيري مهاسايا، وقلت:

«’سيدي إنني أتألم من جديد!‘

«نظر إليّ معلمي وقال ممازحاً: ’أرى أنك تسبب توعكاً صحياً لنفسك مرة أخرى!‘

«فأجبته وقد نفد صبري: ’يا معلمي الملائكي، الآن تحققتُ من أنك تسخر مني يوماً بعد يوم. لست أفهم لماذا لا تصدّق تقاريري الصادقة!‘

«فنظر المعلم إليّ بحنان وقال: ’بالفعل هي أفكارك التي جعلتك تشعر بالوهن والنشاط بالتناوب. وقد لمستَ بنفسك كيف أن صحتك تتجاوب مع توقعاتك اللاشعورية. فالفكر هو قوة، تماماً كالكهرباء أو الجاذبية، والعقل البشري هو شرارة من وعي الله كلي القدرة. وباستطاعتي أن أؤكد لك أن كل ما يثق به عقلك القوي ثقة مطلقة سيتحقق على الفور!‘

«وإذ كنت أعلم أن لاهيري مهاسايا لا يتكلم دون تبصّر خاطبته باحترام وعرفان بالجميل قائلاً: ’سيدي إن فكرت بأنني معافى واستعدت وزني السابق فهل يحدث ذلك؟‘

«أجاب معلمي برزانة وهو ينظر في عينيّ: ’وهو كذلك، حتى في هذه اللحظة.‘

«وعلى الفور شعرت بازدياد ليس في القوة وحسب، بل في الوزن أيضاً. وقد التزم المعلم الصمت، وبعد بضع ساعات من الجلوس عند قدميه عدتُ إلى منزل والدتي حيث كنت مقيماً أثناء زيارتي لبنارس.

«ولم تصدق أمي عينيها، فقالت مندهشة: ’يا بني ما الذي حدث لك؟ هل أنت متورم بسبب إصابتك بداء الاستسقاء؟‘

«لقد استعدتُ حينها نفس الجسم القوي والسليم الذي كان لي قبل مرضي. وعندما وزنت نفسي وجدت أنني ازددت في يوم واحد خمسين رطلاً (حوالي ٢٢ كيلو غراماً) احتفظتُ بها على الدوام.

«ودُهش الأصدقاء والمعارف الذين عرفوني نحيلاً، وغيّر عدد منهم نمط

حياته وأصبح تلميذاً للاهيري مهاسايا نتيجة لهذه المعجزة.»

واستطرد سري يوكتسوار قائلاً:

«لقد كان معلمي المتيقظ في الله يدرك أن هذا الكون ليس سوى حلم مجسّد للخالق. وإذ كان على دراية وثيقة بوحدته مع الحالم الإلهي، فقد كان باستطاعة لاهيري مهاسايا تجسيد أو تبديد أو عمل أي تغيير يريده في ذرات حلم العالم المظهري[10].»

وختم سري يوكتسوار حديثه بالقول: «الخليقة بأسرها يحكمها قانون. القوانين التي يكتشفها العلماء وتعمل في الكون الخارجي تدعى قوانين طبيعية. لكن هناك قوانين أكثر دقة تحكم المستويات الروحية المحجوبة ومنطقة الوعي الباطنية. تلك القوانين يمكن معرفتها بواسطة علم اليوغا. ليس عالم الفيزياء، بل المعلم الذي يعرف ذاته هو الذي يفهم الطبيعة الحقيقية للمادة. وهكذا استطاع السيد المسيح أن يعيد أذن الخادم بعد أن قطعها أحد التلاميذ»[11].

كان سري يوكتسوار مفسراً لا نظير له للأسفار المقدسة. والكثير من أسعد ذكرياتي تتركز حول محادثاته. لكنه لم يكن ليرمي درر أفكاره في رماد الغباء أو شرود الذهن، إذ كانت أقل حركة جسدية قلقة أو أي ذهول فكري طفيف يكفي لوضع حد فوري لتفسير المعلم.

بعد ظهر أحد الأيام قطع سري يوكتسوار حديثه وقال: «إنك لست هنا.»

وكالعادة كان يتتبع مجرى أفكاري بدقة صارمة، فصحتُ محتجاً: «ولكني لم أتحرك يا سيدي ولم ترمش أجفاني، ويمكنني أن أردد كل كلمة تفوهتَ بها.»

أجاب: «ومع ذلك لم تكن معي بالكامل، ويضطرني اعتراضك أن أخبرك بأنك كنت تخلق في عالمك الفكري ثلاثة معاهد: أحدها خلوة وسط الأحراش، والثاني فوق تلة، والثالث بجانب المحيط.»

١٠ «كل ما تطلبونه حينما تصلّون فآمنوا أن تنالوه فيكون لكم.» —مرقس ١١:٢٤. والمعلمون المتحدون بالله يمتلكون المقدرة التامة على نقل مدركاتهم الالهية للمريدين المتقدمين مثلما نقل لاهيري مهاسايا مدركاته لسري يوكتسوار في هذه المناسبة.

١١ «وضرب واحد منهم خادم رئيس الكهنة فقطع أذنه اليمنى. فأجاب يسوع وقال: دعوا إليّ هذا، ولمس أذنه وأبرأها. —لوقا: ٢٢:٥٠-٥١.

وهذه الأفكار الغامضة كانت بالفعل حاضرة في عقلي الباطن، فنظرت إليه معتذراً وقلت:

«ما الذي يمكنني أن أفعله مع معلم كهذا له القدرة على النفاذ إلى عقلي وملاحظة حتى أفكاري العارضة؟!»

فأجاب: «لقد منحتني هذا الحق، والحقائق الشفافة التي أشرحها لا يمكن استيعابها بدون تركيزك التام. ولولا الضرورة لا أجد داعياً لدخول عقول الآخرين، إذ لكل إنسان الحق الطبيعي في التجول سرةً وسط أفكاره. إن الرب لا يدخل تلك الأفكار بغير دعوة، ولا أنا أيضا أحاول إقحام نفسي.»

فقلت: «إنك دوماً على الرحب والسعة يا سيدي!»

قال: «إن أحلامك المعمارية ستتحقق فيما بعد، ولكن الآن هو وقت الدراسة.»

وهكذا تمكن معلمي بهذه الطريقة العرَضية وبأسلوبه البسيط من الكشف عن الأحداث الثلاثة القادمة والهامة في حياتي: فمنذ بواكير العمر جالت في أفكاري لمحات غامضة عن ثلاثة أبنية كل منها في مكان مختلف. وقد تحققت أخيراً تلك الرؤى بنفس الترتيب الذي تنبأ به سري يوكتسوار. إذ قمت أولاً بتأسيس مدرسة يوغا للبنين على سهل في رانشي، ثم المقر العالمي لـ Self-Realization Fellowship فوق تلة في مدينة لوس انجلوس، وأخيراً صومعة في جنوب كاليفورنيا قرب المحيط الهادئ الفسيح المترامي.

لم تكن تأكيدات المعلم مدفوعة بالتعجرف أبداً، ولم يقل قط: «إنني أتنبأ بأن هذا أو ذاك الشيء سيحدث.» بل كان بالأحرى يلمّح قائلاً: «ألا تعتقد أن هذا قد يحدث؟» لكن كلامه البسيط كان يمتلك قوة تنبؤية لا تخطئ، إذ لم يحدث أبداً أن خابت أي من كلماته التي تنطوي على بعض تلميحٍ خفي.

كان سري يوكتسوار متحفظاً وعملياً في تصرفه. وكان أبعد ما يكون عن غموض الحالمين وسخف الواهمين، بل كانت قدماه ثابتتين على الأرض ورأسه في السماء. وكان الأشخاص العمليون يثيرون إعجابه، إذ كان يقول: «القداسة ليست بكماء، ولا المدركات الإلهية عجزاً! والممارسة الفعلية للفضيلة تؤدي إلى ذكاء خارق.»

وكان معلمي يحجم عن مناقشة العوالم ما فوق المادية. أما الناحية المدهشة التي كانت تميّز حياته فقد كانت البساطة التامة. كان يتحاشى في حديثه ذكر المراجع المذهلة، وكان عفوياً في تصرفاته الحياتية. وفي حين

كان يتكلم المعلمون الآخرون عن المعجزات دون القدرة على الإتيان بأي منها، فنادراً ما ذكر سري يوكتسوار القوانين الخفية مع أنه كان يستخدمها متى شاء، وقد وضّح ذلك بقوله:

«إن العارف لا يقوم بأية معجزة ما لم يشعر بتصريح داخلي للقيام بذلك. فالله لا يرغب في إفشاء أسرار الخليقة عشوائيا دون تمييز[١٢]، كما أن لكل إنسان في العالم كامل الحق في إرادته الحرة. والقديس لا يتعدى على تلك الاستقلالية.»

الصمت الاعتيادي لسري يوكتسوار كان ناجماً عن إدراكه العميق للانهائي غير المحدود، إذ لم يبق لديه متسع من الوقت «للإلهامات والرؤى» المطولة التي تشغل أيام المعلمين غير العارفين. وفي الأسفار الهندوسية قول طريف يذهب على هذا النحو: «في الشخصيات الضحلة تسبب أسماك الأفكار الصغيرة الكثير من الضجة والاهتياج، أما في العقول العميقة كالبحار فبالكاد تحدث حِيتان الإلهام رعشة واحدة.»

وبسبب الأسلوب غير المثير لمعلمي، فإن قلائل فقط من معاصريه أدركوا أنه بالفعل شخصية فائقة. والمثل السائر «من لا يستطيع إخفاء حكمته فهو أحمق» لا ينطبق أبداً على معلمي الغزير المعرفة، الهادئ الطبع. فمع أنه مولود كباقي البشر، إلا أنه حقق الوحدة التامة مع حاكم الزمان والفضاء. وفي حياته لمست اتحاداً إلهياً. وهو لم يجد عقبة واحدة يمكن أن تقف عائقا بين الإنسان وإدراكه لألوهيته، وأنا كذلك لم أر من عائق سوى التقاعس الروحي.

وكنت دوماً أحس بسعادة غامرة للمس قدميّ سري يوكتسوار المقدستين. والتلميذ يُمغنَط روحياً بملامسة معلمه بتبجيل واحترام، حيث يتولّد تيار لطيف يحرق أدوات العادات غير المرغوب فيها في المريد، ويغيّر أخاديد ميوله الدنيوية على نحو مفيد، وترتفع ستائر الأوهام الخفية ويدرك التلميذ حقيقة الغبطة ولو للحظات على الأقل. وكان جسمي بأسره يستجيب للنور المتوهج وأشعر بالحرية عندما كنت أركع على الطريقة الهندية أمام معلمي.

وقال لي المعلم: «حتى أثناء صمت لاهيري مهاسايا أو انهماكه في موضوعات غير ذي طابع ديني بحت، كنت مع ذلك أحس بأنه ينقل إليّ

١٢ «لا تعطوا الكلاب ما هو مقدس، ولا ترموا درركم أمام الخنازير، لئلا تدوسها بأرجلها وتلتفت إليكم فتمزقكم.» –متى٧:٦.

معرفة تفوق الوصف.»

وقد أثّر فيّ سري يوكتسوار بنفس الكيفية. فكنت إذا دخلت الصومعة مهموماً أو في حالة ذهنية غير مكترثة، تغيّر موقفي بصورة لا شعورية وشعرت بسكينة شافية لمجرد رؤية المعلم. وكان كل يوم معه اختباراً جديداً من الفرح والسلام والحكمة. ولم أجده قط مخدوعاً أو منتشياً بالجشع، أو الانفعال، أو الغضب، أو بأي علاقة بشرية. وكان يقول عند حلول الظلام: «إن ظلام الوهم يقترب بصمت، فلنتوجه بسرعة إلى الملجأ الداخلي.» وبهذه الكلمات التحذيرية كان المعلم يذكّر تلاميذه بحاجتهم إلى الكريا يوغا. وفي بعض الأحيان كان أحد التلاميذ الجدد يشك في أهليته لممارسة اليوغا، فكان يواسيه المعلم قائلاً:

«انسَ الماضي، فالحياة الماضية لكل الناس مظلمة بالكثير من المعايب. والسلوك البشري لا يمكن الركون إليه أو التعويل عليه إلى أن يرسخ الإنسان في الله. كل شيء سيتحسن مستقبلاً ما دمت تبذل مجهوداً روحياً الآن.»

كان لدى المعلم دوماً تلاميذ صغار، وتدريبهم الروحي والعقلي كان موضع اهتمام المعلم طوال حياته. وحتى قبل وفاته بفترة قصيرة قبِل في الصومعة صبيين في السادسة وفتىً في السادسة عشرة من أجل التدريب. وكل الذين كانوا تحت إشرافه حصلوا منه على التدريب الصحيح والتأديب اللازم والملائم.

وكان قاطنو الصومعة يحبون معلمهم ويجلّونه، فمجرد تصفيق بسيط بيديه كان يكفي لاستدعائهم بلهفة إلى جانبه. وأثناء صمته أو استغراقه الداخلي لم يجرؤ أحد على الكلام، أما عندما كانت ضحكته ترن مرحاً كان الأطفال ينظرون إليه على أنه خاصتهم.

نادراً ما كان سري يوكتسوار يطلب من الآخرين خدمة خاصة أو يقبل مساعدة من تلميذ ما لم تكن مدفوعة بإخلاص وعن طيب خاطر. وكان معلمي يغسل ملابسه بهدوء إذا أغفل تلاميذه هذا الواجب الذي هو امتياز وشرف. وكان سري يوكتسوار يلبس رداء السوامي التقليدي البرتقالي اللون. أما حذاؤه فكان طبقاً للعُرف اليوغي بدون سيور ومصنوعاً من جلد النمر أو الغزال.

كان المعلم يتكلم بطلاقة الانكليزية والفرنسية والهندية والبنغالية، ويعرف السنسكريتية بشكل معقول. وكان يلقّن بأناة تلاميذه الصغار طرقاً مختصرة استنبطها ببراعة لدراسة الإنكليزية والسنسكريتية.

لم يكن المعلم شديد التعلق بجسمه، بل كان يتوخى الحيطة تجاهه. وكان يقول بأن المطلق اللانهائي يظهر بشكل صحيح في السلامة البدنية والعقلية. وكان يعترض على أي نوع من التطرف. ففي إحدى المرات شرع تلميذ في صوم طويل فقال له المعلم: «لماذا لا ترمي عظمة للكلب؟»[١٣]

كانت صحة سري يوكتسوار ممتازة، ولم أره أبداً مريضاً[١٤]. وكان يسمح للتلاميذ باستشارة الأطباء إن هم رغبوا بذلك. وكان يقول: «يجب على الأطباء أن يواصلوا عملهم العلاجي من أجل الشفاء عن طريق قوانين الله التي تنطبق على المادة.» إلا أنه كان يشيد بتفوق العلاج النفسي، وغالباً ما كان يقول:

«الحكمة أعظم منظّف. والجسم صديق مخادع، لا تعطه أكثر من حاجته. الألم والسرور مؤقتان، فتحملوا الثنائيات برصانة وهدوء، محاولين في نفس الوقت التخلص من قبضتها. الخيال هو الباب الذي منه يدخل المرض والشفاء. لا تؤمنوا بحقيقة المرض حتى ولو كنتم مرضى، فالزائر غير المرحب به سينصرف سريعاً.»

كان هناك عدد كبير من الأطباء من تلاميذ المعلم، وكان يقول لهم: «الذين درسوا علم وظائف الأعضاء يجب أن يدرسوا أيضاً علم الروح. فهناك تركيب روحي دقيق يستتر خلف التكوين الجسدي مباشرة[١٥].

١٣ لقد كان معلمي يستحسن الصيام كوسيلة مثالية لتنظيف الجسم بطريقة طبيعية. ولكن التلميذ المشار إليه كان منشغلاً بجسمه أكثر مما ينبغي.

١٤ أصيب المعلم مرة بوعكة في كشمير ولم أكن معه. (راجع الصفحة ٢٥٢).

١٥ كتب الطبيب الشجاع شارل روبرت ريخيت الحاصل على جائزة نوبل في علم وظائف الأعضاء ما يلي: «لم يتم الاعتراف رسمياً بعد بالميتافيزيقا كعلم ولكن سيحدث ذلك... وفي أدنبره استطعت أن أثبت أمام مئة من علماء الفسيولوجيا أن حواسنا الخمس ليست وسيلتنا الوحيدة للمعرفة، وأن ومضة من الحقيقة تصل للعقل أحيانا بطرق أخرى... وإذا كانت بعض الحقائق نادرة الحدوث فهذا لا يعني أنها غير موجودة، ويجب ألّا تقف صعوبة دراستها عائقاً في سبيل فهمها... إن الذين سخِروا من علم ما وراء الطبيعة ووسموه بالغموض سوف يخجلون من أنفسهم، تماماً كالذين استهزأوا بعلم الكيمياء القديمة على أساس أن محاولة العثور على حجر الفلاسفة كانت وهماً من الأوهام... وفي المسائل المبدئية هناك فقط لافوازييه وكلود برنارد وباستير ممن عُرفوا في كل مكان ودائماً بأنهم علماء تجريبيون. فتحية إذاً للعلم الجديد الذي سيغير اتجاه الفكر البشري.»

كما نصح سري يوكتسوار تلاميذه بأن يكونوا نماذج حية للفضائل الغربية والشرقية. ظاهرياً كان كأحد المسؤولين التنفيذيين الغربيين، لكن في قرارة نفسه كان شرقيا بروحانيته. وكان يشيد بعادات الغرب التقدمية والصحية والواسعة الحيلة، ويمتدح المُثل الدينية العليا التي أعطت للشرق هالة مميزة على مر القرون.

لم يكن التهذيب غريباً عليّ: ففي البيت كان أبي حازماً، وكان أنانتا قاسياً في أكثر الأحيان، إلا أن تدريب سري يوكتسوار كان صارماً ومتشدداً! وكأحد محبي الكمال فقد كان شديد الانتقاد لتلاميذه سواء في الأمور الهامة أو عدم المراعاة الدقيقة لقواعد السلوك. وكان يقول في أوقات مناسبة:

«آداب السلوك بدون إخلاص تشبه سيدة جميلة ميتة. والصراحة بدون كياسة هي كمبضع الجرّاح فعّال لكنه مؤلم، والصدق مع اللطف نافع وجدير بالإعجاب.»

المعلم على ما يبدو كان راضياً عن تقدمي الروحي، لأنه قلما تطرق إليه. أما في الأمور الأخرى فلم تكن أذناني غريبتين على التوبيخ. وكانت إساءاتي الرئيسية تتمثل في شرود الذهن والانغماس في الحزن والاكتئاب، وإغفال بعض قواعد الآداب، والتصرف أحيانا بكيفية غير منهجية. وقد أشار معلمي في إحدى المرات إلى ذلك بقوله: «لاحظ كم هي منظمة ومتزنة أنشطة والدك بهاغاباتي!»

كان أبي ومعلمي تلميذين للاهيري مهاسايا وقد التقيا بعد فترة قصيرة من بدء زياراتي إلى سيرامبور. وكان كل منهما يقدّر بإعجاب قيمة الآخر، وقد شيّد كلاهما حياة باطنية من الصوان الروحي الصامد لصروف الدهر وتقلبات الزمن.

في حياتي المبكرة تلقيت على يد معلم مؤقت بعض دروس مغلوطة. إذ قيل لي إن الطالب الروحي ينبغي ألّا يشغل نفسه كثيراً بالواجبات الدنيوية. فكنت لا أتعرض للتوبيخ إن أهملت واجباتي أو قمت بها بعدم اكتراث. الطبيعة البشرية تستسهل مثل هذه التعليمات، لكنني أفقت للتو من أوهام عدم المسؤولية بفضل تعليمات معلمي الصارمة.

وقال لي سري يوكتسوار: «الصالحون الأبرار في هذا العالم يحسّنون سواهم. وما دمت تستنشق هواء الأرض الممنوح دون مقابل فمن واجبك

العمل وتقديم الخدمات عرفاناً بالجميل. إن الذي أتقن حالة عدم التنفس[١٦] هو وحده المتحرر من الالتزامات الكونية، وبكل تأكيد سأخبرك عندما تبلغ مراتب الكمال الختامية.»

كان من غير الممكن أبداً رشوة معلمي حتى بالمحبة. فهو لم يُبدِ تساهلاً مع أي شخص– مثلي – طلب عن طيب خاطر أن يكون تلميذاً له. وسواء كنت بمفردي معه أو مع طلبة آخرين أو مع غرباء، كان يتكلم دوما بمنتهى الصراحة ويعنّف بحدة. وحتى الهفوات الطفيفة والسطحية لم تمر دون توبيخ منه. وهذه المعاملة المحطمة للكبرياء كان من الصعب تحمّلها، لكنني كنت قد عقدت العزم على السماح لسري يوكتسوار كي يحلّ كل عقدة من عقدي النفسية. وإذ عمل على إحداث هذه التغيرات الضخمة فقد ترنحتُ مرات عديدة تحت ثقل مطرقته التأديبية، وكان يؤكد لي قائلاً:

«إذا كان كلامي لا يعجبك يمكنك المغادرة في أي وقت. فأنا لا أريد منك شيئاً سوى تحسّنك وتقدمك. تستطيع البقاء فقط إن كنتَ تحس بالفائدة.»

إنني ممتن إلى أقصى حد لتلك الضربات القوية التي سدّدها إلى زهوي وغروري. وكنت أشعر أحيانا – من قبيل المجاز – أنه كان يحدد الأضراس النخرة في فكي ثم يقتلعها الواحد تلو الآخر. فالنواة الصلبة للكبرياء البشري يصعب استئصالها إلا بالشدة والخشونة. ومع زوالها يجد الله في نهاية المطاف قناة سالكة لا يعوقها عائق، في حين يحاول دون جدوى الوصول إلى القلوب المتحجرة بالأنانية القاسية كالصوان.

كان حدس سري يوكتسوار نفّاذاً. فهو لم يلق بالاً لأقوال الآخرين، بل غالباً ما كان يجيب على ما يدور في أفكارهم ولا يعبّرون عنه بالكلام. وكان يقول: «الكلمات التي يتلفظ بها الشخص والأفكار الفعلية من ورائها قد تكون متباعدة تباعد القطبين. حاول – بالهدوء – أن تحس بالأفكار التي تعتمل خلف اللغو والإسهاب في كلام الناس.»

لكن التصريحات الصادرة عن البصيرة المقدسة غالبا ما تؤذي الآذان البشرية. فالمعلم لم يكن مرغوباً لدى التلاميذ السطحيين. أما العقلاء – وعددهم دوماً قليل – فقد كانوا يكنّون له الاحترام العميق. ويمكنني القول إن سري يوكتسوار كان بإمكانه أن يكون أكثر المعلمين شعبية وطلباً في الهند

١٦ سمادهي: الوعي السامي.

لو لم تكن كلماته في غاية الصراحة والانتقاد. وقد اعترف لي بذلك قائلاً:
«إنني قاسٍ على الذين يأتون إليّ من أجل التدريب. هذه هي طريقتي، ولك أن تقبلها أو ترفضها. فأنا لا أرضى أبداً بالحلول الوسط، لكنك ستكون ألطف بكثير مع تلاميذك، وتلك هي طريقتك. إنني أحاول التطهير فقط بنيران الشدة الكاوية التي تفوق القدرة العادية على التحمّل. كما أن طريقة المحبة الرقيقة هي أيضاً مجدية. والأساليب القاسية واللينة هي فعّالة كذلك فيما إذا طُبقت بحكمة وتبصّر. إنك ستذهب يوماً إلى بلدان أجنبية حيث التهجمات الصريحة على الذات غير مرغوب فيها. ولا يمكن لمعلم أن ينشر رسالة الهند في الغرب ما لم يكن لديه مخزون وافر من الاحتمال وسعة الصدر.»
(ولا حاجة لأن أذكر عدد المرات التي تذكّرت فيها كلمات المعلم في أمريكا.)

ومع أن كلام سري يوكتسوار الصريح وغير المقنّع حال دون اتّباع الكثيرين له أثناء إقامته الأرضية، لكن روحه الحية تظهر اليوم في العالم في نفوس عدد متزايد من تلاميذ تعاليمه المخلصين. المحاربون مثل الإسكندر الكبير يطمحون لتحقيق سيادة على الأرض، أما المعلمون مثل سري يوكتسوار فيحرزون مجالاً أكثر رحابة – في نفوس الناس.

كان المعلم يشير إلى هفوات تلاميذه الصغيرة بكثير من التضخيم. وقد حضر والدي أحد الأيام إلى سيرامبور للسلام على سري يوكتسوار وتقديم احترامه له. وعلى الأرجح أنه توقع سماع بعض عبارات الثناء عليّ. ولكن بدلاً من ذلك تلقى تقريراً مطولاً عن عيوبي. فهرع والدي ليراني وقال وهو يبتسم وعيناه تدمع:

«استنتجت من ملاحظات معلمك بأنني سأجدك شخصاً محطماً!»

والسبب الوحيد من عدم رضا سري يوكتسوار عني ذلك الحين هو محاولتي – بالرغم من إيعازه اللطيف – تشجيع أحد الأشخاص على اعتناق الطريق الروحي.

وبسرعة وسخط بحثت عن معلمي الذي استقبلني بعينين مُطرقتين، كما لو كان يشعر بالذنب. وكانت تلك هي المرة الوحيدة التي رأيت فيها الأسد الإلهي وديعاً أمامي، فشعرت بلذة فائقة في تلك اللحظة الفريدة، وقلت:

«سيدي لماذا أدنتني دون رحمة أو شفقة أمام والدي المندهش؟ هل كان ذلك من الإنصاف؟»

فأجاب المعلم بنغمة توحي بالاعتذار: «لن أفعل ذلك ثانية.»

وتبدد سخطي في التو واللحظة، وتعجبت كيف اعترف الرجل العظيم بخطئه على الفور! ومع أنه لم يعكّر سلام أبي بعد ذلك أبداً، لكنه واصل تحليلي وفحصي بدقة أينما وحيثما شاء.

بعض التلاميذ الجدد كانوا يشاركون سري يوكتسوار في نقد شامل للآخرين، كما لو كانوا حكماء كالمعلم، أو نماذج من التمييز النقي! لكن المهاجم يجب ألّا يكون عاجزاً عن الدفاع! وهؤلاء الناقدون والمتصيدون للعيوب أنفسهم كانوا يفرّون على عجل لمجرد إطلاق سري يوكتسوار باتجاههم بضعة سهام من جعبته التحليلية. وكان المعلم يعلّق تعليقاً فكاهياً على هؤلاء الطائشين المتقلبين بالقول:

«هناك من يعانون من نقاط ضعف داخلي حساسة تثور لمجرد تعنيف بسيط، وهم بذلك يشبهون أجزاء الجسم المريضة التي تتشنج ألماً حتى عند الملامسة الرقيقة لها.»

العديد من التلاميذ كان لديهم تصور مسبق لطبيعة المعلم الروحي، إذ كانوا يحكمون على أقواله وأفعاله طبقاً لذلك التصور. وغالبا ما كانوا يتذمرون لعدم فهمهم لسري يوكتسوار، وقد أجبتهم في إحدى المناسبات:

«ولن تفهموا الله أيضاً! إنكم لن تتمكنوا من معرفة القديس إلا عندما تصبحون مثله. فمن بين تريليونات الأسرار والكائنات التي تتنفس كل ثانية الهواء الذي لا يمكن تفسيره، من يجرؤ على القول إن بالإمكان التعرف الفوري على طبيعة المعلم الروحي التي لا يُسبر غورها؟»

كان بعض التلاميذ يأتون إلى المعلم ثم يغادرون. فالذين رغبوا في التعاطف الفوري والاعتراف المريح بالاستحقاقات الذاتية لم يجدوا في الصومعة ما كانوا يأملون في الحصول عليه. وكان المعلم يقدّم المأوى والرعاية للتلاميذ طوال مدة إقامتهم في الصومعة، لكن تلاميذ كثيرين أصرّوا بإلحاح أيضا على بلسمٍ لغرورهم، ورحلوا مفضلين إهانات الحياة الكثيرة على أي تواضع من جانبهم. لقد كانت إشعاعات المعلم الساطعة وضوء شمس حكمته النفاذ أقوى بكثير مما يتحمله مرضهم الروحي، فبحثوا عن معلم من مرتبة أدنى يظللهم بالتملق ويبقيهم مستغرقين في نوم الجهل المتقطع.

خلال الشهور الأولى مع المعلم أحسست بالتوجس من توبيخه لي، لكنني أدركت سريعاً أن تشريحه اللفظي كان يحتفظ به فقط للتلاميذ الذين طلبوا منه – مثلي – تأديبهم وتهذيبهم. وكان إن حدث وأبدى أحد التلاميذ تبرماً يلتزم

سري يوكتسوار الصمت دون استياء. ولم يكن كلامه مدفوعاً بالغضب أبداً، بل موضوعياً ومشبعاً بالحكمة.

توبيخ المعلم لم يكن موجّهاً نحو الزائرين العاديين، فهو قلما أشار إلى عيوبهم بالرغم من كونها ظاهرة. أما بالنسبة للتلاميذ الذين طلبوا منه النصح والإرشاد فقد كان يحس نحوهم بمسؤولية كبيرة. وجريء بالفعل ذلك المعلم الذي يتخذ على عاتقه تنقية المعدن الخام للبشرية المليئة بحب الذات. وشجاعة القديس تكمن في تعاطفه مع البشر المنخدعين بالأوهام والمتعثرين على دروب الحياة لعدم امتلاكهم البصر والبصيرة.

وبعدما توقفت عن التذمر الداخلي خفّ تأديبي بشكل ملموس، وفاض معلمي رأفة مقارنة بالسابق. ومع مرور الأيام تمكنتُ من هدم جدران التبريرات العقلية والتحفظات الباطنية التي غالباً ما تختبئ خلفها شخصية الإنسان[١٧]. وكانت مكافأتي التوافق والانسجام مع معلمي دون عناء. وقد اكتشفتُ فيما بعد أنه يمتلك ثقة ومراعاة للمشاعر ومحبة صامتة، إلا أنه بسبب عدم ميله إلى إظهار عواطفه لم يمنح كلمة حنان.

ولما كان الحب الإلهي يميّز مزاجي في الدرجة الأولى فقد قلقت في البداية لأن أجد معلمي مشبعاً بالحكمة وجافاً على ما يبدو من حيث الأشواق الإلهية بهاكتي[١٨]، ويعرب عن ذاته من خلال حسابات روحية باردة. ولكن عندما تناغمتُ مع طبيعته لم ألحظ أي نقص أو عائق في طريقي نحو الله، بل على العكس ازددتُ قرباً منه. فالمعلم الذي عرف ذاته يمتلك القدرة التامة على إرشاد تلاميذه ذوي الميول المتعددة في طرق تناسب الميول الطبيعية لكل منهم.

علاقتي بسري يوكتسوار كانت أعمق من أن يُعبَّر عنها بالكلام، بل كان الصمت البليغ سمتها المميزة. وغالبا ما وجدتُ أن توقيعه الصامت على

١٧ لقد أشار الحاخام إسرائيل إتش. ليفنثال في محاضرة له في نيويورك بقوله: «إن كياننا الواعي واللاشعوري متوّجان بوعي فائق. ومنذ سنوات أشار عالم النفس الانكليزي أف. دبليو. إتش. مايرز إلى 'أن كومة من النفايات تختبئ في أعماق كياننا مع كنز ثمين.' وعلى نقيض علم النفس الذي يركّز كل بحوثه على الوعي الباطن في طبيعة الإنسان، يحصر علم النفس الحديث للإدراك السامي تركيزه في خزينة الكنوز – المجال الذي وحده يمكن تفسير أعمال الإنسان العظيمة والغيرية والبطولية.»

١٨ جناناً الحكمة؛ وبهاكتي، المحبة التعبدية: هما اثنتان من الطرق الرئيسية إلى الله.

أفكاري يجعل الكلام غير ضروري. وإذ كنتُ أجلس بهدوء قربه، فقد أحسستُ بفيضه الروحي الغزير ينسكب بسلام على كياني.

واتضح إنصاف سري يوكتسوار أثناء عطلتي الصيفية. فمع انتهاء السنة الأولى بالكلية رحبتُ بالفرصة لقضاء بضعة شهور متواصلة مع معلمي في سيرامبور. وقد سُر المعلم لمجيئي المتحمس وقال:

«يمكنك أن تتولى إدارة شؤون الصومعة، وستكون واجباتك استقبال الضيوف والإشراف على عمل التلاميذ الآخرين.»

بعد ذلك بأسبوعين تم قبول شاب قروي من شرق البنغال يدعى كومار، وحصل على القبول لتلقي التدريب في الصومعة. لقد كان ذكياً على نحو رائع وتمكن بسرعة من الفوز بمودة المعلم. ولسبب متعذر فهمه فقد اتخذ سري يوكتسوار موقفاً غير انتقادي من المقيم الجديد.

وبعد شهر من قدوم الشاب الجديد أصدر المعلم تعليماته قائلاً:

«موكندا، دع كومار يتسلم واجباتك، واستخدم وقتك في أعمال الطهي والتنظيف.»

وما أن ارتقى كومار إلى مركز الإدارة حتى راح يستبد بالآخرين الذين واصلوا بحثهم عني، في عصيان صامت، طلباً للإرشاد اليومي. وبعد ثلاثة أسابيع سمعتُ كومار من غرفة مجاورة يشكو للمعلم قائلاً: «التعامل مع موكندا أمر مستحيل! فأنت جعلتني مشرفاً لكن الآخرين يذهبون إليه ويطيعون أوامره.»

فأجابه سري يوكتسوار بنغمة جافة كانت جديدة على أذنيّ كومار:

«لهذا السبب طلبتُ منه إدارة المطبخ وطلبت منك استلام صالة الاستقبال لعلك تفهم أن القائد المحترم يرغب بخدمة الآخرين وليس السيطرة عليهم. فأنت أردت وظيفة موكندا لكنك لم تستطع الاحتفاظ بها عن جدارة. الآن عد إلى عملك السابق كمساعد للطاهي.»

وبعد هذا الحادث المهين عاود المعلم اتخاذ موقف غير اعتيادي من التساهل حيال كومار. ومن يستطيع حل أسرار الانجذاب؟ ففي كومار اكتشف المعلم ينبوعاً فاتناً لم يتدفق لزملائه التلاميذ. ومع أن الشاب الحديث كان على ما يبدو التلميذ المفضل لدى سري يوكتسوار لكنني لم أشعر بالانزعاج لذلك. فالطابع الشخصي الذي يمتلكه حتى المعلمون يضفي لمسة مثيرة على نماذج الحياة وتعقيداتها. من النادر أن يستحوذ تفصيل واحد على طبيعتي، إذ كنت

أسعى للحصول من سري يوكتسوار على فائدة أبعد منالاً من الثناء الظاهر.
وفي أحد الأيام خاطبني كومار بحقد وضغينة دون سبب، فأوجعني كلامه كثيراً. وكان جوابي له بمثابة تحذير شعرت بديهياً بصدقه، فقلت له:
«إن رأسك منتفخ إلى حد الانفجار! وما لم تحسّن مسلكك سيُطلب منك يوماً ما مغادرة هذه الصومعة.»
وردد كومار ملاحظتي ضاحكاً وبسخرية على مسامع المعلم الذي كان قد دخل الغرفة للتو، فجلست باتضاع في أحد أركان الغرفة متوقعاً التعنيف كل التوقع. إلا أن جواب المعلم للشاب جاء ببرودة غير معتادة، إذ قال له: «قد يكون موكندا على حق!» ونجوتُ أنا دون توبيخ.
بعد عام من ذلك غادر كومار الصومعة لزيارة منزل طفولته، متجاهلاً الممانعة الهادئة لسري يوكتسوار الذي لم يتحكم بطريقة سلطوية بتحركات تلاميذه. ولدى عودة الشاب إلى سيرامبور، بعد بضعة شهور، بدا عليه تغيير غير سار. فقد انتهى كومار ذو الوجه اللامع الرصين، ووقف أمامنا قروي غير مميَّز قد اكتسب عادات سيئة في الآونة الأخيرة.
استدعاني المعلم وبحث معي بقلب مكسور قضية الشاب، وقال إنه لم يعد صالحاً للحياة الرهبانية في الصومعة. وأضاف قائلا: «موكندا، أترك لك أمر الطلب من كومار كي يغادر الصومعة غداً. فليس باستطاعتي أن أبلغه ذلك بنفسي.»
وقفت الدموع في عيني سري يوكتسوار، لكنه ضبط مشاعره بسرعة وقال:
«ما كان للصبي ليهبط إلى هذا القاع لو أنه استمع لكلامي ولم يذهب ليختلط برفاق غير مرغوب فيهم. وبما أنه رفض حمايتي له سيكون العالم القاسي معلمه.»
لم أشعر بالشماتة لمغادرة كومار. وعجبت متأسفاً كيف يمكن لشخص امتلك القوة لاكتساب حب المعلم ومع ذلك يستجيب للمغريات الرخيصة. فالاستمتاع بالخمر والجنس متأصل في الإنسان الطبيعي ولا يتطلب منه امتلاك أحاسيس رقيقة للتمتع بهما. ويمكن تشبيه حِيَل الحواس بنبتة الدفلى دائمة الخضرة: فهي طيبة الرائحة وزهورها وردية اللون، لكن السم يكمن في كل جزء منها. إن منطقة الشفاء تكمن في داخل الإنسان وتتألق بالسعادة

التي يبحث عنها الناس دون تبصر في آلاف الاتجاهات الخاطئة[١٩].

وقال المعلم ذات مرة في إشارة إلى ذكاء كومار اللامع:

«الذكاء المرهف ذو حدين، ويمكن استخدامه استخداماً بنّاءً أو هدّاماً كالسكين، إما لاستئصال دمّل الجهل أو لقطع رأس صاحبه. والذكاء يتم توجيهه في المسار الصحيح عندما يتأكد العقل من عدم القدرة على الإفلات من القانون الروحي.»

كان معلمي يختلط بحرية بتلاميذه من الرجال والنساء ويعاملهم جميعاً كأبنائه. وإذ كان يدرك مساواتهم بالروح فلم يُبدِ تمييزاً بين الرجل والمرأة أو تحيزاً لأي منهما، وكان يقول:

«أثناء النوم لا تعرف إن كنت رجلاً أو امرأة. وكما أن الرجل الذي ينتحل شخصية امرأة لا يصبح امرأة، هكذا النفس التي تتخذ شكل رجل أو امرأة لا جنس لها لأنها صورة الله النقية التي لا يطرأ عليها تغيير.»

ولم يتجنب سري يوكتسوار النساء أو يلقي عليهن باللوم بسبب «سقوط الرجل»، بل كان يقول إن النساء أيضاً يواجهن الإغراء من الجنس الآخر. وقد سألت المعلم ذات مرة عن السبب الذي حدا بقديس قديم عظيم لأن يطلق على النساء اسم «بوابة الجحيم». وجاء جواب المعلم ممزوجاً بسخرية لاذعة:

«لا بد أن فتاة تسببت بقلق كبير لراحته النفسية في مقتبل عمره، وإلا لكان شجب نقصاً في ضبط نفسه بدلاً من أن يلوم المرأة.»

وإن حدث واجترأ أحد الزائرين على أن يقص قصة غير محتشمة كان المعلم يلتزم بصمت غير متجاوب، ويقول لتلاميذه: «لا تسمحوا لأنفسكم بأن يستفزكم الوجه الجميل ويجلدكم بسياطه. وهل يقوى عبيد الحواس على التمتع بالعالم؟ فهم لا قدرة لهم على تذوّق نكهاته الناعمة بينما يتمرغون في الأوحال البدائية. إن كل ضروب التمييز الراقي والأحاسيس الرقيقة يفتقر إليها ذوو الشهوات الطبيعية.»

وكان التلاميذ الراغبون في الإفلات من أوهام الجنس يتلقون النصيحة

١٩ كتبَ الفيدنتي العظيم شانكرا ما يلي: «يستخدم الإنسان في حالة اليقظة جهوداً لا تحصى لاختبار الملذات الحسية. وعندما يصيب الإرهاق جميع أعضاء الحواس ينسى المتع التي في متناوله ويستسلم للرقاد كي يستريح في نفسه التي هي طبيعته الحقيقية. فالغبطة التي تفوق الحواس هي سهلة المنال للغاية، وهي أسمى بكثير من المتع الحسية التي تنتهي دوماً بالنفور والاشمئزاز.»

التالية من سري يوكتسوار:

»كما أن الغرض من الطعام هو لسدّ الجوع وليس الشره، فقد غرست الطبيعة الغريزة الجنسية في الكائنات من أجل استمرارية وتكاثر الأنواع وليس لإثارة الشهوات التي لا تشبع ولا ترتوي. اقضوا على الرغبات الخاطئة الآن وإلا لازمتكم بعد انفصال الجسم الكوكبي عن غلافه المادي. وحتى عندما يكون الجسم ضعيفاً فمن واجب العقل المقاومة. وإن هجمت عليكم الوساوس بقوتها العاتية استعينوا عليها بالتحليل الموضوعي واقهروها بالإرادة الحازمة، إذ بالإمكان السيطرة على كل شهوة طبيعية.

»حافظوا على قواكم وكونوا كالمحيط الزاخر الذي يستوعب بهدوء روافد أنهار الحواس. فالرغبات المتجددة يومياً تستنزف سلامكم النفسي، وهي كالفتحات في الخزان، تتسرب منها المياه الشافية وتفقد ذاتها في تربة المادة القاحلة. الدافع القوي لتحقيق الرغبات الخاطئة هو أكبر عدو لسعادة الإنسان. تجولوا في العالم كأسود من ضبط النفس ولا تسمحوا لضفادع الضعف البشري أن تركلكم وترفسكم.«

المريد الصادق يتحرر أخيراً من كل إرغام غريزي ويوجّه رغبته في الحب البشري إلى شوق خالص لله وحده لأنه حب فريد وكلي الوجود.

كانت والدة سري يوكتسوار تقيم في منطقة رانا ماهال ببنارس حيث قمت بزيارتي الأولى للمعلم. وكانت امرأة طيبة وكريمة لكنها ذات آراء متصلبة. وفي أحد الأيام وقفت على شرفتها وراقبت ما دار بين الأم والابن. وقد حاول المعلم بطريقته الهادئة إقناعها بأمر ما، لكن على ما بدا لم ينجح في ذلك لأنها هزت رأسها بشدة وقالت: »لا، لا، يا ابني. انصرف الآن! كلماتك الحكيمة هذه ليست لي، فأنا لست تلميذتك!«

وتراجع سري يوكتسوار كطفل مُعنَّف دون مزيد من النقاش. وقد تأثرتُ لاحترامه الكبير لأمه حتى أثناء مزاجها غير المعقول. فهي لم تنظر إليه كحكيم، بل فقط كابنها الصغير! وكان لهذا الحادث الطفيف جانب لطيف، إذ أنه ألقى ضوءاً على طبيعة معلمي النادرة: فهو في داخله متواضع، ولكنه صلب لا يلين ظاهرياً.

والقواعد النسكية لا تجيز للسوامي الاحتفاظ بالروابط الدنيوية بعد قطعها رسمياً، إذ لا تسمح له بإقامة الطقوس والشعائر المفروضة على رب الأسرة. لكن شانكرا المؤسس القديم لسلك السوامي تجاهل تلك التعاليم، وحين وفاة أمه

المحبوبة أحرق جثمانها بنار سماوية أطلقها من يده المرفوعة.

وبالمثل، صَرَفَ سري يوكتسوار النظر عن هذه القيود بكيفية أقل إثارة. فعند وفاة أمه قام بالترتيبات اللازمة لحرق الجثمان على شاطئ الغانج في بنارس، وأطعم عدداً كبيراً من البراهمة بحسب التقليد القديم.

فالغاية من النواهي الدينية هي مساعدة السواميين في التغلب على الارتباطات الضيقة، لكن شانكرا وسري يوكتسوار اندمجا اندماجاً تاماً في الروح الكوني غير الشخصي ولم يكونا بحاجة للخلاص عن طريق التمسك بقاعدة أو تقليد. وقد يَعْمد المعلم أحياناً إلى تجاهل قاعدة دينية لكي يبيّن أهمية المبدأ الذي تقوم عليه تلك القاعدة وليؤكد أن المبدأ أسمى من الشكل ومستقل عنه. فالسيد المسيح قطف سنابل الحقل في يوم الراحة ورد على منتقديه الذين لا مهرب منهم بقوله: «السبت إنما جعل لأجل الإنسان لا الإنسان لأجل السبت.» (مرقس ٢:٢٧).

باستثناء الكتب المقدسة، لم يقرأ سري يوكتسوار كثيراً. ومع ذلك فقد كان دوماً على معرفة بأحدث الاكتشافات العلمية وغيرها من مجالات التطور المعرفي[٢٠]. وبصفته متحدثاً بارعاً فقد كان يستمتع بتبادل وجهات النظر مع زائريه في موضوعات لا حصر لها. وكانت بديهة معلمي الحاضرة وضحكته المرحة تنعشان كل نقاش. ومع أنه كان رصيناً في أغلب الأحيان، لكنه لم يكن مغموماً أبداً، وكان يقول مستوحياً من الإنجيل[٢١]: «لا يحتاج الباحث عن الله إلى العبوس والتقطيب، فمعرفة الله تعني موت كل الأحزان.»

ومن بين الفلاسفة وأساتذة الجامعات والمحامين والعلماء الذين أتوا إلى الصومعة، كان عدد منهم يأتي للمرة الأولى متوقعاً رؤية رجل دين تقليدي. وكانت الابتسامة المتغطرسة أو نظرة التساهل من القادمين الجدد تكشف أحياناً بأنهم لم يتوقعوا أكثر من سماع بضع عبارات مبتذلة أكل الدهر عليها وشرب. ولكنهم ما أن كانوا يجلسون قليلاً مع المعلم حتى يودوا لو أن البقاء

٢٠ كان المعلم يمتلك قوة يستخدمها في التناغم الفوري مع عقل أي إنسان، فيما إذا رغب بذلك. (وهي إحدى القوى اليوغية الوارد ذكرها في سترات اليوغا لبتانجلي ٣: ١٩). فقواه الشبيهة باللاسلكي البشري، وطبيعة الأفكار مشروحة في الصفحتين ١٩٦ و ١٩٧.

٢١ متى ٦:١٦.

معه يستمر لفترة أطول، فينصرفون على مضض، مما يؤكد قناعتهم بأن سري يوكتسوار قد امتلك معرفة دقيقة في ميادين تخصصهم!

في العادة كان المعلم لطيفاً مع ضيوفه، يستقبلهم بمودة قلبية. لكن الراسخين في حب الذات والغرور كانوا يحسّون أحيانا بصدمة منعشة، إذ يلاقون من المعلم إما برودة وعدم اكتراث أو مقاومة هائلة: الجليد أو الحديد!

وحدث مرة أن أحد علماء الكيمياء المشهورين دخل في جدال مع سري يوكتسوار. فالزائر لم يعترف بوجود الله لأن العلم لم يبتكر بعد وسيلة للكشف عنه. فرمقه سري يوكتسوار بنظرة حادة وقال:

«هكذا فشلتَ بكيفية غامضة في عزل القوة العليا في أنابيب اختبارك! إنني أقترح عليك تجربة جديدة: افحص أفكارك دون انقطاع لأربع وعشرين ساعة، ولا تتعجب بعد ذلك لغياب الله.»

وقد تلقى عالم دين (بانديت) مشهور آخر رجّة مماثلة أثناء زيارته الأولى للصومعة. فقد هزّ العالم العوارض الخشبية للصومعة بالمعرفة التقليدية الروحية، وانسكبت من لسانه قطع وأبيات رنانة من المهابهاراتا والأوبانيشاد[٢٢] و بهاسيا (تعليقات وشروح شانكرا. فقال له سري يوكتسوار بنغمة مستفسرة: «إنني أنتظر لأسمع ما تقوله أنت.»

ساد الصمت ووقع البانديت في حيرة من أمره. وإذ كنت أجلس القرفصاء في زاويتي، على مسافة لا بأس بها من الزائر، فقد أطربتني كلمات المعلم وهو يقول: «الاقتباسات والاستشهادات أكثر من أن تُحصى، ولكن ما هو الشرح الأصيل الذي يمكنك أن تقدمه لنا من تجربتك الحياتية الفريدة؟ وما هو النص المقدس الذي تشرّبته وجعلته جزءاً من حياتك؟ وكيف ساعدتك هذه الحقائق الأزلية على تجديد طبيعتك؟ أم هل أنت قانع بأن تظل جهاز تسجيل تردد بصورة آلية أقوال الآخرين؟»

فقال العالم وقد بدا الحزن عليه بكيفية مثيرة للضحك: «إنني أعترف

٢٢ الأوبانيشاد أو الفيدانتا (وتعني حرفياً خاتمة الفيدات)، والتي تظهر في أجزاء معينة من الفيدات الأربع، هي ملخصات جوهرية لأساس العقيدة الهندوسية. وقد امتدحها شوبنهور بالقول: «هي أفكار عميقة وأصلية وسامية». وقال أيضاً: «إن الوصول إلى الفيدات [عن طريق الترجمات الغربية للأوبانيشاد] هو في تقديري أعظم شرف يمكن أن يدعيه هذا القرن قياساً على جميع القرون السابقة.»

بعجزي، فأنا لا أملك معرفة باطنية.»

وربما للمرة الأولى في حياته أدركَ أن حفظ الأقوال المقدسة ليس بديلاً عن المعرفة الروحية.»

وبعد انصراف الرجل الموبَّخ، قال معلمي: «هؤلاء العلماء الذين لا تسري في عروقهم المشاعر الإنسانية يبذلون جهوداً ضائعة. فهم يفضّلون بأن تكون الفلسفة مجرد تمرين عقلي. وأفكارهم المحلّقة لا صلة فعلية لها بالعمل المادي أو التهذيب الداخلي الجاد!»

وفي مناسبات أخرى كان المعلم يشدد على عدم جدوى التعلّم من خلال قراءة الكتب وحسب، ويقول:

«لا تخلطوا بين الفهم وغزارة المفردات. فالكتب المقدسة مفيدة في تحفيز الرغبة للمعرفة الباطنية فيما إذا تم استيعاب الفقرات الروحية ببطء، الواحدة تلو الأخرى؛ وإلا فقد تؤدي الدراسة العقلية المتواصلة إلى الغرور والرضا المزيف والمعرفة غير المهضومة.»

وروى سري يوكتسوار إحدى تجاربه في التنوير الروحي. كان المشهد صومعة وسط غابة في شرق البنغال، حيث اختبر طريقة المعلم المشهور دابرو بالاف التي كانت شائعة في الهند القديمة وتميزت بالبساطة والتعقيد في نفس الوقت.

جمعَ دابرو بالاف تلاميذه حوله في خلوة الغابة وفُتح كتاب البهاغافاد غيتا أمامهم. فنظروا بثبات إلى فقرة من فقرات الغيتا لمدة نصف ساعة، ثم أغمضوا أعينهم لمدة نصف ساعة أخرى قبل أن يعلّق المعلم تعليقاً وجيزاً. وصرفوا ساعة أخرى في التأمل. وأخيرا قال المعلم:

«هل فهمتم الفقرة؟»

فتجرأ أحد التلاميذ على التأكيد بالقول: «نعم يا سيدي.»

فأجاب المعلم: «لا. ليس تماماً. ابحثوا عن الحيوية الروحية التي منحت هذه الكلمات القدرة على تجديد شباب الهند قرناً بعد قرن.» وانقضت ساعة أخرى في الصمت، ثم صرف المعلم التلاميذ وتوجّه إلى سري يوكتسوار بالسؤال:

«هل تعرف البهاغافاد غيتا؟»

فأجابه: «كلا يا سيدي، لا أعرفها جيداً بالرغم من مرور عينيّ وعقلي فوق صفحاتها مراراً عديدة.»

فأشرق الحكيم العظيم بابتسامة وقال لمعلمي مباركاً: «الآلاف أجابوني

بخلاف ذلك! إن حصَرَ المرء اهتمامه في عرض خارجي للثروة الروحية، فأين الوقت المتبقي للغوص الباطني الصامت بحثاً عن اللآلئ الثمينة؟»

واتبع سري يوكتسوار مع تلاميذه نفس طريقة التركيز المكثّف، فكان يقول:

«الحكمة لا يمكن تحصيلها بالنظر، بل بكل ذرة من كيان المرء. وعندما تكون قناعتك بالحق لا في دماغك فحسب، بل في كيانك بأسره، تستطيع عندئذ أن تشهد للحق وتتحدث عنه بتواضع.»

كان المعلم يحذّر التلاميذ من اعتبار المعرفة المتحصلة عن طريق قراءة الكتب خطوة أساسية للإدراك الروحي. وكان يلاحظ قائلاً: «لقد دوّن الحكماء في جملة واحدة معارفَ عميقة انهمك المفسرون في تحليلها وتعليلها على مر الأجيال. فالنقاش الأدبي المتواصل والمثير للجدل هو للعقول الكسولة. وهل من فكر يقدر على منح الخلاص كالتفكير بوجود الله والتأمل عليه؟»

لكن الإنسان لا يعود بسهولة إلى البساطة ويرضى بها. وذو الميول العقلانية لا يتوجه إلى الله، بل يميل إلى المفاخرة بالمعارف المكتسبة من قراءة الكتب ويُرضي غروره بما لديه من حنكة وسعة اطلاع.

الرجال الذين كانوا فخورين بمناصبهم الدنيوية الرفيعة كانوا أيضاً على الأرجح سيضيفون التواضع إلى مكتسباتهم الأخرى في حضرة المعلم! وفي أحد الأيام حضر إلى صومعة بوري على الشاطئ قاضٍ محلي وطلب مقابلة مع المعلم. وكان هذا الرجل معروفاً بقسوته وبقدرته علىً أن ينتزع منا ملكية الصومعة بسهولة. وقد ذكرتُ هذه الحقيقة لمعلمي، لكن المعلم لم يكترث لذلك وظل جالساً مكانه دون مساومة ولم يقف لتحية الزائر. شعرت ببعض القلق وجلست القرفصاء قرب الباب. ولم يطلب سري يوكتسوار مني أن أُحضر كرسياً للقاضي الذي اكتفى بالجلوس على صندوق خشبي، وقد خاب ظنه على ما يبدو، إذ لم يتحقق توقعه من أن شخصه الخطير سيتم الاعتراف والترحيب به باحتفاء كبير!

تلا ذلك نقاش ميتافيزيقي، وقد تلعثم الزائر وتعثر في تفسير الأسفار المقدسة. وإذ هبط مستوى دقته ارتفع منسوب سخطه. لقد فَقَدَ صوابه ومع ذلك ظل قادراً على الصياح، وقال:

«هل تعلم أن ترتيبي كان الأول في امتحانات الماجستير؟»

فأجاب المعلم باتزان: «يا حضرة القاضي، لقد نسيتَ أن هذا المكان ليس

قاعة محكمتك. ومن تعليقك السخيف أدركتُ أن منهجك الجامعي لم يكن شيئاً يستحق الاعتبار. وعلى أي حال فليس هناك من علاقة بين الدرجة الجامعية والمعرفة الفيدية. كما أن القديسين لا يتم إنتاجهم بالجملة، كالمحاسبين، مرة كل فصل دراسي.»

بعد صمت وذهول، ضحك الزائر من كل قلبه وقال:

«هذه هي المرة الأولى في حياتي التي أقابل فيها قاضياً سماوياً!»

بعد ذلك تقدّم بطلب انتساب رسمي صاغه في القالب القانوني الذي على ما يبدو كان جزءاً لا يتجزأ من حياته، يلتمس بموجبه قبوله كتلميذ تحت الاختبار.

وفي عدة مناسبات، لم يشجع سري يوكتسوار ولاهيري مهاسايا التلاميذ «غير الناضجين» على الانخراط في سلك السوامي. فكانا يقولان: «إن لبس الرداء البرتقالي اللون مضلل للمجتمع إذا كان الشخص الذي يرتديه تنقصه المعرفة الإلهية. دعك من علامات الترك الخارجي التي قد تضرك بدفعك للتصرف بكبرياء زائف. لا شيء يهم سوى التقدم الروحي المتواصل. ولتحقيق ذلك عليك بممارسة الكريايوغا.»

القديس في تقييمه للإنسان يستخدم معياراً يختلف كثيراً عن معايير العالم المتقلبة. والإنسانية – التي تبدو منمقة في أعين ذاتها! – يراها المعلم منقسمة إلى فئتين من الناس لا غير: جهلاء لا يبحثون عن الله، وعقلاء يبحثون عنه.

كان معلمي يشرف على أدق التفاصيل المتعلقة بإدارة أملاكه. وحينما حاول بعض عديمي الضمير في عدة مناسبات الاستيلاء على ممتلكاته التي ورثها عن أسلافه، رفع ضدهم دعاوى قضائية وتغلّب على كل خصم بفضل عزيمته وتصميمه. وقد تحمّل هذه التجارب المؤلمة كي لا يكون عبئاً على تلاميذه.

لقد كان الاستقلال المالي أحد الأسباب التي جعلت معلمي في منتهى الصراحة والوضوح مع الآخرين، دون اللجوء إلى الدبلوماسية وأساليبها الملتوية. وعلى نقيض بعض المعلمين الذين يتملقون مسانديهم، كان معلمي عزيز النفس منيع الجانب لا يبدي اهتماماً بثراء الآخرين ولا يكترث بالتأثير الظاهر أو الخفي لذلك الثراء. ولم أسمعه مرة واحدة يطلب المال أو يلمّح إليه لأي غرض. وكان تعليم صومعته يُمنح مجاناً لجميع التلاميذ.

في أحد الأيام حضر نائب محكمة إلى صومعة سيرامبور ليسلّم سري يوكتسوار استدعاءً قضائياً. وكنت حاضراً مع تلميذ آخر يدعى كاناي. وكان

موقف المسؤول تجاه المعلم مستهجناً، فقال له بازدراء:

«من الأفضل لك أن تترك ظلال صومعتك وتستنشق هواء الصدق والأمانة في قاعة المحكمة.»

لم أستطع تمالك نفسي فتقدمت نحوه وقلت مهدداً: «إن تفوهت بكلمة واحدة أخرى من كلامك الوقح ستجد نفسك مطروحاً على الأرض!»

وفي نفس الوقت صاح به كاناي: « كيف تجرؤ أيها الحقير على التجديف في هذا المكان المقدس؟»

لكن المعلم وقف بيننا وبين المسيء إليه قصد حمايته وقال: «لا تنفعلوا من أجل لا شيء، فالرجل فقط يؤدي واجبه الشرعي.»

وإذ أصيب المسؤول بالذهول لهذا التباين في استقباله، قدّم اعتذاره باحترام ومضى إلى حال سبيله.

وكان من المثير للدهشة أن نرى معلماً ذا إرادة نارية وفي نفس الوقت يمتلك مثل ذلك الهدوء في داخله. فهو ينطبق عليه تعريف الفيدا لرجل الله الذي هو «أكثر رقة من الزهرة في المواقف التي تقتضي الرقة واللطف، وأقوى من الرعد عندما تتعرض المبادئ للانتهاك.»

وبتعبير براوننغ: «هناك دوماً في هذا العالم أناس لا يطيقون النور لأنهم هم أنفسهم ظلاميون.»

في بعض الأحيان كان أحد الغرباء يعمد إلى الانتقاص من قدر سري يوكتسوار بسبب ما يتوهم أنه ظلم لحق به، لكن معلمي الهادئ كان يصغي بأدب محللاً ذاته ليرى ما إذا كان الاتهام ينطوي على أي ذرة من الحقيقة. وهذه المشاهد تذكرني بإحدى ملاحظات المعلم الفريدة وهي: «بعض الناس يحاولون أن يظهروا طويلي القامة بقطع رؤوس غيرهم.»

إن رباطة الجأش الثابتة التي تميز القديس مثيرة للإعجاب أكثر من كل المواعظ والخطب. «البطيء الغضب خير من الجبار، ومالك روحه خير ممن يأخذ مدينة.»[٢٣]

كثيراً ما فكرت أن معلمي المهيب كان بمقدوره أن يكون بسهولة إمبراطوراً أو محارباً يهز العالم لو أنه ركّز اهتمامه على الشهرة أو الإنجازات الدنيوية. لكنه اختار بدلاً من ذلك أن يقتحم حصون الغضب والأنانية الداخلية التي بسقوطها يعلو الإنسان ويسمو قدره.

٢٣ أمثال ١٦:٣٢

## الفصل ١٣

## القديس الذي لا ينام

«أرجو أن تسمح لي بالذهاب إلى الهملايا، حيث أتوق لخلوة متواصلة من أجل الحصول على اتصال دائم بالله.»

في إحدى المرات خاطبت معلمي فعلاً بهذه الكلمات العاقة. إذ استولى عليّ نوع من الخداع غير المتوقع والذي يهاجم المتعبد من حين إلى آخر، حيث شعرت بنفاد صبر متزايد بسبب واجبات الصومعة ودراسة الكلية. ولعل عذري الوحيد في ارتكاب هذا الخطأ هو أنني لم أكن قد أمضيت مع سري يوكتسوار سوى ستة شهور، ولم أكن قد تبينت بعد قدره العالي وعرفت مكانته السامية.

أجابني المعلم في أناة وتؤدة: «كثيرون من سكان الجبال يعيشون في الهملايا لكنهم لا يمتلكون معرفة الله. فالحكمة ينبغي طلبها من أحد العارفين وليس من جبل جامد.»

تجاهلت تلميح المعلم الصريح بأنه هو وليس الجبل كان معلمي فكررت الرجاء، لكن سري يوكتسوار لم يجب فاعتبرت سكوته قبولاً، وهو تفسير غير قائم على أساس منطقي غير أنه مريح.

في ذلك المساء انهمكت في منزل كلكتا بالتجهيز للسفر، وعندما حزمت بعض الأمتعة في حِرام صوفي، تذكرت صرّة مماثلة أسقطتها خلسة منذ سنوات من نافذة حجرتي العليا، وتساءلت ما إذا كان انطلاقي التالي إلى الهملايا سيتعرض للفشل. ففي المرة الأولى كان ابتهاجي الروحي عالياً، أما الليلة فقد أنبني ضميري بشدة لمجرد التفكير بترك معلمي.

وفي الصباح التالي قصدت أستاذي في السنسكريتية بالكلية الاسكتلندية الباندیت بیهاري وقلت له:

«سيدي، كنتَ قد أخبرتني عن صداقتك لتلميذ عظيم من تلاميذ لاهيري مهاسايا فأرجو أن تتكرم بإعطائي عنوانه.»

فأجابني: «لعلك تعني رام غوبال موزمدار. فأنا أدعوه 'القديس الساهر الذي لا ينام'، فهو مستيقظ دائماً في وعي من الغبطة الروحية المتواصلة. إنه

يعيش في رانباجبور بالقرب من تاراكسوار.»

شكرت البانديت وأخذت القطار على الفور إلى تاراكسوار على أمل تهدئة هواجسي بالحصول على موافقة ذلك «القديس الذي لا ينام» بالاستغراق في تأمّل منفرد في الهملايا. وقد أخبرني البانديت بيهاري أن رام غوبال حصل على الاستنارة الروحية بعد سنين عديدة من ممارسة الكريا يوغا في مغاور وكهوف البنغال المنعزلة.

في تاراكسوار مررت بمزار مشهور يقدّره الهندوس تماماً كما يقدّر الكاثوليك مزار لورد في فرنسا. فمعجزات أكثر من أن تحصى حدثت في تاراكسوار. وواحدة من تلك المعجزات حصلت لأحد أقربائي بحسب ما أخبرتني زوجة عمي الأكبر، قالت:

«لازمتُ ذلك المعبد لمدة أسبوع، وقد قمت بصوم كامل وصليت من أجل شفاء عمك سارادا من مرض مزمن. وفي اليوم السابع تجسّدت عشبة طبية في كفي فصنعت من أوراقها المنقوعة شراباً أعطيته لعمك فاختفى المرض ولم يعاوده ثانية.»

دخلت مزار تاراكسوار المقدس الذي لا يشتمل مذبحه إلا على حجر مستدير لا بداية ولا نهاية لمحيط دائرته، مما يجعله رمزاً مناسباً للمطلق اللانهائي. فالمفاهيم الكونية المجردة معروفة في الهند حتى للفلاح الأمّي الذي اتهمه الغربيون أحيانا بأنه يعيش بأفكار شاردة.

لم يكن مزاجي رائقاً في تلك اللحظة فشعرت بعدم الرغبة في الانحناء أمام الرمز الحجري، وقلت في نفسي إن الله يجب أن يُطلب في داخل النفس فقط.

غادرت المعبد دون سجود ومشيت بسرعة باتجاه رانباجبور البعيدة. لم أكن متأكداً من الطريق، وعندما طلبت الإرشاد من عابر سبيل فكّر ملياً لفترة طويلة وأخيراً نطق بلهجة العارف المتأكد:

«عندما تصل إلى مفترق الطرق انعطف إلى اليمين وواصل السير.»

اتبعت إرشاداته وسرت بمحاذاة حافة قناة وقد حل الظلام وعجّت القرية المتاخمة للغابة بحشرات سراج الليل البراقة وعواء بنات آوى القريبة. وكان ضوء القمر شحيحاً للغاية، لا يساعد على رؤية الطريق فتعثرت لمدة ساعتين. وسمعت طنيناً لأجراس بقر يبعث على الطمأنينة. أخيراً أتت صيحاتي المتكررة بأحد الفلاحين إلى جانبي، فقلت:

«إنني أبحث عن رام غوبال بابو.»

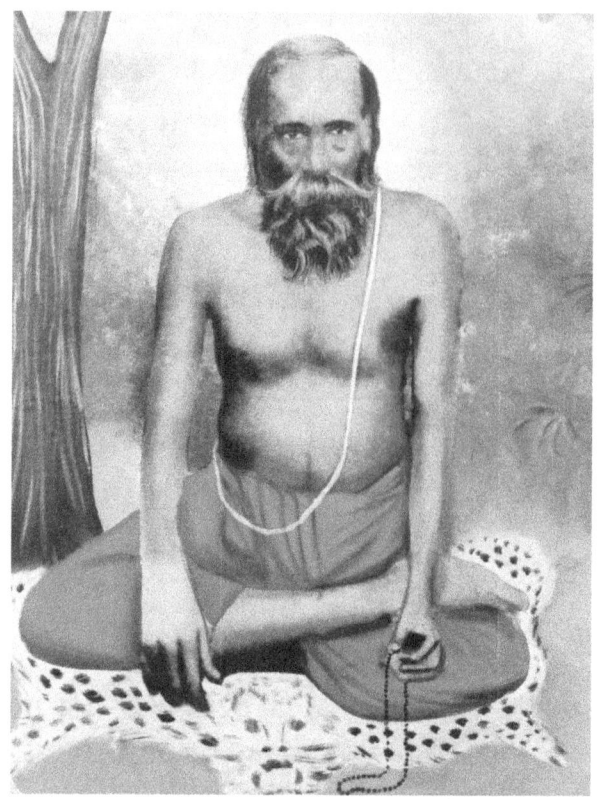

رام غوبال موزمدار،
«القديس الذي لا ينام»

فأجاب الرجل بصوت خشن: «لا يوجد في قريتنا شخص بهذا الاسم. لعلك أحد رجال التحري المريبين.»

شرحت له حيرتي بكيفية مؤثرة على أمل تبديد الشكوك من عقله المضطرب سياسياً فأخذني إلى منزله حيث استضافني ورحب بي وقال: «إن رانباجبور بعيدة من هنا. كان ينبغي لك أن تنعطف إلى اليسار وليس إلى اليمين عند تقاطع الطرق.»

وفكرت متأسفاً أن دليلي السابق كان خطراً أكيداً على المسافرين. وبعد أن تناولت عشاءً طيباً من الأرز غير المقشور وحساء العدس والبطاطا بالكاري مع الموز الخام أويت إلى كوخ صغير متاخم لفناء المنزل. وسمعت القرويين

ينشدون من بعيد على وقع الأصوات العالية لدفوف مريدانغا والصنوج التي ترافق عادة الأناشيد التعبدية. كان نومي خفيفاً ومتقطعاً تلك الليلة وقد رفعتُ ابتهالات عميقة كي أتمكن من الاهتداء إلى اليوغي الغامض رام غوبال.

وما أن تسللت أشعة الفجر من شقوق حجرتي المظلمة حتى انطلقتُ قاصداً رانباجبور عبر حقول الأرز الجافة، ومشيت مشياً مجهداً فوق أعقاب النبات الشائك المقطوعة وأكوام الصلصال الجاف. وصادف أن قابلت فلاحاً أخبرني أن مقصدي لا يبعد سوى «كروشا واحد»، أي مسافة (ميلين) فقط. ولكني بعد ست ساعات انتقلت فيها الشمس مظفرة من الأفق إلى خط الزوال بدأت أشعر بأنني ما زلت على بعد كروشا واحد من رانباجبور.

وعند العصر كان العالم حولي لا يزال حقلاً من الأرز لا نهاية له. وكنت على وشك الإغماء من الحرارة المنسكبة من السماء التي لا مهرب منها. وإذ اقترب مني رجل يسير بخطوات وئيدة فلم أجرؤ على سؤاله مخافة أن يجيبني بالعبارة المملة «كروشا واحد فقط.»

وقف الغريب بجانبي، وكان قصير القامة نحيفاً، لا شيء في جسمه يبعث على الإعجاب باستثناء عينين سوداوين نفاذتين. وهز إصبعه في وجهي المذهول وقال:

«كنتُ أنوي مغادرة رانباجبور لكن قصدك كان طيباً ولذلك انتظرتك. ألستَ حاذقاً بأن تفكر بمفاجأتي دون إخباري بذلك؟ لم يكن الأستاذ بيهاري محقاً في إعطائك عنواني.»

وإذ اعتبرت أن تقديم نفسي إلى مثل هذا المعلم هو مجرد إسهاب لا ضرورة له فقد التزمت الصمت، وقد جُرح شعوري بعض الشيء لاستقبالي على هذا النحو. وكانت عبارته التالية مفاجئة عندما سألني:

«قل لي، أين يوجد الله؟»

ولا شك أن الدهشة بدت على وجهي مثلما أحسستها في داخلي وأنا أجيبه:

«يا للعجب! إنه موجود في داخلي وفي كل مكان.»

فابتسم القديس وقال: «إنه كلي الوجود، أليس كذلك؟ إذاً لماذا أيها السيد الصغير رفضت الانحناء أمام اللانهائي المتمثل في الرمز الحجري في معبد تاراكسوار؟[1] لقد تسببت كبرياؤك في عقابك، إذ قام عابر سبيل لم يحسن

١ «إن من لا ينحني أمام أي شيء لا يقدر أبداً على حمل عبء نفسه.» دوستويفسكي في

التمييز بين اليمين واليسار بتوجيهك توجيهاً خاطئاً. واليوم أيضاً أمضيتَ وقتاً فيه الكثير من المضايقة والانزعاج.»

وافقتُ من كل قلبي، وقد أدركت مندهشاً أن عيناً عليمة بكل شيء كانت متخفية في داخل الجسم غير المميز للشخص الذي أمامي. وقد انبعثت من اليوغي قوة شافية أنعشتني على الفور في تلك الحقول الشديدة الحرارة، واستطرد قائلاً:

«يظن المتعبد أحيانا أن طريقه إلى الله هو الطريق الأوحد. واليوغا التي من خلالها نعثر على الألوهية في داخلنا هي دون شك أسمى الطرق بحسب ما أخبرنا لاهيري مهاسايا. وعندما نكتشف الله في داخلنا ندرك وجوده أيضاً خارج نفوسنا. فالمزارات المقدسة في تاراكسوار وأماكن أخرى تحظى بالتبجيل عن استحقاق بصفتها مراكز نووية لتوليد القوى الروحية.»

تلاشى موقف القديس الانتقادي وشعّت عيناه بالحنان، وربت على كتفي وهو يردد نفس الفكرة التي أعرب عنها سري يوكتسوار قبل يومين:

«أيها اليوغي الشاب، أرى أنك تهرب من معلمك الذي لديه كل ما تصبو إليه نفسك. ارجع إليه فالجبال لا يمكن أن تكون معلمك.»

ورمقني رفيقي بنظرة ملغزة وقال: «لا يخضع المعلمون لأي إلزام كوني للإقامة في الجبال وحسب. فجبال الهملايا في الهند والتبت لا تحتكر القديسين. وما لم يجتهد الإنسان في العثور على غايته المنشودة في داخله فلن يتمكن من اكتشافها بالسفر والتنقل هنا وهناك. وحالما يكون المتعبد على استعداد للذهاب إلى أقصى الأرض طلباً للاستنارة الروحية يظهر معلمه قريباً منه.»

وافقتُ بصمت وقد تذكرت صلاتي في صومعة بنارس التي أعقبها لقائي مع سري يوكتسوار في طريق مزدحم.

وسألني القديس: «هل تستطيع الحصول على غرفة صغيرة حيث يمكنك أن تغلق بابها وتكون بمفردك؟»

أجبت: «نعم.» وقد لاحظت أن القديس قد انتقل من العموميات إلى الخصوصيات بسرعة مربكة.

رمقني اليوغي بنظرة تنويرية لم أنسها أبداً في حياتي، وقال: «تلك الغرفة هي كهفك، وهي جبلك المقدس حيث ستعثر على مملكة الله.»

(الممسوس *The Possessed.*)

وبددت كلماته البسيطة على الفور هاجس الهملايا الذي رافقني طوال عمري. وأفقتُ وسط حقول الأرز من أحلامي بالجبال المكللة بالثلوج الدائمة.

أمسك رام غوبال بيدي وهو يقول: «سيدي الصغير، إن عطشك الإلهي محمود وإنني أشعر بمحبة كبيرة نحوك.» ثم قادني إلى قرية صغيرة جذابة وخالية من الأشجار وسط الغابة، كانت بيوتها مصنوعة من الطوب ومغطاة بأوراق جوز الهند وتزين مداخلها الريفية البسيطة زهور استوائية غضة.

أجلسني القديس في كوخه على مصطبة مصنوعة من الخيزران، وبعد أن قدّم لي عصير الليمون المحلى وقطعة من الحلوى الكريستالية، دخلنا إلى صحن الكوخ وجلسنا للتأمل في وضع اللوتس. وبعد مرور أربع ساعات من التأمل فتحت عينيّ وأبصرت شكل اليوغي المضاء بنور القمر وهو ما زال ثابتاً دون حراك. وإذ رحت أذكّر معدتي بصرامة أن الإنسان لا يحيا بالخبز وحده، نهض رام غوبال من مقعده وقال: «أرى أنك جائع جداً، سيكون الطعام جاهزاً بعد قليل.»

وأوقد ناراً في فرن من الصلصال بفناء الكوخ، وبعد فترة قصيرة تم تقديم الأرز مع عصيدة العدس فوق أوراق الموز العريضة. وقد رفض مضيفي بلطف مساعدتي له في أعمال الطهي. هناك مثل هندوسي يحث على إكرام الضيف بالقول «الضيف هو إله.» وهذا المثل يراعى في الهند بكل إخلاص منذ أقدم العصور. وفي أسفاري العالمية لاحقاً سررت لرؤية احترام مماثل للضيوف في الأماكن الريفية من بلدان عديدة، في حين لم تعد الضيافة تحظى بالأهمية عند سكان المدن بسبب الأعداد الغفيرة للوجوه الغريبة.

وبدت الدنيا بعيدة بالنسبة لي بصورة يكاد يصعب تصورها وأنا أجلس القرفصاء بجانب اليوغي في القرية الصغيرة المنعزلة. وأضفى نور ناعم على حجرة الكوخ جواً من الغموض الباطني. وقام رام غوبال بوضع بعض البطانيات الممزقة على الأرض كفراش لي، ثم جلس على حصيرة من القش. وإذ شعرت بجاذبيته الروحية تغمرني، تجرأت على الطلب منه قائلاً:

«سيدي لماذا لا تمنحني نشوة السمادهي الروحية؟»

فنظر إليّ القديس بعينين نصف مغمضتين وقال: «كم كان بودي يا عزيزي أن أنقل إليك الاتصال المقدس، لكن ليس من شأني أن أفعل ذلك، فمعلمك سيمنحك هذا الاختبار قريباً عندما يصبح جسمك مستعداً لذلك. وكما أن المصباح الصغير لا قدرة له على تحمل جهد كهربائي زائد، هكذا جسمك

ليس مستعداً الآن لتمرير التيار الكوني من خلاله. ولو منحتك النشوة اللانهائية في هذه اللحظة لاحترقتَ كما لو كانت النار تشتعل في كل خلية من خلايا جسمك.»

وواصل اليوغي حديثة بتمعن: «أنت تطلب مني الاستنارة في حين أنني أتساءل عما إذا كنت على ضآلتي قد أفلحت بجهودي التأملية الطفيفة في مرضاة الله، وما هو الاستحقاق الذي سأجده في نظره يوم الحساب!»

قلت: «سيدي، ألم تبحث عن الله بإخلاص كلي لزمن طويل؟»

فأجابني: «لم أفعل الكثير. ولا بد أن بيهاري قد ذكر لك شيئاً عن حياتي. فعلى مدى عشرين عاماً أقمت في مغارة خفية كنت أصرف فيها ثماني عشرة ساعة من التأمل كل يوم. بعد ذلك انتقلت إلى كهف أكثر مناعة وبقيت فيه خمساً وعشرين عاماً أختبر الاتحاد المقدس لعشرين ساعة يوميا. ولم أشعر بحاجة إلى النوم لأنني كنت دائماً مع الله. وكان جسمي يحصل على راحة أكبر في الهدوء التام للوعي السامي، أكثر مما يحصل عليه الإنسان من السلام الضئيل المتحصل من حالة اللاشعور العادية.

«العضلات تسترخي أثناء النوم، لكن القلب والرئتين والدورة الدموية تظل تعمل دون راحة وبدون انقطاع. أما في حالة الوعي السامي فيحدث العكس؛ إذ تتوقف الأعضاء الداخلية عن الحركة وتتكهرب بالطاقة الكونية. وبهذه الوسيلة وجدتُ من غير الضروري النوم لعدة سنين. وسيأتي الوقت الذي تستغني فيه أنت أيضاً عن النوم.»

نظرت إليه بدهشة وقلت: «يا إلهي! تقول إنك مارست التأمل لهذه السنين الطويلة ومع ذلك غير متأكد من حظوتك لدى الله. إذاً ماذا نقول نحن البشر المساكين؟»

فأجاب: «ألا ترى يا بني العزيز أن الله هو الأبد ذاته؟ وافتراض التعرف عليه في مدة خمسة وأربعين عاماً من التأمل هو توقع غير معقول. ومع ذلك يؤكد لنا باباجي أن القليل من التأمل يخلّص المرء من الخوف الشديد من الموت وحالات ما بعد الموت. لا تثبّت مثلك الروحي على جبل صغير، بل اربطه بنجم المكسب الإلهي المطلق غير المحدود. إن بذلتَ المجهود وعملت بجد ستبلغ هدفك وتحقق ما تصبو إليه.»

ابتهجت للتطمين والأمل بالنجاح وطلبت منه أن يزيدني من كلامه

التنويري، فروى لي قصة رائعة عن لقائه الأول مع باباجي[٢] معلم لاهيري مهاسايا. وحوالي منتصف الليل صمتَ رام غوبال ورقدتُ أنا على بطانياتي. وعندما أغمضت عينيّ أبصرت ومضات من البرق. وأصبح الفضاء الفسيح في داخلي مقصورة من النور المنصهر. فتحت عينيّ فأبصرت نفس هذا الإشعاع المبهر، وأصبحت الحجرة جزءاً من القبة السماوية اللامتناهية التي رأيتها ببصري الداخلي.

وسألني القديس: «لماذا لا تخلد للنوم؟»

أجبته: «سيدي كيف يمكنني النوم وسط هذا البرق الذي أراه متوهجاً سواء بعينين مغمضتين أو مفتوحتين؟»

فأضاف القديس بعض كلمات ودية قائلاً: «لقد تباركتَ بالحصول على هذا الاختبار. فالإشعاعات الروحية لا يمكن رؤيتها بسهولة.»

وعند الفجر أعطاني رام غوبال بعض الحلوى الكريستالية وقال إنه يتعين عليّ المغادرة. شعرت بتردد كبير في توديع اليوغي بحيث انهمرت الدموع على وجنتيّ، فقال لي برقة وحنان:

«لن أدعك تذهب فارغ اليدين. سأعمل شيئاً من أجلك.»

ثم تبسم ورمقني بنظرة ثابتة، فتسمّرت في مكاني وغمرني سلام عظيم انبعث من القديس فشفيت على الفور من مرض في الظهر آلمني دون انقطاع لسنين عديدة. وإذ تجدد نشاطي في بحر من الفرح المضيء توقفت عن البكاء. وبعد أن لمست قدميّ رام غوبال دخلت الغابة أشق طريقي وسط أدغالها الاستوائية المتشابكة وفوق حقول الأرز الكثيرة حتى وصلت إلى تاراكسوار.

وهناك قمت بزيارة ثانية إلى المزار المشهور وانبطحت بكليتي أمام المذبح فازداد حجم الحجر المستدير أمام رؤيتي الداخلية إلى أن أصبح مدارات لا متناهية: حلقة ضمن حلقة ودائرة تتلوها دائرة، وكلها مجللة بالألوهية.

وبعد ساعة أخذت القطار بفرح متوجهاً إلى كلكتا. وهكذا انتهت أسفاري لا في الجبال السامقة، بل في حضرة معلمي الشامخ كجبال الهملايا.

٢ راجع الصفحات ٣٦٠ إلى٣٦٢.

الفصل ١٤

# اختبار في الوعي الكوني

قلت لمعلمي وكان خجلي أكثر فصاحة وإفصاحاً عن شعوري: «إنني هنا يا معلمي الجليل.»

فأجابني: «دعنا نذهب إلى المطبخ ونجد شيئاً نأكله.»

كان أسلوب سري يوكتسوار معي طبيعياً كما لو لم أغب إلا لبضع ساعات وليس لأيام، فقلت له:

«لا بد أنني خيبت أملك يا معلمي بتركي المفاجئ لواجباتي هنا، وكنت أظن أنك غاضب عليّ.»

فأجابني: «لا، بالطبع لا! فالغضب يصدر عن الرغبات المحبطة. وبما أنني لا أتوقع شيئا من الآخرين، لذلك لا تتعارض تصرفاتهم مع رغباتي. لن أستغلك لأغراضي الشخصية أبداً، وإنني أسعد لسعادتك الحقيقية.»

قلت: «سيدي، المرء يسمع عن الحب الإلهي بطريقة غامضة، لكنني اليوم، ولأول مرة، أجدُ نموذجاً ملموساً لذلك الحب في ذاتك الملائكية. فحتى الأب لا يسامح بسهولة ابنه إن أهمل أعمال أبيه دون سابق إشعار. ولكنك لا تبدي أدنى انزعاج على الرغم من أنك قاسيت الكثير من المشقة بسبب الأعمال العديدة التي تركتها خلفي دون إنجاز.»

ونظر كل منا في عينيّ الآخر حيث بدت الدموع بوضوح، وقد غمرتني موجة من الغبطة حينما شعرت بأن الله في شكل معلمي كان يوسّع نطاق أشواقي القلبية المحدودة إلى آفاق الحب الكوني الفسيحة والمترامية.

بعد بضعة أيام توجّهت إلى غرفة جلوس معلمي الفارغة من أجل التأمل، لكن أفكاري الجامحة لم تشاركني هدفي النبيل، إذ كانت تتطاير كالعصافير أمام الصياد.

ومن شرفة داخلية بعيدة سمعت صوت سري يوكتسوار يناديني «موكندا.»

شعرت بالتمرد كأفكاري، وقلت في نفسي: «المعلم يحثني دوماً على التأمل، فلماذا يزعجني في الوقت الذي يعلم لماذا أتيت إلى غرفته.»

ناداني ثانية، لكنني بقيت صامتاً بعناد. وفي المرة الثانية تضمنت نغمته

زجراً، فصحت محتجاً: «سيدي إنني أتأمل.»

فقال: «أعلم أنك تتأمل بفكر موزَّع كأوراق الشجر في العاصفة. تعالَ إليّ.»

وإذ شعرت بالإحباط وقد اكتُشف أمري، ذهبت إليه وأنا أشعر بالحزن. وتكلم المعلم بحنان ومودة وكانت نظرته الهادئة مبهمة لا يسبر غورها، فقال: «يا مسكين، الجبال لن تمنحك ما تصبو إليه. إن رغبة قلبك ستتحقق الآن.»

واحترتُ بمعنى كلماته لأنه نادراً ما استخدم الأحاجي، ثم ربت برفق على صدري فوق القلب.

تسمّر جسمي في موضعه دون حراك وسُحِبَ الهواء من رئتي كما لو بفعل مغناطيس جبار، وتحلل العقل والنفس على الفور من قيدهما المادي، وفاضا كنور نفّاذ من جميع مسامات جسمي الذي غدا شبه ميت. ومع ذلك كان إدراكي مرهفاً للغاية بكيفية لم أحس بها من قبل في حياتي. ولم يعد إحساسي بذاتي مقيداً بالجسم وحسب، بل شمل أيضاً الذرات المحيطة. وبدا الناس في الشوارع البعيدة كما لو كانوا يسيرون برفق فوق الأطراف النائية لمحيطي. وظهرت جذور النباتات والشجر من خلال شفافية التربة القاتمة بحيث تمكنت من ملاحظة التدفق الداخلي لعصارتها.

وبدت كل المنطقة المجاورة مكشوفة لرؤيتي الأمامية التي تحولت إلى نور كرويّ شامل ومدرك لكل شيء في نفس الوقت. وبمؤخرة رأسي رأيت الناس يتجولون بعيداً في طريق راي غات، وشاهدت بقرة بيضاء تقترب على مهل، وحينما بلغت المساحة التي أمام بوابة الصومعة المفتوحة رأيتها أيضاً بعينيّ جسدي. وحينما مرت من وراء الحائط المصنوع من الطوب رأيتها أيضاً بوضوح.

ارتعشتْ واهتزت كل الأشياء ضمن مجال رؤيتي الشاملة كما لو كانت صوراً متحركة سريعة. كما أن جسمي وجسم المعلم وصحن الصومعة ذا الأعمدة والأثاث وأرض الصومعة والشجر وضوء الشمس، جميعها راحت تخفق بشدة من حين لآخر إلى أن ذابت كلها في بحر مضيء، تماما كما تذوب بلورات السكر في الماء بعد الخض. وتناوب الضوء الموحِّد في أشكال مجسّمة، وقد أظهرت التحولات قانون السبب والنتيجة في الخليقة.

وغمر ابتهاج عظيم شواطئ نفسي الهادئة وغير المحدودة، وأدركت أن روح الله هو الغبطة التي لا انتهاء لها وأن جسمه هو أنسجة من النور تفوق

الحصر. وأحسست بمجد متعاظم يغلّف البلدان والقارات والأرض والنظم الشمسية والنجمية والسدم الرقيقة والأكوان السابحة. وأضاء الفضاء بأسره تدريجياً داخل كياني اللانهائي وبدا وامضاً كمدينة تُرى عن بُعد في الليل. والحدود الدولية المحفورة بعمق تلاشت بعض الشيء عند التخوم النائية. وهناك استطعت أن أبصر سطوعاً ناعماً في منتهى الشفافية. وكانت الصور الكوكبية مصاغة من نور أكثر كثافة[1].

وتدفق الانتشار المقدس للأشعة من مصدر أزلي وتحول بهالاته التي تعصى على الوصف إلى مجرات متوهجة بالأنوار. وأبصرت المرة تلو الأخرى الأشعة الخالقة وهي تتكثف على شكل مجموعات نجمية ثم تتحلل وتتحول إلى صفائح من اللهب الشفاف. وبالارتداد الإيقاعي تحولت تريليونات الأكوان إلى بريق رقيق، وملأت النيران أجواز الفضاء. وأدركتُ بأن مركز السماوات هو نقطة من الإدراك الحدسي في قلبي. وانبثق جلال مشرق من أعماق كياني إلى كل جزء من التركيب الكوني. ونبض رحيق الخلود أمريتا في داخلي بما يشبه سيولة الزئبق. وسمعت صوت الله الخلاق كصوت أوم[2] المدوي: اهتزاز المحرّك الكوني.

وفجأة عاد التنفس إلى رئتي وأدركت بخيبة تكاد لا تطاق أنني فقدت اتساعي اللانهائي وأصبحت منحصراً من جديد في قفص جسدي مهين لا يستوعب الروح ولا تتكيف معه بسهولة. وشعرت أنني، كالابن الشاطر، هربت من بيتي الكوني وحبست ذاتي في عالم ضيّق وصغير.

وكان معلمي يقف أمامي دون حراك، فرحت أنحني امتناناً عند قدميه المقدستين لمنحي هذا الاختبار في الوعي الكوني الذي طالما تشوقت إليه بشغف شديد. لكنه أنهضني وقال بهدوء وتواضع:

«يجب ألا تفرط في الاستغراق في النشوة الروحية، فهناك الكثير من العمل الذي يتطلب الإنجاز في هذا العالم. تعالَ، دعنا نكنس أرضية الشرفة ومن بعدها نتمشى على ضفاف الغانج.»

أحضرت مكنسة وقد علمت أن المعلم كان يعلّمني سر الحياة المتزنة. فالروح تتمدد فوق أعماق الكون في حين يقوم الجسم بإنجاز واجباته اليومية.

١ النور كجوهر الخلقية مشروح في الفصل ٣٠.

٢ «في البدء كان الكلمة، والكلمة كان عند الله، وكان الكلمة الله.» - يوحنا ١: ١

فيما بعد، حينما رحنا نتمشى على مهل، كنت لا أزال في نشوة من الفرح الغامر الذي يفوق كل وصف. ورأيت جسمينا ينتقلان كصورتين أثيريتين فوق طريق بجانب النهر الذي جوهره من النور النقي. وقد شرح المعلم قائلاً:

«إنه روح الله الذي يسند فعلاً كل شكل وكل قوة في الكون. ومع ذلك فهو فائق ومتعالٍ في الفراغ الكوني المغبوط وغير المخلوق، ما وراء العوالم ذات المظاهر الاهتزازية[٣]. والذين يدركون الذات الإلهية حتى أثناء حياتهم في الجسد يعيشون بالمثل وجوداً مزدوجاً. ففي حين يقومون بإنجاز واجباتهم الأرضية بأمانة وإخلاص، يظلون مستغرقين في حالة من الغبطة الباطنية. فالله خلق كل البشر من الفرح غير المحدود لكيانه. ومع أن الناس مقيدون بشدة في أجسادهم، لكن الله يتوقع من النفوس التي خلقها على صورته أن تسمو أخيراً فوق كل الارتباطات الحسية وتتوحد ثانية معه.

وتركتْ الرؤيا الكونية العديد من الدروس الدائمة. فبتهدئة أفكاري كل يوم تمكنتُ من التخلص من الاعتقاد الخاطئ بأن جسمي كتلة من اللحم والعظم تتحرك وتتنقل فوق تربة المادة الصلبة. فالنَفَس والعقل المضطرب رأيتهما كعاصفتين تضربان بحر النور فتحولانه إلى أمواج من الأشكال المادية: الأرض والسماء والبشر والحيوانات والطيور والأشجار. ولا يمكن إدراك

٣ «لأن الآب لا يدين أحداً بل أعطى كل الدينونة للابن» – يوحنا ٥: ٢٢. «ما من أحد رأى الله قط، ولكن الابن الأوحد الذي في حضن الآب هو الذي أخبر عنه.» – يوحنا ١: ١٨ «الله... خالق الجميع بالمسيح.» – أفسس ٣:٩ «من آمن بي يعمل الأعمال التي أعملها، بل أعظم منها لأني ذاهب إلى الآب.» – يوحنا ١٤:١٢. «أما المعزي الروح القدس الذي يرسله الآب باسمي سيعلمكم كل شيء ويذكركم بكل ما قلته لكم.» – يوحنا ١٤:٢٦.

هذه الكلمات الإنجيلية تشير إلى طبيعية الله الثلاثية بصفته الآب والابن والروح القدس أو (سات، تات، أوم في الأسفار الهندوسية المقدسة.) فالله الآب هو المطلق غير الظاهر، الكائن ما وراء الخليقة الاهتزازية. والله الابن هو وعي المسيح (براهما أو كوتاستا تشيتانيا) الكائن داخل الخليقة المهتزة. ووعي المسيح هذا هو «الابن الوحيد» أو الانعكاس الفريد للمطلق اللانهائي غير المخلوق. أما المظهر الخارجي لوعي المسيح «شاهده» (رؤيا ٣: ١٤) فهو أوم الكلمة أو الروح القدس: القوة الإلهية غير المنظورة، الفاعل الأوحد، القوة المسببة والفعّالة التي تسند بالاهتزاز كل الخليقة. أوم المعزي مانح البركة والسرور يُسمع في التأمل ويُظهر للمتعبد الحقيقة النهائية «ويذكّره... بكل شيء.»

مذكرات يوغي

صومعة سري يوكتسوار على الشاطئ في بوري، أوريسا، بالقرب من خليج البنغال.

المطلق اللانهائي كنور كوني واحد إلا بتهدئة هاتين العاصفتين. وبقدر ما تمكنت من إسكات هذين العنصرين المسببين للجلبة والضجيج أبصرت أمواج الخلق المتعددة تذوب في بحر واحد متوهج، مثلما تذوب الأمواج عندما تهدأ العواصف وتصبح واحدة مع المحيط.

ويقوم المعلم بمنح هذا الاختبار المقدس حينما يتقوى عقل التلميذ بالتأمل بحيث لا تصعقه المشاهد الكونية غير المحدودة. إن مجرد الاستعداد الفكري أو الانفتاح العقلي لا يكفي أبداً للحصول على هذا الاختبار، بل ينبغي توسيع مدارك الوعي بممارسة اليوغا وبالمحبة التعبدية لتحضير العقل لامتصاص هزة الحضور الكلي المحررة. والاختبار الكوني يأتي بحتمية طبيعية للمريد المخلص. فحنينه العارم يبدأ باجتذاب الله إليه بقوة لا تقاوَم. والله في مظهر الرؤيا الكونية ينجذب إلى مجال وعي المريد بفعل أشواقه ذات القوة المغناطيسية.

وقد نظمت في سنواتي الأخيرة القصيدة التالية بعنوان «سمادهي Samadhi» في محاولة لنقل جلال وروعة الحالة الكونية لذلك الاختبار:

لقد تلاشت حُجُب النور والظل،

وارتفعت كل أبخرة الأحزان،
ومضت أسحار الفرح العابر،
واختفى سراب الحواس القاتم.
فالحب، والكراهية، والصحة، والمرض، والحياة، والموت،
اختفت هذه الظلال الزائفة من شاشة الازدواجية.
وأمواج الضحك، وغيلان التهكم والاستهزاء، ودوامات الكآبة،
ذابت في بحر الغبطة الشاسع الفسيح.
وهدأت عاصفة الخداع
إذ لامسها الصولجان السحري للحدس العميق.
وتلاشى الحاضر والماضي والمستقبل بالنسبة لي،
ولم يبقَ سوى أنا.. أنا الدائم الحضور والدائم التدفق في كل مكان.
فالكواكب، والنجوم، والغبار الكوني ما بين النجوم،
والأرض، والانفجارات البركانية، وأحداث يوم الدينونة،
وفرن سباكة الخليقة وتكوينها،
والأنهار الجليدية الشبيهة بالأشعة السينية الصامتة،
وطوفانات الإلكترونات الملتهبة،
وأفكار كل البشر في الماضي والحاضر والآتي،
وكل ورقة عشب، وذاتي، والجنس البشري،
وكل ذرة من ذرات الغبار الكوني،
والغضب، والجشع، والطيّب، والسيء، والخلاص، والاشتهاء،
كلها ابتلعتها وحولتها إلى بحر شاسع من دم كياني الأوحد.
والفرح البطيء الاشتعال دون لهب،
والذي طالما نفختُ عليه بأنفاس التأمل وأعمى دخانه عينيّ الدامعتين،
قد اشتعل وتحول إلى مشاعل أبدية من الغبطة،
ملتقماً دموعي وهيكلي الجسدي وكياني بأسره.
أنت هو أنا، وأنا أنت،
فالمعرفة والعارف والمعروف واحد أوحد!
والرعشة الهادئة المتواصلة، والسلام الأبدي دائم التجدد!
إمتاعٌ يفوق الخيال والتوقعات. إنها غبطة السمادهي!
هي ليست حالة غير واعية، أو مخدر عقلي دون عودة للوعي بالإرادة

فالسمادهي توسّع نطاق وعيي إلى ما وراء حدود الهيكل البشري
إلى أقصى تخوم الأبدية،
حيث أنا البحر الكوني
أرى الذات الصغيرة تعوم في داخلي.
ودمدمة الذرات الخفيضة المتماوجة تُسمع بوضوح،
والأرض القاتمة، والجبال، والوديان، قد استحالت إلى سائل منصهر!
والبحار المتدافعة تحوّلت إلى أبخرة من السديم!
واهتزاز أوم ينتشر فوق الأبخرة فيفتح حُجبها بكيفية عجيبة،
والمحيطات تقف مكشوفة، وكذلك الالكترونات المتوهجة،
إلى أن تتلاشى عند آخر قرعات الطبل[٤] الكوني.
والأضواء الأكثر كثافة تلاشت وأصبحت أشعة أبدية
من الغبطة كلية الانتشار.
فمن الفرح جئت، وللفرح أعيش، وفي الفرح المقدس سوف أذوب!
وإذ أصبحتُ بحر العقل الكوني فإنني أستوعب كل أمواج الخليقة.
والأقنعة الأربعة للصلب، والسائل، والبخار، والضوء،
ارتفعت على نحو قويم.
وأنا الموجود في كل شيء أدخل ذاتي الكونية الكبرى.
لقد تلاشت للأبد ظلال الذاكرة البشرية المرتعشة المتقلبة
وأصبحت سماء عقلي نقية صافية، إلى أسفل، للأمام، وإلى أعلى؛
فأنا والأبدية أصبحنا شعاعاً واحداً متحد.
وأنا، فقاعة الضحك الصغيرة
قد أصبحت بحر الفرح ذاته!

وقد علمني سري يوكتسوار الطريقة التي يمكنني بواسطتها استحضار هذا الاختبار السعيد كلما أردت ذلك، وأيضاً كيفية نقله إلى الآخرين[٥] عندما تصبح قنوات إدراكهم الحدسي متطورة. وعلى مدى شهور، بعد الاختبار الأول،

٤ أوم الاهتزاز الخلاق الذي يُخرج إلى حيّز الوجود الخلقية بأسرها.
٥ لقد قمتُ بنقل الرؤيا الكونية إلى عدد من ممارسي الكريا يوغا في الشرق والغرب، ومن بينهم السيد جيمس جيه. لين الذي يظهر في حالة السمادهي على الصفحة ٢٩٨.

سوامي سري يوكتسوار في وضعية اللوتس

تمكنت من دخول هذا الاتحاد السعيد، مدركاً السبب من قول الأوبانيشاد «إن الله ألذ ما في الوجود.» ومع ذلك فقد عرضتُ ذات يوم مشكلة على سري يوكتسوار، قلت:

«سيدي، أود أن أعرف متى سأجد الله.»

قال: «لقد وجدته.»

قلت: «كلا يا سيدي، لا أعتقد ذلك!»

تبسم معلمي وقال: «إنني متأكد من أنك لا تتوقع شخصية بارزة ومبجلة تجلس على عرش في ركن مطهر من هذا الكون! ومع ذلك أرى أنك تتصور

أن امتلاك القوى الخارقة هو برهان على معرفة الله. لكن الأمر ليس كذلك. فالإنسان قد يمتلك القدرة للتحكم بالكون بأسره ومع ذلك يبقى الله بعيداً عنه! التقدم الروحي لا يقاس بالقوى الخارجية التي يمتلكها الشخص، بل فقط بعمق الغبطة التي يشعر بها في التأمل.

«الله هو الفرح الذي لا ينتهي والمتجدد طوال الأبد. وإذ تواصل تأملك على مر السنين ستجد أن الله يدهشك بعبقرية لامتناهية. والمريدون أمثالك الذين عثروا على الطريق إلى الله لا يفكرون أبداً باستبداله بأي سعادة أخرى، لأن إغراءه عصيّ على المنافسة.»

واستطرد قائلا: «ما أسرع ما نسأم الملذات الأرضية ونملّها! فالرغبة في الأشياء المادية لا حد لها ولا تـُشبع أشواق الإنسان بالكامل، بل يظل يتعقب الهدف تلو الآخر، وذلك «الشيء الآخر» الذي يبحث عنه هو الله نفسه مانح الفرح الدائم.

«الأشواق الخارجية تبعدنا عن جنة النعيم التي في داخلنا. فهي تمنحنا متعاً زائفة تتقمص سعادة الروح. ولكن بالإمكان استعادة الفردوس المفقود بسرعة بالتأمل المقدس. وبما أن الله هو التجدد الدائم الذي يفوق كل التوقعات فلن نضجر منه أبداً. وهل يعقل أن نصاب بالتخمة من الغبطة التي تتعاقب بهجتها على نحو ممتع للغاية طوال الأبد؟»

فقلت: «الآن أعرف يا سيدي لماذا قال القديسون إن الله لا يُسبر له غور ولا يُستقصى. فحتى الحياة الأبدية لا تكفي لإدراك حقيقته ومعرفة خفاياه.»

أجاب المعلم: «هذا صحيح. وهو أيضا قريب وعزيز. فبعد أن يصبح العقل نقياً صافياً بممارسة الكريا يوغا ويتحرر من العوائق الحسية، فإن التأمل يعطي برهاناً مزدوجاً عن الله: فالفرح الدائم المتجدد هو دليل على وجوده ونقتنع به في كل ذرة في كياننا. كذلك يحصل المرء في التأمل على الهداية الفورية وعلى الاجابة الشافية لكل مشكلة.»

تبسمتُ بامتنان وقلت: «أرى يا معلمي الجليل أنك حللت مشكلتي، والآن أدرك بأنني وجدت الله، فعندما يعود إليّ فرح التأمل بصورة لا شعورية أثناء ساعات نشاطي، أشعر أنه قد تم توجيهي بمهارة خفية لكي أسلك الطريق الصحيح في كل شيء، حتى في الأمور التفصيلية.»

فقال: «الحياة البشرية محاطة بالمنغصات والأحزان إلى أن نعرف كيف نتوافق مع الإرادة الإلهية التي في كثير من الأحيان يحيّر 'مسارها الصحيح'

عقول الأنانيين. الله وحده يتحمل عبء الكون، وهو وحده القادر على إسداء المشورة الصائبة وتقديم الإرشاد السديد.»

الفصل ١٥

# سرقة القرنبيطة

قدّمت بكل اعتزاز إلى سري يوكتسوار سلة من الخضر قائلاً:

«هذه هدية لك يا معلمي! فهذه القرنبيطات الست الكبيرة زرعتها بيدي ورعيتها خلال مراحل نموها بحنان الأم لطفلها الرضيع.»

فأجابني سري يوكتسوار بابتسامة دافئة مع التقدير وقال: «أشكرك. رجاء الاحتفاظ بها في حجرتك، سأحتاجها غداً لتحضير عشاء خاص.»

وكنت قد وصلتُ للتو إلى بوري[1] لقضاء العطلة الصيفية في صومعة معلمي الساحلية. وهذه الخلوة ذات الطابقين والجو البهيج تطل على خليج البنغال، وقد بناها المعلم مع تلاميذه.

استيقظتُ باكراً في الصباح التالي، منتعشاً بنسيم البحر المالح وسحر الصومعة الهادئ. وسمعت المعلم يناديني بصوته الرخيم فألقيت نظرة على القرنبيطات العزيزة وقمت بتخزينها بعناية تحت سريري.

قال المعلم: «هيا بنا إلى الشاطئ.» وسار في المقدمة فمشيت وراءه مع مجموعة مبعثرة من الطلبة الصغار، فنظر إلينا المعلم نظرة عتاب وقال:

«عندما يسير إخوتنا الغربيون يشعرون بالفخر في الخطوات المنسجمة المتناسقة. الآن أرجو أن تسيروا في صفين مع الاحتفاظ بخطوات إيقاعية مع بعضكم البعض.»

تفحصَنا سري يوكتسوار ونحن نمتثل له وراح ينشد: «يسير الصبية ذهاباً وإياباً، في صف صغير ظريف جميل.» وقد أعجبت بالسلاسة التي مكّنت المعلم من مجاراة الخطوات الرشيقة لتلاميذه الصغار.

ونظر المعلم في عينيّ وقال: «قف! هل تذكرت إقفال الباب الخلفي للصومعة؟»

أجبته «أعتقد ذلك يا سيدي.»

١ تقع بوري على بعد ٣١٠ أميال جنوب كلكتا، وهي مقصد متعبدي الإله كريشنا الذي يُحتفل بعبادته في عيدين سنويين كبيرين هما سناناياترا ورا ثاياترا.

صمتَ سري يوكتسوار لبضع دقائق، وقد تراقصت على شفتيه ابتسامة شبه مكبوتة، ثم قال أخيراً:

«لا، لقد أغفلتَ ذلك. والتأمل المقدس يجب عدم اتخاذه ذريعة لإهمال الواجبات المادية.» فأنت أهملت واجبك ولم تقم بحماية الصومعة، ونتيجة لذلك يجب أن تُعاقَب.»

ظننتُ أنه يمزح، إلا أنه أضاف: «إن قرنبيطاتك الست ستصبح خمساً فقط بعد قليل.»

استدرنا وعدنا أدراجنا استجابة لأوامر المعلم، وعندما أصبحنا قريبين من الصومعة قال:

«استريحوا قليلاً. أنظر يا موكندا إلى يسارك عبر المجمّع، وراقب الطريق الذي خلفه. إن أحد الأشخاص سيأتي إلى هناك حالاً وسيتسبب في عقابك.»

أخفيتُ انزعاجي لهذه الملاحظات المبهمة. وفجأة رأيت في الطريق قروياً يرقص بكيفية غريبة ويحرك ذراعيه بإيماءات لا معنى لها. كدت أصعق من شدة الفضول وقد حدّقتُ تحديقاً متواصلاً في المنظر المضحك والممتع. وحينما بلغ الرجل نقطة معينة على الطريق وكاد أن يختفي عن أبصارنا قال سري يوكتسوار: «الآن سيعود.»

وعلى الفور غيّر القروي مساره وتوجّه نحو الجهة الخلفية للصومعة، وإذ اجتاز قطعة أرض رملية دخل المبنى من الباب الخلفي الذي لم أقم بإقفاله، تماماً مثلما قال معلمي. وبعد قليل خرج حاملاً إحدى قرنبيطاتي الثمينة، وراح يمشي بفخر واعتزاز يملأه شرف التملك.

ولم يمنعني هذا المشهد الفكاهي، الذي ظهرتُ فيه بمظهر الضحية، من مطاردة السارق الذي تعقبته بسرعة حانقة. وما أن بلغت منتصف الطريق حتى ناداني المعلم وطلب مني العودة، وقد كان يهتز بالضحك من قمة رأسه حتى أخمص قدميه، وقال مفسراً بين نوبات من المرح:

«ذلك المجنون المسكين كان يشتهي قرنبيطة. فرأيت أن لا بأس من حصوله على إحدى قرنبيطاتك التي لم تقم بصيانتها كما يجب!»

انطلقتُ بسرعة إلى حجرتي فتبين لي أن ذلك الحرامي هو من عشاق الخضار لأنه لم يمس خواتمي الذهبية ولا ساعتي ولا نقودي التي كانت جميعها موضوعة على المكشوف فوق اللحاف. لكنه بدلاً من ذلك زحف تحت

السرير حيث القرنبيطات المحجوبة بشكل كامل عن الأنظار، والتي حققت إحداها أمنية قلبه.

طلبتُ من سري يوكتسوار ذلك المساء أن يوضح لي تلك الحادثة التي لم تخلُ من بعض الميزات المحيرة، فهز رأسه ببطء وقال:

«سوف تعرف ذلك يوماً ما. فالعلم سيكتشف قريباً عدداً من هذه القوانين الخفية.»

بعد ذلك ببضع سنين، وعندما أطلّت فجأة عجائب الراديو على عالم منذهل تذكرت نبوءة المعلم. ومضت إلى غير رجعة الأفكار القديمة عن الفضاء والزمن، إذ لا يوجد الآن بيت واحد مهما كان ضيقاً لا تدخله الإذاعات [والفضائيات] العالمية على كثرتها. وقد تفتّح أكثر العقول غباوة واتسع أمام الدليل القاطع لأحد مظاهر الوجود الكلي للإنسان.

وقصة القرنبيطة الكوميدية يمكن فهمها مقارنة بجهاز الراديو[٢]. فمعلمي كان جهاز إرسال واستقبال كاملاً. والأفكار ليست سوى اهتزازات أثيرية

٢ لقد ساهم اكتشاف الميكروسكوب اللاسلكي في عام ١٩٣٩ في كشف أسرار عالم جديد من أشعة لم تكن معروفة من قبل. وقد أفادت الأسوشيتد برس بما يلي: «الإنسان، وكل أنواع المادة التي يُفترض أنها خاملة، يطلق باستمرار أشعة يبصرها هذا الجهاز. والمؤمنون بالتراسل الفكري (التلباثي)، والرؤية الثانية أو الاستبصار، والجلاء البصري، يجدون في هذا الاعلان أول دليل علمي على وجود الأشعة غير المنظورة التي تنتقل بالفعل من شخص إلى آخر. فجهاز الراديو في الواقع طيف تردد لاسلكي، ويعمل بنفس الكيفية بالنسبة للمادة الباردة غير المتوهجة التي يقوم بها جهاز تحليل الطيف عند الكشف عن أنواع الذرات التي تتكون منها النجوم... ومنذ سنوات اشتبه العلماء بوجود مثل هذه الأشعة التي تصدر عن الإنسان وعن كل الكائنات الحية. واليوم هو الدليل التجريبي الأول لوجودها. ويبين الاكتشاف أن كل ذرة، وكل جزيء في الطبيعة، هي محطة إرسال متواصل... وهكذا، فحتى بعد الموت تواصل المادة التي كانت إنساناً إطلاق أشعتها الدقيقة. وأطوال موجات هذه الأشعة تتراوح من أقصر من أي شيء يُستخدم الآن في محطات البث الإذاعي وحتى أكثر أنواع الموجات الراديوية طولاً. وتداخل هذه الأشعة يكاد يتعذر إدراكه بسبب وجود الملايين منها. ويمكن لجزيء واحد كبير جداً أن يطلق مليوناً من أطوال الموجات المختلفة في نفس الوقت. والموجات الأكثر طولاً من هذا النوع تنتقل بسهولة وبسرعة أمواج الراديو... وهناك فارق كبير مدهش بين أشعة الراديو الجديدة وبين الأشعة المألوفة مثل الضوء. وهذا هو الوقت الطويل والممتد على مدى آلاف السنين الذي ستظل فيه هذه الأمواج تنبعث عن المادة المستقرة.»

لطيفة للغاية. وكما يلتقط الراديو العالي الحساسية برنامجاً معينا من بين آلاف البرامج المبثوثة من كل مكان، هكذا كان معلمي متقبلاً لإحدى الأفكار (فكرة الرجل المهووس بالقرنبيط) من بين الأفكار البشرية التي لا يمكن حصرها، المبثوثة في هذا العالم. فلدى سيرنا نحو الشاطئ شعر المعلم برغبة القروي البسيط وعمل للفور على تحقيقها له. فالعين المقدسة لسري يوكتسوار اكتشفت الرجل راقصاً قبل أن يراه التلاميذ. وإغفالي لإقفال باب الصومعة أعطى المعلم ذريعة ملائمة لحرماني من إحدى خضرواتي العزيزة. وهكذا بعد أن عمل سري يوكتسوار كوسيلة استقبال عملَ أيضا كجهاز إرسال[٣]. وفي هذا الدور تمكن المعلم من توجيه القروي كي يعكس خطواته ويتوجه إلى غرفة معينة للحصول على قرنبيطة واحدة.

البصيرة هي موجّه الروح وتظهر فعلاً في الإنسان في تلك اللحظات التي يكون فيها العقل هادئاً. وكل إنسان تقريباً قد شعر بحدس باطني صحيح لا يمكن تفسيره، أو قام بنقل أفكاره على نحو فعّال إلى شخص آخر.

العقل البشري المتحرر من (تشويش) القلق النفسي له القدرة على إنجاز كل الوظائف المعقدة لجهاز الراديو: إرسال واستقبال الأفكار، والتخلص من غير المرغوب منها. وكما أن قوة بث المحطة الإذاعية تتوقف على مقدار التيار الكهربائي الذي تستخدمه، هكذا تعتمد فعالية عقل الراديو أو اللاسلكي البشري على قوة الإرادة التي يمتلكها كل شخص.

إن جميع الأفكار تبقى متماوجة للأبد في الكون. وبالتركيز العميق يستطيع المعلم أن يلتقط أفكار أي إنسان سواء كان حياً أو ميتاً. فالأفكار هي ذات أصل كوني وليس فردي. والحقائق لا يمكن خلقها، بل اكتشافها. وأما الأفكار الخاطئة – صغيرة أو كبيرة – فهي ناجمة عن نقص في قدرته على التمييز. وغاية علم اليوغا هي تهدئة العقل حتى يتمكن من سماع إرشاد الصوت الباطني المعصوم من الخطأ، دون تحريف أو تشويه.

لقد جلب الراديو والتلفزيون أصوات وصور الآخرين البعيدين، في نفس الوقت، إلى بيوت ملايين البشر. وهذا أول المؤشرات العلمية على أن الإنسان روح كلي. ومع أن الذاتية العمياء تحاول بشتى الوسائل استعباد الإنسان، لكنه ليس جسماً محصوراً في نقطة معينة من الفضاء، بل هو في جوهره روح

٣ راجع الحاشية على الصفحة ٣١١.

كلي الوجود.

وفي هذا الصدد صرّح تشارلس روبرت ريخيت[٤] الحائز على جائزة نوبل في علم وظائف الأعضاء ما يلي:

«إنه لأمرٌ غريب وعجيب جداً أن ظواهر غير محتملة إلى حد بعيد قد تظهر، والتي عندما تصبح راسخة لن تدهشنا أكثر من دهشتنا الآن من كل ما علّمنا إياه العلم خلال القرن الماضي. ومن المفترض أن الظواهر التي نقبلها الآن، دون أن نتفاجأ بها، لن تثير دهشتنا لأنها أصبحت مفهومة بالنسبة لنا. ولكن الأمر ليس كذلك. فإن كانت لا تدهشنا فهذا لا يعني لأننا نفهمها، بل لأنها أصبحت مألوفة لدينا. وإن كان ينبغي لنا أن ندهش لكل ما هو غير مفهوم فيجب أن نندهش من أي شيء: من سقوط الحجر المقذوف في الهواء، وجوزة البلوط التي تصبح شجرة سنديان، والزئبق الذي يتمدد عند تسخينه، والحديد الذي ينجذب للمغناطيس.

«العلم اليوم هو أمر عادي... فالحقائق المدهشة وغير المتوقعة التي سيقوم أحفادنا باستنباطها هي الآن قريبة منا وتحدّق بنا إن جاز التعبير، بالرغم من عدم رؤيتنا لها. ولكن لا يكفي القول بأننا لا نراها. فنحن لا نريد رؤيتها، لأنه بمجرد أن تظهر حقيقةٌ غير متوقعة وغير مألوفة نحاول وضعها في إطار المعرفة العادية المكتسبة، ونشعر بالحنق والامتعاض إن تجرأ أي واحد القيام بأية تجارب إضافية!»

بعد بضعة أيام من سرقة القرنبيطة بكيفية بعيدة عن التصديق، وقع حادث فكاهي يتعلق بفقدان مصباح كيروسين. ولما كنت قد تيقنت مؤخراً من بصيرة سري يوكتسوار الكلية المعرفة، حسبت أن العثور على المصباح هو أمر في غاية السهولة. أدرك المعلم توقعي، وبجدية كبيرة استجوب كل المقيمين في الصومعة. واعترف تلميذٌ صغير أنه كان قد استعمل المصباح عند ذهابه إلى البئر الموجودة في الحديقة الخلفية. فقال سري يوكتسوار باهتمام: «إذاً ابحثوا عن المصباح عند البئر.» هرعت إلى هناك، لكنني لم أجد المصباح! فعدت محبطاً إلى المعلم الذي راح يضحك من قلبه دون مراعاة لخيبة أملي، ثم قال: «لسوء الحظ لا يمكنني توجيهك إلى موضع المصباح المختفي. فأنا لست عرّافاً! ولا حتى شرلوك هولمز آخر!»

وأدركت أن المعلم لا يظهر قواه استجابة للتحدي، أو لأي أمر تافه.

انقضت بسرعة أسابيع سارة، وإذ كان سري يوكتسوار يقوم بترتيب

٤ مؤلف كتاب حاستنا السادسة *Our Sixth Sense* (London:Rider& Co,).

موكب ديني فقد طلب مني السير بالتلاميذ عبر مدينة بوري وصولاً إلى الشاطئ. وأطلَّ يوم العيد (الانقلاب الصيفي) مصحوباً بحرارة شديدة، فخاطبت المعلم في ابتئاس:

«سيدي، كيف يمكنني السير بالطلبة وهم حفاة فوق الرمال الحارقة؟»

فأجابني المعلم: «سأخبرك بسر: سيرسل الله مظلة من السحب بحيث يمكنكم المشي بارتياح.»

قمت بتنظيم المسيرة بفرح، فانطلقت مجموعتنا من الصومعة تحمل راية ساتسانغا[5] التي صممها سري يوكتسوار وتحمل رمز العين الواحدة[6] التي هي نظرة الحدس التلسكوبية.

وما أن غادرنا الصومعة حتى تلبدت السماء بالسحب كما لو بفعل السحر. وعلى وقع هتافات المتفرجين من كل جانب هطل مطر خفيف جداً برَّد شوارع المدينة والشاطئ الشديد الحرارة. وتواصل انهمار قطرات المطر الملطّفة طوال ساعتي الموكب. وفي نفس اللحظة التي عادت فيها مجموعتنا إلى الصومعة اختفى الغيم وتوقف المطر دون أن يتركا أي أثر.

وبعد أن أعربتُ للمعلم عن امتناني، أجاب: «أرأيتَ كيف أن الله يتعاطف معنا؟! إنه يستجيب للجميع ويعمل من أجل الجميع. ومثلما أرسل المطر استجابة لتوسلاتي فإنه يحقق أية رغبة صادقة للمتعبد. ونادراً ما يدرك الناس كم من المرات يستجيب لصلواتهم. فهو ليس متحيّزاً لفئة قليلة دون سواها، بل يستمع لكل من يتوجه إليه ويقترب منه بإيمان وثقة. ويجب أن يمتلك بنوه دوماً إيماناً تاماً برحمة ومحبة أبيهم السماوي الكلي الحضور.»[7]

٥ المعنى الحرفي لكلمة سات هو «الوجود،» وبالتالي «الجوهر؛ الحقيقة.» وسانغا تعني «جماعة.» وقد أطلق سري يوكتسوار على مؤسسة صومعته اسم ساتسانغا التي تعني «مصاحبة الحق.»

٦ «فإن كانت عينك واحدة فجسدك كله يكون نيّراً» – متى ٦: ٢٢ If therefore thine eye be single thy whole body shall be full of light. في التأمل العميق تصبح العين الواحدة أو الروحية مرئية داخل الجزء الأوسط من الجبهة. وهذه العين العليمة بكل شيء يشار إليها بأسماء مختلفة في الأسفار المقدسة مثل العين الثالثة، ونجمة الشرق، وعين الباطن، والحمامة الهابطة من السماء، وعين شيفا، وعين الحدس، وما إلى ذلك.

٧ «الغارس الأذن ألا يسمع؟ الصانع العين ألا يبصر؟ المعلم الإنسان معرفة ألا يعلم؟» - مزامير ٩٤: ٩–١٠.

كان سري يوكتسوار يرعى أربعة أعياد سنوية بمناسبة الاعتدالين والانقلابين، حيث يتوافد التلاميذ من كل مكان. وكان احتفال الانقلاب الشتوي هو أول الاحتفالات التي حضرتها في سيرامبور، وقد ترك في نفسي بركة دائمة.

بدأ العيد بموكب صباحي من المشاركين الحفاة في الشوارع، وقد دوّت أصوات مئة من الطلاب بأناشيد دينية عذبة. وقام فريق من الموسيقيين بالعزف على الناي وكذلك الخول كرتال (قرع الطبول ودق الصنوج)، بينما راح سكان المدينة المتحمسون ينثرون الزهور على الطريق، فرحين بترك أعمالهم العادية لدى سماعهم هتافات الحمد والتمجيد المدويين لاسم الله المبارك. وانتهى التجوال الطويل في باحة الصومعة حيث جلسنا في حلقات حول المعلم في حين أمطرنا تلاميذ من الشرفات العليا بزهور المخملية.

وكان العديد من الضيوف يصعدون إلى الطابق الثاني للحصول على تشانا البودنغ المصنوعة من الجبن الطازج والبرتقال. وقد توجهت ذلك اليوم نحو مجموعة من الإخوة التلاميذ الذين كانوا يقومون بطهي الطعام في قدور ضخمة، في الهواء الطلق. وكان الحطب المشتعل في المواقد المصنوعة من الطوب يطلق الدخان ويستدر الدموع. لكننا كنا نعمل ونضحك فرحين بما نقوم به. فالاحتفالات الدينية في الهند لا تعتبر أبداً شاقة ومزعجة، بل يقوم كل واحد بدوره فيقدّم إما المال أو الأرز أو الخضار أو خدماته الشخصية.

بعد قليل كان المعلم بيننا ليشرف على تفاصيل الاحتفال. ورغم انهماكه المتواصل بالعمل، فقد كان يواكب أصغر التلاميذ همة ونشاطاً.

وفي الدور الثاني صدح الإنشاد الجماعي سانكيرتان على وقع الهارمونيوم والطبلات الهندية اليدوية، فأنصتَ سري يوكتسوار باستحسان، إذ كانت حاسته الموسيقية مرهفة، ثم قال: «هناك نشاز في عزفهم!»

وترك المعلم الطهاة وانضم إلى العازفين. وبعد لحظات سمعنا المقطوعة ثانية وبأداء صحيح هذه المرة.

تتضمن السامافيدا أقدم مخطوطات العالم في علم الموسيقى. وفي الهند تعتبر الموسيقى والرسم والدراما من الفنون المقدسة. وقد كان الثالوث الأبدي المتمثل في براهما وفيشنو وشيفا أول الموسيقيين. وتصور الأسفار المقدسة الإله شيفا في مظهر ناتراجا الراقص الكوني الذي ابتدع الإيقاعات اللامتناهية لعملية الخلق والحفظ والدمار، في حين يقوم براهما وفيشنو بإبراز إيقاع

الزمن: براهما يضرب الصنوج الرنانة وفيشنو يقرع المريدانغا أو الطبلة المقدسة.

أما إلهة الحكمة سراسواتي فيُرمز إليها بامرأة تعزف على الفينا التي تعتبر أم كل الآلات الوترية. وكريشنا الذي هو تجسّد لفيشنو يظهر دائما في الفن الهندي وهو يعزف النغم السحري على الناي لتذكير النفوس البشرية التائهة في عالم الوهم مايا بموطنها السماوي.

وأحجار الأساس في الموسيقى الهندية هي الراغات أو سلالم النغم الثابتة. وتتفرع الراغات الأساسية الست إلى ١٢٦ من الراغينات الاشتقاقية (الزوجات) والبوترات (الأبناء). وكل راغا لها حد أدنى مؤلَّف من خمس نغمات: نغمة أساسية (فادي أو الملك)، ونغمة ثانوية (سامافادي أو الوزير الأول)، ونغمات مساعدة (أنوفادي أو الحاشية)، ونغمة نشاز (فيفادي أو الخصم).

ولكل واحدة من الراغات الست تَطابقٌ طبيعي مع ساعة معينة من ساعات اليوم وفصل من فصول السنة وإله مهيمن يمنح قوة خاصة. وهكذا فإن (١) الهيندول راغا تُسمع فقط عند الفجر في فصل الربيع لاستحضار مشاعر المحبة الشاملة، (٢) الديباكا راغا تُعزف أثناء الليل في الصيف لأيقاظ مشاعر الحنو والتعاطف، (٣) الميغا راغا هي لحن منتصف النهار في الفصول الممطرة لاستجماع القوة والشجاعة، (٤) البهايرافا راغا تُعزف في ساعات الصباح من شهر أغسطس/آب وسبتمبر/أيلول وأكتوبر/تشرين أول للشعور بالطمأنينة، (٥) السري راغا مخصصة لساعات الأصيل في فصل الخريف لبلوغ المحبة النقية، (٦) الملكونسا راغا تُسمع في منتصف ليالي الشتاء لاستحضار الشجاعة والاستبسال.

وقد اكتشف الحكماء القدامى (الريشيز) قوانين الائتلاف الصوتي ما بين الطبيعة والإنسان. ولما كانت الطبيعة هي تجسيد للصوت الأزلي أوم أو الكلمة الكونية الاهتزازية، فللإنسان القدرة على التغلب على جميع المظاهر الطبيعية باستخدام مانترات أو أناشيد معينة[٨]. وتشير الوثائق التاريخية إلى

٨ يتضمن تراث كل الشعوب الإشارة إلى رقيات وتعويذات لها قوة على الطبيعة. والمأثور عن الهنود الأمريكيين أنهم قاموا باستحداث طقوس صوتية لاستجلاب الأمطار والرياح. وقد تمكن الموسيقار الهندي العظيم تان سن إخماد النار بقوة إنشاده. وقدم عالم كاليفورنيا

مذكرات يوغي

القوى العجيبة التي كان يمتلكها ميان تان سن العازف في بلاط الامبراطور العظيم أكبر في القرن السادس عشر. وحينما أمره الامبراطور بإنشاد راغا ليلية في وضح النهار والشمس ساطعة، أنشد تان سن مقطوعة جعلت الظلمة تغمر محيط القصر على الفور.

وفي الموسيقى الهندية ينقسم الأوكتاف إلى اثنتين وعشرين سروتا أو نصف نغمة صغيرة. وهذه المسافات النغمية الدقيقة تتيح فروقات طفيفة في التعبيرات الموسيقية لا يمكن الحصول عليها باستخدام السلّم الكروماتيكي الغربي المؤلف من اثني عشر نصف نغمة. وكل نغمة من نغمات الأوكتاف الأساسية تتصل في الأساطير الهندوسية بأحد الألوان وبالصوت الطبيعي لأحد الطيور أو الحيوانات. مثال على ذلك: دو لها علاقة باللون الأخضر وبالطاووس، وري بالأحمر وبالقبرة، ومي بالذهبي وبالعنزة، وفا بالأبيض الضارب إلى الصفرة وبمالك الحزين، وصول بالأسود وبالعندليب، ولا بالأصفر وبالحصان، وسي بمزيج من كل الألوان وبالفيل.

وتحدد الموسيقى الهندية اثنين وسبعين ثاتاس أو سلّماً، مما يفسح أمام العازف مجالاً لا حد له من الارتجال، يدور حول النغمة أو الراغا التقليدية الثابتة. فهو يركز على الإحساس أو المزاج التقريري للموضوع البنيوي ثم يزخرفه إلى أقصى حدود أصالته الذاتية. والموسيقار الهندي لا يقرأ النوتة المحددة، بل يقوم من جديد بإكساء هيكل الراغا العاري بكل نغمة يعزفها. وغالبا ما يُلزم نفسه بتدرّج نغمي واحد، ويؤكد من خلال التكرار على جميع الفوارق النغمية والإيقاعية الدقيقة.

وكان باخ من بين الموسيقيين الغربيين الذين أدركوا جاذبية وقوة الصوت المتكرر الذي يتغير تغيراً طفيفاً بمائة طريقة معقدة.

ويصف الأدب السنسكريتي ١٢٠ نوعاً من وحدات قياس الزمن (تالا). ويقال إن بهاراتا المؤسس التقليدي للموسيقى الهندية تمكن من فرز ٣٢ نوعاً

الطبيعي تشارلس كيلوغ دليلاً على تأثير الاهتزاز النغمي على الحريق في سنة ١٩٢٦ أمام مجموعة من رجال الإطفاء في نيويورك «بتمريره السريع لقوس كبير شبيه بقوس الكمان على شوكة رنانة من الألمنيوم مما أنتج صريراً حاداً شبيهاً بتشويش لاسلكي شديد. وعلى الفور هبط اللهب الغازي الأصفر داخل أنبوبة زجاجية مجوفة من قدمين إلى ست بوصات، وأصبح شعلة زرقاء متقطعة. بعدها تمكن من إخمادها بمحاولة أخرى استخدم فيها القوس ونوعاً آخر من الاهتزازات ذات الصرير الحاد.»

من الدرجات النغمية في صوت القبرة. ويرجع أصل الإيقاع إلى حركات البشر: الوقت المضاعف للمشي، والوقت الثلاثي للتنفس أثناء النوم حيث تستغرق مدة الشهيق ضعف مدة الزفير. وقد عرفت الهند دوماً بأن الصوت البشري هو أداة الصوت الأكثر مثالية. ولذلك تحصر الموسيقى الهندية ذاتها أكثر ما تحصرها في المجال الصوتي لثلاث أوكتافات. ولنفس السبب يتم توجيه الاهتمام إلى النغم (علاقة النغمات الموسيقية المتواترة) بدلاً من الهارموني (علاقة النغمات المتزامنة.)

والموسيقى الهندية هي فن موضوعي وروحي وفردي لا يهدف إلى التألق السيمفوني، بل إلى التناغم الذاتي مع الذات العليا. وكل الأناشيد الشهيرة في الهند هي من تأليف متعبدي الله. والكلمة المقابلة للموسيقار في السنسكريتية هي بهاغافاتار «منشد المدائح الإلهية.» وكلمة سانكرتانات أو التجمعات الموسيقية هي نوع فعال من اليوغا أو التهذيب الروحي الذي يقتضي تركيزاً عميقاً واستغراقاً تاماً في أصل الفكر والصوت. وبما أن الإنسان ذاته هو أحد مظاهر الكلمة الإلهية الخالقة فإنه يتأثر تأثيراً قوياً ومباشراً بالصوت. والموسيقى الرائعة في كل من الشرق والغرب تبهج الإنسان لأنها تسبب تيقظاً اهتزازياً مؤقتاً لأحد المراكز الفقرية[٩] الباطنية الخفية. وفي تلك اللحظات

٩ إن إيقاظ المحاور الفقرية (الشاكرات أو اللوتسات الكوكبية) في الإنسان هو الهدف المقدس لليوغا. وقد غاب عن مفسري الغرب بأن سفر الرؤيا في العهد الجديد يتضمن عرضاً رمزيا لنوع من اليوغا لقنه السيد المسيح ليوحنا ولغيره من تلاميذه. ويذكر يوحنا في (رؤيا ١:٢٠) «سر النجوم السبعة والكنائس السبع» التي ترمز إلى لوتسات النور السبع الموصوفة في رسائل اليوغا بـ «الأبواب السرية» السبعة في الدماغ والعمود الفقري. وعن طريق هذه المنافذ ذات التصميم الإلهي يستطيع اليوغي بالتأمل العلمي الإفلات من السجن الجسدي واستعادة هويته الحقيقية كروح. (راجع الفصل ٢٦).

والمركز السابع أو «اللوتس ذات الألف ورقة» في الدماغ هو عرش الوعي اللانهائي. وفي حالة الاستنارة الإلهية يقال بأن اليوغي يبصر براهما أو الله الخالق على شكل بادماجا «الواحد المولود من اللوتس.»

و«وضعية اللوتس» سُميت بهذا الاسم لأن اليوغي يرى في ذلك الوضع التقليدي اللوتسات المتنوعة الألوان (بادمات) للمراكز الفقرية الدماغية. وكل لوتس لها عدد معين من الأشعة المكونة من برانا (قوة الحياة). وتعرف هذه اللوتسات أيضاً بـ الشاكرات أو العجلات.

ومن شأن وضعية اللوتس (بادما آسانا) أن تحتفظ بالعمود الفقري معتدلاً وأن تحول

السعيدة تأتيه ذكريات مبهمة عن مصدره الإلهي.

وكانت الموسيقى الصادحة والصادرة من حجرة الاستقبال الخاصة بسري يوكتسوار في الطابق الثاني بالصومعة منشطة للطهاة يوم الاحتفال وهم منهمكون بين الأواني التي يتصاعد منها البخار. وبابتهاج قمت مع إخوتي التلامذة بتكرار مقاطع الأناشيد، ضاربين الزمن بأيدينا.

وعند الغروب كنا قد خدمنا مئات الزائرين بتقديم الكيشوري (الأرز والعدس)، والخضار بالكاري، والأرز بالحليب. بعد ذلك فرشنا بطانيات قطنية فوق فناء الصومعة فجلس الحاضرون تحت قبة السماء المرصعة بالنجوم وراحوا ينصتون بانتباه عميق إلى درر وجواهر الحكمة المتساقطة من شفتي سري يوكتسوار الذي كان يؤكد في محاضراته العامة على أهمية الكريا يوغا، واحترام الذات، والهدوء، والتصميم، والنظام الغذائي البسيط، والتمرين المنتظم.

ثم أنشد فريق من التلاميذ حديثي السن بعض الترانيم المقدسة، واختتمت الأمسية بإنشاد روحي حماسي (سانكرتان). ومن الساعة العاشرة حتى منتصف الليل انهمك المقيمون في الصومعة بغسل الأواني والقدور وتنظيف الباحة. بعد ذلك ناداني المعلم إلى جانبه وقال:

«إنني مسرور لجهودك التي بذلتها بفرح اليوم وخلال الاستعدادات طوال الأسبوع المنصرم. أريدك أن تكون معي ويمكنك أن تنام في فراشي هذه الليلة.

ولم يخطر أبداً في بالي من قبل أن أحصل يوماً على هذا الشرف. جلسنا لفترة في حالة من السكينة المقدسة المركّزة، وبالكاد مضت عشر دقائق على نومنا حتى نهض المعلم وراح يرتدي ثيابه. وكانت فرحة الرقاد بجانب معلمي، الذي لم يخطر ببالي، على وشك أن تتلاشى، فقلت:

«ما الأمر يا سيدي؟»

فأجابني: «أظن أن بعض التلاميذ لم يتمكنوا من اللحاق بالقطار وسيكونون هنا بعد قليل، فلنقم بإعداد بعض الطعام لهم.»

دون خطر سقوط الجسم سواء للخلف أو للأمام في نشوة الغيبوبة الروحية (سابيكالبا سمادهي). ولهذا السبب تعتبر جلسة التأمل المفضلة لليوغي. ومع ذلك فقد تسبب وضعية اللوتس بعض الصعوبات للمبتدئ، وينبغي ألا يحاول الجلوس في هذا الوضع بدون إرشاد خبير في الهاثا يوغا.

قلت: «لن يأتي أحد في الساعة الواحدة صباحاً يا معلم!»
قال: «ابق أنت في فراشك لأنك عملت بجهد كبير، لكنني ذاهب لتحضير الطعام.»

وما أن سمعت رنة الحزم في صوت سري يوكتسوار حتى قفزت من الفراش وتبعته إلى المطبخ الصغير المستخدم يومياً والمتاخم للشرفة الداخلية للطابق الثاني. وبعد ذلك بقليل كان الأرز والعدس المجروش يغليان في القِدر.

وابتسم معلمي بمودة قائلا: «لقد تغلبتَ هذه الليلة على التعب والخوف من العمل المجهد، ولن يزعجانك ثانية في المستقبل.»

وما أن نطق المعلم بهذه الكلمات ذات البركة الدائمة حتى سمعت وقع أقدام في الفناء فهبطتُ الدرج مسرعاً وأدخلت مجموعة من التلاميذ، فقال لي أحدهم معتذراً:

«لم يكن بودنا يا أخي العزيز أن نقلق راحة المعلم في مثل هذه الساعة. لقد أخطأنا أوقات القطار ووجدنا من الصعب أن نسافر قبل أن تكتحل عيوننا برؤية المعلم.»

فأجبت: «والمعلم بالفعل يتوقع قدومكم، وهو الآن يقوم بإعداد الطعام لكم.»

ورنّ صوت سري يوكتسوار مُرحباً، في حين قدتُ الزائرين المندهشين إلى المطبخ. فنظر إليّ المعلم بعينين برّاقتين وقال:

«أما وقد انتهيتَ الآن من مقارنة وجهات النظر، فلا شك أنك اقتنعت بأن ضيوفنا قد فاتهم القطار فعلاً!»

وبعد نصف ساعة تبعتُ المعلم إلى حجرة نومه، مدركاً تمام الإدراك بأنني على وشك النوم بجانب معلم شبيه بالإله.

الفصل ١٦

# التغلب على تأثير الكواكب

قال لي المعلم: «لماذا يا موكندا لا تحصل على سوار كوكبي للذراع؟»

قلت: «هل ينبغي لي يا معلم؟ فأنا لا أؤمن بالتنجيم.»

أجاب: «المسألة ليست أبداً مسألة إيمان. بل الموقف العلمي السليم الذي ينبغي أن يتخذه المرء حيال أي موضوع هو ما إذا كان الموضوع صحيحاً. فقانون الجاذبية عمل بنفس الفاعلية قبل نيوتن مثلما عمل بعده. ولو كان عمل قوانين الكون يتوقف على موافقة الإنسان لعمت الفوضى وساد الاضطراب.

«لقد أوصل الدجالون علم النجوم القديم إلى حالته الراهنة ذات السمعة السيئة. فالتنجيم علم واسع من الناحيتين الحسابية[1] والفلسفية، ولا يمكن

١ تمكن العلماء بالاستعانة بالمراجع الفلكية الواردة ضمن النصوص الهندوسية القديمة من التحقق من تواريخ المؤلفين. لقد كانت المعرفة العلمية للحكماء القدامى (الريشيز) عظيمة للغاية. ونجد في كتاب كوشيتاكي براهمانا فقرات فلكية دقيقة تشير إلى أن الهندوس في سنة ٣١٠٠ قبل الميلاد كانوا متقدمين جداً في علم الفلك الذي كانت له قيمة عملية من حيث تحديد الأوقات المناسبة لطقوس التنجيم. وهناك مقال لتارا ماتا في عدد فبراير/شباط ١٩٣٤من مجلة (الشرق – الغرب *East-West*) يفيد بأن جيوتش أو مجموع التفسيرات الفلكية الفيدية: «تحتوي على الحكمة العلمية التي أبقت الهند في مقدمة جميع الأمم القديمة وجعلتها كعبة الباحثين عن الحكمة. أما كتاب براهماغوبتا، أحد أعمال جيوتش القديمة، فهو عبارة عن رسالة فلكية تتناول أموراً محددة مثل حركة الأجرام الكوكبية التي تدور حول مركزية الشمس في مجموعتنا الشمسية، وانحراف مسار الشمس، والشكل الكروي للأرض، وانعكاس ضوء القمر، ودورة الأرض اليومية حول محورها، ووجود النجوم الثابتة في المجرة، وقانون الجاذبية وحقائق علمية أخرى لم تخطر على بال الغرب إلا في عصر كوبرنيكوس ونيوتن.»

أما ما تسمى بـ «الأرقام العربية Arabic numerals» ذات القيمة العالية في تطوير الرياضيات الغربية، فقد انتقلت أصلاً في القرن التاسع من الهند إلى أوروبا عن طريق العرب. ونظام الترقيم هذا تم ابتكاره في الهند منذ القدم. ولمزيد من الاطلاع على تراث الهند العلمي العريق يمكن الرجوع إلى:

Sir P. C. Roy's *History of Hindu Chemistry*, in B. N. Seal's *Positive Sciences of the Ancient Hindus*, in B. K. Sarkar's *Hindu Achievements in Exact Science* and his *The Positive*

استيعابه استيعاباً صحيحاً إلا من قِبل ذوي الفهم العميق والغزير. وإذا أخطأ الجاهلون في قراءة وتفسير السماء ورأوا خربشة بدلاً من كلام واضح، فهذا متوقع حدوثه في هذا العالم الناقص، ومن واجب المرء ألّا يرفض الحكمة مع 'الحكماء' [في عيون أنفسهم].»

واستطرد المعلم: «إن جميع أجزاء الكون مترابطة معاً وتتبادل المؤثرات فيما بينها. والإيقاع المتوازن للكون يقوم على مبدأ التبادلية. والإنسان في مظهره البشري يتوجب عليه مكافحة مجموعتين من القوى، الأولى: الاضطراب الداخلي الناجم عن تمازج عناصر التراب والماء والنار والهواء والأثير، والثانية: قوى التحلل الطبيعي الخارجية. وطالما بقي الإنسان في صراع مع وجوده الفاني فإنه يتأثر بآلاف الطفرات والتحولات التي تحدث في الأرض والسماء.

«التنجيم هو دراسة استجابة الإنسان للمحفزات الكوكبية. فالنجوم لا تمتلك إحساناً أو عداوة واعيين، بل تطلق فقط إشعاعات موجبة وسالبة. وهذه الإشعاعات بحد ذاتها لا تنفع ولا تضر الإنسانية، لكنها توفر وسيلة مشروعة للعملية الخارجية لتوازن الأسباب والنتائج التي وضعها الإنسان موضع التنفيذ في الماضي.

«فالطفل يولد في ذلك اليوم وفي تلك الساعة عندما تكون الأشعة السماوية في توافق حسابي مع كارماه الفردية. وخريطة البروج الخاصة به هي صورة دقيقة للغاية تنبئ عن ماضيه الذي لا يتغير وعن النتائج المستقبلية المحتملة. لكن خريطة الولادة هذه لا يستطيع قراءتها أو تفسيرها إلا ذوو الحدس النامي، وهؤلاء قلائل.

«والرسالة التي تُذاع بكل وضوح في الآفاق وقت الولادة ليس المقصود منها التوكيد على القضاء والقدر – نتيجة الأفعال الماضية الطيبة أو الرديئة – بل تنبيه وإيقاظ إرادة الإنسان للإفلات من عبوديته الكونية. فكل ما فعله الإنسان يمكنه إبطال مفعوله، وهو وحده المسؤول عن خلق أية ظروف تتحكم الآن في حياته. وبما أنه هو نفسه خلق تلك الأسباب والظروف فلديه القدرة للتغلب على كل القيود والمحدوديات بفضل موارده الروحية التي لا تخضع للضغط الكوكبي.

*Background of Hindu Sociology*, and in U. C. Dutt's *Materia Medica of the Hindus*.

«إن الخوف الخرافي من علم التنجيم يجعل من الشخص إنساناً آلياً يعتمد بخضوع وخنوع على التوجيه الأوتوماتكي. أما الحكيم فيقهر الكواكب أي أنه يفلت من ماضيه بنقل ولائه من الخليقة إلى الخالق. وكلما ازداد إدراكه لوحدته مع الروح الإلهي كلما قلّت سيطرة المادة عليه. فروح الإنسان حرة على الدوام، وهي لا تموت لأنها لا تولد، ولا يمكن للنجوم أن تتحكم بها أو تسيطر عليها.

«الإنسان هو روحٌ لهُ جسد. وعندما يحقق ذاته مع جوهره الحقيقي يترك وراءه كل النماذج والأنماط القهرية. لكنه إن بقي مشوشاً وفاقداً لذاكرته الروحية فسيخضع للقيود الخفية لقانون البيئة.

«الله هو التوافق والانسجام، والمتعبد الذي يتناغم معه لن يأتي بتصرف خاطئ، بل تتوافق كل نشاطاته بكيفية صحيحة وطبيعية مع قانون علم الفلك، ويحس بعد الصلاة والتأمل العميقين باتصاله بالوعي الإلهي. ولا توجد قوة أعظم من تلك الحماية الباطنية.»

حاولتُ فهم تفسيرات سري يوكتسوار الجليلة، ثم تجرأت وطرحت عليه السؤال التالي بعد صمت طويل:

«إذاً لماذا تريدني يا سيدي العزيز أن ألبس سواراً كوكبياً؟»

فأجاب المعلم: «فقط عندما يبلغ السائح وجهته يكون محقاً في التخلي عن الإرشادات والخرائط. ولكن أثناء رحلته يحاول الاستفادة من كل طريق مختصر ملائم. وقد استنبط الحكماء القدامى طرقاً ووسائل عديدة لتقصير مدة اغتراب الإنسان في عالم الوهم والخداع. وهناك ميزات آلية محددة في قانون الكارما يمكن تعديلها أو تكييفها بمهارة بأصابع الحكمة.

«إن جميع أمراض البشر ناجمة عن مخالفة القانون العام. والأسفار المقدسة تنصح الإنسان بالامتثال لقوانين الطبيعة، دون تجاهل القدرة الإلهية الكلية. وعليه أن يقول: 'يا رب إنني أثق بك وأعلم بأنك قادر على مساعدتي. ومع ذلك سأقوم أيضاً ببذل كل ما في وسعي لإبطال مفعول ما ارتكبته من أخطاء.' وبواسطة وسائل عدة – بالصلاة، وبقوة الإرادة، وتأمل اليوغا، وباستشارة القديسين، وباستخدام الأساور الكوكبية – يمكن تخفيف أو إبطال مؤثرات الأخطاء الماضية.

«ومثلما يُجهَّز المنزل بقضيب نحاسي لامتصاص الصواعق البرقية، هكذا يمكن لجسم الإنسان الانتفاع من تدابير وقائية منوعة. الإشعاعات

الكهربائية والمغناطيسية هي دائمة الانتشار في أرجاء الكون ولها تأثير طيب أو سيء على جسم الإنسان. ومنذ عهود مضت فكّر حكماؤنا بكيفية مقاومة التأثير السلبي للمؤثرات الكونية الدقيقة. وقد اكتشفوا أن المعادن النقية تطلق أشعة كوكبية ذات فاعلية مضادة للجذب السلبي للكواكب. وقد تبين أيضاً أن بعض المُركّبات النباتية هي ذات نفع. والعناصر الأكثر فاعلية هي الجواهر النقية الخالية من الشوائب، والتي لا يقل وزنها عن قيراطين.

«والاستعمالات العملية الواقية لعلم التنجيم قلما حظيت بعناية الباحثين خارج الهند. وهناك حقيقة بسيطة مؤكدة هي أن الجواهر الصحيحة والمعادن والمستحضرات النباتية لا فائدة لها ما لم تكن من الوزن المطلوب، وما لم يتم وضع أداة العلاج على الجلد مباشرة بحيث تكون ملاصقة له.».

قلت: بالطبع سوف أعمل بنصيحتك يا سيدي وأحصل على إسوار، ولكن ما يحيّرني هو مجرد التفكير بالتغلب على جرم سماوي!»

فأجاب سري يوكتسوار، مضيفاً توجيهات دقيقة: «بالنسبة للأغراض العامة أنصح باستعمال إسوار من الذهب والفضة والنحاس، ولكن لغرض محدد أريدك الحصول على إسوار من الفضة والرصاص.»

قلت: «سيدي، أي 'غرض محدد' تقصد؟»

فأجابني المعلم: «عما قريب ستتخذ الكواكب موقفاً عدوانياً ضدك يا موكندا. ولكن لا تخف لأن العناية الإلهية ستحميك. ففي غضون شهر سيسبب لك الكبد اضطراباً كبيراً. ويفترض أن يستمر المرض لستة شهور، لكن باستخدامك السوار الكوكبي ستختزل هذه الفترة الزمنية إلى أربعة وعشرين يوماً.»

في اليوم التالي بحثت عن صائغ وحصلت بسرعة على السوار ولبسته. وكانت صحتي على أحسن ما يرام بحيث غابت عن بالي نبوءة معلمي الذي كان قد ترك سيرامبور وذهب في زيارة إلى بنارس. وبعد ثلاثين يوماً من حديثنا شعرتُ بألم مفاجئ في منطقة كبدي. وكانت الأسابيع التالية كابوساً من الألم المبرح. ولما كنت متردداً في إزعاج معلمي فقد حسبت أن بإمكاني أن أتحمل بشجاعة محنتي لوحدي.

لكن ثلاثة وعشرين يوماً من العذاب أضعفت قدرتي على الصمود فارتحلت بالقطار إلى بنارس حيث رحّب بي سري يوكتسوار بحرارة غير عادية. لكنه لم يعطني الفرصة لإخباره على انفراد عن آلامي. وكان قد زاره

الكثير من المريدين ذلك اليوم للحصول على الدرشان[٢]. وإذ كنت مريضاً ومهملاً فقد جلست في إحدى الزوايا. ولم يغادر جميع الضيوف إلا بعد وجبة العشاء. عندها استدعاني معلمي إلى شرفة الصومعة ذات الثمانية جوانب. وخاطبني وهو ينظر بعيداً ويسير جيئة وذهابا ويحجب ضوء القمر بين الحين والآخر:

«لا بد أنك جئت بخصوص اضطراب كبدك. دعني أرى؛ إنك تعاني من المرض منذ أربعة وعشرين يوماً، أليس كذلك؟»

أجبت: «نعم يا سيدي.»

قال: «أرجو أن تقوم بتمرين المعدة الذي علمتك إياه.»

أجبته: «لو أنك تعلم يا سيدي مدى آلامي لما طلبت مني التمرين.» ومع ذلك قمت بمحاولة ضعيفة امتثالا لطلبه. فتطلع إليّ المعلم مستفسراً:

«أنت تقول إنك تعاني من الألم، وأنا أقول أنه ليس لديك ألم. فكيف يُعقل وجود هذا التناقض؟»

أُصبت بالذهول، ثم غمرني شعور من الغبطة فلم أعد أشعر بالعذاب الممض والمتواصل الذي حرمني لأسابيع من النوم. ولمجرد كلمات سري يوكتسوار تلاشى الألم تماماً كما لو أنه لم يكن موجوداً أصلاً.

ورحت أنحني عند قدميه عرفاناً بالجميل، لكنه منعني بسرعة وقال:

«دعك من هذا. انهض وتمتع بجمال القمر فوق الغانج.»

وكانت عينا المعلم تومضان فرحاً عندما وقفتُ صامتاً بجانبه. وقد أدركت من موقفه أنه يريدني أن أشعر بأن الله هو الذي شفاني وليس هو.

ولا زلت ألبس حتى اليوم نفس السوار الفضي الرصاصي الثقيل تذكاراً لذلك اليوم الذي – مضى منذ زمن وبقيت ذكراه عزيزة على قلبي – عندما أدركتُ مجدداً أنني كنت أعيش مع شخص رفيع القدر ويمتلك قدرات تفوق طاقة البشر. وفي مناسبات تالية كنت آتي بأصدقائي إلى سري يوكتسوار من أجل الشفاء، وكان ينصح دوماً بالجواهر أو الإسوار[٣]، ممتدحاً استخدامها كإجراء ينطوي على حكمة فلكية.

ومنذ طفولتي كنت متحاملاً على التنجيم لسببين اثنين: أولاً رؤيتي

٢ البركة التي تتدفق من مجرد رؤية القديس.

٣ راجع حاشية الصفحة ٢٨٥.

للكثيرين ممن كانوا مولعين بالتنجيم باستسلام وخنوع، وثانياً لنبوءة تنبأ بها منجّم الأسرة بقوله: «ستتزوج ثلاث مرّات وستترمّل مرتين.» فكرت في الأمر، وشعرت كأنني عنزة تنتظر تضحيتها أمام معبد الزواج الثلاثي. وذات يوم قال لي أخي الكبير أنانتا:

«من صالحك التسليم لقدرك، فخريطتك الفلكية بيّنت فعلاً أنك خلال سنواتك الأولى ستهرب من المنزل إلى الهملايا وستُضطر إلى العودة قسراً. وبالمثل لا بد من أن تكون توقعات زواجك صحيحة أيضاً.»

وفي إحدى الليالي شعرت أن تلك النبوءة هي كاذبة من أساسها، فأشعلتُ النار في الخريطة الفلكية ووضعت رمادها في مظروف كتبت عليه ما يلي: «إن بذور الكارما الماضية لا يمكن أن تفرّخ إن تم حرقها بنيران الحكمة المقدسة.» ووضعت المظروف في مكان بارز. فقرأ أنانتا على الفور عبارتي الجريئة المستفزة وقال وهو يضحك ساخراً:

«لا يمكنك تدمير الحقيقة بنفس السهولة التي أحرقت بها هذه الورقة.»

وفي الحقيقة حاولت أسرتي ترتيب خطوبتي في ثلاث مناسبات قبل بلوغي طور الرجولة. وفي كل مرة كنت أرفض الموافقة[٤] لعلمي بأن حبي لله هو أقوى من أي اعتقادات أو اعتبارات كوكبية من الماضي. وكثيراً ما فكرت بكلمات معلمي الملهمة:

«كلما ازدادت معرفة الإنسان لذاته عمقاً كلما ازداد تأثيره على الكون بأسره بفعل اهتزازاته الروحية الشفافة، وكلما قلَّ تأثّره بالأحداث والظواهر الخارجية.»

وفي بعض الأحيان كنت أطلب من المنجمين أن يختاروا أسوأ الفترات بالنسبة لي طبقاً للإشارات الكوكبية، ومع ذلك كنت أتمكن من إنجاز أي عمل أختاره لنفسي وأقرر إنجازه. صحيح أن نجاحي في تلك المناسبات كان محفوفاً بصعوبات غير عادية، لكن كان هناك دوماً ما يبرر قناعتي. فالإيمان بالحماية الإلهية والاستخدام الصحيح للإرادة الممنوحة من الله للإنسان هما قوّتان عظيمتان تفوقان أي تأثير منبثق عن الكواكب والنجوم.

٤ إحدى الفتيات التي اختارتها أسرتي كزوجة محتملة لي تزوجت فيما بعد من ابن عمي برابهاس شندرا غوش [وكان سري غوش نائب رئيس جماعة اليوغودا ساتسانغا في الهند من عام ١٩٣٦ وحتى وفاته سنة ١٩٧٥. (راجع الصفحات ٤٥١ إلى ٤٥٣).]

ولقد أدركتُ أن ما تسجله النجوم عند الولادة لا يعني جعل الإنسان دمية في يد ماضيه. بل أن المؤشرات الكوكبية هي بالأحرى محفّز للنهوض والارتقاء. فالأجرام الفلكية تعمل على إيقاظ تصميم الإنسان لكي يتحرر من كل قيد. لقد خلق الله كل إنسان كروح موهوبة بذاتية مميزة، ولذلك فوجوده أساسي ولازم للتكوين الكوني، سواء كان دعامة تسند الآخرين أو عالة على غيره في الدور المؤقت الذي يقوم بأدائه. وحريته مؤكدة وفورية إن هو أراد ذلك، وهي لا تتوقف على الانتصارات الخارجية، بل الداخلية.

لقد اكتشف سري يوكتسوار التطبيق الحسابي لدورة اعتدالية لعصرنا الحالي[5] مكوّنة من ٢٤٠٠٠ سنة. وتنقسم الدورة إلى قوس صاعد وقوس نازل. ومدة كل منهما ١٢٠٠٠ سنة، ويدخل في كل قوس أربعة يوغات *yugas* أو عصور تدعى على التوالي: كالي، دوابارا، تريتا، وساتيا. وهذه تقابل الأفكار الإغريقية عن كل من العصر الحديدي، والبرونزي، والفضي، والذهبي.

وقد حدد معلمي باستخدام حسابات متنوعة أن عصر كالي يوغا الأخير أو العصر الحديدي للقوس الصاعد بدأ حوالي عام ٥٠٠ للميلاد. والعصر الحديدي الذي مدته ١٢٠٠ سنة هو فترة من المادية انتهت حوالي العام ١٧٠٠ للميلاد. وفي تلك السنة بدأ عصر دوابارا يوغا الذي يتكون من ٢٤٠٠ سنة، وهو عصر تطور الطاقة الكهربائية والطاقة الذرية والتلغراف والراديو والطائرات وغيرها من وسائل اختزال المكان. عصر تريتا يوغا الذي مدته ٣٦٠٠ سنة سيبدأ في العام ٤١٠٠ للميلاد؛ ويتميز بالمعرفة العامة للاتصالات التخاطرية (التلباثي) وغير ذلك من وسائل اختزال الزمن. أما عصر ساتيا يوغا، وهو العصر الأخير من القوس الصاعد، فمدته ٤٨٠٠ سنة وفيه ينمو عقل الإنسان إلى حد كبير بحيث يعمل في توافق مع الخطة الإلهية.

ثم يبدأ قوس نازل مدته ١٢,٠٠٠ سنة بعصر ذهبي نازل مدته ٤٨٠٠ سنة. وهذا العصر يبدأ بالنسبة للعالم (في سنة ١٢,٥٠٠ ميلادية)؛ حيث يغرق الإنسان تدريجياً في الجهل. وهذه الأطوار هي الدورات الأبدية للخداع الكوني

٥ هذه الأطوار مشروحة في القسم الأول من كتاب سري يوكتسوار: العلم المقدس *The Holy Science* (منشورات Self-Realization Fellowship).

مايا: تناقضات ونسبيات الكون الظاهري[6]. وحينما يستيقظ الوعي الروحي في البشر سينجون الواحد بعد الآخر من سجن الخليقة المتمثل في الثنائية، وسيدركون وحدتهم المقدسة وغير القابلة للانفصال مع الخالق.

لقد وسّع معلمي فهمي ليس فقط لعلم التنجيم، بل أيضاً لكتب العالم المقدسة. فقد كان يضع النصوص المقدسة على مشرحة عقله التي لا غبار عليها ويعالجها بمبضع استدلاله الحدسي. وكان يمتلك القدرة على الفصل بين تفسيرات العلماء الخاطئة والحقائق التي أفصح عنها الأنبياء في الأصل. فعلى سبيل المثال، إحدى فقرات البهاغافاد غيتا[7] تم تفسيرها على النحو التالي: «يجب أن يركّز الشخص بصره على طرف الأنف». وهذا التفسير الذي يقبله الكثير من الشرقيين والغربيين كان يلقى من سري يوكتسوار انتقاداً طريفاً بالقول:

«إن طريق اليوغي فريد بما فيه الكفاية، فلماذا ننصحه بأنه يتعين عليه أيضاً أن يصبح أحولاً؟ المعنى المقصود من كلمة ناسيكاغرام 'أصل الأنف' وليس 'طرف أو أرنبة الأنف'. فالأنف يبدأ من النقطة التي بين الحاجبين: مركز الرؤية الروحية[8].

٦ تضع الأسفار الهندوسية المقدسة العصر الحالي للعالم ضمن أحد عصور كالي يوغا لدورة كونية تزيد كثيراً عن الدورة الاعتدالية البسيطة التي ذكرها سري يوكتسوار وحدد مدتها بـ ٢٤٠٠٠ سنة. وتبلغ مدة هذه الدورة الكونية بحسب النصوص المقدسة ٤,٣٠٠,٥٦٠,٠٠٠ سنة، وتعادل يوماً واحداً من أيام الخليقة. وهذا الرقم الضخم يقوم على العلاقة بين طول السنة الشمسية مضروباً بـ (٣,١٤١٦ نسبة محيط الدائرة إلى قطرها). وبموجب هذا الحساب يكون العمر الكامل للكون طبقا للحكماء القدامى ٣١٤,١٥٩,٠٠٠,٠٠٠,٠٠٠ سنة شمسية أو «دهر من دهور براهما.» وتقرر الأسفار الهندوسية المقدسة أن كوكباً شبيهاً بكوكبنا يتحلل لأحد سببين: إما أن يصبح كل ساكنيه أخياراً تماماً أو أشراراً تماماً. عندئذ يقوم العقل الكوني بتوليد قوة تحرر الذرات الحبيسة التي تتكون منها الأرض. وتُنشر أحياناً تصريحات رهيبة عن قرب 'انتهاء العالم.' ولكن الدورات الكونية تتبع مساراً منتظماً طبقاً لخطة إلهية، وليس هناك انحلال منظور لأرضنا، وما زال أمام كوكبنا، في شكله الحالي، العديد من الدورات الاعتدالية الصاعدة والنازلة.

٧ الفصل ٦:١٣.

٨ «سراج الجسد هو العين، فمتى كانت عينك واحدة فجسدك كله يكون نيراً If therefore thine eye be single, thy whole body shall be full of light. ومتى كانت عينك شريرة فجسدك يكون مظلماً. انظر إذا لئلا يكون الذي فيك ظلمة.» — لوقا ١١:٣٤-٣٥.

وبسبب آية[9] واردة في فلسفة سانخيا تقول إشوار أسيدهي[10] («لا يمكن الاستدلال على سيد الخلق» أو «لا يمكن البرهان على وجود الله») فإن العديد من العلماء يعتبرون الفلسفة برمتها إلحادية.

وقد علّق سري يوكتسوار على هذه الفقرة بقوله: «الآية ليست إلحادية، بل تشير فقط إلى أن الإنسان غير المستنير الذي يعتمد على حواسه في الحكم على طبيعة الأشياء، لن يحصل على برهان يثبت وجود الله، وبالتالي يبقى الله مجهولاً بالنسبة له. وأتباع سانخيا الصادقون يدركون ببصيرتهم التي نمت وترسخت بالتأمل أن الرب موجود ويمكن معرفته.»

وفسّر معلمي الكتاب المقدس المسيحي بوضوح رائع. ومن معلمي الهندي غير المنتمي لعضوية الكنائس المسيحية أدركتُ خلود الكتاب المقدس وفهمت حقيقة تأكيدات السيد المسيح، وأكثرها تحدياً على الإطلاق: «السماء والأرض تزولان، ولكن كلامي لا يزول»[11].

إن معلمي الهند العظماء يصوغون حياتهم طبقاً للمثل العليا التي عاش بموجبها السيد المسيح. وهؤلاء هم أهله المقربون تطبيقاً لقوله: «لأن من يصنع مشيئة أبي الذي في السماوات هو أخي وأختي وأمي.»[12] وأيضا لقوله: «إذا ثبتم في كلامي صرتم في الحقيقة تلاميذي: تعرفون الحق والحق يحرركم»[13]

فيوغيّو الهند الشبيهون بالمسيح والمتحررون من كل القيود، الذين هم سادة أنفسهم وجزء من الأخوة الخالدة: قد حصلوا على معرفة الآب السماوي الأوحد التي تمنح التحرر والخلاص.

وفي اجتهاداتي المبكرة لفهم الحكايات الرمزية، قلت لمعلمي بانفعال كبير: «إن قصة آدم وحواء غير مفهومة بالنسبة لي. فلماذا لم يعاقب الله

٩ أحد الأقسام الستة للفلسفة الهندية. وتعلّم سانخيا أن التحرر النهائي يحصل بمعرفة خمسة وعشرين مبدءاً، ابتداءً من الطبيعة براكريتي وانتهاءً بالنفس (بوروشا).

١٠ *Sankhya Aphorisms* 1:92

١١ متى ٢٤:٣٥

١٢ متى ١٢:٥٠

١٣ يوحنا ٨: ٣١- ٣٢. وقد شهد القديس يوحنا بقوله: «وأما الذين قبلوه، فأعطاهم سلطاناً أن يصيروا أولاد الله، أي المؤمنون باسمه (أي الراسخون في وعي المسيح الكلي الحضور). - يوحنا ١:١٢.

الزوجين المذنبين فقط، بل عاقب أيضاً الأجيال المتعاقبة البريئة التي لم تكن قد ولدت بعد؟»

وضحك سري يوكتسوار لانفعالي أكثر منه لجهلي، وقال مفسّراً: «إن سفر التكوين يتضمن رموزاً ذات معانٍ عميقة يتعذر فهمهما عن طريق التفسير الحرفي. فـ 'شجرة الحياة' الوارد ذكرها هي كناية عن الجسم البشري. والعمود الفقري يشبه شجرة مقلوبة، جذورها شعر الإنسان، والأعصاب الواردة والصادرة هي الأغصان. وشجرة الجهاز العصبي هذه تحمل العديد من الثمار الشهية أو حواس البصر والسمع والشم والذوق واللمس. ومن حق الإنسان التمتع بها، ولكن حرّم عليه التجربة الجنسية 'التفاحة' الموجودة في وسط البستان الجسدي[١٤]. أما 'الحية' فتمثل الطاقة الفقرية الملتفة، التي تنبّه أعصاب الجنس. وآدم هو العقل وحواء هي الشعور. وعندما يطغى الدافع الجنسي على العاطفة أو وعي حواء في أي إنسان يستسلم وينقاد عقله أو آدمه[١٥].

«لقد خلق الله الجنس البشري بقوة إرادته بتجسيد جسميّ الرجل والمرأة، ومنح الجنس الجديد القدرة على إنسال الأطفال بطريقة مماثلة 'طاهرة' أو إلهية[١٦]. ولما كان مظهره في الروح الفردية مقتصراً حتى الآن على الحيوانات التي تحكمها الغريزة وتنقصها إمكانيات الإدراك التام، فقد صنع الله الجسمين البشريين الأولين المعروفين مجازاً بآدم وحواء، ونقل إليهما، من أجل التطور البنّاء والارتقاء، روحين أو جوهرين إلهيين لحيوانين اثنين[١٧]. فكان العقل هو السائد في آدم أو الرجل، وفي حواء أو المرأة كان الشعور هو المسيطر. وهكذا تم التعبير عن الثنائية أو القطبية التي هي أساس العوالم الظاهرة. فالعقل

١٤ «من ثمر شجر الجنة نأكل. وأما ثمر الشجرة التي في وسط الجنة فقال الله لا تأكلا منه ولا تمساه لئلا تموتا. — تكوين ٣: ٢-٣.

١٥ «فقال الرجل: المرأة التي جعلتها معي هي التي أعطتني من الشجرة فأكلت. فقال الرب الإله للمرأة: ما هذا الذي فعلتِ؟ فقالت المرأة: الحية أغرتني فأكلت.» — تكوين ٣:١٢-١٣.

١٦ «فخلق الله الإنسان على صورته. على صورة الله خلقه. ذكراً وأنثى خلقهم، وباركهم الرب وقال لهم أثمروا واكثروا واملأوا الأرض واخضعوها.» — تكوين ١:٢٧-٢٨.

١٧ «وجبل الرب الإله آدم تراباً من الأرض ونفخ في أنفه نسمة حياة فصار آدم نفساً حية.» — تكوين ٢: ٧

والشعور يظلان في جنة من السعادة والانسجام ما دام عقل الإنسان لا ينخدع بالقوة الأفعوانية للغرائز الحيوانية.

«والجسم البشري لم يكن فقط نتيجة للنشوء من الحيوانات، بل هو نتاج لخلق إلهي خاص. فالأشكال الحيوانية كانت خشنة وبدائية للغاية بحيث لم تكن صالحة لإظهار الالوهية الكاملة. ولذلك مُنح الإنسان بصفة فريدة قدرة عقلية كبيرة هي 'اللوتس الألفية البتلات' في الدماغ إضافة إلى مراكز باطنية متيقظة بشكل كبير في العمود الفقري.

«إن الله أو الوعي الإلهي الموجود في داخل أول زوج مخلوق نصحهما بأن يتمتعا بكل الحواس البشرية لكن دون حصر انتباههم بإحساسات اللمس[١٨] التي حُرّمت على الإنسان كي يتجنب تنمية الأعضاء التناسلية التي من شأنها توريط الإنسانية في طريقة التكاثر الوضيعة كالحيوانات. فالتحذير بعدم أيقاظ التذكارات البهيمية الكامنة لا شعورياً لم يتم الامتثال له. وإذ استأنف آدم وحواء طريقة الإنسال الحيواني سقطا من حالة الغبطة السماوية التي هي طبيعية بالنسبة للإنسان الأصلي الكامل. وما أن 'أدركا أنهما كانا عاريين' حتى فقدا وعيهما بالخلود تماما مثلماً كان قد حذّرهما الله. لقد أخضعا نفسيهما للقانون الطبيعي حيث إن الولادة الجسدية يجب أن يعقبها الموت الجسدي.

«وتشير 'معرفة الخير والشر' التي وعدت بها 'الحية' حواء إلى الاختبارات الثنائية والمتناقضة التي ينبغي أن يعانيها البشر الواقعون في قبضة الخداع الكوني مايا. وإذ يغرق الإنسان في الأوهام بسبب سوء استعمال شعوره وعقله، أو وعي آدم وحواء، فإنه يتنازل عن حقه في دخول الجنة السماوية للاكتفاء الذاتي المقدس[١٩]. ومن مسؤولية كل إنسان استعادة طبيعة 'أبويه' أو الطبيعة الثنائية وتحويلها طبيعة موحدة تتسم بالوئام والانسجام، أو جنة عدن.»

١٨ «وكانت الحية (القوة الجنسية) أحْيَل جميع حيوانات البرية.» (أحْيَل من أي حاسة أخرى من حواس الجسم). — تكوين ٣: ١.

١٩ «وغرس الرب الإله جنة في عدن شرقاً ووضع هناك آدم الذي جبله.» — تكوين ٢: ٨. «فأخرجه الرب الإله من جنة عدن ليعمل الأرض التي أُخذ منها.» — تكوين ٣: ٢٣. فالإنسان الإلهي الذي خلقه الله أولاً تمحور وعيه في العين الواحدة كلية القدرة الموجودة في الجبهة (شرقاً). وقد فقَدَ الإنسان كل القوى الخلاقة لإرادته، المركّزة في تلك النقطة [في الجبهة بين الحاجبين] عندما راح «يحرث أرض» طبيعته المادية.

ولما اختتم سري يوكتسوار حديثه نظرت إلى صفحات سفر التكوين باحترام جديد وقلت:

«يا معلمي العزيز: للمرة الأولى في حياتي أشعر بواجب بنويّ حقيقي نحو آدم وحواء.»[٢٠]

٢٠ وردت قصة «آدم وحواء» عند الهندوس في كتاب البورانا القديم سريماد بهاغافاد. فالرجل والمرأة الأولان (الكائنان في شكل مادي) يطلق عليهما سوايابهوفا مانو («الإنسان المولود من الخالق.») وزوجته شاتاروبا («ذات المئة صورة أو شكل»). وأولادهم الخمسة الذين تزاوجوا بالبراجاباتز (الكائنات الكاملة القادرة على اتخاذ أجسام مادية). ومن هذه الأسر المقدسة الأولى خُلق الجنس البشري.
إنني لم أسمع أبداً سواء في الشرق أو الغرب شخصاً يفسّر الكتب المقدسة مثلما فسّرها سري يوكتسوار ببصيرته العميقة. فكان يقول: «لقد أخطأ اللاهوتيون في تفسير كلمات المسيح في الفقرة التالية: 'أنا هو الطريق والحق والحياة. ليس أحد يأتي إلى الآب إلا بي.' (يوحنا ١٤:٦). فلم يقصد يسوع أبداً أنه كان ابن الله الوحيد، بل أن الإنسان لا يمكنه بلوغ اللانهائي المطلق أو الآب الفائق الكائن ماوراء الخليقة قبل أن يتمكن من إظهار 'الابن' أي وعي المسيح الحالّ والعامل داخل الخليقة. ويسوع الذي بلغ الوحدة الكاملة مع وعي المسيح، وحّد ذاته مع ذلك الوعي بإذابة ذاتيته قبل ذلك بكثير. (راجع الصفحة ١٨٧ حاشية.)
وحينما كتب بولس: «الله... خلق الجميع بيسوع المسيح» (أفسس ٣: ٩)، وعندما قال يسوع: «قبل أن يكون إبراهيم أنا كائن» (يوحنا ٨: ٥٨) فالمعنى المقصود من هذه الكلمات هو عدم الارتباط بالوجود الشخصي.
وهناك نوع من التخاذل الروحي يجعل كثيرين من أهل العالم يصدقون بسهولة أن إنساناً واحداً لا غير كان ابناً لله. فهم يفكرون على هذا النحو: «لقد خُلق المسيح خلقاً فريداً، فكيف يمكنني أنا المخلوق البشري التشبه به؟» ولكن جميع الناس خُلقوا خلقاً إلهياً، ولا بد أن يعملوا يوماً ما بنصيحة المسيح «كونوا أنتم كاملين كما أن أباكم الذي في السموات هو كامل» (متى ٥: ٤٨)، وأيضا الآية: «انظروا أية محبة أعطانا الآب حتى نُدعى أولاد الله!» (يوحنا الأولى ٣: ١).
إن فهم قانون الكارما وقانون العودة إلى التجسّد المترتب عليه(راجع الصفحة ٣١٣ حاشية، والصفحتين ٣٨٠ و ٣٨١، والفصل ٤٣) مبيّن في فقرات عديدة من الكتاب المقدس. فقد ورد في (سفر التكوين ٩: ٦) «سافك دم الإنسان بالإنسان يُسفك دمه.» فإن توجب أن يُقتل كل قاتل «بواسطة الإنسان»، فمن الواضح أنه في حالات عديدة ستستغرق العملية أكثر من حياة واحدة. ورجال الشرطة المعاصرون ليسوا سريعين بما فيه الكفاية!
لقد سلّمت الكنيسة المسيحية الأولى بفكرة العودة إلى التجسّد التي شرحها العارفون والعديد من آباء الكنيسة بمن فيهم كليمنص الإسكندري، وأوريجانوس الشهير (وكلاهما من القرن

الثالث الميلادي)، والقديس جيروم (من القرن الخامس الميلادي). في بادئ الأمر اعتُبرت العقيدة هرطقة سنة ٥٥٣ للميلاد من قِبل المجلس المسكوني الثاني للقسطنطينية. في ذلك الحين فكّر العديد من المسيحيين بأن عقيدة العودة إلى التجسد تتيح للإنسان حقبة فسيحة من الزمان والمكان لتشجيعه على الخلاص العاجل. ولكن كتم الحقائق يفضي بشكل مقلق إلى ارتكاب أخطاء لا حصر لها. إن ملايين البشر لم يستخدموا «عمرهم الوحيد» في البحث عن الله، بل استخدموه للتمتع بهذه الدنيا التي سريعاً ما تُفقد فقداناً أبدياً بالرغم من سهولة الفوز بها! والحقيقة هي أن الإنسان سيواصل العودة إلى هذه الأرض حتى يستعيد مكانته بصورة واعية كابن لله.

الفصل ١٧

# سازي واليافوتات الثلاث

«بما أنك أنت وابني تكنان كل هذا الاحترام والتقدير لسري يوكتسوار فسأقوم بإلقاء نظرة عليه.»

هذا ما قاله الدكتور نارايان شندر روي. وكلماته التهكمية تلك كانت ناجمة عن جهله وحماقته فأخفيت امتعاضي وانزعاجي قدر المستطاع، وفقاً لأفضل تقاليد الداعين إلى الهداية والتوجيه.

الدكتور كان طبيباً بيطرياً ومن الأتباع المتحمسين لمذهب اللاأدرية، وكان ابنه الصغير سانتوش قد رجاني كي أبدي اهتماماً بوالده. ومساعدتي القيّمة له كانت لغاية الآن مقتصرة بعض الشيء على الجانب غير المنظور.

في اليوم التالي رافقني الدكتور روي إلى صومعة سيرامبور. وبعد أن منَحه المعلم مقابلة قصيرة تميزت في معظمها بصمت رواقي من الجانبين غادر الزائر بطريقة فظة ومفاجئة.

وبعد إغلاق الباب خلف متشكك كلكتا نظر إليّ سري يوكتسوار متسائلاً وقال: «لماذا تأتي بشخص ميّت إلى الصومعة؟»

قلت: «سيدي، إن الطبيب ما زال ينبض بالحياة!»

أجاب: «ولكنه سيموت في وقت قصير.»

صدمتني هذه الكلمات من معلمي فقلت: «سيدي، ستكون وفاته ضربة قاسية لابنه سانتوش الذي ما زال يأمل في فسحة من الوقت لتغيير نظرات والده المادية. أتوسل إليك يا معلم أن تقدم العون للرجل.»

لم يظهر التأثر على وجه معلمي، وأجابني: «حسناً؛ إكراماً لك. إن طبيب الجياد المعتد بنفسه مريض جداً بالسكري مع أنه لا يعلم ذلك. وبعد خمسة عشر يوماً سيكون طريح الفراش ولن يقدر الأطباء على مساعدته لأن حالته ميؤوس منها. وموعد مغادرته هذا العالم هو ستة أسابيع من اليوم. ولكن نظراً لشفاعتك سيتماثل للشفاء في ذلك التاريخ بشرط واحد: يجب أن تجعله يلبس إسواراً كوكبياً.» وأردف المعلم مبتسماً: «لكنه بلا شك سيعترض ويقاوم بشدة تماماً مثلما يفعل أحد جياده أمام العملية!»

وبعد صمتٍ وجيز فكرتُ خلاله بأفضل سبل التودد التي يمكن استخدامها بمعونة سانتوش كي نقنع الطبيب العنيد بلبس الإسوار، أفصح سري يوكتسوار عن المزيد بقوله:

«بمجرد أن يتعافى الرجل انصحه بالإقلاع عن تناول اللحوم، بالرغم من أنه لن يُلقي بالاً لهذه النصيحة. وخلال ستة أشهر، عندما يشعر بأنه في أحسن حال سيسقط ميتاً. ومهلة الستة أشهر هذه قد مُنحت له استجابة لتوسلاتك.»

اقترحتُ على سانتوش في اليوم التالي أن يطلب من صائغ مجوهرات صنع الإسوار المطلوب، فكان جاهزاً في غضون أسبوع واحد. لكن الطبيب رفض أن يلبسه، ونظر إليّ شزراً وهو يقول: «دعكما من شعوذات التنجيم، فأنا في أحسن حال وصحتي على ما يرام.»

وتذكرتُ متندراً أن تشبيه المعلم له بالجواد الجامح كان له ما يبرره. وبعد مضي سبعة أيام مرض الطبيب فجأة فقبِل بوداعة أن يلبس الإسوار. وبعد أسبوعين من ذلك الوقت قال لي طبيبه المعالج إن حالته ميؤوس منها، ثم شرح لي المضاعفات الخطيرة التي حصلت له بفعل السكري.

وهززت رأسي وقلت: «لكن معلمي أخبرني بأن الدكتور روي سيتعافي ثانية بعد شهر.»

نظر الطبيب إليّ نظرة ارتياب، لكنه جاءني بعد أسبوعين معتذراً وقال: «لقد تعافى الدكتور روي تماماً. إنها أغرب حالة صادفتني في تجارب حياتي، إذ لم أرَ من قبل إنساناً محتضراً يعود إلى الحياة بمثل هذه الكيفية التي يتعذر تفسيرها. لا بد أن معلمك نبي شفاء!»

وبعد مقابلة مع الدكتور روي أعدتُ على مسامعه خلالها نصيحة سري يوكتسوار بخصوص نظام غذائي خالٍ من اللحوم، لم أرَ الرجل مرة أخرى لمدة ستة أشهر. وفي إحدى الأمسيات توقف الدكتور روي لمحادثتي بينما كنت أجلس في شرفة منزل أسرتي بطريق غوربار، وقد بدا في أتم الصحة والعافية، وقال لي:

«أخبر معلمك أنني بتناول اللحوم بصورة مستمرة استرجعتُ عافيتي تماماً وأن آراءه غير العلمية عن الغذاء لم تؤثر عليّ.»

ولكن في اليوم التالي جاءني ابنه سانتوش مهرولاً من منزله المجاور وقال: «في هذا الصباح سقط أبي ميتاً!»

تلك الحادثة كانت من أغرب اختباراتي مع المعلم. فهو قد شفى الطبيب

البيطري المتمرد بالرغم من عدم إيمانه، ومدّد فترة حياته على الأرض ستة شهور استجابة لتوسلاتي الحارة. لقد كان حنان سري يوكتسوار بلا حدود عند استجابته لمناشدة مُلحّة من أحد التلاميذ.

وكان من أكبر دواعي فخري واعتزازي إحضار أصدقائي في الكلية لمقابلة المعلم. وكان العديد منهم – في الصومعة على الأقل – يخلعون عباءتهم الأكاديمية العصرية للشكوك الدينية.

وقد أمضى صديق لي يدعى سازي العديد من عطلات نهاية الأسبوع في سيرامبور، وأُعجب المعلمُ كثيراً بالشاب لكنه كان يأسف لحياته الخاصة المشوشة وغير المنضبطة، فخاطبه ذات يوم بسخط ودي قائلاً:

«يا سازي، إنك ما لم تحسّن سلوكك فسوف تمرض مرضاً خطيراً بعد عام من الآن، وهذا موكندا شاهد عليك لئلا تقول فيما بعد أنني لم أحذرك.»

فضحك سازي وقال: «إنني أسلّم أمري لك يا معلمي لتتشفع لي عند العناية السماوية كي تنظر إلى حالتي اليائسة وتتلطف بي! إن نفسي راغبة في الإصلاح لكن إرادتي ضعيفة. وعلى أية حال فأنت مخلّصي الأوحد على هذه الأرض، ولا أؤمن بأي شيء آخر.»

فأجابه المعلم: «يجب على الأقل أن تلبس ياقوتة زرقاء عيار قيراطين، لأنها ستنفعك.»

فقال الشاب: «لا يمكنني شراء مثل تلك الياقوتة، ولكن إن حلّت المصائب يا معلمي الجليل فإنني أثق بأنك ستحميني.»

وأجابه سري يوكتسوار بغموض: «في غضون سنة ستأتي بثلاث ياقوتات ولكنها لن تنفعك حينذاك.»

كانت هذه المحادثة تتكرر بصورة أو بأخرى على نحو منتظم، وكان يردّ سازي بقنوط مضحك: «لا قدرة لي على إصلاح شأني، وثقتي بك يا سيدي أثمن من أي حجر كريم.»

انقضى عام، وبينما كنت في زيارة لمعلمي أثناء وجوده في منزل تلميذه نارن بابو في كلكتا، وحوالي الساعة العاشرة صباحاً، عندما كنت أجلس بهدوء مع سري يوكتسوار في غرفة الاستقبال في الطابق الثاني، سمعت الباب الأمامي يُفتح، فجلس المعلم باعتدال وقال بنغمة جادة:

«لا بد أنه سازي. لقد انقضى العام وذهبت رئتاه لأنه تجاهل نصيحتي. قل له أنني لا أريد مشاهدته.»

شعرتُ ببعض الذهول لقسوة سري يوكتسوار ونزلت مسرعاً وبينما كان سازي يصعد الدرج خاطبني قائلاً:

«يا موكندا، أرجو أن يكون المعلم هنا، إذ شعرتُ بإحساس باطني بأنه موجود في هذا المكان.»

فأجبته: «نعم هو هنا، لكنه لا يرغب في أن يزعجه أحد.»

انفجر سازي باكيا واجتازني مسرعاً وارتمى عند قدمي سري يوكتسوار حيث وضع ثلاث ياقوتات جميلة وقال:

«يا معلمي العليم بكل شيء! الأطباء يقولون إنني مصاب بالسل الذي يتغلغل بسرعة في رئتيّ وبأنني لن أعيش أكثر من ثلاثة أشهر. إنني أطلب مساعدتك بكل تواضع وأعلم أنك تستطيع شفائي!»

جلس المعلم كأبي الهول في صمت لا يلين ولا يتخلله سوى نشيج الشاب واسترحامه، ثم قال:

«أليس وقت القلق الآن على حياتك جاء متأخراً؟ اذهب بجواهرك فقد فات أوان فائدتها.»

وأدركتُ بالبديهة أن سري يوكتسوار كان بذلك يختبر مدى إيمان سازي في قوة الشفاء الإلهي. ولم أتفاجأ، بعد ساعة شابها التوتر، عندما نظر المعلم بحنان إلى صديقي المنبطح عند قدميه وقال:

«انهض يا سازي فلا داعي لإحداث مثل هذه الضجة في بيوت الآخرين! أعد الياقوتات إلى الجوهري إذ لا ضرورة لها الآن. فقط احصل على إسوار كوكبي والبسه. لا تقلق لأنك ستتعافى في غضون أسابيع قليلة.»

وأضاءت ابتسامة سازي وجهه المبلل بالدموع كأشعة الشمس عندما تغمر أعشاب الحقل المبتلة بقطرات الندى. وقال: «يا معلمي الحبيب، هل أتناول الأدوية التي وصفها لي الأطباء؟»

فأجابه سري يوكتسوار: «افعل مثلما تريد. لا يهم إن أخذت الأدوية أو رميتها، فموتك بداء السل هو أقل احتمالاً من تبادل الشمس والقمر لمداريهما.» ثم أضاف فجأة: «والآن هيا اذهب قبل أن أغيّر رأيي.»

وبانحناءة مهتاجة ارتحل صديقي على عجل. بعد ذلك زرته عدة مرات خلال الأسابيع القليلة التالية. وذات مساء أصبتُ بالحيرة عندما رأيت حالته تزداد سوءاً باضطراد، وقد تحول إلى هيكل عظمي. وهمسَ طبيبه المعالج في أذني: «لا بد أن يفارق سازي الحياة هذه الليلة.»

وانطلقتُ بأقصى سرعة إلى سيرامبور لأنقل وسط الدموع النبأ، فأصغى المعلم إلي في فتور ثم أجابني:

«لماذا جئت لتضايقني؟ لقد سمعتني أؤكد لسازي بأنه سيشفى.»

انحنيت أمامه بمهابة كبيرة، وتراجعت نحو الباب دون أن ينطق سري يوكتسوار بكلمة وداع، بل بقي مستغرقاً في صمت عميق، وكانت عيناه نصف مفتوحتين وقد انطلقت رؤيتهما إلى عالم آخر.

عدتُ للفور إلى منزل سازي في كلكتا، وقد دُهشت عندما وجدت صديقي جالساً يشرب الحليب، وخاطبني مبتهجاً: «يا لها من معجزة يا موكندا! فمنذ أربع ساعات شعرت بحضور المعلم في الغرفة فاختفت أعراضي الرهيبة على الفور وأشعر بأنني تعافيت تماماً بفضل إحسانه.»

وفي غضون أسابيع قليلة تعافى سازي وتحسنت صحته عما كانت عليه من قبل[1]. لكن ردة فعله الغريبة حيال شفائه اتسمت بنكران الجميل: فهو نادراً ما زار سري يوكتسوار بعد ذلك. وقد أخبرني صديقي ذات مرة أنه يأسف شديد الأسف لطريقة حياته الماضية بحيث كان يخجل من مواجهة المعلم. ولم يمكنني إلا الاستنتاج بأن مرض سازي قد أثر تأثيراً عكسياً عليه بحيث تسبب في تصلب إرادته والإضرار بسلوكه.

كانت أول سنتين من دراستي في كلية الكنيسة الاسكتلندية تقترب من نهايتها. وكان حضوري للفصول الدراسية متقطعاً. وما قمت به من قدر يسير من دراستي كان من أجل البقاء على علاقة طيبة مع أسرتي. مدرّساي الخصوصيان كانا يحضران بانتظام إلى منزلنا، وكنت متغيباً بانتظام! وأستطيع أن أتبيّن على الأقل هذا الانتظام في مسيرتي الدراسية!

في الهند يحصل الطالب بعد سنتين من النجاح في الكلية على دبلوم متوسط في الآداب، وبعد سنتين أخريين يحصل على درجة البكالوريوس.

ولاحت أمامي الامتحانات النهائية للشهادة الجامعية المتوسطة منذرة بالشؤم، فانطلقت إلى بوري حيث كان معلمي يقضي بضعة أسابيع. وكنت أؤمل بكيفية غامضة بأنه سيوافق على تغيبي عن الامتحانات النهائية. صارحته بعدم استعدادي المحرج، فابتسم قائلاً:

«لقد كان جهدك مصبوباً على الواجبات الروحية فلم تتمكن من أداء

١ في سنة ١٩٣٦ علمت من أحد الأصدقاء أن سازي كان لا يزال يتمتع بصحة ممتازة.

شري يوغانندا في سن السادسة عشرة

واجباتك تجاه الكلية. ثابر على قراءة كتبك في الأسبوع القادم وستجتاز المحنة وتضمن النجاح في الامتحان.»

عدت إلى كلكتا وأنا أكتم هواجسي المعقولة التي كانت تهاجمني أحياناً. وعندما ألقيت نظرة على كومة الكتب المكدسة فوق مكتبي شعرت أنني كالمسافر الذي ضل طريقه في البرّيّة. ولكن فترة طويلة من التأمل أتتني بإلهام وفّر عليّ العمل والجهد. فقد رحت أفتح كل كتاب عشوائياً وأطالع فقط

تلك الصفحات المفتوحة أمامي. اتبعت هذه الطريقة طيلة ثمانية عشر ساعة يومياً على مدى أسبوع كامل، واعتبرت نفسي خبيراً في فن حشو الذهن بالمعلومات.

وجاءت الأيام التالية في قاعة الامتحانات مصدقة لطريقتي العشوائية، فأحرزتُ الحد الأدنى للنجاح في جميع المواد. وانهالت عليّ التهاني من الأهل والأصدقاء مقترنة بالدهشة والاستغراب.

وعندما عاد معلمي من بوري فاجأني مفاجأة سارة عندما قال: «لقد انتهت دراستك في كلكتا وسأقوم بتدبير الأمر بحيث تمضي السنتين المتبقيتين من دراستك الجامعية هنا في سيرامبور.»

ولما كنت أعلم أن كلية سيرامبور هي المعهد الوحيد للتعليم العالي ولا تقدم سوى دورة واحدة فقط مدتها سنتان للشهادة الجامعية المتوسطة، أجبته في حيرة:

«سيدي، لا يوجد منهج للبكالوريوس في هذه المدينة.»

وابتسم المعلم ابتسامة ذات مغزى وهو يقول: «أنا كبير جداً بالسن ولا قدرة لي على جمع التبرعات لإنشاء كلية للبكالوريوس من أجلك. وأعتقد أنني سأقوم بترتيب ذلك عن طريق شخص آخر.»

وبعد شهرين أعلن البروفيسور هاولز عميد كلية سيبرامبور أنه تمكن من جمع ما يكفي من المال لاستحداث منهج دراسي مدته أربع سنوات في كلية سيرامبور التي أصبحت فرعاً تابعاً لجامعة كلكتا. وهكذا كنت واحداً من طلاب البكالوريوس الأوائل في سيرامبور. وقلت لمعلمي:

«كم أنت طيب معي يا معلمي العزيز! لقد كنتُ تواقاً دوماً لمغادرة كلكتا كي أبقى قريباً منك كل يوم في سيرامبور. والبروفيسور هاولز لا يعرف كم هو مدين لمساعدتك الصامتة!»

رمقني سري يوكتسوار بنظرة بدت صارمة بالرغم من عدم جديتها وقال: «لن تضطر بعد الآن إلى صرف ساعات طويلة في القطارات، إذ سيكون لديك الكثير من الوقت للدراسة. وقد تصبح أقل حشواً للمعلومات في اللحظات الأخيرة وأكثر اهتماماً بالدراسة وطلب العلم.»

لكن نغمة صوته افتقرت إلى الإقناع.[٢]

٢ كان سري يوكتسوار كأي حكيم آخر يأسف للنزعة المادية في التربية العصرية. وقليلة

هي المدارس التي تفسّر القوانين الروحية للسعادة، أو تلقّن أن الحكمة تكمن في تسيير الإنسان حياته في «خشية الله» أي في الخشوع لخالقه.

والشباب الذين يسمعون في هذا العصر – في المدارس الثانوية والكليات – أن الإنسان هو مجرد «حيوان أعلى»، غالباً ما يصبحون ملحدين لا يحاولون أبداً استكشاف طبيعتهم الروحية، ولا يعتبرون أنفسهم في طبيعتهم الجوهرية «صوراً لله». وقد قال إمرسون في هذا الصدد: «إننا لا نبصر خارج أنفسنا إلا ما هو موجود في داخلنا. فإن لم نقابل آلهة فلأننا لا نأوي أياً منها في ذواتنا.» والذي يتوهم بأن طبيعته الحيوانية هي حقيقته الوحيدة يحرم نفسه من الإلهامات المقدسة.

إن التعليم الذي لا يقدّم الروح الكوني كحقيقة محورية لوجود الإنسان يروّج لمعرفة زائفة «أفيديا». «لأنك تقول إنني أنا غني وقد استغنيتُ ولا حاجة لي إلى شيء، ولستَ تعلم أنك شقي وبائس وفقير وأعمى وعريان.» (رؤيا ٣ :١٧)

لقد كان تعليم الشباب في الهند القديمة مثالياً. ففي سن التاسعة كان التلميذ يتم قبوله «كابن» في (بيت أسرة المعلم الروحي غوروكولا بصفته مركز التربية). وقد كتب البروفيسور أس. في. فنكاتسوارا في *Indian Culture Through the Ages* (Vol. 1; Longman, Green & Co.) ما يلي:

« كان هناك شعور صحي من التضامن والمسؤولية مع فرصة كبيرة متاحة للتدرّب على الاعتماد على النفس وبناء الشخصية. وكان هناك معيار رفيع للثقافة والتهذيب الذاتي والاحترام الجاد للواجب والإيثار والتضحية، إضافة إلى احترام الذات والآخرين؛ وهو معيار رفيع للشرف الأكاديمي وللإحساس... بسمو الحياة الإنسانية وغايتها العظيمة.»

الفصل ١٨

# مسلم يصنع العجائب

«منذ سنوات عديدة، وفي نفس هذه الغرفة بالذات التي تقطنها الآن أتى شخص مسلم بأربع معجزات أمام عيني!»

نطق سري يوكتسوار هذه العبارة إبان زيارته الأولى لي في سكني الجديد. فبعيد التحاقي بكلية سيرامبور أقمتُ بحجرة في نزل قريب يدعى بانثي[1]. وكان المبنى القديم مصنوعاً من الطوب ويطل على نهر الغانج.

وأجلت النظر باهتمام فائق في غرفتي ذات الأثاث البسيط وقلت: «يا لها من مصادفة يا معلمي! فهل هذه الجدران الحديثة الزخرفة تختزن ذكريات قديمة؟»

ابتسم المعلم وهو يسترجع الذكريات وقال: «إنها قصة طويلة. لقد كان اسم الفقير[2] أفضل خان وكان قد اكتسب قواه الخارقة بلقاء عارِض مع يوغي هندوسي. فقد حصل ذلك لأفضل أيام شبابه في إحدى القرى الصغيرة في شرقي البنغال حيث قال له السنياسي الناسك: 'يا بني، إنني عطشان، فاحضر لي بعض الماء.'

«فأجابه أفضل: 'يا معلم، أنا مسلم فكيف تتقبل – وأنت هندوسي – ماء من يدي.'

«فقال له الناسك: 'يعجبني صدقك يا بني. إنني لست من المتمسكين بالتقاليد الآثمة التي تخلق الفرقة والشقاق بين البشر. هيا احضر لي الماء على الفور.'

«وكمكافأة لطاعة أفضل واحترامه، نظر إليه اليوغي بعطف ومودة وقال له مؤكداً:

«'إنك تمتلك كارما طيبة من حيواتك الماضية، لذلك سألقنك طريقة من طرق اليوغا تضع تحت تصرفك عالماً من العوالم غير المنظورة. والقوى

١ مسكن للطلبة، والكلمة مشتقة من بانثا، متجول، باحث عن المعرفة.

٢ اليوغي المسلم. والكلمة هي عربية وتطلق في الأصل على الدراويش الذين نذروا الفقر.

العظمى التي ستصبح في متناولك ينبغي أن تمارسها لعمل الخير وليس أبداً للمنفعة الأنانية! ولكن للأسف أرى أنك أتيت من الماضي ببعض الميول الهدّامة. ومن واجبك ألا تدعها تنبت وتثمر بتغذيتها بأفعال جديدة شريرة. والتعقيدات التي تتصف بها كارماك الماضية تقتضيك استخدام هذه الحياة لتوظيف مكاسبك اليوغية في خدمة أسمى الأهداف الإنسانية.'

«وما أن لقن المعلم الطريقة المعقدة للشاب المذهول حتى اختفى عن الأنظار!

«واظب أفضل على ممارسة التدريب اليوغي على مدى عشرين عاماً، وانتشرت أخبار أعماله العجائبية بشكل مثير. وبدا أنه كان دوماً مصحوباً بروح غير متجسدة يدعوها 'حضرة'. وهذا الكائن غير المنظور كان قادراً على تحقيق أدنى رغبة للفقير.

«وتجاهل أفضل تحذير معلمه وراح يسيء استخدام قواه، فكان كل ما يلمسه بيده ثم يتركه يختفي على الفور دون أثر. وهذه الأحداث المقلقة جعلت من أفضل ضيفاً غير مرغوب فيه!

«ومن وقت لآخر زار أفضل محلات كبيرة للمجوهرات في كلكتا كراغب في الشراء، وكانت الجواهر التي يلمسها تختفي فور مغادرته المتجر.

«وكان يحيط بأفضل بضع مئات من المريدين الذين كانوا يأملون في تعلّم أسراره. وأحياناً كان الفقير يدعوهم ليسافروا معه. وفي محطة القطارات كان يحاول لمس حزمة تذاكر ثم يعيدها للموظف قائلاً: 'لقد غيرت رأيي، ولن أشتريها الآن.' وما أن كان يستقل القطار مع حاشيته حتى تأتيه التذاكر المطلوبة[٣].

«وأحدثت هذه الأعمال الاستغلالية حنقاً على نطاق واسع، وتعرّض بعض تجار المجوهرات وبائعي التذاكر في البنغال لانهيار عصبي! ورجال الشرطة الذين بحثوا عن أفضل لإلقاء القبض عليه وجدوا أنفسهم عاجزين؛ إذ كان الفقير قادراً على محو إثباتات الجرم بمجرد قوله: 'ابعد هذا يا حضرة.'»

ونهض سري يوكتسوار من مقعده وتوجه نحو شرفة غرفتي المطلة على الغانج، فمشيت خلفه متشوقاً لسماع المزيد من أخبار هذا المسلم المدهشة،

٣ أخبرني أبي فيما بعد أن سكة حديد بنغال – ناغبور كانت إحدى الشركات التي كانت من ضحايا أفضل خان.

وقال المعلم ضاحكاً:

«هذا النزل كان يملكه أحد أصدقائي الذي تعرف على أفضل ودعاه إلى هنا، ودعا كذلك نحو عشرين من جيرانه كنت أحدهم. وإذ كنت آنذاك شاباً فقد شعرت بفضول مفعم بالحياة لمعرفة المزيد عن الفقير الرديء السمعة، وقد احتطتُ للأمر فلم أحمل شيئاً ذا قيمة! فنظر إليّ أفضل بفضول ثم قال:

«'لديك يدان قويتان. انزل إلى الحديقة واحضر حجراً أملس واكتب اسمك عليه بالطبشور ثم اقذف بالحجر إلى أبعد مسافة ممكنة في الغانج.'

«امتثلتُ لطلبه، وما أن غاص الحجر تحت الأمواج البعيدة حتى قال لي المسلم مرة ثانية:

«'املأ دلواً بمياه الغانج بالقرب من هذه الدار.'

«وبعد أن عدت بالدلو صاح الفقير: 'ضع الحجر في الدلو يا حضرة!'

«وظهر الحجر على الفور، فأخرجته من الدلو ووجدت عليه توقيعي مقروءاً تماماً مثلما كتبته.

«أحد أصدقائي في الغرفة، بابو،[٤] كان يلبس ساعة وسلسلة ذهبيتين عتيقتين. وما أن تفحصهما الفقير بإعجاب مشؤوم حتى اختفيتا بعد ذلك بقليل. فقال له صديقي والدمع يكاد يطفر من عينيه:

«'أرجوك يا أفضل أن تعيد إليّ تحفتيّ الثمينتين الموروثتين عن السلف!'

«وظل المسلم صامتاً لبعض الوقت ثم قال له: 'عندك خمسمائة روبية مخبأة في خزانة حديدية، احضرها لي وسأخبرك أين تجد ساعتك.'

«توجّه الصديق الحزين فوراً إلى منزله وعاد بعد قليل وناول أفضل المبلغ المطلوب، فقال له الفقير 'اذهب إلى الجسر الصغير القريب من بيتك ونادِ حضرة كي يعيد إليك الساعة والسلسلة.'

«انطلق الرجل مسرعاً، ثم عاد وعلى وجهه ابتسامة الرضا ولكن دون أي مجوهرات.

«وقال الصديق: 'عندما أمرتُ حضرة كي يفعل كما أوصاني أفضل سقطت ساعتي من الهواء متهادية باتجاهي وحطت في يدي اليمنى! ويمكنكم أن تتأكدوا أنني وضعت هذا التذكار في خزانتي قبل الالتحاق ثانية بالمجموعة هنا!»

٤ لا أتذكّر اسم صديق سري يوكتسوار ولا بد أن أشير إليه ببساطة باسم «بابو» (السيد).

ونظر أصدقاء الرجل – الذين شهدوا المأساة الكوميدية وفدية الساعة – باستياء إلى أفضل الذي قال مسترضياً خواطرهم:

"'أرجو أن تطلبوا ما شئتم من الشراب وسيجلبه لكم حضرة.'

"طلب عدد منهم حليباً، وطلب آخرون عصير فاكهة، ولم تكن دهشتي كبيرة عندما رأيت ذلك الصديق المتوتر يطلب الويسكي. وأصدر المسلم أمره فأرسل المساعد الخدوم حضرة صفائح محكمة السد، أتت سابحة وهبطت على الأرض مُحدثة صوت ارتطام، فوجد كل واحد شرابه المطلوب.

"أما العجيبة الرابعة الموعودة في ذلك اليوم فكانت دون شك ممتعة لمضيفنا، إذ عرض أفضل تقديم غداء فوري للحاضرين!

"واقترح الصديق باكتئاب: 'دعنا نطلب أغلى الأطعمة ثمناً، لأنّ بودي الحصول على وليمة فاخرة مقابل روبياتي الخمسمائة! ويجب تقديم كل ألوان الطعام على أطباق من ذهب!'

"وحالما طلب كل واحد طعامه المفضل، أمر الفقير حضرة الذي لا تنضب موارده كي يقوم بتلبية الطلب. فحدثت جلجلة كبيرة، وأتت من مكان مجهول صحون ذهبية مليئة بالكاري المحضر بعناية، مع الخبز الهندي الساخن لوتشي، وثمار المانغو التي في غير أوانها، واستقرت عند أقدامنا؛ وكانت كل الأطعمة شهية. وبعد أن أمضينا ساعة في تناول الطعام شرعنا في مغادرة الغرفة، وإذ بضوضاء قوية للغاية تشبه تكويم صحون فوق بعضها دفعتنا لأن ننظر حولنا، وقد دهشنا لأن نجد أن الصحون اللامعة قد اختفت مع بقايا الطعام دون أن تترك أثراً.»

وقاطعت معلمي متسائلاً: «إن كان بمقدور أفضل الحصول بسهولة على مثل هذه الصحون الذهبية فلماذا يطمع في ممتلكات الغير؟»

فأجاب سري يوكتسوار مفسراً: «لم يكن الفقير على قدر كبير من التطور الروحي. وإتقانه لأحد طرق اليوغا جعله يتوصل إلى أحد المستويات الكوكبية حيث تتحقق أية رغبة على الفور. وبواسطة كائن كوكبي يدعى حضرة استطاع الفقير أن يستجلب بقوة الإرادة ذرات أي شيء من الطاقة الأثيرية. لكن هذه الأشياء التي يتم استقدامها من العالم الكوكبي هي سريعة التلاشي

بحسب خصائصها البنيوية! ولا يمكن الاحتفاظ بها لفترة طويلة[5]. وأفضل كان لا يزال يطمح إلى ثراء دنيوي أكثر ديمومة بسبب صعوبة تحصيله.»

وقلت ضاحكاً: «وهذا أيضا يتلاشى أحياناً بكيفية يصعب تعليلها!»

وواصل المعلم حديثه: «لم يكن أفضل عارفاً بالله. المعجزات النافعة وذات الطبيعة الدائمة يقوم بها القديسون الصادقون لأنهم ناغموا أنفسهم مع الخالق الكلي القدرة. وأفضل لم يكن سوى شخص عادي بقوى غير عادية مكّنته من النفاذ إلى عالم شفاف لا يبلغه الناس عادة إلا بعد الموت.»

وأجبته: «الآن عرفت يا معلمي الجليل، ويبدو أن لمرحلة ما بعد الموت مزايا جذابة.»

وافقني المعلم واستطرد قائلا: «لم أرَ أفضل بعد ذلك اليوم. ولكن بعد بضع سنوات جاء الصديق إلى بيتي ليطلعني على مقال في إحدى الصحف يتضمن اعترافاً علنياً للفقير المسلم، ومنها عرفت الحقائق التي أخبرتك بها عن تكريس أفضل في بواكير حياته على يد معلم هندوسي.»

وكان فحوى القسم الأخير من المقال المنشور كما ذكر معلمي على النحو التالي:

«أنا أفضل خان أكتب هذه الكلمات كتكفير عن الذنب وكتحذير للذين يسعون لامتلاك قوى خارقة. فعلى مدى سنوات أسأت استخدام القوى العجيبة التي مُنحت لي بنعمة الله وبركة معلمي. ولكني انتشيت بالزهو والغرور وشعرت بأنني فوق كل القوانين البشرية، إلى أن جاء يوم حسابي في النهاية.

«فمنذ فترة قصيرة قابلت عجوزاً في أحد الطرق خارج كلكتا يعْرج بألم ويحمل شيئا لامعاً يشبه الذهب، فطمعت به في قلبي وخاطبته قائلاً: 'أنا أفضل خان الفقير العظيم. ما الذي تحمله؟'

«فأجابني: 'أحمل هذه الكرة الذهبية التي هي ثروتي المادية الوحيدة، ولا يمكن أن تكون ذات قيمة لفقير مثلك. أتوسل إليك يا سيدي أن تشفيني من العرج!'

«لمست الكرة وتابعت سيري دون جواب. فظلع العجوز راكضا خلفي ثم

٥ تماماً كما اختفت من الأرض تميمتي الفضية ذات المنشأ الكوكبي. (العالم الكوكبي موصوف في الفصل٤٣.)

صاح بأعلى صوته: ’لقد فقدت ذهبي!‘

«وإذ واصلت سيري من دون أن أعيره التفاتة نطق بصوت جهوري لا يتناسب مع جسمه الواهن: ’ألا تعرفني؟‘

«فوقفتُ عاجزاً عن الكلام وفي حيرة واندهال مما اكتشفته بعد فوات الأوان. فذلك العجوز الأعرج لم يكن سوى القديس العظيم الذي كرّسني في اليوغا منذ زمن بعيد. ثم جلّس ظهره فبدا جسمه على الفور كجسم شاب قوي، وكان بصره المسدد نحوي كاللهب الحارق وقال:

«’إذاً هكذا تتصرف! وإنني أرى رأي العين أنك تستخدم قواك لا لمساعدة البشر المتألمين، بل لتنقضّ عليهم كاللص! إنني أسترد مواهبك الخارقة. الآن تحرر حضرة منك، ولن تبقى بعد اليوم مصدر رعب في البنغال!‘

«وناديت حضرة بنبرة حزينة، ولكن للمرة الأولى لم يظهر لبصري الداخلي بل أن حجاباً مظلماً انزاح فجأة فبان لي بوضوح سلوكي المشين، فارتميت باكياً عند قدمي معلمي وقلت:

«’يا معلمي، إنني أشكرك لأنك أتيت لتخلصني من أوهامي التي رافقتني لفترة طويلة. وأعدك بأنني سأهجر مطامعي الدنيوية وأذهب للجبال كي أتأمل على الله لعلني أكفّر عن آثامي الماضية.‘»

«ونظر إليّ معلمي نظرة حنان صامتة ثم قال متعطفاً : ’إنني أحس بإخلاصك. ونظراً لطاعتك التامة في السنوات الأولى، وبسبب توبتك الحاضرة سأمنحك هبة واحدة. قواك السابقة لم تعد في متناولك، ولكن عندما تحتاج إلى الطعام أو الثياب فبإمكانك أن تنادي حضرة وسيلبي طلبك. اجتهد لتكريس كل جهودك للمعرفة الإلهية في خلوات الجبال.‘

«بعدها اختفى معلمي وبقيت لوحدي أذرف الدموع وأستعيد الذكريات. الوداع أيها العالم! فإنني ذاهب لأطلب الصفح والغفران من المحبوب الكوني!»

الفصل ١٩

# معلمي الموجود في كلكتا يظهر في سيرامبور

«كثيراً ما تنتابني الشكوك الإلحادية، وفي نفس الوقت تلازمني وتؤرقني هواجس مؤلمة. ألا توجد إمكانيات روحية لم يتم الكشف عنها بعد؟ ألا يُخفِق الإنسان في معرفة مصيره الحقيقي إذا عجز عن استكشاف تلك الإمكانيات؟»

أبدى ديجين بابو، رفيق السكن في نزل بانثي، هذه الملاحظات عند دعوتي له كي يقابل معلمي.

فأجبته قائلا: «سوف يكرّسك سري يوكتسوار في الكريا يوغا التي تهدّئ الهيجان النفسي بيقين باطني مقدس.»

في ذلك المساء رافقني ديجين إلى الصومعة، وفي حضرة المعلم حصل على سلام روحي عميق جعله من الزائرين الدائمين. فاهتمامات الحياة وشواغلها التافهة لا تشبع أعمق احتياجاتنا لأن الإنسان يملك أيضاً جوعاً فطرياً للحكمة. وقد ألهمتْ كلمات سري يوكتسوار ديجين كي يسعى للعثور في داخله على ذاتٍ حقيقية أكثر من الأنا أو الذات السطحية لتجسدٍ عابر.

وبما أنني وديجين كنا نتابع دراسة البكالوريوس في كلية سيرامبور فقد تعودنا السير معا إلى الصومعة لدى الفراغ من الدراسة. وغالباً ما كنا نرى سري يوكتسوار يقف في شرفة الطابق الثاني مرحباً بقدومنا بابتسامة.

وبعد ظهر أحد الأيام التقينا عند باب الصومعة بتلميذ صغير يدعى كاناي وقد نقل إلينا خبراً كان مخيباً لأملنا، حيث قال: «المعلم ليس هنا. لقد سافر إلى كلكتا تلبية لطلب عاجل.»

وفي اليوم التالي تسلمتُ بطاقة بريدية من معلمي جاء فيها: «سأغادر كلكتا صباح الأربعاء. انتظر مع ديجين قطار التاسعة صباحاً في محطة سيرامبور.»

وحوالي الثامنة والنصف من صباح الأربعاء ومضتْ في عقلي رسالة تخاطر فكري من سري يوكتسوار مفادها: «حصل لي تأخير. لا تذهبا لمقابلة

قطار التاسعة.»

نقلت آخر التعليمات إلى ديجين الذي كان قد انتهى من ارتداء ثيابه استعداداً للخروج، فأجابني بتهكم: «دعك من مسألة التخاطر! إنني أفضل الاعتماد على كلمات المعلم المكتوبة.»

هززت كتفي وجلست بهدوء، في حين اتجه ديجين بتذمّر نحو الباب وصفقه خلفه بشدة.

ولما كانت الغرفة معتمة إلى حد ما، انتقلتُ إلى جانب النافذة المطلة على الشارع، وفجأة ازداد نور الشمس الضئيل وتحوّل إلى سطوع قوي تلاشت فيه كلياً النافذة ذات القضبان الحديدية. وعلى هذه الخلفية الباهرة ظهر شكل سري يوكتسوار المتجسّد بكل وضوح!

وإذ دهشتُ لدرجة الانصعاق، نهضت من مقعدي وركعت أمامه. وبإيماءتي المعتادة المتمثلة في تقديم التحية والاحترام انحنيت عند قدمي معلمي ولمست حذاءه. وقد كنت أعرف هذا الحذاء جيداً، فهو برتقالي اللون مصنوع من الخيش وله نعل من الحبال. ولامسني رداؤه النسكي الزعفراني اللون وشعرت ليس بملابسه وحسب، بل بسطح الحذاء الخشن وأصابع قدميه المضغوطة داخل الحذاء، وكان الشعور في منتهى الوضوح. وإذ أصبت بالذهول فلم أنطق بكلمة واحدة، بل وقفت وتطلعت إليه متسائلاً، فخاطبني المعلم بصوت هادئ وعادي للغاية:

«يسرني أنك تمكنت من التقاط رسالتي الفكرية. لقد انتهيت الآن من عملي في كلكتا وسأصل سيرامبور بقطار العاشرة.»

وإذ بقيت صامتاً، واصل سري يوكتسوار حديثه قائلاً: «إن ما تراه ليس طيفاً، بل هو شكلي الحقيقي من لحم ودم. وامتثالاً لأمرٍ إلهي أمنحك هذا الاختبار النادر الحدوث على الأرض. قابلني في المحطة. ستراني أنت وديجين متجهاً نحوكما مرتدياً نفس هذه الملابس، خلف صبي يحمل إبريقاً فضياً.»

وضع معلمي كلتا يديه على رأسي وباركني بكلمات هامسة. وما أن ختم

حديثه بقوله «تيب آسي»[1] سمعت دوياً شبيهاً بصوت قرقعة[2]. وبدأ جسمه يذوب تدريجياً في النور النفّاذ، فاختفت قدماه وساقاه أولاً، ثم جذعه ورأسه، وطُوي كما تطوى اللفيفة. وبقيت أحس بأصابعه وهي تستقر برفق على شعري. وتلاشى الضوء الساطع ولم يبقَ أمامي سوى قضبان النافذة، مع شعاع باهت من نور الشمس.

وبقيت أتساءل في دهشة وذهول ما إذا كنت فريسة الهذيان. وفي تلك اللحظة دخل ديجين الغرفة مكتئباً، وقال بصوت فيه نغمة اعتذار:

«لم يأتِ المعلم بقطار التاسعة ولا حتى بقطار التاسعة والنصف.»

وأمسكت بيده ودفعته بقوة دون الالتفات لاعتراضاته وقلت له: «إنني أعلم أنه سيصل في قطار العاشرة.» وفي غضون عشر دقائق دخلنا المحطة حيث كان القطار ينفث إيذاناً بالوقوف، فهتفت مبتهجاً: «إن نور هالة المعلم يملأ القطار كله. إنه موجود به!»

قهقه ديجين ساخراً وقال: «إنك تحلم!»

قلت: «دعنا ننتظر هنا.»

وأخبرت صديقي بالتفاصيل المتعلقة باقتراب المعلم منا. وما أن انتهيت من وصفي حتى بدا لنا سري يوكتسوار مرتدياً نفس الملابس التي رأيتها منذ فترة قصيرة. وسار في إثر فتى صغير يحمل إبريقاً فضياً. وللحظة سَرَت في جسمي موجة باردة من الخوف لغرابة هذا الاختبار المدهش، وشعرت بعالم القرن العشرين المادي يفلت مني. فهل عدتُ إلى أيام السيد المسيح حينما ظهر أمام بطرس على صفحة البحيرة؟»

وإذ اقترب سري يوكتسوار – اليوغي العصري الشبيه بالمسيح – من المكان حيث كنت أقف صامتاً مع ديجين، ابتسم المعلم لصديقي وقال:

«لقد بعثتُ إليك أيضاً برسالة لكنك لم تتمكن من التقاطها.»

التزم ديجين الصمت إلا أنه نظر إليّ بارتياب. وبعد أن رافقنا المعلم إلى صومعته سرنا باتجاه كلية سيرامبور. فتوقف ديجين في الطريق وقد تملّكه الغضب وقال:

١ كناية عن «الوداع، أو إلى اللقاء» في البنغالية. وتنطوي على مفارقة تفاؤلية مفادها: «من بعدها أجيء.»

٢ الصوت المميز لانحلال ذرات الجسم.

«إذاً المعلم بعث لي برسالة وأخفيتها عني! يجب أن تفسر لي ما حدث.»

وأجبته: «وماذا يمكنني أن أفعل إن كانت مرآة عقلك تهتز بالقلق بحيث لا تقدر على التقاط تعليمات المعلم؟»

تلاشى غضب ديجين وقال بتأسف: «فهمت ما تقوله، ولكن كيف علمت بالصبي الذي يحمل الإبريق؟»

وما أن أنهيت قصة الظهور العجائبي للمعلم في النزل ذلك الصباح حتى كنا قد وصلنا كلية سيرامبور، فقال ديجين:

«إن القصة التي سمعتها منك الآن عن القوى التي يمتلكها معلمنا تجعلني أشعر بأن أية جامعة في العالم ليست سوى روضة أطفال.»[٣]

٣ «لقد بانت لي هذه الحقائق، وكل ما كتبته أصبحت قيمته الآن في نظري كقيمة القش ليس أكثر.»

هذا ما قاله القديس توما الأكويني «المعلم المكي» عندما ألح عليه سكرتيره كي ينجز كتابه (الخلاصة اللاهوتية *Summa Theologiae*). ففي أحد الأيام من سنة ١٢٧٣ أثناء قدّاس إلهي في كنيسة نابولي، اختبر القديس توما إدراكاً روحياً عميقاً وغمره بهاء المعرفة الإلهية لدرجة أنه أصبح لا يهتم بالمسائل العقلية بعد ذلك.

وهذا قريب من قول سقراط في (محاورة فيدون لأفلاطون): «أما بالنسبة لي، فإن كل ما أعرفه هو أنني لا أعرف شيئاً.»

الفصل ٢٠

# لا نزور كشمير

«أبي، أرغب في دعوة معلمي وأربعة من أصدقائي لمرافقتي إلى سفح الهملايا خلال العطلة الصيفية، فهل من الممكن أن تزودني بستة تذاكر للسفر بالقطار إلى كشمير، مع ما يكفي من النقود لتغطية مصاريف الرحلة؟»

ومثلما توقعت، ضحك أبي من كل قلبه وقال: «هذه هي المرة الثالثة التي تسمعني فيها قصة الديك والثور الخيالية. ألم تطلب هذا الشيء نفسه في الصيفين الماضي والذي قبله، وفي اللحظة الأخيرة امتنع سري يوكتسوار عن الذهاب؟»

قلت: «هذا صحيح يا أبي. لا أعرف لماذا لا يخبرني معلمي برأيه الأكيد عن كشمير[1]. ولكن لعله يوافق على السفر هذه المرة إن أخبرته بأنني حصلت فعلاً على التذاكر.»

لم يقتنع والدي بذلك، لكنه أعطاني في اليوم التالي ستة تذاكر ولفة من الأوراق المالية، وهو يقول مازحاً:

«لا أعتقد أن رحلتك النظرية تحتاج إلى كل أدوات الدعم العملية هذه، ولكن هذا ما طلبته.»

وبعد ظهر ذلك اليوم عرضت غنيمتي على سري يوكتسوار فابتسم لحماستي لكنه لم يرتبط بموعد، بل اكتفى بالقول: «بودي أن أذهب. سوف نرى.» ولم يُبدِ تعليقاً عندما طلبت منه كي يسمح لتلميذه الصغير كاناي بمرافقتنا. كما أنني دعوت ثلاثة أصدقاء آخرين هم: راجندرا نات ميترا وجوتن أودي وفتىً آخر، وقد حددنا يوم الاثنين التالي موعداً لسفرنا.

بقيت في كلكتا يوميّ السبت والأحد حيث حضرت مراسيم الزواج لأحد أبناء عمومتي في منزل عائلتي. ووصلتُ صباح الاثنين مبكراً إلى سيرامبور

١ مع أن المعلم لم يعط أي توضيح، لكن تردده في زيارة كشمير إبان هذين الصيفين ربما كان لعلمه المسبق بأن الوقت لم يكن قد حان بعد لمرضه هناك (راجع الصفحة ٢٥٠).

مع حقائبي فقابلت راجندرا عند باب الصومعة فقال لي:

«إن المعلم يتمشى خارجاً ولا يرغب بالسفر.»

شعرت بالحزن والعناد لذلك وقلت: «لن أعطي أبي فرصة ثالثة ليسخر من استعداداتي الخيالية لرحلة كشمير. ويجب على بقيتنا الذهاب.»

وافق راجندرا فغادرت الصومعة لأبحث عن خادم. ولما كنت متأكداً من أن كاناي لن يسافر بدون المعلم، وكان لا بد من وجود شخص يعتني بالأمتعة، فخطر ببالي اسم بيهاري الذي كان يعمل في الماضي خادماً في بيت أسرتي ويعمل الآن في خدمة مدير مدرسة سيرامبور. اتجهت مسرعاً نحو المدرسة وقد التقيت بمعلمي أمام الكنيسة المسيحية بالقرب من محكمة سيرامبور، فخاطبني دون تبسّم قائلاً: «إلى أين ذاهب؟»

أجبته: «سيدي، سمعت أنك وكاناي لا ترغبان بالسفر معنا في الرحلة التي قمنا بالإعداد لها، ولذلك فإنني أبحث عن بيهاري الذي حسبما تذكر أبدى رغبة كبيرة في مشاهدة كشمير لدرجة أنه تطوع للخدمة بدون أجر.»

قال: «أذكر ذلك، ولكني لا أعتقد أن بيهاري مستعد للذهاب.»

قلت وقد عيل صبري: «ولكنه ينتظر هذه الفرصة بتلهف!»

واصل معلمي سيره بصمت، واتجهت إلى منزل مدير المدرسة حيث رحّب بي بيهاري بحرارة ودية في صحن الدار ما لبثت أن تبخرت لمجرد أني ذكرت كشمير. وهَمهَمَ معتذراً ثم تركني ودخل منزل سيده. انتظرت لنصف ساعة وأنا أؤكد لنفسي بعصبية بأن تأخر بيهاري ناجم عن تحضيراته للرحلة. أخيراً قرعت الباب الأمامي، فأخبرني رجل بابتسامة باهتة: «لقد غادر بيهاري المكان من الباب الخلفي منذ حوالي الثلاثين دقيقة.»

تركت المكان حزيناً وتساءلت ما إذا كانت دعوتي له شديدة الإكراه، أو ما إذا كان لتأثير المعلم الخفي أي دور في ذلك. وإذ اجتزت الكنيسة المسيحية رأيت معلمي مرة ثانية وهو يمشي نحوي ببطء. وبدون أن يدعني أتكلم قال:

«بيهاري لا يرغب في الذهاب، فما هي خططك الآن؟»

وشعرت أنني كالطفل العنيد الذي يصرّ على تحدي سلطة أبيه الخبير، فقلت: «سيدي، إنني ذاهب إلى عمي لأطلب منه أن يعيرني خادمه لال دهاري.»

وأجابني سري يوكتسوار بابتسامة: «اذهب لرؤية عمك إن أردت، ولكنني بالكاد أعتقد أنك ستستمتع بتلك الزيارة.»

تركت معلمي بتوجس، ولكن بعناد، ودخلت محكمة سيرامبور حيث رحّب بي عمي سارادا غوش وهو محامٍ حكومي، فقلت له:
«إنني مسافر يا عمي اليوم مع بعض الأصدقاء إلى كشمير. فعلى مدى سنوات وأنا أتشوق لمثل هذه الرحلة إلى الهملايا.»
فأجابني: «إنني سعيد من أجلك يا موكندا، فهل يمكنني أن أفعل أي شيء لتوفير المزيد من الراحة لك؟»
وإذ تشجعت لهذه الكلمات الطيبة قلت له: «عمي العزيز، هل يمكنك أن تستغني لي عن خادمك لال دهاري؟»
وكان لطلبي البسيط فعل الزلزال، إذ نهض عمي بعنف من مقعده الذي انقلب وتناثرت الأوراق التي على مكتبه في كل اتجاه. وسقطت على الأرض نارجيلته الطويلة المصنوع جذعها الطويل من جوز الهند محدثةً ضوضاء كبيرة، وراح يزعق ويرتجف غضباً:
«أيها الشاب الأناني، يا لها من فكرة منافية للعقل! من الذي سيهتم بأموري إن أنت اصطحبتَ خادمي في إحدى رحلات استمتاعك؟»
أخفيت دهشتي وأنا أتفكر بالتغيير الفجائي في موقف عمي الودي والذي كان بدوره لغزاً آخر في يوم مليء بالألغاز والأحاجي. وكان خروجي السريع من المحكمة لا يتسم بالرصانة والوقار.
عدتُ إلى الصومعة حيث كان أصدقائي في انتظاري، وقد تيقنت أن دافعاً يصعب فهمه يكمن خلف موقف المعلم. وشعرت بتأنيب الضمير لمحاولتي كسر إرادة معلمي الذي استعلم قائلاً:
«موكندا، ألا تريد أن تبقى معي قليلاً؟ يستطيع راجندرا والآخرون الذهاب الآن وانتظارك في كلكتا. سيكون لديك ما يكفي من الوقت إن أخذت قطار المساء الأخير الذي يغادر كلكتا إلى كشمير.»
فأجبته بحزن: «سيدي، لا أرغب في السفر بدونك.»
لم يعر أصدقائي أدنى اهتمام لملاحظتي، بل طلبوا عربة أجرة وغادروا بالأمتعة، بينما جلست مع كاناي بهدوء عند قدمي المعلم. وبعد نصف ساعة من الصمت نهض المعلم وسار باتجاه ركن الطعام في الطابق الثاني، وقال:
«كاناي، أرجو تقديم الطعام لموكندا فقطاره سيغادر المحطة بعد قليل.»
وما أن قمت عن البطانية التي كنت أجلس عليها حتى ترنحت فجأة وشعرت بالغثيان وبخضخضة مريعة في معدتي، وكان وخز الألم شديداً جداً

لدرجة أنني شعرت بأنني قد أُلقيت فجأة في جحيم عنيف فتلمست طريقي عشوائياً نحو معلمي وسقطت أمامه متأثراً بكل أعراض الكوليرا الآسيوية المرعبة. فحملني سري يوكتسوار وكاناي إلى غرفة الاستقبال.

وقد صحتُ من شدة الألم: «أستودعك حياتي يا معلمي.» إذ شعرت أن روحي تفارق جسدي بسرعة كبيرة.

وضع سري يوكتسوار رأسي على حضنه وراح يربت جبيني بحنان ملائكي ويقول:

«أرأيت الآن ماذا كان سيحدث لك لو أنك كنت في المحطة مع أصدقائك؟ لقد توجّب عليّ الاعتناء بك بهذه الطريقة غير المألوفة لأنك اخترت عدم الوثوق برأيي بخصوص الرحلة في هذا الوقت بالذات.»

لقد فهمت أخيراً. ولما كان المعلمون العظام نادراً ما يعرضون قواهم بشكل علني، فالمراقب العادي لأحداث ذلك اليوم ربما اعتبر تسلسلها طبيعياً للغاية. لكن تدخّل معلمي كان أكثر شفافية من أن يُلاحَظ. فإرادته عملت بطريقة غير لافتة للنظر من خلال بيهاري وعمي سارادا وراجندرا وآخرين. وعلى الأرجح أن الكل ما عداي اعتبروا أن الظروف كانت منطقية وعادية.

ولما كان سري يوكتسوار لا يهمل أبداً واجباته الاجتماعية فقد طلب من كاناي أن يستدعي طبيباً أخصائياً وأن يقوم بإبلاغ عمي.

فقلت محتجاً: « يا معلمي، أنت من يستطيع شفائي، فحالتي لا يمكن لأي طبيب أن يعالجها.»

فأجابني: «لقد شملَتك الرحمة الإلهية بحمايتها يا بني. فلا تقلق بشأن الطبيب فهو لن يجدك في هذه الحالة لأنك شفيت فعلاً.»

فارقتني المعاناة الشديدة لدى سماعي كلمات معلمي، فجلست وأنا أشعر بالضعف والإعياء، وقد حضر الطبيب على عجل وفحصني فحصاً دقيقاً وقال:

«على ما يبدو أنك اجتزت مرحلة الخطر. سآخذ عيّنة معي لأحللها في المختبر.»

وفي اليوم التالي أتى الطبيب مسرعاً ورآني جالساً وفي معنويات عالية. فربت عليَ يدي برقة وقال:

«يا للعجب! إنك تبتسم وتتحدث كما لو أنك لم تكن على موعد قريب مع الموت. بالكاد توقعت أن أجدك على قيد الحياة بعد أن علمت من العينات أن

مرضك كان الكوليرا الآسيوية. من حسن حظك أيها الشاب أن تكون مع معلم يمتلك القدرة على الشفاء الروحي. إنني واثق من ذلك!»

وافقت من كل قلبي على أقواله. وبينما كان الطبيب يتأهب للمغادرة ظهر راجندرا وأودي عند الباب وقد تبدّل سخطهما إلى مواساة حينما نظرا إلى الطبيب ثم إلى وجهي الشاحب بعض الشيء، وقالا:

«لقد كنا مستائين لأنك لم تحضر إلى المحطة حسبما اتفقنا، فهل أصبت بمرض؟»

أجبتهما «نعم»، ولم أتمالك نفسي من الضحك عندما وضع صديقاي الأمتعة في نفس المكان الذي كانت فيه يوم أمس، فقلت: «عدنا والعود أحمد!»

ولما دخل معلمي الغرفة سمحت لنفسي بحرية المتماثل للشفاء وأمسكت يده بمحبة وحنان وقلت:

«يا معلمي الغالي، منذ سن الثانية عشرة قمت بمحاولات كثيرة غير ناجحة للوصول إلى الهملايا إلى أن اقتنعت أخيراً أن الآلهة بارفاتي[٢] لن

٢ المعنى الحرفي لـ بارفاتي هو «من الجبال.» وتمثل الأساطير بارفاتي على أنها ابنة الملك هملايا («حرفياً مستقر الثلوج») الذي يتكون منزله من قمة جبلية محددة عند حدود التبت. والسائحون الذين يمرون تحت القمة المنيعة يندهشون عندما يشاهدون من بعيد شكلاً فسيحاً من الثلج يشبه قصراً ذا قباب وأبراج جليدية.

وتعتبر كل من الآلهة بارفاتي وكالي ودورغا وأوما وغيرهن من الآلهة مظاهر أخرى لـ جاغاناتري «أم العالم المقدسة» ذات الأسماء المتنوعة التي تشير إلى وظائف معينة. والإله أو شيفا (راجع الصفحة ٣٥١ حاشية) في مظهره الفائق بارا هو عديم الحركة في الخليقة لأن نشاطه أو قوته الدافعة شاكتي قد أسندت إلى «شريكاته»: القوى «الأنثوية» الخصبة التي تجعل النشوء اللامتناهي للكون ممكناً.

والحكايات الأسطورية في البورانا تجعل الهملايا مقراً لشيفا. وتقول إن الإلهة غانجا نزلت من السماء لكي تكون الإلهة المشرفة على النهر النابع من الهملايا. ويقال إن الغانج، من منظور شعري، يتدفق من السماء إلى الأرض عن طريق شَعر شيفا «ملك اليوغيين» والمدمر-المجدد في الثالوث [الهندوسي]. ووصف كاليداسا (شكسبير الهند) جبال الهملايا بأنها «ضحكات شيفا المتكتلة». ويقول أف. دبليو. توماس في كتابه تراث الهند *The Legacy of India* (Oxford) «ربما تمكن القارئ من تخيّل تمدد الأسنان العظيمة البيضاء، ومع ذلك فقد تفوته الفكرة بكاملها ما لم يعاين الشكل العظيم للمتوحد الجالس للأبد على عرشه في عالم الجبال الشاهقة، حيث يمر نهر الغانج في هبوطه من السماء بشعره المتلبد والمزدان بالقمر كجوهرة القمة.»

تستقبلني بدون بركاتك!»

في الفن الهندي غالباً ما يُرى شيفا مرتدياً جلد وعل مخملي أسود يرمز لظلام الليل وأسراره الغامضة. وهو الرداء الوحيد لـ ديغامبار\ «ملتحف السماء». وهناك أفراد من جماعة شيفا لا يلبسون الثياب إكراماً للسيد الذي لا يملك أي شيء ويملك كل شيء.

وإحدى القديسات الشفيعات لكشمير في القرن الرابع عشر تدعي لالا يوغيسواري («سيدة اليوغا رفيعة القدر»). وقد كانت من مريدات شيفا التي «ترتدي السماء». وسأل أحد النقاد المستائين والمعاصرين للقديسة عن السبب من نذرها للعري: فأجابته لالا: «ولِمَ لا وأنا لا أرى رجالاً حولي.» وقد كانت ترى بتفكيرها الصارم المتشدد أن من يفتقر لمعرفة الله لا يستحق أن يدعى «رجلاً». وقد مارست هذه القديسة طريقة قريبة الشبه بالكريا يوغا، التي احتفت بفاعليتها في العديد من الرباعيات التي أترجم إحداها هنا:

أي حمض من أحماض الحزن لم أتذوقه؟
إن دورات ولادتي وموتي لا تعد ولا تحصى.
أما الآن فلم يبقَ في كأسي سوى الشراب الإلهي
الذي أحتسيه بطريقة التنفس.

لم تختبر القديسة الموت الاعتيادي، بل تخلّصت من شكلها الجسدي في النار. وفيما بعد ظهرت أمام سكان بلدتها المحزونين بصورة حية وبثياب ذهبية – وقد اكتست أخيراً بالثياب!

**المولى بصورة شيفا، ملك اليوغيين**

يمثل المولى شيفا، الذي هو تجسيد لروح النسك والزهد، مظهر المدمر – المجدد لطبيعة الله الثلاثية (الخالق، الحافظ، والمدمِّر). وشيفا الذي هو رمز للطبيعة الفائقة يُصوَّر في نشوة السمادهي في الهملايا. وتشير القلائد والأساور الأفعوانية (ناغا كوندالا) إلى سيطرته على الخداع والقوة الخلاقة.

الفصل ٢١

# نزور كشمير

بعد يومين من شفائي من الكوليرا الآسيوية بأعجوبة، أخبرني سري يوكتسوار قائلاً: «لقد تحسنتَ وتقدر الآن على السفر. سوف أرافقك إلى كشمير.»

في ذلك المساء انطلقت مجموعتنا المكونة من ستة أشخاص بالقطار نحو الشمال. وكانت محطتنا المتأنية الأولى مدينة سيملا الرائعة المتربعة على عرش هضاب الهملايا، فتمشينا في شوارعها المنحدرة مستمتعين بالمناظر الخلابة.

وصاحت امرأة عجوز تجلس القرفصاء في سوق ظريف في الهواء الطلق: «فراولة إنكليزية للبيع.»

وأبدى معلمي فضولاً نحو تلك الثمار الحمراء الصغيرة فاشترى منها سلة وقدمها لي ولكاناي القريبين منه. وما أن تذوقت حبة منها حتى لفظتها بسرعة على الأرض وقلت:

«سيدي، ما أحمض هذه الفاكهة! لا يمكنني أبداً أن أحب الفراولة.»

ضحك معلمي وقال: «ستستطيبها في أمريكا. ففي مأدبة عشاء هناك ستقدمها إليك مضيفتك مع السكّر والقشدة. وبعد أن تدهكها بالشوكة ستذوقها وتقول: 'ما أطيب هذه الفراولة!' عندها سوف تتذكر هذا اليوم في سيملا.»

(تلاشى تنبؤ سري يوكتسوار من عقلي لكنه عاد وظهر ثانية بعد ذلك بسنوات، إذ بعد وقت قصير من وصولي إلى أمريكا، كنت ضيف عشاء في بيت السيدة أليس تي. هاسي [الأخت يوغماتا] في مدينة وست سَمَرفيل بولاية ماساشوستس. وعندما وضعت الفراولة على المائدة التقطت مضيفتي شوكة ثم دهكتها وأضافت إليها القشدة والسكر قائلة: «الثمار حامضة قليلاً وأعتقد أنك ستستطيبها محضّرة بهذه الطريقة.») تناولت ملء فمي وهتفت قائلاً: «ما أطيب هذه الفراولة!» وعلى الفور بزغت نبوءة معلمي في سيملا من كهف الذاكرة الذي لا يسبر غوره. ودهشت كيف أن عقل سري يوكتسوار المتناغم مع الله استشعر مخطط الأحداث الكارمية وهي تتماوج في أثير المستقبل.)

بعد ذلك بقليل غادرنا مدينة سيملا واتجهنا بالقطار إلى راولبندي. هناك

استأجرنا عربة مسقوفة يجرها حصانان، وانطلقنا في رحلة تستغرق سبعة أيام إلى سريناغار عاصمة كشمير. وفي اليوم التالي من رحلتنا إلى الشمال بدا لنا الامتداد الحقيقي الشاسع للهملايا. وفي حين كانت العجلات الحديدية لعربتنا تصدر صريراً فوق الطرقات المبلطة بالحجارة الحارة، كنا مبتهجين بالمناظر الجبلية الرائعة والدائمة التغيّر.

وقال أودي للمعلم: «سيدي، إنني مستمتع جداً بهذه المناظر الخلابة في صحبتك المباركة.»

وكمضيف لهذه الرحلة فقد أحسست برعشة من السرور لاستحسان أودي، فقرأ سري يوكتسوار ما يدور في ذهني ومال نحوي هامساً:

«لا تعتز بما قاله أودي؛ فهو ليس مفتوناً بالمناظر بقدر رغبته في مغادرتنا لتدخين سيجارة.»[1]

دهشتُ وقلت في صوت خفيض: «سيدي، بالله عليك لا تنغص علينا فرحنا بهذه الكلمات غير السارة. فبالكاد أصدق أن أودي يرغب في التدخين.» ونظرت بتوجس إلى معلمي المفعم بالابتهاج والحيوية، فقال وهو يبتسم:

«طيّب! لن أقول شيئاً لأودي، لكنك سترى أنه سيغتنم فرصته عندما تتوقف العربة.» وصلت العربة إلى نزل للمسافرين. وحينما اقتيدت الجياد لسقيها سأل أودي المعلم قائلاً: «سيدي، هل تمانع إن جلست لبعض الوقت مع السائق؟ إنني أرغب باستنشاق الهواء الخارجي.»

سمح له سري يوكتسوار لكنه قال لي معلّقاً: «إنه يريد التدخين وليس الهواء النقي.» واصلت العربة تقدمها الصاخب فوق الطرقات الترابية، وقد التمعت عينا المعلم عندما طلب مني قائلاً: «مد عنقك من خلال باب العربة وانظر لترى ماذا يفعل أودي بالهواء.»

أطعته وجفلت لأن أرى أودي وهو ينفح دخان السجائر على شكل حلقات، فقلت معتذراً لسري يوكتسوار: «أنت دائماً على حق يا سيدي. فأودي يستمتع بالمنظر الشامل مع نفخة من الدخان.» وقد خطر ببالي أن أودي حصل على مبتغاه من سائق العربة، لأنه لم يأخذ معه أي سجائر من كلكتا.

واصلنا السير على الطريق المتعرج مبتهجين بمناظر الأنهار والوديان

١ يُنظر في الهند إلى التدخين في حضرة من هم أكبر سناً والرؤساء كعلامة على قلة الاحترام.

والمنحدرات الصخرية الحادة والطبقات الجبلية الكثيرة. وكنا نتوقف كل ليلة في إحدى الفنادق الريفية لإعداد طعامنا. وكان سري يوكتسوار يعتني عناية خاصة بغذائي، ويصر على أن أتناول عصير الليمون الأخضر في كل الوجبات، إذ كنت لا أزال واهناً، ولكن في تحسّن يومي، بالرغم من أن العربة المجلجلة قد تم تصميمها خصيصاً للإزعاج وعدم الارتياح.

وطفحت قلوبنا بالتوقعات السارة مع اقترابنا من كشمير الوسطى: فردوس بحيرات اللوتس والحدائق العائمة والبيوت الطافية ذات القباب المظللة والجو البهيج، ونهر جهيلوم ذي الجسور العديدة والمراعي الخضراء المرصّعة بالزهور والمطوقة بجلال الهملايا. وتقدمنا نحو سريناغار فوق طريق تحيط به أشجار باسقة مرحّبة. واستأجرنا نزلاً مكوناً من طابقين يطل على التلال السامقة. ولم يكن النزل مزوداً بالماء الجاري فكنا نحصل على ما يلزمنا من ماء من بئر قريبة. وكان طقس الصيف مثالياً: دافئاً في النهار وبارداً بعض الشيء ليلاً.

وقمنا بزيارة لمعبد سريناغار القديم والمكرّس للسوامي شانكرا. وإذ تطلعتُ إلى الصومعة التي على قمة الجبل الشاهقة التي تظهر جلية إزاء القبة الزرقاء، اختبرت نشوة روحية وأبصرت بالرؤيا صرحاً فوق قمة تل في بلاد بعيدة. وتبدّل في عقلي معبد شانكرا الرفيع إلى المبنى الذي أسستُ فيه المقر العالمي لـ Self-Realization Fellowship في أمريكا بعد سنوات من الرؤية. (وعندما زرتُ لوس أنجلوس للمرة الأولى وأبصرت البناء الكبير على قمة ماونت واشنطن Mount Washington، عرفته على الفور بأنه المبنى الذي شاهدته في الرؤيا في كشمير وفي أماكن أخرى.

أمضينا بضعة أيام في سريناغار ثم انتقلنا إلى غولمارغ (الدروب الجبلية المزدانة بالأزهار) والتي ترتفع ثمانية آلاف وخمسمائة قدم فوق سطح البحر. وهناك امتطيت للمرة الأولى جواداً كبير الحجم، في حين اعتلى راجندرا ظهر مهر صغير كان قلبه يضطرم طموحاً للسباق. ثم غامرنا بالذهاب إلى بلدة خيلانمارغ الشديدة الانحدار حيث يخترق الممر الأحراش الكثيفة المليئة بفطور الشجر وحيث الدروب محفوفة بالمخاطر بسبب ما يكتنفها من ضباب كثيف. ومع ذلك لم يسمح مهر راجندرا الصغير لجوادي الكبير بالراحة لحظة واحدة حتى في أشد المنعطفات خطراً؛ فكان يعدو دون توقف ودون كلل أو ملل، غير مبالٍ بأي شيء سوى بفرح المنافسة.

وقد كوفئنا على سباقنا المجهد بمنظر مبهر، إذ للمرة الأولى في هذه الحياة تطلعتُ في كل اتجاه إلى قمم الهملايا السامية المهيبة المكللة بالثلوج والممتدة طبقة فوق طبقة كأشكال دببة قطبية ضخمة. واكتحلت عيناي بمنظر الامتدادات الواسعة التي لا انتهاء لها من جبال جليدية إزاء آفاق زرقاء مشمسة.

وتدحرجتُ بفرح مع رفاقي الفتيان، وجميعنا نرتدي معاطف، فوق المنحدرات البيضاء المشعشعة. ولدى هبوطنا رأينا من بعيد بساطاً عريضاً من الزهور الصفراء وقد أضفَت على التلال القاتمة رونقاً بديعاً.

وكانت نزهاتنا التالية إلى حدائق (المباهج الملكية) للإمبراطور جيهانغير في شاليمار ونيشات باغ. وقد بُني قصر نيشات باغ القديم مباشرة فوق شلال طبيعي تم تنظيم سيله المندفع من الجبال بوسائل بارعة بحيث يعبر الحدائق الزاهرة ويتدفق في فوارات وسط أحواض الزهور الباهرة ويدخل عدداً من حجرات القصر ليصب أخيراً في منظر أخّاذ في البحيرة التي تحته. والحدائق الفسيحة تزخر بشتى الألوان الزاهية وبالورود والياسمين والزنابق ونبات أنف العجل وزهور الثالوث والخزامى وشقائق النعمان. وهناك بقعة زمردية تحيط بها صفوف متناسقة من أشجار الشينارز[٢] والسرو والكرز، وتبرز من خلفها أعالي الهملايا القاسية البيضاء.

ويعتبر ما يُسمى عنب كشمير من الفواكه الطيبة جداً في كلكتا. وراجندرا الذي كان يتحدث عن وليمة عنب بالانتظار في كشمير، خاب أمله إذ لم يجد فيها كروماً كبيرة. ورحت أمازحه، قائلاً:

«لقد أفرطتُ كثيراً في أكل العنب حتى التخمة ولم أعد قادراً على المشي! والعنب غير المنظور يتخمر في داخلي!» وسمعنا فيما بعد أن العنب الحلو ينمو بوفرة في كابول غربي كشمير. واستمتعنا بتناول البوظة المصنوعة من الرابري (الحليب الشديد التركيز) والمنكّهة بحبوب الفستق الكاملة.

وقمنا بعدة رحلات في قوارب صغيرة شيكاراز ذات مظلات حمراء مطرزة وعبرنا القنوات المتشعبة لبحيرة دال، وهي عبارة عن شبكة من الممرات المائية الشبيهة بنسيج عنكبوت مائي. وشاهدنا حدائق عديدة ذات مظهر خشن تعوم بما فيها من تراب وقروم خشبية. كما رأينا لأول مرة منظراً

٢ شجرة الدلب الشرقية.

غير مألوف لبطيخ وخضروات تنمو وسط المياه الفسيحة. وأحياناً يُشاهَد مزارع يأنف «الالتصاق بالتربة» في بقعة واحدة، فيسحب قطعة «أرضه» مربعة الشكل إلى موضع جديد في البحيرة المتعددة القنوات والمسالك.

في هذا الوادي ذي الطبقات المتدرجة يجد الإنسان صورة مصغرة لمحاسن الدنيا. فالسيدة كشمير متوجة بالجبال، مطوقة بالبحيرات، ومنتعلة الزهور. وبعد زياراتي لبلدان عديدة في السنوات التالية أدركتُ السر من اعتبار كشمير في معظم الأحيان أجمل بقاع العالم. فهي تملك بعضاً من سحر جبال الألب السويسرية ولوك لوماند Lock Lomond الاسكتلندية، والبحيرات الإنكليزية الرائعة. كما يجد المسافر الأمريكي في كشمير الكثير مما يذكّره بروعة ألاسكا ذات التضاريس الوعرة وقمة بايكسبيك Pike's Peak بالقرب من مدينة دنفر.

ولو عُقدتْ مسابقة لجمال المناظر الطبيعية فإنني أعطي الجائزة الأولى إما لمنظر زوشيميلكو Xochimilco البديع في المكسيك حيث تنعكس ظلال السماء والجبال وأشجار الحور في الممرات المائية العديدة وسط الأسماك اللعوب؛ أو بحيرات كشمير الشبيهة بالعذارى الجميلات تحرسهن رقابة الهملايا الصارمة. فهذان المكانان محفوظان في الذاكرة كأجمل بقعتين على وجه الأرض.

ومع ذلك فقد شعرت بالدهشة حينما رأيت لأول مرة عجائب المنتزه الوطني في يلوستون Yellow Stone National Park والأخدود العظيم (غراند كانيون Grand Canyon) في كل من كولورادو وألاسكا. ولعل منتزه يلوستون هو المحمية الطبيعية الوحيدة التي تُشاهَد فيها الفوارات المائية التي تفوق الحصر، وهي تنبثق عالياً في الهواء عند فترات منتظمة كدقات الساعة. ففي هذه المنطقة البركانية تركت الطبيعة عيّنة من الخليقة الأولى: ينابيع كبريتية ساخنة وبُرَك متلألئة بلون الياقوت ولون حجر عين الشمس (الأوبال) البراق ودببة وثيران وحشية وذئاب وحيوانات برية أخرى متجولة بحرية تامة.

ولدى انطلاقي في السيارة على طرقات وايومنغ نحو «قِدر دهان الشيطان Devil's Paint Pot» ذي الطين الحار الفائر، لاحظت الينابيع المتفجرة والنوافير البخارية والفوارات المنطلقة، واعتبرتُ أن منتزه يلوستون جدير بجائزة خاصة لتفرده الذي لا مثيل له.

أما في منتزه يوسامَتي Yosemite في كاليفورنيا فقد بدت أشجار السيكويا

مبنى الإدارة في المقر العالمي لـ Self-Realization Fellowship
(جماعة يوغودا ساتسانغا في الهند)، التي أسسها شري يوغانندا في عام ١٩٢٥، على قمة ماونت واشنطن في لوس أنجلوس، كاليفورنيا

الجليلة ذات الجذور الضاربة في القِدم وهي ترسل أعمدتها الضخمة عالياً في الفضاء كما لو كانت كاتدرائيات طبيعية خضراء صُممت بمهارة إلهية. ومع أن في الشرق شلالات رائعة، لكن ما من شلال يضارع من حيث الجمال الأخاذ شلالات ناياغرا Niagara Falls في ولاية نيويورك قرب الحدود الكندية. أما الكهف العملاق Mammoth Cave في كنتاكي ومغارات كارلسباد Carlsbad في نيو مكسيكو فهي شبيهة بدنيا الخيال العجيبة. والهوابط الطويلة المتدلية من سقوف المغارات والمنعكسة في المياه الجوفية تبرز لمحة عن عوالم أخرى حسبما بدت لخيال الإنسان.

وفي كشمير يوجد العديد من الهنود المشهورين عالمياً بجمالهم، وهم يضارعون الأوروبيين من حيث البشرة البيضاء وتقاطيع الوجه وتكوين العظام. كما أن للعديد منهم عيوناً زرقاء وشعوراً شقراء. وإن ارتدوا ثياباً غربية يشبهون الأمريكيين. فبرودة الهملايا تحمي الكشميريين من قيظ الشمس وتُبقي بشرتهم بيضاء. وكلما انتقل المرء جنوباً إلى خطوط العرض الهندية الاستوائية يصبح لون بشرة السكان داكناً أكثر فأكثر.

وبعد أن أمضينا أسابيع ممتعة في كشمير اضطررت للعودة إلى البنغال لحلول فصل الخريف الدراسي بكلية سيرامبور، في حين بقي سري يوكتسوار في سريناغار مع كاناي وأودي لفترة أطول. وقد ألمح لي المعلم قبل مغادرتي بأن جسمه سيعاني آلاماً في كشمير، فقلت معترضاً:

«سيدي، إنك تبدو في أتم الصحة والعافية.»

فأجابني: «بل يحتمل أنني قد أغادر هذه الأرض.»

ووقعت عند قدميه مستعطفاً: «أرجوك يا سيدي أن تعدني بأن لا تترك جسدك الآن، فأنا غير مستعد أبداً لمتابعة الطريق بدونك.»

ظل سري يوكتسوار صامتاً وابتسم لي بحنان فشعرت بالطمأنينة وودعته على مضض. وإثر عودتي إلى سيرامبور بفترة قصيرة وصلتني البرقية التالية من أودي: «المعلم مريض بشكل خطير.»

وأبرقتُ لمعلمي باهتياج شديد: «سيدي، أتوسل إليك أن تحقق وعدك لي ولا تتركني. أرجوك أن تحتفظ بجسمك وإلا سأموت أنا أيضا.»

وأجابني سري يوكتسوار من كشمير: «فليكن كما تريد.»

وأتتني بعد أيام رسالة من أودي يخبرني فيها بأن المعلم قد تماثل للشفاء. وعند عودته إلى سيرامبور بعد أسبوعين شعرت بالحزن عندما رأيت أن جسم

**تلاميذ يوغانندا المباشرون الذين خلفوه كرؤساء روحيين لجماعة SRF/YSS**

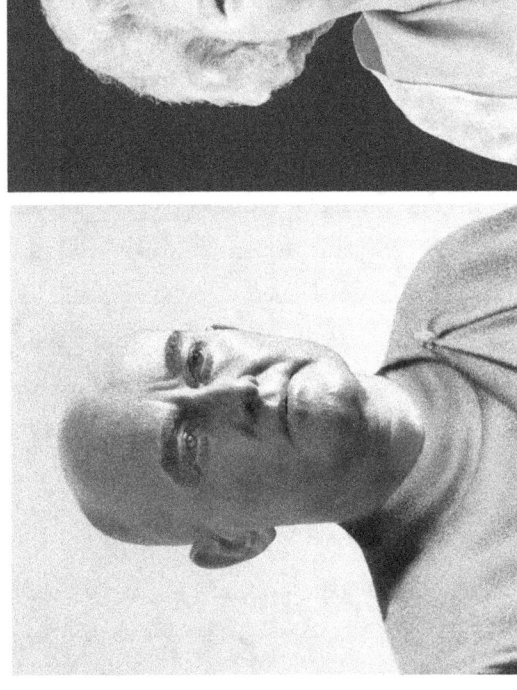

(من اليسار إلى اليمين) شري راجارسي جاناكانندا، القائد الروحي ورئيس (Self-Realization Fellowship/Yogoda Satsanga Society of India من عام ١٩٥٢ ولغاية ١٩٥٥ .

في فبراير/شباط ١٩٥٥ خلفت شري دايا ماتا راجارسي جاناكانندا، وشغلت هذا المنصب لأكثر من ٥٥ عاماً حتى وفاتها في عام ٢٠١٠ . تولت شري مريناليني ماتا، وهي تلميذة أخرى مقربة من المعلم العظيم الذي اختارها ودربها لتكون من بين أولئك الذين يتولون قيادة عمله بعد رحيله، وقد أنجزت هذه المسؤوليات من أوائل عام ٢٠١١ حتى وفاتها في عام٢٠١٧.

الرئيس الحالي والقائد الروحي لـ SRF/YSS هو الأخ تشيدانندا، وهو راهب لأكثر من ٤٠ عاماً. لمزيد من المعلومات حول خط وقادة SRF/YSS يرجى زيارة الموقع .www.yogananda.org

معلمي قد انخفض إلى نصف وزنه المعتاد.

ومن حظ تلاميذه فقد أحرق سري يوكتسوار الكثير من آثامهم في نيران الحمى الشديدة التي عانى منها في كشمير. والطريقة الميتافيزيقية لنقل المرض جسدياً من جسم إلى آخر معروفة لليوغيين المتقدمين جداً في الروحيات. فالشخص القوي يستطيع مساعدة الأضعف منه برفع حمله الثقيل عنه. وكذلك الإنسان الفائق روحياً (السوبرمان) يمتلك القدرة على تخفيف أحمال تلاميذه النفسية والجسدية بتحمّله جزءاً من أعبائهم الكارمية [نتائج أعمالهم السيئة السابقة]. وكما يستطيع الشخص الغني أن يبذل بعض المال لسداد الدَين الباهظ لابنه المبذر ولتجنيبه النتائج الوخيمة لحماقته، هكذا يضحّي المعلم عن طيب خاطر بجزء من ثروته الجسدية ليخفف من تعاسة وشقاء تلاميذه.

ويستعمل القديس طريقة يوغية سرية لربط عقله وجسمه[3] الكوكبي مع نظيريهما في الشخص المتألم حيث ينتقل المرض انتقالاً كلياً أو جزئياً إلى جسم القديس. وبعد أن يكون القديس قد جنى غلة معرفة الله من حقل جسده لا يهتم لما قد يحدث لجسمه بعد ذلك. ومع أنه قد يسمح بأن يتعرض جسمه للمرض لتخفيف الألم عن الآخرين فإن عقله يبقى عديم التأثر. كما أنه يعتبر نفسه محظوظاً لأن يتمكن من تقديم مثل هذا العون. وتتحقق الغاية من الجسم المادي عند حصول صاحبه على الخلاص التام في الله، ويمكن عندئذ للمعلم استعماله بالطريقة التي يراها مناسبة.

إن مهمة المعلم الروحي في العالم هي تخفيف آلام البشر سواء بالوسائل الروحية، أو الإرشاد العقلي، أو بقوة الإرادة، أو بالنقل الجسماني للمرض [من جسم المريض إلى جسمه]. وإذ يدخل حالة الوعي السامي حالما يرغب بذلك، فباستطاعة المعلم أن يصبح غافلاً عن الألم الجسدي. بل أحياناً يختار تحمّل الألم الجسدي بصبر وثبات ليضرب لتلاميذه مثلاً بذلك. وبتحمّل أمراض الآخرين يتمكن اليوغي من الوفاء – نيابة عنهم – بمتطلبات القانون الكارمي ذات الصلة بالسبب والنتيجة. وهذا القانون يعمل إما بطريقة آلية أو حسابية، وبالإمكان تطبيقه علمياً بواسطة أشخاص راسخين في الحكمة الإلهية.

والقانون الروحي لا يقتضي إصابة المعلم بمرض كلما قام بشفاء شخص

٣ العديد من القديسين المسيحيين، بمن فيهم تريز نيومن (راجع الصفحة ٤٣٥) يعرفون طريقة التحويل الميتافيزيقي للمرض.

آخر. فالشفاء يتم عادة بمعرفة القديس لأساليب مختلفة للشفاء الفوري بحيث لا يتعرض المعالج الروحي للضرر. ولكن في بعض الحالات النادرة يختار المعلم – الذي يرغب في تسريع التقدم الروحي إلى أقصى حد لتلاميذه – تحويل قسم كبير من كارماهم غير المرغوب فيها إليه واستهلاكها بمحض إرادته في جسمه.

لقد أشار السيد المسيح إلى نفسه كفدية عن آثام الكثيرين. وكان باستطاعته أن ينجو من الموت بالصلب باستخدام قواه الإلهية[٤] لولا اختياره الطوعي للتعاون مع القانون الكوني الدقيق للسبب والنتيجة. وهكذا أخذ على عاتقه عواقب كارما الآخرين وبصورة خاصة العواقب المتعلقة بكارما تلاميذه. وبهذه الكيفية بلغوا درجة عالية من النقاء وأصبحوا مؤهلين لتقبّل الوعي الكلي الحضور أو الروح القدس الذي حل عليهم فيما بعد.[٥]

وحده المعلم الذي يعرف نفسه قادر على نقل قوة حياته أو تحويل أمراض الآخرين إلى جسمه. أما الشخص العادي فلا يمكنه استخدام طريقة الشفاء اليوغية هذه، وليس من المستحسن أن يفعل ذلك لأن الجسم غير السليم هو عائق أمام التأمل العميق. وتعلّم أسفار الهند المقدسة أن من الواجب الحتمي للإنسان الاحتفاظ بجسمه في حالة سليمة، وإلا فلن يتمكن عقله من البقاء ثابتاً ومركّزاً على المحبة التعبدية.

ومع ذلك فإن العقل القوي جداً يمكنه تجاوز جميع الصعوبات الجسدية والوصول إلى معرفة الله. وهناك العديد من القديسين الذين لم يأبهوا للمرض ونجحوا في مطلبهم الإلهي. فالقديس فرنسيس الأسيزي كان مصاباً بشدة بالأمراض ومع ذلك فقد شفى الكثيرين، بل أنه أقام الموتى.

كنت أعرف قديساً هندياً، كان نصف جسده مليئاً بالقروح في سنيه المبكرة. وكان مرض السكري الحاد يمنعه من الجلوس بهدوء لأكثر من خمسة عشر دقيقة في المرة الواحدة. ولكن طموحه الروحي كان قوياً بحيث لم يقدر شيء على إعاقته. وكان يصلي قائلاً: «يا رب، تعالَ إلى هيكلي الجسدي

٤ قال السيد المسيح، مباشرة قبل أن يتم اقتياده إلى الصلب: «أتظن أني لا أقدر الآن أن أطلب إلى أبي، فيقدم لي أكثر من اثني عشر جيشاً من الملائكة؟ ولكن كيف تكمل الكتب أنه هكذا ينبغي أن يكون؟» — متى ٢٦:٥٣-٥٤.

٥ أعمال الرسل ١: ٨ و ٢: ١-٤.

المتهدم.» وبإيعاز من إرادته القوية والمتواصلة فقد تمكن ذلك القديس تدريجياً من الجلوس متربعاً في وضعية اللوتس لثمانية عشر ساعة متواصلة يومياً، وهو مستغرق في نشوة الغبطة الروحية، وقد قال لي: «في نهاية الثلاث سنوات وجدت النور اللانهائي يسطع في داخلي. وإذ فرحت لإشراقه المبهج فقد غفلت عن جسمي الذي أصبح سليماً بالرحمة الإلهية.»

وهناك حادثة شفاء تاريخية تتعلق بالملك بابر (١٤٨٣-١٥٣٠)، مؤسس الامبراطورية المغولية في الهند. فقد أصيب ابنه الأمير همايون[٦] بمرض قاتل، وتوسل الأب بحرقة وكرب نفسي كي ينتقل إليه المرض للإبقاء على حياة ابنه. فتماثل همايون للشفاء ومرِضَ بابر ومات بنفس الداء الذي أصاب ابنه.

يظن الكثير من الناس أن المعلم الروحي المستنير ينبغي أن يمتلك قوة جبارة تضارع قوة سانداو[٧] وهذا افتراض لا أساس له؛ فالجسم المريض لا يعني أن المعلم تعوزه القوى الإلهية، والصحة الدائمة ليست بالضرورة دليلاً على الاستنارة الباطنية. فالمؤهلات المميزة للمعلم الروحي ليست مادية، بل روحية.

في الغرب يتوهّم العديد من الباحثين الحائرين أن المتحدث الفصيح أو الكاتب الضليع في الميتافيزيقا لا بد أن يكون معلماً. لكن البرهان على أن الشخص هو معلم يكمن في قدرته على الوصول بالإرادة إلى حالة عدم التنفس (سابيكلبا سمادهي) وتخطيها إلى الحالة الأسمى (نيربيكالبا سمادهي)[٨] ذات الغبطة الدائمة والنعيم المقيم. وقد أفاد الحكماء القدامى (الريشيز) أنه بهذه التحصيلات فقط يستطيع الإنسان إثبات سيادته على ازدواجية الخداع الكوني

٦ همايون أصبح أباً لأكبر العظيم. وبغيرة إسلامية كبيرة اضطهد أكبر الهندوس في البداية، لكنه قال فيما بعد: «عندما نَمَت معرفتي انتابني شعور طاغٍ بالخجل. فالمعجزات تحدث في معابد كل عقيدة ودين.» وقد قام بتدبير ترجمة فارسية للبهاغافاد غيتا ودعا إلى بلاطه عدداً من الآباء اليسوعيين من روما. وقد نسب أكبر – بشكل غير دقيق إنما بدافع المحبة – القول التالي للسيد المسيح: (وهذا القول منقوش على قوس النصر في مدينة أكبر الجديدة فتح بور سيكري:» «قال عيسى بن مريم (عليه السلام): العالم جسر؛ اعبره، ولكن لا تبنِ بيتاً فوقه.»

٧ رياضي ألماني (توفي سنة ١٩٢٥) وكان يعتبر «أقوى رجل في العالم.»

٨ راجع الصفحة ٢٩٠ والصفحة ٤٩٢ حاشية.

مايا. وهذا الإنسان وحده يستطيع القول من أعماق معرفته الذاتية: «إيكام سات» «لا وجود إلا لواحد في الوجود»).

وكتب المتوحد العظيم شانكرا يقول: «حيثما توجد الثنائية وليدة الجهل يرى المرء كل الأشياء منفصلة عن الذات الكلية. ولكن عندما يُدرَك كل شيء على أنه الذات العليا، لا تبدو ذرة واحدة منفصلة عن تلك الذات... وحالما تبزغ معرفة الحقيقة تنعدم الدراية بثمار الأعمال السابقة بسبب عدم حقيقة الجسم، تماماً مثلما يتلاشى الحلم بعد اليقظة.»

ولا يمكن لأحد أن يأخذ على عاتقه كارما التلاميذ إلا المعلمون العظام. وسري يوكتسوار ما كان ليتعرض للمعاناة والألم في سريناغار[9] لولا حصوله على تصريح بذلك من الروح في داخله لمساعدة تلاميذه بتلك الطريقة غير المألوفة. قلائل هم القديسون الذين كانوا أكثر امتلاكاً للحكمة والحس الباطني لتنفيذ الأوامر الإلهية من معلمي المتناغم مع الله.

وحينما قمت بتقديم بعض عبارات المواساة لدى رؤية جسمه الناحل أجابني معلمي بمرح:

«ولهذا أيضاً محاسنه؛ فأنا الآن أستطيع ارتداء بعض القمصان الداخلية التي لم ألبسها منذ سنوات!»

وإذ أصغيت لضحكة المعلم المرحة تذكرت قول القديس فرنسيس دي ساليس: «القديس المهموم المغموم هو قديس بائس تعيس!»

٩ تأسست سريناغار عاصمة كشمير في القرن الثالث قبل الميلاد على يد الإمبراطور آسوكا. وقد ابتنى فيها ٥٠٠ ديراً، كانت مئة منها لا تزال قائمة عندما زار الرحالة الصيني هيون تسيانغ كشمير بعد ذلك بألف عام. كما يخبرنا كاتب صيني آخر (فا-هسين) (من القرن الخامس)، أنه لدى معاينته أنقاض قصر آسوكا الكبير في باتاليبوترا (باتنا الحديثة) كان الصرح في غاية الجمال الذي لا يمكن تصوره من حيث هندسته ومنحوتاته وزخارفه الدقيقة «كما لو أن العمل تم إنجازه بأيدٍ غير بشرية.»

الفصل ٢٢

# قلب تمثال حجري

«بصفتي زوجة هندية وفية لا أرغب بالتذمر والتظلم من زوجي، لكنني أود أن أراه وقد غيرّ نظراته المادية. فهو يتلذذ بالسخرية من صور القديسين في حجرة تأملي. وإنني يا أخي العزيز على يقين كبير بأنك تستطيع مساعدته، فهلا فعلت ذلك؟»

خاطبتني شقيقتي الكبرى روما بهذه الكلمات ونظرت إليّ بتوسل خلال زيارتي القصيرة لها في منزلها الواقع على طريق فيدياراتنا في كلكتا. وقد لامست مناشدتها شغاف قلبي، لا سيما أنها لعبت دوراً كبيراً في حياتي المبكرة وأثّرت بي تأثيراً روحياً عظيماً؛ إذ حاولت بعطفها وحنانها ملء الفراغ الذي أحدثه رحيل والدتي في محيط الأسرة.

وتبسمتُ على أمل تبديد الكآبة البادية بوضوح على وجهها بخلاف هدوئها الاعتيادي ومظهرها البشوش، وقلت: «بالطبع سأعمل كل ما بوسعي يا أختي الحبيبة.»

جلستُ مع روما لبعض الوقت في صلاة صامتة طلباً للهداية. وكانت شقيقتي قد طلبت مني قبل عام تكريسها في الكريا يوغا التي أظهرت تقدماً ملحوظاً بممارستها. وإذ شعرتُ بإلهام قوي قلت لها:

«سأذهب غداً إلى معبد كالي في داكشينسوار. الرجاء أن تأتي معي وأن تحاولي إقناع زوجك بمرافقتنا. إنني أثق بأن الأم الإلهية ستلمس قلب زوجك في اهتزازات ذلك المكان المبارك، لكن لا تكشفي له عن الغرض من رغبتنا في ذهابه معنا.»

وافقتْ الأخت وهي ترجو خيراً. وفي وقتٍ مبكر جداً من صباح اليوم التالي سعدتُ لأن أرى روما وزوجها جاهزين للرحلة. وبينما كانت عربتنا التي يجرها حصان تسير، محدِثة جلجلة، على الطريق الأعلى الدائري باتجاه داكشينسوار راح زوج شقيقتي ساتيش تشاندرا بوز يتسلى بالحط من قدر المعلمين الروحيين، ولاحظتُ أن روما كانت تنتحب بهدوء.

وهمست لها قائلاً: «ابتهجي يا أختي ولا تدعي زوجك يشعر بالرضا،

معتقداً أننا نأخذ سخريته عل محمل الجد.»

وقال ساتيش: «كيف يمكنك يا موكندا أن تنظر بإعجاب إلى الدجالين عديمي القيمة؟ إن مجرد منظر السادهو يبعث على النفور. فهو إما نحيف كالهيكل العظمي أو ضخم الجثة وبلا قداسة كالفيل!»

انفجرتُ ضاحكاً لتعليق ساتيش الذي أسخطته ردة فعلي، فقطب جبينه وانزوى صامتاً. وإذ دخلت عربتنا باحة معبد داكشينسوار ضحكَ بسخرية وقال: «أعتقد أن هذه الرحلة هي خطة مدبرة لإصلاحي.»

وإذ استدرتُ دون أن أرد عليه، أمسك بذراعي وقال: «يا حضرة الراهب الشاب، لا تنسَ أن تقوم بالترتيبات اللازمة مع إدارة المعبد من أجل إعداد وجبة الغداء لنا.» وكان ساتيش يرغب في إعفاء نفسه من أية محادثة مع الكهنة.

فأجبته بحدة: «إنني ذاهب للتأمل الآن. لا تقلق بشأن غدائك، فأمره موكول إلى الأم الإلهية.»

فأجاب بنغمة تنطوي على تهديد: «إنني لا أثق بأن تقوم الأم الإلهية بعمل شيء واحد من أجلي، لكني أحمّلك مسؤولية طعامي.»

وتقدمتُ لوحدي إلى الرواق المسقوف المواجه لمعبد كالي الكبير (الله في مظهر الطبيعة الأم). وإذ تخيّرت بقعة ظليلة قرب أحد الأعمدة، جلست متربعاً في وضعية اللوتس. ومع أن الساعة كانت السابعة، فعما قريب ستكون شمس الصباح صعبة التحمل.

وتلاشى العالم من وعيي عندما غمرتني نشوة الحب الإلهي، وتركّز عقلي على الإلهة كالي التي كان تمثالها الحجري في داكشينسوار موضعاً خاصاً لتبجيل المعلم العظيم سري راما كريشنا برمهنسا. فاستجابةً لإلحاحه الوجداني وكرَبه الروحي غالباً ما كان التمثال يتحول إلى شكل حي ويتحدث إليه.

وتضرعتُ قائلا: «أيتها الأم الصامتة والموجودة في الحجر، لقد أصبحتِ نابضة بالحياة استجابة لتضرعات متعبدك المحبوب راما كريشنا، فلماذا لا تستجيبين للوعة ابنك هذا المتشوق إليكِ؟»

وتعاظم حماسي الروحي إلى حد بعيد مصحوباً بسلام إلهي، لكن شعرت ببعض الخيبة والإحباط عندما انقضت خمس ساعات ولم تستجب لي الإلهة التي كنت أتصورها في داخلي. فالله يمتحن البشر أحياناً بالإبطاء في

الاستجابة للصلوات، غير أنه يظهر في النهاية للمريد المثابر وفي الصورة المحببة إليه. فالمسيحي قد يرى المسيح، والهندوسي قد يرى كريشنا، أو الإلهة كالي، أو قد يبصر نوراً غامراً إذا كانت أشواقه تتخذ مظهراً غير شخصي.

وفتحتُ عينيّ على مضض فرأيت كاهناً يقفل أبواب الهيكل التزاماً بالعادة المتبعة عند الظهيرة، فنهضت من مكاني المنعزل وسرت إلى الباحة الخارجية، وكانت أرضيتها الحجرية شديدة الحرارة تحت شمس الظهيرة، فاحترقت قدماي العاريتان وأحسست بالألم، فعاتبت الأم بصمت، وقلت:

«أيتها الأم الإلهية، لم تأتِ إليّ في رؤيا، وها أنتِ الآن محتجبة في المعبد، خلف الأبواب الموصدة. لقد رغبتُ اليوم في رفع صلاة خاصة إليكِ نيابة عن صهري.»

استُجيب طلبي الداخلي على الفور. شعرت أولاً بموجة باردة انحدرت فوق ظهري وسرَت إلى تحت قدمي فأزالت كل أثر للمضايقة. ولدهشتي فقد اتسع المعبد كثيراً وفُتح بابه الكبير ببطء مُظهراً التمثال الحجري للإلهة كالي، وقد تحوّل تدريجياً إلى شكل حي يحيّيني ويبتسم لي، مما جعلني أهتز بفرح لا يوصف. وانسحب الهواء من رئتي كما لو بفعل مضخة شفط هواء غامضة، وأصبح جسمي هادئاً للغاية إنما ليس جامداً.

تلا ذلك تمدّدٌ في وعيي مع فرح عظيم، وتمكنت من أن أرى بوضوح على مسافة أميال فوق نهر الغانج عن يساري، وكذلك محيط داكشينسوار ما وراء المعبد. ولمعت جدران المباني بشفافية فرأيت من خلالها الناس يسيرون جيئة وذهاباً فوق مساحات أرضية بعيدة.

ومع أنني كنت عديم التنفس وكان جسمي في حالة من الهدوء العجيب بقيت قادراً على تحريك يديّ وقدميّ بحرية. وعلى مدى بضع دقائق حاولت فتح وإغماض عينيّ، فرأيت في كلتا الحالتين المنظر الشامل لداكشينسوار بادياً بوضوح.

البصر الروحي الشبيه بالأشعة السينية تخلل جزيئات المادة. أما العين المقدسة فمركزها في كل مكان ولا حد لنطاق رؤيتها. وقد أدركتُ مجدداً أثناء وقوفي في الباحة الخارجية المشمسة أنه في الوقت الذي يكف فيه الإنسان عن ابتعاده عن الله وانغماسه، كالابن الضال، في عالم مادي هو في الحقيقة حلم لا أساس له كالفقاقيع فإنه يستعيد مملكته الأبدية. فإن كان التحرر أمنية الإنسان المقيد بمشاعره المحدودة وذاتيته الضيقة، فهل هناك من حرية أعظم

من الإحساس بالحضور الكلي؟

وفي اختباري المقدس في داكشينسوار، كان المعبد وشكل الإلهة هما الشيئين الوحيدين اللذين ظَهَرا أكبر من المعتاد، وما عدا ذلك بدا كل شيء آخر في حجمه الطبيعي إنما محاطاً بهالة ذات ألوان شبيهة بألوان الطيف الرقيقة من أبيض وأزرق وأصفر فاتح. وبدا جسمي مصاغاً من مادة أثيرية وعلى أهبة التحليق في الهواء. وإذ كنت على دراية تامة بما يحيط بي، فقد نظرت حولي ومشيت بضع خطوات، دون التأثير على استمرارية الرؤيا السعيدة.

وخلف جدران المعبد لمحت فجأة زوج شقيقتي وهو يجلس تحت شجرة البِل المقدسة ذات الأغصان الشائكة. واستطعت أن أتبين دون مجهود مسار أفكاره. ومع أنها ارتفعت بعض الشيء بتأثير داكشينسوار المبارك لكنه كان لا يزال يضمر لي أفكاراً غير ودية، فاتجهتُ مباشرة إلى الشكل الرؤوف للإلهة وابتهلت قائلاً:

«أيتها الأم الإلهية، هلّا تفضلتِ بإحداث تغيير روحي في زوج شقيقتي.»

أخيراً أجابني الشكل الجميل الذي بقي صامتاً حتى هذه اللحظة: «لقد تحققت أمنيتك!»

نظرتُ بسرور إلى ساتيش، وكأنه أدرك بالغريزة أن قوة روحية تعمل، فنهض باستياء من موضعه وراح يعدو خلف المعبد ثم اقترب مني وهو يهز قبضته.

اختفت الرؤيا الشاملة ولم أعد أرى الإلهة المجيدة. وتقلّص المعبد الشامخ وعاد إلى حجمه الطبيعي ولم يعد شفافاً. ومرة أخرى شعر جسمي بالضيق تحت حرارة الشمس الرهيبة فقفزت من مكاني واحتميت بالبهو ذي الأعمدة حيث تعقبني ساتيش غاضباً. تطلعت إلى ساعتي فكانت تشير إلى الواحدة، وقد استمرت الرؤيا الإلهية ساعة كاملة.

ونطق صهري بغير تبصّر: «أيها الشاب الطائش، لقد بقيتَ جالساً لساعات طويلة، مطبقاً ساقيك وجفنيك وأنا أنظر إليك في ذهابي وإيابي. أين طعامنا؟ فالمعبد أُقفلت أبوابه الآن ولم تقم بترتيب أمر غدائنا مع الإدارة.»

وكنت لا أزال أحس في داخلي بالبهجة التي غمرتني لحضور الإلهة فهتفت قائلاً: «الأم الإلهية ستطعمنا.»

فصاح ساتيش: «أريد ولو لمرة واحدة في حياتي أن أرى أمك الإلهية تطعمنا دون ترتيب مسبق!»

وما أن تفوه بهذه الكلمات حتى اجتاز أحد الكهنة باحة المعبد وانضم إلينا، ثم خاطبني قائلاً:

«يا بني، لقد كنت أنظر إلى وجهك وهو يشع طمأنينة خلال ساعات التأمل، وكنت قد لاحظت قدوم جماعتك إلى هنا هذا الصباح، فشعرت برغبة قوية كي أحتفظ لكم بمقدار كافٍ من الطعام لغدائكم. ومع أن قواعد المعبد تنص على عدم تقديم الطعام إلا لمن يطلبه سلفاً لكنني فعلت هذا الاستثناء من أجلك.».

شكرته وصوّبت نظري إلى عينيّ ساتيش الذي احمر خجلاً وخفض بصره في ندم صامت. وحينما قُدمت لنا الوجبة الفاخرة التي اشتملت على ثمار المانغو في غير موسمها لاحظت أن شهية صهري للطعام كانت قليلة، إذ كان في حالة من الذهول، يغوص عميقاً في بحر التفكير.

وأثناء عودتنا إلى كلكتا لاحظت أن ساتيش كان ينظر إليّ بين الحين والآخر برقة واعتذار وجداني، لكنه لم ينطق بكلمة واحدة منذ ظهور الكاهن الذي دعانا لتناول الغداء كما لو كان رداً مباشراً على موقف ساتيش المتحدي.

بعد ظهر اليوم التالي قمت بزيارة شقيقتي في منزلها، فحيّتني بمودة خالصة وهتفت بصوت عالٍ: «يا لها من معجزة يا أخي العزيز! ففي الليلة الماضية بكى زوجي علانيةً أمامي، وخاطبني بقوله:

«يا ديفي¹ المحبوبة، أشعر بسعادة لا حد لها لنجاح خطة شقيقك التي أدّت إلى تحوّل في حياتي. وسأحاول القيام بكل ما يمكن للتعويض عن كل إساءة سببتها لكِ، واعتباراً من هذه الليلة سنخصص حجرة نومنا الكبيرة للعبادة ونحوّل غرفة تأملك الصغيرة إلى حجرة نومنا. إنني صدقاً متأسف لتهكمي على شقيقك. وبسبب النهج المخجل الذي اتبعته سأعاقب نفسي بعدم التحدث إلى موكندا حتى أتقدم في الطريق الروحي. ومن الآن وصاعداً سأبحث بعمق عن الأم الإلهية، وبالتأكيد يجب أن أجدها يوماً ما!»

وبعد سنوات (في عام ١٩٣٦) زرت ساتيش في دلهي وشعرت بفرح غامر لتقدمه الكبير في معرفة الذات ولأنه تبارك برؤية الأم الإلهية. وأثناء وجودي معه لاحظت أنه كان يصرف خفيةً الشطر الأكبر من الليل في التأمل المقدس، مع أنه كان يعاني من مرض شديد ورغم أعماله المكتبية أثناء النهار.

---

١ إلهة؛ وتعني حرفياً «المشرقة»؛ من الفعل السنسكريتي ديف div، يضيء، يشرق.

وقد خطرت لي فكرة بأن حياة زوج شقيقتي لن تكون طويلة على الأرض، ولا بد أن روما قد قرأت ما يدور في فكري، فقالت:

«أخي العزيز، إنني بخير وزوجي مريض. ومع ذلك أريدك أن تعلم أنني كزوجة هندية مخلصة سأكون أنا التي تموت أولاً[٢]، ولن يمر وقت طويل قبل أن يحين موعد رحيلي.»

ذُهلت لكلماتها المنذرة بالشؤم لكنني أحسست فيها بوخزة الحقيقة. وقد كنت في أمريكا حينما توفيت شقيقتي روما بعد حوالي السنة والنصف من نبوءتها. وقد ذكر لي أخي الأصغر بشنو في رسالةٍ التفاصيل التالية:

«كانت روما مع ساتيش في كلكتا حين وافتها المنية. وفي صبيحة ذلك اليوم ارتدت ثياب زفافها، فسألها ساتيش مستعلماً: 'لماذا ترتدين هذه الملابس الخاصة؟'

«فأجابته روما: 'هذا اليوم هو آخر أيام خدمتي لك على الأرض.' وبعد فترة قصيرة أُصيبت بنوبة قلبية. وبينما هرع ابنها للخارج طلباً للنجدة، أوقفته قائلة:

«'لا تتركني يا بني إذ لا جدوى من ذلك. فأنا سأفارق الحياة قبل حضور الطبيب!' وبعد عشر دقائق، بينما كانت روما ممسكة باحترام بقدميّ زوجها، فارقت جسدها بوعي وبفرح ودون ألم.»

وتابع بشنو: «اعتزل ساتيش الناس بعد وفاة زوجته، وفي أحد الأيام كنا ننظر معاً إلى صورة كبيرة لروما وهي تبتسم، وكما لو كانت زوجته حاضرة، هتف فجأة: 'لماذا تتبسمين؟ أتحسبين أنكِ أذكى مني في الذهاب قبلي؟ سأبرهن لكِ أنكِ لا تستطيعين البقاء بعيداً عني لفترة طويلة، إذ عما قريب سألحق بكِ.'

«ومع أن ساتيش كان في ذلك الوقت قد تعافي من مرضه ويتمتع بصحة ممتازة، لكنه توفى دون سبب ظاهر بعد وقت قصير من ملاحظته الغريبة أمام الصورة.»

وبهذه الكيفية التنبؤية انتقلت من هذه الحياة شقيقتي المحبوبة روما وكذلك زوجها ساتيش الذي تحوّل في داكشينسوار من رجل دنيوي إلى قديس صامت.

٢ تعتقد الزوجة الهندوسية أن إحدى علامات التقدم الروحي هي أن تموت قبل زوجها، كدليل على خدمتها له بوفاء وإخلاص، أو «الوفاة أثناء الخدمة.»

الفصل ٢٣

# أحصل على شهادتي الجامعية

«إنك تتجاهل واجبات الفلسفة في كتبك المدرسية. وعلى ما يبدو أنك تعتمد على حدسٍ يساعدك على اجتياز الامتحانات دون بذل المجهود اللازم. ولكن ما لم تعكفَ على الدراسة بطريقة علمية وأكثر فعالية فسأتأكد بنفسي من عدم نجاحك في هذه المادة.»

خاطبني بهذه الكلمات الصارمة البروفيسور دي. سي. غوشال الأستاذ في كلية سيرامبور. فرسوبي في امتحانه التحريري الأخير يعني عدم تأهلي لحضور الامتحانات النهائية. هذه الامتحانات تقوم بصياغتها هيئة التدريس في جامعة كلكتا التي تعتبر كلية سيرامبور إحدى الفروع المنتسبة إليها. والطالب في الجامعات الهندية الذي يسقط في إحدى مواد الامتحانات النهائية لفرع الآداب يتعين عليه الامتحان ثانية في السنة التالية في جميع المواد.

ولقد اعتاد أساتذتي في سيرامبور أن يعاملوني بلطف وببعض الدعابة بقولهم: «إن موكندا ثمل أكثر من اللازم بقليل بأمور الدين.» وهكذا كانوا يجنبونني الاحراج في محاولة الإجابة على الأسئلة في الفصول الدراسية، إذ كانوا واثقين من أن الامتحانات التحريرية النهائية كفيلة بشطب اسمي من لائحة المتقدمين للبكالوريوس. أما انطباع زملائي الطلبة عني فكان يتلخص في إطلاقهم عليّ لقب «الراهب المجذوب.»

وقمت بخطوة ذكية لإبطال مفعول تهديد االبروفيسور غوشال لي بالرسوب في مادة الفلسفة، إذ قبيل إعلان النتائج النهائية طلبت من زميل لي أن يرافقني إلى مكتب الأستاذ، وقلت:

«تعالَ معي فإنني أريد شاهداً، وسيخيب ظني كثيراً إن لم أكن قد تمكنت من التغلب على المدرّس.»

وبعد أن سألت البروفيسور غوشال عن الدرجة التي أعطاها لورقة امتحاني، هز رأسه وقال بنغمة المنتصر وهو يفتش في كومة الأوراق الكبيرة فوق مكتبه: «لستَ من بين الناجحين، ولا وجود أبداً لورقتك هنا. وعلى أية حال فقد رسبتَ بسبب عدم حضورك الامتحان.»

ابتسمت وقلت: «سيدي لقد حضرت الامتحان، فهل تسمح لي بالبحث عن ورقتي بنفسي وسط الكومة؟»

أذن لي البروفيسور وقد اعترته الحيرة، فعثرت بسرعة على ورقتي التي كنت قد حذفت منها بعناية كل ما ينبئ عن هويتي باستثناء رقم الاكتتاب الخاص بي. وإذ لم ينتبه الأستاذ لاسمي فقد أعطى درجة عالية لإجاباتي، مع أنها لم تتضمن اقتباسات من الكتب المدرسية.[١]

وما أن أدرك حيلتي حتى صاح قائلاً: «كان ذلك مجرد حظ صفيق!» ثم أضاف مؤملاً: «من المؤكد أنك سترسب في امتحانات البكالوريوس النهائية.»

أما بالنسبة للامتحانات في المواد الأخرى فقد حصلت على بعض المساعدة، بصورة خاصة من ابن عمي وصديقي العزيز برابهاس تشاندرا غوش نجل عمي سارادا. وقد ترنحت بألم إنما نجحت في باقي الامتحانات النهائية وحصلت على أدنى حد لعلامات النجاح.

الآن وبعد أربع سنوات من الدراسة في الكلية أصبحتُ مؤهلاً للجلوس لامتحانات البكالوريوس، غير أنني بالكاد توقعت هذا الامتياز. فالامتحانات النهائية لكلية سيرامبور كانت سهلة للغاية مقارنة بالامتحانات الصارمة لجامعة كلكتا التي ينبغي اجتيازها للحصول على الشهادة الجامعية. وزياراتي اليومية لسري يوكتسوار لم تترك لي متسعاً من الوقت للظهور في قاعات الكلية. وقد كان حضوري يثير دهشة وهتافات زملائي أكثر من غيابي!

وكان الروتين الذي اتبعته يومياً تقريباً هو ركوب دراجتي حوالي التاسعة والنصف صباحاً والتوجه إلى صومعة معلمي، حاملاً في إحدى يديّ بضع زهرات من حديقة النزل تقدمة له. وكان معلمي يحييني بمودة ويدعوني لتناول الغداء فأقبل دوماً دعوته بلهفة وسرور للتخلص من التفكير بالكلية في ذلك اليوم. وبعد ساعات مع سري يوكتسوار والإصغاء إلى فيض حكمته الذي لا نظير له أو المساعدة في أعمال الصومعة، كنت أرتحل على مضض حوالي منتصف الليل عائداً إلى النزل. وبين الحين والآخر كنت أمضي الليل كله مع معلمي مستغرقاً ببهجة الاستماع إلى حديثه بحيث نادراً ما كنت ألاحظ

١ ينبغي لي هنا أن أنصف البروفيسور غوشال معترفاً بأن العلاقات المتوترة بيننا لم تكن ناجمة عن خطأ من جانبه، بل لتغيبي عن الفصول الدراسية. والبروفيسور غوشال خطيب بارع وذو معرفة فلسفية غزيرة. وفي السنوات الأخيرة حصل تفاهم ودي ما بيننا.

تحوّل الليل إلى الفجر.

في إحدى الليالي، حوالي الساعة الحادية عشرة، بينما كنت على وشك انتعال حذائي[٢] استعداداً لعودتي إلى النزل، سألني المعلم بجدية:

«متى تبدأ امتحانات البكالوريوس؟»

أجبته: «بعد خمسة أيام من الآن يا سيدي.»

قال: «أرجو أن تكون مستعداً لها.»

وشعرت بجزع وهلع شديدين، فرفعت فردة حذائي في الهواء وقلت: «سيدي، إنك تعلم جيداً أن أيامي قضيتها معك لا مع الأساتذة، فكيف يمكنني تعريض نفسي لمهزلة حضور الامتحانات النهائية الصعبة؟»

رمقني سري يوكتسوار بنظرة حادة وقال بنغمة باردة وقاطعة: «يجب أن تحضر كي لا نعطي والدك والآخرين فرصة لانتقادك بسبب تفضيلك حياة الصومعة. عِدني بأنك ستحضر الامتحانات وبأنك ستجيب [على الأسئلة] قدر المستطاع.»

وانهمرت على وجهي دموعي التي لم أتمكن من حبسها، وشعرت أن أمر المعلم لم يكن معقولاً وأن اهتمامه أقل ما يقال جاء متأخراً. فقلت وسط التنهدات:

«سوف أحضر إذا كنت ترغب في ذلك، ولكن لم يبقَ ما يكفي من الوقت للإعداد السليم.» وأضفت بيني وبين نفسي: « سأملأ الصفحات بتعاليمك!»

في اليوم التالي، عندما دخلت الصومعة في الموعد المعتاد، قدّمتُ باقة الزهور بجدية يشوبها الحزن، فضحك سري يوكتسوار من حالتي المكتئبة وقال:

«يا موكندا، هل حدث وأن خيّب الله رجاءك في امتحان أو في غيره؟»

فأجبته بحرارة وقد ومضت في ذهني ذكريات سعيدة عن العون الإلهي: «لا يا سيدي.»

فقال «ليس الكسل، بل الشوق المتأجج لله هو الذي منعك من السعي للحصول على مراتب الشرف الجامعية.»

وبعد فترة من الصمت استشهد بالآية: «اطلبوا أولاً ملكوت الله وبِرّه،

٢ يخلع التلميذ حذاءه دوماً في الصومعة الهندية.

برابهاس تشاندر غوش وبرمهنسا يوغانندا، كلكتا، ديسمبر/ كانون الأول ١٩١٩. كان شري غوش، ابن عم وصديق وتلميذ شري يوغانندا مدى الحياة، نائب رئيس جماعة يوغودا ساتسانغا في الهند لما يقارب ٤٠ عاماً، حتى وفاته في عام ١٩٧٥.

وهذه كلها تُزاد لكم.»[٣]

وللمرة الألف شعرت بتحرري من أعبائي في حضرة المعلم. وعندما انتهينا من تناول غدائنا المبكر اقترح المعلم أن أعود إلى النزل وقال:

«هل ما زال صديقك روميش تشاندرا دَت يسكن في النزل الذي تقيم فيه؟»

٣ متى ٦: ٣٣.

قلت: «نعم يا سيدي.»

قال: «اتصل به وسوف يلهمه الله كي يساعدك في الامتحانات.»

أجبت: «سأفعل يا سيدي، ولكن روميش مشغول بشكل غير عادي. فهو طالب الشرف في مجموعتنا ويحمل عبئاً دراسياً أثقل مما يحمله سواه.»

لم يلق المعلم بالاً لاعتراضي، بل قال: «سيجد روميش وقتاً من أجلك. هيا انطلق الآن.»

ركبت دراجتي وعدت إلى النزل. وكان أول من قابلته في باحة النزل الأكاديمي المتبحر روميش. وكما لو كان لديه الوقت الكافي لمساعدتي فقد قبل طلبي الخجول عن طيب خاطر قائلا:

«بالتأكيد، فأنا في خدمتك.» وصرف عدة ساعات بعد ظهر ذلك اليوم وفي الأيام التالية في تدريبي على موادي الدراسية المختلفة، ثم نصحني قائلا:

«أعتقد أن العديد من الأسئلة في الأدب الإنكليزي ستكون هذه السنة حول تشايلد هارولد، وينبغي أن نحصل على أطلس فوراً.»

انطلقت مسرعاً إلى بيت عمي سارادا واستعرت أطلساً حيث قام روميش بالتأشير في خريطة أوروبا على الأماكن التي زارها رحّالة بايرون الرومانسي.

تجمّع بعض زملاء الدراسة للاستماع إلى الدرس، وعند الانتهاء علّق أحدهم قائلاً: «إن روميش ينصحك بشكل خاطئ، لأن خمسين بالمئة فقط من الأسئلة تكون عادة عن الكتب، والنصف الآخر عن حياة المؤلفين.»

وعندما جلستُ في اليوم التالي لامتحان الأدب الإنكليزي وألقيت النظرة الأولى على ورقة الأسئلة انهمرت دموع الشكر من عينيّ وبللت ورقتي. فاقترب مراقب الصف من طاولتي واستعلم بتعاطف عن السبب، فأجبته موضّحاً:

«لقد تنبأ معلمي العظيم بأن روميش سيساعدني. أنظر، فالأسئلة التي أملاها عليّ روميش هي نفسها الواردة في ورقة الامتحان. ولحسن حظي فالأسئلة قليلة هذا العام عن المؤلفين الإنكليز الذين حياتهم بالنسبة لي محاطة بغموض عميق!»

وعند عودتي إلى النزل علا الضجيج والاهتياج، ونفس الشباب الذين سخروا من طريقة روميش كادت تهانيهم الآن تصم أذني. وصرفت خلال أسبوع الامتحانات ساعات طويلة مع روميش الذي كان يصوغ الأسئلة التي على الأرجح سيقوم الأساتذة بوضعها. ويوماً بعد يوم ظهرت أسئلة روميش

بنفس الصيغة تقريباً في أوراق الامتحانات.

وانتشر النبأ في الكلية على نطاق واسع بأن شيئاً يشبه المعجزة يحدث فيها، وبأن نجاح «الراهب المجذوب» الشارد الذهن أصبح محتملاً. ولم أحاول إخفاء حقيقة الأمر، وعجز الأساتذة المحليون عن تغيير الأسئلة التي تم وضعها من قبل جامعة كلكتا.

وإذ كنت أفكر ملياً في امتحان الأدب الإنكليزي أدركت ذات صباح أنني ارتكبت خطأً جسيماً. فأحد الأسئلة كان مركّباً من مجموعتين: (أ) أو (ب) و (ج) أو (د). وبدلاً من الإجابة على سؤال واحد من كل مجموعة فقد أجبت عن السؤالين في المجموعة الأولى، دون أخذ المجموعة الثانية في الاعتبار. ولما كانت أعلى علامة يمكن أن أحصل عليها في تلك الورقة هي ٣٣ وهي تقل ٣ علامات عن أدنى درجات النجاح وهي ٣٦، فقد أسرعت إلى المعلم أشكو له همي، وقلت:

«يا سيدي، لقد ارتكبتُ غلطة لا تغتفر، ولا أستحق النعم الإلهية التي أتتني عن طريق روميش.»

فأجابني المعلم: «ابتهج يا موكندا.»

وكانت نغمة سري يوكتسوار مشرقة وخالية من القلق. ثم رفع يده نحو السماء وقال: «إن تبادُل الشمس والقمر لموقعيهما في الفضاء هو أكثر احتمالاً من عدم حصولك على شهادتك.»

غادرت الصومعة بمزاج أكثر اطمئناناً، مع أن النجاح بدا لي مستحيلاً من الناحية الحسابية. ونظرت برهبة أكثر من مرة إلى السماء فرأيت سيدة النهار مستقرة بثبات في مدارها الاعتيادي!

وعندما وصلت النزل سمعت أحد الزملاء يقول: «لقد عرفت للتو أن علامة النجاح في الأدب الإنكليزي قد تم تخفيضها للمرة الأولى هذا العام.»

دخلت غرفة الشاب بسرعة فائقة واستعلمت منه بلهفة عن حقيقة الأمر، فأجابني وهو يضحك:

«يا راهب، يا صاحب الشعر الطويل، لماذا كل هذا الاهتمام المفاجئ بالشؤون الدراسية؟ ولماذا كل هذا الصياح في اللحظة الأخيرة؟ ومع ذلك فالنبأ صادق، إذ تم قبل قليل خفض علامة النجاح إلى ٣٣ فقط.»

ونقلتني قفزات سارة إلى غرفتي حيث ركعت على ركبتي وشكرت أبي السماوي على كمالاته الحسابية.

وشعرت كل يوم بسعادة غامرة لإدراكي الأكيد بأن حضوراً روحياً يوجهني عن طريق روميش. وقد حدثت مصادفة هامة فيما يتعلق بامتحان البنغالية. فروميش الذي لم يساعدني في تلك المادة طلب مني العودة ذات صباح حينما كنت على وشك مغادرة النزل إلى قاعة الامتحان.

وصاح بي أحد زملائي بتململ: «روميش يناديك، فلا ترجع وإلا تأخرنا في الوصول إلى القاعة.»

تجاهلت نصيحة ذلك الزميل وعدت بسرعة إلى النزل حيث قال لي روميش:

«في العادة يجتاز طلبتنا البنغاليون امتحان البنغالية بسهولة، لكن خطر في بالي أن الأساتذة هذا العام ينوون 'ذبح' الطلبة بطرح أسئلة من كتب القراءة المقررة.» ثم أوجز لي صديقي قصتين من حياة فيديا ساغر المحسن الإنساني الكبير الذائع الصيت في القرن التاسع عشر.

شكرت روميش وانطلقت بدراجتي إلى القاعة، ووجدت أن ورقة الامتحان في البنغالية تحتوي على قسمين، كان أولهما: «اذكر حادثتين اثنتين من أعمال فيديا ساغر[٤] الخيرية.» وإذ نقلت إلى الورقة المعرفة الجديدة التي حصلت عليها مؤخراً فقد همست ببعض كلمات الشكر لإصغائي لنداء روميش في اللحظة الأخيرة. فلو بقيت جاهلاً بإحسان فيديا ساغر للبشر (بما في ذلك إحدى حسناته لي!) لما تمكنت من اجتياز امتحان البنغالية.

أما السؤال الثاني الذي تضمنته الورقة فكان على النحو التالي: «اكتب موضوعاً بالبنغالية عن حياة الإنسان الذي ألهمك إلهاماً عظيماً.» ولست بحاجة لأن أخبرك يا قارئي الكريم عن الإنسان الذي اخترته لموضوعي. فإذ ملأت الصفحة بعد الصفحة بالإشادة بمعلمي تبسمت لتحقق نبوءتي التي همستُ بها: «سأملأ الصفحات بتعاليمك!»

ولم أشعر بالميل لطلب المساعدة من روميش في مادة الفلسفة. فإذ وثِقتُ بتدريبي الطويل تحت إشراف سري يوكتسوار فقد تجاهلت – بشكل آمن – شروح الكتب المدرسية، وكانت علامة الفلسفة أعلى العلامات التي أُعطيت

٤ لقد نسيت النص الحرفي للسؤال، لكني أذكر أنه كان يتعلق بالقصتين اللتين أخبرني بهما روميش عن فيديا ساغر. ونظراً لثقافته الغزيرة وسعة اطلاعه فقد أطلق على البانديت إشوار تشاندرا في البنغال لقب فيديا ساغر أي («بحر العلوم»).

لأوراقي. أما مجموع ما حصلته في باقي المواد الأخرى فكان كافياً للحصول على علامة النجاح.

ويسعدني أن أسجل هنا أن صديقي الكريم روميش حصل على شهادته بامتياز.

وملأت الابتسامات وجه أبي، وقال معترفاً: «بالكاد فكرتُ بأنك ستنجح يا موكندا. فأنت تصرف الكثير من الوقت مع معلمك.» وبالفعل كان معلمي على دراية بانتقاد أبي الذي لم يجاهر به.

ولسنوات عديدة كنت أشك بأنني سأرى ذلك اليوم الذي سأضيف فيه إلى اسمي لقب البكالوريوس. ونادراً ما استعملت اللقب دون التفكير بأنه كان هبة إلهية مُنحت لي لأسباب غامضة إلى حد ما. وبين الحين والآخر أسمع طلاب الجامعات يقولون إن قسطاً ضئيلاً مما حصّلوه من معلومات بقي معهم بعد التخرج. واعترافهم هذا يمنحني بعض العزاء بسبب قصوري الأكاديمي الذي لا ريب فيه.

في ذلك اليوم من شهر يونيو/حزيران ١٩١٥ الذي تسلمت فيه شهادتي من جامعة كلكتا ركعت عند قدمي معلمي لأشكره على البركات التي فاضت من حياته[٥] إلى حياتي، فدللني قائلاً:

٥ إن قوة التأثير على عقول الآخرين وعلى مسار الأحداث هي (قوة يوغية) فيبهوتي وقد ورد ذكرها في سترات اليوغا لبتانجالي *Yoga Sutras III:24*، والتي يتم تفسيرها على أنها نتيجة طبيعية للتعاطف الشامل. [هناك كتابان أكاديميان عن السترات هما منهج اليوغا لبتانجالي *Yoga-System of Patanjali* (المجلد ١٧ من سلسلة هارفارد الشرقية) وفلسفة اليوغا *Yoga Philosophy* لداسغوبتا (الناشر: تروبنرز – لندن).]

وتقرر جميع الكتب المقدسة أن الإنسان مخلوق على صورة الله الكلية القدرة. ومع أن التحكم بالكون يبدو خارقاً للطبيعة، لكن هذه القوة هي طبيعية وموجودة فعلاً في كل من يتوصل إلى «التذكّر الصحيح» لمصدره الإلهي. والعارفون بالله مثل سري يوكتسوار قد تحرروا من مبدأ الذاتية (أهمكارا) ومتطلباتها الناجمة عن الرغبات الشخصية. فأعمال المعلمين الحقيقيين منسجمة دون مجهود مع الصلاح الطبيعي ريتا *rita*. وبعبارة إمرسون «لا يصبح العظماء فضلاء وحسب، بل الفضيلة نفسها، وبذلك تتحقق غاية الوجود ومسرّة الله.»

وباستطاعة كل من يمتلك معرفة إلهية الإتيان بالمعجزات، لأنه يعرف مثلما عرف السيد المسيح القوانين الدقيقة للخليقة. ولكن ليس كل المعلمين يختارون تفعيل قواهم الخارقة

«انهض يا موكندا. لقد وجد الله أنه من الأسهل له أن يجعلك خريجاً جامعياً من أن يعيد ترتيب الشمس والقمر!»

(راجع الصفحة ٢٧٩ حاشية). وكل قديس يُظهر الله بطريقته الخاصة. والإعراب عن الفردية هو أمر أساسي في عالم لا يوجد فيه تشابه تام بين حبتين من الرمل.

وقد لا يكون من الممكن وضع قواعد ثابتة بخصوص قديسي الله المستنيرين: فبعضهم يصنعون المعجزات في حين لا يفعل غيرهم من القديسين ذلك. وبعضهم غير ناشطين، بينما البعض الآخر (مثل الملك جاناكا في الهند القديمة والقديسة تريزا الأفيلية يضطلعون بأمور عظيمة. وبعضهم يعلّمون ويتنقلون ويَقبلون مريدين، بينما يصرف البعض الآخر حياتهم كالظل بصمت وتوارٍ عن الأنظار. ولا يوجد ناقد دنيوي يمكنه قراءة اللوح السري للكارما (الأعمال السابقة) الذي يحتفظ لكل قديس بسجل خاص.

الفصل ٢٤

# أصبح راهباً في سلك السوامي

نظرت بتوسّل إلى معلمي وقلت: «يا معلمي، لقد كانت رغبة والدي شديدة كي أقبل منصباً إدارياً في شركة سكة حديد بنغال – ناغبور، لكنني رفضت رفضاً قاطعاً. فهل تتكرم يا سيدي بتكريسي راهباً في سلك السوامي؟»

وكان قد رفض خلال السنوات السابقة تحقيق نفس هذا الطلب ليختبر عمق تصميمي، لكنه اليوم ابتسم بلطف وقال: «حسناً، غداً سوف أكرّسك في نظام السوامية swamihood. إنني سعيد لمثابرتك على الرغبة في أن تصبح راهباً. كان لاهيري مهاسايا كثيراً ما يقول: «إن لم تدعُ الله ليكون ضيفك في أيام الصيف فلن يأتي في شتاء حياتك.»

قلت وأنا أبتسم بمودة لا حد لها: «لا يمكنني أبداً يا سيدي العزيز التخلي عن رغبة الانتساب لطائفة السوامي مثل ذاتك الجليلة.»

فقال مستشهداً: «غير المتزوج يهتم في ما للرب كيف يرضي الرب، أما المتزوج فيهتم في ما للعالم كيف يرضي امرأته.»[1] لقد حلّلت حياة العديد من أصدقائي الذين تزوجوا بعد حصولهم على قسط من التدريب الروحي. فما أن انطلقوا في بحر المسؤوليات الدنيوية حتى نسوا مقرراتهم بخصوص التأمل اليومي العميق.

لكن تخصيص مكان ثانوي[2] لله في حياتي هو بالنسبة لي أمر بعيد التصور. فالله هو المالك الأوحد للكون وفي سكون يغمر الإنسان بالهبات من حياة إلى أخرى. وفي المقابل هناك هبة واحدة يمكن لكل قلب بشري أن يمنحها لله أو يمنعها عنه، وهي الحب. فالخالق الذي أخفى نفسه بحذق فائق وتوارى خلف كل ذرة من الخليقة يمكن أن يكون لديه دافع واحد ورغبة حساسة واحدة: أن يبحث الإنسان عنه بمحض اختياره. ومن المفارقة العجيبة أنه غطّى قبضته الحديدية ذات القدرة الكلية بقفازات مخملية من التواضع

١ كورنثوس الأولى٧–٣٢:٣٣.

٢ «إن من يمنح الله مكاناً ثانوياً [في حياته] لا يمنحه أي مكان.» – راسكن

الكلي.

وكان اليوم التالي واحداً من أكثر الأيام التي لا تنسى في حياتي. فقد كان يوم خميس مشمساً من شهر يوليو/تموز ١٩١٥ بعد أسابيع قليلة من تخرجي من الجامعة. فعلى الشرفة الداخلية لصومعة سيرامبور غمَسَ معلمي قطعة جديدة من الحرير الأبيض في صبغة ذات لون بني غامق ضارب إلى الحمرة، وهو اللون التقليدي لسلك السوامي. وعندما جفّت القطعة لفها معلمي حولي على اعتبار أنها الرداء النسكي وقال:

«سوف تذهب يوماً ما إلى الغرب حيث الحرير مفضّل، وكرمز لذلك فقد اخترت لك هذه القطعة من الحرير بدلاً من القطن التقليدي.»

في الهند، حيث يتبنى الرهبان الفقر كمثال أعلى، فإن السوامي الذي يلبس الحرير هو مشهد غير مألوف. ومع ذلك فإن كثيراً من اليوغيين يفضلون ارتداء الحرير لأن الحرير أفضل من القطن من حيث الاحتفاظ بتيارات جسدية رقيقة.

وقال سري يوكتسوار: «إنني لا أحب الشكليات، وسأقوم بتكريسك سوامياً على طريقة بيدوات (بدون طقوس رسمية).»

وعادة ما يتضمن التكريس التفصيلي الدقيق في سلك السوامي بيبيديسا طقساً نارياً تقام خلاله شعائر جنائزية رمزية. فالجسم المادي للتلميذ يُعتبر كالميت الذي يُحرق بنيران الحكمة. ويردد السوامي المكرَّس حديثاً أنشودة مثل (هذه الأتما هي براهما)[٣]، أو (أنت هو)، أو (أنا هو). مع ذلك، ومحبة في البساطة فقد استغنى سري يوكتسوار عن كل الطقوس التقليدية واكتفى بالطلب مني أن أختار اسماً جديداً، وقال وهو يبتسم:

«أمنحك امتياز اختيار الاسم بنفسك.»

فكرت للحظة ثم أجبته: «يوغانندا»[٤]. ويعني الاسم الغبطة (آنندا) عن طريق الاتحاد الإلهي (يوغ).

وأجابني المعلم: «فليكن. ومنذ اليوم تترك اسمك العائلي موكندا لال غوش

٣ تعني حرفياً «هذه النفس هي الروح الكلي». فالروح الأسمى هو غير مخلوق وغير مقيّد، ويشار إليه بعبارة (نتي، نتي: أي لا هذا ولا ذاك)، كما تشير إليه الفيدانتاباسم سات-تشات-آنندا، أي الكينونة – العقل – الغبطة.

٤ يوغانندا هو اسم شائع إلى حد ما بين السواميين.

وتُدعى يوغانندا من فرع الجيري التابع لسلك السوامي.»

وإذ ركعت أمام سري يوكتسوار وسمعته للمرة الأولى ينطق اسمي الجديد فاض قلبي بالشكر والامتنان. فكم عمِل بحب ودون كلل كي يتحول الصبي موكندا يوماً ما إلى الراهب يوغانندا! وأنشدت بفرح بعض فقرات من الترنيمة السنسكريتية الطويلة للسيد شانكرا[٥]:

لستُ العقل، ولا الذهن، ولا الأنا، ولا المشاعر
ولا السماء، ولا الأرض، ولا المعادن.
أنا هو، أنا هو، الروح المبارك، أنا هو!
لا ولادة لي، ولا موت، ولا طائفة.
وليس لي أب ولا أم.
أنا هو، أنا هو، الروح المبارك، أنا هو!
خلف انطلاقات الخيال لا شكل لي،
وفي كل أطراف الحياة أنا متغلغل.
لا أخشى العبودية لأنني حرٌ طليق على الدوام.
أنا هو، أنا هو، الروح المبارك، أنا هو!

وينتمي كل سوامي إلى السلك الرهباني القديم الذي كان ولم يزل موضع التبجيل في الهند منذ عهد قديم. وهذا السلك الذي أعاد تنظيمه في شكله الحالي

٥ يُدعى أحيانا (شانكرا تشاريا)، وأتشاريا تعني معلم ديني. وتاريخ شانكرا هو مثار جدل بين العلماء. وتشير بعض السجلات إلى أن المتوحد الذي لا نظير له عاش في القرن السادس قبل الميلاد. ويقول الحكيم آننداجيري أنه عاش ما بين عامي ٤٤ و ١٢ قبل الميلاد. غير أن مؤرخي الغرب ينسبونه إلى أواخر القرن الثامن أو التاسع الميلادي؛ مما يجعل من ذلك ترابطاً بين أجيال عديدة!

لقد قام المعلم العالمي الراحل صاحب القداسة سري شانكرا تشاريا بهاراتي كريشنا تيرثا من منسك غواردهان القديم في بوري بزيارة إلى أمريكا في عام ١٩٥٨ استغرقت ثلاثة أشهر. وكانت تلك هي المرة الأولى التي يسافر فيها أي شانكرا تشاريا إلى بلاد الغرب. وقد تمت رحلته التاريخية تلك برعاية Self-Realization Fellowship. وتحدث المعلم العالمي في كبرى الجامعات الأمريكية وشارك في نقاش حول السلام العالمي مع المؤرخ البارز الدكتور آرنولد توينبي.

وفي سنة ١٩٥٩ قبل سري شانكرا تشاريا طلب الرئيسة شري دايا ماتا كي يقوم بتمثيل المعلمين الروحيين لكل من Self-Realization Fellowship وYogoda Satsanga Society في الهند بتكريس اثنين من رهبان جماعة يوغودا في سلك السوامي. وقد قام بالطقوس في معبد سري يوكتسوار بصومعة يوغودا ساتسانغا في بوري. (ملاحظة الناشر).

شانكرا تشاريا منذ قرون مناطة رئاسته منذ ذلك الحين بخط متصل من معلمين مبجلين (يحمل كل واحد منهم لقب المعلم العالمي: جاغاد غورو شري شانكرا تشاريا). ويتكون سلك السوامي من عدد كبير من الرهبان، يبلغ عددهم حوالي المليون. وللانتماء للسلك يتعين على المنتسبين تحقيق شرط وهو حصولهم على التكريس من أشخاص هم بدورهم سواميون. فجميع السواميين مشتركون في نسبهم الروحي إلى معلم واحد هو آدي شانكرا («الأول»). وينذرون الفقر (عدم التعلق بالممتلكات) والعفة والامتثال للقائد أو السلطة الروحية. وفي كثير من الأوجه تشبه أنظمة الرهبنة الكاثوليكية سلك السوامي الأقدم عهداً.

وإضافة إلى الاسم الجديد يتخذ السوامي لقباً يدل على انتسابه رسمياً إلى إحدى الأقسام الفرعية العشرة داساناميس لسلك السوامي، وتشتمل هذه على قسم جيري (الجبل) الذي ينتسب إليه سوامي سري يوكتسوار جيري وأنتسب إليه أنا أيضاً، ومن بين الأفرع الأخرى ساغار\(البحر)، و بهاراتي (الأرض)، و بوري (الامتداد)، و سراسواتي (حكمة الطبيعة)، و تيرثا (المحجّة)، و أرانيا\(الغابة).

الاسم الذي يحصل عليه السوامي والذي غالباً ما ينتهي بمقطع آنَندا (الغبطة الفائقة،) يشير إلى طموحه إلى بلوغ التحرر التام باتباع طريق، أو حالة معيّنة، أو ميزة مقدسة مثل المحبة، الحكمة، التمييز، الإخلاص، الخدمة، أو اليوغا. فلقبه يشير إلى التوافق والانسجام مع الطبيعة.

إن المثل الأعلى للخدمة الإيثارية لكل البشر والتخلي عن القيود والمطامح الشخصية تدفع غالبية السواميين إلى المشاركة الفعالة في الأعمال الإنسانية والتربوية في الهند وأحياناً في بلدان أخرى. وإذ يتخلص السوامي من التحزبات المتعلقة بالطائفة، أو المعتقد، أو الطبقة الاجتماعية، أو اللون، أو الجنس، فإنه يعمل بموجب مبادئ الأخوة البشرية ويجعل هدفه الاتحاد التام بالروح الإلهي. وإذ يتشرب وعيه سواء في اليقظة أو النوم بفكرة «أنا هو» فإنه يتجول في العالم دون أن يمتزج أو يندمج فيه. وبذلك فقط يثبت جدارته بأن يحمل لقب سوامي: أي الذي يسعى جاهداً للتوحد مع سو\أو الذات العليا.

كان سري يوكتسوار سوامياً ويوغياً في نفس الوقت. السوامي هو من الناحية الرسمية راهب بحكم ارتباطه بالسلك الجليل، وليس دائماً يوغياً. فكل من يمارس طريقة علمية من أجل بلوغ المعرفة الإلهية هو يوغي. وهو إما أن يكون متزوجاً أو غير متزوج، علمانياً أو ذا ارتباطات دينية رسمية.

ومن الممكن للسوامي أن يتبع فقط طريق التفكير الجاف والزهد البارد،

أما اليوغي فينهمك على مراحل برياضات روحية يتم بواسطتها تهذيب الجسم والعقل وتحرير النفس تدريجياً. وإذ لا يقبل أي شيء كأمر مسلّم به لأسباب عاطفية أو إيمانية، فإنه يمارس سلسلة من التمارين التي تم اختبارها بدقة ووضعها من قِبل الحكماء القدامى (الريشيز). وفي كل العصور أنتجت اليوغا في الهند يوغيين شبيهين حقاً بالمسيح، بلغوا الحرية الحقيقية.

وكأي علم آخر، يمكن للناس تطبيق اليوغا في كل مكان وزمان. والنظرية التي روّجها بعض الكتّاب الجهلة والقائلة بأن اليوغا «ضارة» و «غير مناسبة» للغربيين هي نظرية باطلة برمتها ومضللة. وللأسف فقد صدّت العديد من الراغبين المخلصين عن الانتفاع من بركاتها الكثيرة.

واليوغا هي وسيلة للتحكم بالأفكار المضطربة عادة والتي تَحول دون إدراك الناس في كل البلدان لطبيعتهم الروحية الحقة. وكنور الشمس الشافي فإن اليوغا نافعة للشرقيين والغربيين على حد سواء.

إن أفكار معظم الناس مشوشة ومتقلبة تحكمها الأهواء والنزوات. ومن هنا تبرز الحاجة الأكيدة لليوغا التي هي علم ضبط العقل.

ويعرّف الحكيم القديم باتنجالي[٦] اليوغا على أنها «تحييد الأمواج المتعاقبة في وعي الإنسان»[٧]. ورسالته الوجيزة والسديدة سترات اليوغا *Yoga Sutras* تشكّل أحد المناهج الستة للفلسفة الهندوسية. وعلى نقيض الفلسفات الغربية فإن المنظومات[٨] الست الهندوسية لا تشتمل على تعاليم نظرية لا غير، بل

٦ لا يُعرف بالضبط تاريخ بتانجالي مع أن بعض الباحثين يعزونه إلى القرن الثاني قبل الميلاد. وقد دوّن الحكماء القدامى (الريشيز) رسائل حول عدد كبير من الموضوعات ببديهة ثاقبة عجزت الأجيال عن إبطالها. ومما أربك المؤرخين اللاحقين هو عدم محاولة الحكماء أن يقرنوا تاريخهم الذاتي وشخصياتهم بأعمالهم الأدبية، لأنهم أدركوا أن وجودهم الأرضي الوجيز هو ذو أهمية مؤقتة لا يعدو كونه ومضة عابرة من ومضات الحياة العظمى اللانهائية، وأن الحقيقة خالدة، يستحيل احتكارها ولا يمكن لأحد أن يدّعي ملكيتها.

٧ «تشيتا فريتي نيرودها» (سترات اليوغا١: ٢)، بما يمكن ترجمته إلى «انعدام تقلبات المزاج والاضطرابات النفسية.» وكلمة تشيتا هي مصطلح شامل لمبدأ التفكير الذي يشتمل على قوى الحياة الشفافة: ماناس (العقل أو الإدراك الحسي)، و أهامكرا (الأنية)، و بودهي (الذكاء الحدسي). وتشيرُ فريتي (حرفياً «الدردور أو الدوامة») إلى أمواج الفكر والعاطفة التي تبزغ وتهبط بتواتر غير منقطع في وعي الانسان. وتعني نيرودها: تحييد، توقُّف، ضبط.

٨ النظم الستة التقليدية (المؤسسة على الفيدات) هي: سانخيا، يوغا، فيدانتا، ميمامسا، نيايا،

عملية أيضاً. وبعد التدقيق في كل بحث ممكن عن علم الوجود (الأنطولوجيا)، تحدد المنظومات الهندوسية الست تدريبات أكيدة تهدف إلى التخلص الدائم من المعاناة الإنسانية وبلوغ السعادة الأبدية. وتضع الأوبانيشادات اللاحقة سترات اليوغا ضمن المنظومات الست لأنها تشتمل على أكثر الوسائل فعالية لبلوغ الإدراك المباشر للحقيقة. وبالتطبيق العملي لليوغا يترك الإنسان خلفه وللأبد براري التفكير العقلاني القاحلة ويدرك بالاختبار جوهر الحقيقة.

ويُعرف منهج اليوغا بحسب ما شرحه باتنجالي بالطريق ذي الثماني درجات[9]. الدرجتان الأولى والثانية هما (١) ياما (السلوك الأخلاقي) و (٢) نياما (مراعاة الأحكام الدينية). وتتحقق الدرجة الأولى ياما بعدم إلحاق الأذى بالآخرين، والصدق، وعدم السرقة، والعفة، وعدم الحسد. أما قواعد الدرجة الثانية نياما فهي طهارة الجسم والعقل، والقناعة تحت كل الظروف، والتهذيب الذاتي، وفحص الذات (التفكُّر)، والإخلاص لله والمعلم الروحي.

الدرجات التالية هي (٣) أسانا (وضعية الجلوس الصحيحة) بحيث يكون العمود الفقري معتدلاً والجسم ثابتاً في وضع مريح للتأمل، و(٤) براناياما (ضبط برانا أو تيارات الحياة الشفافة)، و(٥) براتياهارا (سحب الحواس من الأشياء الخارجية).

أما المراحل الأخيرة فهي أشكال من اليوغا الأصلية وهي: (٦) دهارانا (التركيز: تثبيت العقل على فكرة واحدة فقط)، و(٧) دهيانا (التأمل)، و(٨) سمادهي (اختبار الوعي السامي).

وهذا الطريق الثماني لليوغا يقود المريد إلى الهدف النهائي (كيفاليا: التحرر المطلق) بحيث يتمكن اليوغي من معرفة الحقيقة ما وراء كل المدركات العقلية.

و فايسيسيكا. ولا بد أن يبتهج القراء ذوو الميول الأكاديمية لدقة واتساع هذه الصيغ العريقة بحسب ما تم تلخيصها بالانكليزية في المجلد الأول من كتاب (تاريخ الفلسفة الهندية)، تأليف البروفيسور سورنرانات داسغوبتا (مطبعة جامعة كامبريدج). *A History of Indian Philosophy, Vol. I*, by Prof. Surendranath Dasgupta (Cambridge Univ. Press).

٩ لا ينبغي الخلط بين طريق بتانجالي [ذي الثماني درجات] وبين «الطريق الثماني النبيل» للبوذية الذي يعتبر دليل الإنسان في الحياة وهو: (١) المُثل الصحيحة، (٢) الدافع الصحيح، (٣) الكلام الصحيح، (٤) العمل الصحيح، (٥) الوسائل الصحيحة لكسب لقمة العيش، (٦) المجهود الصحيح، (٧) التذكر الصحيح (للذات العليا)، (٨) المعرفة الصحيحة (سمادهي).

وقد يتساءل أحدهم: «أيهما أعظم، السوامي أم اليوغي؟» والجواب هو: إذا ما تحقق – وعندما يتحقق – التوحّد مع الله تزول الفوارق المميزة للطرق المختلفة. ومع ذلك تفيد البهاغافاد غيتا أن أساليب اليوغا هي شاملة وطرقها ملائمة للجميع وليس لذوي الميول النسكية وحسب. ولا تتطلب اليوغا انتماءً رسمياً. ولأن علم اليوغا يفي بحاجة عالمية فإنه يحظى بالقبول على نطاق شامل.

اليوغي الحقيقي يمكنه البقاء في العالم وأداء واجباته الدنيوية كالزبدة التي تطفو على صفحة الماء، وليس كالحليب المخفف الذي يشبه الإنسانية غير المنضبطة. والوفاء بالمسؤوليات الدنيوية لا يفصل الإنسان عن الله ما دام لا ينغمس في التفكير برغبات أنانية، وما دام يقوم بدوره في الحياة كأداة طيّعة بين يدي الله.

هناك عدد من العظماء ممن يعيشون اليوم في أجسام أمريكية أو أوروبية أو غير هندوسية. وبالرغم من عدم سماعهم أبداً بكلمة يوغي أو سوامي، لكنهم نماذج حية لهاتين التسميتين. فهم بمعنىً ما يوغيون من حيث خدماتهم للبشرية المتحررة من الدوافع الأنانية، وضبطهم للأهواء والأفكار، أو حبهم لله من كل قلوبهم، أو من حيث ما يمتلكونه من قدرة فائقة على تركيز العقل. وقد وضعوا لأنفسهم هدف اليوغا الذي هو ضبط النفس. هؤلاء الأشخاص يمكنهم بلوغ مستويات أرفع لو تم تلقينهم علم اليوغا الذي يجعل من الممكن توجيه عقل المرء وحياته بكيفية واعية.

لقد أسيء فهم اليوغا من قِبل بعض الكتّاب الغربيين، غير أن نقادها لم يكونوا قط من ممارسيها. ومن بين الشهادات المنصفة لليوغا يمكن ذكر الشهادة التالية لعالم النفس السويسري الذائع الصيت الدكتور سي. جي. يونغ[10]:

«عندما تقدّم إحدى الطرق الدينية نفسها على أنها 'علمية' يصبح من المؤكد قبولها في الغرب. واليوغا تلبي هذا التوقع. وبعيداً عن سحر الجديد، والافتتان بما هو غير مألوف كلياً فإن هناك سبباً وجيهاً يبعث على القول بأن لليوغا الكثير من الأتباع. فهي تقدّم تجربة تخضع للتحكم، ومن هنا فإنها تفي

١٠ حضر الدكتور يونغ المؤتمر الهندي للعلوم سنة ١٩٣٧ وحصل على دكتوراه شرف من جامعة كلكتا.

بالحاجة العلمية للوصول إلى 'الحقائق'. إضافة إلى ذلك، ونظراً لاتساعها وعمقها، وعمرها المديد، ومذهبها وطرقها التي تشمل كل جوانب الحياة، فإنها تبشّر بإمكانيات تفوق التصور.

«إن كل ممارسة دينية أو فلسفية تعني فرعاً من فروع علم النفس، أي طريقة لتحقيق الصحة العقلية. والأساليب البدنية البحتة والمتنوعة لليوغا تعني أيضاً صحة فسيولوجية تفوق الرياضة الجسدية وتمارين التنفس على قدر ما هي غير آلية وعلمية وحسب، بل أيضاً فلسفية.[11] وبتدريبها لأجزاء الجسم فإنها توحّدها بالروح كما هو واضح من تمارين براناياما على سبيل المثال، حيث برانا *prana* هي التنفس والديناميات الكونية الشاملة...

«وتدريب اليوغا... لن يكون فعّالاً بدون المفاهيم التي تقوم عليها اليوغا، التي تجمع بين ما هو جسماني وما هو روحاني بكيفية كاملة على نحو استثنائي.

«في الشرق حيث نشأت وتطورت هذه الأفكار والممارسات، وحيث على مدى بضعة آلاف من السنين ساعد التقليد المتواصل على توفير الأسس الروحية اللازمة، فإن اليوغا في اعتقادي هي الطريقة المثالية والمناسبة لصهر الجسم والعقل في وحدة متكاملة بالكاد تخضع للاعتراض والتشكيك. وهذه الوحدة تخلق حالة نفسية تجعل من المدركات البديهية التي تفوق الوعي [العادي] أمراً ممكناً.»

إن اليوم الذي يصبح فيه العلم الداخلي لضبط النفس ضرورياً تماماً كالتحكم الخارجي بالطبيعة يقترب من الغرب. وسوف يرى العصر الذري الجديد عقول الناس وقد تيقظت واتسع أفقها بسبب الحقيقة العلمية التي لا تُدحض بأن المادة هي في الحقيقة طاقة مركّزة. فالعقل البشري بمقدوره أن يطلق – وينبغي أن يطلق – طاقات تفوق ما بداخل الأحجار والمعادن، لئلا ينقلب المارد الذري المادي، الذي أُطلق له العنان مؤخراً، على العالم بتدمير طائش. وهناك فائدة غير مباشرة من قلق البشر من القنابل الذرية تدفعهم إلى

١١ يشير الدكتور يونغ هنا إلى الهاثا يوغا وهي فرع متخصص بالوضعيات الجسدية والأساليب المتعلقة بالصحة وإطالة العمر. و الهاثا مفيدة وتأتي بنتائج جسدية مدهشة، لكن اليوغيين الراغبين في التحرر الروحي قلما يستخدمون هذا الفرع من اليوغا.

الاهتمام العملي المتزايد بعلم اليوغا[١٢] الذي هو بالفعل « ملجأ مقاوم للقنابل.»

١٢ الكثير من غير المطلعين أحياناً يتحدثون عن اليوغا على أنها هاثا يوغا أو يعتبرون اليوغا «سحراً» وطقوساً ظلامية غامضة تقام لامتلاك قوى مثيرة. ولكن عندما يتحدث العلماء عن اليوغا فانهم يقصدون المنهج الموضّح في سترات اليوغا للحكيم بتانجالي (والذي يُعرف أيضاً بحِكَم بتانجالي) أو راجا يوغا (اليوغا «المَلكية»). ويتضمن المنهج مفاهيم فلسفية عظيمة بحيث ألهمت التفسيرات التي وضعها نفر من أعظم المفكرين الهنود، بمن فيهم المعلم المستنير ساداسيفيندرا. (راجع الصفحة ٤٦٥ حاشية).

وكالمناهج الفلسفية الخمسة الأخرى التقليدية (المؤسسة على الفيدات)، تعتبر سترات اليوغا أن «سحر» الطهارة الخلقية («الوصايا العشر» لكل من ياما و نياما) هي المرحلة التمهيدية التي لا يمكن الاستغناء عنها في أي بحث فلسفي سليم. وهذا المطلب الشخصي الذي لا يتم التشديد عليه في الغرب قد منح حيوية دائمة للمناهج الهندية الستة. فالنظام الكوني ريتا الذي يسند الكون لا يختلف عن النظام الأخلاقي الذي يحكم مصير الإنسان. والإنسان غير المستعد لمراعاة النواميس الأدبية هو غير جاد في سعيه إلى الحقيقة.

القسم الثالث من سترات اليوغا يتطرق إلى قوى إعجازية متنوعة لليوغا (فيبهوتِز و سيدهيز). فالمعرفة الحقيقية هي دائماً قوة. وينقسم طريق اليوغا إلى أربع مراحل، ولكل مرحلة التعبير الخاص بها فيبهوتي. وباكتساب قوة معينة يعلم اليوغي بأنه قد اجتاز بنجاح الاختبارات الخاصة بمرحلة من المراحل الأربع. وظهور القوى المميزة هو دليل على الأساس العلمي لنظام اليوغا حيث تتلاشى التصورات الوهمية بشأن «التقدم الروحي» للشخص، لأن الإثبات مطلوب!

وينبه بتانجالي المريدَ بأن الهدف الأوحد ينبغي أن يكون الاتحاد بالروح الكوني وليس اكتساب القوى – التي هي مجرد زهور عارضة على جانبي الطريق المقدس. ولا بد من السعي إلى المانح الأزلي وليس للحصول على عطاياه المدهشة. والله لا يظهر ذاته للباحث الذي يقنع بأي تحصيل أقل شأناً. ولذلك يحرص اليوغي الجاد على عدم إظهار القوى الخارقة لئلا توقظ فيه الغرور الزائف الذي يصرف انتباهه عن دخول حالة المعرفة السامية كيفاليا.

وعندما يبلغ اليوغي هدفه اللانهائي يصبح باستطاعته إذ ذاك استخدام أو عدم استخدام قواه المثيرة فيبهوتِز حسبما يريد. وجميع أعماله، سواء كانت عجائبية أم بخلاف ذلك، يقوم بها دون أن يتورط في كارما جديدة. فبرادة حديد الكارما لا تنجذب إلا عند وجود مغناطيس الأنانية الفردية.

الفصل ٢٥

# أخي أنانتا وأختي ناليني

«لا يمكن أن يعيش أنانتا، فإن الفترة المتبقية من حياته أصبحت في حكم المنتهية.»

بلغت هذه الكلمات القاسية أعماق وعيي عندما كنت أجلس صباح أحد الأيام في تأمل عميق. فبعد فترة قصيرة من التحاقي بسلك السوامي زرت مسقط رأسي غوراخبور وحللت ضيفاً على أخي الكبير أنانتا الذي ألمَّ به مرض مفاجئ ألزمه الفراش، فاعتنيت به بحنان ومودة.

ملأني الإعلان الرهيب حزناً وشعرت بأن لا قدرة لي على البقاء في غوراخبور لأرى أخي يؤخذ عنوة من أمام عينيّ العاجزتين. ووسط انتقاد أقربائي المدفوع بالجهل غادرت الهند على متن أول سفينة متوفرة أبحرت حول بورما وبحر الصين إلى اليابان. نزلت في مدينة كوبه حيث أمضيت بضعة أيام، لم أستمتع خلالها بمعالم المدينة لأن قلبي كان مثقلاً بالأحزان.

وعند عودتي إلى الهند توقفت السفينة في شانغهاي، وهناك أرشدني طبيبها الدكتور ميسرا إلى بعض حوانيت التحف حيث ابتعت عدة هدايا لسري يوكتسوار ولأسرتي وأصدقائي. أما بالنسبة لأنانتا فقد اشتريت له قطعة كبيرة من الخيزران عليها نقوش. وما أن ناولني البائع الصيني قطعة الخيزران التذكارية حتى رميتها على الأرض وصحت قائلاً: «لقد ابتعت هذا [التذكار] إلى شقيقي العزيز الذي فارق الحياة!»

واكتسحني شعور أكيد بأن روح أخي قد تحررت للتو في اللانهاية. وكان التذكار قد تحطم بكيفية رمزية بفعل ارتطامه بالأرض. وفي غمرة البكاء والتنهدات دونت العبارة التالية على سطح الخيزران: «إلى حبيبي الراحل أنانتا.»

وكان رفيقي الطبيب ينظر إليّ بابتسامة ساخرة، وقال: «وفّر دموعك. فلماذا تذرفها قبل التأكد من وفاته؟»

وحينما وصلت سفينتنا كلكتا رافقني الدكتور ميسرا مرة أخرى. ووجدت أخي الأصغر بشنو في المرفأ في الانتظار لاستقبالي، فقلت له قبل أن ينطق

بكلمة واحدة:

«إنني أعلم بأن أنانتا قد فارق الحياة، فالرجاء أن تخبرني في حضرة الطبيب متى رحل أنانتا.»

وذكر بشنو التاريخ الذي كان نفس اليوم الذي ابتعت فيه التحف التذكارية من شانغهاي، فصاح الدكتور ميسرا: «أعرني انتباهك ولا تدع كلمة واحدة مما سأقوله تنتشر. سيقوم أساتذة الجامعة بإضافة سنة أخرى لمنهج الطب الطويل أصلاً، لدراسة التخاطر العقلي.»

عانقني أبي بحرارة لدى دخولي منزل غوربار، وانهمرت من عينيه دمعتان كبيرتان وقال بحنان «لقد عدتَ». كان والدي متحفظاً في إظهار عواطفه، ولم يسبق لي أن رأيته من قبل يعبّر لي علناً عن مشاعره. فظاهرياً كان الأب الجاد الرزين، أما داخلياً فكان يمتلك قلب الأم الذي يفيض عطفاً وحناناً. وقد قام بلعب هذا الدور الأبوي المزدوج في كل الشؤون العائلية.

بعد وفاة أنانتا بقليل عادت أختي ناليني إلى الحياة بفضل شفاء إلهي بعد أن كانت قد أشرفت على الموت. ولكن قبل أن أسرد القصة لا بد لي من الإشارة إلى بعض جوانب حياتنا المبكرة.

لم تكن علاقة الطفولة بين ناليني وبيني من أسعد العلاقات. فقد كنت نحيفاً للغاية وكانت هي أنحف مني! وبدافع لا شعوري لا يعجز علماء النفس عن تعريفه كان يحلو لي تعيير أختي بمظهرها. وكانت ردودها السريعة مشبعة بصراحة شبابية صارمة. وبين حين وآخر كانت أمي تتدخل لوضع نهاية مؤقتة لتلك النزاعات الصبيانية، بتسديد لكمة خفيفة إلى أذني بصفتها (الأذن الكبرى).

وبعد انقضاء سنوات الدراسة خُطبت ناليني لطبيب شاب محبوب من كلكتا هو الدكتور بانشانون بوز، وقد تمت المراسم المتقنة لحفل الزفاف في الوقت المناسب. وفي ليلة العرس انضممت إلى جمع الأقارب المبتهجين في غرفة الاستقبال بمنزلنا في كلكتا. كان العريس متكئاً على وسادة ضخمة مطرزة بالذهب، وإلى جانبه ناليني التي كانت تلبس رداء الساري[١] الأرجواني البديع الذي لم يستطع للأسف إخفاء كل زوايا ونتوءات شكلها. وتواريت خلف وسادة صهري الجديد وتطلعت إليه وأنا أبتسم ابتسامة ودية عريضة.

١ رداء المرأة الهندية الملتف حولها بأناقة.

فالعريس لم يكن قد رأى ناليني حتى يوم الزفاف، وقد عرف أخيراً حظه في يا نصيب الزواج.

وإذ أحسَّ الدكتور بوز بتعاطفي معه، أشار بشكل مخفي إلى ناليني وهمس في أذني: «قل لي ما هذا؟» فأجبته: «هذا يا دكتور هيكل عظمي لمعاينته وإبداء ملاحظاتك!»

ومع مرور السنين أصبح الدكتور بوز محبوباً من الأسرة التي كانت تتصل به في حالات المرض. وأصبحنا صديقين حميمين، غالباً ما نمزح معاً، وعادة ما تكون نالينا هدفنا.

وفي أحد الأيام قال لي زوج أختي: «لقد جرّبت، بدافع الفضول الطبي، أشياء عديدة على أختك النحيفة: زيت كبد الحوت، والزبدة، والشعير المستنبت، والعسل، والسمك، واللحم، والبيض، والمقويات، ومع ذلك فلم يزدد وزنها ولو جزء من مائة.»

بعد عدة أيام قصدتُ منزل بوز ولم تستغرق زيارتي سوى بضع دقائق. وأثناء مغادرتي ظننت أن ناليني لم تلحظ خروجي. لكني ما أن بلغت الباب حتى سمعت صوتها يناديني برقة، ولكن بحزم: «أخي، تعالَ إلى هنا، فلن تتمكن من الإفلات مني هذه المرة. أود التحدث إليك.»

صعدتُ درجات السلم إلى حجرتها، حيث كانت تذرف الدموع، وقالت لي:

«يا أخي العزيز، دعنا ندفن الخلافات القديمة. أرى أن قدميك قد أصبحتا راسختين على الطريق الروحي، وأرغب أن أكون مثلك من كل ناحية.» وأضافت يحدوها الأمل: «أنت الآن ذو مظهر قوي وتشع صحة وحيوية، فهل لك أن تساعدني؟ إن زوجي لا يقترب مني مع أنني أحبه كثيراً! ولكن رغبتي الرئيسية هي التقدم في معرفة الله حتى ولو بقيت نحيفة وغير جذّابة.»[2]

لامست مناشدتها أعماق قلبي. وقد نَمَت وازدهرت صداقتنا الجديدة باضطراد. وفي أحد الأيام طلبت مني أن تكون تلميذة لي وقالت: «درّبني بأي طريقة تريدها؛ فأنا أضع ثقتي في الله وليس في المقويات.» ثم جمعت حفنة من العقاقير الطبية ورمتها في بالوعة خارج نافذتها.

وكامتحان لإيمانها، طلبت منها أن تحذف من غذائها السمك واللحم

٢ نظراً لأن معظم الهنود نحفاء، تعتبر البدانة المعقولة مستحبة.

والبيض.

وبعد بضعة شهور قامت خلالها ناليني بتطبيق القواعد المتعددة التي حددتها لها والتزمت بغذائها النباتي بالرغم من صعوبات جمة، زرتها في منزلها وقلت وأنا ابتسم ابتسامة ذات مغزى: «لقد اتبعتِ يا أختاه التوجيهات الروحية بدقة وأصبح ثوابك قريباً. والآن أخبريني إلى أي حد تريدين أن يكون جسمك ممتلئاً! هل ترغبين في أن تصبحي بدينة كعمتنا التي لم ترَ قدميها منذ سنين؟»

قالت: «لا! بل أتشوق لأن يكون جسمي ممتلئا مثل جسمك.»

فأجبتها بتأكيد جازم: «بنعمة الله، ومثلما نطقت بالصدق دوماً أقول الآن بصدق[٣]: بالنعمة الإلهية، واعتباراً من هذا اليوم سيتغير جسمك فعلاً، وفي غضون شهر واحد سيكون بنفس وزن جسمي.»

وتحققت كلماتي النابعة من قلبي؛ ففي خلال ثلاثين يوماً أصبح وزن ناليني مساوياً لوزني. وقد أكسبتها الاستدارة الجديدة جمالاً مما جعل زوجها يهيم في حبها. فزواجهما الذي كانت بدايته غير موفقة تبدّل إلى زواج مثالي سعيد.

ولدى عودتي من اليابان علمت أن ناليني أصيبت أثناء غيابي بحمى التيفوئيد، فانطلقت مسرعاً إلى منزلها وصُدمت عندما وجدتها هزيلة للغاية وفي غيبوبة. وأخبرني زوجها أنها قبل أن يصبح عقلها مشوشاً بسبب المرض كثيراً ما كانت تقول: «لو كان شقيقي موكندا هنا لما كنت بهذه الحالة.» ثم

٣ تعلّم الأسفار الهندوسية المقدسة أن الذين يتكلمون الصدق دوماً ينمّون المقدرة على تحقيق ما ينطقون به، والأوامر التي يطلقونها من القلب يُكتب لها التحقيق. (سترات اليوغا ٢: ٣٦).

ولأن العوالم مؤسسة على الحق فإن كل الكتب المقدسة تعتبر الصدق فضيلة، ومن خلال الصدق يستطيع أي إنسان مناغمة حياته مع المطلق اللانهائي. غالباً ما كان المهاتما غاندي يقول: «الحق هو الله.» وكفاحه المتواصل كان في سبيل الحقيقة كاملة، فكراً وقولاً وفعلاً. وعلى مر العصور تشرّب المجتمع الهندوسي مبدأ (الحق) ساتيا. ويخبرنا ماركو بولو أن البراهمة «لا ينطقون بالكذب لأي سبب على هذه الأرض.» ويقول القاضي الإنكليزي في الهند وليام سليمان في مؤلفه *Journey Through Oudh in 1849-50*: «لقد عُرضت أمامي مئات القضايا حيث كانت ممتلكات الشخص وحريته أو حياته تتوقف على كذبة يقولها، ولكنه كان يرفض الكذب.»

أضاف دامعاً: «أنا والأطباء الآخرون لا نرى أي أمل، فبعد معاناتها الطويلة من التيفوئيد أصيبت الآن بالإسهال الدموي»

ورحت أهز السماء والأرض بصلواتي، وعيّنت ممرضة إنكليزية-هندية لتقديم الرعاية لها فتعاونت معي بشكل كامل. وقمت بتطبيق أساليب يوغا علاجية مختلفة على أختي فاختفى الإسهال الدموي.

لكن الدكتور بوز هز رأسه بحزن وقال: «لم يبقَ في جسمها دم أكثر من ذلك لتذرفه.»

وأجبته بحزم: «سوف تستعيد عافيتها، وفي غضون سبعة أيام ستفارقها الحمى.» وابتهجتُ بعد أسبوع لأن أرى ناليني تفتح عينيها وتنظر إليّ بمودة وقد تعرفت عليّ. ومنذ ذلك اليوم راحت تتماثل للشفاء بسرعة. ومع أنها استعادت وزنها العادي إلا أن المرض شبه المميت ترك في أعقابه أثراً محزناً: فساقاها أصيبتا بالشلل. وأعلن الأخصائيون الهنود والإنكليز بأنها معاقة ميؤوس من شفائها.

أرهقني الكفاح الذي بذلت فيه قصارى جهدي بتضرعاتي من أجل حياتها، فذهبت إلى سيرامبور لطلب العون من سري يوكتسوار. وقد بدا التعاطف العميق في عينيه وأنا أخبره بمحنة ناليني فقال: «إن ساقي شقيقتك ستعودان إلى حالتهما الطبيعية بعد شهر واحد.» ثم أضاف: دعها - بالاستعانة بشريط - تضع على جلدها مباشرة لؤلؤة غير مثقوبة وزنها قيراطان وتثبّتها بمشبك.»

انبطحت عند قدميه فرحاً بالانفراج وقلت: «سيدي إنك معلم وفي كلمتك الشفاء، ولكن إن كنت تصرّ فسأحضر لها لؤلؤة على الفور.»

فأومأ معلمي برأسه وقال: «نعم، افعل ذلك.» ثم راح يصف بدقة الخصائص الجسمانية والعقلية لناليني التي لم يكن قد رآها من قبل، فاستعلمت قائلاً:

«سيدي، هل هذا تحليل فلكي؟ فأنت لا تعرف يوم أو ساعة ولادتها؟»

فأجاب سري يوكتسوار بابتسامة: «هناك تنجيم أعمق لا يعتمد على التقاويم والساعات. فكل إنسان هو جزء من الخالق أو الإنسان الكوني، وله جسم سماوي مثلما له جسم على الأرض. العين البشرية تبصر الشكل المادي، أما العين الباطنية فتخترق بشكل أعمق وتنفذ إلى النموذج الكوني. وكل إنسان هو جزء متمم لذلك النموذج من الناحيتين التكاملية والفردية.»

عدت إلى كلكتا واشتريت لؤلؤة[٤] لناليني. وبعد شهر شفيت ساقاها المشلولتان شفاء تماماً.

وطلبت مني أختي أن أنقل امتنانها القلبي لمعلمي الذي أصغى للرسالة بصمت. وإذ كنت أهِمّ بالانصراف أبدى معلمي ملاحظة حبلى بالمعاني، إذ قال: «لقد أخبر الأطباء شقيقتك بأنها لن تنجب أطفالاً، ولكن أكّد لها بأنها ستلد ابنتين في غضون سنوات قليلة.»

بعد بضع سنوات، ولفرحة ناليني، أنجبت فتاة، وبعد ذلك بسنوات قليلة أنجبت ابنة أخرى.»

٤ تُحدِث اللآلئ وغيرها من الجواهر وكذلك المعادن والنباتات – لدى التصاقها بالجسم البشري مباشرة – تأثيراً كهرومغناطيسياً في خلايا الجسد. يحتوي جسم الإنسان على الكربون وعلى عناصر معدنية متنوعة موجودة أيضاً في النباتات والمعادن والجواهر. واكتشافات الحكماء القدامى (الريشيز) في هذا المجال سوف يؤيدها، دون شك، علماء وظائف الأعضاء يوماً ما. وجسم الإنسان الحساس بما فيه من تيارات الحياة الكهربائية هو مركز للكثير من الأسرار التي لم يتم الكشف عنها بعد.

ومع أن للجواهر والأساور المعدنية قيمة علاجية للجسم، كان لدى سري يوكتسوار سبب آخر للتوصية باستخدامها: فالمعلمون لا يرغبون في الظهور كمعالجين عظماء: الله وحده هو الشافي. ولذلك فإن القديسين غالباً ما يخفون – خلف أقنعة مختلفة – القوى التي حصلوا عليها بتواضع من الرب. والإنسان يضع ثقته عادة في الأمور المحسوسة. وعندما كان الأشخاص يأتون إلى سري يوكتسوار من أجل الشفاء كان ينصحهم بلبس إسوار أو حجر كريم لإيقاظ إيمانهم وتحويل الانتباه عنه. والأساور والأحجار الكريمة، بالإضافة إلى ما تحتويه من قوى شفاء كهرومغناطيسية جوهرية، كانت تتضمن بركة المعلم الروحية الخفية.

**شري دايا ماتا في التناغم الإلهي**

شري دايا ماتا الرئيسية الثالثة لـ Self-Realization Fellowship/Yogoda Satsanga Society of India، مستغرقة في التأمل، أثناء زيارة لها للهند في عام ١٩٦٨. وقد كتبت: «لقد علّمنا برمهنسا يوغانندا الطريق، ليس فقط من خلال كلماته ونموذجه المقدس، بل بإعطائنا أساليب SRF للتأمل. من غير المستطاع إرواء عطش الروح بالقراءة عن الحقيقة فحسب. بل يجب أن يشرب المرء حتى يرتوي من ينبوع الحقيقة الذي هو الله. معرفة الذات تعني ما يلي: اختبار الله بطريقة مباشرة.»

ومثلما يعني اسم دايا ماتا «أم الرأفة والحنان»، هكذا كانت حياتها مكرّسة لمحبة الله ومقاسمة محبته مع الجميع.

الفصل ٢٦

# علم الكريا يوغا

إن علم الكريا يوغا الذي غالباً ما ورد ذكره في هذه الصفحات قد انتشر في الهند الحديثة عن طريق لاهيري مهاسايا معلم معلمي. والجذر السنسكريتي لكلمة كريا هو كري: يعمل، يفعل ويُبدي ردة فعل. وهو موجود أيضا في كلمة كارما: المبدأ الطبيعي للسبب والنتيجة. وبالتالي فإن كريا يوغا تعني «الاتحاد (يوغا) بالمطلق اللانهائي بواسطة ممارسة معينة أو طقس كريا». فاليوغي الذي يمارس هذه الطريقة بأمانة يتحرر تدريجياً من الكارما أو سلسلة التوازنات الطبيعية بين الأسباب والنتائج.

وامتثالاً لتعليمات يوغية قديمة لن أقدّم هنا شرحاً وافياً عن الكريا يوغا في كتاب مُعَدٍّ لعامة الناس. فالطريقة الفعلية ينبغي تلقيها من كريابان أي من (كريا يوغي) منتسب إلى[1] Self-Realization Fellowship (Yogoda Satsanga Society في الهند). وسأكتفي هنا بإشارة مستفيضة عن الكريا.

الكريا يوغا هي طريقة نفسانية وبدنية يتم بواسطتها إزالة الكربون من الدم وإعادة شحنه بالأكسجين. وذرات هذا الأكسجين الإضافي تتحول إلى تيار حيوي ينعش الدماغ والمراكز الفقرية. ومن خلال وقف تراكم الدم الوريدي يستطيع اليوغي تقليل أو منع تحلل الأنسجة. واليوغي المتقدم يقوم بتحويل خلايا جسمه إلى طاقة. فالنبي إيليا والسيد المسيح وكبير وغيرهم من الأنبياء كانوا معلمين قدماء متمرسين في استخدام طريقة الكريا أو طريقة مشابهة لها، مكنتهم من جعل أجسادهم تتكثف وتتلاشى بالإرادة.

الكريا علم قديم حصل عليه لاهيري مهاسايا من معلمه العظيم باباجي

١ لقد منح برمهنسا يوغانندا أولئك الذين سيخلفونه كرئيس وقائد روحي لمؤسستيه Self-Realization Fellowship و Yogoda Satsanga Society في الهند تفويضاً بإعطاء تعليم الكريا يوغا للطلاب المؤهلين وتكريسهم في الكريا يوغا أو تكليف ممثل له من SRF/ YSS للقيام بذلك. كما عمل أيضاً على استمرارية نشر علم الكريا يوغا من خلال دروس *Self-Realization Fellowship (Yogoda)* المتاحة من المقر العالمي لـ SRF في لوس أنجلوس (راجع الصفحة ٥٨٩). (ملاحظة الناشر)

الذي اكتشفه مجدداً وشرح طريقة ممارسته بعد أن كان قد ضاع في العصور المظلمة. وقد أعاد باباجي تسميته ودعاه ببساطة كريا يوغا. وخاطب لاهيري مهاسايا قائلاً: «الكريا يوغا التي أعطيها للعالم عن طريقك في هذا القرن التاسع عشر هي إحياء لنفس العلم الذي أعطاه كريشنا لأرجونا منذ آلاف السنين، والذي أصبح معروفاً فيما بعد لكل من بتانجالي والمسيح والقديس يوحنا والقديس بولس وتلاميذ آخرين.»

وقد أشار كريشنا – أعظم أنبياء الهند – إلى الكريا يوغا في البهاغافاد غيتا، حيث ورد ما يلي في إحدى فقراتها: «بتقديم التنفس [أثناء الشهيق] للزفير، وبتقديم التنفس [أثناء الزفير] للشهيق، يتمكن اليوغي من تحييد هذين التنفسين، وبذلك يحرر قوة الحياة (برانا *prana*) من القلب ويجعلها تحت سيطرته.»[٢]

وتفسير ذلك هو ما يلي: «يتمكن اليوغي من وقف عملية التحلل في الجسم بالحصول على كمية إضافية من برانا أو قوة الحياة عن طريق تهدئة عمل الرئتين والقلب ووقف طفرات النمو في الجسم بالتحكم بالتيار الطارد آبانا *Apana*. ومن خلال تحييد عمليتيّ التحلل والنمو يتعلم اليوغي ضبط قوة الحياة.»

كما تفيد فقرة أخرى من الغيتا بما يلي: «ذلك الضليع في التأمل (موني) يصبح متحرراً للأبد. إذ في بحثه عن الهدف الأسمى يستطيع الانسحاب من الظواهر الخارجية [العالم الخارجي] بحصر بصره داخل النقطة التي ما بين الحاجبين من خلال تحييد التيارين المتساويين برانا وآبانا [المنسابين] داخل فتحتيّ الأنف والرئتين؛ ويتمكن من التحكم بالعقل الحسي والفكر، ومن التخلص من الرغبة والخوف والغضب.»[٣]

كما يروي[٤] كريشنا أنه هو الذي أوصل في تجسّد سابق علم اليوغا الخالد للمتنور القديم فيفاسوات الذي أعطاه للمشرّع العظيم مانو[٥]. وهذا بدوره لقّنه

٢ بهاغافاد غيتا ٤:٢٩.

٣ المرجع نفسه ٥:٢٧-٢٨. لمزيد من الايضاحات حول علم التنفس راجع الصفحات ٥٧٦، ٥٧٨، ٥٧٩، ٥٨١.

٤ المرجع نفسه ٤:١-٢.

٥ مانو، من عصر ما قبل التاريخ، هو مؤلف كتاب مانافا دهارما شاسترا أو قوانين

لمؤسس أسرة المحاربين الشمسية في الهند إكشواكو. ومع انتقال العلم بهذه الكيفية من شخص إلى آخر تمكن الحكماء القدامى من المحافظة على اليوغا الملكية حتى ظهور العصور المادية[6]. بعد ذلك، وبسبب التكتم على الأسرار الكهنوتية وعدم اكتراث الانسان أصبحت المعرفة المقدسة تدريجياً بعيدة المنال.

وقد ورد ذكر الكريا يو غا مرتين في كتابات الحكيم القديم بتانجالي أبرز مفسري اليوغا على هذا النحو:

«تتكون الكريا يو غا من تدريب الجسم، وضبط العقل، والتأمل على أوم»[7]. ويقول بتانجالي عن الله بأنه الصوت الكوني الفعلي لـ أوم الذي يُسمع أثناء التأمل[8]. أوم هي الكلمة الخالقة: دويّ المحرك الكوني المهتز والشاهد على الحضور الإلهي[9]. وحتى المبتدئ في اليوغا قد يسمع بعد فترة قصيرة [من الممارسة] صوت أوم العجيب. وإذ يحصل على هذا التشجيع الروحي المبهج تتولد لديه قناعة بأنه على تواصل مع عوالم فائقة.

ويشير بتانجالي مرة ثانية إلى طريقة الكريا أو التحكم بقوة الحياة بقوله:

مانو، وهي الأسس للقوانين العامة المعتمدة والتي لا تزال معمولاً بها حتى اليوم في الهند.

٦ طبقاً لحسابات الأسفار الهندوسية المقدسة فإن العصور المادية تبدأ بسنة ٣١٠٢ قبل الميلاد. وتلك السنة كانت بداية عصر دوابارا يو غا الأخير النازل للدورة الاعتدالية، وأيضا بداية عصر كالي يو غا للدورة الكونية (راجع الصفحة ٢١٢ والصفحة ٢١٣). ويعتقد معظم علماء الأنثروبولوجي أن البشر من ١٠,٠٠٠ سنة كانوا يعيشون في العصر الحجري المتوحش ويرفضون الاعتراف بالحضارات التي قامت منذ عهود قديمة في كل من ليموريا، وأطلانتس، والهند، والصين، واليابان، ومصر، والمكسيك، وبلدان أخرى عديدة، على أنها «أساطير.»

٧ سترات اليو غا ٢: ١. باستعمال كلمتي كريا يو غا كان بتانجالي يشير إما إلى الطريقة التي لقنها باباجي فيما بعد أو إلى طريقة شبيهة جداً بها. أما ذِكر بتانجالي لطريقة معينة لضبط قوة الحياة فذلك مثبت في سترات اليوغا ٢: ٤٩ (ووارد في صفحة تالية).

٨ المرجع نفسه ١: ٢٧.

٩ «هذا يقوله الآمين، الشاهد الأمين الصادق، بداءة خليقة الله.» – رؤيا ٣: ١٤. «في البدء كان الكلمة والكلمة كان عند الله وكان الكلمة الله... كل شيء به كان (الكلمة أو أوم) وبغيره لم يكن شيء مما كان.» – يوحنا ١-١: ٣. وأوم الواردة في الفيدات أصبحت الكلمة المقدسة هوم عند التبتيين، وآمين عند المسلمين وقدامى المصريين والإغريق والرومانيين واليهود والمسيحيين. وتعني بالعبرية أكيد، أمين.

«يتم إحراز التحرر عن طريق التحكم بقوة الحياة براناياما، وهذا يتحقق بفصل [وقف] انسياب الشهيق والزفير.»[10]

وقد عرف القديس بولس الكريا يوغا أو طريقة شبيهة بها، تمكن بواسطتها من وصل تيارات الحياة بالحواس أو فصلها عنها، بحيث أمكنه القول: «إنني أقرر بابتهاجنا الذي لي في المسيح أموت كل يوم.»[11]

فباستخدام طريقة خاصة بتوجيه كل قوة الحياة الجسدية نحو الداخل (والتي تنساب في العادة نحو الخارج فقط، إلى العالم الحسي مما يمنحه حقيقة وهمية) تمكّن القديس بولس يومياً من اختبار اتحاد يوغي حقيقي مع «ابتهاج» أو (غبطة) وعي المسيح. ففي تلك الحالة السعيدة كان يدرك أنه «ميت» بالنسبة للأوهام الحسية –عالم الخداع مايا– أو متحرر من تلك الأوهام.

في الحالات الأولية للاتصال بالله (سابيكالبا سمادهي) يمتزج وعي المريد بالروح الكوني وتنسحب قوة حياته من جسمه الذي يبدو «ميتاً» أو متصلباً وجامداً، ويكون اليوغي على دراية تامة بحالة غيبوبته الجسدية. ولكن بتقدمه إلى الحالة الروحية الأسمى (نيربيكالبا سمادهي) يصبح على تواصل مع الله حتى في حالة اليقظة العادية أو القيام بأكثر الواجبات الدنيوية إلحاحاً[12]، دون الحاجة إلى تثبيت الجسم في وضع معيّن.

وقد شرح سري يوكتسوار لتلاميذه قائلاً: «الكريا يوغا هي أداة تساعد على تسريع التطور البشري. فقد اكتشف اليوغيون القدامى أن سر الوعي الكوني مرتبط ارتباطاً وثيقاً بالتحكم في التنفس. وتلك هي مساهمة الهند المميزة والخالدة في خزينة العالم المعرفية. فقوة الحياة التي يتم إشغالها عادة في الإبقاء على حركة القلب دائمة، ينبغي تحريرها للقيام بأنشطة أسمى عن طريق تهدئة أو تسكين متطلبات التنفس التي لا تنقطع.»

الكريا يوغي يوجّه ذهنياً قوة حياته لتدور إلى أعلى وإلى أسفل حول

١٠ سترات اليوغا ٢: ٤٩.

١١ كورنثوس الأولى ١٥: ٣١. «ابتهاجنا» هي الترجمة الصحيحة وليس «افتخاركم» التي تذكر عادة. وقد كان القديس بولس يشير إلى شمولية وعي المسيح.

١٢ الكلمة السنسكريتية بيكالبا تعني «اختلاف، تباين.» سابيكالبا هي حالة السمادهي «مع اختلاف،» أما نيربيكالبا فهي حالة «دون اختلاف.» بما معناه، في حالة سابيكالبا سمادهي يبقى المريد محتفظاً بإحساس طفيف من الانفصال عن الله. في حين يدرك في حالة نيربيكالبا سمادهي اتحاده التام بالروح الإلهي.

المراكز الفقرية الستة (الضفائر النخاعية، العنقية، الظهرية، القطنية، العجزية، والعصعصية) المقابلة للعلامات الكوكبية الاثنتي عشرة للبروج: رمز الإنسان الكوني. إن نصف دقيقة من دوران قوة الحياة حول العمود الفقري الحساس للإنسان تُحدث تقدماً دقيقاً في ارتقائه. ونصف دقيقة من تلك الكريا تساوي سنة كاملة من التفتح الروحي الطبيعي.

إن النموذج الكوكبي للإنسان مزود بستة أبراج داخلية (اثني عشر بالاستقطاب)، وتدور حول شمس العين الروحية العليمة بكل شيء. وهناك ترابط بين العين الروحية والأبراج الباطنية وبين الشمس المادية ومنطقة الأبراج السماوية الاثني عشر. ولذلك فإن جميع الناس يتأثرون بعالم باطني وبآخر ظاهري. وقد اكتشف الحكماء القدامى أن بيئة الإنسان الأرضية وبيئته السماوية تدفعانه إلى الأمام في مساره الطبيعي عبر سلسلة من الدورات مدة كل منها اثنا عشرة سنة. وتؤكد الأسفار المقدسة أن الإنسان يلزمه مليون سنة من التطور الطبيعي الخالي من الأمراض لاستكمال نمو عقله البشري بما يكفي لإظهار الوعي الكوني.

إن ممارسة ألف كريا في ثماني ساعات ونصف تمنح اليوغي في يوم واحد ما يعادل ألف سنة من التطور الطبيعي، أو ٣٦٥,٠٠٠ سنة من التطور في سنة واحدة. وفي ثلاث سنوات يستطيع ممارس الكريا أن يحقق بالمجهود الذاتي الواعي نفس النتيجة التي تُحدثها الطبيعة في مليون سنة. وبطبيعة الحال لا يمكن اتباع طريق الكريا المختصر إلا من قِبل اليوغيين المتقدمين جداً. وبإرشاد معلم روحي تمكن هؤلاء اليوغيون من إعداد أجسامهم وعقولهم بعناية بحيث يمكنها تحمّل القوة التي تولّدها الممارسة المكثفة.

المبتدئ في الكريا يمارس تمرينه اليوغي على دفعتين في اليوم: من أربع عشرة إلى أربعة وعشرين مرة فقط في الدفعة الواحدة. إن عدداً من اليوغيين يحصلون على التحرر في ستة أعوام، أو اثني عشر، أو أربعة وعشرين، أو ثمانية وأربعين عاماً. واليوغي الذي يموت قبل بلوغ المعرفة الكاملة يأخذ معه الكارما الطيبة لمجهوده السابق الذي بذله في ممارسة الكريا، ويندفع طبيعياً نحو هدفه اللانهائي في حياته الجديدة.

إن جسم الإنسان العادي يشبه مصباحاً بقدرة خمسين واط، ولا يستطيع تحمّل قوة مليارات الواطات التي تحدثها الممارسة الزائدة للكريا. وبالزيادة المتدرجة والمنتظمة لممارسة أساليب الكريا البسيطة والمضمونة، يتغيّر جسم

الإنسان كوكبياً يوماً بيوم ويصبح أخيراً مؤهلاً لإظهار الامكانيات اللانهائية للطاقة الكونية والتي تمثّل المظهر المادي الأول والفعال للروح الكلي.

ولا يوجد رابط بين الكريا يوغا وتمارين التنفس غير العلمية التي يقوم بتلقينها عدد من المتحمسين المضلّلين. فحبس النَفَس بقوة في الرئتين هو أمر غير طبيعي وبالتأكيد ضار. من ناحية أخرى، فإن الكريا تكون مصحوبة منذ البداية بإحساس من السلام وبإحساسات من التأثير التجديدي في العمود الفقري.

وتقوم هذه الطريقة اليوغية العريقة بتحويل التنفس إلى مادة عقلية. وبالتقدم الروحي يستطيع الممارس أن يدرك بأن التنفس هو مجرد تصوّر ذهني، أو وظيفة عقلية، أي تنفس حالم.

يمكن تقديم العديد من الأمثلة التوضيحية عن العلاقة الوثيقة بين معدل التنفس لدى الإنسان والتغيرات في حالات وعيه. فالشخص الذي يستغرق انتباهه استغراقاً تاماً، كما في تتبع مسألة فكرية عميقة، أو يحاول القيام بمجهود جسدي شاق، يلزمه تركيز ذهني دقيق، يتنفس تلقائياً ببطء شديد. فتثبيت الانتباه يعتمد على التنفس البطيء، أما التنفس السريع أو غير المنتظم فيقترن دوماً بحالات عاطفية مؤذية كالخوف والشهوة الجنسية والغضب. القرد المضطرب الذي لا يهدأ يتنفس بمعدل ٣٢ مرة في الدقيقة على نقيض معدل تنفس الإنسان وهو ١٨ مرة في الدقيقة. أما الفيل والسلحفاة والحية وغيرها من الكائنات المعروفة بطول العمر فإن سرعة تنفسها هي أقل كثيراً من سرعة تنفس الإنسان. فالسلحفاة العملاقة على سبيل المثال التي يصل عمرها إلى ثلاثمائة عام تتنفس بمعدل ٤ مرات فقط في الدقيقة.

إن تأثيرات النوم المنعشة التي تجدد النشاط هي نتيجة لعدم الإحساس المؤقت بالجسم وبالتنفس. فالنائم يصبح يوغياً ويتحرر كل ليلة – بصورة لا شعورية – من تحقيق نفسه مع الجسد ويمزج قوة حياته بتيارات شافية في منطقة الدماغ الرئيسية وفي المولدات الفرعية الستة في المراكز الفقرية. وهكذا يشحن النائم جسمه مجدداً – دون أن يعلم – بالطاقة الكونية التي تعيل الحياة بأسرها.

أما اليوغي فيقوم اختيارياً بتطبيق عملية بسيطة وطبيعية – بصورة واعية – وليس بكيفية لا شعورية كما يفعل النائم البطيء الحركة. إن الكريا يوغي (ممارس الكريا) يستخدم طريقته لإشباع خلايا جسمه وتغذيتها بالنور

غير القابل للانحلال ويحفظها في حالة من المغنطة الروحية. فهو يستعمل أسلوباً علمياً لجعل التنفس غير ضروري، ولا يدخل (أثناء ساعات الممارسة) الحالات السلبية للنوم وفقدان الوعي أو الموت.

إن انسياب قوة الحياة – في البشر الخاضعين للخداع الكوني مايا أو القانون الطبيعي – يكون متجهاً نحو العالم الخارجي حيث تُهدر التيارات الحيوية ويساء استخدامها في الحواس. لكن ممارسة الكريا تعكس هذا الانسياب بحيث يتم توجيه قوة الحياة ذهنياً إلى العالم الداخلي حيث تتحد مجدداً مع الطاقات الفقرية الشفافة. وبهذا التعزيز لقوة الحياة تتجدد خلايا جسد ودماغ اليوغي بإكسير روحي.

البشر الموجَّهون بالطبيعة وخطتها الإلهية لا غير – عن طريق التغذية الصحية الصحيحة وأشعة الشمس والأفكار التوافقية – يبلغون المعرفة الذاتية في غضون مليون سنة. الحاجة تمس إلى اثني عشر عاماً من العيش الصحي الطبيعي لإحداث ولو تنقية طفيفة في تركيبة الدماغ، وإلى مليون دورة للأرض حول الشمس لتطهير الدماغ بما يكفي لإظهار الوعي الكوني. ومع ذلك يستطيع الكريا يوغي – باستخدام علم روحي – من تحرير نفسه من ضرورة المراعاة الدقيقة الطويلة للقوانين الطبيعية.

وبفصل حبل التنفس الذي يربط النفس بالجسد تعمل الكريا على إطالة العمر وتوسيع الوعي إلى اللانهاية. كما تساعد طريقة اليوغا على كسب المعركة القائمة بين العقل والحواس المقيدة بالمادة، وتحرر المريد بحيث يتمكن من استعادة مملكته الأبدية، فيدرك إذ ذاك أن طبيعته الحقيقية غير مرتبطة بالجسم المادي ولا بالتنفس، وهما رمز استعباد الانسان العادي للهواء ولضغوط عناصر الطبيعة.

وإذ يصبح الكريا يوغي سيداً لجسمه وعقله فإنه يقهر في النهاية «العدو الأخير»[١٣]: الموت.

١٣ «آخر عدو يبطل هو الموت» (كورنثوس الأولى ١٥:٢٦). إن عدم تعرض جثمان برمهنسا يوغانندا للتحلل بعد الموت (راجع الصفحة ٥٨٨) هو برهان على أنه كريا يوغي مثالي. ومع ذلك ليس كل جثامين المعلمين العظماء تُظهر عدم التحلل بعد الموت. (راجع الصفحة ٣٦٣ حاشية.) تفيدنا الأسفار الهندوسية المقدسة أن مثل هذه المعجزات تظهر فقط لغرض خاص. وفي حالة برمهنساجي، فإن ذلك «الغرض الخاص» كان، دون شك، إقناع

ولسوف تغتذون على الموت الذي يتغذى على البشر:
وعندما يموت الموت فلن يموت أحد بعد ذلك.[١٤]

إن الاستبطان أو «الجلوس بصمت» في محاولةٍ للفصل القسري بين العقل والحواس المرتبطين معاً بقوة الحياة هو أسلوب غير علمي. فالفكر المتأمل الذي يحاول العودة إلى الإلوهية ينجذب باستمرار نحو الحواس بواسطة تيارات الحياة. أما الكريا التي تضبط العقل مباشرة بواسطة قوة الحياة فهي أسهل الطرق العلمية وأكثرها فعالية في الاقتراب من اللانهائي. وعلى عكس الطريق اللاهوتي البطيء وغير الموثوق والذي يشبه «عربة الجر»، فإن الكريا تستحق أن تسمى بحق «المسار الجوي».

إن علم اليوغا يأخذ في الاعتبار جميع أشكال تمارين التركيز والتأمل. واليوغا تمكّن المريد من فصل تيار الحياة عن الأجهزة الحسية الخمس: البصر والسمع والشم والذوق واللمس أو وصله بتلك الأجهزة. وبامتلاك قوة فصل تيار الحياة عن الحواس يصبح من السهل على اليوغي توحيد عقله بإرادته مع عوالم إلهية أو بعالم المادة. وبذلك لا تضطره قوة الحياة الرجوع اللاإرادي إلى المجال الدنيوي حيث الأحاسيس الصاخبة والأفكار المضطربة.

إن حياة اليوغي المتقدم لا تتأثر بنتائج أعماله السابقة، بل فقط بتوجيهات الروح. وهكذا لا يتحتم على المريد أن يبقى رهناً لمعايير تطور الحياة العادية التي تخضع لها الأفعال المدفوعة بالأهواء الذاتية، سواء كانت طيبة أم سيئة، لأنها بالنسبة له بطيئة كزحف القواقع مقارنة بتحليق النسور في الأجواء.

والطريقة السامية للحياة الروحية تحرر اليوغي فيشرع في تذوّق الهواء المنعش للحضور الكلي لدى مغادرته سجنه الذاتي. وعلى نقيض ذلك فان الخضوع للعيش الطبيعي هو عبودية مقيدة تجعل التقدم بطيئاً ومهيناً. وإذ يسير الإنسان وفقاً لنظام التطور لا غير لا يمكنه أن يفرض على الطبيعة التسريع من تقدمه. وحتى ولو عاش دون مخالفة للقوانين التي تحكم جسمه وعقله يظل مع ذلك يحتاج إلى مليون عام من التجسدات المقنّعة لبلوغ التحرر النهائي.

الغرب بقيمة اليوغا. لقد عمل يوغانانداجي على خدمة الغرب بتوجيه من باباجي وسري يوكتسوارجي. وقد أدى برمهنساجي تلك الأمانة في حياته وفي مماته. (ملاحظة الناشر)

١٤ شكسبير: السوناتة ١٤٦.

أما طرق اليوغي التلسكوبية المتطورة – التي تفصله عن الارتباطات المادية والعقلية لصالح روحه – فهي تلائم أولئك الأشخاص الذين ينظرون نظرة تمرد إلى الألف ألف عام. ويزداد هذا النطاق العددي في حالة الإنسان العادي الذي لا يتوافق مع الطبيعة، ناهيك عن التوافق مع ذاته، بل يسعى بدلاً من ذلك إلى خلق تعقيدات غير طبيعية فيؤذي – بجسمه وعقله – حكمة الطبيعة العذبة، ومليونان من السنين قد لا تكفي لتحريره.

الشخص الخشن [المتبلّد الأحاسيس] قلما أو نادراً ما يدرك أن جسمه هو عبارة عن مملكة يسوسها ملك الروح المتربع على عرش الدماغ، وحكام فرعيون في ستة مراكز فقرية أو مناطق الوعي. ويشمل سلطان هذه الحكومة الإلهية حشداً من الرعايا الطيعين يبلغ عددهم سبعة وعشرين ألف مليار خلية (موهوبة بذكاء آلي أكيد، ولو بدا أوتوماتيكياً، يساعدها في تأدية جميع واجباتها المتعلقة بأنماط النمو الجسدي والتحولات وعوامل التحلل) وهناك أيضا خمسون مليوناً من الأفكار الأساسية والعواطف وتنوعات للأوجه المتعاقبة في وعي الإنسان الذي لا يزيد متوسط عمره عن ستين عاماً.

إن أي تمرد ظاهر في الجسم أو العقل البشري ضد ملك الروح، والذي يظهر بصورة مرض أو تصرف غير عقلاني، ليس سببه عدم الولاء من جانب الرعايا الأوفياء، بل هو ناجم عن سوء استخدام الإنسان لشخصيته الفردية أو إرادته الحرة، سواء في الماضي أو الحاضر. تلك الإرادة الحرة مُنحت للإنسان في نفس الوقت الذي مُنحت له نفسه، ولن تُسترد منه أبداً.

عندما يحقق الإنسان نفسه مع ذاتٍ سطحية ضحلة يَعتبر كأمرٍ مسلّمٍ به أنه هو الذي يفكر ويريد ويحس ويهضم طعامه ويُبقي نفسه على قيد الحياة، ولا يعترف عن طريق التفكّر (وقليل منه يكفي!) أنه في حياته العادية ليس سوى مجرد دمية بين يدي أفعاله السابقة (الكارما) والطبيعة أو البيئة. وردود فعل كل إنسان، من عقلية وشعورية، ومن طباع وعادات هي مجرد نتائج لأفعال ماضية، سواء في هذه الحياة أو في حياة سابقة. ولكن نفسه ذات الجوهر الإلهي تسمو فوق كل هذه المؤثرات. والكريا يوغي إذ لا يتقبل الحقائق المرحلية والحريات الآنية يتخطى جميع الأوهام ويصل إلى كيانه الجوهري المتحرر من القيود. وتصرّح أسفار العالم المقدسة أن الإنسان ليس جسماً قابلاً للفساد، بل هو نفس حية. وفي الكريا يوغا يجد الطريقة لإثبات هذا التأكيد الوارد في الكتب الدينية.

لقد دوّن شانكرا ما يلي في كتابه الشهير قرنٌ من الشعر Century of Verses:
«لا يمكن للطقوس الخارجية القضاء على الجهل لأنهما ليسا متناقضين... بل المعرفة الحقيقية وحدها قادرة على القضاء على الجهل. ولا تأتي المعرفة بوسيلة أخرى سوى بسؤال الإنسان نفسه: 'من أنا؟ وكيف أتى هذا الكون إلى الوجود؟ ومن هو خالقه؟ وما هو سببه المادي؟' وهذا هو نمط التساؤل المشار إليه.» وبما أن العقل لا يملك الأجوبة على هذه الأسئلة فقد قام الحكماء القدامى بتطوير اليوغا كطريقة للبحث الروحي.

واليوغي الحقيقي إذ يفصل أفكاره وإرادته ومشاعره عن الارتباط الخاطئ مع رغبات الجسد، ويقرن عقله بقوى الإدراك السامي في المراكز الفقرية، يعيش في هذا العالم كما أراد الله؛ غير مدفوع بأهواء الماضي أو بإثارات جديدة ناجمة عن حماقة الإنسان. وإذ يحصل على تحقيقٍ لرغبته العظمى فإنه ينعم بالأمن والطمأنينة في ملاذ الروح الإلهي الذي لا حد ولا انتهاء لنعيمه.

وفي إشارة إلى اليوغا كطريقة أكيدة ومنهج فعّال، يمتدح كريشنا اليوغي الذي يستخدم وسائل تطبيقية بهذه الكلمات: «إن اليوغي أعظم من النساك المنهمكين بتدريب أجسامهم، بل أعظم من أتباع طريق الحكمة (جنانا يوغا) أو طريق العمل (كارما يوغا). فكن أيها المريد أرجونا يوغيا!»[١٥]

١٥ بهاغافاد غيتا ٦: ٤٦.

بدأ العلم الحديث يكتشف تأثيرات عدم التنفس العلاجية والتجديدية الفعلية على العقل والجسم. وقد أنشأ الدكتور ألفن أل. باراش بكلية الأطباء والجراحين في نيويورك عيادة محليةً لإراحة الرئتين تساعد العديد من مرضى التدرن الرئوي على استعادة عافيتهم. فاستخدام غرفة معادلة الضغط يمكّن المريض من وقف التنفس. في ١ فبراير/شباط ١٩٤٧ اقتبست صحيفة نيويورك تايمز الفقرة التالية للدكتور باراش: «إن تأثير وقف التنفس على الجهاز العصبي المركزي هو عظيم الفائدة، إذ يقلل على نحو لافت للنظر الرغبة في تحريك العضلات الارادية في الأطراف. ويمكن للمريض أن يرقد في الحجرة لساعات طويلة دون تحريك يديه أو تغيير وضعيته. وتنعدم لديه رغبة التدخين عندما يتوقف التنفس الارادي، حتى لدى المرضى المعتادين على تدخين علبتين من السجائر يومياً. وفي كثير من الحالات، ونظراً لطبيعة الاسترخاء، لا يشعر المريضَ بحاجة إلى التسلية.» وفي سنة ١٩٥١ أكد الدكتور باراش علناً قيمة العلاج الذي قال عنه: «إنه لا يريح الرئتين فقط بل الجسم بأكمله، وعلى ما يبدو العقل أيضا. وعلى سبيل المثال، فإن المجهود الذي يبذله القلب ينخفض بمعدل الثلث. كما يتوقف مرضانا عن القلق ولا يشعرون بالضجر.»

كريا يوغا هي «الطقس الناري» الفعلي الذي غالباً ما تشيد به الغيتا. فاليوغي يرمي مشتهياته البشرية في اللهب التوحيدي المكرّس لله الذي لا نظير له. وهذا في الحقيقة طقس اليوغا الناري الحقيقي حيث تصبح كل الرغبات الماضية والحاضرة وقوداً تلتهمه نار الحب الإلهي. وبذلك يتلقى اللهيب الختامي قربان كل حماقة بشرية ويتنقى الإنسان من الشوائب والزغل. وإذ تتجرد عظامه مجازياً من لحمه الممزوج بالشهوات، يتم تبييض هيكل كارماه العظمي بشمس الحكمة المطهّرة، فيصبح في نهاية المطاف نقياً وعديم الأذى أمام الإنسان والخالق.

ومن هذه الحقائق يبدأ الشخص بفهم الكيفية التي يمكن لليوغيين بواسطتها الجلوس دون حراك لفترات طويلة دون دافع عقلي أو جسدي للقيام بنشاط يتطلب حركة. وفقط بمثل هذه السكينة تعثر النفس على طريق العودة إلى الله. ومع أنه يتحتم على الأشخاص العاديين البقاء في غرفة معادلة الضغط بغية الحصول على فوائد معينة من عدم التنفس، لا يحتاج اليوغي إلا لطريقة الكريا يوغا للحصول على مكافآت جسدية وعقلية وعلى مدركات روحية.

**غربيٌّ في نشوة السمادهي الروحية**

راجارسي جاناكانندا (جيمس جيه. لين James J. Lynn)

على شاطئ خاص في إنسينيتاس، كاليفورنيا، يناير/كانون الثاني ١٩٣٧، وبعد خمسة أعوام من الممارسة اليومية للكريا يوغا، حصل المستر لين في اختبار السمادهي (الوعي السامي) على الرؤيا المبهجة: الرب اللانهائي بصورة المجد الداخلي. وقد قال برمهنسا يوغانندا:

«يمكن لحياة المستر لين المتزنة أن تكون إلهاماً لكل الناس.» كان المستر لين يقوم بإنجاز واجباته كرجل علماني ومع ذلك وجد الوقت للتأمل العميق في الله. وقد أصبح رجل الأعمال الناجح كريا يوغي مستنيراً.

غالباً ما كان برمهنساجي يشير إليه بمودة بعبارة «القديس لين،» وفي عام ١٩٥١ منحه اللقب النسكي راجارسي جاناكانندا (تيمناً بملك الهند جناكا المتنور روحياً). اللقب راجارسي والذي يعني حرفياً «الحكيم الملكي،» مشتق من كلمة راجا («ملك») + رسي (أو ريشي، «القديس العظيم.»

# الفصل ٢٧

# تأسيس مدرسة يوغا في رانشي

«لماذا تتجنب العمل التنظيمي؟»
أجفلني قليلا هذا السؤال من المعلم. وبالفعل كنت مقتنعاً إذ ذاك أن المنظمات هي «أعشاش دبابير» فأجبته:
«إنه عمل غير مشكور يا سيدي. فمهما عمل القائد أو لم يعمل يتعرض للانتقاد.»
وجاء الجواب السريع لمعلمي مقترناً بنظرة صارمة: «أترغب في أن يكون اللبن الإلهي الرائب «تشانا» لك وحدك فقط؟ وهل كان بمقدورك أو بمقدور أي شخص آخر بلوغ الاتصال الإلهي عن طريق اليوغا لو لم تتطوع كوكبة من المعلمين الكرماء بنقل معرفتهم للآخرين؟»
ثم أضاف: «الله هو العسل والمنظمات هي الخلايا وكلاهما ضروري، إذ لا قيمة لأي شكل بدون الروح. ولكن لماذا لا تنهمك ببناء خلايا نشطة لاستيعاب الرحيق الإلهي؟»
تركت نصيحته أثراً عميقاً في نفسي. ومع أنني لم أبدِ جواباً لكن قراراً حازماً بزغ في داخلي لمقاسمة إخوتي البشر على قدر استطاعتي الحقائق المحررة التي تعلمتها عند قدمي معلمي، فابتهلت قائلاً:
«أسألك يا رب أن تشرق محبتك للأبد على محراب إخلاصي، وأن أمتلك القدرة على إيقاظ حبك في كل القلوب.»
في مناسبات عديدة، وقبيل انخراطي في السلك الرهباني، أبدى سري يوكتسوار ملاحظة لم أكن أتوقعها أبداً، حيث قال:
«كم ستفتقد لرفقة زوجة في شيخوختك! ألا توافق أن رب الأسرة الذي يقوم بعمل نافع لإعالة زوجته وأولاده يلعب دوراً مقبولاً في نظر الله؟»
اعترضتُ بانزعاج وقلت: «أنت تعلم يا سيدي أن رغبتي في هذه الحياة هي للمحبوب الكوني وحده.»
وضحك المعلم ضحكة ملؤها الحبور بحيث أدركت أن ملاحظته تلك كانت مجرد اختبار لتصميمي. وواصل قوله بتأنٍّ:

«تذكر أن من يتخلى عن واجباته الدنيوية يمكنه أن يبرر نفسه فقط بتحمل نوع من المسؤولية تجاه عائلة أكبر بكثير.»

المثل الأعلى للتربية الصحيحة للفتيان كان دوماً قريباً جداً من قلبي. فقد لمستُ بوضوح النتائج العقيمة للتعليم الشائع الذي يهدف للتربية البدنية والعقلية فقط. فالقيم الأخلاقية والروحية، التي لا يمكن لأي إنسان أن يقترب من السعادة بدون تقديرها، كانت لا تزال تفتقر لها المناهج الدراسية الرسمية. لذلك قررت أن أؤسس مدرسة حيث يمكن للأولاد الصغار أن يتطوروا إلى أن يصبحوا رجالاً بالغين. وكانت خطوتي الأولى في ذلك الاتجاه مع سبعة أطفال في ديهيكا، وهي موقع ريفي صغير في البنغال.

بعد مضي عام، في سنة ١٩١٨، وبفضل سخاء مهراجا كازمبازار: السير ماننْدرا شندرا نندي استطعت الانتقال بالمجموعة السريعة النمو إلى مدينة رانشي في ولاية بيهار التي تبعد حوالي مائتي ميل عن كلكتا. وقد بوركت تلك البقعة بجوٍ من أكثر أجواء الهند صحة وجودة. وأصبح قصر كازمبازار في رانشي المبنى الرئيسي للمدرسة الجديدة التي أطلقتُ عليها اسم «يوغودا ساتسانغا براهماتشاريا فيديالايا.»[1]

قمت بوضع برنامج تعليمي لكل من الصفوف الابتدائية والثانوية يشمل مواضيع زراعية، وصناعية، وتجارية، وأدبية. واقتداءً بالمُثل التربوية للحكماء القدامى (الذين كانت صوامعهم في الغابات مراكز عريقة لتعليم شباب الهند وتثقيفهم علمياً وروحيا)، فقد عملت الترتيبات اللازمة بحيث يتم إعطاء معظم الحصص الدراسية في الهواء الطلق.

وكان يتم تلقين طلبة رانشي تأمل اليوغا مع نظام فريد للصحة والنمو

١ «فيديالايا» تعني مدرسة و«براهماتشاريا» تشير هنا إلى إحدى المراحل الأربع في الخطة الفيدية لحياة الإنسان، والتي تتضمن: (١) التلميذ الأعزب (براهماتشاري)؛ و (٢) رب الأسرة الذي يضطلع بمسؤوليات دنيوية (غريهاستا)؛ و(٣) الناسك (فانابراستا) و (٤) ساكن الغابة أو المتجول المتحرر من المشاغل الدنيوية (سنياسي). وبالرغم من عدم المراعاة الدقيقة لهذا البرنامج المثالي للحياة في الهند الحديثة، غير أن هناك الكثير من أتباعه. وهذه المراحل الأربع يتم مراعاتها بانتظام بتوجيه من معلم روحي مدى الحياة.

مزيد من المعلومات عن مدرسة يوغودا ساتسانغا في رانشي في الفصل ٤٠.

[تقع رانشي الآن في ولاية جهارخند، والتي تشكلت في عام ٢٠٠٠ من الجزء الجنوبي من بيهار. ورانشي هي عاصمة جهارخند. – ملاحظة الناشر]

## تأسيس مدرسة يوغا في رانشي

البدني يدعى يوغودا اكتشفت مبادئه في عام ١٩١٦.

وإذ أدركتُ أن جسم الإنسان يشبه بطارية كهربائية فقد فكرت أن بالإمكان شحنه مجدداً ومباشرة بالطاقة عن طريق الإرادة البشرية. وبما أن أي نشاط – سواء كان صغيراً أو كبيراً – لا يمكن القيام به بدون الإرادة، فباستطاعة الإنسان الاستفادة من المحرك الرئيسي: الإرادة، في تجديد نشاطه دون الحاجة إلى أجهزة مرهقة أو تمارين بالاستعانة بأدوات آلية. فباستخدام أساليب يوغودا البسيطة، يمكن للشخص أن يعيد شحن قوة حياته (المركّزة في النخاع المستطيل) على الفور وبكيفية واعية من مخزون الطاقة الكونية غير المحدود.

وقد استجاب الأولاد في رانشي بشكل جيد لتمارين يوغودا، إذ أحرزوا قدرة فائقة على نقل قوة الحياة من أحد أجزاء الجسم إلى جزء آخر، والجلوس بتوازن تام في وضعيات جسدية أسانا صعبة[٢]. كما قاموا أيضاً بإنجازات باهرة وأثبتوا قدرة على التحمل لم يتمكن العديد من الكبار الأقوياء القيام بمثلها.

والتحق أصغر إخوتي بشنو شاران غوش بمدرسة رانشي، وأصبح فيما بعد مربياً ذائع الصيت للتربية البدنية في البنغال. وفي سنة ١٩٣٨-١٩٣٩ سافر مع أحد تلاميذه إلى الغرب وقدما عروضاً من القوة والتحكم بعضلات الجسم أدهشت الأساتذة في جامعة كولومبيا في نيويورك وفي العديد من جامعات أمريكا وأوروبا لما شاهدوه من إثباتات على هيمنة العقل على الجسد[٣].

وبانتهاء السنة الأولى في رانشي وصل عدد طلبات الالتحاق إلى الألفين. ولكن المدرسة التي كانت داخلية آنذاك، كانت قدرتها الاستيعابية مئة تلميذ فقط، فتمت إضافة فصول تعليمية للطلاب النهاريين.

في فيديالايا (المدرسة) كنت أقوم بدور الأب والأم للأطفال الصغار، ومعالجة الصعوبات التنظيمية. وغالباً ما تذكرت كلمات السيد المسيح: «الحق أقول لكم: ليس أحد ترك بيتاً أو إخوة أو أخوات أو أباً أو أماً أو امرأة أو أولاداً

---

[٢] لقد ظهر عدد من الكتب المصورة عن أوضاع اليوغا، مما يعكس الاهتمام المتزايد في الغرب بيوغا التمارين الجسدية.

[٣] توفي بشنو شاران غوش في ٩ يوليو/ تموز ١٩٧٠ في كلكتا. (ملاحظة الناشر)

أو حقولاً لأجلي ولأجل الإنجيل، إلا ويأخذ مئة ضعف الآن في هذا الزمان، بيوتاً وإخوة وأخوات وأمهات وأولاداً وحقولاً، مع اضطهادات، وفي الدهر الآتي الحياة الأبدية.»[٤]

وقد فسّر سري يوكتسوار هذه الكلمات على النحو التالي: «إن المريد الذي يتخلى عن تجارب الحياة العادية من زواج وتنشئة أسرة، رغبة في الاضطلاع بمسؤوليات أكبر نحو المجتمع ككل («مئة ضعف في هذا الزمان، بيوتاً وإخوة»)، يقوم بعمل محفوف في معظم الأحيان باضطهادات من عالم يسيء الفهم. ولكن مثل هذه الروابط الكبرى تساعد المريد كي يتغلب على الأنانية وتجلب له ثواباً إلهياً.»

في أحد الأيام أتى والدي إلى رانشي لكي يمنحني بركة أبوية منعها عني لفترة طويلة لأنني جرحت شعوره بسبب رفضي القبول بمنصب عرضه عليّ في سكة حديد بنغال- ناغبور، وقال:

«يا ابني، لقد رضيتُ الآن بالذي اخترته لنفسك في الحياة، وأشعر بالفرح لرؤيتك بين هؤلاء الصغار الفرحين المتحمسين. فمكانك هو هنا وليس مع أرقام جداول مواعيد القطارات التي لا حياة فيها.» ثم أشار بيده باتجاه مجموعة من اثني عشر صبياً كانوا يسيرون خلفي وقال بعينين وامضتين: «كان عندي ثمانية أولاد فقط، ولذلك أتعاطف معك وأشعر بشعورك!»

واستمتعت مع الطلبة والمدرسين يومياً بفترات من البستنة والعمل الخارجي في بقعة خصبة تبلغ مساحتها حوالي الخمسة وعشرين فداناً. وكان لدينا العديد من الحيوانات الأليفة المدللة، من بينها ظبي صغير تولّع الصغار به. وأنا أيضاً أحببته كثيراً بحيث سمحت له بأن ينام في غرفتي. ومع إطلالة الفجر كان يقترب ذلك المخلوق الصغير من سريري للملاطفة الصباحية.

وفي أحد الأيام أطعمته أبكر من المعتاد لأن بعض الأعمال كانت تتطلب اهتمامي وتقتضي وجودي في مدينة رانشي، وقد طلبتُ من الصِبية عدم إطعامه حتى عودتي. لكن أحدهم كان عنيداً فلم يعر انتباهاً لتعليماتي وقدم للغزال كمية كبيرة من الحليب. وعند عودتي في المساء كانت الأخبار السيئة في انتظاري، إذ أُخبرت بأن «الخشف يحتضر بسبب الإفراط في التغذية.»

وضعتُ الحيوان الأليف الذي بدا هامداً في حضني وتوسلت بعينين

٤ مرقس ١٠: ٢٩ ــ ٣٠.

دامعتين وبكيفية مؤثرة إلى الله كي يُبقي على حياته. وبعد ساعات فتح المخلوق الصغير عينيه ثم نهض ومشى بضعف فضجّت المدرسة بأكملها بأصوات الفرح.

لكنني حصلت في تلك الليلة على درس عميق لا يمكنني أن أنساه أبداً. إذ بقيت ساهراً مع الظبي حتى الثانية صباحاً. وعندما غفوت ظهر لي الغزال في حلم وتكلم معي قائلاً:

«إنك تعيقني. دعني أذهب. أرجوك أن تسمح لي بالذهاب!»

وأجبته في الحلم: «طيّب، وافقت.»

استيقظت على الفور وناديت بصوتٍ عالٍ: «يا أولاد، الغزال يحتضر.» فهرع الأطفال إلى جانبي.

وركضتُ إلى إحدى زوايا الغرفة حيث كنت قد وضعت الحيوان الأليف، فبذل آخر مجهود للنهوض، ثم تعثّر وسقط ميتاً عند قدمي.

ووفقاً لقانون الكارما الذي ينظم ويتحكم بمصير الحيوانات فقد انتهت حياة الظبي وأصبح مؤهلاً للانتقال إلى شكل أكثر تطوراً. لكن بسبب ولعي الشديد به – والذي تأكدت فيما بعد أنه أناني، وبسبب ابتهالاتي الحارة – تمكنت من إبقائه في الشكل الحيواني الذي حاولتْ نفسه جاهدة الإفلات منه. ولذلك توسلت روح الغزال إليَّ في الحلم لأنها لم تكن تستطيع أو لم تكن ترغب بالمغادرة دون إذن مني. وبمجرد أن وافقت ارتحلتْ.

فارقني كل شعور بالحزن وأدركت مجدداً أن الله يرغب في أن يرى بنيه يحبّون كل شيء كجزء منه لا أن يشعروا متوهمين أن الموت يضع نهاية لكل شيء. الشخص الجاهل يعتبر الموت حاجزاً يتعذر تخطيه ويحجب على ما يبدو للأبد أصدقاءه الأعزاء. ولكن من لا يتعلق بشيء ويحب الآخرين كمظاهر لله يدرك وقت الموت أنهم قد عادوا إليه ليتنسموا غبطته وينعموا بنعيمه.

ونمَتْ مدرسة رانشي من بداية صغيرة ومتواضعة إلى مؤسسة أصبحت الآن معروفة على نطاق واسع في بيهار والبنغال. والعديد من أقسام المدرسة تدعمها مساعدات طوعية من أولئك الذين يبتهجون لإدامة المثل العليا للحكماء. وتأسست وازدهرت مدارس فرعية في كل من مدنابور ولكمشانبور.

ويحتوي المقر الرئيسي لمدرسة رانشي على قسم طبي تُقدّم فيه مجاناً الأدوية وخدمات الأطباء لفقراء الناحية. وقد بلغ متوسط عدد الأشخاص

الذين يتم علاجهم أكثر من ١٨,٠٠٠ سنوياً. وقد تميزت المدرسة أيضاً في المباريات الرياضية والمجال الدراسي، حيث ميّز العديد من خريجي رانشي أنفسهم في الحياة الجامعية لاحقاً.

وعلى مدى الثلاثة عقود تشرّفت مدرسة رانشي بزيارات العديد من مشاهير الرجال والنساء من الشرق والغرب. وقد أتى إلى المدرسة في زيارة استغرقت بضعة أيام قديس بنارس «ذو الجسدين» سوامي برانابانندا. وعندما شاهد المعلم العظيم الفصول المعقودة وسط المشاهد الخلابة في الهواء الطلق تحت الأشجار، ورأى الصبية الصغار وهم يقضون ساعات المساء في التأمل بهدوءٍ تام تأثر جداً وقال:

«يبتهج قلبي إذ أرى مُثل لاهيري مهاسايا الخاصة بالتعليم الصحيح للشباب تُطبَّق في هذه المؤسسة. فلتحل عليها بركات معلمي.»

واجترأ فتىً صغير كان يجلس بجانبي على توجيه السؤال التالي لليوغي العظيم:

«سيدي، هل سأصبح راهباً؟ وهل ستكون حياتي مكرّسة لله وحده؟»

ابتسم سوامي برانابانندا ابتسامة رقيقة في حين كانت عيناه تنفذ إلى المستقبل، وأجابه:

«يا بني، عندما تكبر ستجد عروساً جميلة في انتظارك.» (وقد تزوج الصبي أخيراً بعد أن كان قد صمم لسنوات طويلة على الالتحاق بسلك السوامي.)

وبعد بعض الوقت من زيارة سوامي برانابانندا لرانشي، رافقتُ والدي إلى منزل كلكتا الذي كان يقيم فيه اليوغي مؤقتاً. وبزغت في عقلي على الفور نبوءة برانابانندا التي نطقها قبل سنوات عديدة: «سأراك مع والدك في وقت لاحق.» وعندما دخل أبي غرفة السوامي نهض اليوغي العظيم من مقعده وعانقه بحب واحترام وقال: «بهاغاباتي، ما الذي تفعله من أجل نفسك؟ ألا ترى كيف أن ابنك منطلق بسرعة نحو اللانهائي؟»

وشعرتُ بالخجل لسماع هذا الثناء في حضرة والدي. ومضى السوامي يقول: «تتذكر كيف كان معلمنا المبارك يشجعنا دائماً بالقول 'بانات، بانات، بانجاي'[٥] داوموا على ممارسة الكريا يوغا دون انقطاع حتى تصلوا إلى

٥ كانت تلك إحدى عبارات لاهيري مهاسايا المفضلة التي غالباً ما استعملها لتشجيع

**مركز يوغودا ساتسانغا الفرعي**

أسس برمهنسا يوغانندا المركز الفرعي لجماعة يوغودا ساتسانغا Yogoda Satsanga Society في الهند بمدينة رانشي عندما قام بنقل مدرسته للبنين إلى هذا المركز في عام ١٩١٨. واليوم يقوم هذا المركز الفرعي بتقديم الخدمات لأعضاء YSS وتوزيع تعاليم برمهنساجي الخاصة بالكريا يوغا في كافة أنحاء الهند. وبالإضافة لأنشطة المركز الروحية، يقوم برعاية عدة معاهد تربوية ومستوصف خيري.

الأبواب الإلهية عن قريب.»

وجسَدُ براناباننداء الذي بدا في منتهى الصحة والقوة أثناء زيارتي الأولى المدهشة له في بنارس، بدت عليه الآن علامات شيخوخة بكل وضوح، لكن جلسته كانت لا تزال معتدلة بكيفية تبعث على الإعجاب. وسألته وأنا أنظر مباشرة في عينيه:

«بالله أن تخبرني يا حضرة السوامي، ألا تشعر بتقدم السن؟ وهل يعاني إدراكك لله من أي تناقص بسبب الوهن الجسدي؟»

وأجاب بابتسامة ملائكية: «إن المحبوب الإلهي هو أقرب إليّ الآن من أي وقت مضى!» فغمرت قناعته التامة عقلي وروحي، ثم استطرد قائلاً: «ولا زلت أتمتع بالمعاشين: واحد من بهاغاباتي هنا، والآخر من الأعلى.» وإذ أشار القديس بإصبعه نحو السماء فقد استغرق في نشوة روحية وأضاء وجهه بنور قدسي. وكان ذلك جواباً كافياً لسؤالي.

وإذ لاحظت أن غرفة براناباننندا تحتوي على العديد من النباتات ومغلفات

تلاميذه على مداومة التأمل، ومعناها «إن واصلتم بذل المجهود ستصلون يوماً ما إلى هدفكم الإلهي!»

تحتوي على بذور، سألت عن الغرض منها فقال:

«لقد غادرتُ بنارس نهائياً، وإنني الآن في طريقي إلى الهمالايا. هناك سأفتتح صومعة لتلاميذي، وستنتج هذه البذور السبانخ وبعض الخضروات الأخرى. أعزائي سيعيشون ببساطة وسيصرفون وقتهم في الاتحاد السعيد بالله. ولا ضرورة لشيء آخر.»

وسأل أبي أخاه في التلمذة متى سيعود إلى كلكتا فأجابه: «لن أعود أبداً، فهذه هي السنة التي قال لي لاهيري مهاسايا بأنني سأترك فيها مدينتي المحبوبة بنارس بصورة دائمة وأذهب إلى الهملايا لمفارقة هيكلي الجسدي.»

اغرورقت عيناي بالدموع عند سماع كلماته، في حين ابتسم السوامي بهدوء وذكّرني بطفل سماوي صغير يجلس بطمأنينة في حضن الأم السماوية. إن عبء السنين لا يؤثر سلباً على امتلاك اليوغي العظيم لكامل قواه الروحية الفائقة. فهو يستطيع تجديد جسده إن أراد. لكنه أحياناً لا يرغب بإعاقة عملية الشيخوخة، بل يسمح لكارماه بأن تستهلك ذاتها على المستوى المادي باستخدام جسده الحالي للاستفادة من الوقت، حتى لا يضطر إلى استهلاك ما تبقّى من آثار للكارما في تجسد جديد.

بعد شهور قابلت صديقاً قديماً يدعي سنادان كان أحد تلامذة برانابانندا المقربين. وقد أخبرني وهو ينتحب: «لقد ارتحل معلمي الحبيب بعد أن ابتنى صومعة بالقرب من ريشيكيش ودرّبنا تدريباً ودياً. وعندما استقرت أوضاعنا على نحو جيد ورحنا نتقدم سريعاً في الروحيات بصحبته، طلب منا في أحد الأيام إطعام جمع غفير في ريشيكيش. ولما سألته عن السبب من وراء رغبته في إطعام مثل هذا العدد الكبير أجابني:

«لأنه احتفال الوداع بالنسبة لي.» لكنني لم أفهم تماماً ما قصده بكلماته تلك.

«ساعد برانابانانداجي في طهي كميات كبيرة من الطعام، وقمنا بإطعام قرابة الألفي ضيف. وبعد الوليمة جلس المعلم باعتدال فوق منصة مرتفعة وألقى على أسماعنا خطبة إلهامية عن اللانهائي. عند انتهاء الخطبة، وأمام أنظار الآلاف، اتجه نحوي إذ كنت أجلس بجواره على المنصة، وقال بقوة غير عادية:

«'استعد يا سنادان، فأنا على وشك مغادرة الجسد!'

«وبعد صمت مذهل صحت قائلاً: 'بالله لا تفعل يا سيدي! أتوسل إليك

أن لا تفعل!'

«وظل جمهور الحاضرين صامتاً ومندهشاً لكلماتي. فابتسم لي المعلم، لكن عينيه كانتا تبصران الأبدية، وخاطبني قائلاً:

«'لا تكن أنانياً، ولا تحزن من أجلي. لقد خدمتكم جميعاً بسرور ولفترة طويلة. والآن افرحوا لي وتمنوا لي التوفيق لأنني ذاهب للقاء محبوبي الكوني.' ثم همس براناباننداجي: 'عن قريب سأولَد ثانية. فبعد التمتع لفترة قصيرة بالغبطة اللانهائية سأعود إلى الأرض وألتحق بباباجي[٦]، وقريباً ستعلمون أين اتخذت روحي جسماً جديداً لها!'

«ثم صاح ثانية: 'يا سنادان، الآن أطرح هيكلي الجسدي بالكريا يوغا الثانية.'[٧]

«وتطلع المعلم إلى بحر الوجوه الذي أمامنا ومنحه البركة. وإذ حوّل نظرته إلى الداخل نحو العين الروحية أصبح بلا حراك. وفي حين ظن الجمهور المنذهل أنه مستغرق في نشوة روحية إلا أنه كان قد فارق الجسد وغاصت روحه في الاتساع الكوني الشاسع. وعندما لمس التلاميذ جسمه المتربع في وضعية اللوتس تبيّن أنه لم يعد جسماً دافئاً، بل مجرد هيكل متصلب وقد غادره نزيله وانطلق إلى شاطئ الأبدية.»

وما أن ختم سنادان حكايته حتى فكرت: «لقد كان 'القديس ذو الجسدين' المبارك دراماتيكياً مذهلاً في مماته مثلما كان في حياته!»

سألت سنادان: «أين سيولد براناباننْدا ثانية؟» فأجابني:

٦ هو معلم لاهيري مهاسايا ولا يزال حياً. (راجع الفصل ٣٣).

٧ الطريقة الفعلية التي استخدمها براناباننْدا معروفة لطلاب الكريا يوغا المتقدمين المنتسبين إلى Self-Realization Fellowship. وهي تكريس الكريا يوغا الثالث. فعندما حصل براناباننْدا على هذه الطريقة من معلم اليوغا العظيم (يوغافاتار) لاهيري مهاسايا كانت تعرف آنذاك بالكريا «الثانية». وهذه الكريا تمكّن المريد الذي أتقنها من مغادرة جسده والعودة إليه في أي وقت وبطريقة واعية. ويستخدم اليوغيون المتقدمون طريقة الكريا هذه عند الخروج الأخير من الجسد – وهي لحظة يعرفونها مسبقاً بكيفية مؤكدة.

اليوغيون العظام «يدخلون ويخرجون» من العين الروحية: النجمة الكوكبية «باب» الخلاص. قال السيد المسيح: «أنا هو الباب. إن دخل بي أحد فيخلص ويدخل ويخرج ويجد مرعى. السارق [مايا أو الخداع] لا يأتي إلا ليسرق ويذبح ويهلك. وأما أنا [وعي المسيح] فقد أتيت لتكون لهم حياة وليكون لهم أفضل.» (يوحنا ١٠: ٩ -١٠).

«هذا سر مقدس لا أستطيع البوح به لأحد، ربما تمكنتَ من معرفة ذلك بطريقة أخرى.»

بعد سنوات عرفت من سوامي كيشابانندا[8] أن برانابانندا، بعد بضع سنين من ولادته في جسم جديد، ذهب إلى بدريناريان في الهملايا وهناك انضم إلى مجموعة القديسين المتحلقين حول العظيم باباجي.

٨ الصفحات ٤٨٠ إلى ٤٨٢ تتضمن وصفاً للقائي مع سوامي كيشابانندا.

الفصل ٢٨

# كاشي يولد من جديد ويتم اكتشافه

«الرجاء عدم النزول إلى الماء، بل دعونا نجلب الماء بغمس الدلاء ونغتسل.»

بهذه الكلمات خاطبت تلاميذ رانشي الصغار الذين رافقوني في نزهة سيراً على الأقدام لمسافة ثمانية أميال إلى تل قريب. الغدير المنبسط أمامنا بدا مغرياً لكنني شعرت بالنفور نحوه. وقد شرع معظم الصبية بغمس دلائهم، غير أن عدداً قليلاً منهم استسلم لإغراء الماء البارد. ولكن ما كادوا يغوصون حتى التفت حولهم ثعابين مائية ضخمة، فغادروا الغدير بطرطشة وصراخ وسرعة فائقة مثيرة للضحك!

وعندما بلغنا الموضع المقصود استمتعنا بغداء في الهواء الطلق، ثم جلست تحت شجرة حيث أحاط بي الصبية. وإذ رأوني في حالة ملهمة ألقوا عليّ أسئلة عديدة.

وسألني أحد الفتيان: «أرجو أن تخبرني يا سيدي إن كنت سألازمك دوماً على طريق النسك.»

فأجبته: «لا. بل سيتم إرجاعك قسراً إلى بيتك، ومن بعدها ستتزوج.»

لم يصدق، بل أبدى احتجاجاً شديداً وقال: «لن يتم أخذي إلى بيتي إلّا جثة هامدة.» (لكن بعد بضعة شهور حضر والداه كي يأخذانه بالرغم من مقاومته الدامعة، وقد تزوج فعلاً بعد بضع سنوات.)

وبعد أن أجبت على أسئلة عديدة خاطبني صبي في حوالي الثانية عشرة يدعى كاشي، وكان متوقد الذكاء ومحبوباً من الجميع، قال: «وما هو المقدر لي يا سيدي؟»

فأجبته: «ستموت عن قريب.» وقد خرجت الكلمات من شفتي بقوة لا تُقاوم.

صدمني هذا التصريح وأحزنني مثلما أحزن الجميع. وعنفت نفسي بصمت كما لو كنت طفلاً شقياً يسبب الإحراج بتعليقاته غير المناسبة، ثم رفضت الإجابة على المزيد من الأسئلة.

ولدى عودتنا إلى المدرسة أتى كاشي إلى غرفتي وقال وهو ينتحب:

«إذا مت فهل ستجدني عندما أولد من جديد وتعيدني ثانية إلى الطريق الروحي؟»

وشعرت أن من واجبي رفض هذه المسؤولية الباطنية الصعبة، لكن كاشي – وعلى مدى أسابيع بعد ذلك – أصرّ عليّ بإلحاح، وإذ وجدته متوتراً وواهناً إلى حد الانهيار واسيته بقولي:

«نعم، إذا أعانني الله فأعدك بأنني سأحاول العثور عليك.»

وخلال العطلة الصيفية قمت برحلة قصيرة. وإذ تأسفت لعدم تمكني من اصطحاب كاشي معي فقد استدعيته إلى غرفتي قبل مغادرتي وأعطيته تعليمات دقيقة كي يبقى في الاهتزازات الروحية للمدرسة وأن يقاوم كل محاولات الإقناع بالمغادرة. وقد شعرتُ أنه إن لم يعد إلى منزله فقد يسلم من الكارثة الوشيكة الحدوث.

لكن ما أن غادرت حتى أتى والد كاشي إلى رانشي وحاول على مدى خمسة عشر يوماً كسر إرادة ابنه، موضحاً له أنه إن هو عاد معه إلى كلكتا لأربعة أيام فقط كي يرى أمه يمكنه بعد ذلك العودة إلى المدرسة. لكن كاشي رفض بإصرار. أخيراً هدد الأبُ بأنه سيأخذ الصبي بالاستعانة برجال الشرطة. وقد أقلق هذا الوعيد كاشي الذي لم يرغب في أن يتسبب بأية سمعة غير طيبة للمدرسة، فلم يكن أمامه من خيار آخر سوى الذهاب.

عدتُ إلى رانشي بعد أيام قليلة. وما أن سمعت كيف تم انتزاع كاشي حتى توجهت على الفور بالقطار إلى كلكتا واستأجرت هناك عربة خيل. وإذ اجتازت العربة جسر هاورا فوق الغانج فوجئت برؤية والد كاشي وبعض أقربائه وهم يرتدون ثياب الحداد. فصحتُ بالحوذي كي يتوقف وانطلقت نحو الأب العاثر الحظ وصرخت في وجهه دون روية «يا قاتل، لقد قتلت ابني!»

وأدرك الأب إذ ذاك الخطأ الذي ارتكبه بإحضار كاشي بالقوة إلى كلكتا. فخلال الأيام القليلة التي قضاها الصبي هناك تناول طعاماً ملوثاً فأصيب بالكوليرا وقضى نحبه.»

وكان حبي لكاشي والوعد بالعثور عليه بعد موته يلازمانني ليل نهار. فحيثما ذهبت كان وجهه يظهر لي. فشرعت في بحث لا يُنسى، تماماً مثلما بحثت منذ وقت طويل عن أمي التي فقدتها!

وشعرت بأنه ما دام الله قد وهبني ملكة العقل فينبغي لي الانتفاع منه

واستخدام قواي إلى أقصى حد لاكتشاف القوانين الخفية التي تمكنني من معرفة المكان الكوكبي للصبي. لقد كان روحاً يهتز وتعتمل في ذاته رغبات لم تتحقق: كتلة من نور تحلّق في مكان بين ملايين النفوس المضيئة في الأقطار الكوكبية. ولكن كيف سيتسنى لي أن أتناغم معه وحده في خضم الأضواء العديدة المهتزة للأرواح الأخرى؟

استخدمت إحدى طرق اليوغا السرية وقمت ببث حبي لروح كاشي عن طريق «ميكرفون» العين الروحية: النقطة الداخلية في الجبهة بين الحاجبين[1]. وأدركت عن طريق الحدس الباطني أن كاشي سيعود عما قريب إلى الأرض وأنني إن واصلت البث له دون انقطاع فلا بد أن تستجيب روحه. وتيقنت أن أدق رسالة فكرية يرسلها كاشي ستتحسسها أعصاب أصابعي وذراعيّ وعمودي الفقري.

وإذ استخدمت يديَّ المرفوعتين كهوائي، فغالباً ما استدرت بحركة دائرية متكررة، محاولاً اكتشاف المكان الذي في اعتقادي تجسّد فيه فعلاً كجنين في الرحم. وكنت آمل في الحصول على استجابة منه عن طريق «راديو» قلبي المنضبط بالتركيز العقلي الدقيق.

وبحماس لا يخبو مارست أسلوب اليوغا باستمرار قرابة الستة أشهر بعد وفاة كاشي. وفي صبيحة أحد الأيام، بينما كنت أسير مع بعض الأصدقاء في حي باوبازار المزدحم في كلكتا، رفعت يدي كالمعتاد، وللمرة الأولى كانت هناك استجابة. وغمرني الفرح عندما شعرت بنبضات كهربائية تتخلل أصابعي وكفيّ. ثم تحولت هذه النبضات إلى فكرة واحدة طاغية، صادرة من أعماق وعيي تردد: «أنا كاشي، أنا كاشي، تعالَ إليّ!»

وكادت الفكرة أن تصبح مسموعة عندما ركّزت على لاسلكي قلبي. وبنفس صوت كاشي الهامس والمبحوح قليلاً[2]، سمعت نداءه مرة تلو المرة

١ الإرادة المنبثقة من النقطة التي بين الحاجبين هي جهاز البث الفكري. إن شعور الإنسان أو قوته العاطفية المركّزة بهدوء على القلب تمكّنه من القيام بوظيفة راديو عقلي يستقبل رسائل شخص آخر، سواء عن بُعد أو قرب. في التخاطر، تنتقل اهتزازات الأفكار الدقيقة لأحد الأشخاص عبر اهتزازات الأثير الكوكبي الشفافة، ومن ثم عبر الأثير الأرضي الأكثر كثافة، مما يخلق موجات كهربائية تقوم بدورها بتحويل نفسها إلى موجات فكرية في عقل الشخص الآخر.

٢ إن كل نفس في حالتها النقية هي كلية المعرفة، وقد استطاعت نفس كاشي أن تتذكر

**كاشي**
التلميذ في مدرسة رانشي

فأمسكت بذراع بروكاش داس أحد رفاقي وابتسمت له وقلت:

«يبدو أنني عرفت مكان كاشي!»

ولدهشة أصدقائي وحشد المارة غير المقنّعة، رحت أدور حول نفسي، وقد شعرت بالنبضات الكهربائية ترتعش وتنساب من خلال أصابعي فقط عندما كنت أسير باتجاه طريق قريب يدعى «الدرب الثعباني» وهو بالفعل كذلك! وكانت تلك التيارات الكوكبية تختفي عندما أحوّل وجهي في اتجاه آخر.

وهتفت قائلا: «لا بد أن روح كاشي تعيش في رحم أم يقع منزلها على هذا الدرب.»

ومع اقترابي مع رفاقي من الدرب الثعباني ازدادت الاهتزازات في يديّ المرفوعتين قوةً ووضوحاً. وكما لو بفعل مغناطيس جُذبت نحو الجانب الأيمن من الدرب. وما أن وصلت إلى مدخل أحد المنازل ذهلتُ لأن أجد

الصفات المميزة للصبي كاشي وأن تقلّد صوته الأجش لكي أتمكن من التعرف عليه.

نفسي مُسمّراً في مكاني. فطرقت الباب وأنا في حالة من الإثارة الشديدة، وقد حبست أنفاسي وشعرت أن بحثي الطويل وغير العادي قد تكلل أخيراً بالنجاح.

فتحت خادمة الباب وأخبرتني أن سيدها موجود في المنزل، فنزل على الدرج من الطابق الثاني وابتسم لي مستفسراً. وبالكاد عرفت كيف أصوغ سؤالي الذي كان مناسباً وغير مناسب في نفس الوقت. قلت له:

«رجاء أن تخبرني يا سيدي إن كنت تتوقع مع زوجتك مولوداً منذ حوالي الستة أشهر.»[٣]

فأجابني: «نعم، هذا صحيح.» وإذ رأى أنني سوامي، ناسك أرتدي الثياب التقليدية البرتقالية اللون أضاف بأدب:

«بالله أخبرني كيف تعرف أموري؟»

وما أن سمع قصة كاشي وبالوعد الذي أعطيته له حتى صدّق الرجل الذاهل روايتي! وقلت له ما يلي:

«إن مولوداً ذكراً ذا تقاطيع وسيمة سيولد لك، وسيكون وجهه عريضاً وله خصلة شعر مرفوعة فوق الجبين، وسيكون مزاجه روحياً بشكل ملحوظ.» وقد أدركت يقيناً أن الطفل القادم سيحمل كل هذه المواصفات المشابهة لكاشي.

٣ ومع أن الكثيرين يظلون بعد الموت الجسدي في عالم كوكبي لمدة خمسمائة أو ألف عام، لكن لا توجد قاعدة ثابتة ومحددة للفترة الزمنية التي تفصل بين تجسد وآخر (راجع الفصل ٤٣). ويحدد القانون الكارمي مسبقاً الفترة المعينة لبقاء الإنسان في جسده الأرضي أو الكوكبي.

الموت، وفي الحقيقة النوم «الموت الأصغر» هما ضرورة حتمية لتحرير الانسان غير المستنير من قيود الحواس لفترة مؤقتة. وبما أن طبيعة الإنسان الجوهرية هي روح فهو يحصل أثناء النوم وفي الموت على ومضات منشطة ومنعشة تذكره بطبيعته الروحية.

إن قانون الكارما العادل المفسّر في النصوص الهندية هو فعل ورد فعل، سبب ونتيجة، زرع وحصاد. وفي مسار البِر الطبيعي يصبح كل إنسان سيد مصيره بواسطة أفكاره وأفعاله. فالطاقات التي أطلقها بنفسه، سواء عن حكمة أو جهل منه، ستعود إليه كنقطة الابتداء، تماماً كالدائرة التي تكمّل ذاتها حكماً وبدقة متناهية. يقول إمرسون في كتابه (التعويض *Compensation*) «إن العالم يشبه معادلة رياضية توازن ذاتها كيفما قلبتها. فكل سر يُذاع وكل جريمة يُعاقب عليها وكل فضيلة تُثاب وكل اعوجاج يُقوّم وكل خطأ يُعوّض عنه في السر والعلانية.» إن فهم الكارما كناموس للعدل الإلهي خلف كل أوجه عدم المساواة في الحياة يحرر عقل الإنسان من السخط على الله والإنسان. (راجع الصفحة ٢١٧ حاشية.)

فيما بعد قمت بزيارة للطفل الذي أطلق عليه أبواه اسمه القديم كاشي. وحتى في طفولته المبكرة كان الشبه قوياً بينه وبين تلميذ رانشي المحبوب، وأظهر لي الطفل حباً فورياً وقد استيقظت فيه جاذبية الماضي بقوة مضاعفة.

بعد مضي سنوات بعث لي الصبي المراهق برسالة أثناء إقامتي في أمريكا يعرب فيها عن رغبته القوية في ترك الحياة الدنيوية، فوجّهته إلى أحد المعلمين في الهملايا الذي قَبِلَ كتلميذ له كاشي الذي وُلِد من جديد.

## الفصل ٢٩

# رابندرانات طاغور وأنا
# نتبادل الآراء حول المدارس

«لقد علّمنا رابندرانات طاغور أن يكون غناؤنا طبيعياً وعفوياً كوسيلة للإعراب عن النفس، تماماً كالطيور المغردة.»

جاءني هذا التوضيح من بهولا نات، وهو فتى لامع في الرابعة عشرة في مدرستي رانشي، بعد أن امتدحت ذات صباح أناشيده الرخيمة. وبمناسبة أو بدون مناسبة كان الصبي يتدفق بالألحان كالجدول المتناسق النغم. وكان قد درس قبلاً في مدرسة طاغور الشهيرة سانتيناكيتان التي تعني (مرفأ السلام) في بولبور.

وقلت لرفيقي: «لقد ترددت أناشيد رابندرانات على شفتي منذ بواكير الشباب. فكل البنغاليين، بمن فيهم القرويون الأميون، يستحسنون أشعاره السامية ويستمتعون بها.»

وأنشدت مع بهولا بعض أغاني طاغور الذي وضع للألحان الموسيقية آلاف القصائد الهندية، بعضها من تأليفه وبعضها أصلها قديم.

وبعد أن انتهينا من الغناء قلت ضاحكاً: «لقد التقيت برابندرانات بعد حصوله بقليل على جائزة نوبل للآداب. فقد شعرت بميل لزيارته نظراً لإعجابي بجرأته غير الدبلوماسية في التخلص من نقّاده الأدبيين.».

واستعلم بهولا بفضول عن القصة، فقلت:

«وجّه العلماء نقداً لاذعاً لطاغور لأنه أدخل لوناً جديداً على الشعر البنغالي بمزجه التعابير العامية والكلاسيكية دون مراعاة للحدود اللغوية المحببة إلى قلوب علماء [اللغة]. وتتضمن أشعاره حقائق فلسفية عميقة في عبارات وجدانية جذابة، دون التقيد بالصيغ الأدبية المتعارف عليها.

«وفي إحدى المرات وصف أحد النقاد النافذين رابندرانات – باستخفاف وازدراء – بأنه 'شاعر الحَمام الذي باع هديله للمطابع بروبية.' لكن انتقام طاغور كان حاضراً! فعالم الأدب في الغرب قدّم بأسره الاحترام والتقدير

عند قدميه فور نقله إلى الإنكليزية كتابه غيتانجالي («قرابين الغناء»). حينذاك توجه بالقطار إلى سانتينيكتيان جمع غفير من العلماء، من بينهم ناقدوه السابقون، لتقديم التهاني.

«واستقبل رابندرانات ضيوفه بعد تأخّر طويل متعمد، ثم استمع لثنائهم بصمت رواقي وعدم اكتراث. أخيراً صوّب نحوهم أسلحة انتقادهم الاعتيادية قائلاً:

«'يا حضرات السادة، إن عباراتكم العابقة بالتبجيل والإكرام التي تقدمونها لي هنا ممزوجة بالروائح النتنة لاحتقاركم السابق. فهل من الممكن أن توجد صلة بين مكافأتي بجائزة نوبل وبين تقديركم القوي والحار؟ فأنا ما زلت نفس الشاعر الذي أثار استياءكم عندما قدّم باكورة زهوره المتواضعة في مزار البنغال.'

«ونشرت الصحف خبر التعنيف الجريء من جانب طاغور، وقد أُعجبتُ بصراحة رجل لم ينخدع بالتملق والرياء.

«لقد قام بتقديمي إلى رابندرانات في كلكتا سكرتيره المستر سي. أف. أندروس[1] الذي كان يرتدي ببساطة الرداء البنغالي «دوتي»، وكان يشير بمودة إلى طاغور بأنه معلمه الملائكي «غورروديفا».

«استقبلني رابندرانات استقبالاً لطيفاً طيباً، وكانت تشع منه هالة من الجاذبية والثقافة العريقة والمجاملة. وفي إجابته على سؤالي عن خلفيته الأدبية أجابني بأنه تأثر بشكل رئيسي بملاحمنا الدينية وبأعمال الشاعر الشعبي فيدياباتي الذي عاش في القرن الرابع عشر.»

ألهمتني تلك الذكريات فرحت أنشد أغنية بنغالية قديمة كان قد صاغها طاغور في قالب جديد، مطلعها «أنِرْ مصباح حبك.» وشاركني بهولا في الإنشاد البهيج أثناء تجولنا في باحة المدرسة.

بعد حوالي السنتين من تأسيس مدرسة رانشي تلقيت دعوة من رابندرانات لزيارته في سانتينيكيتان لبحث مثلنا التربوية، فقبلت الدعوة بسرور وذهبت للقائه. وعند دخولي كان جالساً في مكتبه، فخطر لي آنذاك، كما في لقائنا الأول، بأنه كان نموذجاً حياً للرجولة الرائعة حسبما يتمناها أي رسام. فوجهه

١ تحترم الهند وتقدر المستر أندروس الكاتب والصحفي الإنكليزي وصديق المهاتما غاندي الحميم بسبب خدماته العديدة للبلد الذي جعله وطناً له.

الوسيم ذو الملامح المنسجمة كان يشع نبلاً وكرامة ويحيط به شعر طويل ولحية مسترسلة وعينان كبيرتان تذوبان رقة ولطفاً، وتعلوه ابتسامة ملائكية. أما صوته الرخيم فكان كأنغام الناي وجذاباً بالمعنى الحرفي للكلمة. كان قوي البنية، مديد القامة، ورزيناً، وجمع في شخصه رقة المرأة وعفوية الطفل المستحبة. ولا يمكن لأي تصور مثالي للشاعر أن يجد تجسيداً أكثر ملاءمة من هذا المُنشد الدمث.

وسرعان ما دخلت مع طاغور في دراسة مقارنة ومعمقة لمدرستينا اللتين تم إنشاؤهما على أسس غير تقليدية. وقد وجدنا العديد من أوجه الشبه بينهما، كالتعليم في الهواء الطلق والبساطة والنطاق الواسع لروح الإبداع عند الصغار. ومع ذلك فقد أولى رابندرانات أهمية كبيرة لدراسة الأدب والشعر والتعبير عن الذات بالموسيقى والغناء، وهو ما لاحظته فعلاً في بهولا. وكان فتيان السانتينيكيتان يراعون فترات من الصمت، لكنهم لم يحصلوا على تدريبات خاصة في اليوغا.

وأنصت الشاعر بانتباه ينم عن إطراء لشرح تمارين يوغودا التي تشحن خلايا الجسم بالنشاط والحيوية، وإلى أسلوب التركيز اليوغي الذي يتم تلقينه لجميع تلاميذ رانشي.

وأطلعني طاغور على الصعوبات التي واجهها في تعليمه المبكر، وقال لي وهو يضحك: «لقد هربت من المدرسة بعد سن الخامسة.» واستطعت أن أدرك على الفور كيف أن طبيعته الشاعرية الفطرية اصطدمت بالجو التأديبي الرهيب لحجرة الدراسة.

وأبدى الشاعر إيماءة ذات دلالة واضحة نحو مجموعة من الطلبة وهم يدرسون في الحديقة الجميلة وقال:

«لهذا السبب قمت بافتتاح السانتينيكيتان تحت الأشجار الظليلة وجلال السماء. فالطفل يشعر بأنه في بيئته الطبيعية بين الأزهار والطيور المغردة ويتمكن من الإعراب عن الثروة الباطنية لمواهبه الذاتية. فالتعليم الحقيقي لا يمكن ضخه أو حشوه من مصادر خارجية، بل ينبغي أن يكون عوناً على الكشف عن كنوز الحكمة اللانهائية الكامنة في أعماق النفس.»[٢]

٢ «إن النفس التي تكررت ولاداتها، أو التي مثلما يقول الهنود: 'اجتازت طريق الوجود عبر آلاف الولادات'... لا يوجد شيء لم تعرفه. فلا عجب أن تتذكر... ما عرفته فيما

**رابندرانات طاغور**
شاعر البنغال الملهم، والحائز على جائزة نوبل في الأدب

وافقته الرأي وأضفت قائلا: «النزعات المثالية للأطفال وحبهم للأبطال تتضور جوعاً في المدارس العادية لاقتصارها على غذاء قوامه إحصائيات وأحداث وحقب تاريخية.»

وتحدث الشاعر بمودة عن والده ديفندرانات الذي ألهمه الشروع في السانتينيكيتان. قال: «لقد أهداني والدي هذه القطعة الخصبة من الأرض التي كان قد شيّد فيها معبداً ومنزلاً للضيوف. وبدأت تجربتي التربوية هنا في سنة ١٩٠١ بعشرة أولاد فقط. والثمانية آلاف جنيه التي أتتني مع جائزة نوبل أُنفقتها كلها على صيانة المدرسة.»

وطاغور الأكبر (ديفندرانات) الذي اشتهر في كل مكان بلقب مهاريشي («الحكيم العظيم») كان رجلاً مميزاً جداً بحسب ما يُستنتج من سيرة حياته الذاتية. فقد أمضى سنتين من مرحلة رجولته في التأمل في الهملايا. وبدوره، كان والده دواركانات معروفاً في كافة أنحاء البنغال بمبرّاته العامة السخية.

مضى... فالاستفسار والتعلّم كلاهما استذكار.» —إمرسون في "*Representative Men*."

## رابندرانات طاغور وأنا نتبادل الآراء حول المدارس

ومن هذه الأرومة الطيبة برزت أسرة من النوابغ. فلم يكن رابندرانات وحده هو الذي تميز بالتعبير الخلاق، بل جميع أقاربه أيضاً شاركوه في الإبداع. ويعتبر ابنا أخيه غوجونندرا و أبانندرا من بين الفنانين الأكثر تميزاً[3] في الهند. وكذلك كان دويجندرا شقيق رابندرانات فيلسوفاً عميق الرؤية تحبه حتى الطيور وحيوانات الغابة.

ودعاني رابندرانات للمبيت في منزل الضيوف. ويا له من منظر رائع في المساء عندما جلس الشاعر مع مجموعة من الطلاب في باحة المنزل! وعاد الزمن إلى الوراء فبدا لي المشهد كصومعة قديمة، حيث كان المنشد السعيد محاطاً بمريديه ومن حولهم هالة من الحب المقدس. وكان طاغور يحوك ويحْبك كل رباط من الألفة والمودة بخيوط التناغم والوئام. لم يكن متشدداً أبداً، بل جذب إليه القلوب واستحوذ عليها بمغناطيسية لا تقاوم. يا له من زهرة نادرة من الأشعار الملهمة، تفتحت في روضة الله واجتذبت إليها الآخرين بعطرها الطبيعي!

وبصوته العذب قرأ لنا رابندرانات بعضاً من أشعاره الرائعة حديثة التأليف. ومعظم أناشيده ومسرحياته التي دوّنها لإدخال المتعة والسرور على تلاميذه تم تأليفها في سانتينيكيتان. ويتجلى جمال أشعاره بالنسبة لي في الإشارة إلى الله في كل فقرة تقريباً بالرغم من عدم ذكر الاسم المقدس. فهو مثلاً يقول:

«عندما أنتشي بالغناء أنسى نفسي وأدعوك صديقي يا من أنت سيدي!»

في اليوم التالي، وبعد تناول الغداء، ودّعت الشاعر على مضض. ويسعدني أن مدرسته الصغيرة قد نمت وتطورت إلى أن أصبحت الآن جامعة فيزفا-بهاراتي الدولية[4] حيث يجد فيها طالبو العلم من بلدان عديدة بيئة مثالية.

---

[3] ورابندرانات أيضاً عكف وهو في الستين من عمره على دراسة جادة للرسم، وعرضت أعماله منذ بضع سنين في عواصم أوروبية وفي نيويورك.

[4] ومع أن الشاعر المحبوب توفي في سنة ١٩٤١ لكن معهده فيزفا-بهاراتي لا يزال مزدهراً. وفي يناير/ كانون الثاني ١٩٥٠ قام فريق مكون من ٦٥ من المعلمين والتلاميذ من سانتينيكيتان بزيارة لمدرسة يوغودا ساتسانغا في رانشي استغرقت عشرة أيام. وترأس الفريق سري أس. أن. غوشال عميد الإدارة المدرسية في فيزفا-بهاراتي وقد أبهج الضيوفُ طلابَ رانشي كثيراً بأدائهم لقصيدة رابندرانات الجميلة (بوجاريني) بطريقة درامية رائعة.

«حيث يتحرر العقل من المخاوف وترتفع الهامة عالياً،
وحيث المعرفة حرة طليقة،
والعالم لم تحوّله الجدران المحلية الضيقة إلى أجزاء مفككة،
وحيث تنبعث الكلمات من أعماق الحقيقة،
وتمد الجهود الدؤوبة أذرعها نحو الكمال،
وحيث الينبوع النقي للعقل لم يضل سبيله في الصحاري الرملية الموحشة للعادات الميتة،
وحيث تقوم بتوجيه العقل للأمام نحو أفكار وأفعال دائمة التمدد والاتساع،
دع بلادي تستيقظ في سماء تلك الحرية يا يا أبتاه.»[٥]

**رابندرانات طاغور**

٥ عن كتاب غيتانجالي *Gitanjali* (Macmillan Co.) وهناك دراسة عميقة للشاعر في كتاب فلسفة رابندرانات طاغور *The Philosophy of Rabindranath Tagore* تأليف العالم الهندي الذائع الصيت السير أس. رادهاكريشنان (ماكميلان ١٩١٨).

الفصل ٣٠

# قانون المعجزات

كتب الروائي الكبير ليو تولستوي[1] قصة شعبية ممتعة بعنوان «النسّاك الثلاثة»، وقد قام صديقه نيقولاس رورتش بتلخيصها على النحو التالي:

«في إحدى الجزر عاش ثلاثة من النساك المتقدمين في السن، وكانوا على درجة كبيرة من البساطة بحيث أن صلاتهم الوحيدة كانت: «نحن ثلاثة وأنت ثالوث - اشملنا برحمتك!» لكن معجزات عظيمة حصلت بفعل هذا الابتهال الساذج.

وحينما سمع مطران[2] تلك المنطقة قصة أولئك النساك وصلاتهم غير المقبولة، قرر زيارتهم لتلقينهم الدعوات الكنسية. ولدى وصوله الجزيرة أخبر النساك أن دعواتهم المرفوعة إلى السماء غير لائقة، وقام بتلقينهم العديد من الصلوات التقليدية. ولكن ما أن غادر المطران الجزيرة على متن قارب حتى رأى نوراً ساطعاً يتبع القارب. وعندما اقترب النور منه أبصر النساكَ الثلاثة يمسكون بأيدي بعضهم ويَجْرون فوق الأمواج محاولين اللحاق بالقارب. وعندما أدركوا المطران صاحوا قائلين:

«'لقد نسينا الابتهالات التي علمتنا أن نرددها وأتينا مسرعين لنطلب منك أن تكررها لنا.'

«لكن المطران الذي استولت عليه الرهبة هز رأسه وأجابهم بتواضع: 'أيها الأعزاء، استمروا في العيش مع صلواتكم القديمة!'»

فكيف استطاع القديسون الثلاثة المشي فوق الماء؟

١ كان لدى تولستوي العديد من المُثُل المشتركة مع المهاتما غاندي. وقد تراسل الرجلان حول موضوع اللاعنف. واعتبر تولستوي أن التعاليم المركزية للسيد المسيح تتمحور حول: «لا تقاوموا الشر (بالشر)» (متى ٥:٣٩)؛ فالشر يجب «مقاومته» فقط بنقيضه المنطقي الفعال: الخير أو المحبة.

٢ يبدو أن القصة لها أساس تاريخي. فقد ورد في ملاحظة ضمن مقالة تحريرية أن المطران التقى النساك الثلاثة أثناء رحلته من جزيرة أركينجل إلى دير سلوفتسكي عند مصب نهر دفينا.

وكيف استطاع السيد المسيح أن يعيد إلى الحياة جسمه المصلوب؟

وكيف صنع لاهيري مهاسايا وسري يوكتسوار معجزاتهما؟

العلم الحديث لا يمتلك جواباً لغاية الآن، مع أن نطاق العقل العالمي قد اتسع على نحو مفاجئ بحلول العصر الذري بحيث أصبحت كلمة «مستحيل» أقل ظهوراً في مفردات الإنسان.

وتؤكد كتب الفيدا المقدسة أن العالم المادي يعمل وفقاً لقانون أساسي واحد هو مايا أي الخداع أو الوهم الكوني: مبدأ النسبية والثنائية. فالله الذي هو الحياة الوحيدة هو وحدة مطلقة. ولكي يبدو منفصلاً ومتعدد المظاهر فإنه يرتدي قناعاً وهمياً أو غير حقيقي. وذلك الحجاب الثنائي الوهمي هو مايا[٣] ولقد أكدت الكثير من الاكتشافات العلمية الكبرى في العصر الحديث الحقيقة البسيطة التي أعلنها حكماء الهند القدامى.

إن قانون نيوتن للحركة هو قانون مايا: « لكل فعل هناك دوماً رد فعل مساوٍ له في المقدار ومعاكس له في الاتجاه. فالتأثيرات المتبادلة لأي جسمين هي دوماً متساوية ومتضادة في الاتجاه.» وهكذا فإن الفعل ورد الفعل متعادلان تماماً وأنه «من المستحيل الحصول على قوة واحدة إذ لا بد من وجود، زوج من القوى المتساوية والمتضادة، وهو دوماً موجود.»

إن النشاطات الطبيعية الأساسية تظهر مصدرها الوهمي. فالكهرباء على سبيل المثال هي ظاهرة من الدفع والجذب، وإلكتروناتها وبروتوناتها هي أضداد كهربائية.

مثال آخر: الذرة أو الجزيء النهائي للمادة مثل الأرض نفسها: مغناطيس له قطبان موجب وسالب. والعالم الظاهر بأسره يخضع للقطبية التي لا يمكن تفاديها. ولا يوجد قانون في الفيزياء أو الكيمياء أو أي علم آخر متحرر من المبادئ المتعاكسة أو المتناقضة في طبيعتها.

ولذلك فإن العلم الطبيعي لا قدرة له على استنباط قوانين خارج مايا: الوهم الكوني الذي هو نسيج الخليقة وتركيبتها. الطبيعة في ذاتها هي وهْمٌ. والعلم الطبيعي مضطر للتعامل مع جوهرها الذي لا يمكن تغييره. الطبيعة في مجالها هي أبدية ولا ينضب معينها، وعلماء المستقبل لن يستطيعوا أكثر من اكتشاف مظاهرها الأبدية الواحد بعد الآخر. وهكذا يبقى العلم بالرغم من سيله

٣ راجع الصفحة ٦٧ حاشية، والصفحة ٧٠ حاشية.

المتدفق غير قادر على بلوغ النهاية. فهو في الحقيقة يستطيع اكتشاف قوانين عالم موجود أساساً لكنه عاجز عن اكتشاف صانع تلك القوانين ومشغّلها الأوحد. المظاهر العظيمة للجاذبية والكهرباء أصبحت معلومة، لكن أحداً لم يتمكن حتى الآن من الوقوف على ماهية الجاذبية أو الكهرباء.[٤]

والتغلب على الخداع أو الوهم الكوني هو العمل الذي أوكله الأنبياء للجنس البشري على مر العصور. فالارتفاع فوق ثنائية الوجود وإدراك الوحدة الإلهية يمكن النظر إليهما كأسمى هدف للإنسان. والذين يتمسكون بالوهم الكوني يجب أن يعترفوا بقانون القطبية الأساسي من مد وجزر، صعود وهبوط، ليل ونهار، ولذة وألم، وخير وشر، وولادة وموت. وهذا النموذج ذو الدورات المتعاقبة يصبح ذا رتابة شديدة الإيلام بعد مرور الإنسان في بضعة آلاف من التجسدات البشرية، عندها يبدأ في التطلع بعين الأمل إلى ما وراء الوهم الكوني وإرغاماته القهرية.

ونزع حجاب مايا الوهمي يعني كشف أسرار الخليقة. والذي يتمكن من تجريد الكون هو وحده الموحّد الحقيقي، وكل الآخرين عبدة أصنام. وطالما بقي الإنسان خاضعاً لأوهام الطبيعة الثنائية يبقى الخداع ذو الوجهين إلهه ولن يتمكن من معرفة الله الحق.

الوهم الكوني مايا يظهر في البشر على صورة أفيديا التي تعني حرفياً «عدم المعرفة» أو الجهل. ولا يمكن القضاء على مايا أو أفيديا عن طريق القناعة الفكرية أو التحليل، بل فقط ببلوغ حالة الاتحاد الداخلي نربيكالبا سمادهي. فأنبياء العهد القديم وذوو الرؤى الروحية في جميع البلدان وكل العصور تكلموا من حالة الوعي تلك. فيقول حزقيال[٥]: «ثم ذهب بي إلى الباب، الباب المتجه نحو الشرق، وإذا بمجد إله إسرائيل جاء من طريق الشرق وصوته كصوت مياه كثيرة، والأرض أضاءت من مجده.» فعن طريق العين الإلهية الموجودة في الجبهة (الشرق) يبحر اليوغي بوعيه إلى

٤ أدلى المخترع العظيم ماركوني بالاعتراف التالي عن قصور العلم إزاء الحقائق الخالدة: «إن عجز العلم عن حل لغز الحياة هو عجز مطلق. وهذه الحقيقية تبعث في النفس الرهبة لولا الإيمان. فسِر الحياة هو بالتأكيد المشكلة الأكثر استدامة التي وُضعت أمام العقل البشري.»

٥ حزقيال ٤٣: ١-٢.

الوجود الكلي مستمعاً للكلمة أو صوت أوم المقدس (صوت مياه كثيرة): اهتزازات أو موجات الضوء التي هي أساس الحقيقة الفريدة للخليقة.

ومن بين تريليونات الأسرار الكونية فإن الضوء هو أكثرها إدهاشاً. فعلى نقيض أمواج الصوت التي يلزمها إما الهواء أو موصل آخر للانتقال، فإن أمواج الضوء تخترق بسهولة الفراغ الموجود بين النجوم. وحتى الأثير الافتراضي الذي يعتبر وسيطاً للضوء بين الأجرام السماوية في النظرية الموجية، يمكن استثناؤه وفقاً للنظرية الأينشتانية على أساس أن الخواص الهندسية للفضاء تجعل نظرية الأثير غير ضرورية. وحتى بموجب أي من الفرضيتين يظل النور الأكثر شفافية والأكثر تحرراً من الاعتماد على المادة من أي مظهر من مظاهر الطبيعة.

وبمفاهيم أينشتاين الجبارة فإن سرعة الضوء البالغة ١٨٦,٣٠٠ ميل في الثانية تحكم نظرية النسبية بأسرها. وقد أثبت رياضياً أن سرعة الضوء، بقدر ما يتعلق الأمر بعقل الإنسان المحدود، هي الثابت الوحيد في كون دائم التغير والتقلب. وعلى سرعة الضوء التي هي «المطلق» الوحيد تعتمد كافة مقاييس البشر المتعلقة بالزمان والفضاء. فالزمان والفضاء ليسا أزليين على نحو تجريدي كما كان يُعتقد حتى الآن، بل هما عاملان نسبيان ومحدودان، يستمدان صلاحية قياسهما المشروطة فقط بالنسبة لسرعة الضوء.

وبضم الزمان إلى الفضاء باعتباره نسبية ذات أبعاد، فقد تم تجريد الزمان الآن وردِّه إلى طبيعته الأصلية: جوهر بسيط من الغموض. وهكذا ألغى أينشتاين من الكون كل حقيقة ثابتة باستثناء حقيقة الضوء!

وفي تطور تالٍ هو نظريته المجال الموحّد، سعى عالم الفيزياء العظيم أن يشمل في قانون حسابي واحد كافة قوانين الجاذبية والكهرومغناطيسية. وباختزال تركيب الكون إلى تنوعات في قانون واحد، تمكن أينشتاين من اختراق العصور والأجيال ليتواصل مع الحكماء القدامى (الريشيز) الذين قالوا بوجود نسيج أوحد للخلق هو الوهم الكوني[٦] الدائم التقلب والتلون.

---

[٦] كان أينشتاين مقتنعاً بأن العلاقة بين قوانين الكهرومغناطيسية والجاذبية يمكن التعبير عنها في صيغة رياضية (نظرية المجال الموحد)، التي كان يعمل عليها وقت كتابة هذا الكتاب. وعلى الرغم من أنه لم يعش ليكمل عمله حول ذلك، فإن العديد من علماء الفيزياء اليوم يشاركون أينشتاين اقتناعه بأنه سيتم العثور على مثل هذا الرابط. (ملاحظة الناشر)

وعلى نظرية النسبية الملحمية قامت الامكانيات الرياضية لاستكشاف تركيبة الذرة. واليوم يؤكد كبار العلماء بجرأة أن الذرة ليست فقط طاقة بدلاً من المادة، بل أن الطاقة الذرية هي في جوهرها مادة عقلية.

وفي كتابه طبيعة العالم الفيزيائي *The Nature of the Physical World*[٧] يقول السير آرثر ستانلي أدنغتون: إن «الإدراك الصريح بأن العلم الطبيعي يتعامل مع عالم من الظلال هو من أبرز وأهم ضروب التقدم. ففي عالم الطبيعة نلاحظ جهاز الشادوغراف الذي ينتج صوراً عن طريق تسليط الضوء، يؤدي دراما الحياة المألوفة. فظل ذراعي يستقر على طاولة الظل، كما يسيل حبر الظل على ورقة الظل. كلها رموز، وكرموز يتركها عالم الطبيعة. ثم يأتي العقل الذي هو بمثابة الكيميائي ليقوم بتفسير الرموز... والاستنتاج الصريح دون تزويق أو تنميق هو الآتي: المادة التي يتكون منها العالم هي مادة عقلية.»

وبالابتكار الحديث للميكروسكوب الالكتروني تأكد بالدليل القاطع أن الجوهر الأساسي للذرات هو نور وأن الطبيعة قائمة أصلاً على ثنائية لا مفر منها. وأوردت صحيفة نيويورك تايمز التقرير التالي عن تجربة أجريت سنة ١٩٣٧ على الميكروسكوب الالكتروني أمام الجمعية الأمريكية لتقدم العلوم:

> إن التركيب البلوري للتنغستون والمعروف لغاية الآن بطريقة غير مباشرة بواسطة الأشعة السينية، ظهر بوضوح على ستارة فلورية مبيناً تسع ذرات في مواضعها الصحيحة في الشبكة الفراغية، ومكعباً، وذرة واحدة في كل زاوية، وذرة في الوسط. وظهرت الذرات في شبكة التنغستون البلورية على الشاشة الفلورية كنقاط من الضوء منسقة في نمط هندسي. وإزاء مكعب الضوء البلوري هذا شوهدت جزيئات الهواء القاذفة كنقاط متراقصة من الضوء شبيهة بنقاط من ضوء الشمس المتلألئ على مياه جارية...
>
> لقد تم اكتشاف مبدأ الميكروسكوب الإلكتروني لأول مرة سنة ١٩٢٧ على يد الدكتورين كلينتون جيه. دافيسون وليستر إتش. جيرمر في مختبرات بيل الهاتفية بمدينة نيويورك. وقد تبين لهما أن للإلكترون شخصية مزدوجة، بحيث يتقلد صفات الذرة والموجة في آن واحد (أي صفات المادة والطاقة أو النشاط)، مما أعطى صفة الموجة للإلكترون خاصية الضوء. وقد تم الشروع في بحث لاستنباط وسيلة 'لتركيز' الإلكترونات بكيفية مشابهة لتركيز الضوء بواسطة العدسات.

٧ Macmillan Company.

> وبفضل اكتشافه لخاصية الإلكترون المزدوجة التي أثبتت... أن الطبيعة المادية بأسرها هي ذات شخصية مزدوجة، فقد حصل الدكتور دافيسون على جائزة نوبل في الفيزياء.

وذكر السير جيمس جينز في كتابه الكون الغامض[8] *The Mysterious Universe* أن «تيار المعرفة ينطلق باتجاه حقيقة غير آلية. فالكون بدأ يظهر كعقل عظيم وليس كآلة عظيمة.»

وهكذا يبدو علم القرن العشرين كصفحة من كتب الفيدا القديمة.

فليدرك الإنسان من العلم الحقيقة الفلسفية أن لا وجود لكون مادي، لأن نسيج الكون المادي هو وهْمٌ، وبأن حقيقته السرابية تتبدد بالتحليل. ومع انهيار دعائم الكون المادي تحته، الواحدة بعد الأخرى، بالرغم من أنها تبدو راسخة وتبعث على الطمأنينة، يدرك الإنسان تدريجياً مدى اعتماده على المفاهيم الوثنية وتعديه للوصية الإلهية: «لا يكن لك آلهة أمامي».[9]

وفي معادلته الشهيرة التي تبين التعادل بين المادة والطاقة، أثبت أينشتاين أن الطاقة في أية ذرة من ذرات المادة تساوي كتلتها أو وزنها مضروباً في مربع سرعة الضوء. ويتم إطلاق الطاقات الذرية عن طريق إفناء الجزيئات المادية. وهكذا فإن «موت» المادة هو ولادة العصر الذري.

إن سرعة الضوء هي معيار حسابي أو مقدار ثابت، ليس لأن هناك قيمة مطلقة في الـ ١٨٦,٣٠٠ ميل في الثانية، بل لأنه لا يوجد جسم مادي تزداد كتلته مع ازدياد سرعته يمكن أن يصل أبداً إلى سرعة الضوء. وبعبارة أخرى فإن الجسم المادي الوحيد الذي كتلته لا نهائية يمكنه أن يساوي سرعة الضوء.

وهذا المفهوم يأتي بنا إلى قانون المعجزات.

إن المعلمين الذين يستطيعون تجسيد أو ملاشاة أجسامهم وأشياء أخرى، والانطلاق بسرعة الضوء واستخدام أشعة الضوء الإبداعية لجعل أي شكل مادي يظهر على الفور، قد استوفوا الشرط الجائز: كتلتهم لا نهائية.

ووعي اليوغي المستكمل متحد دون مجهود ليس مع جسم صغير محدود، بل مع التركيبة الكونية. والجاذبية سواء كانت «القوة» التي قال بها نيوتن أو «ظاهرة القصور الذاتي» التي ذكرها أينشتاين لا قدرة لها على إرغام معلم

٨ Cambridge University Press.

٩ خروج ٢٠:٣.

مستنير كي يظهر خاصية الثقل التي هي حالة الجاذبية التي تنطبق على كل الأجرام المادية. فالذي يعرف أنه روح كلي الوجود لم يعد خاضعاً لصلابة الجسم سواء في الزمان أو المكان. وهكذا فإن «التماسك المقاوم للنفاذ» قد اخترقه محلول: أنا هو.

«وقال الله ليكن نور! فكان نور».[١٠] ففي خلق الكون أتى الأمر الإلهي الأول للوجود بالعنصر البنيوي الحيوي وهو النور. فعلى أشعة هذا الوسيط اللامادي تحدث كل الظواهر والمظاهر الإلهية. ويشهد المتعبدون على مر العصور بظهور الله على هيئة نار ونور: «عيناه كلهيب نار... ووجهه كالشمس وهي تضيء في قوتها.»[١١]

واليوغي الذي استطاع بالتأمل المثالي أن يمزج وعيه مع الخالق يدرك الجوهر الكوني كنور (اهتزازات من نشاط الحياة.) وتنعدم الفوارق بالنسبة له بين أشعة الضوء المكونة للماء وأشعة الضوء المكونة لليابسة. وإذ يتحرر من الإحساس بالمادة ومن الأبعاد الثلاثة للفضاء، ومن البعد الرابع الذي هوالزمن، يستطيع المعلم نقل جسمه النوراني بنفس السهولة فوق أو عبر الأشعة الضوئية للتراب والماء والنور والهواء.

«فإذا كانت عينك واحدة If therefore thine eye be *single* فجسدك كله يكون نيّراً»[١٢]. وبالتركيز الطويل على العين الروحية التي تمنح التحرر يتمكن اليوغي من تبديد كل الأوهام المتعلقة بالمادة وثقلها الجاذب؛ ويرى الكون حسبما خلقه الله: كتلة غير مميزة من النور.

ويقول الدكتور أل. تي. ترولاند L. T. Troland من جامعة هارفارد: «إن الصور البصرية قائمة على نفس مبدأ رسوم 'هافتون' العادية. فهي مكونة من نقاط صغيرة للغاية بحيث لا يمكن للعين أن تكتشفها... وحساسية الشبكية قوية لدرجة أن الإحساس البصري يمكن استحداثه نسبياً ببضع وحدات من النوع الصحيح للضوء.»

قانون المعجزات يمكن تشغيله من قِبل أي إنسان أدركَ أن جوهر الوجود هو نور. ويستطيع المعلم استخدام معرفته الإلهية بالظواهر الضوئية لتجسيد

١٠ تكوين ١: ٣.

١١ رؤيا ١: ١٤-١٦.

١٢ متى ٦: ٢٢.

ذرات الضوء الموجودة في كل مكان على الفور في مظهر ملموس. ويتم تحديد الشكل الفعلي للتجسيد (سواء كان شجرة، أو دواء، أو جسماً بشرياً) وفقاً لرغبة اليوغي وقوة إرادته وتصوره.

أثناء الليل يدخل الإنسان وعي الأحلام وينجو من المحدوديات الذاتية الزائفة التي تقيّده يومياً. ففي النوم لديه برهان دائم الحدوث على ما يمتلكه عقله من قدرة كلية. وفي الحلم يظهر الأصحاب الذين فارقوا منذ زمن بعيد، مثلما تبدو أكثر القارات بعداً ومشاهد من الطفولة منبعثة مجدداً. وهذا الوعي المتحرر وغير المحدود الذي يختبره الجميع لفترة وجيزة في أحلامهم هو وعي يختبره المعلم المتناغم مع الله على الدوام، دون انقطاع.

واليوغي إذ يتحرر من الدوافع الذاتية ويستخدم القوة الخالقة التي منحها له الخالق يعيد صياغة ذرات الضوء الكونية لتحقيق أي دعوة صادقة للمريد.

«وقال الله نعمل الإنسان على صورتنا كشبهنا، فيتسلطون على سمك البحر، وعلى طير السماء، وعلى البهائم، وعلى كل الأرض، وعلى جميع الدبابات التي تدب على الأرض.»[١٣]

ولهذه الغاية خُلق الإنسان وخُلقت الخليقة: لكي يرتفع إلى ما فوق الوهم الكوني ويدرك سيادته على الكون.

في سنة ١٩١٥، وبعد فترة قصيرة من التحاقي بسلك السوامي شاهدت رؤيا غريبة عرفت من خلالها نسبية الوعي البشري، ومن خلالها أدركت جلياً وحدة النور الأزلي خلف الثنائيات الأليمة للخداع الكوني مايا. وقد جاءتني تلك الرؤيا حينما كنت أجلس للتأمل ذات صباح في علّيتي الصغيرة في منزل والدي بطريق غوربار. وكان قد مضى على اشتعال الحرب العالمية الأولى في أوربا بضعة شهور وكنت أتأمل بحزن العدد الهائل للنفوس التي حصدها منجل الموت.

وعندما أطبقتُ عينيّ في التأمل انتقل وعيي فجأة إلى جسم قبطان يقود سفينة حربية. وكان دويّ المدافع يشق الفضاء في تبادل للقذائف بين مدافع السفينة وبطاريات الشاطئ المدفعية. وضربت قذيفة ضخمة مخزن البارود ومزقت سفينتي فقفزت إلى الماء مع عدد قليل من البحّارة الذين نجوا من الانفجار.

١٣ تكوين: ١: ٢٦.

وبقلب شديد الخفقان بلغت الشاطئ بسلام. لكن واحسرتاه! فقد أنهت رصاصة طائشة طيرانها السريع في صدري، فسقطت متأوهاً على الأرض وقد أصيب جسمي كله بالشلل. وبالرغم من ذلك بقيت على دراية بامتلاكه مثلما يشعر المرء بساق حدث لها خدر.

وفكرت بيني وبين نفسي: «أخيراً أدركتني خطوات الموت». وبتنهدة أخيرة عندما أصبحت على وشك فقدان الوعي وجدت نفسي جالساً في وضعية اللوتس في غرفتي بطريق غوربار.

وانهمرت دموع هستيرية من عينيّ عندما لمست وقرصت بفرح أطراف جسمي الذي استرجعته خالياً من ثقب الرصاص في الصدر. وانحنيت للأمام وللخلف مرات عديدة وأنا أشهق وأزفر لأؤكد لنفسي بأنني ما زلت على قيد الحياة. وفي خضم هذه التهاني الذاتية انتقل وعييّ ثانية إلى جسد القبطان الميت عند الشاطئ الملطخ بالدماء. فشعرت بتشوش عقلي كبير وصليت لله قائلاً: «يا رب، هل أنا ميت أم ما زلت على قيد الحياة؟».

وملأ وهجٌ من النور الأفق بكامله، وصاغ اهتزازٌ خفيض ذاته بهذه الكلمات:

«وما هي الحياة أو الموت بالنسبة للنور؟ لقد كوّنتك على صورتي النورانية، ونسبيات الحياة والموت تخص الحلم الكوني. انظر إلى كيانك غير الحالم! استيقظ يا بني. استيقظ!»

وكخطوات لإيقاظ الإنسان، يلهم الله العلماء ليكتشفوا، في الزمان والمكان المناسبين، أسرار خليقته. والكثير من الاكتشافات العصرية تساعد الإنسان على فهم الكون كتعبير متنوع الأنماط لقوة واحدة هي النور الذي يوجهه عقل إلهي. إن عجائب الصور المتحركة والراديو والتلفزيون والرادار والخلية الكهربائية الضوئية و«العين الكهربائية» العجيبة للطاقات الذرية ترتكز جميعها على ظاهرة النور الكهرومغناطيسية.

ويمكن لفن إنتاج الصور المتحركة تصوير أية معجزة. ومن الناحية البصرية المثيرة للإعجاب، لا توجد معجزة مستحيلة على خدعة التصوير الفوتوغرافي. فالإنسان يمكن رؤيته كجسم أثيري شفاف وهو يرتفع من جسمه المادي الكثيف، ويمكنه أن يمشى على صفحة الماء، ويقيم الموتى ويعكس التسلسل الطبيعي لضروب التقدم، ويشيع الفوضى والاضطراب في الزمان والمكان. وباستطاعة الخبير في فن التصوير ترتيب وتركيب الأشكال

الضوئية طبقاً لرغبته وإحداث عجائب بصرية كتلك التي يأتي بها المعلم الحقيقي باستخدام أشعة النور الفعلية.

والأفلام السينمائية بصورها الواقعية توضح العديد من الحقائق المتعلقة بالخليقة. فالمُخرِج الكوني ألّف رواياته واستحدث ووزع الأدوار الهائلة لمواكب الأجيال. وهو يسكب من مقصورة الأزل المعتمة أشعة نوره في أفلام الأجيال المتعاقبة فيتم تسليط الصور على شاشة الفضاء الخلفية.

وكما أن ظلال الصور السينمائية تظهر حقيقية مع أنها مزيج من الضوء والظل، هكذا التنوع الكوني ليس سوى مظهر وهمي. وليست المجالات الأرضية بما تحتويه من أشكال الحياة التي لا تعد ولا تحصى سوى صور سينمائية كونية تبدو حقيقية بصورة مؤقتة للمدركات الخمسة الحسية كمشاهد يعرضها الشعاع اللانهائي الخلاق على ستارة الوعي البشري.

وباستطاعة جمهور السينما النظر إلى أعلى ومشاهدة أن جميع الصور تحدث بواسطة شعاع واحد من نور عديم الشكل. وبالمثل فإن المسرحية الكونية الملونة تصدر عن النور الأبيض الواحد كمصدر كوني. وبمهارة لا تدركها العقول يقيم الله ملهاة هائلة لتسلية بنيه البشر، فيجعل منهم ممثلين وأيضاً متفرجين في مسرحه الأرضي.

ذات يوم دخلت إحدى دور السينما لمشاهدة شريط إخباري عن ساحات القتال الأوروبية. كانت الحرب العالمية الأولى لا تزال تدور رحاها في الغرب؛ فعرضتْ النشرة الإخبارية المذبحة بواقعية لدرجة أنني غادرت المسرح بقلب مضطرب.

صليت قائلاً: «يا رب، لماذا تسمح بمثل هذه المعاناة؟» ولدهشتي الشديدة، جاءت الإجابة الفورية على شكل رؤية لساحات القتال الأوروبية الفعلية. والمشاهد المليئة بالموتى والمحتضرين فاقت كثيراً في ضراوتها أي عرض للنشرة الإخبارية.

وهمس صوت لطيف لوعيي الداخلي «انظر بتركيز وانتباه! سترى أن هذه المشاهد التي تحدث الآن في فرنسا ليست سوى مسرحية من الضوء والظلال. إنها الصور الكونية المتحركة، حقيقية وغير حقيقية تماماً كالعرض الإخباري الذي شاهدته للتو – مسرحية ضمن مسرحية.»

وكان قلبي لا يزال غير مرتاح. فتابع الصوت الإلهي: «الخليقة هي نور وظل كلاهما، وإلا فلا يمكن إظهار صورة. لا بد أن يتناوب الخير والشر

على السيادة في الوهم الكوني: مايا. ولو أن الفرح استمر دون انقطاع هنا في هذا العالم، ألا يرغب الإنسان في شيء آخر؟ وبدون معاناة، بالكاد سيتذكّر أنه تخلى عن بيته الأبدي. الألم هو حافز للتذكّر. والحكمة هي الطريق إلى الخلاص. إن مأساة الموت غير حقيقية؛ والذين يرتجفون من الموت يشبهون ممثلاً جاهلاً يموت من الرعب على المسرح عندما يتم إطلاق النار عليه من مجرد خرطوشة فارغة. أبنائي هم أبناء النور. ولن يناموا للأبد في الوهم.».

ومع أنني قرأت في الأسفار المقدسة أوصافاً للوهم الكوني، إلا أنها لم تمنحني البصيرة العميقة التي جاءت مع الرؤى الشخصية ومع كلمات العزاء المصاحبة لها. إن قيم المرء تتغير بشكل كبير عندما يقتنع أخيراً بأن الخليقة ليست سوى فيلم سينمائي هائل؛ وأن ليس فيه، بل وراءه، تكمن حقيقته.

عندما انتهيتُ من كتابة هذا الفصل جلست في وضعية اللوتس على سريري. وكانت غرفتي[١٤] مضاءة بمصباحين خافتين. وإذ رفعت نظري رأيت السقف منقطاً بأضواء صغيرة بلون الخردل تومض وتتراقص بلمعان شبيه ببريق الراديوم. وتجمع عدد لا يحصى من الأشعة الشبيهة بحبال المطر في عمود شفاف وانسكب بصمت فوقي.

وعلى الفور فقد جسمي المادي خشونته وتحول إلى نسيج كوكبي. وشعرت بأنني أعوم عندما تحرك جسمي عديم الوزن قليلاً وتمايل إلى اليسار واليمين وبالكاد كان ملامساً للسرير. فتطلعت حولي داخل الغرفة ورأيت الأثاث والجدران كما هي. لكن كتلة النور الصغيرة تضاعفت كثيراً لدرجة أن السقف أصبح غير منظور، فدُهشت وتعجبت لذلك.

وتكلم صوت كما لو كان صادراً من قلب النور قائلاً: «هذه هي آلية الصور الكونية المتحركة التي تسلّط شعاعها على الستارة البيضاء لأغطية سريرك لتنتج صورة جسمك. انظر، فشكلك ليس سوى نور!»

نظرت إلى ذراعيّ وحركتهما إلى الأمام والخلف ومع ذلك لم أحس بثقلهما فغمرتني بهجة عارمة. وبدا شعاع النور الكوني الذي شكّل ذاته على هيئة جسدي صورة طبق الأصل عن أشعة الضوء التي تنبعث من حجرة العرض في دار السينما وتظهر الصور على الشاشة.

واختبرت لوقت طويل الصورة المتحركة لجسمي في مسرح حجرة

١٤ في صومعة Self-Realization Fellowship في إنسينيتاس بكاليفورنيا. (ملاحظة الناشر)

نومي خافت الإضاءة. ومع أنني حصلت على رؤىً عديدة، لم يكن أي منها أكثر فرادة من تلك الرؤيا. وإذ تبدد كلياً الوهم المتعلق بجسم صلب وتعمّقت معرفتي بأن النور هو جوهر كل الأشياء، نظرت إلى سيل نور الحياة النابض وقلت متوسلاً:

«أيها النور الإلهي، لو سمحت استرد لذاتك هذه الصورة الصغيرة لجسمي، تماماً كما رُفع النبي إيليا إلى السماء في مركبة من نار.»[١٥]

١٥ ملوك الثاني ٢: ١١.

عادة ما تعتبر «المعجزة» بأنها تأثير أو أمر يحدث بدون قانون أو خارج نطاق القانون. غير أن جميع الأحداث في كوننا الدقيق التنظيم تحدث وفقاً لناموس محدد ويمكن تفسيرها على ضوئه. وما نسميها قوى معجزة لمعلم عظيم هي ليست سوى تلازم طبيعي لفهمه التام للقوانين الشفافة التي تعمل في الكون الداخلي للوعي.

ولا يمكن أن يقال عن أي شيء بأنه حقاً «معجزة» إلا إذا قلنا، بالمعنى العميق، بأن كل شيء هو معجزة. فكل واحد منا مغلف بجسم دقيق التصميم وموضوع فوق أرض تدور في الفضاء بين النجوم – فهل هناك أي شيء أكثر شيوعاً؟ أو أكثر إعجازاً؟

عادة ما يأتي الأنبياء العظماء من أمثال السيد المسيح ولاهيري مهاسايا بمعجزات كثيرة. هؤلاء السادة لديهم رسالة روحية كبيرة وصعبة يؤدونها لصالح البشرية؛ ويبدو أن مساعدتهم للمنكوبين بطريقة معجزة هي جزء من هذه الرسالة. (راجع الصفحة ٢٦٩ حاشية.) ولا بد من امتلاك الإرادة الإلهية للتغلب على الأمراض المستعصية والمشاكل البشرية غير القابلة للحلول. عندما طلب خادم للملك من المسيح أن يشفي ابنه المشرف على الموت في كفرناحوم، أجاب يسوع بطرافة ساخرة: «لا تؤمنون إن لم تروا آيات وعجائب». لكنه أضاف: «اذهب. ابنك حيّ» (يوحنا ٤: ٤٦-٥٤).

لقد قدمت في هذا الفصل التفسير الفيدي للخداع الكوني، أو قوة الوهم السحرية الكامنة خلف العوالم الظاهرة. لقد اكتشف العلم في الغرب أن سحراً أو ظلاً من الوهم يتخلل «المادة» الذرية. ومع ذلك فليست الطبيعة وحدها، بل الإنسان أيضا خاضع (في مظهره البشري) للوهم الكوني: مبدأ النسبية، والتباين، والازدواجية، والانعكاس، والحالات المتضادة.

ويجب ألا يتبادر إلى الذهن أن حقيقة الخداع مايا أدركها حكماء الهنود القدامى دون غيرهم. فأنبياء العهد القديم أطلقوا على الخداع اسم الشيطان أو إبليس (حرفياً «الضد» في العبرية). في اللغة اليونانية يستخدم الانجيل كلمة ديابولوس كناية عن الشيطان. والشيطان أو مايا هو الساحر الكوني الذي ينتج أشكالاً متعددة لحجب الحقيقة الواحدة عديمة الصور والأشكال. وفي خطة الله وملهاته ( ليلا *lila*) فإن الهدف الأوحد للشيطان هو محاولة تحويل أنظار الناس من الروح إلى المادة ومن الحقيقة إلى الوهم.

وعلى ما يبدو أن هذا الابتهال كان مباغتاً. إذ تلاشى الشعاع واستعاد جسمي وزنه العادي وهبط على السرير. وتراقصت أضواء السقف المتلألئة ثم اختفت، وكان من الواضح أن موعد رحيلي عن هذا العالم لم يحن بعد. وفضلاً عن ذلك، فكرت فلسفياً «أن النبي إيليا ربما أزعجه طلبي غير الواقعي!»

ويصف السيد المسيح الخداع مايا على نحو رائع بأنه شيطان وقاتل وكاذب. «إبليس... كان قتالاً للناس منذ البدء ولم يثبت في الحق لأنه ليس فيه حق. متى تكلم بالكذب فإنما يتكلم مما له لأنه كذاب وأبو الكذاب.» (يوحنا ٨: ٤٤).

«لأن إبليس من البدء يخطئ. لأجل هذا أظهر ابن الله لكي ينقض أعمال إبليس.» (يوحنا الأولى ٣: ٨). وهذا يعني أن ظهور وعي المسيح، داخل كيان الإنسان، يقضي بسهولة على الأوهام أو «أعمال الشيطان.»

الخداع أو الوهم مايا هو «من البدء» بسبب وجوده المتأصل في العوالم الظاهرة التي تظل في حالة من التغير الدائم باعتبارها نقيضاً لعدم التغيّر الإلهي.

الفصل ٣١

# مقابلة مع الأم المقدسة

«أيتها الأم الموقرة، لقد تعمدت في طفولتي على يد زوجك النبي الذي كان معلماً لأبويّ ولمعلمي الجليل سري يوكتسوار، فهلا تكرمتِ وأخبرتني عن بعض أحداث حياتك المقدسة؟»

بهذه الكلمات خاطبت شريماتي كاشي موني رفيقة العمر للاهيري مهاسايا. فأثناء وجودي لفترة قصيرة في بنارس اغتنمت الفرصة لتحقيق رغبة قديمة في زيارة هذه السيدة المكرّمة.

لقد استقبلتني بلطف في منزل لاهيري بحي غارودسوار موهولا ببنارس. ومع أنها كانت قد تقدمت في السن لكنها بدت ناضرة كزهرة اللوتس، تتضوع عبيراً روحياً. كانت متوسطة البنية، ذات بشرة فاتحة اللون، ورقبة نحيلة، وعينين كبيرتين لامعتين.

فأجابتني: «يا بني أنت على الرحب والسعة. تعالَ إلى الطابق الأعلى.»

وسارت كاشي موني أمامي إلى حجرة صغيرة كانت قد عاشت فيها مع زوجها فترة من الزمن. وتشرفت برؤية المزار الذي تنازل المعلم المنقطع النظير لأن يمثل فيه الدراما الإنسانية للزواج. وطلبت مني السيدة الكريمة الجلوس على وسادة بجانبها وبدأت الحديث بقولها:

«لقد انقضت أعوام قبل أن أعرف المكانة الإلهية لزوجي. ففي إحدى الليالي، في هذه الحجرة بالذات، رأيت في حلم واضح جلي ملائكة ممجدين يحلّقون فوقي في جلال يفوق الوصف. وكان المشهد واقعياً بحيث استيقظت على الفور وقد غمر الحجرة نور باهر على نحو غير مألوف.

«وكان زوجي متربعاً في وضعية اللوتس ومرتفعاً وسط الغرفة ومن حوله ملائكة يسجدون له بأيدٍ مضمومة وتضرعٍ مهيب. وإذ دهشت إلى أقصى حد فقد حسبت أنني لا زلت أحلم.

«وخاطبني لاهيري مهاسايا قائلاً: 'لستِ تحلمين يا امرأة. اهجري الرقاد إلى الأبد.' وإذ هبط ببطء إلى أرض الغرفة ارتميت عند قدميه وهتفت قائلة: «'يا معلم، إنني أنحني أمامك مراراً وتكراراً! فهل لك أن تسامحني

لأنني حسبتك زوجي؟ إنني أكاد أذوب خجلاً لإدراكي بأنني ظللت غارقة في الجهل بجانب إنسان متيقظ روحياً. ومن هذه الليلة لن تكون زوجي، بل معلمي الروحي. فهلا قبلت نفسي الحقيرة تلميذة لك؟'[1]»

«ولمسني المعلم برقة وقال: 'استيقظي أيتها النفس المقدسة، فإنك مقبولة.' ثم أومأ نحو الملائكة وقال: 'أرجو أن تنحني احتراماً أمام كل واحد من أولئك القديسين المباركين.'

«وما أن فرغت من سجودي المتواضع حتى صدحت الأصوات الملائكية في نغمة واحدة كما لو كانت جوقة ترتل ترانيم من كتاب مقدس قديم:

«'مباركة أنتِ يا رفيقة السيد المقدس، ولكِ منا التحية.' ثم سجدوا عند قدمي، وفجأة اختفت أشكالهم النورانية وأصبحت الغرفة مظلمة!

«وطلب مني معلمي الحصول على تكريس الكريا يوغا فأجبته: 'بكل سرور، ويؤسفني عدم الحصول على تلك البركة في مرحلة مبكرة من حياتي'.

«وأجابني لاهيري مهاسايا مبتسماً ومواسياً: 'لم يكن الوقت قد حان بعد، إذ كان عليّ أن أساعدك بصمت على محو الكثير من كارماك. والآن فأنت راغبة ومستعدة للتكريس.'

«ولمس جبيني فبزغت فيوض من النور الأبيض الدوّار، وتدريجياً اتخذ السطوع المشع شكل عين روحية بلون الأوبال الأزرق، وقد بدت محاطة بهالة ذهبية، وفي وسطها نجمة خماسية بيضاء.

«وقال معلمي بصوت يحمل نغمة جديدة كموسيقى ناعمة آتية من بعيد: 'انفذي بوعيك عن طريق النجمة إلى المملكة اللانهائية.'

«وغمرت شواطئ نفسي رؤىً متلاحقة كأمواج المحيط ثم ذابت المشاهد البانورامية في بحر من الغبطة، وفقدت ذاتي في نعيم دائم التدفق. وحينما استعدت بعد ساعات وعيي بالعالم من حولي منحني المعلم طريقة الكريا يوغا.

«ومنذ تلك الليلة لم ينم المعلم ثانية في غرفتي. بل أنه لم ينم بعد ذلك أبداً، و ظل في الغرفة الأمامية بالطابق الأرضي بصحبة تلاميذه في النهار والليل.»

١ «هو لله فقط، وهي لله الذي في داخله.» – ملتون

وتوقفت السيدة المجيدة عن الكلام. وإذ أدركت صلتها الفريدة من نوعها باليوغي الرفيع القدر، تشجعتُ وطلبت منها أن تقص عليّ المزيد من تذكاراتها، فتبسمت السيدة بحياء وقالت:

«يا بني إنك نَهم توّاق. وبالرغم من ذلك سأروي لك قصة أخرى وأعترف بخطيئة ارتكبتها في حق زوجي ومعلمي. فبعد عدة شهور من تكريسي بدأت أشعر بأنني مهجورة ومهملة. وذات صباح دخل لاهيري مهاسايا هذه الغرفة الصغيرة للحصول على غرض ما، فلحقت به بسرعة. وإذ سيطر عليّ الخداع خاطبته بلهجة لاذعة قائلة: 'إنك تصرف كل وقتك مع تلاميذك، فماذا بشأن مسؤولياتك تجاه زوجتك وأبنائك؟ ويؤسفني أنك لا تقوم بتوفير المزيد من المال للأسرة.'

«وتطلع إليّ المعلم لبرهة قصيرة ثم اختفى! فشعرت بالخوف والرهبة وسمعت صوتاً منبعثاً من كل أركان الحجرة قائلاً: 'ألا تدركين أن كل شيء عدم؟ فكيف لعدم مثلي أن ينتج ثروة لكِ؟'

«وصحت متوسلة: 'يا معلمي الجليل، إنني ألتمس منك الصفح والمغفرة مليون مرة! إن عينيّ الآثمتين لا تستطيعان رؤيتك بعد اليوم. أترجاك أن تظهر في شكلك المقدس.'

«فأجابني: 'إنني هنا.' وجاء الجواب من فوقي، فنظرت إلى أعلى ورأيت المعلم وقد تجسّد في الهواء ورأسه يلامس السقف. وكانت عيناه كلهيب يخطف البصر. وإذ تملكني الخوف فقد انتحبت عند قدميه بعد أن هبط بسكون إلى أرض الغرفة، وخاطبني قائلاً:

«'يا امرأة، اطلبي الثروة الإلهية وليس بهرج العالم الزهيد. وبعد حصولكِ على الكنز الداخلي ستجدين أن العون الخارجي متيسر على الدوام!' ثم أضاف: 'إن أحد أبنائي الروحيين سيقوم بتوفير احتياجاتكم.'

«وبالطبع تحققت كلمات معلمي، إذ ترك أحد تلاميذه لأسرتنا مبلغاً كبيراً من المال.»

شكرت كاشي موني لاطلاعي على اختباراتها العجيبة[٢]، وفي اليوم التالي عدت إلى منزلها واستمتعت لساعات طويلة بحوار فلسفي مع تينكوري ودوكوري لاهيري. وقد سار هذان الابنان الورعان ليوغي الهند العظيم على

٢ توفيت الأم الموقرة في ٢٥ مارس /آذار ١٩٣٠ في بنارس.

نهج والدهما المثالي. وكان كلاهما أبيض البشرة، مديد القامة، متين البنية، ذا لحية كثة وصوت رقيق، مع أسلوب محافظ، لبق وجذاب.

ولم تكن زوجته التلميذة الوحيدة للاهيري مهاسايا، إذ كانت هناك المئات غيرها، بمن فيهن أمي. وذات يوم طلبت إحدى التلميذات من المعلم صورة شمسية له فناولها إياها قائلاً: «إذا اعتبرتِها وقاية فهي كذلك، وإلا فليست سوى مجرد صورة.»

وبعد عدة أيام كانت تلك المرأة تجلس مع كنة لاهيري مهاسايا حول طاولة وتقرآن في كتاب البهاغافاد غيتا، وقد عُلقت صورة المعلم خلف الطاولة. وفجأة ثارت عاصفة كهربائية باهتياج كبير.

فانحنت المرأتان أمام الصورة وصاحتا: «احمنا يا لاهيري مهاسايا!» وقد ضرب البرق الكتاب الذي كان على الطاولة دون أن يلحق بالمريدتين أذى.

وقالت التلميذة موضّحة: «شعرت كما لو أن لوحاً من الجليد وُضع حولنا وحال بيننا وبين الحرارة الحارقة.»

وقد صنع لاهيري مهاسايا معجزتين لتلميذة تدعى أبهويا. فقد شرعت هذه التلميذة مع زوجها وهو محام من كلكتا برحلة لزيارة المعلم في بنارس. ولكن زحمة السير أعاقت حركة عربتهما. فلم يصلا محطة القطار الرئيسية هاورا في كلكتا إلا وكان قطار بنارس يصفر إيذاناً بالمغادرة.

فوقفت أبهويا بهدوء بجانب مكتب التذاكر وأخذت تتضرع بصمت:

«لاهيري مهاسايا، أتوسل إليك أن توقف القطار! فأنا لا يمكنني أن أتحمل غصة التأخير يوماً آخر كي أراك.»

وراحت عجلات القطار النافخ تلف وتدور دون أن يتحرك القطار للأمام. فنزل مهندس القطار والركاب إلى الرصيف لمشاهدة هذه الظاهرة، بينما اقترب من أبهويا وزوجها حارس سكة حديد إنكليزي وعرض عليهما خدمته خلافاً لكل ما سبق. وقال مخاطباً الزوج: «يا سيد أعطني النقود وسأبتاع تذكرتيكما بينما تصعدان إلى القطار.»

وحالما جلس الزوجان في مقعديهما وتسلما تذكرتيهما تحرك القطار للأمام ببطء. وفي حالة من الذعر عاد المهندس والركاب بسرعة إلى أماكنهم دون أن يعرفوا كيف بدأ القطار يتحرك ولا كيف توقف أساساً.

ولدى وصولهما إلى بيت لاهيري مهاسايا في بنارس، انطرحت أبهويا بصمت أمام المعلم وحاولت لمس قدميه، فخاطبها المعلم قائلاً:

«تمالكي نفسك يا أبهويا. يبدو أنكِ تحبين إزعاجي. كما لو لم يكن بمقدورك المجيء إلى هنا بالقطار التالي؟»

وزارت أبهويا لاهيري مهاسايا في مناسبة أخرى جديرة بالذكر، إذ كانت بحاجة لشفاعته هذه المرة ليس من أجل قطار، بل من أجل مولود. فقالت له:

«أطلب بركتك كي يعيش طفلي التاسع. لقد وُلد لي ثمانية أطفال توفوا جميعاً بُعيد ولادتهم.»

ابتسم المعلم وقال متعاطفاً: «سوف يعيش مولودك القادم، وأرجو أن تتبعي تعاليمي بدقة. ستولد لك ابنة أثناء الليل. تأكدي من إبقاء مصباح الزيت مشتعلاً حتى الفجر. لا تغفي لئلا ينطفئ النور نتيجة لذلك.»

وُلدت لأبهويا ابنة في الليل تماماً مثلما تنبأ المعلم كلي المعرفة. وطلبت الأم من القابلة كي تحرص على إبقاء المصباح مليئاً بالزيت. ظلت المرأتان يقظتين بانتباه كبير حتى ساعات الصباح الباكرة، غير أنهما استسلمتا أخيراً للنوم حتى كاد الزيت أن ينفد وراح ضوء المصباح يخفت ويخفق. إذ ذاك تحرر المزلاج وفُتح باب حجرة النوم بعنف فاستيقظت المرأتان مذهولتين وأبصرت أعينهما المندهشة شكل لاهيري مهاسايا الذي أشار إلى المصباح قائلاً:

«انظري يا أبهويا، فضوء المصباح يوشك أن ينطفئ!» فسارعت القابلة إلى ملئه. وما أن تألق ثانية حتى اختفى المعلم، فأُغلق الباب وعاد المزلاج إلى وضع القَفل دون وسيلة مرئية.

عاشت الابنة التاسعة لأبهويا، وكانت لا تزال على قيد الحياة حينما استعلمت عنها سنة ١٩٣٥. وقص لي أحد التلاميذ المبجلين للاهيري مهاسايا (كالي كومار روي) تفاصيل شيقة عن أيامه الأولى مع المعلم، قال:

«غالباً ما كنت ضيفاً في منزله في بنارس لعدة أسابيع في المرة الواحدة. وقد لاحظت أن العديد من الأشخاص المقدسين المعروفين بـ (داندي سوامي)[3] كانوا يأتون إلى المعلم في سكينة الليل للجلوس عند قدميه. وأحياناً كانوا يشاركونه النقاش حول مسائل تأملية وفلسفية، وكان أولئك المبجلون يرتحلون

٣ أفراد رتبة معينة من الرهبان ممن يحملون الداندا (عصا خيزران) كطقس ديني وكرمز لبراهما-داندا («عصا براهما»)، والتي، في الإنسان، هي العمود الفقري. إن إيقاظ المراكز الدماغية الشوكية السبعة هو الطريق الحقيقي إلى المطلق اللانهائي.

عند الفجر. وأثناء زياراتي للمعلم لم أره ولو مرة واحدة يرقد على فراشه طلباً للنوم.»

واستطرد روي قائلاً: «خلال فترة مبكرة من ملازمتي للمعلم كنت أتجادل مع رب عملي الذي كان غارقاً في الماديات ويسخر مني قائلاً: 'لا أرغب بوجود متعصبين دينيين في مكتبي. ولو قابلتُ معلمك المهرّج لقلت له كلمات لن ينساها.'

«لكن هذا التهديد عجز عن تعطيل برنامجي الاعتيادي، وبقيت أصرف كل أمسياتي تقريباً مع معلمي. وذات مساء تبعني رب عملي واندفع بوقاحة إلى حجرة المعلم، وبالتأكيد كان ينوي التفوه بالعبارات النابية التي توعد بها. لكن ما أن جلس الرجل حتى خاطب لاهيري مهاسايا مجموعة من حوالي اثني عشر تلميذاً بقوله:

«'هل ترغبون في مشاهدة صورة؟'

«وحينما أومأنا معلنين موافقتنا، طلب منا المعلم تعتيم الغرفة قائلاً: 'اجلسوا خلف بعضكم البعض في دائرة، وليضع كل واحد منكم يديه على عيني الشخص الجالس أمامه.'

«ولم أفاجأ لأن أرى رب عملي ينفذ، على الرغم من عدم رغبته، تعليمات المعلم. وبعد بضع دقائق طلب منا لاهيري مهاسايا أن نخبره بما نراه، فأجبته:

«'سيدي أرى امرأة جميلة برداء ساري ذي حواف حمراء تقف بالقرب من نبات (أذن الفيل).' وقد أعطى باقي التلاميذ نفس الوصف. فالتفت المعلم إلى مخدومي وسأله: 'هل تعرف تلك المرأة؟'

«وعلى ما يبدو راح الرجل يصارع بوضوح مشاعر غريبة على طبيعته وقال: 'نعم أعرفها، وقد أنفقت عليها مالي بحماقة مع أن لي زوجة طيبة. إنني أخجل من الدوافع التي أتت بي إلى هنا. فهل تسامحني وتقبلني تلميذاً؟'

«أجابه المعلم: 'سوف أقبلك إن عشت حياة أخلاقية طيبة لمدة ستة أشهر.' ثم أضاف: 'وإلا فلن أكرّسك.'

«على مدى ثلاثة أشهر امتنع مخدومي عن الاستجابة للإغراء، لكنه عاود سيرته السابقة مع تلك المرأة. وقد مات بعد ذلك بشهرين، فأدركت عندئذٍ نبوءة المعلم المقنّعة بخصوص عدم احتمالية تكريسه.»

وكان للاهيري مهاسايا صديق مشهور هو السوامي ترايلانغا الذي عُرف بأن عمره تجاوز الثلاثمائة عام. وغالباً ما كان اليوغيان يجلسان معاً للتأمل.

وقد انتشرت شهرة ترايلانغا على نطاق واسع لدرجة أن القليل من الهندوس قد لا يصدقون حقيقة حدوث أي قصة عن معجزاته المذهلة. ولو أن السيد المسيح عاد ثانية إلى الأرض وسار متجولاً في شوارع نيويورك وعارضاً القوى الإلهية لأحدث نفس التعجب الذي كان يحدثه ترايلانغا منذ عشرات السنين أثناء مروره في طرقات بنارس الحاشدة. لقد كان أحد (المكتملين روحياً) سيدهاز الذين صانوا أسس الهند وحفظوها من تآكل الزمن.

وفي مناسبات عديدة كان السوامي يُرى وهو يشرب السموم الأشد فتكاً دون أن يصاب بالتسمم. وهناك ألوف الناس ومن بينهم عدد من الذين ما زالوا أحياء ممن رأوا ترايلانغا يطفو فوق مياه نهر الغانج أو يجلس على مدى أيام فوق صفحة الماء أو يبقى محتجباً تحت الأمواج لفترات طويلة جداً. وكان من المشاهد الشائعة في حمامات مانيكارنِكا في بنارس رؤية جسم السوامي دون حراك فوق الصخور الحارقة، معرضاً برمته لشمس الهند القاسية.

وبهذه الأعمال الباهرة أراد ترايلانغا أن يعلّم الناس أن الحياة البشرية لا ينبغي لها الاعتماد على الأكسجين، أو على ظروف واحتياطات محددة. وسواء كان المعلم العظيم فوق سطح الماء أم تحته، أو سواء تحدى جسمه أشعة الشمس الحارقة أم ظل محجوباً عنها، فقد أثبت أنه يحيا بالوعي الإلهي: فالموت لم يقوَ على المساس به.

ولم يكن اليوغي عظيماً من الناحية الروحية وحسب، بل من الناحية البدنية أيضاً! إذ تجاوز وزنه الثلاثمائة رطل (بمعدل رطل واحد لكل سنة من عمره!) ولأنه كان نادراً ما يأكل فقد ازداد السر غموضاً. ومهما يكن، فالمعلم يتجاهل حينما يرغب كل قواعد الصحة المألوفة لسبب محدد يعرفه هو وحده. وأعاظم القديسين الذين استيقظوا من حلم الوهم الكوني وأدركوا أن هذا الكون هو مجرد فكرة في العقل الإلهي يستطيعون فعل ما يريدونه بالجسد، مدركين بأنه ليس سوى شكل من أشكال الطاقة المركّزة أو المكثفة القابلة للتكييف. ومع أن علماء الطبيعة يدركون الآن أن المادة ليست سوى طاقة متجمدة، فإن المعلمين المستنيرين روحياً قد انتقلوا بنجاح من الحيّز النظري إلى التطبيق العملي في مجال التحكم بالمادة.

كان ترايلانغا يظل عارياً تماماً. وقد تضايق رجال الشرطة في بنارس من ذلك النمط واعتبروه مشكلة صبيانية محيرة. فالسوامي المجرد من الثياب، مثل آدم في جنة عدن، لم يكن على دراية بعريه، لكن رجال الشرطة كانوا

على علم تام به فزجوا به بفظاظة وجفاء في السجن. لكن إحراجاً عاماً حدث إثر ذلك. إذ شوهد جسم ترايلانغا بحجمه المعهود على سطح السجن، دون أن تنبئ زنزانته المُحكمة القفل عن طريقة فراره.

ومرة أخرى قام رجال الأمن المثبطون بواجبهم. وهذه المرة تم وضع حارس أمام زنزانة السوامي. لكن مرة أخرى تنحدر القوة أمام الحق، إذ شوهد المعلم العظيم يتمشى دون اكتراث على السطح.

وبما أن إلهة العدل معصوبة العينيين، فقد قرر رجال البوليس المغلوبون على أمرهم الاقتداء بها في حالة ترايلانغا.

كان اليوغي العظيم يلتزم الصمت[٤]. وعلى الرغم من وجهه المستدير وبطنه الضخم الذي يشبه البرميل، فقد كان ترايلانغا قلما يأكل. وبعد أسابيع من عدم تناول الطعام كان يفطر على أوعية مليئة باللبن الرائب يقدمها له المريدون. وفي أحد الأيام قرر أحد المرتابين فضح ترايلانغا على أنه دجال، فوضع أمامه دلواً مليئاً بخليط الكالسيوم والكلس أو الجير الحي الذي تُطرش به الجدران، وخاطبه بوقار مزيّف قائلاً: «يا معلم، لقد جئتك ببعض اللبن الخاثر، فتفضل واشربه.»

وبدون تردد أخذ ترايلانغا الدلو المملوء بالجير الكاوي وشربه حتى آخر قطرة. وخلال بضع دقائق سقط فاعل الشر على الأرض وراح يتلوى من الألم ويصبح مستغيثاً:

«النجدة يا سوامي! النجدة، فأنا أحترق! اصفح عن محاولتي الخبيثة لاختبارك.»

فقطع اليوغي العظيم صمته المعتاد وقال: «أيها المستهزئ، ألم تكن تعلم عندما قدمت لي السم أن حياتي مرتبطة بحياتك؟ ولولا يقيني بأن الله موجود في معدتي مثلما هو حالٌ في كل ذرة من ذرات الخليقة لكان الكلس قتلني. أما وقد أصبحت تعرف الآن أن الشر يرتد إلى فاعله، فلا تخدع أحداً بعد اليوم.»

وابتعد الأثيم بإرهاق وضعف بعد أن شفته كلمات ترايلانغا.

إن ارتداد الألم لم يكن سببه إرادة المعلم، بل كان نتيجة لعمل قانون العدل

٤ لقد كان موني *muni* ، أو راهباً، يمارس الصمت الروحي. في اللغة السنسكريتية تشبه كلمة موني الكلمة اليونانية مونوس *monos* ، «وحيد، منفرد»، والتي اشتقت منها كلمات إنكليزية مثل (مونك) أي راهب *monk* و(مونيزم) أي وحدانية *monism*.

الإلهي[5] الذي يسند الأجرام السماوية الدوارة في أقصى أرجاء الكون. فالقانون الإلهي يعمل على الفور لصالح العارفين بالله أمثال ترايلانغا لأنهم تخلصوا وإلى الأبد من قيود الأنا وتيارات الأحداث المُحبِطة.

إن الثقة بالعمل التلقائي لقانون الفضيلة (والذي غالباً ما يكون حسابه غير متوقع، كما في حالة ترايلانغا والأثيم الذي كان ينوي قتله)، تخفف من حدة سخطنا المتعجل على ظلم البشر. «لي النقمة أنا أجازي يقول الرب»[6] فما جدوى وسائل البشر الضعيفة؟ فالكون يترصد عن كثب ويعاقب في الوقت المناسب. العقول الغبية لا تعترف بإمكانية العدل الإلهي والمحبة والمعرفة الكلية والخلود، وتعتبرها «تخمينات دينية مبنية على الأوهام!» والذين يتبنون وجهة النظر هذه غير الحساسة ولا يقفون مندهشين أمام المشهد الكوني عادة ما يخلقون سلسلة من الأحداث المتناقضة في حياتهم تضطرهم أخيراً إلى طلب الحكمة.

لقد أشار السيد المسيح إلى القدرة الكلية للقانون الروحي بمناسبة دخوله المظفر إلى القدس. فعندما كان التلاميذ والجموع يهتفون بفرح قائلين «سلام في السماء ومجد في الأعالي»، تذمّر بعض الفريسيين من هذا المنظر غير اللائق في نظرهم واحتجوا قائلين: «يا معلم انتهر تلاميذك.»

لكن المسيح أجابهم: «أقول لكم، إنه إن سكت هؤلاء فالحجارة تصرخ.»[7]

وبهذا التوبيخ للفريسيين فقد أشار المسيح إلى أن العدل الإلهي ليس تجريداً مجازياً، وأن محب السلام حتى ولو بُتر لسانه من جذره سيجد دفاعه في أساس الخليقة ونظام الكون. وبذلك كان المسيح يقول:

«أتظنون أن باستطاعتكم إخراس محبي السلام؟ أم بمقدوركم خنق صوت الله الذي تترنم حتى أحجاره بمجده وحضوره الكلي؟ أتطلبون من الناس أن يكفوا عن الاحتفال بالسلام في السماء وألّا يتجمعوا إلا في مناسبات الحرب على الأرض؟ إذاً قوموا أيها الفريسيون بالتحضير لقلب أساسات الكون! لأن

٥ جاء في سفر الملوك الثاني ٢-١٩-٢٤ ما يلي: «فبعد أن قام اليشع بمعجزة 'تطهير المياه' في أريحا سخر منه صبيان صغار فخرجت دبتان من الوعر وافترستا منهم اثنين وأربعين ولداً.»

٦ رومية ١٢-١٩.

٧ لوقا ١٩-٣٧-٤٠.

مقابلة مع الأم المقدسة

اليوغيني (المرأة اليوغية) شنكاري ماي جيو، تلميذة ترايلانغا سوامي الوحيدة التي ما زالت على قيد الحياة. تظهر هنا (مع ثلاثة موفدين من مدرسة يوغودا ساتسانغا YSS من رانشي في احتفال كومبه ميلا في هردوار، سنة ١٩٣٨. وكان عمر اليوغيني آنذاك ١١٢ سنة.

الأناس الطيبين ومعهم الحجارة أو التراب والماء والنار والهواء كلها ستثور ضدكم شهادة على التناغم والانسجام المقدسين في الوجود.»

وفي إحدى المرات منح اليوغي الشبيه بالمسيح ترايلانغا بركته لخالي. فذات يوم رأى خالي المعلم محاطاً بحشد من المريدين في أحد حمامات بنارس، فتمكن من شق طريقه والاقتراب من ترايلانغا ثم لمس قدميه بتواضع. وقد دهش خالي ليجد نفسه قد شفي على الفور من مرض أليم ومزمن.[٨]

التلميذة الوحيدة للمعلم العظيم التي ما زالت على قيد الحياة هي شنكاري

٨ إن حياة ترايلانغا وغيره من أعاظم المعلمين تذكرنا بكلمات السيد المسيح: «وهذه الآيات تتبع المؤمنين: يخرجون الشياطين باسمي (وعي المسيح)، ويتكلمون بألسنة جديدة، ويحملون حيات، وإن شربوا شيئاً مميتاً لا يضرهم، ويضعون أيديهم على المرضى فيبرأون.» (مرقس ١٦:١٧-١٨)

ماي جيو[٩]. إنها ابنة لأحد تلاميذ ترايلانغا وقد تلقت تعاليم السوامي منذ بواكير طفولتها، وعاشت لأربعين عاماً في سلسلة من مغارات الهملايا المنعزلة قرب بادرينات وكيدرنات وأمارنات وباسو باتينات. وهذه البراهماتشاريني (الناسكة) التي ولدت في سنة ١٨٢٦ لا تزال تتمتع الآن بصحة جيدة مع أن عمرها قد تجاوز القرن بسنين. إن مظهرها لا ينبئ عن الشيخوخة، وقد احتفظت بشعرها الأسود وأسنانها البيضاء اللامعة ونشاطها العجيب. وهي لا تترك خلوتها سوى مرة واحدة كل بضعة أعوام لحضور مناسبات الميله أو الأعياد الدينية الدورية.

وغالباً ما كانت هذه القديسة تزور لاهيري مهاسايا. وقالت إنها بينما كانت تجلس في أحد الأيام بجانب لاهيري مهاسايا في حي باراكبور قرب كلكتا رأت معلمه العظيم باباجي يدخل الغرفة بهدوء ويتحدث إليهما معاً. وتذكر أن «المعلم الخالد [باباجي] كان يرتدي قطعة قماش مبللة كما لو أنه خرج للتو من غطسة في النهر. وقد باركني ببعض الإرشادات الروحية.»

وفي إحدى المناسبات في بنارس، قطع ترايلانغا صمته المعتاد وامتدح جهراً لاهيري مهاسايا، فاعترض أحد تلاميذ ترايلانغا قائلاً: «سيدي، إنك سوامي وزاهد في الدنيا، فكيف تظهر مثل هذا الاحترام الكبير إلى رب أسرة؟» فأجاب ترايلانغا: «يا بني، إن لاهيري مهاسايا يشبه الهريرة المقدسة، فهو يبقى حيث تضعه الأم الإلهية. وبالرغم من أدائه لواجبه كعلماني، إلا أنه حصل على نفس معرفة الذات التامة التي بحثتُ عنها ومن أجلها تخليت عن كل شيء – حتى عن إزاري!»

٩ اللاحقة جي *ji* في اللغة البنغالية تدل على الاحترام.

الفصل ٣٢

# راما يعود إلى الحياة بعد موته

«'وكان إنسانٌ مريضاً وهو لعازر...فلما سمع يسوع قال: هذا المرض ليس للموت، بل لأجل مجد الله، ليتمجد ابن الله به.'»[١]

في صباح يوم مشمس كان سري يوكتسوار يشرح الأسفار المقدسة المسيحية على شرفة صومعة سيرامبور. وكنت حاضراً مع مجموعة من تلاميذ المعلم الآخرين ومجموعة صغيرة من تلاميذي من مدرسة رانشي، فقال المعلم مفسّراً:

«في هذا الإصحاح دعا يسوع نفسه ابن الله. ومع أنه كان متحداً بالله لكن لإشارته هنا دلالة موضوعية عميقة. فابن الله هو المسيح أو الوعي الإلهي. ليس لبشر خاضع للموت القدرة على تمجيد الله. والتكريم الوحيد الذي يستطيع الإنسان أن يقدمه لخالقه هو أن يبحث عنه. لا يستطيع الإنسان أن يبجّل تجريداً كونياً لا يعرفه. و'الهالة' التي تحيط برؤوس القديسين هي شهادة رمزية على امتلاكهم القدرة على تقديم الإكرام للجلال الإلهي.»

تابع سري يوكتسوار قراءة القصة العجيبة لإقامة لعازر من الموت. وبعد اختتامها استغرق المعلم في صمت طويل، في حين ظل الكتاب المقدس مفتوحاً على ركبته. وأخيراً نطق بخشوع وجدّية:

«وأنا كذلك حظيت برؤية معجزة مماثلة؛ فلاهيري مهاسايا بعث أحد أصدقائي حياً من الموت.»

تبسم الصبية من حولي باهتمام كبير. وأنا أيضاً كان للطفولة أثر في نفسي بحيث أبديت اهتماماً مماثلاً، ليس للاستمتاع بفلسفة سري يوكتسوار وحسب، بل للاستماع إلى كل ما يمكن أن يرويه عن اختباراته المدهشة مع معلمه.

وبدأ سري يوكتسوار قصته بالقول: «كنتُ وراما صديقين لا نفترق. ولأنه كان خجولاً ويحب العزلة فقد اختار أن يزور لاهيري مهاسايا في

١ يوحنا ٤-١:١١.

الساعات ما بين منتصف الليل والفجر في غياب زائري النهار. وبما أنني كنت أقرب الأصدقاء لراما فقد أطلعني على الكثير من اختباراته الروحية وحصلت على إلهام من صداقته المثالية.»

وبدا وجه سري يوكتسوار رقيقاً ليّناً بفعل التذكارات، فاستطرد قائلاً:

«تعرّض راما فجأة لاختبار قاسٍ، فقد أصيب بمرض الكوليرا الآسيوية. ولما كان معلمنا لا يعترض أبداً على خدمة الأطباء في حالات المرض الحرجة فقد تم استدعاء طبيبين لعلاجه. وبسرعة فائقة قمت بكل ما يلزم لتقديم الخدمة اللازمة للمريض، وقد تضرعت من أعماقي للاهيري مهاسايا لمساعدته، ثم انطلقت إلى بيت المعلم وأخبرته بما حدث وأنا أجهش بالبكاء. فابتسم المعلم بفرح وقال: 'إن الأطباء يعاينون راما وسوف يشفى.'

«عدت بقلب مبتهج إلى جانب فراش صديقي لأجده يحتضر، وقد أخبرني أحد الطبيبين بإيماءة يائسة أنه 'لا يمكن أن يعيش لأكثر من ساعة أو ساعتين'، فأسرعت ثانية إلى لاهيري مهاسايا.

«وصرفني المعلم بسرور قائلاً: 'الأطباء أصحاب ضمير، وإنني متأكد من أن راما سيشفى.'

«وفي منزل راما وجدت أن الطبيبين قد غادراه، وقد ترك لي أحدهما ملاحظة تقول: 'لقد عملنا كل ما بوسعنا ولكن حالته ميؤوس منها.'

«كان صديقي صورة حقيقية لشخص يحتضر، ولم أفهم كيف أن كلمات لاهيري مهاسايا لم تتحقق! أما منظر راما الذي كانت روحه تفارقه بسرعة فقد ظل يوعز لي بأن كل شيء قد انتهى. ووسط هذا التخبط بين أمواج الشك واليقين قمت بالاعتناء بصديقي على قدر استطاعتي، فرفع رأسه وصاح قائلاً: 'أسرع إلى المعلم يا يوكتسوار واخبره أنني قد فارقت الحياة، واطلب منه أن يبارك جسدي قبل الطقوس الأخيرة.' وما أن نطق راما بهذه الكلمات حتى تنهد وأسلم الروح.[٢]

«بكيت لساعة بجانب سريره. وإذ كان يحب الهدوء دوماً فقد بلغ الآن سكينة الموت التامة. وقد حضر تلميذ آخر فطلبت منه أن يبقى في المنزل إلى أن أعود، ورجعت إلى معلمي بخطوات ثقيلة وأنا شبه ذاهل.

«سألني لاهيري مهاسايا والابتسامة تعلو وجهه: 'كيف حال راما؟'

٢ غالباً ما يحتفظ ضحية الكوليرا بقواه العقلية ويظل واعياً حتى لحظة الوفاة.

«فأجبته: 'بعد قليل سترى يا سيدي كيف حاله، عندما ترى جثمانه قبل نقله إلى المحرقة.' ثم أجهشت بالبكاء ورحت أنتحب جهراً.»

«فقال لي: 'تمالك نفسك يا يوكتسوار. اجلس بهدوء وتأمل!' ثم استغرقَ معلمي في حالة السمادهي. انقضى العصر والليل في سكون غير منقطع، في حين كنت أبذل قصارى جهدي لاستعادة هدوئي الداخلي، لكن دون جدوى.

«وعند الفجر نظر إليّ لاهيري مهاسايا مواسياً وقال: 'أرى أنك لا تزال مضطرباً. لماذا لم تخبرني بالأمس أنك كنت تتوقع مني أن أقدّم لراما معونة ملموسة بصورة دواء؟' ثم أشار المعلم إلى مصباح على شكل فنجان يحتوي زيت خروع غير مكرر وقال: 'املأ زجاجة صغيرة من زيت هذا المصباح وضع سبع نقط منه في فم راما.'

«فقلت محتجاً: 'سيدي لقد مات منذ ظهر الأمس، فما نفع الزيت الآن؟'

«فأجابني: 'لا يهم ذلك، فقط افعل ما أطلبه.' ولم أفهم سر الفرح الذي كان بادياً على لاهيري مهاسايا، وكنت لا أزال أعاني من آلام الحزن. ومع ذلك فقد صببت كمية صغيرة من الزيت في الزجاجة وغادرت إلى منزل راما.

«وجدتُ جسم صديقي متصلباً في قبضة الموت، لكني لم ألق بالاً لحالته الرهيبة، بل فتحت شفتيه بسبابتي اليمنى، وبمعونة السدادة صببت بيدي اليسرى الزيت قطرة بعد قطرة على أسنانه المطبقة.

«عندما لمست القطرة السابعة شفتيه الباردتين، ارتجف راما بعنف. وارتعشت عضلاته من قمة رأسه حتى أخمص قدميه، ثم اعتدل جالساً على نحو مدهش وصاح قائلاً:

«'لقد رأيت لاهيري مهاسايا في وهج نوراني وهو يسطع كالشمس وأمرني قائلا: 'انهض واترك نومك، وتعال مع يوكتسوار لرؤيتي.'

«وبالكاد صدّقتُ عينيّ حينما رأيت راما يرتدي ثيابه وقد تعافى من هذا المرض القاتل، ورافقني إلى منزل معلمي حيث انطرح عرفاناً بالجميل أمام لاهيري مهاسايا، ودموع الشكر تنهمر من عينيه.

«أما المعلم فقد كان في غاية الفرح وقد التمعت عيناه وهو يقول ممازحاً: 'يا يوكتسوار، لا تنسَ اعتباراً من اليوم أن تحمل زجاجة من زيت الخروع، وكلما أبصرت جثة هامدة استخدم هذا الزيت. ولمَ لا وسبع نقاط من زيت

المصباح تكفي للتغلب على قوة ياما[٣]!'
«وقلت: 'أراكَ تسخر مني يا معلمي ولا أعرف السبب، فأرجوك أن تبيّن لي طبيعة خطأي؟'
«فقال لاهيري مهاسايا موضحاً: 'لقد قلتُ لك مرتين إن راما سوف يتماثل للشفاء ومع ذلك لم تستطع أن تصدقني بالكامل. لم أقصد أن الأطباء سوف يقدرون على شفائه، بل أنهم كانوا حاضرين لمعاينته. ولم أرغب في التدخل في عمل الأطباء لأنهم ينبغي أن يسترزقوا أيضا.' ثم أضاف بصوت يدوّي فرحاً: 'اعلم دوماً أن باراماتمَن[٤] قادر على شفاء كل إنسان، سواء بمعونة الأطباء أو بدونها.'
«اعترفت نادماً وقلت: 'لقد أدركت خطأي، وأصبحت أعلم الآن أن كلمتك البسيطة ذات قوة مُلزمة على الكون بأسره.'
عندما أنهى سري يوكتسوار قصته المدهشة تجرأ أحد فتيان رانشي بطرح سؤال كان سهلاً فهمه لصدوره عن ولد صغير، قال: «سيدي لماذا استعمل معلمك زيت الخروع؟» فأجاب سري يوكتسوار:
«يا بني، إن إعطاء الزيت لا ينطوي على معنىً محدد. ولكن لأنني كنت أتوقع استعمال شيء مادي محسوس فقد اختار لاهيري مهاسايا الزيت الذي كان في المتناول كعلامة ظاهرة لأيقاظ إيمان أكبر في داخلي. وقد سمح المعلم بموت راما بسبب بعض الشكوك التي كانت تراودني، لكن المعلم الإلهي كان يعلم أن شفاء راما سيحصل حتى ولو اقتضى الأمر أن يعيده للحياة بعد الموت الذي هو عادة مرض نهائي!»
وصرف سري يوكتسوار المجموعة الصغيرة، ثم أشار إلى بطانية للجلوس قرب قدميه وخاطبني بجدية غير معهودة:
«يا يوغانندا، لقد أحاط بك منذ ولادتك تلاميذ لاهيري مهاسايا المباشرون. المعلم العظيم عاش حياته السامية في عزلة جزئية نسبياً ورفض بإصرار السماح لأتباعه إقامة أية مؤسسة حول تعاليمه، لكنه مع ذلك أطلق نبوءة على قدر كبير من الأهمية، إذ قال: 'بعد حوالي خمسين عاماً من رحيلي سيتم تدوين سيرة حياتي بسبب الاهتمام العميق باليوغا الذي سينشأ في الغرب.

٣ إله الموت.
٤ حرفياً «الروح الأسمى.»

**لاهيري مهاسايا**

كتب برمهنساجي: «إنني روح، فهل لجهاز تصويرك القدرة على إظهار الكلي الوجود، غير المرئي؟» وبعد عدة محاولات غير ناجحة لالتقاط صورة للاهيري مهاسايا، أخيراً سمح تجسّد اليوغا بتصوير «هيكله الجسدي». ولم يجلس المعلم بعد ذلك أبداً لتؤخذ له صورة أخرى، أو على الأقل لم أرَ له صورة غيرها. (راجع الصفحة ٣٢.)

فرسالة اليوغا ستعم العالم وستساعد على ترسيخ الإخاء البشري وخلق وحدة إنسانية تقوم على إدراك الناس المباشر للآب السماوي الأوحد.'

وواصل سري يوكتسوار قوله: «يا ابني يا يوغانندا، يجب عليك القيام بدورك في نشر تلك الرسالة وتدوين تلك السيرة المقدسة.»

وهكذا بعد خمسين عاماً على انتقال لاهيري مهاسايا في عام ١٨٩٥ التي انتهت في العام ١٩٤٥ تم الانتهاء من تأليف هذا الكتاب. ولا يسعني إلا الشعور بالدهشة لهذا التزامن العجيب، لأن سنة ١٩٤٥ تعتبر فاتحة عصر جديد – عصر الطاقات الذرية الثورية. وها هي جميع العقول المفكرة تتجه

الآن بشكل لم يسبق له مثيل إلى معالجة المشاكل المُلحة للسلام والإخاء، لئلا يتسبب الاستعمال المتواصل للقوة المادية في القضاء على البشر مع مشكلاتهم.

ومع أن أعمال الإنسان تختفي بفعل الزمن أو القنابل دون أن تترك أثراً، لكن الشمس لن تتأثر ولن تغير مجراها، وستحتفظ النجوم بسهرها الدائم لأن القانون الكوني لا يمكن إعاقته أو تغييره، ومن صالح الإنسان التوافق معه. فإذا كان الكون ضد القوة الغاشمة، وإذا كانت الشمس لا تصارع الكواكب، بل تنسحب في الوقت المناسب كي تفسح للنجوم مكانها المتواضع، فما الفائدة من القبضة الحديدية؟ وهل ينتج عنها أي سلام؟ ليست القسوة والبطش، بل النية الطيبة هي التي تسند أسس الكون. وحينما تحيا البشرية في سلام تقطف ثمار النصر التي لا تنتهي والأحلى طعماً من أي ثمر ينمو شجره في تربة مشبّعة بالدماء.

إن عصبة الأمم الفعالة ستصبح رابطة طبيعية – دون اسم – للقلوب البشرية. فالمشاركات الوجدانية الكبيرة والبصيرة المميزة اللازمة لشفاء المآسي والأحزان الأرضية لا تنبع من مجرد اعتبارات فكرية للفوارق البشرية، بل من معرفة أعمق ما يوحّد البشر – صلتهم بالله. ولتحقيق المثل الأسمى في العالم – السلام عن طريق الإخاء الإنساني نأمل في أن تنتشر اليوغا – علم الاتصال الشخصي بالله – في الوقت المناسب لكل الناس وفي كل البلدان.

ومع أن مدنية الهند أقدم من مدنيات أي بلد آخر، فإن القليل فقط من المؤرخين أدركوا أن عظمة بقائها لم تكن محض صدفة، بل نتيجة لإخلاصها للحقائق الخالدة التي قدمتها الهند في كل جيل عن طريق أفضل رجالاتها. فمن خلال استمرارها وصمودها أمام العصور (التي يعجز علماء الآثار عن معرفة عددها الحقيقي)، أعطت الهند أروع مثال لأي شعب في تحدي الزمن.

إن القصة الإنجيلية التي طلب فيها ابراهيم من الله[٥] أن تَسلم قرية سدوم من الهلاك إن وجد فيها عشرة رجال صالحين، ثم الجواب الإلهي «لا أهلك المدينة من أجل عشرة» تكتسب معنىً جديداً على ضوء نجاة الهند من الاندثار

٥ تكوين ١٨: ٢٣-٣٢.

والنسيان اللذين لَحِقا بإمبراطوريات الأمم الجبارة المتمرسة في فنون الحرب والقتال، كمصر القديمة وبابل واليونان وروما التي كانت جميعها أنداداً للهند في زمن ما.

وجواب الله يدل صراحة على أن الأمم لا تحيا بإنجازاتها المادية، بل بأبنائها النبلاء.

فلنصغ مجدداً إلى الكلمات المقدسة في هذا القرن العشرين الذي صُبغ مرتين بالدماء قبل أن ينتصف. إن أمة تنجب عشرة رجال عظام في نظر القاضي السماوي الذي لا يمكن رشوته لن تعرف الفناء. والهند التي أصغت لهذه الأقوال وعملت بها أثبتت أنها لا تنخدع بمكر الزمن ولا تنطلي عليها أحابيله. والحكماء الذين أدركوا ذاتهم الحقيقية قد باركوا تربتها في كل قرن. وحكماؤها العصريون الشبيهون بالمسيح من أمثال لاهيري مهاسايا وسري يوكتسوار يعلنون أن علم اليوغا – علم معرفة الله – جوهري لسعادة الإنسان وديمومة الأمم.

لم يتم طبع سوى معلومات طفيفة جداً عن لاهيري مهاسايا وتعاليمه ذات الطابع العالمي[٦]. وعلى مدى ثلاثة عقود وجدتُ اهتماماً عميقاً وصادقاً في الهند وأمريكا وأوروبا برسالته الخاصة باليوغا المحرِّرة، وقد أصبحت سيرة المعلم المدوّنة – مثلما تنبأ – ضرورية للغرب حيث لا يعرف الغربيون سوى القدر اليسير عن حياة اليوغيين العصريين العظماء.

وُلد لاهيري مهاسايا في ٣٠ سبتمبر/أيلول ١٨٢٨ لأسرة برهمية متدينة ذات نسب عريق، في قرية غورني بمقاطعة ناديا، بالقرب من كريشناغار في البنغال. وكان الابن الأوحد للزوجة الثانية موكتاكاشي للمبجل غاور موهان لاهيري (الذي توفيت زوجته الأولى أثناء الحج بعد أن أنجبت له ثلاثة أبناء). وقد توفيت أم الصبي لاهيري أثناء طفولته، وما نعرفه عنها من معلومات تفيد بأنها كانت متعبدة غيورة للإله شيفا[٧] المعروف في الأسفار المقدسة باسم

٦ في عام ١٩٤١ ظهرت سيرة ذاتية قصيرة باللغة البنغالية بعنوان *Sri Sri Shyama Charan Lahiri Mahasaya*، بقلم سوامي ساتياناندا. وقد قمت باقتباس وترجمة بعض الفقرات من صفحاتها لهذا القسم عن لاهيري مهاسايا.

٧ شيفا هو أحد الثالوث الإلهي: براهما، فيشنو وشيفا. والوظيفة الكونية للثالوث هي الخلق، الحفظ، والإبادة ثم التجديد. وفي الأساطير يعتبر شيفا – ويلفظ سيفا أحيانا – سيد النسّاك

«ملك اليوغيين.»

الصبي لاهيري، الذي أطلق عليه اسم شياما تشاران لاهيري، أمضى الأعوام الأولى في منزل أسلافه في غورني. وفي سن الثالثة أو الرابعة كان غالباً ما يُشاهد وهو يتربع تحت الرمال في أحد أوضاع اليوغا، وجسمه مغمور بالكامل حتى الرأس.

دُمرت أملاك لاهيري في شتاء عام ١٨٣٣ حينما غيّر نهر جالانغي القريب منها مجراه ليختفي في أعماق نهر الغانج. كما جرف النهر مع منزل الأسرة معبداً لشيفا كان قد أسسه آل لاهيري، لكن أحد الأتباع قام بإنقاذ التمثال الحجري للإله شيفا من المياه المندفعة بقوة ووضعه في معبد جديد يعرف اليوم باسم موقع غورني شيفا.

غادر غاور موهان لاهيري مع أسرته قرية غورني واستقروا في بنارس حيث ابتنى الأب على الفور معبداً للإله شيفا، وقد عاش حياته كرب أسرة طبقاً للتعاليم الفيدية، يراعي بانتظام طقوس العبادة وأعمال الخير ودراسة الكتب المقدسة. وكان منصفاً، واسع الصدر، وعلى إلمام بالتوجهات النافعة للأفكار العصرية.

وتلقى الفتى لاهيري دروساً في اللغتين الهندية والأوردية ضمن مجموعات دراسة في بنارس. كما التحق بمدرسة يديرها جوي ناريان غوشال حيث حصل على تعليم في السنسكريتية والبنغالية والفرنسية والإنكليزية. وإذ عكف

ويظهر في رؤى لمتعبديه في مظاهر متعددة منها الناسك الملبد الشعر ماهاديفا والراقص الكوني نتراجا. والإله بمظهر شيفا أو المدمر يمثل مفهوماً صعب الإدراك لعقول كثيرة. ففي ترنيمة ماهيمناستافا تأليف بوسبادانتا أحد متعبدي شيفا الذي يتساءل بحزن: «لماذا خلقت العوالم فقط لكي تبيدها؟» وهناك فقرة من ماهيمناستافا (ترجمة آرثر آفالون) تقول:

«بوقع أقدامك فقدت الأرض أمانها إذ حاق بها خطر مفاجئ.
وبحركات يديك القويتين كقضبان الحديد تناثرت النجوم في الأثير.
والسموات تزلزلت لمجرد ضربها بشعرك المحلول. حقا لقد رقصتَ أخيراً!
ولكن أي سر في ضعضعة العالم لكي تخلصه؟»
لكن الشاعر القديم يستنتج:
«إن الفرق كبير بين عقلي –
الذي لا يحوي سوى فهم ضئيل ومعرّض للمآسي والأحزان –
وبين مجدك الأبدي الذي يفوق كل المزايا والصفات!»

على التعمق في دراسة الفيدا فقد كان اليوغي الشاب يصغي بشغف وانتباه عميق لمناقشات حول الأسفار المقدسة بين علماء برهميين بمن فيهم عالم من مهراتا يدعي ناغ- بهاتا.

وكان شياما تشاران [لاهيري مهاسايا] شاباً لطيفاً، حسن المعشر، شجاعاً ومحبوباً من رفاقه. وقد ساعده جسمه الرائع التناسق، المعافى، والقوي على التفوق في السباحة وفي إنجازات عملية أخرى.

تزوج شياما شاران لاهيري في سنة ١٨٤٦ من سريماتي كاشي موني ابنة سري ديينارايان سانيال، وكانت كاشي موني نموذجاً لربة البيت الهندية وأدت واجباتها المنزلية وقامت بخدمة الضيوف والفقراء ببشاشة وعن طيب خاطر. وقد بارك هذا القران ابنان باران هما تينكوري ودوكوري مع ابنتين أيضاً. وفي سن الثالثة والعشرين، أي في عام ١٨٥١ تولى لاهيري مهاسايا وظيفة محاسب في قسم الهندسة العسكرية التابع للحكومة البريطانية وحصل على ترقيات عديدة خلال فترة خدمته. وهكذا لم يكن معلماً فقط في عين الله، بل كان أيضا ناجحاً في الدراما البشرية الصغيرة التي لعب فيها دوراً متواضعاً كموظف بمكتب في العالم.

وفي أوقات مختلفة نقل قسمُ الهندسة لاهيري مهاسايا إلى مكاتبه في غازي بور وميرجابور ونيني تال ودانابور وبنارس. وبعد وفاة والده تولى الشاب مسؤولية الأسرة بكاملها، وقد ابتاع لها بيتاً في حي غارودسوار موهولا المنعزل من بنارس.

وفي السنة الثالثة والثلاثين من عمر لاهيري مهاسايا[٨] تحققت الغاية التي من أجلها عاد إلى التجسد على هذه الأرض، عندما التقى قرب رانيخيت في الهملايا بمعلمه العظيم باباجي الذي كرّسه في علم الكريا يوغا.

وهذا الحدث المبارك لم يحدث للاهيري مهاسايا وحده، بل كان لحظة سعيدة لكل الجنس البشري. فهذه الطريقة الأسمى لليوغا التي ضاعت لأحقاب طويلة عادت للنور والظهور من جديد.

وكما ورد في حكاية البورانا أن الغانج[٩] انحدر من السماء إلى الأرض

٨ اللقب الديني السنسكريتي مهاسايا يعني العقل الكبير الراجح.

٩ إن مياه الأم غانجا، نهر الهندوس المقدس، تنبع من مغارة ثلجية في جبال الهملايا، وسط الثلج والسكون الأبديين. وعلى مر القرون ابتهج ألوف القديسين بالبقاء قرب نهر الغانج

ليقدم جرعة مقدسة إلى المتعبد الظمآن بهاغيرات، هكذا انحدر نهر الكريايوغا السماوي في عام ١٨٦١ من أعالي الهملايا الخفية إلى المساكن الترابية للبشر.

وتركوا على ضفتيه هالة من البركة. (راجع الصفحة ٢٤١ حاشية).
وهناك ميزة استثنائية، وربما فريدة من نوعها لنهر الغانج هي حصانته من التلوث. فلا تعيش فيه بكتريا نظراً لتعقيمه الدائم. وملايين الهندوس يستعملون مياهه للاغتسال والشرب دون أن يصيبهم ضرر. وهذه الحقيقة حيّرت عقول العلماء العصريين. وأحدهم هو الدكتور جون هاورد نورثروب الحاصل مع عالم آخر على جائزة نوبل للكيمياء لعام ١٩٤٦، الذي قال حديثاً: «إننا نعلم بأن الغانج شديد التلوث، ومع ذلك فإن الهنود يشربون منه ويسبحون فيه ويبدو أنهم لا يتأثرون.» وأضاف آملاً: «ربما كان البكتريوفاج [الفيروس الذي يدمر البكتيريا] هو ما يجعل النهر معقماً.»
والفيدا تغرس في الأذهان احترام كل الظواهر الطبيعية. فالهندوسي الورع يدرك جيداً الثناء الذي جاء على لسان القديس فرنسيس الأسيزي: «مبارك الرب إلهي لأجل أختنا [المياه] النافعة، المتواضعة، الطاهرة، والثمينة.»

الفصل ٣٣

# باباجي يوغي ومسيح الهند الحديثة

إن المنحدرات الصخرية في شمال الهملايا، قرب بدري نارايان، لا تزال تتبارك بالوجود الحي لباباجي معلم لاهيري مهاسايا. فالمعلم المعتزل قد احتفظ بجسمه المادي على مدى قرون وربما آلاف السنين. وباباجي الخالد هو آفاتار١. هذه الكلمة السنسكريتية تعني «الحلول»، وجذراها هما آفا«تحت» و تري «يعبر». وفي النصوص الهندوسية المقدسة فإن آفاتار١ تعني حلول الألوهية في جسم بشري. وقد شرح لي سري يوكتسوار هذه الحقيقة بقوله:

«إن حالة باباجي الروحية تفوق إدراك البشر. ونظرة الناس القاصرة لا يمكنها النفاذ إلى نجمه الفائق. فالمرء يحاول دون جدوى حتى مجرد تصوّر سموه الروحي الذي لا يمكن للعقل أن يتصوره.»

لقد صنّفت كتب الأوبانيشاد بدقة متناهية كل مرحلة من مراحل التقدم الروحي. فـ («الكائن الكامل») سِدها قد ارتقى من حالة جيفنموكتا («التحرر أثناء الحياة») إلى حالة بار اموكتا («الحرية الفائقة» – السيطرة الكاملة على الموت). وهذا الأخير قد تحرر كلياً من عبودية الخداع الكوني ودورته التجسدية. ولذلك البار اموكتا نادراً ما يعود إلى جسم بشري، ولكن إن أراد العودة فهو عندئذ تجسد إلهي – أفاتار: وسيط معيّن إلهياً لبركات السماء على العالم. والأفاتار لا يخضع لنظام الاقتصاد الكوني. وجسمه النقي الذي يُرى كصورة نورانية متحرر من أي دَين للطبيعة.

وقد لا ترى النظرة العادية شيئاً غير عادي في جسم الأفاتار، ولكن في بعض الأحيان لا يلقي ظلاً، ولا تترك قدماه أثراً على الأرض. وهذه هي إحدى العلامات الخارجية على التحرر الداخلي من الظلام والعبودية للمادة. ومثل هذا الإله – البشر هو وحده الذي يعرف الحق ما وراء نسبيات الحياة والموت. وعمر الخيام الذي غالباً ما يساء فهمه بشكل صارخ، أنشد لهذا الإنسان المتحرر في سفره الخالد الرباعيات:

أيا بدرَ ابتهاجي الذي لا يعرف النقصان
ها هو قمر السماء يبزغ من جديد
ولكَم سيبزغ مراراً بعد الآن ويبحث عني
في نفس هذه الحديقة – إنما عبثاً سيحاول!

إن «بدر ابتهاجي الذي لا يعرف النقصان» هو الله نجم القطب السرمدي الذي لا يخضع أبداً لتقلبات الزمان. و«قمر السماء يبزغ من جديد» هو الكون الخارجي المقيّد بقانون التكرار الدوري. فمن خلال معرفته لذاته حرر الحكيم الفارسي نفسه للأبد من العودة الإلزامية المتكررة إلى الأرض «حديقة» الطبيعة أو الوهم الكوني مايا. «ولكَم سيبزغ مراراً بعد الآن ويبحث عني – عبثاً!»[1] فيا له من بحث خائب يقوم به كون متسائل، محاولاً العثور على فراغ مطلق!

لقد عبّر السيد المسيح عن حريته بطريقة أخرى على النحو التالي: «فتقدم كاتب وقال له: يا معلم أتبعك أينما تمضي. فقال له يسوع: للثعالب أوجرة ولطيور السماء أوكار، وأما ابن الإنسان، فليس له أين يسند رأسه.»[2]

فهل يمكن تعقّب المسيح الكلي الحضور إلا بالروح الشاملة؟

لقد كان كريشنا وراما وبوذا وبتانجالي من بين التجسدات الإلهية التي ظهرت في الهند القديمة. وهناك قدر كبير من الأدب الشعري المدون بلغة التامِل عن الأفاتار أغاستيا من جنوب الهند، الذي صنع العديد من المعجزات في القرون السابقة واللاحقة للمسيح، والذي يُعتقد بأنه ما زال يحتفظ بجسمه المادي حتى هذا اليوم.

ورسالة باباجي في الهند تكمن في مساعدة الأنبياء على القيام بمهامهم التي جاؤوا من أجلها. ولهذا فهو جدير بالتصنيف الوارد في الأسفار المقدسة: مهافاتار (الأفاتار العظيم). وقد أفاد باباجي بأنه كرّس في علم اليوغا شنكارا[3]

١ ترجمة إدوارد فيتزجيرالد [إلى الإنكليزية].

٢ متى ٨:١٩-٢٠.

٣ شنكارا، الذي كان معلمه بحسب الوثائق التاريخية غوفيندا جاتي، تلقى التكريس في الكريا يوغا من باباجي في بنارس. وعندما روى باباجي الحكاية للاهيري مهاسايا وسوامي كيبالانندا أعطى العديد من التفاصيل المدهشة حول لقائه مع المتوحد العظيم المنادي بالوحدانية.

الذي أعاد تنظيم سلك السوامي، وكذلك كرّس معلم القرون الوسطى الشهير كبير. وحسبما نعلم فإن لاهيري مهاسايا كان تلميذه الأول في القرن التاسع عشر، الذي أحيا طريقة الكريا المفقودة.

وباباجي هو على اتصال دائم مع المسيح، ويبعثان معاً باهتزازات الخلاص للبشرية وقد قاما بإعداد طريقة روحية للنجاة لهذا العصر. وعمل هذين المعلمين كاملي الاستنارة – أحدهما بجسم مادي والآخر بدونه – هو إلهام الأمم كي تنبذ الحروب والكراهية العنصرية والطائفية الدينية وشرور المادية التي ترتد على أصحابها. وباباجي هو على اطلاع جيد بالتوجهات العصرية وعلى الأخص تأثير المدنية الغربية وتعقيداتها. كما أنه يدرك أهمية نشر اليوغا المحررة في الشرق والغرب على حد سواء.

ولا حاجة لأن يدهشنا عدم وجود أي دليل تاريخي على وجود باباجي. فالمعلم الأعظم لم يظهر علناً في أي عصر، وأضواء الدعاية والإعلان البراقة والمسيئة للفهم لا مكان لها في خططه الألفية. وكالخالق – القوة الواحدة إنما الصامتة – يعمل باباجي في غموض متواضع.

الأنبياء العظام مثل المسيح وكريشنا يأتون إلى هذه الأرض لغرض محدد ومدهش، ثم يرتحلون فور إنجازه. أما التجسدات الإلهية (الأفاتارز) أمثال باباجي فيقومون بأعمال تتصل أكثر ما تتصل بالتقدم التطوري البطيء للإنسان على مر القرون وليس بحدث وحيد وبارز في التاريخ. ومثل هؤلاء السادة يحجبون ذاتهم عادة عن نظرة الجمهور الخشنة ويمتلكون القدرة على الاختفاء بالإرادة. لهذه الأسباب، ولأنهم عموماً يطلبون من تلاميذهم التزام الصمت حيالهم، فإن عدداً من تلك الشخصيات الروحية الشامخة يظل غير معروف بالنسبة للعالم. وعلى هذه الصفحات أعطي مجرد لمحة بسيطة عن حياة باباجي – فقط بعض الحقائق التي يرى هو أنه من الملائم نشرها علناً.

لم يتم الكشف عن معلومات محددة تتعلق بأسرة باباجي، ولا عن مكان ولادته، يرتاح لها قلب المؤرخ. وكلامه بالهندية عادة، لكنه يستطيع التحدث بسهولة وطلاقة بأية لغة. وقد اعتمد الاسم البسيط باباجي (الأب المحترم). وهناك ألقاب تبجيلية أخرى أطلقها عليه تلاميذ لاهيري مهاسايا، منها «ماهاموني باباجي مهراج» (المعلم الأسمى المغتبط) و «ماها يوغي» (اليوغي الجليل) و «ترمباك بابا» و «شيفا بابا» (من ألقاب تجسدات الإله شيفا). وعلى أية حال ليس مهماً أن نجهل سلالة سيد بلغ التحرر الكلي.

وقد قال لاهيري مهاسايا: «عندما ينطق أي شخص اسم باباجي بخشوع وإخلاص فإن ذلك المريد يحصل على بركة روحية فورية.»

ولا تظهر على جسد المعلم الخالد آثار السنين. فهو يبدو شاباً لا يتجاوز الخامسة والعشرين، أبيض البشرة، معتدل البنية، متوسط الطول، ويشع جسم باباجي القوي والجميل وهجاً ملحوظاً. عيناه داكنتان وهادئتان ورقيقتان، وشعره اللامع نحاسي اللون ومسترسل على كتفيه. ووجه باباجي يشبه إلى حد كبير وجه لاهيري مهاسايا، والتماثل بينهما لافت للنظر لدرجة أن لاهيري مهاسايا في سنيه الأخيرة كان يمكن أن يُظن أنه أب باباجي الذي يبدو في ريعان الشباب.

وكان أستاذي في السنسكريتية النقي السريرة سوامي كيبالانندا قد أمضى بعض الوقت مع باباجي[٤] في جبال الهملايا. وقال لي:

«إن المعلم الذي لا نظير له ينتقل مع جماعته من مكان إلى آخر في الجبال، وتضم مجموعته الصغيرة تلميذين أمريكيين متقدمين. وبعد أن يصرف باباجي بعض الوقت في أحد الأماكن يقول: «دير ا دَندا أوتاو» ('هيا بنا نرفع خيامنا وعصينا'). وهو يحمل دَندا (عصا من الخيزران). وكلماته تلك هي علامة الانتقال الفوري مع مجموعته إلى مكان آخر. وهو لا يستخدم دوماً طريقة الانتقال الكوكبية هذه، بل ينتقل أحياناً مشياً على الأقدام من قمة إلى قمة.

«لا يستطيع الآخرون مشاهدة باباجي إلا إذا أراد هو ذلك. ويُعرف عنه أنه ظهر في أشكال مختلفة بعض الشيء لعديد من المريدين – أحياناً بلحية وشارب وأحياناً بدونهما. وجسمه غير الخاضع للتحلل والفناء لا يحتاج إلى طعام، لذلك نادراً ما يتناول المعلم الطعام. ولكن في بعض المناسبات، وكمجاملة اجتماعية للطلاب الزائرين فانه يتقبل أحياناً الفواكه أو الأرز المطبوخ بالحليب والزبدة المصفاة.»

واستطرد كيبالانندا قائلاً: «إنني على علم بحادثتين مثيرتين للدهشة في

٤ باباجي (الأب المحترم) هو لقب شائع في الهند، وهناك العديد من المعلمين الهنود المشهورين ممن يخاطبون بـ (باباجي)، ولكن ما من أحد منهم هو باباجي معلم لاهيري مهاسايا. إن وجود المهافاتار (التجسد الإلهي) باباجي تم الإعلان عنه لأول مرة سنة ١٩٤٦ في مذكرات يوغي *Autobiography of a Yogi*.

حياة باباجي: فذات ليلة كان يجلس تلاميذه حول نار ضخمة تضطرم احتفالاً بطقس فيدي، وفجأة أمسك المعلم بقطعة من الحطب المشتعل وضرب بها بخفة كتف أحد التلاميذ القريبين من النار. فاحتج لاهيري مهاسايا الذي كان حاضراً وقال: 'سيدي، ما أقسى ذلك!'

«فأجابه باباجي: 'أتودُ بالأحرى أن ترى جسمه كله يحترق أمام عينيك وفقاً لأحكام كارماه السابقة؟' وما أن نطق باباجي هذه الكلمات حتى وضع يده الشافية على كتف التلميذ المشوهة بفعل الاحتراق وقال: 'لقد حررتك الليلة من موت أليم، وقد قنِعَ القانون الكارمي بمعاناتك الطفيفة من النار.'

«وفي مناسبة أخرى سبَّبَ القدوم المفاجئ لشخص غريب انزعاجاً لحلقة باباجي المقدسة. وكان قد تسلق الجبال بمهارة مذهلة حتى بلغ الحافة الصخرية التي يتعذر الوصول إليها تقريباً والمتاخمة لمخيم المعلم. وقد شع وجه الرجل بخشوع وتقديس لا يمكن وصفهما وهو يقول: 'سيدي، لا بد أنك العظيم باباجي. فعلى مدى شهور قمت ببحث متواصل عنك بين هذه الصخور العسيرة المرتقى. أتوسل إليك أن تقبلني تلميذاً لك.'

«ولما لم يُجب المعلم بكلمة، أشار الرجل إلى الهوة الصخرية التي تحت الحافة وقال: 'إن رفضتني سأرمي بنفسي من هذا الجبل، إذ لن تكون للحياة قيمة ما لم أحصل على إرشادك لي إلى الله.'

«وأجابه باباجي دون عواطف: 'ألقِ بنفسك إذاً. فأنا لست مستعداً أن أقبلك وأنت في هذا الوضع من تطورك الحالي.'

«وعلى الفور ودون تردد قذف الرجل بنفسه من فوق الجرف. فطلب باباجي من التلاميذ المصدومين أن يذهبوا ويأتوا بجسم الشخص الغريب. وحينما عادوا بالجسد الممزق وضع المعلم يده على جسد الرجل الميت، وإذ به يفتح عينيه وينبطح بتواضع أمام المعلم الكلي الاقتدار.

«فأشرق باباجي بمحبة وحنان على تلميذه الذي بعثه حياً من الموت وقال له: 'لقد اجتزت بشجاعة امتحاناً عسيراً[٥]، ولن يمسّك الموت ثانية؛ فأنت الآن

٥ الامتحان يتعلق بالطاعة. فعندما قال المعلم المتنور للرجل «ألقِ بنفسك» أطاع الرجل. ولو أنه أبدى تردداً لكان ذلك برهاناً على عدم صحة قوله بأنه يعتبر أن حياته لا قيمة لها بدون توجيه وإرشاد باباجي. ومع أن ذلك الامتحان كان قاسياً وغير عادي لكنه كان درساً رائعاً ومناسباً في تلك الظروف.

أحد أفراد جماعتنا الخالدة.' ثم نطق كلماته الاعتيادية الخاصة بالمغادرة 'دير\ دَندا أوتاو'، فاختفت كل الجماعة من الجبل.»

والتجسد الإلهي (\الأفاتار) يعيش في الروح الكلي الوجود ولا توجد مسافات بالنسبة له. لذلك، هناك سبب واحد فقط يحفز باباجي للاحتفاظ بجسمه المادي قرناً بعد قرن: وهو الرغبة في تزويد البشرية بمثال ملموس على إمكانياتها الخاصة. فلو أن الإنسان لم يُمنح لمحة من الألوهية في الجسم البشري لظل يرزح تحت الوهم الكوني الثقيل، معتقداً أنه غير قادر على تجاوز الفناء.

لقد عرف السيد المسيح تسلسل حياته منذ البداية، ومر في كل حدث من الأحداث ليس من أجل ذاته، ولا بفعل إلزام كارمي، بل من أجل ترقية البشر المتأملين. وقد قام تلاميذه الأربعة: متى ومرقس ولوقا ويوحنا بتدوين الدراما الفائقة الوصف لمنفعة الأجيال اللاحقة.

كما أن نسبية الماضي والحاضر والمستقبل غير موجودة بالنسبة لباباجي. فهو قد عرف منذ البداية كل مراحل وأطوار حياته. وبتكييف ذاته مع فهم البشر المحدود فقد لعب العديد من أدوار حياته المقدسة بحضور واحد أو أكثر من الشهود. وهكذا حدَث أن أحد تلاميذ لاهيري مهاسايا كان حاضراً عندما اعتبر باباجي أن الوقت قد حان ليعلن عن إمكانية الخلود الجسدي. فهو قد نطق بهذا الوعد أمام رام غوبال موزمدار حتى ينتشر الخبر أخيراً ويصبح معروفاً لإلهام القلوب الأخرى الباحثة [عن الحقيقة]. فالعظماء ينطقون كلماتهم ويشاركون في المسار الطبيعي للأحداث فقط من أجل خير الإنسان. مثلما قال السيد المسيح: «أيها الآب... انا علمتُ أنك في كل حين تسمع لي. ولكن لأجل هذا الجمع الواقف قلت، ليؤمنوا أنك أرسلتني.»[٦]

وأثناء زيارتي لرنباجبور ومقابلتي مع «القديس الذي لا ينام» رام غوبال[٧]، روى لي القصة العجيبة للقائه الأول مع باباجي، قال:

«أحياناً كنت أترك مغارتي المنعزلة لأجلس عند قدمي لاهيري مهاسايا في بنارس. وعند منتصف إحدى الليالي، بينما كنت أتأمل في سكون ضمن

٦ يوحنا ١١: ٤١-٤٢.

٧ رام غوبال موزمدار هو اليوغي الكلي الحضور الذي لاحظ عدم انحنائي في مزار تاراكسوار (الفصل ١٣).

مجموعة من تلاميذه، فاجأني المعلم بطلب غير متوقع عندما قال: 'يا رام غوبال، اذهب إلى مغطس استحمام داساسوامد غات Dasaswamedh ghat.'

«ذهبتُ، وبعد قليل وصلت إلى البقعة المنعزلة، وكان الليل مضيئاً بنور القمر والنجوم الوامضة. وبعد أن جلست صابراً بصمت لبعض الوقت استرعت انتباهي كتلة صخرية ضخمة بالقرب من قدميّ، ارتفعت تدريجياً وأظهرت مغارة تحت سطح الأرض. وبينما أصبحت الصخرة مثبتة بوسيلة غير معروفة ارتفع من المغارة وحلّق عالياً في الهواء شكل امرأة شابة فائقة الجمال، تحيط بها هالة من النور الناعم. ثم هبطت أمامي وبقيت دون حراك مستغرقة في نشوة روحية. أخيراً تحركت وقالت بلطف:

«'أنا ماتاجي[8] شقيقة باباجي، وقد طلبت منه ومن لاهيري مهاسايا الحضور لمغارتي هذه الليلة لمناقشة أمر بالغ الأهمية'.

«عندئذٍ ظهر في الأفق نور سديمي ينتقل بسرعة فوق الغانج فانعكس الإشعاع الغريب في المياه المعتمة. واقترب النور مني أكثر فأكثر، وبومضة خاطفة ظهر قرب ماتاجي وكثف ذاته على الفور إلى الصورة البشرية للاهيري مهاسايا، وانحنى بتواضع عند قدميّ القديسة.

«وقبل أن أصحو من ذهولي دُهشت أيضاً لرؤية كتلة دائرية من الضوء الغامض منطلقة في الأجواء. وما أن اقتربت من مجموعتنا حتى جسّدت ذاتها في جسم شاب وسيم أدركت على الفور أنه باباجي. لقد كان يشبه لاهيري مهاسايا مع أن باباجي بدا أصغر بكثير من تلميذه، وبشعر طويل ولامع.

«وركعتُ مع لاهيري مهاسايا وماتاجي عند قدمي المعلم العظيم. ولمجرد لمس جسمه الإلهي غمرني إحساس أثيري رائع وسرى في كل خلية من خلايا جسمي.

«وقال باباجي: 'يا أختي المباركة، إنني أرغب في طرح شكلي المادي والغوص في التيار اللامتناهي'.

«فنظرت إليه السيدة المجيدة بتوسل وقالت: 'لقد أدركتُ فعلاً ما تنوي القيام به أيها السيد المحبوب، ولذلك أردت بحث الموضوع معك هذه الليلة. فلماذا يجب أن تترك جسدك؟'

٨ «الأم المقدسة». وماتاجي عاشت أيضاً لقرون عديدة، وهي متقدمة روحياً كشقيقها تقريباً. وتظل مستغرقة في نشوة روحية في مغارة أرضية قرب داساسوامد غات.

«أجاب باباجي: ’وما الفرق في كوني محاطاً بموجة منظورة أو غير منظورة فوق محيط روحي؟‘

« فأجابت ماتاجي بومضة ظريفة من الفطنة: ’أيها المعلم الخالد، إن كان ذلك غير مهم فأرجوك أن لا تتخلى أبداً عن شكلك المادي‘.

«فقال باباجي بجدية: ’فليكن كذلك.[٩] فأنا لن أترك مطلقاً جسمي المادي، بل سيظل مرئياً على الأقل لعدد قليل من الناس على هذه الأرض. فالرب قد أعرب عن إرادته ونطق بلسانك.‘

«وإذ أصغيت بمهابة لحديث هذين الكائنين الممجدين التفت المعلم العظيم إليّ وقال بإيماءة حانية: ’لا تخف يا رام غوبال. لقد بوركت بأن تكون حاضراً وشاهداً على هذا الوعد الأبدي!‘

«وما أن تلاشت النغمة العذبة لصوت باباجي حتى ارتفع شكله ببطء مع شكل لاهيري مهاسايا وانتقلا باتجاه خلفي فوق الغانج تحيط بجسميهما هالة من النور المبهر، وتواريا عن الأنظار في سماء الليل. كما أن شكل ماتاجي تحرّك متهادياً باتجاه المغارة ونزل إليها، وهبطت الكتلة الصخرية إلى موضعها وأغلقت باب المغارة كما لو أن أياديَ غير منظورة كانت تحركها.

«وإذ حصلت على أقصى درجات الإلهام عدت إلى منزل لاهيري مهاسايا. وعندما انحنيت أمامه في ساعات الفجر الباكرة ابتسم لي المعلم بفهم وقال:

«’إنني سعيد من أجلك يا رام غوبال. فرغبتك في لقاء باباجي وماتاجي التي كثيراً ما أعربت عنها قد تحققت في النهاية على نحو رائع!‘

«وقد أخبرني إخوتي التلاميذ أن لاهيري مهاسايا لم يترك منصته منذ مغادرتي عند منتصف الليل، وقال لي أحدهم: ’لقد ألقى علينا محاضرة مدهشة عن الخلود فور مغادرتك منزله إلى داساسوامد غات.‘

«وللمرة الأولى أدركت تماماً الحقيقة الواردة في الآيات الكتابية التي تؤكد أن الحاصل على معرفة الذات يمكنه الظهور في أماكن مختلفة بجسمين أو أكثر في نفس الوقت.

٩ هذه الحادثة تذكرنا بقول الفيلسوف الإغريقي الكبير طاليس Thales الذي كان يقول بأن لا فرق بين الحياة والموت. ولما سأله أحد ناقديه «فلماذا إذاً لا تموت؟» أجابه: «لأنه لا يوجد فرق.»

«بعد ذلك قام لاهيري مهاسايا بإيضاح العديد من النقاط الغامضة فيما يتعلق بالخطة الإلهية الخفية لهذه الأرض. واختتم رام غوبال حديثه بالقول:

«لقد اختار الله باباجي كي يبقى في جسمه طوال مدة هذه الدورة العالمية المحددة. فالعصور ستأتي وتذهب – ومع ذلك سيظل المعلم الخالد[١٠] باقياً، يشهد أحداث القرون الدراماتيكية على هذا المسرح الأرضي.»»

١٠ «إن كان أحد يحفظ كلامي (أي من يبقى ثابتاً في وعي المسيح) فلن يرى الموت إلى الأبد» (يوحنا ٨ : ٥١).

لم يقصد السيد المسيح بهذه الكلمات الخلود في الجسم المادي الذي هو حبس ممل لا يُفرض على خاطئ ناهيك عن قديس! والمتنور الذي عناه السيد المسيح هو ذلك الذي استيقظ من غيبوبة الجهل المميت إلى الحياة الأبدية (راجع الفصل ٤٣).

إن طبيعة الإنسان الجوهرية هي الروح الكلية الحضور التي لا شكل لها. والتجسد الكارمي أو الإلزامي هو نتيجة أفيديا\أو الجهل. وتعلم أسفار الهندوس المقدسة أن الموت والولادة هما مظهران من مظاهر مايا\أو الخداع الكوني، ولا معنى للولادة والموت إلا في عالم النسبية فقط.

وباباجي غير مقيّد بجسم مادي، ولا بهذا الكوكب الأرضي، لكنه امتثالاً لإرادة الله يقوم بمهمة خاصة لهذه الأرض.

المعلمون العظام مثل برانابانندا (راجع الصفحة ٣٠٧) الذين يعودون إلى الأرض في تجسدات جديدة يفعلون ذلك لأسباب هم وحدهم يعرفونها. وتجسداتهم على هذا الكوكب غير خاضعة لقيود الكارما الصارمة. ومثل هذه العودات التطوعية تدعى فيوتانا\أو الرجوع إلى الحياة الأرضية بعد أن تنقشع ظلمة الوهم الكوني.

وسواء كان الانتقال طبيعياً أو غير اعتيادي فبإمكان المعلم العارف بالله بعث جسمه حياً والظهور بذلك الجسم أمام سكان الأرض. فتجسيد ذرات الجسم المادي بالكاد ترهق قوى من يتوحد مع الله – الذي تتحدى نظمه الشمسية كل حساب وإحصاء!

وهكذا أعلن السيد المسيح: «إنني أضع نفسي لآخذها ثانية. ليس أحد يأخذها مني، بل أضعها أنا من ذاتي. لي سلطان أن أضعها ولي سلطان أن آخذها أيضا» (يوحنا ١٠ :١٧–١٨).

**باباجي**
مهافاتار «تجسّد إلهي»
معلم لاهيري مهاسايا

لقد ساعد يوغانانداجي أحد الرسامين لرسم هذه الصورة الحقيقية ليوغي ومسيح الهند الحديثة.
لقد رفض مهافاتار باباجي أن يُظهر لتلاميذه أي حقائق حصرية عن مكان وتاريخ ولادته. وقد عاش لقرون عديدة وسط ثلوج الهملايا.
قال لاهيري مهاسايا: «عندما ينطق أي شخص اسم باباجي بخشوع وإخلاص فإن ذلك المريد يحصل على بركة روحية فورية.»

الفصل ٣٤

# تجسيد قصر في جبال الهملايا

«إن لقاء باباجي الأول مع لاهيري مهاسايا قصة تخلب الألباب وتأخذ بمجامع القلوب. وهي واحدة من القصص القليلة التي تعطينا لمحة مفصلة عن المعلم الخالد.»

هذه الكلمات كانت مقدمة لحكاية عجيبة رواها لي سوامي كيبالاننداً، وقد انبهرت بالمعنى الحرفي للكلمة عندما قصّها على مسامعي للمرة الأولى. وكثيراً ما كنت أطلب بتودد من معلمي اللطيف في السنسكريتية كي يعيد تلاوة القصة التي كنت قد سمعتها من سري يوكتسوار فيما بعد بنفس الكلمات تقريباً. فهذان التلميذان للاهيري مهاسايا قد سمعا القصة المدهشة مباشرة من شفتي معلمهما الذي قال:

«حدث لقائي الأول مع باباجي في السنة الثالثة والثلاثين من عمري. ففي خريف عام ١٨٦١كنت أعمل في دانابور كمحاسب حكومي في قسم الهندسة العسكرية. وفي صباح أحد الأيام استدعاني مدير المكتب وقال:

«'لاهيري، لقد وردت برقية على التو من المقر الرئيسي تفيد بنقلك إلى رانخيت حيث يتم الآن إنشاء مركز للجيش.'[1]

«وانطلقتُ مع مستخدم واحد في رحلة طولها ٥٠٠ ميل. سافرنا في عربة تجرها الخيول ووصلنا بعد ثلاثين يوماً إلى موقع رانخيت[2] في الهملايا.

«لم تكن أعمالي المكتبية مجهدة، فتمكنت من صرف ساعات طويلة في التجول وسط التلال الرائعة. وبلغني خبر مفاده أن قديسين عظماء قد باركوا المنطقة بوجودهم فشعرت برغبة قوية بأن أراهم. وخلال إحدى الجولات من

١ أصبح فيما بعد مصحة عسكرية. وبحلول سنة ١٨٦١ كانت الحكومة البريطانية قد أنشأت فعلاً محطة للاتصال التلغرافي في الهند.

٢ تقع رانخيت في مقاطعة ألمورا عند سفح ناندا ديفي إحدى أعلى قمم الهملايا (٢٥٦٦١ قدماً)

بعد ظهر أحد الأيام دُهشت لسماع صوت بعيد يناديني بإسمي. تابعت تسلقي النشط لجبل درونغيري. وأحسست ببعض القلق حينما فكرت بأنني قد لا أتمكن من العودة وتتبع خطواتي قبل أن ينتشر الظلام فوق الغابة.

«أخيراً بلغت بقعة خالية من الأشجار على جوانبها بعض الكهوف. وفوق إحدى الحواف الصخرية وقف شاب يبتسم ويمد يده مرحباً بي. وقد لاحظت باندهاش أنه باستثناء شعره النحاسي اللون كان يشبهني إلى حد كبير.

«وخاطبني القديس بمودة وحنان بالهندية قائلاً: 'ها قد أتيت يا لاهيري![3] استرح هنا في هذا الكهف فأنا الذي استدعيتك.'

«ودخلت مغارة نظيفة تحتوي على عدة بطانيات صوفية وبضع أوعية للماء.

«أشار اليوغي إلى بطانية مطوية في أحد الأركان وقال: 'لاهيري، هل تذكر موضع الجلوس هذا؟'

«وإذ كنت في حالة من الذهول بسبب مغامرتي الغريبة أجبته: 'لا يا سيدي، وينبغي لي أن أغادر الآن قبل حلول الظلام لأن هناك أعمالاً في مكتبي ينبغي القيام بها في الصباح.'

«فأجابني القديس الغامض بالإنكليزية: 'The office was brought for you, and not you for the office.' (لقد جيء بالمكتب من أجلك ولم يؤتَ بك من أجل المكتب.)

«ودُهشت لأن أجد ناسك الغابة هذا لا يتكلم الإنكليزية وحسب، بل أيضاً يعيد صياغة أقوال السيد المسيح[4].

«وأضاف قائلا: 'أرى أن برقيتي قد سرى مفعولها.'

«وبدت ملاحظة اليوغي غير مفهومة لي، فطلبت منه الإيضاح.

«أجاب: 'أقصد البرقية التي أتت بك إلى هذه المناطق النائية. فأنا الذي

٣ في الحقيقة قال باباجي «غانغادهار» وهو الاسم الذي كان يُعرف به لاهيري مهاسايا في تجسده السابق. (ومعناه الحرفي «الذي يمسك بنهر الغانج») وهو أحد أسماء الإله شيفا. ووفقاً لإحدى أساطير البورانا، فإن نهر الغانج المقدس انحدر من السماء، وتحسباً لعدم قدرة الأرض على تحمّل زخم انحداره فقد أمسك الإله شيفا مياه الغانج بشعره المتلبد حيث أطلقها فيما بعد بانسياب لطيف. المعنى الميتافيزيقي لاسم «غانغادهار» هو: «الذي يتحكم في 'نهر' تيار الحياة في العمود الفقري.

٤ «السبت إنما جُعل لأجل الإنسان، لا الإنسان لأجل للسبت» (مرقس ٢: ٢٧).

اقترحت بصمت على عقل رئيسك كي يتم نقلك إلى رانخيت. فعندما يحس الإنسان بوحدته مع البشرية تصبح كل العقول محطات بث يمكنه أن يستخدمها كما يشاء.' ثم أضاف: 'لاهيري، بالتأكيد هذا الكهف يبدو مألوفاً لك، أليس كذلك؟'

«وإذ بقيت صامتاً بفعل الحيرة والذهول، اقترب مني القديس وقرع جبيني بلطف. ولمجرد لمسته المغناطيسية اجتاح دماغي تيار عجيب فأطلق بذور التذكارات الحلوة لحياتي السابقة، فقلت وتنهدات ودموع الفرح تكاد تخنقني: 'نعم أتذكّر! فأنت هو معلمي باباجي الذي كان حصتي على الدوام. إن صور الماضي تبدو لعقلي بكل جلاء ووضوح. فهنا في هذه المغارة أمضيت سنوات عديدة من تجسدي السابق.'

«وإذ غمرني فيض التذكارات التي يصعب وصفها، طوقت قدمي معلمي بذراعيي وضممتهما إلى صدري والدمع ينهمر من عينيّ.»

«ورنّ صوت باباجي بنغمة الحب السماوي وهو يقول: 'لأكثر من ثلاثة عقود وأنا في انتظار عودتك إليّ! لقد غادرتَ بهدوء واختفيت في خضم الأمواج الصاخبة للحياة بعد الموت. ولامَستك العصا السحرية لكارماك فمضيت! ومع أنني تواريت عن أنظارك لكنك لم تغب عن بصري أبداً! لقد تعقبتك فوق البحر الكوكبي المضيء حيث يسبح الملائكة الممجدون. ففي الظلام والعاصفة والجيشان والضوء تتبعتك وحرستك مثلما تحرس أم الطير صغيرها. وإذ عشتَ شهورك التكوينية كجنين في الرحم ثم خرجت إلى عالم النور وليداً كانت عيناي ترعاك دوماً. وحتى عندما كنت تجلس في وضعية اللوتس وتغمر جسمك الصغير في رمال غورني أثناء طفولتك كنت قريباً منك، ولكنك لم تتبين حضوري! لقد رعيتك بصبر وأناة شهراً بعد شهر وعاماً بعد عام وأنا في انتظار هذا اليوم الرائع. وها أنت الآن معي. ها هو كهفك القديم الذي أحببته والذي احتفظت به نظيفاً وجاهزاً لعودتك. وتلك هي بطانية التأمل المباركة التي كنت تتربع عليها لتملأ قلبك المتسع بالحضرة الإلهية. وهذا هو الطاس الذي غالباً ما كنت ترتشف منه الشراب اللذيذ الذي كنت أحضّره لك! انظر كيف احتفظت بالكوب النحاسي متوهجاً لعلك يوماً ما تشرب منه ثانية. فهل عرفت الآن أيها الحبيب كل هذا؟'

«فتمتمتُ بعبارات متهدجة: 'ماذا يمكنني أن أقول يا معلمي؟ وأين سمع الإنسان بمثل هذا الحب الخالد؟' ثم تطلعتُ بشوق ما بعده شوق وبفرح لا

يوصف إلى كنزي الأبدي: معلمي في الحياة والموت.'

«ثم قال باباجي: 'لاهيري، إنك بحاجة إلى تطهير. اشرب الزيت الذي في هذا الإناء وتمدد على ضفة النهر.' فكرت مبتسماً وأدركت على الفور أن حكمة باباجي العملية حاضرة على الدوام.

«أطعت تعليماته. ومع أن ليل الهملايا الشديد البرودة كان وشيك الحلول، لكنني أحسست بإشعاع دافئ ومريح ينبض في داخلي، فتعجبت وتساءلت عما إذا كان الزيت المجهول قد تم شحنه بحرارة كونية!

«ولوَلَتْ الرياح العاتية حولي في ظلمة الليل وراحت تزعق متحدية. وبين الحين والآخر غمرت الأمواج الصغيرة الباردة لنهر الغوغاش جسمي الممدد على الشاطئ الصخري. وزمجرت النمور على مقربة مني لكن قلبي كان متحرراً من الخوف. فالقوة الإشعاعية التي تولدت حديثاً داخل كياني حملت إليّ تأكيداً قاطعاً بحماية لا تُقهر. ومرّت الساعات مسرعة ودارت في خاطري التذكارات الغابرة لحياة أخرى وصاغت ذاتها في هذه التجربة المشرقة لاجتماع الشمل مع معلمي الإلهي.

«وتوقفت تأملاتي الانفرادية لدى سماع صوت وقع أقدام تدنو مني. ووسط الظلام امتدت يد شخص وساعدتني برفق في الوقوف على قدميّ وأعطتني بعض الثياب الجافة.

«وقال رفيقي: 'تعالَ يا أخي، فالمعلم في انتظارك.'

«سار الرفيق أمامي عبر الغابة، ولما بلغنا منعطفاً في الطريق لمع فجأة عن بُعد نور ساطع وثابت، أضاء عتمة الليل، فقلت متسائلاً: ' أيجوز أن يكون ذلك شروق الشمس؟ بالتأكيد لم ينقضِ الليل كله بعد؟'

«ضحك دليلي بهدوء وقال: 'الوقت هو منتصف الليل، والضوء الذي تراه هناك هو وهج قصر ذهبي جسّده هذه الليلة باباجي الذي لا نظير له. ففي الماضي البعيد أعربتَ ذات مرة عن رغبة في الاستمتاع بمحاسن قصر، والآن يحقق معلمنا أمنيتك ويحررك من آخر قيود الكارما[٥]. وهذا القصر الفخم سيشهد الليلة تكريسك في الكريا يوغا، وسوف ينشد إخوانك الموجودون هنا أنشودة الترحيب بك والابتهاج بانقضاء مدة اغترابك. شاهد بعينك!'

٥ يقتضي قانون الكارما تحقيق كل رغبة من رغبات الإنسان في النهاية. ولذلك فإن الرغبات غير الروحية هي السلاسل التي تقيد الإنسان بعجلة العودة إلى التجسد.

«ظهر أمامنا قصر مترامي الأطراف من الذهب الوهاج. وهذا القصر المزيّن بجواهر لا تحصى أقيم وسط حدائق ذات مناظر طبيعية وقد انعكست صورته في غدران مياه هادئة فبدا منظراً فريداً من نوعه وفي غاية الروعة! وكانت الممرات ذات القناطر العالية مرصعة بدقة فائقة بأحجار كريمة كبيرة الحجم من ألماس وياقوت أزرق وزمرد، بينما وقف أشخاص بوجوه ملائكية عند بوابات تتألق بحمرة العقيق.

«سرتُ خلف رفيقي إلى بهو استقبال فسيح، وكانت روائح البخور والورد تنبعث في الهواء والمصابيح الخافتة تلقي وهجاً متعدد الألوان، في حين كانت مجموعات صغيرة من المريدين، بعضهم ببشرة بيضاء وبعضهم ببشرة سمراء ترتل بهدوء أو تجلس في وضع التأمل ومستغرقة في سلام باطني، وقد غمر الجو فرحٌ نابض بالحياة.

«وعندما أطلقتُ عبارات الدهشة ابتسم دليلي بتعاطف وقال: 'متّع عينيك وابتهج بالروعة الفنية الفائقة لهذا القصر الذي جيء به إلى الوجود إكراماً لك.'

«وقلت: 'يا أخي، إن جمال هذا الصرح يفوق حدود التصور البشري. فأرجوك أن تشرح لي الغموض الذي يكتنف أصله.'

«وشعّت عينا رفيقي الداكنتان ببريق الحكمة وأجابني قائلاً: 'بكل سرور سأوضح لك. وفي الحقيقة لا يوجد غموض حول تجسيد هذا القصر، لأن الكون بأسره هو تجسيد لفكر الخالق. والكرة الأرضية الترابية الثقيلة السابحة في الفضاء هي حلم من أحلام الله الذي صنع كل شيء من جوهر عقله مثلما يستنسخ الإنسان في وعيه أثناء الحلم كوناً مع مخلوقاته ويبث فيه الحياة والحيوية.

«'لقد خلق الله الأرض أولاً كفكرة ثم بعث فيها الحياة فأتى النشاط الذري والمادة إلى الوجود. ثم نسّق ذرات الأرض وجعل منها كرة صلبة جميع جزيئاتها متماسكة معاً بإرادته الإلهية. وحينما يسحب الله إرادته ستتحول جميع الذرات التي تتكون منها الأرض إلى نشاط، والنشاط الذري سيتحول إلى وعي، فتتلاشى عندئذ فكرة الأرض من الوجود المادي.

«'تتماسك مادة الحلم بفعل تفكير العقل الباطن للنائم. وعند الاستيقاظ ينسحب ذلك الفكر القابض ويتلاشى الحلم مع عناصره. الشخص يغمض عينيه ويخلق عالماً من الأحلام يبدده دون مجهود فور يقظته. وهو بذلك يسير

**كهف باباجي في الهملايا**

كهف بالقرب من رانخيت، كان باباجي يستخدمه من حين إلى آخر. في الصورة أحد أحفاد لاهيري مهاسايا، أناندا موهان لاهيري (بالرداء الأبيض)، مع ثلاثة مريدين آخرين في زيارة للكهف.

على نهج النموذج الإلهي الأصلي. وبالمثل، فهو عندما يستيقظ في الوعي الكوني يُلاشي دون عناء أوهام عالم الحلم الكوني.

«وبمناغمة ذاته مع الإرادة اللانهائية القادرة على عمل كل شيء يستطيع باباجي استحضار ذرات العناصر والطلب منها أن تتجمع وتتخذ الشكل الذي يريده. فهذا القصر الذهبي الذي تم تجسيده على الفور هو حقيقي بقدر ما هي الأرض حقيقية. لقد أبدع باباجي هذا الصرح البهي من عقله ويحتفظ بذراته متماسكة بقوة إرادته، تماماً مثلما خلق الله هذه الأرض ويبقيها متماسكة بإرادته.'

«ثم أردف قائلاً: 'وحالما يؤدي هذا البناء الغرض الذي من أجله وُجد سيقوم باباجي بتفكيكه!'

«وإذ بقيت صامتاً بفعل الدهشة، قال دليلي مشيراً إلى القصر: 'إن هذا

القصر المتألق والمزدان بالجواهر والدرر لم يتم تشييده بمجهود بشري، وذهبه وجواهره لم يتم استخراجها بمشقة من المناجم، ومع ذلك فهو قائم برسوخ وثبات كتحدٍ جبار للإنسان[٦]. فكل من يعرف ذاته بأنه ابن الله مثلما عرف باباجي يمكنه بلوغ أي هدف بفضل القوى اللامتناهية الكامنة في داخله. إن الحجر العادي يحتوي على قوى ذرية هائلة[٧]، وبالمثل فإن أقل الناس شأناً هو بمثابة محطة لتوليد طاقات إلهية.'

«وأمسك الحكيم من مائدة قريبة بمزهرية بديعة ذات قبضة من الماس المتوهج وقال: 'لقد خلق معلمنا العظيم باباجي هذا القصر بتكثيف أعداد لا تحصى من الأشعة الكونية الطليقة. قم بلمس هذه المزهرية وماساتها بيدك وستجد أنها تجتاز بنجاح كل الاختبارات الحسية.'

«تفحصت المزهرية وكانت جواهرها جديرة بأن تكون من مقتنيات الملوك. ومررت بيدي فوق جدران المقصورة المزخرفة بالذهب المشع، فغمر الرضا العميق عقلي. وأحسست أن رغبة متوارية في طيات عقلي الباطن من حيوات ماضية قد تحققت وانطفأت في نفس الوقت.

«بعد ذلك قادني رفيقي الرفيع القدر عبر أقواس وممرات بديعة الزخارف إلى سلسلة من الحجرات المفروشة بكيفية فاخرة على طراز قصر إمبراطوري. ثم دخلنا بهواً عظيماً في وسطه عرش ذهبي مغطى بجواهر تشع مزيجاً من ألوان باهرة. هناك كان يتربع صاحب المقام الأسمى باباجي في وضع اللوتس، فركعت عند قدميه على الأرضية اللامعة.

«فخاطبني معلمي وعيناه تومضان كياقوتاته: 'لاهيري، هل ما زلت تتلذذ برغباتك الحالمة بقصر ذهبي؟ استيقظ! فكل أنواع عطشك الأرضي هي الآن على وشك أن ترتوي للأبد.' ثم تمتم ببعض كلمات غامضة من البركة وقال: 'انهض يا ابني واحصل على تكريسك لملكوت الله عن طريق الكريا يوغا.'

«ومد باباجي يده فظهرت نار قربانية (هوما) محاطة بثمار وورود، وقد

٦ «ما هي المعجزة؟ إنها لوم وعتاب وسخرية ضمنية من البشر.»

— Edward Young, «*Night Thoughts*»

٧ نظرية التركيب الذري للمادة مشروحة في الرسائل الهندية القديمة فاتسيسيكا و نيايا. وجاء في يوغا فاسيشتا *Yoga Vasishtha*: «إن عوالمَ شاسعة تكمن في فراغات كل ذرة، وهي متنوعة وتشبه الغبار الدقيق المنتشر في أشعة الشمس.»

حصلت على الطريقة اليوغية المحرِّرة أمام هذا المذبح الملتهب.

«استُكملت الطقوس في ساعات الفجر الباكرة وكنت في نشوة روحية عارمة حيث لم أشعر بحاجة إلى النوم. وتجولتُ في حجرات القصر الزاخرة بالكنوز النفيسة والتحف الفنية الرائعة. وعندما تمشيت في حدائق القصر لاحظت بالقرب منها نفس الكهوف والحواف الجبلية الجرداء التي لم تكن مجاورة لمبنىً عظيم ومصاطب مزينة بالورد والأزهار.

«ولما دخلت ثانية إلى القصر المتوهج بشكل رائع في ضوء شمس الهملايا الباردة توجهت إلى معلمي الذي كان لا يزال متربعاً على عرشه ومحاطاً بالعديد من المريدين الهادئين، فخاطبني قائلا:

«'لاهيري، إنك جائع' ثم أضاف: 'أغمض عينيك.'

«أغمضتُ عينيّ ثم فتحتهما فوجدت أن القصر الفتّان قد اختفى مع حدائقه، في حين كان جسمي وجسم باباجي وأجسام التلاميذ تجلس فوق الأرض الجرداء في نفس البقعة التي كان القصر المتلاشي قائم فوقها، ليس بعيداً عن مداخل الكهوف الصخرية المضاءة بنور الشمس. وتذكرتُ ما قاله دليلي من أن عناصر القصر ستتفكك وستعود ذراته المحبوسة إلى الجوهر العقلي الذي صُنعت منه. ومع أنني دهشت لذلك لكنني تطلعت بثقة إلى معلمي دون أن أعرف ما سأتوقعه في ذلك اليوم المليء بالمفاجآت العجيبة.

«وقال باباجي موضحاً: 'لقد تحقق الغرض الذي من أجله تم خلق القصر.' ثم رفع من الأرض إناءً فُخّارياً وقال: 'ضع يدك في الإناء وستجد ما تشتهيه من طعام.'

«وما أن لمست الوعاء الواسع والفارغ حتى ظهرت أرغفة خبز اللوتشي الساخن المقلية بالزبدة وخضروات مطبوخة ومبهرة بالكاري مع قطع الحلوى، فأكلت وقد لاحظت أن الوعاء ظل دائماً مملوءاً. وفي نهاية الوجبة تطلعت حولي بحثاً عن الماء فأشار معلمي إلى الوعاء الذي أمامي فوجدت أن الطعام قد اختفى وحل الماء محله.

«ولاحظ باباجي قائلاً: 'قلائل من البشر يدركون أن مملكة الله تشمل المملكة الأرضية وتتكفل بسد حاجياتها. فالمملكة الإلهية تمتد إلى الأرض، في حين أن الأخيرة لا تشمل جوهر الحقيقة نظراً لطبيعتها الوهمية.'

«ابتسمتُ متذكراً القصر المختفي وقلت: 'يا معلمي الحبيب، لقد برهنت لي في الليلة الماضية عن الصلة الجمالية الوثيقة بين السماء والأرض! ومن

المؤكد أن أي يوغي عادي لم يحصل على تكريس في أسرار الروح العظمى في جو أكثر روعة وفخامة!' ثم ألقيت نظرة هادئة على المنظر الحالي وقد بدا التباين في غاية الوضوح. فالأرض الجرداء والسقف السماوي والكهوف التي توفر مأوى بدائياً، كلها بدت خلفية طبيعية للقديسين الملائكيين من حولي.

«جلست بعد ظهر ذلك اليوم فوق بطانيتي التي تباركت بارتباطات ومدركات من حياة سابقة، فاقترب مني معلمي الإلهي ومرر يده فوق رأسي فدخلت في حالة نيربيكالبا سمادهي وبقيت منتشياً بغبطتها لسبعة أيام دون انقطاع. وإذ تخطيتُ طبقات معرفة الذات المتتالية، فقد نفذت إلى جوهر الحقيقة الخالدة حيث تتلاشى كافة الحدود الوهمية، ورسختْ روحي رسوخاً تاماً على مذبح الروح الكوني.

«وفي اليوم الثامن وقعتُ على قدمي معلمي وتوسلت له أن يبقيني بقربه على الدوام في هذه البرية المقدسة.

«وضمّني باباجي إلى صدره قائلاً: 'يا ابني، في هذا التجسد يجب أن تلعب دورك أمام أنظار الجمهور. فأنت قد بوركت بالتأمل الانفرادي قبل ولادتك بحيوات عديدة. وعليك الآن أن تختلط بسكان العالم. وهناك سبب عميق خلف عدم لقائك بي هذه المرة قبل أن تصبح رجلاً متزوجاً وتتحمل مسؤوليات عائلية وعملية متواضعة. يجب أن تدع جانباً فكرة الالتحاق بجماعتنا المحتجبة في الهملايا لأن حياتك مقرر لها أن تكون بين سكان المدن كنموذج لرب أسرة ويوغي مثالي.'

«واستطرد قائلاً: 'إن توسلات العديد من الرجال والنساء الحيارى في العالم لم تقع على مسامع العظماء دون جدوى، وقد تم اختيارك لكي تأتي بالعزاء الروحي عن طريق الكريا يوغا لأعداد كبيرة من الباحثين بجد وإخلاص عن الحقيقة. فملايين البشر الذين يرزحون تحت أعباء ثقيلة من ارتباطات عائلية والتزامات دنيوية سيحصلون على تشجيع جديد منك كرب عائلة مثلهم. وعليك أن توجههم لكي يدركوا أن أعلى الإنجازات اليوغية ليست ممنوعة على رب الأسرة. وبالرغم من وجوده في العالم، فإن اليوغي الذي يضطلع بمسؤولياته بأمانة وإخلاص دون دوافع أو ارتباطات شخصية يسلك طريق التنوير الأكيد.

«'ما من ضرورة تقتضي تركك للعالم، لأنك داخلياً قطعت كل صلة كارمية تربطك به. ومع أنك لست من العالم، لكن يتوجب عليك البقاء فيه. وما

زال أمامك أعوام عديدة ينبغي لك أن تنجز فيها بضمير حي واجباتك العائلية والعملية والمدنية والروحية. ستهبُّ نسائم حلوة جديدة من الأمل الروحي على أهل الدنيا وترطب قلوبهم الجافة. وسوف يعرفون من حياتك المتزنة أن التحرر يتوقف على الترك الداخلي وليس على الزهد الخارجي.'

«وأثناء إصغائي لمعلمي في خلوات الهملايا العالية بدت أسرتي بعيدة جداً، وكذلك مكتبي والعالم! لكن نغمة الحقيقة الراسخة بدت جليه في كلماته فرضيت بالارتحال طوعاً عن هذا المرفأ المبارك للسلام. وقد لقنني باباجي القواعد القديمة الصارمة التي ينبغي تطبيقها عند نقل الطريقة اليوغية من المعلم إلى التلميذ، وقال باباجي:

«'امنح مفتاح الكريا لكل التلاميذ الجديرين بالحصول عليه. فمن لديه الرغبة الصادقة في تضحية كل شيء من أجل البحث عن الله هو وحده خليق بأن يحل أسرار الحياة النهائية بواسطة علم التأمل.'

«فنظرت إلى باباجي وقلت متوسلاً: 'يا معلمي الملائكي، بما أنك تكرّمت على البشر بإحياء طريقة الكريا المفقودة، فهلّا ضاعفت تلك الفائدة بتخفيف الشروط الصارمة للتلمذة؟ بالله عليك أن تسمح لي بنقل الكريا لكل الباحثين المخلصين، حتى وإن لم يتمكنوا في البداية من تكريس أنفسهم كلياً للترك الداخلي. فالمعذبون في العالم – من رجال ونساء – الذين يطاردهم الألم الثلاثي[٨] هم بحاجة إلى تشجيع خاص لأنهم قد لا يسلكون الطريق إلى الحرية إن حُرموا من تكريس الكريا.'

«فأجاب المعلم الرحيم: 'فليكن. الإرادة الإلهية تم الإعراب عنها من خلالك. امنح الكريا لكل من يطلب المساعدة منك بتواضع.'[٩]

٨ الألم الجسدي والنفسي والروحي الذي يتمثل تباعاً في المرض والقصور النفسي أو «العقد النفسية»، والجهل الروحي.

٩ في بادئ الأمر أعطى باباجي تصريحاً للاهيري مهاسايا فقط كي يقوم بتلقين الكريا يوغا للآخرين. بعدها طلبَ اليوغافاتار لاهيري مهاسايا من باباجي كي يسمح له بتفويض بعض تلاميذه (أي تلاميذ لاهيري) بالقيام بتلقين الكريا فوافق باباجي على ذلك شرط أن ينحصر تعليم الكريا مستقبلاً في تلاميذ متقدمين على طريق الكريا، ممن حصلوا على تفويض من لاهيري مهاسايا، أو من خلال قنوات تم تأسيسها من قبل تلاميذ معتمدين من قِبل لاهيري مهاسايا. ولقد أعطى باباجي وعداً عطوفاً بالإشراف الروحي – حياة بعد حياة – على كل الذين يمارسون الكريا يوغا بأمانة وإخلاص، ممن حصلوا على التكريس من أساتذة كريا

«وبعد برهة من الصمت أضاف باباجي: 'ردد لكل تلميذ من تلاميذك هذا الوعد المهيب من البهاغافاد غيتا: سوالبا مابياسيا، دهارماسيا ترايات ماهاتو بهايات' [«إن ممارسة ولو قدر يسير من هذه الدهارما (الطقس الديني أو العمل الصالح ستخلّصك من مخاوف عظيمة (ماهاتو بهايات)» — المعاناة الفظيعة الموروثة في الدورات المتعاقبة للولادة والموت.][١٠]

«وعندما ركعت في اليوم التالي عند قدمي معلمي للحصول على بركة الوداع، أحس بترددي العميق في مفارقته، فلمس كتفي برفق ومودة قائلا:

«'يا ابني المحبوب، لا يوجد فراق بيننا. فأينما كنتَ وكلما ناديتني أكون معك على الفور كلمح البصر.'

«وإذ تعزيت بوعده العجيب واغتنيت بكنز الحكمة الإلهية الذي عثرت عليه حديثاً نزلت من الجبل إلى المكتب حيث رحب بي زملائي الذين ظنوا على مدى عشرة أيام أنني تهت في أدغال الهملايا. وفور وصولي وردت

حاصلين على تفويض رسمي بتكريس الآخرين.
الذين يتم تكريسهم في الكريا يوغا سواء من طلاب Self-Realization Fellowship أو من طلاب جماعة يوغودا ساتسانغا في الهند Yogoda Satsanga Society يُطلب منهم على نحو صارم توقيع تعهد خطي بعدم إفشاء طريقة الكريا للآخرين. وبهذه الكيفية تُصان طريقة الكريا البسيطة والدقيقة من التغيير والتحريف من قِبل معلمين غير مرخص لهم بالتكريس. وبذلك تحافظ الكريا على نقائها وأصالتها.
ومع أن باباجي قد أرخى القيود القديمة، المتعلقة بالزهد والتقشف، بغية استفادة الجماهير من الكريا يوغا، لكنه مع ذلك طلب من لاهيري مهاسايا ومن الذين على صلة بخطه الروحي (خط المعلمين الروحيين لكل من SRF-YSS) أن يفرضوا على كل من يطلب الحصول على التكريس فترة تحضيرية من التدريب الروحي استعداداً لممارسة الكريا يوغا. فممارسة طريقة متقدمة جداً مثل الكريا لا تتناسب مع حياة روحية فوضوية وغير منضبطة. الكريا يوغا هي أكثر من طريقة تأمل. فهي أيضاً طريقة حياة وتقتضي قبول الشخص المُكرَّس ببعض الضوابط والتعليمات الروحية. إن Self-Realization Fellowship و Yogoda Satsanga Society of India قد نفّذتا بأمانة هذه التعليمات الصادرة عن باباجي ولاهيري مهاسايا وسري يوكتسوار وبرمهنسا يوغاننداً. إن طريقتيّ هونغ سا *Hong Sau* و أوم *Aum* يتم تلقينهما في دروس معرفة الذات وجماعة اليوغودا *SRF-YSS Lessons* وعن طريق الممثلين المعتمدين لدى *SRF-YSS* كخطوة تمهيدية لممارسة الكريا يوغا. وهاتان الطريقتان هما جزء مكمّل لطريق الكريا. هذه الطرق هي فعّالة للغاية في رفع مستوى الوعي إلى معرفة الذات وتحرير النفس من الأغلال والقيود. (ملاحظة الناشر)
١٠ الفصل ٢: ٤٠.

رسالة من المكتب الرئيسي وكان مضمونها: 'يجب أن يعود لاهيري إلى مكتب دانابور لأنه تم نقله عن طريق الخطأ إلى رانخيت، إذ كان من المفترض إرسال شخص آخر للقيام بالمهام في رانخيت!'

«تبسمت ورحت أتأمل التيارات الخفية المتقاطعة للأحداث التي أتت بي إلى هذا المكان الذي هو أقصى بقاع الهند.

«وقبل عودتي إلى مدينة دانابور القريبة من بنارس، أمضيت بضعة أيام مع أسرة بنغالية في مراد أباد حيث حضر ستة أصدقاء لتحيتي والترحيب بي. وعندما حولت الحديث إلى المواضيع الروحية قال مضيفي متشائماً: 'إن الهند تفتقر إلى القديسين في هذه الأيام!' فاعترضت بشدة وقلت: 'يا سيد، بالطبع لا يزال هناك معلمون عظماء في هذه البلاد!'

«وتملكني إحساس عارم من الحماس وشعرت برغبة ملحة لاطلاع الحاضرين على اختباراتي الخارقة في الهملايا. وبدا أفراد الجماعة الصغيرة متشككين بتأدب، وقال أحدهم بهدوء:

«'لاهيري، لقد كان عقلك مرهقاً في تلك الأجواء الجبلية الشاهقة، وما أخبرتنا به هو بعض أحلام اليقظة!'

«واحترقت غيرة للحقيقة وقلت دون تمعن: 'لو طلبتُ من معلمي الحضور لظهر هنا في هذا البيت!'

«ولمعت كل عين من أعين الحاضرين بالاهتمام، وكان من الطبيعي أن يتشوقوا لرؤية مثل هذه الظاهرة. وببعض التردد طلبت غرفة هادئة وبطانيتين جديدتين من الصوف وقلت:

«'المعلم سيتجسد من الأثير. ابقوا صامتين خارج الباب وسأدعوكم بعد قليل.'

«استغرقتُ في حالة التأمل ورحت استحضر معلمي بكل تواضع. فامتلأت الغرفة المعتمة بوهج خافت وملطّف، وما لبث شكل باباجي المشرق أن ظهر.

«ورمقني المعلم بنظرة حازمة وقال: 'لاهيري، أتناديني من أجل شيء زهيد؟ إن الحقيقة هي من نصيب الباحثين الجادين وليس الفضوليين الخاملين. بالطبع من السهل أن يؤمن الشخص عندما يرى البراهين بعينه فتنعدم الضرورة للبحث عن الروحيات. والحقيقة التي تفوق المدركات الحسية لا يكتشفها عن جدارة إلا الذين يتغلبون على شكوكهم المادية الغريزية.' ثم

أضاف بجدية: ’دعني أذهب!‘

«ووقعت على قدميه متوسلاً: ’يا معلمي الأقدس، لقد أدركت خطأي الكبير وألتمس منك الصفح والمغفرة. وأنا لم أجرؤ على استدعائك إلا لكي أضيء نور الإيمان في تلك العقول المصابة بالعمى الروحي. وبما أنك تفضلت بالظهور استجابة لابتهالي، فأرجوك أن لا تذهب قبل أن تبارك أصدقائي. وبالرغم من عدم إيمانهم، لكنهم على الأقل كانوا على استعداد لاختبار صدق تأكيداتي الغريبة.‘

«فقال باباجي وقد لانت تقاطيع وجهه: ’حسناً، سأبقى لبعض الوقت إذ لا أرغب في أن تفقد مصداقيتك أمام أصدقائك! ولكن من الآن فصاعداً سوف آتي إليك يا بني فقط عندما تحتاجني وليس دوماً كلما تناديني.»[11]

«ذهل أصدقائي لدرجة كبيرة عندما فتحت باب الغرفة وقد خيم عليهم الصمت. وراحوا يحملقون في الشكل اللامع الجالس على البطانية وكأنهم لا يصدقون حواسهم. وأطلق أحدهم قهقهةً مجلجلة وقال: ’هذا تنويم مغناطيسي جماعي، إذ من غير الممكن أن يكون أي شخص قد دخل إلى هذه الغرفة بدون علمنا.‘

«وتقدم باباجي نحوهم وهو يبتسم، وبإيماءة طلب من كل واحد من الحاضرين أن يلمس جسمه المادي الدافئ. وما أن تبددت الشكوك حتى انبطح أصدقائي على الأرض بندم مهيب!»

«فقال المعلم: ’فلتُصنع الحلوى.‘[12]

«وقد أدركت أن باباجي قام بهذا الطلب لتعزيز يقين الجماعة بحقيقته المادية. وبينما كانت العصيدة تغلي كان المعلم يتحدث بلطف ومودة وقد تحول المرتابون إلى جماعة من المؤمنين الصادقين، ويا له من تحوّل عظيم! وبعد أن تناولنا الطعام باركنا باباجي كل واحد بدوره. ثم حدث وميض مفاجئ فأبصرنا الانحلال الكيماوي الفوري للعناصر الالكترونية لجسم باباجي وقد

١١ في الطريق إلى المطلق اللانهائي، قد يعاني حتى المستنيرون من أمثال لاهيري مهاسايا، بسبب الحماس الزائد ويتعرضون للتأديب. ونقرأ في العديد من فقرات البهاغافاد غيتا عن زجر المعلم الإلهي كريشنا لأمير المريدين أرجونا.

١٢ الحلوى الهندية هي عصيدة تصنع من لب الحنطة، وتقلى في الزبدة ثم تطهى بالحليب والسكر.

انتشرت كبخار من الضوء الساطع. فإرادة المعلم المتناغمة مع الله أرخت قبضتها عن ذرات الأثير المتماسكة معاً على هيئة جسمه، فتلاشت على الفور تر ليونات من مكونات الحياة الدقيقة المشعة وعادت إلى المستودع اللانهائي.

«وهتف ميترا[١٣] أحد أفراد الجماعة باحترام وتبجيل، وقد شع وجهه بفرح يقظته الحديثة: 'لقد رأيت بعينيّ قاهر الموت. فالمعلم الأسمى لعب بالزمان والمكان مثلما يلعب الطفل بالفقاعات. لقد رأيت شخصاً بيده مفاتيح السماء والأرض!'

وختم لاهيري مهاسايا حديثه قائلاً:

«عدت للفور إلى دانابور وقد ترسّخ كياني في الروح الإلهي، واستأنفت مجدداً واجباتي المتعددة والتزاماتي العائلية كرب أسرة.»

وروى لاهيري مهاسايا أيضاً لسوامي كيبالانندا وسري يوكتسوار حكاية لقاء آخر له مع باباجي. وكانت تلك المناسبة واحدة من المناسبات العديدة التي أوفى فيها المعلم الأعلى بوعده عندما قال: «سوف آتي عندما تحتاجني.»

قال: «حدث ذلك في إحدى أعياد كومبه ميلا الدينية في مدينة الله أباد، حيث ذهبت أثناء استراحة قصيرة من أعمالي المكتبية. وأثناء تجوالي بين حشد الرهبان والنساك الذين أتوا من أماكن بعيدة لحضور الاحتفال المقدس لاحظتُ ناسكاً معفراً بالرماد ويمسك بوعاء تسول. وبزغت فكرة في ذهني أن الرجل كان منافقاً. فهو يتزيّا بعلامات الزهد الخارجية بينما لا يمتلك بالمقابل بركة داخلية مماثلة.

«وما أن مررت من أمام هذا الزاهد حتى دهشت لأن أرى باباجي راكعاً أمام أحد النساك من ذوي الشعر المتلبد، فأسرعت إلى جانبه وقلت: 'سيدي، ما الذي تفعله هنا؟'

«فابتسم لي باباجي مثل طفل صغير وقال: 'إنني أقوم بغسل قدميّ هذا الناسك وبعد ذلك سأنظّف أواني الطبخ التي يستعملها.' فعرفت أنه كان يوحي لي بأن لا أنتقد أحداً، بل أبصر الرب يسكن بالتساوي في كل هياكل الأشكال

١٣ أصبح ميترا الذي عُرف فيما بعد باسم ميترا مهاسايا من المتقدمين جداً في معرفة الذات. وقد التقيت ميترا مهاسايا بعد وقت قصير من تخرجي من الثانوية، وزار صومعة ماهامندال في بنارس حيث كنت أقيم آنذاك، وقد أخبرني بقصة تجسّد باباجي أمام مجموعة مراد أباد وقال: «ونتيجة لتلك المعجزة أصبحت تلميذاً مدى الحياة للاهيري مهاسايا.»

البشرية، سواء كان أصحابها من ذوي المقامات الرفيعة أو المستويات الوضيعة.

«ثم أضاف المعلم العظيم: 'إنني بخدمتي للنساك الحكماء والجهلاء أتعلم أعظم الفضائل وأكثرها مرضاة لله – وهي فضيلة التواضع!'»[١٤]

١٤ «ينحني من أعاليه ليرى السموات والأرض» (مزامير ١١٣: ٦) «فمن يرفع نفسه يتضع ومن يضع نفسه يرتفع» (متى ٢٣:١٢).
إخضاع الأنا أو الذات المزيفة يعني اكتشاف الشخص لهويته الأبدية.

الفصل ٣٥

# حياة لاهيري مهاسايا الشبيه بالمسيح

«لأنه هكذا يليق بنا أن نكمل كل بِر.»[1]

بهذه الكلمات ليوحنا المعمدان، وبالطلب من يوحنا أن يعمده، كان يسوع المسيح يعترف بالحقوق المقدسة لمعلمه الروحي.

فبدراسة تقديسية للكتاب المقدس من منظور شرقي[2]، ومن إدراك بديهي فإنني مقتنع بأن يوحنا المعمدان كان في تجسده السابق معلم المسيح. وهناك فقرات عديدة في الكتاب المقدس تشير ضمناً إلى أن يوحنا المعمدان والسيد المسيح كانا – على التوالي – في تجسديهما السابقين إيليا وتلميذه أليشع.

والإصحاح الأخير في العهد القديم هو نبوءة عن عودة إيليا وأليشع إلى التجسد بحسب ما ورد في سفر ملاخي: «هأنذا أرسل إليكم إيليا النبي قبل مجيء يوم الرب العظيم والمخوف.»[3] فيوحنا (إيليا) الذي تم إرساله قبل مجيء...الرب، وُلد قبله بمدة قليلة ليبشّر بقدوم المسيح. فقد ظهر ملاك لزكريا الأب لكي يؤكد له أن ابنه القادم لن يكون سوى إيليا بحسب ما ورد في الإصحاح التالي:

«فقال له الملاك: لا تخف يا زكريا لأن طلبتك قد سُمعت، وامرأتك اليصابات ستلد لك ابناً وتسميه يوحنا... ويردّ كثيرين من بني إسرائيل إلى

١ متى ٣:١٥.

٢ هناك فقرات إنجيلية عديدة تؤكد أن قانون العودة إلى التجسد كان مفهوماً ومقبولاً. فالدورات التجسدية هي تفسير معقول لحالات التطور المختلفة التي تمر بها البشرية، وهي أكثر عقلانية من النظرية الغربية الشائعة التي تفترض أن شيئا ما (وعي الأنا) جاء من لا شيء، وبقي بدرجات متفاوتة من الأهواء والشهوات لمدة ثلاثين أو تسعين عاما ثم يعود بعدها إلى الفراغ الأصلي. إن الطبيعة التي لا يمكن تصورها لمثل هذا الفراغ تمثل مشكلة تسعد قلب عالم العصور الوسطى..

٣ ملاخي ٤:٥.

الرب إلههم، ويتقدم أمامه[٤] بروح إيليا وقوّته، ليرد قلوب الآباء إلى الأبناء، والعُصاة إلى فكر الأبرار، لكي يهيئ للرب شعباً مستعداً.»[٥]

لقد أكد يسوع بشكل قاطع مرتين أن إيليا هو نفسه يوحنا، بقوله: « إيليا قد جاء ولم يعرفوه... حينئذ فهم التلاميذ أنه قال لهم عن يوحنا المعمدان.»[٦] ومرة ثانية قال المسيح: «لأن جميع الأنبياء والناموس إلى يوحنا تنبأوا، وإن أردتم أن تقبلوا فهذا هو إيليا المزمع أن يأتي.»[٧]

وعندما أنكر يوحنا أنه إيليا[٨] فقد عنى بذلك أنه جاء في هيئة متواضعة لا في السمو الظاهر للمعلم العظيم إيليا، الذي في تجسده السابق أعطى عباءة مجده وثرائه الروحي لتلميذه أليشع. «فقال أليشع: ليكن نصيب اثنين من روحك عليّ. فقال: صعّبت عليّ السؤال فإن رأيتني أؤخذ منك يكون لك كذلك... وأخذ رداء إيليا الذي سقط عنه.»[٩]

ولقد انعكس الدوْران، إذ أن إيليا – يوحنا لم يعد بحاجة لأن يكون المعلم الظاهري لأليشع – يسوع الذي بلغ آنذاك الكمال الإلهي.

وعندما تجلى المسيح على الجبل[١٠] رأى معلمه إيليا مع النبي موسى. وكذلك في ساعة شِدته على الصليب، «صرخ يسوع بصوت عظيم قائلاً: 'إيلي، إيلي، لما شبقتني؟' أي: 'إلهي، إلهي، لماذا تركتني؟' فقوم من الواقفين هناك لما سمعوا قالوا: 'إنه ينادي إيليا... لنرى هل يأتي إيليا ليخلصه!'»[١١]

إن العلاقة الأبدية بين المعلم والتلميذ، التي كانت قائمة بين يوحنا ويسوع، كانت قائمة أيضاً بين باباجي ولاهيري مهاسايا. فبعناية بالغة وحنان كبير عبَر المعلم الخالد المياه العميقة التي فصلت ما بين الحياتين الأخيرتين لتلميذه ووجّه الخطوات المتعاقبة للطفل وبعدها للرجل لاهيري مهاسايا. ولم يشعر

٤ «أمامه» أي «أمام الرب.»
٥ لوقا ١:١٣-١٧.
٦ متى ١٧:١٢-١٣.
٧ متى ١١-١٣:١٤.
٨ يوحنا ١:٢١.
٩ الملوك الثاني ٢: ٩–١٤.
١٠ متى ١٧:٣.
١١ متى ٢٧:٤٦-٤٩.

باباجي بأن الوقت قد حان لإعادة التوطيد العلني للصلة التي لم تنقطع أبداً بينه وبين تلميذه إلا بعد بلوغ التلميذ سن الثالثة والثلاثين.

وبعد لقائهما القصير قرب رانخيت لم يحتفظ المعلم الكريم بتلميذه المحبوب بجانبه، بل أرسل لاهيري مهاسايا في رسالة عالمية مؤكداً له: «يا بني، سوف آتي إليك كلما احتجتني.» فأي محب بشري يمكنه تحقيق الالتزامات اللامتناهية لمثل هذا الوعد؟

في عام ١٨٦١ بدأت نهضة روحية عظيمة دون أن يعرف عنها المجتمع ككل في ركن من الأحياء المنعزلة في بنارس. وكما أن من الصعب إخفاء رائحة الورد الزكية هكذا لم يستطع لاهيري مهاسايا إخفاء مجده الروحي وهو يلعب دوره الهادئ كرب أسرة مثالي. وراح المريدون من كل أرجاء الهند يلتمسون الرحيق الروحي من المعلم المتحرر.

وكان المدير العام لمكتبه، الإنكليزي الجنسية، من الأوائل الذين أدركوا التحول العجيب والفائق في موظفه، فراح يناديه بمودة «السيد المغبوط».

وفي صباح أحد الأيام سأل لاهيري مهاسايا رئيسه باهتمام ودّي: «سيدي، يبدو أنك حزين، فما الذي يقلقك؟»

أجاب رئيسه: «إن زوجتي في بريطانيا مريضة للغاية، والقلق عليها يمزقني.»

فقال لاهيري مهاسايا: «سوف آتيك ببعض الأخبار عنها.» وترك الغرفة وجلس لبعض الوقت في مكان منعزل، ثم عاد إلى رئيسه وقال له بابتسامة مواسية: «إن حالة زوجتك تتحسن وهي الآن تقوم بكتابة رسالة إليك.» ثم اقتبس اليوغي الكلي المعرفة بعض أجزاء من الرسالة!

فقال الرئيس: «أيها السيد المغبوط، إنني أعلم فعلاً أنك شخص غير عادي، ولكنني لا أستطيع أن أصدق أن بإمكانك تجاوز الزمان والمكان بقوة الإرادة!»

أخيراً وصلت الرسالة الموعودة، ووجد الرئيس المندهش أنها لا تتضمن وحسب أخبار تعافي زوجته، بل أيضاً نفس العبارات التي نطق بها المعلم العظيم قبل أسابيع.

بعد ذلك ببضعة شهور أتت الزوجة إلى الهند. ولدى مقابلة لاهيري مهاسايا، نظرت إليه باحترام وخاطبته قائلة: «سيدي، لقد كان شكلك المحاط بهالة من النور الرائع هو الذي رأيته بجانب سرير مرضي في لندن. وفي

تلك اللحظة شفيت تماماً وتمكنت من القيام بالرحلة الطويلة عبر المحيط إلى الهند.»

ويوماً بعد يوم كرّس المعلم الأسمى واحداً أو اثنين من المريدين في الكريا يوغا. وبالإضافة لهذه الواجبات الروحية والتزاماته العملية والأسرية، أبدى المعلم العظيم اهتماماً حيوياً بالتربية والتعليم. فقام بتنظيم مجموعات دراسية ولعب دوراً هاماً في تطوير ونمو مدرسة ثانوية كبيرة في حي بنغاليتولا من بنارس.وخلال الاجتماعات الأسبوعية التي أصبحت تعرف بـ «مجموعة الغيتا» كان المعلم يشرح الكتب المقدسة للعديد من الباحثين بشوق عن الحقيقة.

وبهذه النشاطات العديدة والمتنوعة أراد لاهيري مهاسايا الإجابة على التحدي الاعتيادي: «بعد إنجاز الأعمال والواجبات الاجتماعية، أين الوقت الذي يمكن أن يُخصص للتأمل الروحي؟» وقد أصبحت الحياة المتزنة على نحو منسجم لرب العائلة العظيم مصدر إلهام لآلاف الرجال والنساء. وإذ كان يتقاضى مرتباً متواضعاً فقد عاش ببساطة دون إسراف أو تبذير، متاحاً للجميع، وسعيداً في السير على درب الحياة الدنيوية المنضبطة.

وبالرغم من بلوغه أسمى المقامات الروحية فقد أظهر لاهيري مهاسايا احتراماً لكل الناس بغض النظر عن استحقاقاتهم المتفاوتة. وعندما كان مريدوه يحيّونه، كان ينحني بدوره أمامهم. وبتواضع الأطفال غالباً ما كان المعلم يلمس أقدام الآخرين ونادراً ما سمح لهم بأن يعاملوه بنفس التكريم، مع أن هذا الاحترام نحو المعلم الروحي هو تقليد شرقي عريق.

ومن إحدى المميزات الهامة في حياة لاهيري مهاسايا كانت منحه تكريس الكريا للناس من كل المذاهب والمعتقدات. ولم يكن تلاميذه من الهندوس وحسب، بل كان من بين تلاميذه المقربين مسلمون ومسيحيون أيضا. فالمؤمنون بإله واحد، والذين ينتمون إلى ديانات مختلفة أو ليس لديهم عقيدة راسخة، كانوا جميعهم يلقون القبول من المعلم العالمي الذي كان يستقبلهم ويعلمهم دون محاباة. وكان من بين تلاميذه المتقدمين المسلم عبد الغفور خان. وبالرغم من انتماء لاهيري مهاسايا إلى أعلى الطبقات – طبقة البراهمة – فقد بذل جهوداً جريئة لإزالة العوائق وإذابة الفوارق الطبقية الصارمة التي كانت قائمة في زمنه. وهكذا فقد وجد الباحثون من كل مناحي الحياة موئلاً تحت جناحي المعلم الكلي الحضور. ومثل كل الأنبياء الآخرين الملهمين فقد بث لاهيري مهاسايا أملاً جديداً في نفوس المنبوذين والمظلومين والمضطهدين

**لاهيري مهاسايا**
(١٨٢٨-١٨٩٥)
لقبه يوغافاتار «تجسّد اليوغا»
تلميذ باباجي ومعلم سري يوكتسوار
مجدد علم الكريا يوغا القديم في الهند الحديثة

اجتماعياً.

وكان المعلم العظيم يقول لتلاميذه: «تذكروا دوماً أنكم لا تنتمون لأحد ولا ينتمي إليكم أحد. تفكّروا بأنكم يوماً ما ستتركون كل شيء فجأة في هذا العالم. ولذلك عليكم التعرف على الله الآن. حضّروا أنفسكم للرحلة الكوكبية القادمة بالإقلاع يومياً بمنطاد [بطائرة] الإدراك الإلهي. إنكم من قبيل الوهم تبصرون أنفسكم حزمة من اللحم والعظم هي في أحسن الأحوال وكرٌ للاضطرابات والمتاعب.[١٢] تأملوا باستمرار إلى أن تدركوا سريعاً بأنكم الجوهر الروحي اللانهائي المتحرر من كل ضروب التعاسة والشقاء. لا تظلوا سجناء الجسد. استخدموا مفتاح الكريا السرّي وتعلموا الانطلاق إلى الروح الكوني.»

وقد شجع المعلم تلاميذه على اختلاف مشاربهم كي يتمسكوا بالقيم والممارسات التقليدية الطيبة لمعتقداتهم الخاصة. كان لاهيري مهاسايا يؤكد على طبيعة الكريا يوغا الشاملة كطريقة عملية للخلاص ثم يترك لتلاميذه الحرية في التعبير عن حياتهم بما يتناسب مع بيئتهم وتنشئتهم.

وكان يقول: «يجب على المسلم أن يؤدي فروض عبادته خمس مرات في اليوم، وأن يجلس الهندوسي في التأمل عدة مرات في اليوم، وأن يركع المسيحي عدة مرات يومياً، يصلي لله ثم يقرأ الكتاب المقدس.»

وبتمييز حكيم تمكن المعلم من توجيه مريديه في دروبهم، كل واحد حسب ميوله الطبيعية، سواء الإخلاص والحب الإلهي (بهاكتي) أو والعمل والنشاط (كارما) أو الحكمة (جنانا) أو اليوغا الملكية أو الشاملة (راجا). والمعلم الذي كان بطيئاً في إعطاء الإذن للمريدين الراغبين في الانخراط رسمياً في طريق النسك والرهبنة، كان ينبههم أولاً إلى ضرورة التفكير ملياً بما تنطوي عليه حياة النسك من تقشف وصرامة.

كما علّم المعلم العظيم تلاميذه أن يتحاشوا الحوارات النظرية حول الكتب المقدسة، وكان يقول: «الحكيم هو من يكرّس ذاته لإدراك، وليس فقط لقراءة، الإلهامات القديمة الموحى بها. حلّوا كل مشاكلكم عن طريق التأمل[١٣].

١٢ «ما أكثر ضروب الموت في أجسامنا! فهي لا يوجد فيها سوى الموت.»
مارتن لوثر "*Table Talk*"

١٣ «اطلب الحق في التأمل وليس في الكتب البالية. تطلع إلى السماء لرؤية القمر، وليس في المياه الراكدة.» – مثل فارسي.

استبدلوا التخمينات غير المجدية عن الله بالاتصال الفعلي به. نقّوا أفكاركم من ركام اللاهوت واسمحوا لمياه المعرفة المباشرة الشافية بالدخول إلى حياتكم. تناغموا مع الإرشاد الباطني الحقيقي واعلموا أن الصوت الإلهي لديه الحل لكل معضلة من معضلات الحياة. وإن كانت براعة الإنسان تورطه في متاعب تبدو لا نهاية لها فالعون الإلهي لا حدود له.»

وفي أحد الأيام تأكّد الحضور الكلي للمعلم لمجموعة من التلاميذ الذين كانوا يصغون إليه وهو يفسّر البهاغافاد غيتا. فبينما كان يشرح لهم معنى وعي المسيح كوتاستا تشايتانيا الحالّ في كل الخليقة الاهتزازية، شهق لاهيري مهاسايا فجأة وصاح قائلا:

«إنني أغرق في أجسام نفوس عديدة قبالة ساحل اليابان.»

وفي صباح اليوم التالي قرأ التلاميذ نبأ في إحدى الصحف عن أناس عديدين لقوا مصرعهم بسبب غرق سفينتهم في اليوم السابق بالقرب من اليابان. وكان العديد من تلاميذ لاهيري مهاسايا البعيدين على دراية بحضوره العطوف. وكان يواسي التلاميذ الذين لم يتمكنوا من الحضور لرؤيته قائلاً: «إنني دائماً مع الذين يمارسون الكريا. سأوجهكم إلى البيت الكوني من خلال مدركاتكم الروحية المتزايدة اتساعاً.»

وقد ذكر سري بهوبندرا نات سانيال[١٤]، أحد التلاميذ المتقدمين للمعلم العظيم، أنه إبان سني شبابه في عام ١٨٩٢ لم يتمكن من السفر إلى بنارس، فابتهل للمعلم طلباً للإرشاد الروحي، فظهر لاهيري مهاسايا أمام بهوبندرانات في الحلم ومنحه الديكشا (التكريس). بعد ذلك ذهب الفتى إلى بنارس وطلب تكريساً من المعلم، فأجابه لاهيري مهاسايا: «ولكنني كرّستك في الحلم فعلاً!»

وكان إن أهمل أحد التلاميذ واجباته الدنيوية يقوم المعلم بتصحيحه وتأديبه برفق ولطف.

وفي إحدى المرات قال لي سري يوكتسوار: «لقد كانت كلمات لاهيري مهاسايا رقيقة وشافية، حتى عندما كان يضطر أحياناً للإشارة علانية إلى أخطاء أحد التلاميذ.» ثم أضاف بتأسف: «لم يترك أي من التلاميذ حلقة معلمنا.» فلم أتمكن من منع نفسي من الضحك، لكنني في نفس الوقت أكدت لسري يوكتسوار صادقاً أن كل كلمة من كلماته – سواء قاسية أم لينة – كان

١٤ توفي سري سانيال سنة ١٩٦٢. (ملاحظة الناشر)

لها وقع الموسيقى العذبة على أذنيّ.

وقد صنّف لاهيري مهاسايا الكريا تصنيفاً دقيقاً ضمن أربع تكريسات[١٥] متتالية. ولم يمنح الدرجات الثلاث العليا إلا عندما يكون المريد قد أظهر تقدماً روحياً أكيداً. وذات مرة تذمّر أحد التلاميذ معتبراً أن استحقاقه لم يتم تقييمه على النحو الواجب، وقال للمعلم:

«سيدي، إنني بكل تأكيد مؤهل الآن للحصول على التكريس الثاني.»

وفي تلك اللحظة فُتح الباب لاستقبال تلميذ متواضع يدعى برندا بهاغات وكان ساعي بريد في بنارس. فابتسم له المعلم بمودة وقال له: «اجلس بجانبي يا برندا واخبرني: هل أنت مستعد للحصول على التكريس الثاني للكريا؟»

وضم ساعي البريد الصغير يديه وقال بقلق: «يا معلمي الملائكي، أرجوك ألّا تعطيني مزيداً من التكريسات، إذ لا يمكنني استيعاب أي تعاليم أرفع. لقد أتيت اليوم لأطلب بركاتك. فتكريس الكريا الأول غمرني بنشوة مقدسة بحيث لم أعد قادراً على توصيل الرسائل!»

فقال لاهيري مهاسايا: « إن برندا يعوم بالفعل في بحر الروح.»

وعندما سمع التلميذ الآخر كلمات لاهيري مهاسايا طأطأ رأسه وقال: «يا معلم، الآن اتضح لي أنني كنت عاملاً متهاوناً أجد العيب في الأدوات التي أستعملها.»

وفيما بعد تمكن ساعي البريد المتواضع، الذي كان غير متعلم، من تطوير بصيرته عن طريق الكريا بحيث كان العلماء يسعون إليه أحياناً ليفسر لهم بعض النقاط الغامضة في الأسفار المقدسة. وهكذا فقد أصبح برندا الصغير النقي السريرة ذائع الصيت واكتسب شهرة بين العلماء والمثقفين.

وبالإضافة إلى تلاميذ لاهيري مهاسايا العديدين من بنارس فقد كان مئات من التلاميذ الآخرين يأتون إليه من مناطق الهند النائية. وفي عدة مناسبات ذهب المعلم العظيم إلى البنغال في زيارة لحمويّ ولديه. وهكذا تقدست أرض البنغال بوجوده وأصبحت مكاناً للعديد من مجموعات الكريا الصغيرة، وعلى الأخص في منطقتي كريشنا ناغر وبشنوبور، حيث يحتفظ إلى اليوم العديد من المريدين الصامتين بتيار التأمل الروحي غير المنظور متدفقاً.

١٥ للكريا يوغا تشعبات عديدة، وقد ميّز لاهيري مهاسايا ببصيرته، واستخلص منها أربع درجات – تلك التي تمتلك أسمى قيمة عملية.

ومن بين العديد من القديسين الذين حصلوا على الكريا من لاهيري مهاسايا يمكن ذكر السوامي الذائع الصيت بهاسكاراننندا ساراسواتي من بنارس، وناسك ديوغار الرفيع القدر بالاننندا برهماتشاري. وفي وقت من الأوقات عمل لاهيري مهاسايا معلماً خاصاً لابن مهراجا بنارس اسواري نارايان سينها بهادور. وإذ أدرك المهراجا وابنه الانجاز الروحي للمعلم فقد طلبا منه أن يكرسهما في الكريا، مثلما فعل المهراجا جوتندرا موهان ثاكور.

وكان عدد من تلاميذ لاهيري مهاسايا من ذوي النفوذ والمكانة المؤثّرة قد رغبوا في توسيع دائرة الكريا عن طريق الإعلان عنها والترويج لها، لكن المعلم رفض التصريح لهم بذلك. غير أن أحد التلاميذ الذي كان الطبيب الملكي للورد بنارس شرع بمجهود منظم للإعلان عن المعلم باسم كاشي بابا (سيد بنارس الجليل)[١٦] ، لكن المعلم منعه أيضاً قائلًا:

«دع عبير زهرة الكريا يتضوع بطريقة طبيعية. إن بذور الكريا ستتأصل في تربة القلوب الخصبة روحياً.»

ومع أن المعلم العظيم لم يعتمد أسلوب الوعظ من خلال الوسائل الحديثة المعمول بها في المنظمات أو باستخدام المواد المطبوعة، لكنه كان يدرك أن قوة رسالته ستنطلق كالطوفان الذي لا يقاوَم وتغمر بقوتها ضفاف العقول البشرية. ونفوس المريدين التي تطهرت وتبدلت كانت الضمانات الأكيدة لحيوية الكريا الخالدة.

وفي عام ١٨٨٦، أي بعد خمسة وعشرين عاماً من تكريسه في رانخيت، أحيل لاهيري مهاسايا على التقاعد[١٧]. وإذ أصبح وجوده متاحاً للتلاميذ أثناء النهار فقد سعى إليه المريدون في أعداد متزايدة. وكان المعلم العظيم يجلس معظم الوقت بصمت، في وضعية اللوتس الهادئة. ونادراً ما كان يترك غرفته الصغيرة حتى ليتمشى أو للذهاب إلى ركن آخر من المنزل. وكان يأتيه سيل هادئ من التلاميذ، بلا انقطاع تقريباً، للحصول على الدارشان (التبرّك برؤية المعلم المقدسة).

١٦ ومن الألقاب الأخرى التي أطلقها عليه مريدوه: يوغي بار (أعظم اليوغيين)، ويوغي راج (ملك اليوغيين)، ومونيبار (أعظم القديسين). وقد أضفتُ إلى هذه الألقاب يوغافاتار (تجسّد اليوغا).

١٧ المدة الإجمالية التي خدم فيها كموظف في قسم واحد من الحكومة كانت ٣٥ عاماً.

ولدهشة جميع الناظرين كان مظهر لاهيري مهاسايا الجسدي ينبئ عن حالة فائقة تتمثل في عدم تنفسه وعدم نومه وتوقف نبضه وضربات قلبه، وعينيه الهادئتين اللتين لا ترمشان على مدى ساعات، مع هالة من السلام العميق. ولم يغادره أي من الزائرين دون ارتقاء بالروح. وكان الجميع يشعرون أنهم حصلوا على بركة صامتة من أحد رجال الله الحقيقيين.

وسمح المعلم لتلميذه بنشانون بهاتشاتشاريا بفتح مركز يوغا في كلكتا باسم «معهد آريا للمهام والخدمات». وقد قام المركز بتوزيع بعض الأدوية اليوغية المستخرجة من الأعشاب الطبية[١٨]، كما قام بنشر أولى طبعات البهاغافاد غيتا بالبنغالية بسعر معقول. وقد وجدتْ طبعة Arya Mission Gita باللغتين الهندية والبنغالية طريقها إلى الآلاف من المنازل.

وطبقاً للتقليد القديم كان لاهيري مهاسايا يعطي للناس بشكل عام زيت النيم[١٩] لشفاء العديد من الأمراض. عندما كان المعلم يطلب من أحد التلاميذ تقطير الزيت كانت العملية تتم بسهولة. ولكن إن حاول شخص آخر القيام بالتقطير كان يصادف صعوبات غريبة، إذ كان يجد أن الزيت قد تبخر بالكامل تقريباً بعد أن يمر في عمليات التقطير المطلوبة. ومن الواضح أن بركة المعلم كانت إحدى المكونات اللازمة.

١٨ رسائل الطبابة الهندوسية تدعى (آيورفيدا). الأطباء الفيديون استخدموا أدوات جراحة دقيقة، واستعملوا الجراحة التجميلية، وعرفوا كيفية إبطال مفعول الغازات السامة، وأجروا عمليات قيصرية، وقاموا بعمليات جراحية للدماغ. وكانوا ماهرين في جعل الأدوية ذات فعالية. وقد اقتبس أبقراط (القرن الرابع قبل الميلاد) الكثير من مواده الطبية *materia medica* من مصادر هندوسية.

١٩ يُستحضر زيت النيم من شجرة المارغوزا التي تنمو في مناطق الهند الشرقية. والقيمة الطبية لهذه الشجرة أصبحت معروفة في الغرب حيث تستعمل قشرتها المُرة كعقار منشط. ويتم إعطاء زيت بذورها وثمارها لعلاج البرص وأمراض أخرى.

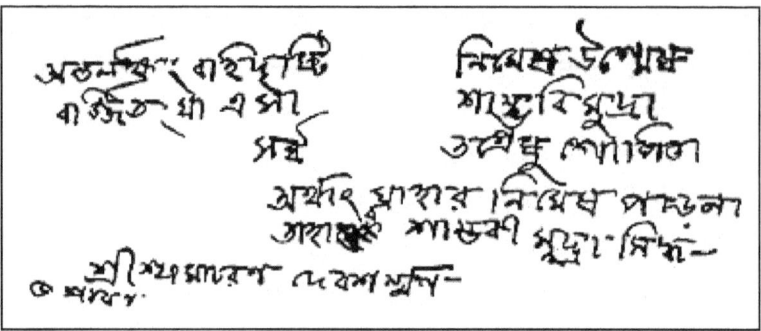

الشكل أعلاه يبين خط لاهيري مهاسايا وتوقيعه بالبنغالية. وفي هذه السطور التي أرسلها إلى أحد التلاميذ يشرح المعلم العظيم فقرة سنسكريتية مفادها «إن من بلغ السكينة التي لا ترمش معها جفونه يكون قد بلغ حالة سمبهابي مودرا»[٢٠]

[التوقيع أسفل اليسار]: «سري شياما تشاران ديفا شرمان»

وكالعديد من الأنبياء العظام لم يدوّن لاهيري مهاسايا نفسه كتباً، بل درب تلاميذ عديدين من خلال شروحاته للنصوص المقدسة. وقد كتب صديقي الراحل سري أناندا موهان لاهيري، حفيد المعلم، ما يلي:

«إن البهاغافاد غيتا وفصول أخرى من ملحمة المهابهاراتا تتضمن عدة نقاط معقّدة (فياس-كوتاس). ونحن إن تركنا تلك النقاط دون شرح نفقد علماً

٢٠ سمبهابي مودرا تعني تثبيت النظر على النقطة التي بين الحاجبين. فعندما يبلغ اليوغي مرحلة معينة من السلام العقلي بحيث لا ترف أو ترمش جفونه، يكون عندئذ مستغرقاً في العالم الباطني.

تشير المودرا («الرمز») عادة إلى حركة أو إيماءة طقسية *ritual* بالأصابع أو اليدين. العديد من هذه المودرات تستجلب الهدوء من خلال التأثير الذي تحدثه على بعض الأعصاب. والرسائل الهندوسية القديمة تصنف بدقة الـ ٧٢٠٠٠ ممر عصبي *nadis* في الجسد، وتحدد علاقة تلك الممرات بالعقل. ولذا فإن المودرات *mudras* المستخدمة في اليوغا والعبادة هي ذات أساس علمي. كما أن للصور أو الرموز التقليدية في الهند لغة خاصة بها، مفصلة ومستفيضة.

حفظته الهند بصبر فوق طاقة البشر على مدى آلاف السنين من التجريب والاختبار[٢١].

لقد شرح لاهيري مهاسايا، بعيداً عن التعابير المجازية والرموز، علم الدين الذي تم تغليفه وحجبه بمهارة عن الأنظار خلف ستار من الأحاجي والصور الكتابية. وطقوس العبادة الفيدية التي كانت تبدو شعوذات وكلمات لا معنى لها أثبت المعلم أنها تزخر بالفوائد العلمية.

«إننا نعلم أن الإنسان غالباً ما يضعف أمام الشهوات الشريرة، لكن هذه الشهوات تصبح واهنة واهية ولا يحس الإنسان برغبة الانغماس فيها عندما يختبر وعياً من الغبطة السامية والدائمة عن طريق الكريا يوغا. وهنا يتزامن ترك الملذات الجسدية ومقاومة الإغراءات الوضيعة مع اختبار الغبطة. وبدون هذا النهج تظل الأوامر والنواهي الأخلاقية محصورة في السلبيات وتكون عديمة الجدوى بالنسبة لنا.

«اللانهائي هو بحر القوى الكونية الذي يكمن خلف كل المظاهر والظواهر. ورغبتنا في النشاطات الدنيوية تقتل فينا الشعور بالدهشة الروحية. ولأن العلم يبين لنا كيفية استخدام قوى الطبيعة فإننا نعجز عن إدراك الحياة العظمى خلف كل الصور والمسميات. واعتيادنا على الطبيعة جعلنا نستهين بأسرارها النهائية. وعلاقتنا بها هي علاقة عمل. ونحن نضايقها – إذا جاز التعبير – لاكتشاف الطرق التي يمكننا من خلالها إكراهها على خدمة أغراضنا الذاتية. إننا نستخدم طاقاتها التي لا يزال مصدرها مجهولاً بالنسبة لنا. وعلاقتنا بالطبيعة من الناحية العلمية هي أشبه ما تكون بعلاقة رجل متعجرف مع

٢١ «هناك عدد من الأختام التي تم استخراجها حديثاً من أماكن أثرية في وادي الاندوس يعود تاريخها إلى الألف الثالث قبل الميلاد. وهي تبيّن أشكالاً في وضعيات تأملية ما زالت تستعمل حتى هذا اليوم في نظام اليوغا، مما يبعث على الاستنتاج أن بعض مبادئ اليوغا الأساسية كان معروفاً في ذلك العهد. كما أننا لا نخطئ إن استنتجنا أن التأمل المنهجي، بمعونة طرق وأساليب مدروسة، كان يُمارس في الهند منذ خمسة آلاف سنة.» هذه الفقرة مقتبسة من مقال للبروفيسور دبليو. نورمان براون *W. Norman Brown* في نشرة المجلس الأمريكي للجمعيات العلمية في واشنطن العاصمة *Bulletin of the America Council of Learned Societies*.

ومع ذلك فإن الكتب الهندوسية المقدسة تفيد بأن علم اليوغا قد عُرف في الهند منذ أزمنة غابرة لا يمكن حصرها.

خادمه. أو بمعنى فلسفي هي كالأسير في قفص الاتهام. فنحن نستجوبها ونتحداها ونمحص أدلتها بدقة في موازين بشرية لا يمكنها قياس قيمها الخفية.

«ومن ناحية أخرى، حينما تكون النفس على توافق واتصال بقوة أسمى تمتثل الطبيعة تلقائياً لإرادة الإنسان دون ضغط أو إجهاد. وهذا التحكم السهل بالطبيعة يدعوه الشخص المادي الذي يفتقر للإدراك 'عملاً معجزاً'.

«إن حياة لاهيري مهاسايا هي نموذج غيّر الفكرة الخاطئة عن اليوغا بأنها ممارسة غامضة. إذ بالرغم من واقعية العلم الطبيعي، يمكن لكل إنسان أن يجد طريقة بواسطة الكريا يوغا لفهم علاقته الصحيحة بالطبيعة والشعور بالاحترام الروحي لكل الظواهر[٢٢] سواء كانت غامضة أم حدثاً يومياً. ويجب أن ندرك أن ما كان غامضاً منذ ألف عام لم يعد كذلك الآن، والأمور الغامضة اليوم قد تصبح مفهومة بعد بضع سنين من الآن.

«إن علم الكريا يوغا هو أزلي أبدي ودقيق كالرياضيات. وكمسائل الجمع والطرح البسيطة، فان قانون الكريا لا يمكن أن يفنى. فإن أحرقت كل كتب الرياضيات وأحلتها إلى رماد، سيتمكن ذوو العقول المنطقية دوماً من إعادة اكتشاف تلك الحقائق. وبالمثل، إن أخفيت كل كتب اليوغا، فإن مبادئها الأساسية ستعاود الظهور حينما يظهر حكيم مخلص كل الإخلاص وبالتالي يمتلك معرفة نقية وفهماً صادق.»

وكما أن باباجي هو أحد أعظم التجسدات الإلهية (مهافاتار)، ويمكن أن يدعى سري يوكتسوار بحق تجسداً للحكمة (جنانافاتار)، هكذا كان لاهيري مهاسايا تجسداً لليوغا (يوغافاتار)[٢٣].

لقد تمكن المعلم العظيم من رفع المستوى الروحي للمجتمع من الناحيتين الكمية والكيفية. ونظراً لقدرته الفائقة على رفع مستوى تلاميذه المقربين إلى

٢٢ يقول الفيلسوف كارليل *Carlyle* في سارتور ريسارتوس *Sartor Resartus*: «إن الإنسان الذي لا يندهش وليس من عادته أن يندهش (وأن يتعبد) هو ليس سوى زوج من النظارات دون عينين خلفهما، حتى ولو كان رئيساً للعديد من الجمعيات الملكية، وكان يحمل...نتائج كل المختبرات وكل المراصد الفلكية في رأسه.»

٢٣ كان سري يوكتسوار قد أشار إلى تلميذه برمهنسا يوغانندا بأنه [أي برمهنسا يوغانندا] تجسيد للحب الإلهي. وبعد انتقال برمهنساجي من هذا العالم أطلق عليه تلميذه الأكبر راجارسي جاناكانندا (جيمس جيه. لين) رسمياً لقب بريمافاتار أو الحب الإلهي المتجسّد. (ملاحظة الناشر)

مقامات عليا كمنزلة المسيح، ونشره للحقيقة بين الجماهير على نطاق واسع، يُعتبر لاهيري مهاسايا أحد مخلصي البشرية.

وتكمن فرادته كنبي في تأكيده العملي على طريقة محددة وواضحة هي الكريا. وبذلك فتحَ ولأول مرة أبواب الحرية عن طريق اليوغا لكافة الناس. وبالإضافة إلى معجزات حياته الخاصة فقد بلغ اليوغافاتار (لاهيري مهاسايا) قمة العجائب بتبسيطه الطرق والأساليب اليوغية القديمة المعقدة وجعلها سهلة، فعّالة، وفي متناول الإنسان العادي.

وبخصوص المعجزات، غالبا ما كان لاهيري مهاسايا يقول: «القوانين الشفافة غير المعروفة عادة لعامة الناس ينبغي عدم بحثها علناً أو نشرها دون تبصر.»

فإن بدا أنني خالفتُ كلماته التحذيرية على هذه الصفحات فلأنه أعطاني تطميناً داخلياً. ومع ذلك، في تدويني لسيرة باباجي ولاهيري مهاسايا وسري يوكتسوار فقد رأيت أنه من الملائم حذف بعض القصص المعجزة التي يتعذر إدراجها هنا دون أن أقوم أيضاً بوضع كتاب لتوضيح مسائل فلسفية غامضة.

وكيوغي ورب عائلة، فقد أتى لاهيري مهاسايا برسالة عملية ملائمة لمستلزمات العصر الحديث. فالظروف الاقتصادية والدينية للهند القديمة لم تعد سائدة في هذا العصر. ولذلك لم يشجع المعلم العظيم النموذج القديم لليوغي كناسك يتجول بوعاء تسول، بل أكد بالأحرى على المزايا التي تعود على اليوغي من كسب رزقه بنفسه حتى لا يكون عالة على مجتمع مرهق، وأن يمارس اليوغا في خلوة بيته. وقد أيد لاهيري مهاسايا هذه النصيحة بالقوة المشجعة المتمثلة في أسلوب حياته الخاصة كمثال يُحتذى، وبذلك كان نموذجاً عصرياً «مبسّطاً» لليوغي. وكان القصد من طريقة حياته التي رسمها له باباجي أن تكون دليلاً لليوغيين الطموحين في جميع أنحاء العالم.

أمل جديد لأناس عصريين! إذ أعلن اليوغافاتار أن «الاتحاد الإلهي يمكن تحقيقه بالمجهود الذاتي، ولا يعتمد على المعتقدات اللاهوتية أو على إرادة تعسفية لدكتاتور كوني.»

وباستخدام مفتاح الكريا فإن الذين لا يمكنهم أن يؤمنوا بألوهية أي إنسان، سيبصرون في النهاية الألوهية الكاملة لأنفسهم.

**بانشانون بهاتاتشاريا**
تلميذ لاهيري مهاسايا

الفصل ٣٦

# اهتمام باباجي بالغرب

«يا معلم، هل قابلت باباجي في حياتك؟»

وجّهت هذا السؤال إلى معلمي في إحدى ليالي الصيف الهادئة في صومعة سيرامبور. وكانت النجوم الكبيرة للمنطقة الاستوائية تومض فوق رؤوسنا وأنا أجلس بجوار سري يوكتسوار في شرفة الطابق الثاني للصومعة.

ابتسم المعلم لسؤالي المباشر وأضاءت عيناه ببريق التبجيل والإجلال وقال:

«نعم، لقد بوركت ثلاث مرات برؤية المعلم الخالد. لقد كان لقاؤنا الأول في مدينة الله أباد خلال أحد احتفالات كومبه ميله *Kumbha Mela*.»

الاحتفالات الدينية التي تقام في الهند منذ زمن بعيد تعرف باسم كومبه ميلا. وقد ساعدتْ على إبقاء المثل والأهداف الروحية ماثلة على الدوام أمام أعين الجماهير. فالمتعبدون الهندوس يحتشدون بالملايين كل اثنتي عشرة سنة لمقابلة السادهويين *sadhus* واليوغيين والسواميين والمتقشفين من كل الأطياف والأصناف. وكثير من النساك الذين نادراً ما يتركون خلواتهم يحضرون مناسبات الميله[1] لمنح بركاتهم للعلمانيين من رجال ونساء.

وتابع سري يوكتسوار حديثة: «لم أكن سوامياً *swami* عندما التقيت بباجي مع أنني كنت قد حصلت بالفعل على تكريس الكرِيامن لاهيري مهاسايا الذي شجعني على حضور الأعياد في يناير/كانون ثاني من عام ١٨٩٤ في مدينة الله أباد. وكانت تلك هي المرة الأولى التي أحضر فيها احتفالات الكومبه تلك فأصبت ببعض الذهول لصخب وضجيج الجماهير الحاشدة المندفعة. ونظرت حولي بحثاً عن وجهٍ لمعلم مستنير لكن دون جدوى. وعندما اجتزت أحد الجسور على ضفة نهر الغانج رأيت بالقرب مني أحد معارفي واقفاً وبيده الممدودة وعاء للتسول، فخاب ظني وقلت في نفسي:

«'هذه الاحتفالات هي خليط متنافر من الفوضى والمتسولين، وهل يعقل

١ راجع الصفحة ٤٧٥ حاشية.

أن لا يكون علماء الغرب – الذين يعملون بصبر وأناة لتوسيع دائرة العلم لصالح وخير البشرية – أكثر قبولاً في نظر الله من هؤلاء المتسكعين الذين يمارسون الدين وأفكارهم محصورة في الصدقات؟'

«وانقطعت تأملاتي الذاتية حول الإصلاح الاجتماعي عندما اقترب مني ناسك وقف أمامي وقال:

«'سيدي، إن قديساً يناديك.'

«سألته: 'ومن هو؟'

«أجاب: 'تعال وشاهده بنفسك.'

«وبتردد عملت بنصيحته المقتضبة. وبعد قليل وجدت نفسي بالقرب من شجرة تظلل أغصانها معلماً مع مجموعة جذابة من التلاميذ. وكان المعلم مشرق الطلعة بشكل غير اعتيادي، ذا عينين داكنتين، وقد هبّ واقفاً لدى اقترابي منه فعانقني وقال بمودة:

«'أهلاً بحضرة السوامي!'

«فأجبته بشكل قاطع: 'سيدي، أنا لست سوامياً.'

«فخاطبني القديس بكلمات بسيطة إنما مُقْنِعة لأنها ترنّ بنغمة الحقيقة:

«'إن الذين أطلق عليهم لقب سوامي بتوجيه إلهي، لا يتخلون عن ذلك اللقب أبداً.'

«وعلى الفور غمرتني موجة من البركة الروحية. وإذ ابتسمت لصعودي الفجائي إلى النظام الرهباني القديم[٢] انحنيت عند قدمي الكائن الملائكي العظيم الذي بدا بصورة بشرية ومنحني هذا الشرف.

«وأومأ إليّ باباجي – إذ بالفعل كان هو ذاته – كي أجلس بالقرب منه تحت الشجرة. كان ذا بنية قوية وشاباً، وبدا كأنه لاهيري مهاسايا. وهذا التماثل لم يخطر ببالي [أثناء لقائي معه] مع أنني سمعت مرات عديدة عن الشبه غير العادي بين مظهريّ هذين المعلمين. فباباجي يملك قوة يستطيع بواسطتها منع أية فكرة من أن تتولد في عقل أي شخص. ومن الواضح أن المعلم العظيم أرادني أن أكون طبيعياً تماماً في حضرته، وألاّ أصاب بالرهبة بسبب معرفتي لهويته.

٢ حصل سري يوكتسوار فيما بعد على التكريس رسمياً في سلك السوامي على يدي ماهانت (رئيس صومعة) بودهاغايا في بيهار.

## اهتمام باباجي بالغرب

«وسألني باباجي: 'ما رأيك في احتفالات الكومبه ميلا؟'

«فأجبته: 'لقد خاب ظني بها كثيراً يا سيدي'. ثم أضفت مستدركاً على الفور: 'لغاية اللحظة التي قابلتك فيها. فعلى ما يبدو أن القديسين لا تربطهم صلة بهذا الاهتياج والضجيج.'

«فقال المعلم: 'يا بني (مع أن عمري كان ضعف عمره تقريباً)، لا تدن الجميع بسبب أخطاء العديدين. فكل ما في هذا العالم ذو طبائع مختلفة ومختلطة كاختلاط حبات الرمل بذرات السكر. فكن مثل النملة الحكيمة التي تختار السكر وتترك الرمل دون أن تمسّه. فمع أن العديد من السادهويين ما زالوا يعيشون في دنيا الوهم، غير أن الاحتفالات قد تباركت ببعض الأشخاص العارفين بالله.'

«وعلى ضوء لقائي الشخصي مع هذا المعلم العظيم، وافقت فوراً على قوله وعلّقت قائلاً:

«'سيدي، كنت أفكر بمشاهير علماء الغرب الذين يفوقون إلى حد كبير معظم المحتشدين هنا من حيث النباهة والذكاء. فهؤلاء العلماء الذين يعيشون في أوروبا وأمريكا النائيتين يعتنقون عقائد مختلفة ويجهلون القيمة الفعلية لمثل هذه الأعياد. هؤلاء يمكنهم الاستفادة كثيراً من لقائهم بمعلمي الهند. ومع أن العديد من الغربيين حققوا مستويات عليا من التحصيل العقلي لكنهم يدينون بمذاهب مادية بحتة. وآخرون مشهورون في ميادين العلم والفلسفة لا يعترفون بالوحدة الجوهرية للأديان، وعقائدهم هي بمثابة حواجز منيعة يصعب تخطيها، وتهدد بانفصالهم الدائم عنا.'

«وأشرق وجه باباجي استحساناً وقال: 'رأيت أنك مهتم بالغرب إلى جانب اهتمامك بالشرق. لقد شعرتُ بغصات قلبك الذي يتسع لكل الناس، ولهذا السبب بالذات طلبت مجيئك إلى هنا.

«'على الشرق والغرب أن يؤسسا طريقاً ذهبياً وسطاً يجمع بين النشاط المادي والروحانية. فالهند بحاجة لأن تتعلم الكثير من التقدم المادي، وفي المقابل يمكنها تلقين الغرب الأساليب العالمية التي تجعله قادراً على بناء معتقداته الدينية على الأسس الراسخة لعلم اليوغا.

«'وأنتَ يا سواميجي [يا حضرة السوامي] ستقوم بلعب دور في التبادل التوافقي المرتقب بين الشرق والغرب. بعد سنوات من الآن سأرسل إليك تلميذاً تقوم بتدريبه من أجل نشر اليوغا في الغرب. فالاهتزازات الصادرة

هناك عن العديد من نفوس الباحثين تأتيني كالسيل الدافق. وإنني أدرك أن هناك قديسين محتملين في أوروبا وأمريكا بانتظار الاستيقاظ.'»

عند هذه النقطة من حكايته نظر سري يوكتسوار في عينيّ وقال وهو يبتسم في ضوء القمر الساطع:

«يا بني، أنت هو التلميذ الذي وعد باباجي منذ أعوام بأن يرسله إليّ.»

سعدت لأن أعلم أن باباجي هو الذي وجّه خطواتي إلى سري يوكتسوار، ومع ذلك فقد كان من الصعب عليّ أن أتصور وجودي في الغرب البعيد، بعيداً عن معلمي الحبيب وعن سلام الصومعة البسيط.

وتابع سري يوكتسوار القول: «بعد ذلك تحدث باباجي عن البهاغافاد غيتا، ولدهشتي، أشار ببضع عبارات من الثناء إلى أنه على علم بأنني قمت بوضع تفسيرات لعدة فصول من الغيتا، وقال المعلم العظيم:

«'يا سواميجي، أرجو أن تقوم بعمل آخر بناء على طلبي فتضع كتاباً موجزاً تبين فيه التوافق المشترك بين الأسفار المقدسة لكل من المسيحيين والهندوس لأن الوحدة الأساسية لتلك الأسفار هي الآن محجوبة بسبب خلافات البشر الطائفية. وضّح بالاستعانة بمراجع متوازية أن أبناء الله الملهمين قد نطقوا بنفس الحقائق.'

«وأجبته بحياء: 'يا مهراج[3]، إنه أمر صعب للغاية! فهل باستطاعتي تنفيذه؟'

«فضحك باباجي ضحكة لطيفة وقال مُطَمْئِناً: 'لماذا تراودك الشكوك يا بني؟ ولأجل من هذا العمل؟ ومن هو القائم بكل الأعمال؟ إن ما يجعلني الله أنطق به لا بد أن يتجسّد كحقيقة على أرض الواقع.'

«واعتبرت نفسي قادراً بفضل بركات القديس، فقبلت بأن أدوّن الكتاب. وإذ شعرت بقرب ساعة الوداع نهضت على مضض من مقعدي المصنوع من أوراق الشجر.

«وسألني المعلم: 'هل تعرف لاهيري؟ إنه نفس عظيمة، أليس كذلك؟ أخبره عن لقائنا هذا.'

«ثم طلب مني أن أنقل رسالة إلى لاهيري مهاسايا.

«وبعد أن انحنيت أمامه بتواضع مودّعاً، ابتسم لي القديس بلطف ووعدني

٣ الملك العظيم، وهو لقب تبجيلي.

قائلاً: 'عندما تنتهي من كتابك سأقوم بزيارتك. أما الآن ففي أمان الله.'

«في اليوم التالي غادرت الله أباد وتوجهت بالقطار إلى بنارس. ولدى وصولي إلى منزل معلمي أخبرته بلهفة بقصة القديس العجيب الذي قابلته في احتفالات الكومبه ميلا.

«فقال لاهيري مهاسايا وعيناه تتراقصان بابتسامة: 'ألم تتعرف عليه؟ أرى أنك لم تتمكن من معرفته لأنه منعك من ذلك. إنه معلمي باباجي السماوي الذي لا نظير له!'

«فرُحتُ أردد وقد أُصبت بالذهول: 'باباجي! باباجي اليوغي – المسيح باباجي! باباجي المخلّص المنظور المحتجب! آه، يا ليتني أقدر على استعادة الماضي وأكون مرة ثانية في حضرته كي أظهر إخلاصي ومحبتي التعبدية عند قدميه اللوتسيتين!'

«فأجابني لاهيري مهاسايا مواسياً: 'لا بأس. فهو قد وعد بأن يراك ثانية.'

«وقلت: 'يا سيدي الملائكي، لقد حمّلني المعلم الإلهي رسالة إليك. إذ قال لي: «أخبر لاهيري بأن الطاقة المختزنة لحياته هذه هي الآن آخذة في التناقص، وقد أصبحت على وشك النفاد.'»

«وما أن نطقت هذه الكلمات المبهمة حتى ارتجف جسم لاهيري مهاسايا كما لو مسّته صاعقة برق. وعلى الفور صار كل ما حوله ساكناً، وقد أصبح محياه الباسم جاداً بكيفية يصعب تصديقها. وشحُب جسمه وصار كتمثال خشبي مثبت في مكانه دون حراك. وقد أصبت بالرهبة والحيرة لأنني لم أرَ أبداً من قبل هذه النفس السعيدة في مثل هذه الجدية المهيبة. وراح الأتباع الحاضرون ينظرون إليه بقلق وتوجس.

«انقضت ثلاث ساعات في صمت على هذا النحو. بعد ذلك استعاد لاهيري مهاسايا طبيعته المرحة، وتحدث بمودة إلى كل واحد من تلاميذه فتنفس الحاضرون الصعداء وشعر الجميع بالارتياح.

«ومن ردة فعل معلمي أدركت أن رسالة باباجي كانت إشارة واضحة له بأنه سيفارق جسده عما قريب. أما صمته العجيب فقد كان دليلاً على أنه استطاع التحكم الفوري بكيانه وبأنه قطع الخيط الأخير الذي كان يربطه بهذا العالم المادي وانطلق إلى ذاته الخالدة في الروح الإلهي. وكانت ملاحظة باباجي طريقته في القول له: 'سأكون معك دائماً وأبداً.'

«ومع أن باباجي ولاهيري مهاسايا كانا عليمين بكل شيء ولا حاجة لهما

للتواصل مع بعضهما سواء عن طريقي أو من خلال وسيلة أخرى، غير أن العظماء غالباً ما يتنازلون لتمثيل دور ما في الدراما البشرية. وفي بعض الأحيان ينقلون نبوءاتهم عن طريق رسل آخرين بطريقة عادية، حتى يوقظ تحقيق كلماتهم قدراً أكبر من الإيمان المقدس في مجموعة أكبر من الناس الذين يعلمون القصة.»

وواصل سري يوكتسوار حديثه: «بعد ذلك بقليل غادرت بنارس وبدأت العمل في سيرامبور على الأسفار المقدسة حسبما طلب باباجي. وما أن باشرت عملي حتى شعرت بالإلهام لنظم قصيدة مهداة إلى المعلم الخالد باباجي. وكانت السطور الرخيمة تنساب من قلمي دون مجهود، مع أنني لم أحاول من قبل نظم الشعر باللغة السنسكريتية!

«وفي سكينة الليل انهمكت بعقد مقارنات بين الإنجيل وأسفار ساناتان دهارما المقدسة[٤]. وإذ اقتبستُ كلمات السيد المبارك يسوع فقد بيّنت أن تعاليمه تتفق في جوهرها مع تعاليم الفيدا. وبنعمة البارام غورو (معلم معلمي)[٥] فقد أكملت كتابي العلم المقدس[٦] *The Holy Science* في وقت قصير.

٤ المعنى الحرفي لكلمة ساناتان دهارما هو «الديانة الخالدة»، وهو الاسم الذي أُعطي لمجموعة التعاليم الفيدية. وقد أصبحت تعرف بـ الهندوسية لأن الاغريق الذين غزوا شمال غرب الهند بقيادة الاسكندر الكبير أطلقوا على الشعب الذي يعيش على ضفاف نهر الاندوس اسم هندوس. وكلمة هندوس بالمعنى الصحيح تشير إلى أتباع ساناتان دهارما أو الهندوسية. أما اسم الهنود فيطلق على الهندوس والمسلمين وغيرهم من سكان الهند. (كما تشير الكلمة – بسبب الخطأ الجغرافي لكولومبس – إلى هنود أمريكا من أصل منغولي).

والاسم القديم للهند هو آريافارتا أي مستقر الآريين. ومعنى الجذر السنسكريتي آريا هو «مُستأهل ومقدس ونبيل». والاستعمال الإثنولوجي المتأخر لكلمة آري هو غير صحيح لأنه يشير إلى صفات مادية وليست روحية، مما دفع المستشرق الكبير ماكس موللر للقول مستغرباً: «بالنسبة لي فإن عالِم الإنثولوجيا الذي يتحدث عن العرق الآري، والدم الآري، والعيون الآرية، والشعر الآري يقترف خطأً جسيماً كالذي يتحدث عن قاموس مستطيل الرأس أو كتاب قواعد قصير الرأس.

٥ بارام غورو تعني معلم المعلم. وهكذا فإن باباجي معلم لاهيري مهاسايا هو بارام غورو سري يوكتسوار. مهافاتار باباجي هو المعلم الأسمى لخط المعلمين الهنود الذين يتولون مسؤولية الرعاية الروحية لكل تلاميذ SRF-YSS الذين يمارسون الكريا يوغا بأمانة وإخلاص.

٦ الآن من منشورات *Self-Realization Fellowship*، لوس أنجلوس، كاليفورنيا.

«في الصباح التالي للانتهاء من مجهوداتي الأدبية توجهت إلى الراي غات هنا للاستحمام في مياه الغانج. كان المكان خالياً من الناس فوقفت لبعض الوقت بهدوء مستمتعاً بالسلام في ضوء الشمس. وبعد غطسة في المياه المشعشعة انطلقت متجهاً إلى منزلي. والصوت الوحيد الذي تخلل السكون كان حفيف ملابسي المبللة بالماء مع كل خطوة من خطواتي. وما أن اجتزت موقع شجرة البانيان (التين) الكبيرة بالقرب من شاطئ النهر حتى شعرت بدافع قوي يستحثني لأنظر إلى الخلف. فرأيت هناك تحت شجرة البانيان الظليلة باباجي العظيم جالساً ويحيط به عدد قليل من مريديه!

«ورن الصوت العذب للمعلم مؤكداً لي أنني لا أحلم قائلاً: 'مرحباً يا سواميجي! أرى أنك أتممت كتابك بنجاح، وكما وعدتك فقد جئت لأشكرك.'

«وبقلب شديد الخفقان انبطحت عند قدميه بشكل كامل وقلت متضرعاً: 'سيدي الجليل، هلّا شرفتني مع تلاميذك بالحضور إلى منزلي القريب من هنا؟'

«لكن السيد الأعظم اعتذر عن القبول وقال وهو يبتسم: 'لا يا بني. فنحن جماعة نحب ظل الشجر، وهذه البقعة مريحة تماماً لنا.'

«فتطلعت إليه وقلت متوسلاً: 'انتظر بعض الوقت يا معلم وسأعود على الفور ببعض الحلوى الخاصة.'[٧]

«وعندما عدت بعد دقائق أحمل صينية من الحلوى وجدت شجرة البانيان الوارفة ولم أجد الكوكبة الملائكية تحتها. بحثت في كل مكان قرب الضفة، لكن قلبي أخبرني بأن المجموعة الصغيرة قد انطلقت على أجنحة أثيرية.

«تألمتُ كثيراً وقلت بيني وبين نفسي: 'لن أهتم بالتحدث إلى باباجي حتى ولو التقينا ثانية. فهو كان قاسياً عندما تركني فجأة.' وبالطبع تلك كانت غضبة حب ليس أكثر!

«بعد بضعة شهور زرت لاهيري مهاسايا في بنارس، وما أن دخلت حجرته الصغيرة حتى تبسم معلمي مرحّباً بي وقال:

«'أهلاً يوكتسوار. هل قابلت للتو باباجي عند عتبة غرفتي؟'

«فأجبته مندهشاً: 'لا. لم أقابله.'

«فقال: 'تعال، اقترب مني.' ولمس لاهيري مهاسايا جبيني بلطف

٧ عدم تقديم وجبة خفيفة للمعلم الروحي تعتبر في الهند قلة احترام.

فأبصرت على الفور شكل باباجي قرب الباب متألقاً كزهرة لوتس في منتهى الروعة. عندها تذكرت جرحي الماضي ولم أنحنِ أمامه. فنظر إليّ لاهيري مهاسايا بدهشة.

«رمقني المعلم الأقدس باباجي بنظرة عميقة وقال: 'إنك منزعج مني.'

«فأجبته: 'ولماذا لا أنزعج؟ فأنت من الهواء أتيت مع مجموعتك السحرية وفي الهواء الشفاف اختفيتم!'

«وضحك باباجي بهدوء وقال: 'صحيح أنني وعدت بأن أراك لكنني لم أحدد الفترة التي سأقضيها معك. لقد كنتَ مملوءاً دهشة، وباستطاعتي أن أؤكد لك بأنني تلاشيت في الأثير بفعل عاصفة اضطرابك.'

«وقنعت على الفور بهذا التفسير الواقعي وركعت عند قدميه. فربتَ المعلم الأسمى على كتفي وقال: 'يا بني، يجب أن تتأمل أكثر. فنظرتك ما زالت غير خالية من اللوم والعتاب. إنك لا تستطيع رؤيتي محتجباً خلف نور الشمس!' وبهذه الكلمات، وبصوت كنغم ناي سماوي تلاشى باباجي في البهاء المحتجب.»

وختم سري يوكتسوار حديثه بالقول: «تلك كانت إحدى زياراتي الأخيرة إلى بنارس لرؤية معلمي. ومثلما تنبأ باباجي في احتفال كومبه ميلافإن تجسد رب الأسرة لاهيري مهاسايا كان يوشك على النهاية. ففي صيف عام ١٨٩٥ ظهرت على جسمه القوي بثرة صغيرة فوق ظهره، فرفض استئصالها جراحياً لأنه كان يستهلك في جسده نتائج الأفعال الشريرة لبعض مريديه. ولما ألح تلاميذه عليه خاطبهم المعلم بعبارة غامضة قائلاً: 'لا بد للجسم من أن يجد وسيلة للرحيل. سأوافق على ما ترغبون فعله.'

«وبعد ذلك بوقت قصير غادر المعلم الفائق جسده في بنارس، ولم يبق بعد ذلك ما يدعوني للذهاب إليه في غرفته الصغيرة. فإنني أجد أن كل يوم من أيام حياتي طافحاً ببركات وإرشاد المعلم الكلي الحضور.»

وبعد سنوات سمعت مباشرة من سوامي كيشابانندا[٨] – وهو تلميذ متقدم للمعلم – تفاصيل مدهشة عن انتقال لاهيري مهاسايا إلى الرفيق الأعلى، قال:

«قبل أن يفارق معلمي جسده بأيام قليلة تجسّد أمامي وأنا أجلس للتأمل في صومعتي في هردوار، وخاطبني قائلاً: 'تعالَ على الفور إلى بنارس!'

٨ تم وصف زيارتي لصومعة كيشابانندا على الصفحات ٤٨٠ إلى ٤٨٤.

اهتمام باباجي بالغرب

ثم اختفى.

«سافرت حالاً إلى بنارس فوجدت جمعاً حاشداً من التلاميذ. وعلى مدى ساعات من ذلك اليوم[٩] شرح المعلم الغيتا ثم خاطبنا ببساطة قائلاً: 'إنني عائد إلى البيت.'

«وانطلقتْ تنهداتنا وزفرات حسرتنا كسيل لا يقاوَم. فقال: 'تعزّوا فأنا سأقوم ثانية. وبعد أن نطق هذه الكلمات نهض لاهيري مهاسايا من مقعده وأدار جسده ثلاث مرات في حركة دائرية، ثم جلس في وضعية اللوتس باتجاه الشمال، ودخل بروعة وجلال حالة الماهاسمادهي.»[١٠]

وواصل كيشابانندا قصته قائلاً: «تم حرق جسد لاهيري مهاسايا الجميل والمحبب كثيراً للمريدين حسب الطقوس الجليلة لرب الأسرة في منطقة مانيكرنكاغات بجانب الغانج المقدس. في اليوم التالي وفي الساعة العاشرة صباحاً، بينما كنت لا أزال في بنارس، غمر غرفتي نور عظيم وأمامي وقف لاهيري مهاسايا بلحمه ودمه. وقد ظهر كما كان من قبل مع فارق وحيد هو أنه بدا أصغر سناً وأكثر تألقاً. وقد كلمني معلمي الإلهي بقوله: 'إنني أنا بذاتي يا كيشابانندا. فمن ذرات جسدي الذي تم حرقه أقمتُ جسماً جديداً. إن دوري كرب أسرة قد انتهى، لكنني لن أترك الأرض بالمرة. فمن الآن وصاعداً سأقضي بعض الوقت مع باباجي في الهملايا، ومع باباجي في رحاب الكون.'

«وببضع كلمات من البركة لي اختفى المعلم الفائق فامتلأ قلبي بإلهام عجيب

٩ فارق لاهيري مهاسايا جسده في ٢٦ سبتمبر/أيلول ١٨٩٥ قبل إتمامه السابعة والستين بأيام قليلة.

١٠ تدوير الجسم ثلاث مرات ثم التوجّه نحو الشمال هما جزءان من طقس فيدي يستخدمه المعلمون الذين يعرفون مسبقاً ساعة مغادرة الجسم المادي. والتأمل الأخير الذي بواسطته مزج خلاله المعلم نفسه بصوت أوم الكوني يسمى ماهاسمادهي *mahasamadhi* أو النشوة الروحية العظمى.

وشعرت بسمو روحي تماماً كما أحس تلاميذ السيد المسيح وكبير[١١] عندما أبصروا معلمهم الحي بعد موته الجسدي.»

واستطرد كيشابانندا: «لدى عودتي إلى صومعتي المنعزلة في هردوار أخذت معي حفنة من الرماد المقدس لجسد معلمي، وقد أدركت أنه قد تحرر من سجن المكان والزمان. فالطائر الكلي الوجود انطلق في فضاء الروح. وقد تعزى قلبي للاحتفاظ برفاته المقدسة.»

وهناك تلميذ آخر تبارك برؤية معلمه الذي بُعث حياً وهو الجليل القدر بانشانون بهاتاتشاريا[١٢]، وكنت قد زرته في مسكنه في كلكتا وأصغيت بفرح عظيم لحكاية السنوات الطويلة التي أمضاها مع المعلم. وأخيراً قصّ علي أروع ما حدث له في حياته، قال:

«كنت هنا في كلكتا في الساعة العاشرة من صباح اليوم التالي لحرق جثمان لاهيري مهاسايا حينما ظهر لي في مجد نابض بالحياة.»

كذلك أخبرني سوامي برانابانندا «القديس ذو الجسدين» بتفاصيل اختباره الشخصي الفائق أثناء زيارته لمدرسة رانشي، قال:

«قبل أن يفارق لاهيري مهاسايا جسده ببضعة أيام طلب مني في رسالة

١١ كان كبير Kabir أحد كبار قديسي القرن السادس عشر، وكان العديد من الهندوس والمسلمين من ضمن أتباعه. وعند وفاته اختلف مريدوه على طريقة إجراء المراسم الجنائزية، فقام المعلم من نومه الأخير ساخطاً وأصدر تعليماته على هذا النحو: «لتدفن نصف رفاتي طبقاً للشعائر الإسلامية وليحرق نصفها الآخر بحسب المراسم الهندوسية.» ثم اختفى بعد ذلك. وعندما رفع تلاميذه الكفن الذي كان يغطي جثمانه لم يجدوا سوى إكليل جميل من الزهور. وامتثالاً لأمره، دفن المسلمون نصفه في ماغهار وما زالوا يقدسون مزاره حتى اليوم، أما النصف الآخر فقد تم حرقه في بنارس وفقاً للطقوس الهندوسية. وقد تم تشييد معبد كبير شورا *Kabir Cheura,* فوق الموقع الذي يستقطب أعداداً هائلة من الزائرين. وفي شبابه أتى اثنان من تلاميذ كبير إليه وطلبا منه إرشادات دقيقة بخصوص الطريق الصوفي، فأجابهم المعلم ببساطة:

«الطريق يوحي بالمسافة،\
إن كان الله قريباً، فلا حاجة إلى الطريق.\
حقاً أنه لأمر مضحك\
أن أسمع عن سمكة عطشانة في الماء!»

١٢ راجع الصفحة ٣٨٩. أسس بانشانون معبداً لشيفا في حديقة مساحتها سبعة عشر فدانا في ديوغار بولاية جهارخاند، يضم رسماً زيتيا للاهيري مهاسايا. (ملاحظة الناشر)

كي أحضر على الفور إلى بنارس، لكن ظروفاً حالت دون ذلك فلم أتمكن من السفر في الحال.

«وعندما كنت أقوم بالترتيبات اللازمة للسفر، حوالي العاشرة صباحاً شعرت فجأة بفرح عظيم لرؤية الشكل المتألق لمعلمي، وقد خاطبني لاهيري مهاسايا وهو يبتسم:

«'لماذا تسرع بالذهاب إلى بنارس؟ لن تجدني هناك بعد الآن!'

«وما أن استوعبت فحوى عبارته حتى رحت أنتحب بقلب منكسر، مفتكراً أنني أبصره في رؤيا فقط.

«فاقترب مني المعلم مواسياً وقال: 'ألمس جسمي، فأنا ما زلتُ حياً مثلما كنتُ دوماً. لا تحزن. ألست معك إلى الأبد؟'»

فمن شفاه هؤلاء التلاميذ الثلاثة العظام ظهرت قصة حقيقية رائعة! إذ في الساعة العاشرة من الصباح التالي لإلقاء جثمان لاهيري مهاسايا في النيران ظهَر المعلم الذي قام من الموت في جسم حقيقي إنما متجلٍ أمام ثلاثة تلاميذ، كل واحد منهم في مدينة مختلفة!

«...ومتى لبس هذا الفاسد عدم فساد، ولبس هذا المائت عدم موت، فحينئذٍ تصير الكلمة المكتوبة، ابتُلع الموت إلى غلبة. أين شوكتك يا موت؟ أين غلبتك يا هاوية[١٣]؟»

١٣ كورنثوس الأولى ١٥: ٥٤-٥٥ «لماذا يُعد عنكم أمراً لا يُصدق إن أقامَ الله أمواتاً؟» أعمال الرسل ٢٦: ٨.

**الفصل ٣٧**

# أذهب إلى أمريكا

«أمريكا! بالتأكيد هؤلاء الناس أمريكيون!»

هذا ما خطر ببالي وأنا أرقب مشهداً من الوجوه الغربية[1] يمر أمام بصري الداخلي وأنا أجلس خلف بعض الصناديق المغبرة في مستودع مدرسة رانشي[2]، إذ لم يكن من السهل العثور على مكان منعزل للتأمل خلال تلك السنوات مع التلامذة الصغار!

استمرت الرؤيا، وكان هناك حشد كبير من الناس ينظرون إليّ بتركيز واهتمام. وراحت المشاهد تجتاح، كالصور السينمائية، شاشة مسرح وعيي.

وفجأة فُتح باب المستودع، وكالمعتاد اكتشف أحد الصبية مخبأي، فناديته وقلت له بمرح: «اقترب يا بيمال فلديّ خبر أريد أن أطلعك عليه. الرب يدعوني إلى أمريكا!»

فردد الصبي كلماتي بنغمة ملؤها الدهشة: «إلى أمريكا؟» كما لو أنني قلت: «إلى القمر؟»

فأجبته: «نعم، إلى أمريكا! فأنا ذاهب لاكتشاف تلك البلاد مثل كولومبس الذي ظن أنه اكتشف الهند. بالتأكيد هناك رابط كارمي بين هذين البلدين!»

وانطلق الصبي مسرعاً وعلى الفور ذاع الخبر في المدرسة عن طريق الصحيفة ذات الساقين، فاستدعيتُ أعضاء الإدارة الذاهلين ووضعت المدرسة في عهدتهم، وقلت:

«إنني أعلم بأنكم ستحافظون دوماً على مُثل التعليم العالية التي وضعها لاهيري مهاسايا وتعملون على تطبيقها. سأكتب لكم دوماً، ويوماً ما سأعود بمشيئة الله.»

١ الكثير من تلك الوجوه رأيتها في الغرب وعرفتها على الفور.

٢ في عام ١٩٩٥، التي صادفت الذكرى الخامسة والسبعين لقدوم برمهنسا يوغانندا إلى أمريكا، تم تكريس معبد سمريتي ماندير (التذكاري) فوق نفس المستودع حيث حصلت الرؤيا لبرمهنساجي. (ملاحظة الناشر).

وترقرقت الدموع في عيني وأنا ألقي النظرة الأخيرة على الأولاد الصغار وعلى قطعة أرض رانشي المشمسة. وقد أدركت أن فصلاً من فصول حياتي قد انقضى الآن وسيحتم عليّ العيش في بلاد بعيدة. وبعد ساعات من الرؤيا سافرت بالقطار إلى كلكتا. وفي اليوم التالي تلقيت دعوة للعمل كمندوب عن الهند إلى مؤتمر عالمي للمتدينين الأحرار في أمريكا كان مقرراً انعقاده في تلك السنة في مدينة بوسطن برعاية جمعية التوحيد الأمريكية.

وشعرت بدوران في رأسي فذهبت إلى سري يوكتسوار في سيرامبور وقلت له متسائلاً:

«يا معلمي الجليل، لقد تلقيت للتو دعوة كي ألقي محاضرة في مؤتمر ديني في أمريكا، فهل أذهب؟»

فأجابني المعلم ببساطة: «إن كل الأبواب مفتوحة أمامك، وهذه هي فرصتك الوحيدة السانحة.»

فقلت متوجساً: «ولكن ماذا أعرف عن التحدث أمام الجمهور يا سيدي؟ فأنا نادراً ما ألقيت محاضرة في حياتي، ولم أحاضر إطلاقاً بالإنكليزية.»

فأجاب: «بالإنكليزية أو بغير الإنكليزية، ستجد كلماتك عن اليوغا في الغرب من يستمع لها.»

وضحكت قائلاً: «حسناً يا معلمي العزيز، ولكن بالكاد أعتقد أن الأمريكيين سيتعلمون البنغالية! فأرجو أن تباركني كي أتغلب على عقبات اللغة الإنكليزية.»[٣]

وعندما أطلعت والدي على الأنباء أصيب بدهشة وذهول كبيرين. فأمريكا بدت بالنسبة له بلاداً بعيدة جداً، وقد خشي أنه قد لا يراني مرة ثانية، فسألني بجدية:

«كيف يمكنك الذهاب؟ ومن سيقوم بتمويلك؟» قال ذلك لأنه تحمّل بمودة نفقات تعليمي وكل حياتي. ومما لا شك فيه أنه كان يأمل باستفساره وضع نهاية محرجة لمشروعي.

في تلك اللحظة تذكرت الإجابة المماثلة التي أعطيتها لأخي أنانتا في أغرا بأن الله بكل تأكيد سييسر أموري المالية. وبدون مخاتلة أو رياء أضفت قائلا: «قد يلهمك الله يا أبي كي تساعدني.»

٣ المحادثة بين سري يوكتسوار وبيني كانت عادة بالبنغالية.

فنظر إلي بإشفاق وقال: «أبداً! مستحيل!»

ودهشت في اليوم التالي حينما ناولني أبي شيكاً بمبلغ كبير وهو يقول: «إنني أعطيك هذا المال ليس بصفتي كأب بل كتلميذ وفيّ للاهيري مهاسايا. اذهب إذاً إلى تلك البلاد الغربية النائية وانشر هناك تعاليم الكريا يوغا ذات الطابع العالمي.»

وتأثرت للغاية للروح الكريمة التي جعلت والدي يضع جانباً وبسرعة رغباته الشخصية. فالتأكيد الفعلي جاءه في الليلة السابقة بأن خططي لم تكن مدفوعة برغبة عادية للسفر خارج البلاد.

وقال بصوت يغلب عليه الحزن، وكان قد ناهز السابعة والستين آنذاك: «قد لا نلتقي ثانية في هذه الحياة.»

ودفعني تأكيد باطني للقول: «بالتأكيد سيجمع الله شملنا مرة أخرى.»

وفي غمرة الاستعدادات لترك معلمي وبلادي والتوجه إلى شواطئ أمريكا المجهولة فقد شعرت بقدر غير يسير من التوجس والقلق، لا سيما وأنني كنت قد سمعت الكثير عن حياة الغرب المادية التي تختلف كثيراً عن أجواء الهند الروحية المعطرة ببركات القديسين على مر الأجيال.

وقلت في نفسي: «إن المعلم الشرقي الذي يجرؤ على اقتحام أجواء الغرب ينبغي أن يمتلك قدرة تفوق القدرة على تحمّل أجواء الهملايا الباردة!»

وذات صباح رحت أصلي بعزم لا يلين، وقد نويت مواصلة الصلاة، حتى لو قُدر لي أن أموت مبتهلاً لسماع الصوت الإلهي. فقد أردت الحصول على بركة الله والتيقن منه من أنني لن أفقد ذاتي في المصالح والنفعية العصرية. لقد كان قلبي عازماً على الذهاب إلى أمريكا، ولكنه كان أكثر رغبة وتصميماً على سماع التصريح والعزاء الإلهي.

تضرعت المرة تلو الأخرى وأنا أكتم تنهداتي، ولكن دون جواب. وتعاظم إلحاحي الصامت حتى بلغ الذروة عند الظهيرة. ولم يعد دماغي قادراً على الصمود أمام آلامي الضاغطة، وشعرت أنه سينفجر فيما لو صرخت مرة أخرى وضاعفت لهفة روحي.

في تلك اللحظة سمعت طرقاً على باب منزلنا على طريق غوربار فطلبت من الطارق الدخول وإذ بي أبصر شاباً في ثياب بسيطة يرتديها عادة النساك.

وفكرت وأنا في حالة من الذهول «لا بد أنه باباجي.» لأن ملامح الرجل الذي أمامي كانت تشبه إلى حد كبير ملامح شخص أصغر سناً من لاهيري

مهاسايا. فأجاب على تفكيري بصوت رخيم بالهندية قائلاً: «نعم أنا باباجي. لقد سمع أبونا السماوي دعاءك وأمرني أن أخبرك بأن تتبع أوامر معلمك وتذهب إلى أمريكا. لا تخف. ستحظى بالحماية.»

وبعد وقفة قصيرة تخللها سكون نابض خاطبني باباجي ثانية: «أنت هو من اخترته لنشر رسالة الكريا يوغا في الغرب. فمنذ زمن بعيد التقيت بمعلمك يوكتسوار في أحد احتفالات الكومبه ميلا وأخبرته آنذاك بأنني سوف أرسلك إليه قصد التدريب.»

لم أنطق بكلمة واحدة وطغى عليّ إحساس غامر من الدهشة الروحية والمحبة التعبدية لحضوره، وتأثرت للغاية لأن أسمع من شفتيه مباشرة أنه هو الذي وجّهني إلى سري يوكتسوار، وانبطحت عند قدمي المعلم الخالد فرفعني من الأرض برقة وحنان. وبعد أن أخبرني بأمور عديدة تتعلق بحياتي الخاصة أعطاني بعض التعليمات الشخصية ونطق ببعض النبوءات السرية، ثم ختم حديثه بتأكيد قاطع:

«إن الكريا يوغا – الطريقة العلمية لمعرفة الله – سوف تنتشر أخيراً في كل البلدان وتساعد على نشر السلام بين الأمم عن طريق إدراك الإنسان الشخصي الفائق للأب اللانهائي.»

وبنظرة تفيض منها قوة مهيبة كهربني المعلم بومضة من وعيه الكوني.

«لو أشرقَ للتوِ نورٌ في السماء
منبثق عن انفجار ألف شمس،
وغمرَ الأرضَ بأشعة لا يمكن تصورها
عندها قد يستطيع [العقل] أن يتصور
وهج وجلال الواحد الأقدس!»[٤]

بعد لحظات توجه باباجي نحو الباب وهو يقول: «لا تحاول اللحاق بي لأنك لن تستطيع ذلك.»

وصحت مراراً وتكراراً: «باباجي، بالله لا تذهب. خذني معك!» فأجاب: «ليس الآن، في وقت آخر.»

٤ البهاغافاد غيتا ١١:١٢. (ترجمة أرنولد [من السنسكريتية إلى الإنكليزية]).

**برمهنسا يوغانندا**
صورة جواز السفر التقطت له في كلكتا، الهند، سنة ١٩٢٠

**في المؤتمر العالمي للمتدينين الأحرار**
شري يوغانندا مع بعض الموفدين إلى المؤتمر العالمي للمتدينين الأحرار، أكتوبر/تشرين الأول ١٩٢٠، بوسطن، ماساتشوستس، حيث ألقى يوغانانداجي خطبته الأولى في أمريكا. (من اليسار إلى اليمين) القس تي. آر. وليامز، البروفيسور أس. يوشيغاساكي، القس جابز تي. سندرلاند، شري يوغانندا، والقس سي. دبليو. وندتي.

وإذ غمرني شعور كاسح من العاطفة فقد تجاهلت تنبيهه. وعندما حاولت اللحاق به أحسست أن قدميّ قد التصقتا بالأرض. ومن الباب ألقى عليّ باباجي نظرة حنان أخيرة ورفع يده في إيماءة مباركة، ثم رحل وعيناي تنظران إليه بتلهف واشتياق.

تحررت قدماي بعد بضع دقائق فجلست واستغرقت في تأمل عميق شاكراً الله شكراً متواصلاً ليس فقط لاستجابته لصلاتي، بل لأنه باركني بلقاء باباجي. وقد أحسست بأن جسمي بكامله قد تقدّس بلمسة المعلم القديم ذي الشباب الدائم. فمنذ أمد بعيد كانت رغبتي المتأججة أن أحظى برؤيته.

ولغاية الآن لم أخبر أي إنسان بقصة لقائي بباباجي، بل احتفظت بها كأقدس اختباراتي البشرية، وخبأتها في قلبي. لكن خطرَ في بالي أن قرّاء هذه السيرة لربما كانوا أكثر استعداداً لتصديق حقيقة المتوحد باباجي واهتماماته العالمية إن أنا أكدت لهم بأنني رأيته فعلاً بعيني. وقد ساعدت فناناً على رسم

**في الطريق إلى ألاسكا**

يوغاناندا جي في مقصورته على متن باخرة في طريقه إلى ألاسكا خلال جولة محاضرات عبر القارة، ١٩٢٤

صورة مشابهة تماماً ليوغي ومسيح الهند الحديثة.

الليلة السابقة لسفري إلى الولايات المتحدة أمضيتها في حضرة سري يوكتسوار المقدسة. فقال لي بطريقته الهادئة الحكيمة: «انسَ أنك ولدت بين الهنود، ولا تتبنَ كل أساليب الأمريكيين، بل اختر لنفسك أفضل ما في الشعبين. كن ذاتك الحقة كابن لله. التمس وادخر في نفسك أفضل الصفات لكل إخوانك البشر المنتشرين فوق الأرض في أجناس متعددة.»

ثم باركني قائلاً: «إن كل الذين يأتون إليك بثقة سعياً إلى الله سيحصلون

**إبان إقامته لمدة ٣٢ سنة في الغرب، كرّس المعلم العظيم أكثر من ١٠٠,٠٠٠ من التلاميذ في اليوغا**

يوغانانداجي يقف على المنصة، ويقدّم فصلاً في مدينة دنفر، كولارادو، عام ١٩٢٤ . لقد علّم في مئات المدن أكبر فصول اليوغا في العالم. ومن خلال كتبه، ودروسه المُعدّة للدراسة المنزلية، وتأسيسه للمراكز الرهبانية لتدريب المعلمين، فقد ضمن برمهنسا يوغانندا استمرارية الرسالة العالمية التي كلفه بها مهافاتار باباجي.

**برمهنسا يوغانندا، في القاعة الفيلهارمونية، لوس أنجلوس**

ذكرت صحيفة لوس أنجلوس تايمز في ٢٨ يناير/كانون الثاني ١٩٢٥ ما يلي: «تقدّم القاعة الفيلهارمونية مشهداً غير عادي لآلاف الأشخاص الذين عادوا من حيث أتوا قبل ساعة من افتتاح المحاضرة المعلن عنها، حيث امتلأت القاعة التي تتسع لـ ٣٠٠٠ مقعد بأقصى طاقتها. وكان سوامي يوغانندا هو عامل الجذب. هندوسي يغزو الولايات المتحدة لجلب الله إلى وسط مجتمع مسيحي، ويعلّم جوهر العقيدة المسيحية.

بمساعدة عدد من التلاميذ الكرماء، اشترى شري يوغانندا عقار ماونت واشنطن في عام ١٩٢٥. وحتى قبل إتمام عملية الشراء، عقد اجتماعه الأول، حيث احتفل بعيد القيامة عند شروق الشمس، على الأرض التي كان مقرراً أن تصبح قريباً المقر الرئيسي لمؤسسته.

على المعونة. وإذ تنظر إليهم فإن التيار الروحي المنبعث من عينيك سيدخل إلى أدمغتهم ويغيّر عاداتهم المادية ويجعلهم أكثر إدراكاً لله.» ثم أضاف مبتسماً: «إن نصيبك في اجتذاب النفوس الطيبة جيد للغاية. فحيثما توجهت – حتى إلى البراري والقفار – ستجد لك أصدقاء.»

وتحققت بركتا سري يوكتسوار تحقيقاً كافياً وافياً! فأنا قد أتيت إلى أمريكا وحيداً، دون صديق واحد، لكنني وجدت فيها آلاف الراغبين والمستعدين لتلقي تعاليم الروح الخالدة.

غادرت الهند في شهر أغسطس/ آب ١٩٢٠ على متن الباخرة «ذا سيتي أوف سبارتا» أولى سفن الركاب المتجهة إلى أمريكا بعد انتهاء الحرب العالمية الأولى. وقد تمكنت من ابتياع تذكرة وحجز مكان لي في ظروف صعبة وشبه معجزة، وبعد إجراءات رسمية غاية في التشدد تتعلق بمنحي جواز سفر.

وأثناء الرحلة التي استغرقت شهرين اكتشف أحد الزملاء الركاب أنني مندوب الهند إلى مؤتمر بوسطن، فخاطبني بلكنة طريفة سمعتها كثيراً فيما

برمهنسا يوغانندا يضع في ٢٢ فبراير/شباط ١٩٢٧ إكليلاً من الزهور على ضريح جورج واشنطن، ماونت فيرنون، فيرجينيا،

بعد من الأمريكيين وهم ينطقون اسمي: «سوامي يوغانندا *Swami Yogananda*، أرجو أن تتكرم على الركاب بإلقاء محاضرة مساء الخميس القادم. وأعتقد أننا جميعاً سنستفيد من حديث عن 'معركة الحياة وكيف نخوضها'.»

لكن للأسف! كان عليّ أن أخوض معركة حياتي الخاصة بحسب ما اتضح لي يوم الأربعاء. إذ حاولت يائساً تنظيم أفكاري في شكل محاضرة باللغة الإنكليزية، لكنني توقفت أخيراً عن كل الترتيبات لأن أفكاري رفضت التعاون مع قواعد اللغة الإنكليزية مثلما ينفر المهر الجامح عند رؤية السرج. ولما كنت على ثقة تامة بتأكيدات معلمي السابقة فقد ظهرتُ مساء الخميس أمام الحاضرين في صالة الباخرة، لكن الفصاحة بقيت بعيدة عن شفتيّ،

**برمهنسا يوغانندا في البيت الأبيض**

برمهنسا يوغانندا والسيد جون بالفُر يغادران البيت الأبيض بعد زيارة الرئيس كالفن كوليدج، الذي ينظر من النافذة.

ذكرت صحيفة واشنطن هيرالد، في تقرير لها بتاريخ ٢٥ يناير /كانون الثاني ١٩٢٧: «تم استقبال سوامي يوغانندا ... بسرور واضح من قبل السيد كوليدج، الذي أخبره أنه قد قرأ عنه الكثير. وهذه هي المرة الأولى في تاريخ الهند التي يحظى بها سوامي باستقبال رسمي من قبل الرئيس.»

فوقفت صامتاً لمدة عشر دقائق في امتحان للقدرة على التحمل. وإذ أدرك الحاضرون ورطتي بدأوا يضحكون.

لم يكن الموقف مثيراً للضحك بالنسبة لي في تلك اللحظة، فتوجهت بحنق إلى معلمي وبعثت له ابتهالاً صامتاً. وعلى الفور سمعت صوته داخل وعيي يقول لي مؤكداً: «يمكنك التحدث! هيا تكلم!»

وعلى الفور توافقت أفكاري مع اللغة الإنكليزية. وانقضت خمس وأربعون دقيقة على حديثي والمستمعون منصتون بانتباه. وقد أكسبتني المحاضرة عدداً من الدعوات كي أحاضر فيما بعد أمام مجموعات عديدة في أمريكا.

ولم أستطع أن أتذكر بعد ذلك كلمة واحدة مما قلته. لكنني باستطلاع متحفظ، قال لي بعض الركاب: «لقد ألقيتَ محاضرة ملهمة وبلغة إنكليزية سليمة ومؤثرة.» ولدى سماعي هذه الكلمات المبهجة شكرت بتواضع معلمي

لمعونته التي جاءت في حينها، وقد أدركت مجدداً أنه معي على الدوام، وأنه قادر على تخطي حواجز الزمان والمكان.

وبين الحين والآخر أثناء الفترة المتبقية من رحلة المحيط أحسست ببعض التوجس للتفكير بامتحان المحاضرات الإنكليزية القادمة في مؤتمر بوسطن، فتوسلت قائلاً:

«يا رب، لتكن أنت ملهمي الأوحد.»

رست الباخرة ذا ستي أوف سبارتا بالقرب من بوسطن في أواخر سبتمبر/ أيلول. وفي السادس من أكتوبر/ تشرين الأول ١٩٢٠ ألقيت محاضرتي الافتتاحية في أمريكا وقد لاقت ترحيباً من الحاضرين، فتنفست الصعداء. وقد كتب السكرتير النبيل لجمعية التوحيد الأمريكية في تقرير[٥] تم نشره حول فعاليات المؤتمر، التعليق التالي:

«نقل سوامي يوغانندا مندوب صومعة براهما تشاريا في رانشي تحيات جماعته للمؤتمر. وبإنكليزية فصحى وطريقة إلقاء قوية ومؤثرة، ألقى محاضرة ذات طابع فلسفي عن عِلم الدين *The Science of Religion* تم طبعها في كتيب للتوزيع على نطاق واسع. فالدين كما أكد هو عالميٌ وواحد. لا يمكننا تعميم عادات ومعتقدات خاصة، لكن بالإمكان تعميم العنصر المشترك في الدين، ويمكننا الطلب من الجميع، على حد سواء، أن يتبعوا ذلك العنصر ويعملون بموجبه.»

وبفضل الشيك السخي من والدي تمكنت من البقاء في أمريكا بعد انتهاء المؤتمر، وصرفت ثلاث سنوات في بوسطن في ظروف متواضعة. فألقيت محاضرات عامة وأعطيت دروساً وألّفتُ كتاباً بعنوان أناشيد الروح *Songs of the Soul* وضع مقدمة له الدكتور فريدريك بي. روبنسون رئيس كلية مدينة نيويورك.[٦]

وفي سنة ١٩٢٤ بدأتُ بجولة عبر القارة وحاضرت الألوف في كبريات المدن. ومن سياتل بولاية واشنطن قمت برحلة إلى ألاسكا الجميلة.

وبمعونة أصحاب القلوب الكبيرة من التلاميذ أسست في أواخر سنة

٥ *New Pilgrimages of the Spirit* (Boston: Beacon Press, 1921)

٦ من مطبوعات Self-Realization Fellowship. لقد زار الدكتور روبنسون وزوجته الهند في سنة ١٩٣٩، وكانا ضيفيّ الشرف في أحد اجتماعات يوغودا ساتسانغا.

معالي إميليو بورتس جيل، رئيس المكسيك الذي استضاف شري يوغانندا عندما زار مدينة مكسيكو في عام ١٩٢٩.

برمهنساجي يتأمل في قارب على بحيرة زوشيميلكو، المكسيك، عام ١٩٢٩.

١٩٢٥ مركزاً أمريكياً فوق تلة ماونت واشنطن بلوس أنجلوس. وكان المبنى هو نفسه الذي رأيته من قبل في الرؤيا التي حدثت لي في كشمير. وسارعت بإرسال صور لسري يوكتسوار عن ضروب نشاطاتي في أمريكا النائية، فأجابني ببطاقة بريدية بالبنغالية تحمل تاريخ ١١ أغسطس/أب ١٩٢٦، أترجمها هنا:

يا ابن قلبي، يا يوغانندا!

إن الفرح الذي يغمر كياني لرؤية الصور الفوتوغرافية لمدرستك وطلابك لا يمكنني التعبير عنه بالكلام. إنني أذوب فرحاً لرؤية طلابك في اليوغا من مدن مختلفة.

وباطلاعي على ما ابتكرته من أساليب التوكيدات الإنشادية، واهتزازات الشفاء، والصلوات من أجل الشفاء الإلهي، لا يسعني إلا أن أشكرك من أعماق قلبي.

ورؤيتي للبوابة، والطريق المتعرج الصاعد إلى أعلى التلة، والمنظر الرائع المنبسط تحت ماونت واشنطن، جعلتني أتشوق لرؤيتها كلها بعينيّ رأسي.

كل شيء هنا يسير على ما يرام. ولتكن دوماً في بركة ونعيم الله.

**سري يوكتسوار جيري**

تسارعت السنوات، وألقيت خلالها محاضرات في كل جزء من بلادي الجديدة. وتحدثت في مئات النوادي والمعاهد والجامعات والكنائس والمجموعات من مختلف الانتماءات الدينية. وفي الفترة ما بين ١٩٢٠ – ١٩٣٠ حضر صفوفي عشرات الألوف من الأمريكيين، ولهؤلاء جميعاً أهديت سنة ١٩٢٩ كتاباً جديداً من الصلوات والأفكار الروحية بعنوان همسات من الأبدية[٧] *Whispers from Eternity* مع مقدمة بقلم السوبرانو آماليتا غالي كورشي Amelita Galli-Curci.

في بعض الأحيان، (عادة في مطلع كل شهر، حينما كانت تتوارد تباعاً فواتير الحساب المستحقة لصيانة مقر Self-Realization Fellowship) الرئيسي في ماونت واشنطن كنت أفكر متشوقاً لسلام الهند البسيط، لكنني كنت ألمس يومياً تفاهماً متزايداً بين الشرق والغرب فتبتهج نفسي لذلك.

٧ من مطبوعات Self-Realization Fellowship.

إن جورج واشنطن «أبو بلاده» الذي شعر في مناسبات عديدة بأنه كان موجَّهاً توجيهاً إلهياً، نطق في («خطبته الوداعية») الكلمات التالية من الإلهام الروحي لأمريكا:

«في فترة ليست ببعيدة، سيكون جديراً بأمة حرة مستنيرة وعظيمة بأن تقدم للعالم مثالاً جديداً ورائعاً لشعب يسترشد دوماً بالعدالة السامية والرغبة في عمل الخير. ومن يمكنه أن يشكك بأن ثمار مثل هذا النهج ستكون مع مرور الوقت والأحوال أثمن وأعظم من أي مزايا آنية قد تُفقد بسبب التشبث بها باستمرار؟ وهل يُعقل بأن لا تكون العناية الإلهية قد ربطت بين الخير والرفاهية الدائمين وبين فضائل أي أمة من الأمم؟»

«ترنيمة إلى أمريكا» لـ والت ويتمان

(من قصيدة *"Thou Mother With Thy Equal Brood"*)

أنتِ في مستقبلكِ،

أنتِ في أسرتك الأكبر والأكثر حكمة – من رجال ونساء.

أنتِ في فعالياتك الرياضية والأخلاقية والروحية، جنوباً، شمالاً، غرباً، وشرقاً.

أنتِ في ثروتك الأدبية وفي حضارتك (التي عبثاً تحاول أن تطاولها مدنيتك المادية المتفاخرة)،

أنتِ في عبادتك المتنوعة والشاملة.

أنتِ التي لا تكتفين بكتاب مقدس واحد، أو بمخلّصٍ واحد،

لأن مخلصيك أكثر من أن يحصيهم العد، وهمً كامنون في ذاتك، يضارعون غيرهم قداسة...

هذه كلها في داخلك (وتحقيقها مؤكّد) وبذلك أتنبأ اليوم!

## الفصل ٣٨

# لوثر بربانك
# قديس بين الورود

«إن سر تحسين النوع النباتي، بجانب المعرفة العلمية، هو الحب.»

نطق لوثر بربانك بهذه الحكمة بينما كنت أتجول بجانبه في حديقته بمدينة سانتا روزا في كاليفورنيا. توقفنا قرب بعض نبات الصبار الصالح للأكل، فواصل حديثه:

«عندما كنت أقوم بتجارب لاستنبات صبار 'عديم الشوك'، كنت أتحدث أحياناً للنباتات كي أخلق فيها اهتزازاً من الحب بقولي: 'لا يوجد ما تخشينه، ولستِ بحاجة إلى أشواك للدفاع عن نفسك لأنني سأحميك.' وبالتدريج ظهر نبات الصحراء النافع في صنف خالٍ من الشوك.»

استهوتني تلك المعجزة فقلت: «أرجو يا عزيزي لوثر أن تعطيني بعضاً من أوراق هذا الصبار كي أغرسها في حديقتي بماونت واشنطن.»

كان أحد العمال يقف بالقرب منا فراح ينزع بعض الأورق، لكن بربانك منعه قائلاً: «سوف أقوم أنا بقطفها للسوامي.» ثم ناولني ثلاث أوراق غرستها فيما بعد وابتهجت لنموها الغزير.

وأخبرني عالم النبات العظيم أن أولى انتصاراته الشهيرة كانت استنباطه لأحد أنواع البطاطا الكبيرة التي تُعرف الآن باسمه. فبمثابرة العبقري الذي لا يعرف الكلل أو الملل واصل جهوده ليقدم للعالم مئات التحسينات الشاملة على الطبيعة: أصناف بربانك الجديدة للطماطم (البندورة) والذرة والقرع والكرز والخوخ (البرقوق) والنكتارين والتوت والخشخاش والزنابق والورود.

ووجهت الكاميرا نحو شجرة الجوز المشهورة التي قادني إليها لوثر. وقد أثبت عن طريق هذه الشجرة أنه بالإمكان تسريع النمو الطبيعي بمراحل كبيرة. وقال:

«في غضون ستة عشر عاماً فقط بلغت هذه الشجرة مرحلة من إنتاج الجوز بكميات كبيرة. ومثل هذا الإنتاج كان سيستغرق الطبيعة، دون مساعدة،

ضعف تلك الفترة الزمنية.»

وجاءت إلى الحديقة الابنة الصغيرة التي تبناها لوثر وهي تمرح مع كلبها، فقال وهو يلوح لها بمودة:

«إنها نبتتي البشرية. وإنني أرى البشرية الآن كنبتة واحدة ضخمة تحتاج لبلوغ ذروة نموها إلى المحبة فقط وإلى النِعم الطبيعية: الأماكن الخارجية الرائعة، والانتخاب الطبيعي والاختيار الواعي. وعلى امتداد حياتي لاحظت مثل هذا التقدم المدهش في تطور النبات بحيث أتطلع للمستقبل بتفاؤل إلى عالم تعمّه الصحة والسعادة، حيث يتم تلقين الصغار مبادئ الحياة البسيطة والرشيدة. فلا بد أن نعود إلى الطبيعة وإلى رب الطبيعة.»

وقلت: «لوثر، سوف تعجبك مدرستي في رانشي بفصولها التي تعقد في الهواء الطلق وبجو الفرح والبساطة الذي يحيط بها.»

لامست كلماتي وتراً حساساً في قلب بربانك، وهو تربية الأطفال، فسألني باستفاضة وكان الاهتمام يشع من عينيه الهادئتين العميقتين، ثم قال أخيراً:

«سواميجي، إن المدارس الشبيهة بمدرستك هي الأمل الوحيد لعصر الرخاء والسعادة القادم. إنني متمرد على كل نظم التعليم الحالية التي فصلت النفوس عن الطبيعة وخنقت كل المبادرات الفردية. إنني معك قلباً وروحاً في مُثلك العملية في مجال التربية والتعليم.»

وعندما كنت أستأذن بالانصراف، قام الحكيم اللطيف بوضع توقيعه على مجلد صغير[١] وأهداه لي قائلا:

«تفضل كتابي هذا عن تدريب النبتة البشرية *The Training of the Human Plant*[٢]. فالحاجة تمس إلى أساليب حديثة وتجارب جريئة من التدريب. وفي بعض الأحيان أفلحت أكثر التجارب جرأة في إنتاج أفضل الثمار والأزهار. وبالمثل، يجب أن تتضاعف الأساليب التربوية المبتكرة لتنشئة الصغار

١ كما أهداني بربانك أيضاً صورة له عليها توقيعه، أحتفظ بها مثلما احتفظ في إحدى المرات تاجر هندي بإحدى رسوم لنكولن. فذلك الهندي الذي كان في أمريكا إبان الحرب الأهلية أعجب أشد الإعجاب بلنكولن لدرجة أنه رفض أن يعود إلى الهند قبل حصوله على رسم لذلك المحرر العظيم. وقد اعتصم التاجر عند أعتاب لنكولن وأبى أن يتزحزح إلى أن أذن له الرئيس المنذهل بتكليف رسام نيويورك الشهير دانيال هنتنكتون برسم صورته. وحينما فرغ من البورتريه حمل الهندي الرسم إلى كلكتا منتصراً.

٢ نيويورك، Century Co., 1922.

وتصبح أكثر جرأة وإقداماً.»

قرأت كتابه الصغير في تلك الليلة باهتمام شديد. ولما كانت عيناه ترنوان إلى مستقبل مشرق للإنسانية فقد كتب يقول:

«إن أكثر الكائنات الحية عناداً في هذا العالم وأصعبها تحولاً هي نبتة مترسخة في عادات معينة.. تذكّر أن هذه النبتة احتفظت بفرديتها على مدى أجيال عديدة، ومن الممكن تتبُّع تاريخها عبر العصور في الصخور ذاتها دون أن يحدث لها تغيير يذكر في تلك الحقب المديدة. فهل تظن أن هذه النبتة بعد كل هذه العصور من التكرار لم تكتسب إرادة، إذا اخترت أن تسميها كذلك، من تشبث وإصرار لا نظير لهما؟ في الحقيقة هناك نوع من النبات [الأشجار] كبعض أنواع النخيل عنيدة لدرجة أنه لم تتمكن قوة بشرية على تغييرها. فإرادة الإنسان ضعيفة مقارنة بإرادة النبات. لكن هذا العناد المتطاول للنبات ينهار لمجرد إدخال حياة جديدة إليه. فبالتهجين يمكن إحداث تغيير كامل وقوي في حياته. وعندما يحدث التغيير بفعل الاشراف والانتخاب المتأنيين يبدأ النبات طريقه الجديد دون العودة إلى ماضيه القديم. وهكذا تنكسر إرادته الصلبة وتتغير في نهاية المطاف.

«وعندما يتعلق الأمر بطبيعة الطفل الأكثر حساسية ومرونة تصبح المشكلة أسهل إلى حد كبير.»

وإذ انجذبتُ مغناطيسياً إلى هذا الأمريكي العظيم فقد زرته مراراً وتكراراً. وفي صباح أحد الأيام وصلت بيته في نفس الوقت الذي جاءه موزع البريد بالرسائل وأفرغ في مكتب بربانك نحو ألف رسالة. فعلماء النبات من سائر أنحاء العالم كانوا يكاتبونه. وقال لي لوثر بمرح وهو يفتح درجاً كبيراً في طاولته يضم مئات النشرات السياحية المطبوعة:

«سواميجي، إن وجودك هنا هو عذري للخروج إلى الحديقة. أنظر، فعلى هذا النحو أقوم بأسفاري. ولأن النباتات والمراسلات تحول دون تنقلي فإنني أحقق رغبتي في مشاهدة البلدان الأجنبية بإلقاء نظرة سريعة من حين لآخر على هذه الصور.»

كانت سيارتي مركونة عند بوابة منزله فقمنا بجولة في شوارع البلدة الصغيرة التي تتألق حدائقها بمختلف أصناف الورود التي ابتكرها، مثل سانتا روزا، وبيتشبلو، وبربانك.

وكان العالم العظيم قد حصل خلال إحدى أولى زياراتي السابقة له على

تكريس الكريا يوغا وقال: «إنني أمارس الطريقة بإخلاص يا سواميجي.» وبعد أسئلة عديدة متعمقة عن الأوجه المختلفة لليوغا قال لوثر بتأنٍ:

«إن الشرق يملك فعلاً كنوزاً ضخمة من المعرفة التي بالكاد بدأ الغرب باكتشافها»[٣]

لقد ساعد اتصاله الوثيق بالطبيعة على حل الكثير من ألغازها ورفع الحجب عن أسرارها، مما جعل بربانك يكنّ لها احتراماً روحياً لا حد له.

وفي إحدى المرات أطلعني بحياء على أحد أسراره وقد أضاء وجهه الحساس والوسيم القسمات بالذكريات، قال: «في بعض الأحيان أحس أنني قريب جداً من القوة اللانهائية بحيث أتمكن آنذاك من شفاء المرضى القريبين مني وكذلك النباتات المريضة.»

وتحدث لي عن والدته التي كانت سيدة مسيحية مخلصة فقال: «لقد تباركت بظهورها لي في أكثر من رؤيا بعد وفاتها، وتحدثت إليّ.»

عدنا على مضض من جولتنا إلى منزله حيث الألف رسالة في انتظاره، فأبديت الملاحظة التالية:

«لوثر، اعتباراً من الشهر القادم سأقوم بإصدار مجلة تشتمل على حقائق من الشرق والغرب. فهل لك أن تساعدني على انتقاء اسم مناسب لهذه المطبوعة؟»

٣ أعلن حديثاً عالم الأحياء الإنكليزي المشهور ومدير منظمة اليونسكو الدكتور جوليان هكسلي أن على علماء الغرب أن يتعلموا الطرق الشرقية لدخول حالة النشوة وضبط التنفس، وتساءل قائلاً: «ماذا يحدث؟ وكيف يمكن ذلك؟». وقد ورد في رسالة للأسوشيتد برس من لندن بتاريخ ٢١ أغسطس/آب من عام ١٩٤٨ ما يلي: «لقد أبلغ الدكتور هكسلي الاتحاد العالمي الجديد للصحة النفسية أنه يتعين تدقيق النظر جيداً في ذخيرة الشرق للعلوم الباطنية. وتوجّه بالنصيحة إلى علماء النفس قائلاً إن أمكن فحص هذه الذخيرة بطرق علمية 'فباعتقادي أنكم ستخطون خطوة جبارة في مجال تخصصكم.'»

لوثر بربانك
سانتا روزا، كاليفورنيا
الولايات المتحدة الأمريكية

٢٢ ديسمبر/كانون الأول ١٩٢٤

لقد دققت في منهج اليوغودا الذي وضعه سوامي يوغانندا، وفي تقديري أنه مثالي لتدريب طبائع الإنسان البدنية والعقلية والروحية وخلق التوافق والانسجام ما بينها. إن السوامي يسعى إلى تأسيس مدارس لتعليم طرق العيش المتوازن في كافة أنحاء العالم، حيث لن يقتصر التعليم على التنمية العقلية وحسب، بل يشمل أيضاً تدريب الجسم والإرادة والمشاعر.

وباستخدام نظام يوغودا لتطوير الجوانب الجسدية والعقلية والروحية بتركيز العقل والتأمل بالوسائل العلمية البسيطة، يمكن حل معظم مسائل الحياة المعقدة وجلب السلام والنوايا الطيبة إلى هذه الأرض. وفكرة السوامي حول التعليم الصحيح هي منطقية ومعقولة وبعيدة عن الغموض والتعقيد، وإلا لما نالت استحساني.

ويسعدني أن تتاح لي هذه الفرصة لكي أشارك السوامي من قلبي في مناشدته لإنشاء مدارس عالمية تلقن فن الحياة السعيدة، والتي أعلم بأنها إذا تأسست ستحقق عصر السعادة والكمال البشري.

لوثر بربانك قديس بين الورود

**لوثر بربانك وبرمهنسا يوغانندا**
سانتا روزا، كاليفورنيا، ١٩٢٤

ناقشنا لبعض الوقت عناوين مختلفة وأخيراً استقر رأينا على «الشرق والغرب *East-West*»[٤]. وبعد عودتنا إلى مكتبه ناولني بربانك مقالاً عن «العلم والحضارة» فقلت له بامتنان:

«سأضع هذا المقال في العدد الأول من مجلة الشرق والغرب.»

وإذ تعمقت الصداقة بيننا فقد أطلقتُ على بربانك لقب «قديسي الأمريكي» مقتبساً بتصرف «هوذا رجل حقاً لا غش فيه[٥].» فقلبه كان عميقاً لا يسبر غوره وعلى صلة وثيقة بالتواضع والصبر والتضحية. وكان بيته الصغير القائم وسط الورود مؤثثاً بتقشف كبير لأنه كان يدرك عدم قيمة الترف، وبهجة المقتنيات القليلة. والتواضع الذي به تقلّد شهرته العلمية كان يذكرني كثيراً

٤ أعيدت تسميتها إلى معرفة الذات *Self-Realization* في عام ١٩٤٨.

٥ يوحنا ١: ٤٧.

بالأشجار المثمرة التي تنحني منخفضة بما تحمله من ثمار ناضجة، في حين يشمخ الشجر العقيم عالياً بتفاخر فارغ.

كنت في نيويورك في عام ١٩٢٦ عندما وافت المنية صديقي العزيز، ففكرت والدمع في عينيّ: «كم كنت أتمنى لو قطعت المسافة كلها من هنا إلى سانتا روزا مشياً على الأقدام لأراه مرة أخرى!» وإذ اختليت بمنأى عن سكرتيري وعن الزائرين فقد صرفت الأربع والعشرين الساعة التالية على انفراد.

وفي اليوم التالي قمت بإجراء طقس فيدي تذكاري أمام صورة كبيرة للوثر، وقد ارتدى نفر من تلاميذي الأمريكيين ثياباً هندية تقليدية وأنشدوا ترانيم قديمة؛ في حين تم تقديم قربان من الورود والماء والنار كرموز لعناصر الجسد وعودتها إلى المصدر اللانهائي.

ومع أن جسم بربانك يرقد الآن في سانتا روزا تحت شجرة أرز لبنانية غرسها منذ سنين في حديقته، إلا أن روحه تتراءى لي في كل زهرة متفتحة على جانب الطريق. لقد رجع لوثر لفترة ما إلى روح الطبيعة الواسعة، لكن أليس ذلك لوثر الذي يهمس في نسائمها ويتمشى في إشراقاتها الصباحية؟

لقد دخل اسمه الآن في كلام الناس، فاسم «بربانك» أصبح فعلاً متعدياً، ويعرّفه قاموس وبستر الدولي على هذا النحو: «يلقح أو يطعّم» (نبتة)، وبالتالي يستعمل من قبيل المجاز بمعنى يحسّن (أي شيء مثل عملية أو مؤسسة)، بانتقاء مزايا طيبة واستبعاد مزايا رديئة، أو بإضافة خاصيات صالحة.»

وما أن قرأت هذا التعريف حتى هتفت: «أيها المحبوب بربانك، لقد أصبح اسمك مرادفاً للخير!»

الفصل ٣٩

# تريز نيومن
# الكاثوليكية الموسومة بجروح المسيح

«ارجع إلى الهند، فقد انتظرتك بصبر لخمسة عشر عاماً. وعما قريب سأغادر الجسد وأنطلق إلى مستقر النور. تعالَ يا يوغانندا!»

ذهلتُ لسماع صوت سري يوكتسوار الذي رن في أذني الباطنية أثناء جلوسي للتأمل في المقر الرئيسي في ماونت واشنطن. لقد قطعت رسالته عشرة آلاف ميل في لمح البصر واخترقت كياني مثل وميض البرق.

أجل خمسة عشر عاماً! وأدركت أننا الآن في سنة ١٩٣٥، وبأنني أمضيت خمسة عشر عاماً في نشر تعاليم معلمي في أمريكا، وها هو الآن يستدعيني إليه!

بعد ذلك بفترة قصيرة وصفت اختباري لصديق عزيز هو المستر جيمس جيه. لين. وقد كان تقدمه الروحي بفضل الممارسة اليومية للكريا يوغا رائعاً وملحوظاً بحيث كنت غالباً ما أدعوه «القديس لين». ففيه وفي عدد من الغربيين الآخرين سعدت لأن أجد تحقيقاً لنبوءة باباجي بأن الغرب سينتج قديسين حاصلين على معرفة ذاتية حقيقية عن طريق النهج اليوغي القديم.

وقد أصرّ المستر لين على التبرع بسخاء بتكاليف السفر. وإذ حُلَّت المشكلة المالية قمت بالترتيبات اللازمة للسفر بحراً إلى الهند عن طريق أوروبا.

في مارس/آذار ١٩٣٥ قمت بتسجيل Self-Realization Fellowship بحسب قوانين ولاية كاليفورنيا كمؤسسة غير ربحية دائمة. وقد وهبت للمؤسسة كل ما أملكه، بما في ذلك حقوق كل كتاباتي. وكمعظم المؤسسات الدينية والتربوية الأخرى فإن Self-Realization Fellowship تعتمد على التبرعات والهبات من الأعضاء المنتسبين ومن عامة الناس.

وقلت لطلابي: «سأعود، ولن أنسى أمريكا أبداً.»

وفي وليمة التوديع التي أقامها أصدقاء محبون في لوس أنجلوس نظرت طويلاً في وجوههم وفكرت بامتنان:

«يا رب، إن من يتذكر بأنك المانح الأوحد لن يُحرم أبداً من تذوق حلاوة الصداقة بين بني البشر.»

وفي ٩ يونيو/حزيران ١٩٣٥ أبحرتُ من نيويورك على متن الباخرة أوروبا يرافقني طالبان اثنان هما سكرتيري المستر سي. ريتشارد رايت والمس أتي بلتش وهي سيدة متقدمة في السن من مدينة سنسيناتي. وقد استمتعنا بأيام من سلام المحيط وكان ذلك تبايناً مرحباً به مقارنة بالأسابيع المتسرعة الماضية. ولم تدم فترة استجمامنا طويلاً. فالسرعة التي تميز البواخر العصرية لها بعض الخصائص المؤسفة!

وكأية مجموعة أخرى من محبي الاستطلاع فقد تجولنا في مدينة لندن الضخمة والقديمة. وفي اليوم التالي لوصولي دُعيت لمحاضرة اجتماع كبير في قاعة كاكستون حيث قدمني لجمهور لندن السير فرنسيس يونغهزبد. وأمضت مجموعتنا يوماً ممتعاً في ضيافة السير هاري لودر في منزله الكبير في اسكتلندا. وبعد ذلك بأيام قليلة عبرت مجموعتنا الصغيرة القنال الإنكليزي (بحر المانش) إلى القارة الأوروبية حيث كنت أنوي القيام بزيارة إلى بافاريا. وشعرت أنها كانت فرصتي الوحيدة لزيارة الصوفية الكاثوليكية العظيمة تريز نيومن في كونارسروت.

وكنت قد قرأت قبل سنوات مقالاً مدهشاً عن تريز تضمّن المعلومات التالية:

١. ولدت تريز يوم الجمعة العظيمة من سنة ١٨٩٨، وأصيبت في حادث في سن العشرين أدى إلى فقدان بصرها وعانت من الشلل.

٢. في عام ١٩٢٣ استعادت بصرها بكيفية معجزة بالتوسل للقديسة تريز دو ليزيو «الزهرة الصغيرة»، بعد ذلك شُفيت أطراف تريز نيومن على الفور.

٣. منذ عام ١٩٢٣ فصاعداً توقفت تريز كلياً عن تناول الطعام والشراب باستثناء ابتلاع قربان مقدس.

٤. في عام ١٩٢٦ ظهرت جروح المسيح المقدسة على رأس تريز

وصدرها ويديها وقدميها، وفي كل يوم جمعة[1] تختبر آلام المسيح في جسدها وتكابد عذابه التاريخي المبرح.

٥. مع أن تريز لا تعرف غير اللغة الألمانية البسيطة المحكية في قريتها، لكنها كانت في حالات الغيبوبة أيام الجمعة تنطق بعبارات تبيّن للعلماء أنها الآرامية القديمة. وفي أوقات أخرى أثناء رؤيتها تتكلم العبرية أو اليونانية.

٦. تم إخضاع تريز عدة مرات، بإذن كهنوتي، لفحص علمي دقيق. وقد توجّه الدكتور فريتز جيرلك محرر إحدى الصحف البروتستانتية الألمانية إلى كونارسروت (ليفضح الزيف الكاثوليكي!) لكنه انتهى بتدوين سيرة حياة تريز بجلال واحترام.

وعلى جري عادتي، سواء في الشرق أو الغرب، فقد كنت متشوقاً دوماً لملاقاة أي قديس، وفرحتُ عندما دخلت مجموعتنا الصغيرة في ١٦ يوليو/ تموز قرية كونارسروت الظريفة. وأبدى قرويو بافاريا اهتماماً كبيراً بسيارة الفورد (التي جلبناها معنا من أمريكا)، لا سيما وأن مجموعتنا المنوعة ضمت شاباً أمريكا وامرأة متقدمة في السن وشرقياً ذا لون زيتوني وشعر مسترسل مطوي تحت ياقة معطفه.

كوخ تريز الصغير كان نظيفاً وأنيقاً، وفي فنائه نبات إبرة الراعي المزهر بجانب بئر بدائية. لكن وللأسف كان مغلقاً يغلفه السكون. ولم يعطنا الجيران ولا حتى ساعي البريد الذي مر من أمامنا معلومات عنها، وقد بدأ المطر بالانهمار فاقترح رفيقاي أن نغادر المكان، لكني قلت بعناد:

«كلا، لن أغادر، بل سأبقى هنا إلى أن أجد دليلاً يقودنا إلى تريز.»

انقضت ساعتان وكنا لا نزال نجلس في سيارتنا وسط المطر الغزير، فتنهدت متأوهاً: «يا رب، لماذا جئتَ بي إلى هنا إن كانت قد اختفت؟»

وتوقف بجانبنا رجل يتكلم الإنكليزية وعرض بأدب تقديم مساعدته قائلاً: «لا أعرف بالتحديد المكان الذي توجد فيه تريز، لكنها بين الحين والآخر

[1] منذ سنوات الحرب (العالمية الثانية) لم تختبر تريز الآلام كل يوم جمعة، بل فقط في أيام مقدسة خاصة من السنة. هناك كتبٌ عنها منها: *Therese Neumann: A Stigmatist of Our Day* و *Further Chronicles of Therese Neumann* تأليف Friedrich Ritter von Lama، وأيضا *The Story of Therese Neumann* بقلم A. P. Schimberg (١٩٤٧) وجميع هذه الكتب من إصدارات Bruce Pub. Co., Milwaukee, Wisconsin, U.S.A. كذلك كتاب بعنوان *Therese Neumann* بقلم Johannes Steiner إصدار Alba House, Staten Island, N.Y.

تزور منزل البروفيسور فرانز ووتز أستاذ اللغات في جامعة إيشستات، الذي يبعد من هنا ثمانين ميلاً.»

وفي الصباح التالي انطلقنا نحو بلدة إيشستات الهادئة، وقد رحّب بنا الدكتور ووتز بحرارة في منزله قائلاً: «نعم، تريز موجودة هنا.» ثم أرسل لها من يخبرها بوجود الضيوف. وبعد فترة قصيرة عاد رسول بالجواب التالي منها:

«مع أن الأسقف طلب مني ألا أرى أحداً دون إذنه، لكنني مع ذلك سأستقبل رجل الله من الهند.»

تأثرت جداً لتلك الكلمات، وصعدتُ الدَرَج خلف الدكتور ووتز إلى غرفة الاستقبال. وعلى الفور دخلت تريز تشع منها هالة من السلام والفرح. كانت ترتدي ثوباً أسود وعلى رأسها غطاء أبيض نقي. ومع أنها كانت في السابعة والثلاثين من عمرها آنذاك لكنها بدت أصغر من ذلك بكثير وبنضارة وجاذبية الأطفال الصغار، تتمتع بصحة جيدة، متناسقة التكوين ومتوردة الوجنتين. تلك هي القديسة التي لا تأكل!

رحبت بي تريز بمصافحة رقيقة جداً، وابتسم كلانا للآخر في تفاهم روحي صامت، وقد عرف كل منا أن الآخر محب لله.

وتلطف الدكتور ووتز بعرض خدمته كمترجم. وعندما جلسنا لاحظت أن تريز كانت تنظر إليّ بمحبة استطلاع ساذجة، فعلى ما يبدو أن الهنود كانوا نادرين في بافاريا.

أردت سماع الجواب من شفتيها فسألتها: «ألا تأكلين شيئاً ما؟»

فأجابت: «كلا، ماعدا قربان أو برشانة[٢] أتناولها مرة واحدة في الساعة السادسة من كل صباح.»

وسألتها: «ما حجم تلك البرشانة؟»

فقالت: «إنها رقيقة جداً بحجم قطعة النقود الصغيرة.» ثم أضافت: «إنني أتناولها لأسباب تتصل بالأسرار المقدسة. فإن كانت غير مكرّسة لا يمكنني ابتلاعها.»

قلت: «من المؤكد ما كان في استطاعتك العيش على هذه البرشانة وحدها لاثنتي عشرة سنة كاملة!»

٢ قطعة صغيرة رقيقة من القربان المقدس المصنوعة من الدقيق تدعى «برشانة.»

قالت: «إنني أحيا بنور الله.» ويا له من جواب أينشتاينيّ الطابع وعلى قدر كبير من البساطة!

قلت: «يتضح لي أنكِ تدركين أن طاقة الحياة تدخل إلى جسمك من خلال الأثير والشمس والهواء.»

فأشرق وجهها بابتسامة سريعة وقالت: «يسعدني أن أعلم أنك تعرف كيف أحيا!»

قلت: «إن حياتك المقدسة هي برهان يومي عن الحقيقة التي نطق بها السيد المسيح من أنه ليس بالخبز وحده يحيا الإنسان، بل بكل كلمة تخرج من فم الله.»[٣]

ومرة أخرى أبدت سرورها لتفسيري بقولها: «وهو بالحقيقة كذلك. فإن أحد الأسباب من وجودي هنا على الأرض حتى الآن هو لكي أثبت بأن باستطاعة الإنسان أن يحيا بنور الله غير المنظور، لا بالخبز وحده.»

وسألتها: «هل باستطاعتك تعليم الآخرين كيفية العيش بدون طعام؟»

فبدت منذهلة قليلاً وقالت: «لا أستطيع أن أفعل هذا، لأن الله لا يرغب بذلك.»

وعندما نظرت إلى يديها القويتين الرقيقتين، أرتني تريز جرحاً مربعاً قد التأم حديثاً على ظهر كل يد من يديها. كما أشارت إلى جرح أصغر على شكل هلال، شُفي حديثاً، في كل من كفيها. وكل جرح كان قد اخترق الكف

٣ متى ٤: ٤. إن بطارية جسم الإنسان لا تُعال بالطعام الخشن (الخبز) وحده، بل بالطاقة الكونية المهتزة (الكلمة أو أوم). فالقوة غير المرئية تتدفق إلى الجسم البشري عن طريق مدخل النخاع المستطيل. وهذا المركز الجسدي السادس يقع في الجهة الخلفية من الرأس، في أعلى المحاور الفقرية الخمسة أو الشاكرات (والتي تعني بالسنسكريتية «العجلات» أو مراكز نشاط الحياة الإشعاعي). والنخاع المستطيل هو المدخل الرئيسي لإمداد الجسم بقوة الحياة الكونية أوم، ويتصل مباشرة بفعل الاستقطاب بمركز وعي المسيح (كوتاستا) في العين الواحدة ما بين الحاجبين. وهذا الموضع هو مركز قوة الإرادة في الإنسان. وتُحفظ الطاقة الكونية في الدماغ كمخزون لإمكانات لانهائية. (وقد ورد في كتب الفيدا بأن هذا المركز هو «لوتس النور ذو الألف ورقة تويجية»). ويشير الإنجيل للكلمة المقدسة أوم بأنها الروح القدس أو قوة الحياة غير المنظورة التي تسند الخليقة بكيفية إلهية. «أم لستم تعلمون أن جسدكم هو هيكل للروح القدس الذي فيكم، الذي لكم من الله، وأنكم لستم لأنفسكم؟» ـكورنثوس الأولى ٦: ١٩.

مباشرة. وأتى لي هذا المشهد بذكرى جلية للمسامير الكبيرة ذات الرؤوس المستدقة على شكل هلال والتي ما زالت تستعمل في الشرق، مع أنني لم أرَ مثلها في الغرب.

وأطلعتني القديسة على بعض أحداث غيبوبتها الأسبوعية، قالت: «أصبح أثناء ذلك كمتفرجة لا حول لي، أرى كل مشهد من مشاهد آلام المسيح.» ففي كل أسبوع من منتصف ليلة الخميس وحتى الواحدة بعد الظهر من نهار الجمعة تنفتح جراحها ويسيل منها الدم فتفقد جراء ذلك عشرة أرطال من وزنها العادي البالغ ١٢١ رطلاً. ومع أنها تتألم كثيراً جراء محبتها وتعاطفها لكن تريز تتطلع بشوق لرؤى سيدها الأسبوعية.

وتأكدتُ على الفور من أن حياتها غير العادية أرادها الله بأن تكون تأكيداً للمسيحيين وإثباتاً للحقائق التاريخية المتعلقة بحياة المسيح وصلبه حسبما جاء في العهد الجديد، وأن تُظهر ولو بصورة دراماتيكية الرباط الأبدي بين معلم الجليل ومريديه.

وروى لي البروفيسور ووتز بعض اختباراته مع القديسة، قال:

«في معظم الأحيان تقوم مجموعة منا بمن في ذلك تريز برحلات لمشاهدة المناظر والمعالم السياحية في أرجاء ألمانيا تستغرق أياماً. ويحدث في تلك الأثناء تباين لافت. ففي حين نتناول ثلاث وجبات يومياً لا تأكل تريز شيئاً، ومع ذلك تبقى كالزهرة الندية غير متأثرة بالتعب الذي تسببه الرحلات. وعندما نشعر بالجوع ونبحث عن أماكن استراحة على جانب الطريق، [تقدّم الطعام]، تضحك تريز بمرح.»

وأضاف البروفيسور بعض التفاصيل الفسيولوجية المثيرة للاهتمام بالقول: «لأن تريز لا تتناول طعاماً فقد انكمشت معدتها وليس لها إفرازات، لكن غدد إفراز العرق لديها تعمل وتظل بشرتها طرية ومتماسكة على الدوام.»

وعند مغادرتنا أعربتُ لتريز عن رغبتي في أن أكون حاضراً أثناء غيبوبتها، فأجابتني بلطف:

«نعم. أرجو أن تأتي إلى كونارسروت يوم الجمعة القادم وسيعطيك الأسقف تصريحاً. إنني سعيدة جداً لأنك قصدتني في إيشستات.»

وصافحتنا تريز برفق عدة مرات ثم رافقتنا حتى بوابة المنزل. وقام المستر رايت بتشغيل راديو السيارة فراحت القديسة تتفحصه بضحكات خافتة متحمسة. وإذ التف حولنا جمع من الفتيان عادت تريز إلى المنزل وراحت

## تريز نيومن الكاثوليكية الموسومة بجروح المسيح

تريز نيومن سي. ريتشارد رايت، شري يوغانندا
إيشستات، بفاريا، ١٧ يوليو/تموز ١٩٣٥

تنظر إلينا من خلال نافذتها وتلوح لنا بيدها كالطفلة.

في اليوم التالي، وفي حديث مع اثنين من إخوة تريز في غاية الرقة والطيبة، علمنا أن القديسة لا تنام إلا ساعة أو اثنتين فقط كل ليلة. وبالرغم من الجروح العديدة التي في جسمها تبقى مع ذلك مليئة بالنشاط والحيوية. وهي تحب الطيور ولديها حوض لتربية الأسماك، وغالباً ما تعمل في حديقتها، ومراسلاتها كثيرة إذ يكتب إليها مريدوها الكاثوليك طلباً للدعاء والبركات من أجل الشفاء. وقد حصل العديد من ملتمسي العون على الشفاء عن طريقها من أمراض خطيرة.

وأخبرنا شقيقها فرديناند، البالغ من العمر حوالي ثلاثة وعشرين عاماً، أن تريز لديها القوة، التي تحصل عليها من خلال الصلاة، والتي تمكنها من تحويل أمراض الآخرين إلى جسمها. وامتناع القديسة عن تناول الطعام يعود إلى وقت ابتهلت فيه إلى الله كي ينقل إلى حنجرتها مرضاً كان في حنجرة شاب من أبرشيتها كان على وشك الالتحاق بالسلك الكهنوتي.

يوم الخميس بعد الظهر توجهت مجموعتنا إلى منزل الأسقف الذي نظر إلى شعري المسترسل ببعض الاستغراب لكنه كتب على الفور التصريح

المطلوب. ولم يكن هناك رسم يتوجب دفعه، إنما وضعت الكنيسة هذه القاعدة لحماية تريز من تدفق السائحين العاديين الذين توافدوا بالألوف كل يوم جمعة إلى كونارسروت في السنوات السابقة.

وصلنا القرية في التاسعة والنصف من صباح الجمعة. وقد لاحظت أن كوخ تريز الصغير يشتمل على قسم مسقوف سطحه بالزجاج لكي يوفر لها مقداراً كافياً من الضوء. وسررنا لأن نجد الأبواب غير مقفلة، بل كانت مفتوحة على مصراعيها ترحيباً بالزائرين الذين كان عددهم حوالي العشرين، كل واحد يحمل تصريحاً. وكان كثيرون منهم قد أتوا من أماكن بعيدة لمشاهدة الغيبوبة الصوفية.

كانت تريز قد اجتازت اختباري الأول بنجاح في منزل البروفيسور، حيث أدركتْ بمعرفتها الحدسية أنني أردت رؤيتها لأسباب روحية وليس فقط لإرضاء فضول عابر.

أما اختباري التالي فيتلخص بما يلي: مباشرة قبل صعودي الدَرَج المؤدي إلى غرفتها وضعت نفسي في غيبوبة يوغية [واعية] لكي أتمكن من التخاطر الفكري معها ومشاهدة ما تختبره من رؤىً. دخلت مخدعها المكتظ بالزائرين حيث كانت مستلقية على سريرها في ثوب أبيض. وقفتُ مع المستر رايت، الذي كان خلفي، داخل عتبة الباب وقد أصبنا بالذهول لمعاينة المشهد الغريب والمروّع إلى أقصى حد.

كان الدم يتدفق رقيقاً دون انقطاع في مجرى بعرض بوصة واحدة من جفنيّ تريز السفليين، في حين كانت نظرتها المركّزة متجهة إلى أعلى حيث العين الروحية التي في وسط الجبهة. وقد تبلل القماش الملتف حول رأسها بالدم المنساب من الجروح المقدسة الناجمة عن إكليل الشوك. وتلطخ ثوبها الأبيض فوق قلبها باللون الأحمر من جرح في خاصرتها، في نفس الموضع الذي تلقى فيه جسد المسيح منذ أجيال خلت الإهانة الأخيرة: طعنة من حربة الجندي.

وكانت يدا تريز ممدودتين بإيماءة الأم ومناشدتها، وقد اكتسى وجهها بتعبير يجمع بين الألم والقداسة، وبدت أكثر نحولاً وتغيرت هيئتها بكيفية شفافة وبطرق عديدة، باطنية وظاهرية. وارتجفت شفتاها وهي تتلفظ بكلمات من لغة غريبة وتتحدث لأشخاص كانوا مرئيين لبصرها السامي.

ولما كنتُ متناغماً معها فقد رحت أشاهد ما كانت تبصره في رؤيتها. لقد

كانت ترى معلمها المسيح وهو يحمل خشبة الصليب وسط الحشد المستهزئ[٤]. وفجأة رفعت رأسها بفزع وارتياع وصاحت: «لقد سقط السيد تحت العبء الباهظ.» ثم اختفت الرؤيا. وإذ شعرتْ بالإعياء، غاص رأس تريز بثقل وبحنان فائق في الوسادة.

وفي تلك اللحظة سمعت خلفي صوت ارتطام على الأرض. وإذ أدرت رأسي لبرهة قصيرة شاهدت رجلين يحملان جسماً ممدداً. لكن بسبب خروجي من حالة الوعي السامي العميق لم أتعرف على الفور على الشخص الذي سقط. ومرة أخرى نظرت إلى وجه تريز الذي كان يكسوه شحوب الموت وتتدفق فوقه قنوات من الدم، لكنه أصبح الآن هادئاً يشع نقاء وقداسة. بعد ذلك تطلعتُ خلفي فرأيت المستر رايت واقفاً ويده على خده الذي كان يقطر دماً، فاستفسرت بقلق:

«هل أنت ذلك الشخص الذي سقط يا دِك؟»

قال: «نعم، إذ جعلني المشهد المرعب أغيب عن الوعي.»

فواسيته قائلاً: «ومع ذلك فإنك جريء لأن تعود وتشاهد المنظر ثانية!»

وإذ تذكرت طابور الزوار المنتظرين بصبر ودّعت مع مستر رايت تريز بصمت وغادرنا حضرتها المقدسة.[٥]

في اليوم التالي انطلقت مجموعتنا الصغيرة نحو الجنوب ممتنين لعدم حاجتنا إلى القطارات في تنقلاتنا، بل يمكننا أن نتوقف بسيارتنا الفورد في أي مكان نختاره في المناطق الريفية. وقد استمتعنا بكل دقيقة من رحلة في كل من ألمانيا وهولندا وفرنسا وجبال الألب السويسرية. وفي إيطاليا قمنا بزيارة

٤ خلال الساعات التي سبقت وصولي كانت تريز قد اختبرت رؤى متعددة تتعلق بالأيام الأخيرة لحياة السيد المسيح. وعادة ما تبدأ غيبوبتها برؤيا الأحداث التي تلت العشاء الأخير وتنتهي بموت يسوع على الصليب، وفي بعض الأحيان بدفنه.

٥ أفادت إحدى نشرات وكالات الأنباء العالمية الواردة من ألمانيا بتاريخ ٢٦ مارس/ آذار ١٩٤٨ بما يلي: «قروية ألمانية مستلقية على سريرها في هذه الجمعة العظيمة وقد تلطخت يداها ورأسها وكتفاها بالدم حيث نزف جسد المسيح من مسامير الصليب وإكليل الشوك. وقد اصطف بصمت آلاف الألمان والأمريكان تملؤهم الرهبة وراء سرير تريز نيومن في كوخها.»

توفيت العظيمة تريز الموسومة بجروح المسيح في كونارسروت في ١٨ سبتمبر/ أيلول ١٩٦٢. (ملاحظة الناشر)

خاصة إلى مدينة أسيزي تكريماً لرسول التواضع القديس فرنسيس. واختتمت رحلتنا الأوروبية في اليونان حيث شاهدنا المعابد الأثينية ورأينا المكان الذي تجرّع فيه سقراط الدمث[٦] سم الموت. والمرء يشعر بكثير من الإعجاب بالفن الإغريقي الذي استطاع القدماء بواسطته تخليد خيالهم في المرمر والرخام.

سافرنا بالباخرة عبر البحر الأبيض المتوسط ونزلنا في فلسطين. وإذ تجولنا يوماً بعد يوم في الأراضي المقدسة فقد أصبحتُ أكثر اقتناعاً – من أي وقت مضى – بقيمة الحج. وبالنسبة للقلوب الحساسة فإن روح السيد المسيح تملأ كل ركن من أركان فلسطين. وقد مشيت بخشوع بجانبه في بيت لحم، وجثسيماني، والجلجثة، وجبل الزيتون المقدس، ونهر الأردن، وبحيرة طبريا.

وقامت مجموعتنا أيضاً بزيارة مهد الولادة، وحانوت يوسف النجار، وقبر أليعازر، وبيت مرثا ومريم، وقاعة العشاء الأخير. وقد تكشّفت العصور القديمة وتوالت الرؤى واحدة بعد الأخرى، فشاهدت الرواية المقدسة التي قام المسيح بأدوارها من أجل الأجيال.

ثم قصدنا مصر بقاهرتها الحديثة وأهرامها القديمة، بعدها انطلقنا بالباخرة عبر البحر الأحمر الطويل، ثم فوق بحر العرب الفسيح، وصولاً إلى الهند!

٦ وردت فقرة للمؤرخ يوسابيوس عن مقابلة طريفة تمت بين سقراط وحكيم هندي على النحو التالي: «يروي الموسيقار أرِسْطَكَاس القصة التالية عن الهنود. إذ التقى أحدهم بسقراط وسأله عن مجال فلسفته، فأجابه سقراط: 'البحث في الظواهر البشرية'. وهنا انفجر الهندي ضاحكاً وقال: 'كيف لمن يجهل الظاهرة الإلهية أن يبحث في الظواهر البشرية؟'»

المثل اليوناني الأعلى الذي يتردد صداه في الفلسفة الغربية هو «أيها الإنسان اعرف نفسك» لكن الهندوسي يقول: «أيها الإنسان اعرف ذاتك العليا.» ومن أقوال ديكارت المأثورة: «إنني أفكر إذاً أنا موجود.» لكن هذا القول غير صحيح من الناحية الفلسفية. فقوة التفكير لا يمكنها أن تلقي الضوء على الجوهر النهائي للإنسان. وعقل الإنسان يشبه العالم الظاهر الذي يدركه، في جيشان دائم ولا يمكنه معرفة الحقائق الختامية. والقناعة العقلية ليست الهدف الأسمى. الساعي إلى الله هو المحب الحقيقي للمعرفة فيديا أو للحقيقة التي لا تتغير، وما عدا ذلك هو أفيديا أي جهل أو معرفة نسبية.

الفصل ٤٠

# أعود إلى الهند

بامتنان استنشقت هواء الهند المبارك عندما رست بنا الباخرة راجبوتانا في ٢٢ أغسطس/آب ١٩٣٥ في ميناء بومباي الضخم. وحتى في اليوم الأول من مغادرتي للباخرة أدركت مدى العمل المتواصل الذي ينتظرني خلال العام الحافل الذي أمامي. وكان قد تجمّع في المرفأ حشد من الأصدقاء يحملون أكاليل من الزهور. ولدى وصولنا إلى الجناح المخصص لنا في فندق تاج محل استقبلنا مجموعات من المراسلين والمصورين.

كانت بومباي بالنسبة لي مدينة جديدة، وقد وجدتها عصرية ومفعمة بالنشاط والحيوية، وتزخر بالكثير من مبتكرات الغرب، وقد اصطفت أشجار النخيل على جوانب شوارعها الفسيحة، وتنافست فيها الأبنية الحكومية الفخمة مع المعابد القديمة. ولم يكن أمامنا سوى فترة قصيرة جداً لمشاهدة معالم المدينة، إذ كنت متلهفاً للقاء معلمي الحبيب وأعزاء آخرين. قمنا بإيداع سيارتنا الفورد لدى إحدى عربات الشحن واستقلت مجموعتنا القطار الذي انطلق بنا شرقا باتجاه كلكتا.[١]

وعند وصولنا إلى محطة هوارا كان في استقبالنا حشد غفير بحيث تعذر علينا لبعض الوقت النزول من القطار. وكان على رأس لجنة الاستقبال الشاب مهراجا كازمبازار وشقيقي بشنو، ولم أكن مستعداً لحرارة وروعة الترحيب.

ركبت السيارة مع المس بلتش والمستر رايت، يتقدمنا رتل من السيارات والدراجات النارية وسط الهتافات والأهازيج وأصوات الطبول وأبواق المحار، مكللين بأطواق الورد من الرأس حتى القدم، وانطلقنا ببطء إلى منزل والدي.

وعانقني والدي الذي كان قد تقدم به العمر كما لو كنت عائداً من بين الأموات. فنظر كلانا طويلاً في وجه الآخر ولم نتمكن من النطق لشدة الفرح.

١ قطعنا رحلتنا في منتصف الطريق عبر المقاطعات الوسطى لزيارة المهاتما غاندي في واردها. الفصل ٤٤ يتضمن وصفاً لتلك الأيام.

سري يوكتسوار ويوغاننداجي، كلكتا، ١٩٣٥

وقد تجمع حولي الأخوة والأخوات والأعمام والعمات والأخوال والخالات وأبناؤهم وبناتهم والتلاميذ والأصدقاء القدامى وما من عين واحدة بيننا لم يغمرها الدمع. يا له من منظر خالد لاجتماع شمل الأحبة لا ينساه قلبي أبداً، أصبح محفوظاً الآن في أرشيف الذاكرة.

أما بالنسبة للقائي مع معلمي سري يوكتسوار فهذا ما لا أستطيع التعبير عنه بالكلام، ولذا سأكتفي بالوصف التالي الذي دوّنه سكرتيري المستر رايت:

«اليوم انطلقتُ بالسيارة مع يوغانانداجي من كلكتا إلى سيرامبور يملؤنا شوق ما بعده شوق، وقد اجتزنا حوانيت طريفة كان أحدها المطعم المفضل ليوغانانداجي أيام دراسته في الكلية. أخيراً دخلنا زقاقاً ضيقاً محاطاً بجدران، وبعد انعطافة مباغتة لليسار وقفنا عند باب صومعة المعلم ذات الطابقين، المبنية من الطوب، وقد أطلتْ شرفتها ذات الدرابزين من الطابق الأعلى. وكان الانطباع الشامل يوحي بسلام وسكينة الخلوات.

«مشيتُ بتواضع كبير خلف يوغانانداجي إلى الباحة التي داخل جدران الصومعة. تسارعت دقات قلبينا ونحن نصعد بعض الدرجات القديمة المصنوعة من الاسمنت التي لا بد أن آلاف من أقدام الباحثين عن الحقيقة قد وطأتها. وازداد توترنا أكثر فأكثر مع كل تقدم لخطواتنا. وأمامنا بالقرب من رأس الدَرَج كان السيد العظيم سوامي سري يوكتسوارجي يقف وقفة الحكماء النبلاء.

«وأحسست بقلبي يكبر ويتمدد إذ تباركتُ بوجودي في حضرته السامية. وأصبحت رؤيتي المتلهفة ضبابية بفعل الدموع حينما جثا يوغانانداجي على ركبتيه وأحنى رأسه ولمس بيده قدميّ معلمه بكل إجلال وتواضع، ثم لمس بعد ذلك جبهته (جبهة يوغانانداجي) مقدماً بذلك لمعلمه تحياته وامتنان روحه. ثم نهض فضمه سري يوكتسوارجي إلى صدره على الجانبين.

«لم يتم تبادل أية كلمات في البداية، لكن الشعور العارم كان بادياً في عبارات النفس غير المنطوقة. وأبرقت عيونهما بروعة ودفء اللقاء! وغمر باحة الصومعة اهتزاز رقيق. وحتى الشمس غافلت السحب فجأة لتضفي على المشهد وهجاً من الروعة والجلال.

«أحنيت ركبتي أمام المعلم وبصمتٍ قدمت له حبي وامتناني، ولمستُ قدميه القاسيتين بفعل الزمن والخدمة، وحصلت على بركته. بعد ذلك وقفت ونظرت في عينيه الجميلتين العميقتين بالتأمل، المشرقتين بالفرح.

«ودخلنا إلى غرفة جلوسه التي كان أحد جانبيها يفتح برمته على الشرفة التي هي أول ما يُرى من الشارع. وجلس المعلم على فراش مغطى فوق الأرضية الإسمنتية واتكأ على أريكة قديمة ومستهلكة. وجلست مع يوغانانداجي بالقرب من قدمي المعلم واتكأنا على وسائد برتقالية اللون موضوعة فوق حصائر من القش لإراحة جلوسنا.

«حاولت النفاذ إلى الحديث الذي كان يدور بالبنغالية بين السواميين المقدرين لكن دون نجاح يذكر (لأنني اكتشفت أنهما لا يستعملان الإنكليزية عندما يكونان معاً، مع أن سواميجي مهراج، وهو لقب التبجيل الذي يُدعى به المعلم العظيم من قبل الآخرين، يمكنه أن يتحدث بالإنكليزية وغالباً ما يستعملها). لكنني أدركت بسهولة قداسة السيد العظيم من ابتسامته الودية الدافئة وعينيه البراقتين. وهناك ميزة يمكن ملاحظتها بسهولة في حديثه الذي يجمع بين المرح والجد، تتمثل في عباراته التأكيدية وهي – سمة الحكيم الذي يعرف بأنه يعرف لأنه يعرف الله. فحكمته العظيمة وعزيمته الماضية تظهران في كل ناحية.

« كانت ثيابه بسيطة تتألف من رداء الدوتي وقميص صُبغا من قبل بلون زعفراني استحال برتقالياً باهت. وإذ تفحصته باحترام بين الحين والآخر لاحظت أنه ذو قامة رياضية مديدة وقد صقلت جسمه التجارب والتضحيات التي تتصف بها حياة الزهاد. وكانت وقفته مهيبة ويخطو برصانة ووقار وبقامة معتدلة. أما ضحكته الصادرة من أعماق صدره فقد كانت مرحة يهتز لها كل جسمه.

«وكان وجهه الذي يوحي بالتقشف يعبّر عن القوة الإلهية على نحو لافت للنظر. أما شعره المفروق في الوسط فكان أبيضاً حول الجبهة، تتخلله في مواضع أخرى مشحات فضية ذهبية وفضية سوداء وينتهي بحلقات صغيرة عند كتفيه. وكانت لحيته وشاربه خفيفين أو مخففين، يزيدان تقاطيع وجهه هيبة ووقاراً. وكانت جبهته مائلة كما لو كانت تقصد السماء. أما عيناه السوداوان فكانتا محاطتين بهالة أثيرية زرقاء، وله أنف مميز يداعبه في لحظات فراغه فيحركه بأصابعه كالطفل. وأثناء عدم تكلمه يبدو فمه صارماً مع مسحة شفافة من الرقة.

«وإذ تطلعت حولي لاحظت أن هذه الحجرة المتداعية إلى حد ما توحي بعدم تمسك صاحبها بوسائل الراحة المادية. وكانت الجدران البيضاء للقاعة

**في صومعة سري يوكتسوار**

شرفة تناول الطعام في الطابق الثاني من صومعة سري يوكتسوار في سيرامبور، ١٩٣٥. شري يوغاناندا (في الوسط) يجلس بالقرب من معلمه (الواقف، على اليمين).

الطويلة التي لوّحتها العوامل الجوية عليها صبغة زرقاء متلاشية من الجص. وفي أحد أطراف الحجرة عُلقت صورة للاهيري مهاسايا محاطة بإكليل بسيط علامة الحب والوفاء. وهناك أيضا صورة قديمة ليوغانانداجي عند وصوله للمرة الأولى إلى بوسطن وهو يتوسط مجموعة من مندوبي مؤتمر الأديان.

«ولاحظت التوافق الطريف بين الحديث والقديم: إذ كان شمعدان ضخم من الزجاج مغطى بنسيج العنكبوت لتقادم عهده بعدم الاستعمال، وقد عُلق على الحائط تقويم عصري لامع. وكل ما في الحجرة كان يتضوع منه عبير السلام والسعادة.

**برمهنسا يوغانندا**

التُقطت هذه الصورة في ١٣ ديسمبر/كانون الأول ١٩٣٥، في دامودار، الهند، أثناء زيارة قام بها إلى موقع مدرسته الأولى للبنين، التي أسسها بالقرب من قرية ديهيكا في عام ١٩١٧. إنه يتأمل في مدخل برجٍ متداعٍ كان ذات يوم ركناً مفضلاً للخلوة والاعتزال.

«وخلف الشرفة كان شجر جوز الهند يعلو سامقاً فوق الصومعة في حماية صامتة لها.

«ولن يحتاج المعلم سوى للتصفيق بيديه حتى يهرع إليه بعض التلامذة الصغار، وأحدهم صبي نحيف يدعى برافولا[٢] ذو شعر طويل أسود، وعينين سوداوين براقتين، وابتسامة سماوية. وكانت عيناه تومضان عندما ترتفع زاويتيّ فمه كنجمتين تظهران فجأة مع الهلال عند الغسق.

٢ برافولا هو الفتى الذي كان حاضراً مع المعلم عندما اقتربت منهما أفعى الكوبرا. (راجع الصفحة ١٥٣).

شري يوغانندا (في الوسط) مع سكرتيره سي. ريتشارد رايت (الجالس على اليمين)، في رانشي، ١٧ يوليو/تموز ١٩٣٦. يحيط بهما معلمات ومعلمو وتلميذات مدرسة شري يوغانندا للبنات الخاصة بالسكان الأصليين.

شري يوغانندا مع معلمات ومعلمي وتلاميذ مدرسة جماعة يوغودا ساتسانغا للبنين، رانشي، ١٩٣٦. المدرسة التي أسسها يوغانانداجي تم نقلها إلى هذا الموقع من ديهيكا، البنغال، سنة ١٩١٨، تحت رعاية مهراجا كازمبازار.

مسيرة لمعلمي وتلاميذ مدرسة رانشي، مارس/آذار ١٩٣٨، في الاحتفال السنوي لتأسيس المدرسة.

تلاميذ مدرسة جماعة يوغودا ساتسانغا للبنين، رانشي، ١٩٧٠. تمشياً مع المبادئ التي أسس يوغانانداجي المدرسة بموجبها، تُعقد العديد من الفصول الدراسية في الهواء الطلق، ويتلقى الأولاد تدريباً على اليوغا بالإضافة إلى التعليم الأكاديمي والمهني.

«واضح أن فرح سوامي سري يوكتسوار كان عظيماً لعودة 'نِتاجه'، (وبدا أنه يرغب في معرفة [المزيد] عني: 'نِتاج النِتاج'). إلا أن رجحان الحكمة في طبيعة الرجل العظيم حال دون الإعراب عن مشاعره.

«وقدّم له يوغانانداجي بعض الهدايا بحسب التقاليد عند عودة التلميذ إلى معلمه. بعد ذلك جلسنا لتناول وجبه بسيطة إنما جيدة التحضير من الخضار والأرز، وكان سري يوكتسوار مسروراً لمراعاتي العديد من عادات الهنود، منها 'الأكل بالأصابع' على سبيل المثال.

«وبعد عدة ساعات من تبادل العبارات البنغالية وتبادل الابتسامات الدافئة ونظرات الابتهاج، انحنينا عند قدمي المعلم وودعناه بتحية البرانام *Pranam*[٣] ثم غادرنا [الصومعة] متجهين إلى كلكتا وحاملين ذكرى خالدة لمقابلة مقدسة. ومع أنني أدوّن هنا انطباعاتي الظاهرة عن المعلم، لكنني كنت دوماً على دراية بمقامه الروحي السامي. لقد أحسست بقوته وسوف أحتفظ على الدوام بذلك الشعور كبركة إلهية حصلت عليها.»

وكنت قد جلبت من أمريكا وأوروبا وفلسطين هدايا عديدة لسري يوكتسوار قبِلها بابتسامة إنما دون تعليق. ومن ألمانيا ابتعت أيضا لاستعمالي الشخصي مظلة-عكاز مدمجة، وحينما وصلت الهند قررت تقديمها لمعلمي.

ونظر إليّ معلمي نظرة فهم ومودة، وعلى غير عادته قال: «إنني أقدّر فعلاً هذه الهدية!». ومن بين سائر الهدايا، كانت هذه المظلة-العكاز هي التي اختار معلمي عرضها أمام زائريه.

ولاحظت أن جلد النمر الذي يجلس عليه سري يوكتسوار كان موضوعاً على بساط ممزق فقلت: «أرجوك يا معلمي أن تسمح لي بأن أشتري سجادة لغرفة الاستقبال.»

لم يكن جواب معلمي متحمساً عندما قال: «افعل ذلك إن كان يرضيك. ولكن انظر، فحصيرة النمر جميلة ونظيفة. إنني سيد مملكتي الصغيرة هذه، وما وراء ذلك يوجد العالم الكبير الذي لا يهتم سوى بالمظاهر الخارجية.»

وما أن نطق معلمي بهذه الكلمات حتى شعرت بالسنين تعود للوراء

٣ حرفياً «التحية الكاملة» من الكلمة السنسكريتية نام *nam* يسلّم على أو ينحني أمام. والبادئة برا *pra* تعني بصورة كاملة. وتحية البرانام تقدم على الأخص أمام الرهبان والشخصيات المحترمة.

وبأنني من جديد تلميذ صغير يتطهر يومياً بنيران التأديب!

وما أن تمكنت من انتزاع نفسي من سيرامبور وكلكتا حتى توجهت مع المستر رايت إلى رانشي حيث لقيت استقبالاً رائعاً ومؤثراً للغاية. وقد ملأت الدموع عينيّ وأنا أعانق المدرسين الكرماء الأمناء الذين احتفظوا براية المدرسة خفاقة أثناء غيابي على مدى خمسة عشر عاماً. وكانت الوجوه المشرقة والابتسامات السعيدة للطلبة المقيمين والطلاب النهاريين تتحدث بفصاحة وجلاء عن مدرستهم التي تقدم الرعاية السليمة وتدريبات اليوغا.

لكن وللأسف كان معهد رانشي في ضائقة مالية، حيث كان السير ماننـدرا شندرا نندي قد توفي، وهو المهراجا السابق الذي تبرع بقصر كازمبازار الذي تم تحويله إلى المبنى المركزي للمدرسة، وكان قد قدّم للمدرسة هبات ملكية عديدة. وبعد وفاته عانت الكثير من الميزات الخيرية للمدرسة وتعرضت لمخاطر جسيمة بسبب النقص في الدعم العام الكافي.

إلا أنني لم أصرف سنوات طويلة في أمريكا دون الاستفادة من بعض حكمتها العملية وروحها الجريئة في مواجهة الصعاب، فبقيت في رانشي أسبوعاً كاملاً أصارع مشاكل حرجة. بعد ذلك قابلت في كلكتا قادة ومربين بارزين، كما كان لي حديث طويل مع مهراجا كازمبازار الشاب، وطلبت مساعدة مالية من والدي، ووردت تبرعات عديدة في الوقت المناسب من طلبتي الأمريكيين وإذ بأساسات رانشي المهزوزة تصبح ثابتة ومستقرة!

وفي غضون أسابيع قليلة بعد وصولي إلى الهند سررت لأن أجد مدرسة رانشي وقد تم تسجيلها قانونياً، وبذلك تحقق حلم حياتي عن مركز تربوي لتعليم اليوغا بموارد دائمة.

وكان ذلك الطموح هو ما أرشدني منذ البدايات المتواضعة سنة ١٩١٧ مع مجموعة من سبعة أولاد.

وتقوم مدرسة يوغودا ساتسانغا براهماتشاريا فيديالايا بعقد فصول في الهواء الطلق لتدريس قواعد اللغة ومواد الدراسة الثانوية. كما يتلقى التلاميذ المقيمون والنهاريون تدريباً مهنياً من نوع ما.

ويقوم الطلبة بتنظيم معظم فعالياتهم الخاصة عن طريق لجان مدرسية يتولون إدارتها بأنفسهم. وفي المراحل المبكرة من عملي كمربٍ اتضح لي أن الأولاد الذين يفرحون في استنباط طرق عابثة للتغلب على المدرس يقبلون عن طيب خاطر القواعد التأديبية التي يضعها زملاؤهم الطلبة. وبما أنني لم

**مقر يوغودا ماث، داكشينسوار، الهند**

المقر الرئيسي لجماعة يوغودا ساتسانغا في الهند، على نهر الغانج، بالقرب من كلكتا، أسسها برمهنسا يوغانندا في عام ١٩٣٩.

أكن أبداً تلميذاً نموذجياً فقد كنت متفهماً لعبث الصغار ومشاكلهم الصبيانية.

ويتم تشجيع النشاطات الرياضية، وتشهد الملاعب رياضة الهوكي وكرة القدم. وفي كثير من الأحيان يفوز طلبة رانشي بالكأس في الأحداث التنافسية. ويتم تلقين الطلاب أساليب اليوغودا لإعادة شحن العضلات بقوة الإرادة، أي التوجيه العقلي لقوة الحياة إلى أي جزء من الجسم. كما يتعلمون أيضا جلسات اليوغا إلى جانب لعبة المبارزة بالسيف والعصا. وطلاب رانشي مدربون على تقديم الإسعافات الأولية وقد قدموا خدمة جليلة لولايتهم في أوقات الفيضانات والمجاعة المأساوية. ويعمل الأولاد في الحديقة ويزرعون

شري يوغانندا سنة ١٩٣٥، في رحلة بقارب على نهر يامونا الذي يمر عبر مدينة ماتورا المقدسة المرتبطة بمولد وطفولة بهغوان كريشنا. (جلوساً، من الوسط إلى اليمين) ابنة أنانتا لال غوش (الشقيق الأكبر لشري يوغانندا)، سناندا لال غوش (شقيق يوغانانداجي الصغير)، و سي. ريتشارد رايت.

خضرواتهم بأيديهم.

يتم تقديم التعليم الابتدائي بالهندية لتلاميذ القبائل الأصلية في المنطقة، وهي الكول والسنتال والموندا. أما فصول الفتيات فتقام فقط في القرى المجاورة.

وتمتاز مدرسة رانشي بالتكريس في الكريا يوغا. فالصِبية يقومون يومياً بممارسة تمارينهم الروحية وإنشاد ترانيم من الغيتا، ومن خلال التلقين والقدوة الحسنة يتعلمون فضائل البساطة، وإنكار الذات، والكرامة، والصدق. ويتم توضيح الشر لهم على أنه ذلك الذي يجلب التعاسة والشقاء. أما الخير فهو ما يجلب السعادة الحقيقية. كما يمكن مقارنة الشر بالعسل المسموم الذي يغري بتناوله، لكن الموت يكمن فيه.

وقد أتت أساليب تركيز الذهن بنتائج مدهشة من حيث التغلب على الاضطراب الجسدي والعقلي. وليس غريباً في رانشي رؤية أحد الأطفال الصغار في التاسعة أو العاشرة من عمره وهو يجلس لساعة أو أكثر في توازن متواصل مع تركيز نظرته الثابتة على العين الروحية دون أن ترمش عيناه. وفي الحديقة يوجد معبد لشيفا مع تمثال للمعلم المبارك لاهيري مهاسايا. وتقام تحت أشجار المانغو الظليلة صلوات يومية وفصول في النصوص المقدسة.

ويقدم مستشفى يوغودا ساتسانغا سيفاشرم («بيت الخدمة») في رانشي خدمات جراحية وطبية مجانية لآلاف عديدة من فقراء الهند.

تقع رانشي على ارتفاع ألفي قدم فوق سطح البحر، وتمتاز بجوها المعتدل وغير المتقلب. ومساحتها التي مقدارها خمسة وعشرون فداناً محاذية لبركة استحمام، وفيها أحد أجود البساتين الخاصة في الهند، فيه خمسمائة شجرة من أشجار الفواكه المثمرة – مانغو وجوافة وليتشي وكاكايا (شجرة الخبز).

وتحتوي مكتبة رانشي على عدد كبير من المجلات وألف مجلد بالإنكليزية والبنغالية جاءت كتبرعات من الشرق والغرب. وهناك مجموعة من كتب العالم المقدسة، ومتحف جيد التنسيق يضم أحجاراً كريمة ومعروضات أثرية وجيولوجية وأنثروبولوجية، وقِطعاً تذكارية جمعتُ معظمها خلال تجوالي

وتنقلاتي في أرض الله المتعددة المزايا والأنواع.[٤]

وقد تم افتتاح فروع لمدارس ثانوية تقوم بتلقين فنون اليوغا للطلبة المقيمين في رانشي. وهذه الفروع هي (مدرسة) يوغودا ساتسانغا فيديابت للبنين في لكشمانبور غربي البنغال، والمدرسة الثانوية والصومعة في إيجماليكاك في ميدنابور، البنغال[٥].

في سنة ١٩٣٩ تم تدشين (صومعة) يوغودا ماث المهيبة والمطلّة على نهر الغانج في داكشينسوار. وهذه الصومعة التي لا تبعد سوى بضعة أميال عن كلكتا هي بمثابة مرفأ من السلام الروحي لسكان المدينة.

وصومعة داكشينسوار هي المقر الرئيسي لجماعة يوغودا ساتسانغا Yogoda Satsanga في الهند، بما يتبعها من مدارس ومراكز وصوامع في أنحاء متعددة من الهند. وجماعة اليوغودا ساتسانغا الهندية مرتبطة قانونياً بالمقر العالمي لـ Self-Realization Fellowship في لوس أنجلوس، كاليفورنيا، الولايات المتحدة الأمريكية.

٤ وفي الغرب يوجد متحف مشابه جمع محتوياته برمهنسا يوغانندا. المتحف موجود في Self-Realization Fellowship Lake Shrine، بمدينة باسيفيك باليسيدز بكاليفورنيا. (ملاحظة الناشر)

٥ ومن هذه النواة الأصلية يزدهر الآن العديد من مؤسسات يوغودا ساتسانغا التربوية لكل من البنين والبنات في أماكن متعددة من الهند. وتتراوح مناهجها ما بين المستويين الابتدائي والجامعي.

وتشتمل نشاطات اليوغودا[٦] ساتسانغا على نشر مجلة يوغودا الفصلية *Yogoda Magazine* وإرسال الدروس بالبريد مرة كل أسبوعين إلى الطلاب المنتسبين في جميع أنحاء الهند، وإعطاء تدريب مفصل في طرق وفنون Self-Realization Fellowship الخاصة بشحن الجسم بقوة الحياة وتركيز العقل والتأمل. والممارسة الأمينة والمنتظمة لهذه التمرينات هي الركيزة الأساسية لتعاليم الكريا يوغا الأسمى التي تُمنح في دروس لاحقة للتلاميذ المؤهلين.

وفعاليات اليوغودا التربوية والدينية والإنسانية تتطلب الخدمة والإخلاص من العديد من المدرسين. ومع أنني لا أذكر أسماءهم هنا لأنهم كثيرون جداً، لكنني أحتفظ لكل واحد منهم بركن مضيء في قلبي.

وأقام المستر رايت صداقات عديدة مع طلبة رانشي الذين عاش بينهم لبعض الوقت بالرداء الهندي التقليدي الدوتي. وفي كل مكان ذهب إليه، سواء بومباي، أو رانشي، أو كلكتا، أو سيرامبور، كان سكرتيري الذي يتمتع بحس وصفي رائع يدوّن مغامراته في يومية أسفاره. وفي إحدى الأمسيات، توجهت إليه بالسؤال التالي:

«ما هو انطباعك عن الهند يا دِك؟»

فأجابني بروية: «السلام. فالهالة المحيطة بالناس هي السلام.»

٦ تُشتق كلمة «يوغودا» من كلمة يوغا أي الاتحاد، الانسجام، التوازن. وكلمة (دا) تعني ذلك الذي يمنح. وكلمة «ساتسانغا» مركّبة من كلمتي سات: الحق و سانغا: جماعة. وكلمة «يوغودا» صاغها برمهنسا يوغانندا سنة ١٩١٦ عندما اكتشف مبادئ شحن الجسم البشري بالطاقة من المصدر الكوني. (راجع الصفحة ٣٠١ ). وقد أطلق سري يوكتسوار على مؤسسة صوامعه اسم ساتسانغا (جماعة الحق). ومن الطبيعي أن تلميذه برمهنسا يوغانندا رغب في الاحتفاظ بذلك الاسم.

وجماعة اليوغودا ساتسانغا في الهند هي مؤسسة غير ربحية مصممة ليكون وجودها دائم. وتحت ذلك الاسم سجّل يوغانانداجي أعماله ومؤسساته في الهند والتي يشرف عليها الآن مجلس إدارة مقتدر في يوغودا ماث بمدينة داكشينسوار، غرب البنغال. وهناك العديد من مراكز يوغودا للتأمّل، مزدهرة في أجزاء مختلفة من الهند.

في الغرب اختار يوغانانداجي لأعماله الاسم الإنكليزي Self-Realization Fellowship وسجّلها تحت هذا الاسم. والأخ تشيدانندا Chidananda هو الرئيس الحالي لجماعة يوغودا Yogoda Satsanga Society في الهند و Self-Realization Fellowship. (ملاحظة الناشر)

الفصل ٤١

# جولة ممتعة في جنوب الهند

«إنك يا دِك أول غربي يدخل ذلك المعبد، فكثيرون حاولوا لكن دون جدوى!»

فوجئ المستر رايت بقولي لكنه ارتاح فيما بعد. كنا للتو قد غادرنا معبد شاموندي الجميل في الهضاب المطلة على ميسور في جنوب الهند. وكنا قد انحنينا هناك أمام المذابح الذهبية والفضية للآلهة شاموندي شفيعة أسرة ميسور الحاكمة.

وقال المستر رايت وهو يجمع بعناية بعض أوراق الورد: «سأحتفظ دوماً بهذه الأوراق التي رشها الكاهن بماء الورد تذكاراً لهذا الشرف الفريد.»

في نوفمبر/تشرين الثاني ١٩٣٥، كنت مع رفيقي[١] ضيفين على مقاطعة ميسور، وكان ولي عهد المهراجا[٢] صاحب السمو اليوفاراجا سري كانثيرافا ناراسيمهاراجا واديار قد وجّه لي ولسكرتيري دعوة لزيارة مقاطعته التقدمية المستنيرة. وكنت خلال الأسبوعين السابقين قد حاضرت الآلاف من مواطني وطلاب ميسور في دار البلدية وكلية المهراجا ومدرسة الطب الجامعية؛ وفي ثلاث اجتماعات في بنغالور في كل من المدرسة الثانوية الوطنية، والكلية المتوسطة، وقاعة بلدية تشيتي حيث اجتمع ثلاثة آلاف شخص.

لست أدري إن كان المستمعون المتحمسون قد أدركوا أهمية الصورة المشرقة التي رسمتها عن أمريكا، لكن التصفيق كان الأعلى دوماً عند تحدثي عن المنافع المشتركة التي يمكن الحصول عليها من تبادل أفضل ما لدى الشرق والغرب من مزايا.

استمتعتُ مع المستر رايت بالسلام في تلك الأجواء الاستوائية، وقد تضمنت يومية أسفاره الوصف التالي لانطباعاته عن ميسور:

«لقد صرفنا لحظات عديدة مبهجة، شاردي الذهن تقريباً، مستمتعين

١ بقيت الآنسة بليتش مع أقاربي في كلكتا.

٢ مهراجا سري كريشنا راجيندرا واديار الرابع.

بمشاهدة لوحة الله دائمة التغيّر والمنتشرة عبر القبة الزرقاء، لأن لمسته وحدها يمكنها أن تأتي بألوان تهتز بنضرة الحياة. وتُفقد هذه الألوان الغضة عندما يحاول الإنسان تقليدها باستعمال الأصباغ. فالرب يستخدم طريقة أبسط وأكثر فعالية؛ فهو لا يستعمل الزيوت والأصباغ، بل مجرد أشعة النور. إنه يقذف بقعة من نور هنا فتعكس اللون الأحمر، ثم يلوّح الفرشاة ثانية فيمتزج اللون تدريجياً باللونين البرتقالي والذهبي. وبوخزة ثاقبة يطعن السحاب فيحْدث خدوشاً أرجوانية تترك حلقات أو حواشي حمراء تقطر من الجرح. وهكذا يتسلى مساءً وصباحاً، مبدعاً نماذج دائمة التغيّر، دائمة التجدد ودائمة النضرة، دون تكرار للأنماط والألوان. وجمال الأفق الهندي المتبدل من النهار وحتى الليل لا يمكن أن يُقارن به أي جمال في أي مكان آخر. وفي كثير من الأحيان تبدو السماء كما لو أن الله أخذ كل الألوان الموجودة في جعبته وقذف بها دفعة واحدة عبر السماء، ويا له من مشهد في منتهى الروعة.

«ولا بد أن أصف زيارة رائعة عند الشفق إلى سد كريشناراجا ساغار الضخم[٣] المشيد على بعد اثني عشر ميلاً خارج مدينة ميسور. فقد ذهبت مع يوغانانداجي في حافلة صغيرة ومعنا صبي صغير ليقوم بتدوير الموتور يدوياً أو كبديل للبطارية، وانطلقنا فوق طريق ترابي ممهد في الوقت الذي كانت فيه الشمس تميل نحو الغروب كما لو كانت حبة طماطم (بندورة) زاد نضجها.

«اجتزنا في رحلتنا حقول الأرز المربعة الموجودة في كل مكان عبر مجموعة من أشجار البانيان (التين) التي يبعث منظرها الراحة في النفس، وبين أشجار جوز الهند الشامخة. وكانت النباتات المنتشرة تضارع بكثافتها نباتات الغابة. وإذ اقتربنا من قمة إحدى الهضاب أبصرنا بحيرة اصطناعية شاسعة تعكس صفحتها النجوم وأهداب النخيل وأشجار أخرى. وكانت البحيرة محاطة بحدائق جميلة ذات مدرجات وصفوف من الأضواء الكهربائية البديعة.

«وتحت حافة السد رأينا مشهداً خلاباً لأشعة ملونة تتراقص فوق ينابيع متدفقة تشبه نوافير رائعة من الحبر الملون فتُحدِث شلالات مياه بديعة زرقاء وحمراء وخضراء وصفراء. وشاهدنا تماثيل مهيبة لأفيال حجرية يتدفق الماء من خراطيمها. أما السد (الذي ذكرتني فواراته المضيئة بفوارات معرض

٣ سد للري تم تشييده سنة ١٩٣٠ لتخديم المساحة الواقعة بالقرب من مدينة ميسور الشهيرة بأنواع الحرير والصابون وزيت خشب الصندل الذي تنتجه.

شيكاغو العالمي سنة ١٩٣٣) فيمثل أحد المظاهر العصرية في هذه البلاد العريقة والتي تزخر بحقول الأرز والناس البسطاء. وقد غمرنا أهل الهند بالترحاب الودي بحيث صرت أخشى بأنني سأحتاج إلى أكثر من قوتي للعودة بيوغانانداجي إلى أمريكا.

«وهناك أيضاً امتياز آخر نادر هو ركوبي للمرة الأولى على ظهر فيل. فبالأمس دعانا [ولي العهد] اليوفاراجا إلى قصره الصيفي للتمتع بركوب أحد أفياله، ويا له من حيوان هائل! فصعدت على سلّم معدٍّ للتسلق إلى الهودج الشبيه بصندوق كبير مبطن بالحرير. تلا ذلك دحرجة وتقلّب وارتفاع وتأرجح عند الانحدار في أخدود، وكنت في غاية البهجة فلم أهتم ولم أصرخ، بل اكتفيت بالتشبث بالهودج بكل قوتي حفاظاً على الحياة الثمينة!»

وجنوب الهند غني بالبقايا التاريخية والأثرية ويمتاز بسحره الأكيد الذي يعصى على الوصف. وإلى شمال ميسور تقع مدينة حيدر أباد وهي عبارة عن سهل فسيح بديع المناظر يتخلله نهر غودافاري العظيم. وهناك أيضا سهول خصبة واسعة وجبال نيلغيري «الجبال الزرقاء» الجميلة ومناطق أخرى تحتوي على هضاب مجدبة من الجير أو الصوان. وتاريخ حيدر أباد هو قصة طويلة غنية بالأحداث، تعود إلى ثلاثة آلاف عام تحت حكم ملوك أندهرا، وبعدها تحت حكم الأسر الهندوسية حتى سنة ١٢٩٤ ميلادية عندما انتقل حكم المنطقة إلى سلالة من الحكام المسلمين.

وأروع مظاهر الهندسة المعمارية والنحت والرسم الزيتي في الهند موجودة في حيدر أباد في كهوف إلورا وأجانتا المنحوتة في الصخر. وفي إلورا يوجد معبد كيلاسا الضخم المصنوع من صخرة واحدة ويضم أشكالاً منحوتة لآلهة وبشر وحيوانات في أبعاد تقارب من حيث الحجم تماثيل مايكل أنجلو الهائلة. وأجنتا هي مقر لخمسة وعشرين ديراً وخمس كاتدرائيات وجميعها محفورة في الصخر وتسندها أعمدة ضخمة موشاة برسوم ونقوش خلد فيها الفنانون والنحاتون عبقريتهم ونبوغهم.

ومن المعالم البارزة في مدينة حيدر أباد الجامعة العثمانية ومسجد مكة المهيب الذي يتسع لعشرة آلاف مسلم يجتمعون للصلاة.

ترتفع ولاية ميسور ثلاثة آلاف قدم فوق سطح البحر وتكثر فيها الغابات الاستوائية الكثيفة حيث الأفيال البرية وحيوانات البيسون الشبيهة بالبقر، والدببة والفهود والنمور. ومدينتاها الرئيسيتان بانغالور وميسور نظيفتان

وجذابتان وفيهما العديد من المنتزهات والحدائق العامة الجميلة.

وقد بلغ فن المعمار والنحت الهندي في ميسور ذروته برعاية الملوك الهندوس ما بين القرنين الحادي عشر والخامس عشر الميلاديين. ومعبد بيلور من القرن الحادي عشر والذي تم بناؤه خلال فترة حكم الملك فيشنوفاردهانا، هو تحفة فنية، يثير الإعجاب ولا مثيل له في العالم من حيث دقة التفاصيل ووفرة المنحوتات.

ويعود تاريخ المراسيم المنحوتة في الصخر في شمال ميسور إلى القرن الثالث قبل الميلاد، وهي تلقي الضوء على عهد الملك آشوكا[٤] الذي شملت إمبراطوريته الهند وأفغانستان وبلوشستان. و«مواعظه المنقوشة في الصخر» بعدة لهجات هي دليل على معرفة القراءة والكتابة على نطاق واسع في أيامه. المرسوم الصخري الثالث عشر يشجب الحروب: «ما من فتح حقيقي سوى التقوى.» والمرسوم الصخري العاشر ينص على أن المجد الحقيقي للملك يكمن في مساعدة شعبه على بلوغ التقدم الأدبي والخلقي. والمرسوم الصخري الحادي عشر يعرّف «العطاء الحقيقي» بأنه ليس الخيرات، بل الخير بالذات – نشر الحقيقة. وفي المرسوم الحجري السادس يدعو الامبراطور المحبوب رعاياه كي يتشاوروا معه في الأمور العامة «في أي وقت من النهار أو الليل.» ويضيف أنه بتأدية واجباته الملكية بأمانة فانه «يتحرر من الديون المترتبة عليه نحو رفاقه البشر.»

وكان أشوكا حفيداً لتشاندراغوبتا موريا الجبار الذي حطم ما تركه الإسكندر الكبير في الهند من حاميات عسكرية وألحق هزيمة بجنود سيليكوس المقدوني المجتاحة. بعدها استقبل تشاندراغوبتا في بلاطه في باتاليبوترا[٥]

٤ لقد شيد الإمبراطور آشوكا ٨٤,٠٠٠ معبداً في أنحاء مختلفة من الهند. وهناك أربعة عشر مرسوماً صخرياً وعشرة عواميد حجرية لا تزال قائمة حتى اليوم. وكل عمود هو نصر للهندسة وللفن المعماري والنحت. وقد عمل على إقامة العديد من الخزّانات والسدود وبوابات تصريف المياه وقنوات الري وطرق عامة ودروب مظللة بالأشجار ودور لاستراحة المسافرين وحدائق نباتية لأغراض طبية ومستشفيات للبشر والحيوانات.

٥ إن لمدينة باتاليبوترا (باتنا الحديثة) تاريخاً مثيراً للاهتمام. فقد زارها السيد بوذا في القرن السادس قبل الميلاد عندما كانت قلعة غير ذات أهمية. وقد أطلق النبوءة التالية: «حيثما تواجد الشعب الآري، وحيثما تنقّل التجار، ستصبح باتاليبوترا مدينتهم الرئيسية ومركزاً لتبادل سائر البضائع والسلع.» *(Mahaparinirbana Sutra)*. بعد ذلك بقرنين أصبحت

السفير الإغريقي ميجاستينس الذي ترك لنا أوصافاً للهند السعيدة والمزدهرة في عصره.

وفي سنة ٢٩٨ ق.م. سلّم تشاندراغوبتا المظفر مقاليد حكم الهند لابنه. وإذ انطلق إلى جنوب الهند فقد أمضى تشاندراغوبتا الأعوام الاثني عشرة الأخيرة من حياته كناسك لا مال له، يسعى لتحصيل معرفة الذات في كهف صخري في سرافانابيلاغولا هو الآن أحد معابد ميسور. كما تفخر نفس المنطقة بأكبر نصب تذكاري في العالم منحوت من الغرانيت، أشاده الجينيون سنة ٩٨٣ ميلادية تكريماً للحكيم غوماتيسوارا.

وهناك قصص مثيرة للاهتمام دوّنها بدقة مؤرخو الإغريق وغيرهم ممن رافقوا أو تبعوا الإسكندر في حملته إلى الهند. وقد ترجم الدكتور جيه. دبليو. ماكرندل J. W. McCrindle[٦] روايات أريان وديودورس وبلوتارخ وعالم الجغرافية سترابو ليسلط شعاعاً من الضوء على الهند القديمة. ومن أبرز مظاهر الغزو الفاشل للإسكندر كان اهتمامه العميق الذي أبداه بالفلسفة الهندية وباليوغيين والرجال المقدسين الذين قابلهم بين الحين والآخر ورغب بشدة في مصاحبتهم. وعقب وصول المحارب الغربي إلى تاكسيلا في شمال الهند أوفد أونيسكرتيوس (أحد تلاميذ مدرسة ديوجنيس) الهيلينية ليأتيه بالناسك دندامس من مدينة تاكسيلا.

وقال أونيسكرتيوس لدندامس بعد أن وصل إلى خلوته في الغابة: «تحية لك يا معلم البراهمة! إن الإسكندر ابن الإله الجبار زيوس وسيد البشر أجمعين يطلب منك الذهاب إليه. فإن فعلت سيكافئك بهبات عظيمة، ولكن إن رفضت فسوف يقطع رأسك!»

وتلقى اليوغي بهدوء هذه الدعوة القسرية إلى حد ما، «دون أن يرفع رأسه من مضجعه المكون من أوراق الشجر.» وعلّق قائلاً:

«وأنا أيضاً ابن الإله زيوس إن كان الإسكندر هكذا. إنني لا أطلب شيئاً مما عند الإسكندر لأنني قانع بما عندي، بينما أراه ينتقل دون فائدة مع رجاله فوق الماء واليابسة، ولن يوقف تجواله أبداً. اذهب وقل للإسكندر إن الله الملك

باتاليبوترا عاصمة امبراطورية تشاندراغوبتا موريا الكبرى. وقد جلب آشوكا للعاصمة قدراً أكبر من الرخاء والفخامة. (راجع الصفحة ٢٢)

٦ Six volumes on Ancient India (Calcutta: Chuckervertty, Chatterjee & Co., 15 College Square; 1879, reissued 1927).

الأعظم لا يأمر أبداً بالشر الفظيع لأنه خالق النور والسلام والحياة والماء، وخالق أجسام ونفوس البشر. وإنه يتسلّم كل الناس عندما يحررهم الموت فلا يبقون بعد ذلك عرضة لشرور المرض. وهو وحده الخالق الذي يستحق طاعتي وإجلالي لأنه يكره سفك الدماء ولا يحرّض على الحروب.»

وواصل الحكيم حديثه بسخرية هادئة: «الإسكندر ليس إلهاً لأنه يتحتم عليه أن يذوق الموت. وكيف يكون واحد مثله سيد العالم وهو لم يجلس بعد على عرش سيادة الوجود الباطني، كما أنه لم يدخل بعد حياً إلى الهاوية، بل أنه لا يعلم مسار الشمس فوق أقطار الأرض الشاسعة، كما أن معظم الأمم لم تسمع باسمه؟!»

وبعد هذا التوبيخ الذي هو أقسى هجوم وقع على مسامع «سيد العالم» – أضاف الحكيم متهكماً: «إذا كانت الأراضي الحالية الخاضعة للإسكندر غير كافية لإشباع رغباته دعه يعبر نهر الغانج وهناك سيجد بلاداً تكفي لاستيعاب جميع رجاله.»[٧]

واستطرد دندامس قائلاً: «إن الهبات التي يعدني بها الإسكندر لا قيمة لها بالنسبة لي. فالأشياء التي أثمّنها وأعتبرها ذات قيمة فعلية هي هذه الأشجار التي هي مأواي، والنباتات المزهرة التي تزودني بغذائي اليومي، والماء الذي يروي عطشي. وما عدا ذلك من المقتنيات التي يتم جمعها باهتمام كبير فهي مدمرة لمقتنيها، ولا تترك سوى الأسف والقلق في نفوس كل أصحابها غير المستنيرين.

«أما بالنسبة لي فأستلقي فوق أوراق الغابة؛ ولأنني لا أمتلك ما يستوجب الحراسة فإنني أغمض عينيّ مستمتعاً بسبات عذب وهادئ. في حين لو كان لدي أشياء ذات قيمة دنيوية لجعلتْ النوم يهجرني. الأرض تزودني بكل ما أحتاجه كما تزوّد الأم طفلها الرضيع بالحليب. وإنني أذهب أينما يحلو لي دون أن تثقلني الهموم المادية.

«وإن قطع الإسكندر رأسي فلن يقوى أيضاً على تدمير نفسي. فرأسي الذي سيصمت بعد ذلك، وجسدي الذي سيصبح كرداء ممزق سيبقيان على

٧ لم يتمكن الإسكندر ولا أحد من قواده من عبور نهر الغانج حيث وجد مقاومة حازمة في الشمال الغربي. وقد تمرد الجيش المقدوني ورفض التغلغل أكثر من ذلك، مما اضطر الإسكندر لمغادرة الهند والبحث عن المزيد من الفتوحات في بلاد فارس.

الأرض التي صُنعا منها. أما أنا فسأصبح روحاً وأصعد إلى الله الذي غلفنا بالأجساد ووضعنا على الأرض لكي نثبت – أثناء وجودنا هنا في هذا العالم الأدنى – إن كنا سنمتثل لإرادته ونحيا في طاعة نواميسه، والذي عندما نقف أمامه سيطلب منا حساباً عن أعمالنا. إنه القاضي الإلهي الذي يدين كل الشرور والآثام والاعتداءات، حيث تصبح أنات المظلوم عقاباً للظالم.

«دع الإسكندر يُرعب بهذه التهديدات الذين يطمعون بالثراء ويرهبون الموت. إن أسلحته عاجزة بالنسبة للبراهمة. فنحن لا نعشق الذهب ولا نخاف الموت. اذهب وقل له إن دندامس لا حاجة له لأي شيء عندك، ولذلك فإنه يرفض المجيء إليك. أما إن كنت أنت بحاجة إلى دندامس فتعالَ أنت بنفسك إليه.»

وتلقى الإسكندر بانتباه عميق الرسالة التي نقلها إليه أونيسكريتيوس بحذافيرها، «وشعر برغبة قوية لرؤية دندامس الذي – بالرغم من شيخوخته وعريه – وجد فيه قاهر العديد من البلدان أكثر من ند له.»

ودعا الإسكندر إلى تاكسيلا عدداً من البراهمة الزهاد المعروفين بحذقهم في الإجابة على الأسئلة الفلسفية بحكمة بليغة. وفيما يلي وصف للمعركة اللفظية بحسب ما أوردها بلوتارخ. وقد قام الإسكندر بصياغة جميع الأسئلة بنفسه.

«من الأكثر عدداً: الأحياء أم الأموات؟»

«الأحياء، لأن الأموات لا وجود لهم.»

«أيهما ينتج أكبر الحيوانات: البحر أم البر؟»

«البر، لأن البحر هو فقط جزء من البر.»

«ما هو أكثر الحيوانات ذكاءً؟»

«الذي لم يتعرف عليه الإنسان بعد.» (الإنسان يخشى المجهول.)

«أيهما وُجِدَ قبل الآخر: النهار أم الليل؟»

«النهار سبق الليل بيوم واحد.» وقد دُهش الإسكندر لهذا الجواب، فأضاف البرهمي: « الأسئلة المستحيلة تتطلب إجابات مستحيلة.»

«ما هي أفضل الطرق لكي يجعل الإنسان نفسه محبوباً؟»

«يصبح الإنسان محبوباً إذا امتلك قوة عظيمة ومع ذلك لا يجعل من نفسه مصدراً لتخويف الآخرين.»

«كيف يمكن للإنسان أن يصبح إلهاً؟»[8]
«بصنع ما يستحيل على الإنسان صنعه.»
«أيهما الأقوى: الحياة أم الموت؟»
«الحياة لأنها تتحمل شروراً كثيرة.»

وعند مغادرته الهند تمكن الإسكندر من أن يصطحب معه يوغياً حقيقياً كمعلم له هو كاليانا (سوامي سفاينس) الذي دعاه الإغريق «كالانوس». وقد رافق الحكيم الإسكندر إلى بلاد فارس. وفي يوم محدد في مدينة سوسا من بلاد فارس خلع كالانوس عنه جسمه المسن بدخوله كومة من الحطب المشتعل لحرق الجثث على مرأى من الجيش المقدوني بكامله. وقد قام المؤرخون بتدوين اندهاش الجنود الذين لاحظوا أن اليوغي لم يُبدِ خوفاً من الألم أو الموت، ولم يتحرك إطلاقاً من موضعه أثناء التهام النار لجسمه؟ وقبل أن يدخل كالانوس المحرقة عانق العديد من رفاقه المقربين لكنه امتنع عن توديع الإسكندر، بل اكتفى الحكيم الهندوسي بأن قال له:

«سأراك فيما بعد في بابل.»

وغادر الإسكندر بلاد فارس، وبعد ذلك بعام واحد توفي في بابل. وكانت نبوءة معلمه الهندوسي بمثابة طريقته الخاصة في إخبار الإسكندر بأنه سيكون حاضراً معه في الحياة والموت.

وترك لنا مؤرخو الإغريق صوراً جلية وملهمة عن المجتمع الهندي. ويخبرنا المؤرخ أريان بأن القانون الهندوسي يحمي الناس «وينص على عدم خضوع أي واحد منهم للعبودية تحت أي ظرف من الظروف. وأن من واجبهم وهم ينعمون بالحرية أن يحترموا أيضاً الحق الذي يمتلكه[9] جميع الناس بالتمتع بنفس تلك الحرية التي ينعمون هم بها.»

وهناك نص آخر يقول: «لا يتعامل الهنود بالربا ولا يعرفون الاقتراض. ومن المغاير للتقاليد والأعراف أن يظلم الهنود غيرهم أو أن يستكينوا هم أنفسهم للظلم. ولذلك لا يقومون بإبرام عقود أو طلب ضمانات.» أما الشفاء

٨ يمكننا أن نستنتج من هذا السؤال أن (ابن الإله زيوس) كانت تراوده الشكوك أحياناً في بلوغه الكمال.

٩ علّق جميع المراقبين الإغريق على عدم وجود الرق في الهند، وهي ميزة تختلف اختلافاً كلياً عن تركيبة المجتمع الإغريقي.

فقد كان يتم بحسب علمنا بوسائل بسيطة وطبيعية. «العلاجات تكون بتنظيم الغذاء بدلاً من استخدام العقاقير. والأدوية التي يقدرونها أكثر من سواها هي المراهم والجبس [للتجبير]، وتعتبر جميع العلاجات الأخرى ضارة إلى حد كبير.» وكان القتال مقتصراً فقط على طائفة المحاربين، إذ «لا يجوز لعدو أن يلحق الأذى بفلاح يعمل في أرضه، لأن أصحاب هذه الطبقة كانوا يُعتبرون محسنين عامين وينبغي حمايتهم من أي ضرر. وبذلك تتمكن الأرض – التي لا تتعرض للدمار – من تزويد السكان بالمحاصيل الوفيرة وبما يحتاجونه للاستمتاع بالحياة.»

ومعابد ميسور المتواجدة في كل البقاع هي تذكير دائم بقديسي الهند الجنوبية العظماء. وقد ترك لنا المعلم ثايومانافار القصيدة التالية التي تنطوي على تحدٍ:

ربما تمكنتَ من السيطرة على فيل هائج،
واستطعتَ أن تسد [بيديك العاريتين] أفواه الدببة والنمور،
وقد تتمكن من الركوب على ظهر الأسد،
ومن اللعب مع أفعى الكوبرا،
ومن كسب رزقك بواسطة الخيمياء،
والتجول متخفياً في أرجاء الكون،
ومن جعل الآلهة أتباعاً لك،
والاحتفاظ بشبابك طوال العمر،
والمشي على صفحة الماء،
والعيش وسط النار،
لكن ضبط العقل أفضل إنما أصعب من كل هذه!

في ولاية ترافانكور الجميلة والخصبة في أقصى جنوب الهند، حيث يتم نقل السلع والبضائع فوق الأنهار والقنوات، يقوم المهراجا في كل عام بتأدية

---

يعرض كتاب الهند المبدعة *Creative India* تأليف البروفيسور بينوي كومار سركار Benoy Kumar Sarkar صورة شاملة عن إنجازات الهند في الماضي والحاضر، وعن القيم المميزة في مجال الاقتصاد والعلوم السياسة والأدب والفن والفلسفة الاجتماعية (:Lahore Motilal Banarsi Dass, Publishers, 1937, 714 pp.). وهناك مجلد آخر يوصى بقراءته، هو الثقافة الهندية عبر العصور *Indian Culture Through the Ages* تأليف أس. في. فينكاتيسوارا S.V. Venkateswara (New York, Longmans, Green & Co).

التزام وراثي للتكفير عن ذنوب وآثام سببتها الحروب وعن ضم عدة ولايات صغيرة في الماضي القديم إلى ترافانكور.

فعلى مدى ستة وخمسين يوماً من كل سنة يزور المهراجا المعبد ثلاث مرات يومياً للاستماع إلى التراتيل والتلاوات الفيدية، ويختتم الطقوس التكفيرية بطقس لاكشادييام أو إنارة المعبد بمائة ألف مصباح.

تقع رئاسة مدراس على الساحل الجنوبي الشرقي للهند وتشمل مدينة مدراس الفسيحة المسطحة والمحاذية للبحر. كما تشمل أيضاً المدينة الذهبية كونجيفيرام عاصمة أسرة بالافا الملكية التي تولى ملوكها الحكم إبان القرون الأولى من العصر المسيحي. وفي رئاسة مدراس الحديثة حققت مبادئ اللاعنف التي نادى بها المهاتما غاندي تقدماً كبيراً. وفي كل مكان تشاهَد «عمائم غاندي» البيضاء المميزة. ولقد تمكن المهاتما من إحداث إصلاحات كبيرة في معابد الجنوب تتعلق بالمنبوذين وقام بإصلاحات أخرى ذات صلة بنظام الطبقات.

ومصدر النظام الطبقي الذي وضع أسسه المشرّع العظيم مانو كان جديراً بالإعجاب. فقد أدرك بوضوح أن الناس يصنفون، بحسب نشوئهم الطبيعي، ضمن أربع طبقات كبرى: (الشودرا *Sudras*) القادرون على تقديم خدمات للمجتمع عن طريق العمل الجسدي، و(الفايسيا *Vaisyas*) الذين يخدمون عن طريق العقل والمهارة والزراعة والتجارة، و(الكشاتريا *Kshatriyas*) ذوو المواهب الإدارية والتنفيذية والقادرون على تقديم الحماية – الحكام والمحاربون، و(البراهمة *Brahmins*) ذوو الطبيعة التأملية: الملهَمون والملهِمين روحياً. وتقرر المهابهاراتا أنه «لا الولادة ولا الطقوس الدينية ولا الدراسة أو السلالات العائلية هو ما يحدد ما إذا كان المرء يعتبر ذا ولادة ثانية (براهمن)؛ بل السلوك القويم والخلق النبيل هما ما يحدد ذلك.[10] وقد

١٠ كتبت تارا ماتا في عدد يناير/كانون الثاني ١٩٣٥ من مجلة الشرق والغرب *East-West* ما يلي: « الانتماء لواحدة من هذه الطبقات الأربع كان يتوقف في الأصل لا على ولادة الشخص، بل على مؤهلاته الطبيعية المتمثلة في الهدف الذي يختار تحقيقه. وقد يكون هذا الهدف (١) كاما: الرغبة، نشاط الحياة في الحواس (مرحلة الشودرا)، (٢) آرثا: الكسب، تحقيق ولكن ضبط الرغبات (مرحلة الفايسيا)، (٣) دهارما: الانضباط الذاتي، حياة المسؤولية والعمل الصحيح (مرحلة الكشاتريا)، (٤) موكشا: التحرر، الحياة الروحية والتعاليم الدينية (مرحلة البراهمن).

أوصى مانو الناس كي يقدموا الاحترام لأفراد المجتمع على قدر ما يمتلكون من الحكمة والفضيلة وعلى أساس السن ورابطة القربى، وأخيراً بحسب ما لديهم من ثروة. وفي الهند الفيدية كانت الثروات تحتقر إذا تم تكديسها ولم تُستخدم لأغراض خيرية. أما البخلاء ذوو الثروات الطائلة فكانوا يحتلون درجة متدنية في سلّم المجتمع.

وعلى مر القرون ظهرت شرور خطيرة بفعل التشدد في تطبيق نظام الطبقات وتحويله إلى امتياز وراثي تسبب في وضع الحواجز والعوائق بين الناس. والهند التي تتمتع بحكم ذاتي منذ عام ١٩٤٧ تقوم بخطى بطيئة، ولكن واثقة نحو استعادة القيم القديمة للطبقة التي تستند حصراً على المؤهلات الطبيعية وليس على الولادة. وكل أمة على وجه الأرض لها كارما فريدة مسببة للشقاء، تعمل على معالجتها والتخلص منها بطرق شريفة. والهند بروحها التي لا تُقهر والمتعددة المواهب تثبت بأنها قادرة على إصلاح نظام الطبقات.

وقد بدا جنوب الهند فتاناً بحيث تمنيت مع المستر رايت لو طال بقاؤنا

وهذه الطبقات الأربع تؤدي خدمة للبشرية بواسطة (١) الجسم و (٢) العقل و (٣) الإرادة و (٤) الروح.

«وهذه المراحل الأربع لها ما يقابلها من الصفات الأبدية *gunas* للطبيعة وهي تاماس، راجاس، وساتوا: التعطيل، النشاط، والتمدد. وتتميز الطبقات الطبيعية الأربع بصفات هي (١) تاماس (الجهل)، (٢) تاماس - راجاس (مزيج من الجهل والنشاط)، (٣) راجاس – ساتوا (مزيج من العمل الصحيح والاستنارة)، (٤) ساتوا (الاستنارة). وعلى هذا الأساس فقد حددت الطبيعة مكانة كل إنسان ضمن طائفته التي ينتمي إليها وفقاً للصفة أو لمزيج من الصفتين الأكثر سيادة وهيمنة في نفسه. طبعاً كل إنسان يملك هذه الصفات الثلاث بنسب متفاوتة. والمعلم يستطيع أن يحدد بدقة طبقة المرء وحالته التطورية.

«وإلى حد ما فإن سائر الأجناس والأمم تراعي عملياً – إن لم يكن نظرياً – الخصائص الطبقية. وحيث تنتشر الإباحة أو ما تسمى حرية، خاصة في التزاوج بين الأطراف المتباعدة للطبقات الطبيعية تتضاءل الخواص المميزة للعرق وينقرض. وتقارن البورانا سامهيتا نسل مثل هذه الزيجات بالتهجينات العقيمة، كالبغل الذي يعجز عن إنسال نوعه. فالأنواع الاصطناعية معرضة للإبادة في النهاية. والتاريخ يقدم شواهد كثيرة على أعراق عظيمة وعديدة لم تترك وراءها أثراً حياً يمثلها. ويعزو ألمع مفكري الهند الفضل إلى نظام الطبقات ويعتبرونه رادعاً ضد الإباحة، إذ احتفظ بنقاء العرق وسلامته عبر آلاف السنين من التقلبات، في حين تلاشى كلياً العديد من الأجناس القديمة الأخرى.»

فيه. لكن الزمن بفظاظته الأبدية لم يجاملنا بتمديد إقامتنا، إذ كان مقرراً أن ألقي قريباً محاضرتي الختامية في مؤتمر الهند الفلسفي بجامعة كلكتا. وفي ختام زيارة ميسور استمتعت بحديث مع السير سي. في. رامان C.V. Raman رئيس الأكاديمية الهندية للعلوم. وقد مُنح هذا الهندي المتألق جائزة نوبل في سنة ١٩٣٠ لاكتشافه الهام لانتشار الضوء المعروف بـ «ظاهرة رامان Raman Effect.»

ودّعنا على مضض حشداً من تلاميذ مدراس ومن الأصدقاء وواصلت السفر مع المستر رايت. وفي طريقنا توقفنا أمام مزار صغير مكرّس للقديس ساداسيفا براهمن[١١] الذي تقترن حياته في القرن الثامن عشر بعجائب كثيرة. وهناك معبد أكبر لساداسيفا في نيرور بناه راجا بودوكوتاي. وهذا المعبد الذي يحج إليه المتعبدون شهد العديد من عمليات الشفاء الإلهي. وقد احتفظ حكام بودوكوتاي المتعاقبون بتعاليم ساداسيفا التي دوّنها في عام ١٧٥٠ من أجل تعليم وإرشاد الأمير الحاكم واعتبروها كنزاً روحياً مقدساً.

وهناك حكايات طريفة عن المعلم المحبوب والكامل الاستنارة ساداسيفا ما زال القرويون يتناقلونها في جنوب الهند. ومن تلك الحكايات استغراقه ذات يوم في حالة النشوة الروحية سمادهي على شاطئ نهر كافيري. في تلك الأثناء حدث فيضان مباغت، فشوهد ساداسيفا مندفعاً بفعل مياه النهر الصاخبة. وبعد أسابيع عُثر عليه مطموراً تحت كومة من التراب بالقرب من كودومودي في مقاطعة كويمباتور، وحينما اصطدمت مجارف القرويين بجسمه نهض القديس وانطلق مسرعاً في حال سبيله.

وأصبح ساداسيفا قديساً صامتاً موني بعد أن زجره معلمه إثر انهماكه في جدل مع عالم فيدنتي متقدم في السن. وقد سأله معلمه: «متى – وأنت ما زلت شاباً – ستتعلم ضبط لسانك؟»

فأجابه ساداسيفا: «ببركاتك، منذ هذه اللحظة.»

ومعلم ساداسيفا كان السوامي سري باراماسيفندرا سراسواتي، مؤلف

١١ كان لقبه الرسمي سوامي سري ساداسيفندرا ساراسواتي. وتحت هذا اللقب دوّن مؤلفاته (شروحات على سترات براهما وسترات اليوغا لبتانجالي). ويختصه فلاسفة الهند المعاصرون بقدر كبير من التقدير والإجلال. وقد نظم صاحب القداسة سري شنكاراتشاريا سيفابهينافا ناراسيمها بهاراتي رئيس دير سرينغيري قصيدة ملهمة مهداة إلى ساداسيفا.

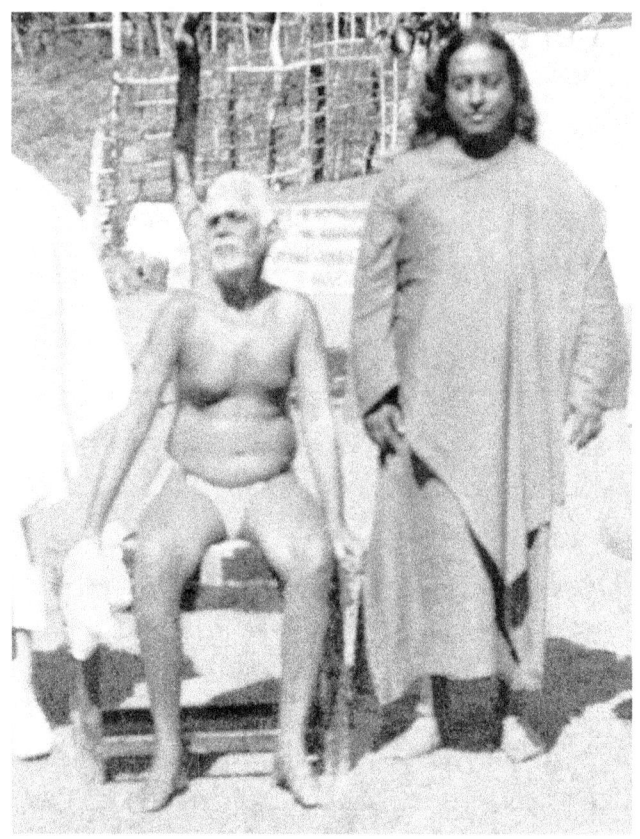

رامانا مهاريشي وبرمهنسا يوغانندا في صومعة شري رامانا المعروفة باسم أروناتشالا (راجع الصفحة ٤٦٨)

كتاب داهارافيديا براكاسيكا *Daharavidya Prakasika* وأحد الشراح الضليعين لكتاب أوتارا غيتا *Uttara Gita*. وقد أبدى بعض الدنيويين تذمراً لأن غالباً ما كان ساداسيفا المنتشي بحب الله يُشاهَد وهو يرقص في الشارع «بدون لياقة»، فاشتكوا إلى معلمه قائلين: «يا سيد، إن ساداسيفا ليس أفضل من مجنون.» لكن باراماسيفندرا تبسم بفرح وقال: «يا حبذا لو امتلك الآخرون مثل ذلك الجنون!»

وقد تميزت حياة ساداسيفا بظواهر غريبة ومدهشة حول تدخّل اليد الإلهية. وبالرغم من وجود ما يبدو ظلماً في هذا العالم، لكن مريدي الله يشهدون بحدوث خوارق لا تعد ولا تحصى عن عدالته الفورية. فذات مرة وقف ساداسيفا وهو في حالة السمادهي أمام مخزن حبوب لأحد الأغنياء،

فرفع ثلاثة من الخدم - كانوا يبحثون عن لص - عصيهم ليضربوا القديس، لكن وللعجب جمدت أيديهم وأصبحوا كتماثيل مرفوعة الأيدي في مشهد فريد إلى أن غادر ساداسيفا عند الفجر.

وفي مناسبة أخرى تم إجبار المعلم العظيم بفظاظة على العمل من قبل مراقب كان عماله يحملون وقوداً. فحمل القديس الصامت حمله بتواضع إلى المكان المطلوب ووضعه فوق كومة ضخمة فاشتعلت الكومة على الفور بكاملها.

وساداسيفا يشبه ترايلانغا سوامي من حيث عدم ارتدائه ملابس. وفي صباح أحد الأيام دخل اليوغي العاري وهو غافل خيمة قائد مسلم فصرخت امرأتان بانزعاج شديد، فما كان من المحارب إلا أن عاجل ساداسيفا بطعنة من سيفه بترت ذراعه، فارتحل المعلم دون مبالاة. وتحت تأنيب الضمير الحاد والهلع التقط المسلم الذراع من الأرض ولحق بساداسيفا. عندئذ أمسك اليوغي ذراعه بهدوء ودفعه في مكانه حيث كان الدم يتدفق. وحينما طلب منه المحارب بتواضع أن يمنحه توجيهاً روحياً، كتب ساداسيفا بإصبعه على الرمل:

«لا تفعل ما تشتهيه نفسك وعندئذٍ يمكنك عمل ما تشاء.»

ارتفع المسلم إلى حالة نفسية نقية وأدرك أن النصيحة المتناقضة هي دليل لتحرير النفس بالتسلط على أهوائها. وكان التأثير الروحي لتلك الكلمات القليلة عظيماً على المحارب حيث أصبح تلميذاً جديراً ولم يعد لطرقه القديمة.

وذات مرة أعرب أطفال القرية لساداسيفا عن رغبتهم في مشاهدة الاحتفالات الدينية في مدينة مادورا التي تبعد مسافة ١٥٠ ميلاً، فأومأ اليوغي للأولاد الصغار كي يلمسوا جسمه. ويا للدهشة! فقد انتقلوا جميعهم على الفور إلى مادورا حيث تجولوا فرحين بين ألوف الحجاج. وبعد بضع ساعات أعاد اليوغي الصغار بنفس طريقته البسيطة التي استخدمها في نقلهم. وقد استمع الآباء والأمهات بذهول كبير إلى قصص الأولاد ذات التفاصيل الواضحة عن مواكب التماثيل التي شهدوها في الاحتفالات ولاحظوا أن العديد منهم كانوا يحملون أكياساً من حلويات مادورا.

أحد الشبان غير المصدّقين سخر من القديس ومن القصة، فاقترب من ساداسيفا خلال الاحتفال الديني التالي، المنعقد في سريرانغام، وخاطبه بازدراء قائلاً:

«يا معلم، لماذا لا تنقلني إلى العيد في سريرانغام مثلما أخذت الأطفال الآخرين إلى مادورا؟»

استجاب ساداسيفا للطلب، وعلى الفور وجد الفتى نفسه وسط جموع المدينة النائية، لكن للأسف لم يجد القديس عندما أراد المغادرة، مما اضطره للعودة إلى منزله بالطريقة البدائية القديمة: سيراً على الأقدام!

وقبل مغادرة جنوب الهند قمت مع المستر رايت بزيارة إلى تلة أروناتشالا المقدسة بالقرب من تيروفاناملاي لمقابلة سري رامانا مهاريشي. وقد رحب بنا الحكيم بمودة في صومعته وأشار إلى رزمة قريبة من أعداد مجلة الشرق والغرب. وخلال الساعات التي أمضيناها معه ومع تلاميذه كان صامتاً معظم الوقت وقد أشرق وجهه الوديع بالحكمة والحب المقدس.

ولمساعدة البشرية المتألمة في استعادة الحالة المنسية لكمالها، ينصح سري رامانا بأن يسأل المرء نفسه على الدوام «من أنا؟» – وهو تساؤل عظيم حقاً. وبالرفض الجاد لكل الأفكار الأخرى يجد المريد نفسه وقد تعمق على الفور في الذات الحقيقية، فينقطع سيل الأفكار الأخرى المحيرة والمشتتة للذهن. وقد كتب حكيم جنوب الهند المستنير ما يلي:

الثنائيات والثلاثيات تحتاج إلى ما يسندها،
ولا تظهر أبدا دون دعم أو سند،
ولدى البحث عن ذلك السند ترتخي وتسقط.
تلك هي الحقيقة، ومن يبصرها على هذا النحو لا يهتز ولا يضطرب أبداً.

سوامي سري يوكتسوار وبرمهنسا يوغانندا في موكب ديني، كلكتا ١٩٣٥. على الراية آيتان باللغة السنسكريتية، تقول الأولى (في الأعلى): «اتبعوا طريق العظماء.» وتقول (التي تحتها، وهي من كلمات سوامي شانكرا): «إن صحبة شخصية إلهية، ولو للحظة واحدة، يمكن أن تنقذنا وتمنحنا الخلاص.»

**الفصل ٤٢**

# أيامي الأخيرة مع معلمي

« إنني سعيد لأن أجدك لوحدك هذا الصباح يا معلمي العزيز.»

ابتدرت معلمي بهذه الكلمات فور حضوري إلى صومعة سيرامبور وأنا أحمل سلة من الثمار والورود. فنظر إليّ سري يوكتسوار بوداعة، وتطلع حوله في الغرفة كما لو كان يلتمس مخرجاً وأجابني: «ما هو سؤالك؟»

نظرت إليه متوسلاً وقلت: «لقد أتيت إليك يا سيدي عندما كنت طالباً في الثانوية، وقد أصبحت الآن رجلاً وغزا الشيب شعري. ومع أنك غمرتني بحنانك الصامت منذ الساعة الأولى ولغاية الآن، لكن هل تدرك أنك لم تقل لي 'أحبك' إلا مرة واحدة فقط في يوم لقائنا؟»

خفض المعلم نظرته وقال: «يوغانندا، هل ينبغي لي أن أجلب إلى منطقة الكلام الباردة العواطف الدافئة التي يجب الاحتفاظ بها مُصانة في القلب الصامت ؟»

قلت: «إنني أعلم يا معلمي الحبيب بأنك تحبني، لكن أذنيّ تتشوقان لسماعك تقول ذلك.»

فقال: « ليكن ما تريد. غالباً ما كنتُ أتوق أثناء حياتي الزوجية إلى ولد أدرّبه في طريق اليوغا. ولكنك عندما أتيت إلى حياتي رضيت بك ووجدت فيك ابني.» وفي تلك اللحظة وقفت دمعتان صافيتان في عينيّ سري يوكتسوار، وأضاف: «إنني أحبك على الدوام يا يوغانندا.»

فأجبته: «إن جوابك هو جواز سفري إلى السماء.» وشعرت كأن حملاً ثقيلاً قد أُزيح عن قلبي وذاب للأبد بفعل كلماته. لقد كنت أتعجب من صمته أحياناً. كنت أعلم أنه غير عاطفي ويتمتع باكتفاء ذاتي، ومع ذلك غالباً ما تساءلت بيني وبين نفسي عن صمته. ومن حين لآخر كنت أخشى أنني لم أتمكن من إرضائه. لقد كان ذا طبيعة غريبة يصعب إدراكها تماماً: طبيعة عميقة وهادئة يستحيل سبر غورها على العالم الخارجي الذي تخطى قيمه منذ أمد بعيد.

بعد ذلك ببضعة أيام تحدثت أمام جمهور كبير في قاعة ألبرت بكلكتا، وقد

آخر احتفال لسري يوكتسوار بالانقلاب الشتوي في ديسمبر/كانون الأول ١٩٣٥. المؤلف جالس إلى الطاولة بجانب معلمه العظيم (في الوسط) في باحة الصومعة في سيرامبور. في هذه الصومعة، وعلى مدى عشر سنين، تلقى برمهنسا يوغانندا الكثير من التدريب الروحي على يد سري يوكتسوارجي.

شري يوغانندا (في الوسط، بالرداء الداكن) مع بعض طلاب الكريا يوغا الذين حضروا صفه في تعاليم يوغودا (Self-Realization) في منزل والده في كلكتا، ١٩٣٥. وبسبب الحضور الكبير، اجتمع الصف في باحة الألعاب الرياضية المجاورة في الهواء الطلق، الخاصة بشقيق يوغانانداجي الأصغر، بيشنو غوش، وهو أخصائي مشهور في ثقافة اللياقة البدنية.

رضي سري يوكتسوار بالجلوس على المنصة مع كل من مهراجا سانتوش ومحافظ كلكتا. ومع أن المعلم لم يقل شيئاً لي، لكنني تطلعت إليه بين الحين والآخر أثناء خطابي، وأعتقد أنه بدا مسروراً.

بعد ذلك تحدثت أمام خريجي كلية سيرامبور. وعندما نظرت إلى زملاء الدراسة القدامى ونظروا إلى «راهبهم المجذوب» ظهرت دون خجل دموع الفرح. وتقدم لتحيتي أستاذي في الفلسفة الدكتور غوشال ذو اللسان الفضي، وقد ذابت كل خلافاتنا الماضية بفعل كيمياء الزمن.

وتم الاحتفال بعيد الانقلاب الشتوي في آخر ديسمبر/كانون الأول في صومعة سيرامبور. وكالمعتاد اجتمع تلاميذ سري يوكتسوار من بعيد وقريب، وأنشد كريستو- دا ترانيم تعبدية منفردة بصوته العذب الرخيم. وتلا ذلك وليمة من إعداد تلامذة فتيان، ثم محاضرة عميقة وملهمة للمعلم تحت النجوم في باحة الصومعة المزدحمة – ويا لها من ذكريات محببة لأعياد بهيجة مرت عليها سنوات عديدة مضت! لكن كانت هناك ميزة جديدة في تلك الليلة، إذ خاطبني المعلم بالقول:

«أرجو يا يوغانندا أن تتحدث إلى الحضور بالإنكليزية.» وقد أبرقت عينا المعلم لهذا الطلب غير العادي بأكثر من معنى. فهل كان يفكر في موقفي المحرج في الباخرة عند إلقاء محاضرتي الأولى بالإنكليزية؟ لقد رويت القصة للحاضرين من إخواني التلاميذ واختتمتها بتحية حماسية حارة لمعلمنا، وقلت:

«لقد كان إرشاده المتواصل حاضراً معي على الدوام، ليس على متن الباخرة وحسب، بل في كل يوم خلال الخمس عشرة سنة التي قضيتها في أرض أمريكا الرحبة والمضيافة.»

وبعد أن غادر الضيوف استدعاني سري يوكتسوار إلى نفس غرفة النوم (حيث سمح لي ولمرة واحدة فقط، عقب احتفال مشابه) أن أرقد في سريره. هذه الليلة كان معلمي يجلس بهدوء ويجلس عند قدميه على شكل نصف دائرة عدد من التلاميذ.

وخاطبني قائلا: «يوغانندا، هل أنت ذاهب الآن إلى كلكتا؟ أرجو أن تعود إليّ غداً، فلديّ أمور أريد أن أبحثها معك.»

وبعد ظهر اليوم التالي منحني سري يوكتسوار اللقب النسكي الجديد

برمهنسا Paramahansa[1] مع بعض كلمات بسيطة من البركة.

وقال لي عندما ركعت أمامه: « هذا اللقب يحل الآن رسمياً محل لقب السوامي السابق. وابتسمت عندما فكرت بالصعوبة التي سيواجهها تلاميذي الأمريكيين عند محاولة نطقهم كلمة برمهنساجي.[2]

وقال المعلم بهدوء وفي عينيه نظرة وادعة: «لقد انتهت مهمتي في هذه الحياة، وعليك أن تواصل المسيرة.»

راح قلبي يخفق من الخوف، في حين واصل حديثه قائلاً:

«أرجوك أن تبعث بشخص لإدارة شؤون صومعتنا في بوري. إنني أضع كل شيء بين يديك، وسوف تتمكن بنجاح من توجيه سفينة حياتك والمؤسسة إلى الشواطئ الإلهية.»

طوقت قدميه بذراعيّ والدمع ينهمر من عينيّ، فنهض وباركني بمحبة وحنان.

في اليوم التالي استدعيت من رانشي أحد المريدين، سوامي سَبانندا، وأرسلته إلى بوري للقيام بواجبات الصومعة. بعد ذلك بحث معي المعلم التفاصيل القانونية المتعلقة بتسوية ممتلكاته. وكان يرغب في منع أقربائه بعد وفاته من احتمال الاستيلاء على صومعتيه وأملاكه الأخرى التي كان يرغب في تخصيصها للأغراض الخيرية حصراً.

وبعد ظهر أحد الأيام جاءني أخ في التلمذة يدعى أميولايا بابو وقال:

«لقد قمنا مؤخراً بالترتيبات اللازمة لزيارة المعلم إلى كيدربور، لكنه لم يتمكن من الذهاب. فشعرت بموجة باردة وتولّد في داخلي إحساس بحدوث أمر ما. وعندما ألحفت في السؤال عن سبب عدم ذهابه لم يقل سري يوكتسوار سوى 'لن أذهب بعد اليوم إلى كيدربور'، وللحظة ارتجف المعلم كالطفل

١ المعنى الحرفي لـ برما هو الأسمى؛ ومعنى هنسا هو الإوزة. وتمثل الإوزة البيضاء في الأساطير الهندية مركبة براهما الخالق أو الروح العليا. ويقال إن الهنسا (الإوزة) المقدسة تمتلك المقدرة على استخلاص الحليب فقط من مزيج مكون من الماء والحليب، ولذلك تعتبر رمزاً للتمييز الروحي. أما كلمة هان-سا وتلفظ هونغ سا فمعناها الحرفي «أنا هو». وهذان المقطعان السنسكريتيان المشحونان قوة وفعالية لهما صلة اهتزازية بعمليتي الشهيق والزفير. وهكذا فإن الإنسان يؤكد مع كل تنفس، وبصورة لا شعورية، حقيقة كيانه: أنا هو!

٢ تحاشوا عموماً الصعوبة بمناداتي سيدي.

الخائف.»

وفي هذا المعنى كتب باتنجالي: («إن التعلق بالهيكل الجسدي هو إحساس نابع من طبيعة التعلق[٣] نفسه وموجود بنسبة ضئيلة حتى في عظماء القديسين.» وفي حديثه عن الموت، كان معلمي يعلّق على ذلك بالقول: «تماماً مثلما يتردد الطير الذي طال أسره في قفص بمغادرة بيته المألوف عندما يُفتح له باب القفص.»)

وتوسلت إليه وأنا أنتحب: «لا تقل ذلك يا سيدي! ولا تقل لي هذه الكلمات أبداً!»

بدا الارتياح على وجه سري يوكتسوار مع ابتسامة عذبة. ومع أنه كان يقترب من الحادية والثمانين، لكنه ظهر قوياً وبصحة جيدة. وإذ كنت أستدفئ يوماً بعد يوم بأشعة شمس محبة معلمي غير المنطوقة إنما المحسوسة بعمق، فقد أقصيتُ من عقلي الواعي تلميحاته العديدة حول قرب رحيله.

وأطلعت معلمي على بعض المواعيد في تقويم بنغالي[٤] وقلت: «سيدي، إن احتفالات الكومبه ميلا ستُعقد هذا الشهر في الله أباد.» فأجابني:

«هل تريد حقاً الذهاب؟»

لم أشعر بتردد سري يوكتسوار لتركي إياه، فقلت: «لقد قابلتَ في إحدى المرات المبارك باباجي في واحد من احتفالات الكومبه في الله أباد، وهذه المرة قد أكون محظوظاً بما يكفي لرؤيته.»

٣ هذا نابع من جذور سحيقة ذات صلة باختبارات قديمة للموت. وهذا المقطع وارد في حكم باتنجالي: Patanjali's *Yoga Sutras* II:9

٤ ورد ذكر الأعياد أو الاحتفالات الدينية *melas* في المهابهاراتا القديمة. وقد ترك الرحالة الصيني هيوين تسيانغ Hieuen Tsiang وصفاً لاحتفال كومبه ميلا كبير أقيم في الله أباد سنة ٦٤٤ ميلادية. وتقام هذه الاحتفالات كل ثالث سنة على التوالي في هردوار، الله أباد، ناسك، وأوجين، بعدها تعود إلى هردوار لإتمام دورة مؤلفة من اثني عشر عاما. وكل مدينة تعقد احتفالاً نصفياً أردهافي السنة السادسة بعد احتفال الكومبه الخاص بها. وهكذا فالاحتفالات الدورية والاحتفالات النصفية تعقد في مدن مختلفة كل ثلاث سنوات.

ويخبرنا هيوين تسيانغ أن هارشا ملك شمال الهند وزع كل ثروته وهي حصيلة الخزينة الملكية (على مدى خمس سنوات) على الرهبان والحجاج في احتفال الكومبه ميلا. وعندما غادر هيوين تسيانغ الهند عائداً إلى الصين رفض هدايا هارشا الوداعية من مجوهرات وذهب، لكنه أخذ معه كنوزاً أثمن بكثير: ٦٥٧ مخطوطاً من النصوص الدينية.

فأجابني: «لا أعتقد أنك ستلتقي به هناك.» ثم التزم الصمت مفضلاً عدم عرقلة ما أنوي القيام به.

وحينما انطلقتُ في اليوم التالي متوجهاً إلى الله أباد مع مجموعة صغيرة، باركني المعلم بطريقته الهادئة المعتادة. وعلى ما يبدو أنني كنت غافلاً عن التلميحات الضمنية في موقف سري يوكتسوار، لأن الله أراد أن يعفيني من أن أضطر، بلا حول ولا قوة، إلى رؤية رحيل معلمي. وقد حدث ذلك دوماً في حياتي أثناء وفاة أحبائي، إذ قضى الله برحمة منه أن أكون بعيداً عن مثل تلك المشاهد.[٥] وصلت جماعتنا إلى الكومبه ميلا في ٢٣ يناير/كانون ثاني ١٩٣٦، وقد كان منظر الجمع المندفع الذي يناهز عدده المليونين بالغ التأثير في النفس، بل يبعث على الدهشة والذهول. وتتمثل عبقرية الشعب الهندي – بما في ذلك أصغر فلاحيه – في الاحترام الكامن للروح الإلهي وللرهبان والسادهويين *sadhus* الذين تخلوا عن الارتباطات الدنيوية في سبيل البحث عن مرفأ أكثر قدسية. في الحقيقة الدجالون والمراؤون موجودون فعلاً، لكن الهند تحترم الجميع إكراماً لؤلئك القلائل الذين ينشرون النور والبركات السماوية في البلاد. وقد حصل الغربيون الذين رأوا المشهد الضخم على فرصة فريدة للشعور بنبض البلاد وبالحماس الروحي الذي تدين له الهند بالاحتفاظ بحيويتها الخالدة تحت ضربات الزمن.

صرفتْ مجموعتنا اليوم الأول في النظر والتحديق حيث آلاف الحجاج الذين يستحمون في الغانج المقدس لغفران الخطايا، والكهنة البراهمة الذين يؤدون طقوس تعبدية جادة، وتقدمات منثورة عند أقدام نساك *sannyasis* صامتين، وصفوف من الفيلة والجياد المسرجة، وجِمال راجبوتانا تمر أمامنا بسير وئيد، ويلي ذلك عرض ديني غريب لسادهويين عرايا يلوّحون بصولجانات من ذهب وفضة أو برايات من المخمل الحريري.

وكان هناك متوحدون لا يرتدون سوى مآزر فقط، وقد جلسوا متربعين في مجموعات صغيرة ولطخوا أجسادهم بالرماد اتقاءً للحر والبرد. وكانت العين الروحية تبدو بجلاء فوق جباههم ممثلة ببقعة واحدة من عجينة خشب

٥ لم أكن حاضراً وقت وفاة والدتي ولا شقيقي الأكبر أنانتا، ولا شقيقتي الكبرى روما، ولا معلمي، ولا والدي والعديد من الأحبة الآخرين. (توفي والدي في كلكتا سنة ١٩٤٢ في سن التاسعة والثمانين.)

سوامي كريشناننداً، في احتفال كومبه ميلا عام ١٩٣٦ في الله أباد، مع لبؤته النباتية المروضة التي تنطق أوم في زئير عميق وجذاب (راجع الصفحة ٤٧٨).

الصندل. أما السواميون ذوو الرؤوس الحليقة فقد ظهروا بالألوف بثيابهم ذات اللون البرتقالي الغامق وهم يحملون عصياً من الخيزران مع أواني الصدقات، وكانوا يسيرون أو يتناقشون في أمور فلسفية مع المريدين وقد التمعت وجوههم بسلام مَن هَجَرَ الدنيا.

وهنا وهناك تحت الأشجار، حول أكوام هائلة من الحطب المشتعل، جلس سادهويون[٦] رائعو المنظر، وقد ضفروا شعورهم المجدولة فوق رؤوسهم.

٦ يخضع مئات الألوف من السادهويين الهنود لهيئة تنفيذية مؤلفة من سبعة قادة يمثلون أقسام الهند السبعة الكبرى. والرئيس الحالي مهامنديليسوار لهذه الهيئة هو جويندرا بوري. وهذا الرجل القديس متحفظ للغاية، وغالباً ما يقتصر حديثه على ثلاث كلمات لا غير هي:

وكانت لحى بعضهم يبلغ طولها بضعة أقدام، وقد تم تجعيدها وربطها بعقدة. كانوا يتأملون في هدوء أو يبسطون أيديهم لمباركة الجمع السائر من متسولين ومهراجات على ظهور الفيلة، وسيدات بثيابهن المتعددة الألوان وأساورهن وخلاخلهن الرنانة، وفقراء دراوييش بأذرعهم النحيلة المرفوعة بطريقة غريبة، وبراهماتشاريين ناذري العفة يمسكون مساند أذرع للتأمل، وحكماء متواضعين أخفى مظهرهم الجاد غبطة باطنية. وفوق كل هذا الضجيج والضوضاء سمعنا أجراس المعابد تقرع قرعاً متواصلاً [لاستدعاء الحشود للعبادة والتأمل.]

وفي ثاني أيام الاحتفالات دخلت مع رفاقي عدة صوامع وأكواخ مؤقتة وقدمنا التحية لشخصيات مقدسة. وقد حصلنا على بركة قائد فرع الجيري لسلك السوامي. وهو راهب نحيف متقشف تشبه عيناه ناراً مبتسمة. بعد ذلك قامت مجموعتنا بزيارة صومعة نذرَ معلمها الصمت خلال السنوات التسع الماضية وقَصَرَ طعامه على الثمار فقط. وعلى منصة في قاعة المنسك جلس السادهو الكفيف البصر براجنا شاكشو[٧] المتبحر في الأسفار المقدسة الشاسترات *shastras* والذي تجله وتقدره كافة الطوائف.

وبعد أن ألقيت كلمة موجزة بالهندية عن الفيدانتا غادرت جماعتنا الصومعة الهادئة لتحية سوامي قريب يدعى كريشناننده، وهو راهب وسيم الطلعة، متورد الخدين، عريض المنكبين. وكانت تربض بجانبه لبؤة أليفة وقد خضعتْ بالتأكيد – لا لتكوينه الجسدي القوي – بل لجاذبيته الروحية! وكانت ترفض جميع اللحوم مفضلة الأرز والحليب. وقد لقّن السوامي هذه اللبؤة ذات اللون الأسمر المصفر كي تنطق كلمة أوم بزئير عميق جذاب. يا لها من قطة ضخمة متعبدة!

أما مقابلتنا التالية فكانت مع سادهو متعلّم ما زال في ربيع العمر. وقد وصف المستر رايت تلك المقابلة وصفاً دقيقاً في يوميات سفره المتألقة على النحو التالي:

«ركبنا سيارتنا الفورد واجتزنا نهر الغانج المنخفض جداً فوق جسر عائم له صرير. وانسللنا كالثعابين بين الجموع فوق الدروب الضيقة ذات

الحق، المحبة، العمل. وهي محادثة كافية!

٧ المعنى الحرفي للّقب هو «الذي يرى بعقله» ([مع أن] لا بصر له).

الانعطافات، واجتزنا نفس المكان، على ضفة النهر، حيث حصل اللقاء بين باباجي وسري يوكتسوار بحسب ما قال لي يوغانانداجي.

«وإذ ترجلنا من السيارة بعد فترة قصيرة سرنا بضع خطوات وسط الدخان الكثيف الصادر عن نيران السادهويين وفوق الرمال الزلقة، ووصلنا إلى مجموعة من الأكواخ الصغيرة المتواضعة جداً والمصنوعة من الطين والقش، ووقفنا أمام مسكن بسيط مؤقت له مدخل صغير لا باب له يقطنه السادهو الشاب المتجول كارا باتري المعروف بذكائه الاستثنائي. وكان يجلس متربعا فوق كومة من القش. أما كساؤه الوحيد – بل وكل ما يملكه – فكان عبارة عن قطعة من القماش البرتقالي اللون ملفوفة حول كتفيه.

«لقد كان الوجه الذي ابتسم لنا يشع قداسة، وكنا قد زحفنا على الأربع للدخول إلى الكوخ. وقدمنا التحية عند قدمي صاحب تلك النفس المتنورة، في حين كان قنديل الكيروسين يخفق محدثاً بخفقانه ظلالاً غريبة متراقصة على الجدران المغطاة بالقش. وكان وجهه يومض ويتألق، لا سيما عيناه وأسنانه التامة. ومع أن الهندية كانت لغزاً غامضاً بالنسبة لي، لكن تعبيراته كانت تفصح بجلاء عما في داخله؛ إذ كان مليئاً بالحماس والحب والمجد الروحي، بحيث لا يمكن لعظمته أن تخفى على أحد.

«تصور الحياة السعيدة لإنسان غير مقيّد بالعالم المادي، متحرر من مشكلة الثياب، ومن اشتهاء الطعام، لا يتسول أبداً ولا يتذوق الطعام المطبوخ إلا كل يومين على التناوب، ولا يحمل أبداً وعاء تسوّل، ومتحرر من تعقيدات المال الذي لا يلمسه أبداً، ولا يختزن أشياء، بل يثق دوماً في الله، وقد تحرر من هموم التنقلات. فهو لا يركب العربات بل يسير مشياً على الأقدام على شواطئ الأنهار المقدسة، ولا يظل في مكان واحد لأكثر من أسبوع تجنباً للتعلق والارتباط.

«يا له من نفس متواضعة، متبحر على نحو استثنائي في كتب الفيدا المقدسة، وحاصل على درجة الماجستير وعلى لقب شاستري أي (معلم في الأسفار المقدسة) من جامعة بنارس. وقد غمرني إحساس فائق عندما جلست عند قدميه، وشعرت أن رغبتي في أن أرى الهند القديمة على حقيقتها قد تحققت. وفي الحقيقة وجدت فيه مثالاً صادقاً لهذه البلاد المعروفة بعمالقة الروح.»

وسألت كارا باتري عن حياته الجوالة:

«هل لديك ملابس إضافية للشتاء؟»
«كلا، فهذا يكفي.»
«هل تحمل أي كتب؟»
«كلا، إنني أعلّم من الذاكرة أولئك الأشخاص الذين يرغبون بالاستماع إليّ.»
«وماذا تفعل غير ذلك؟»
«أتجول بجوار الغانج.»

وعندما نطق هذه الكلمات الهادئة شعرت بحنين جارف لحياة البساطة، لكنني تذكرت أمريكا وكل المسؤوليات التي على عاتقي، ففكرت للحظة بحزن:

«لا يا يوغانندا. إن التجول بجانب الغانج ليس من نصيبك في هذه الحياة.»

وبعد أن حدثني السادهو عن بعض مدركاته الروحية سألته سؤالاً مباشراً:

«هل تقدّم هذه التفسيرات نقلاً عن الكتب المقدسة أم من تجربتك الداخلية؟»

فأجابني بابتسامة صادقة:

«نصفها مما تعلمته، والنصف الآخر من تجربتي.»

وجلسنا لفترة قصيرة في سرور وتأمل صامت، وبعد أن غادرنا حضرته المقدسة قلت للمستر رايت: «إنه ملك يجلس على عرش من القش الذهبي.»

وتناولنا عشاءنا ذلك المساء فوق أرض الاحتفال، تحت النجوم، من صحون مصنوعة من أوراق الشجر مثبتة معاً بعيدان. لقد تم اختزال غسل الصحون في الهند إلى أدنى حد!

بقي من احتفالات الكومبه البهيجة يومان آخران؛ بعد ذلك توجهنا إلى الشمال الغربي بمحاذاة شاطئ نهر يامونا باتجاه أغرا حيث نظرتُ محدّقاً مرة أخرى بجمال التاج محل وتذكرت جيتندرا وهو يقف بجانبي وقد دهشنا بالحلم الذي تم تجسيده في الرخام. بعدها قصدنا صومعة السوامي كيشابانندا في برندبان.

وكان هدفي من مقابلة كيشابانندا يتعلق بأمور ذات صلة بهذا الكتاب. فإنني لم أنسَ أبداً طلب سري يوكتسوار بأن أدوّن حياة لاهيري مهاسايا. فكنت أثناء وجودي في الهند أغتنم كل فرصة للاتصال بتلاميذ المعلم المباشرين وأقاربه. وإذ قمت بتدوين أحاديثهم في مذكرات ضخمة، فقد حققت الوقائع والتواريخ، وجمعت صوراً شمسية ورسائل ووثائق قديمة. وبدأت حقيبة

أوراقي الخاصة بلاهيري مهاسايا بالانتفاخ. وأدركت بجزع مدى ما ينتظرني من مهام شاقة تتعلق بالكتابة والتأليف، فتضرعت إلى الله كي يأخذ بيدي ويمنحني العون لترجمة حياة هذا المعلم العظيم الذي خشي فريق من تلاميذه من أن تدوين سيرته قد يؤدي إلى التقليل من شأنه أو إساءة فهمه.

وقد قال لي بانشانون بهاتاتشاريا ذات مرة: «بالكاد يستطيع المرء التعبير بكلمات باردة عن حياة تجسّد إلهي.»

وبالمثل، قنع تلاميذ آخرون مقربون بأن يظل اليوغافاتار (تجسّد اليوغا) مرشداً خالداً محتجباً في قلوبهم. ولكن بما أنني كنت مدركاً لنبوءة لاهيري مهاسايا بخصوص تدوين سيرة حياته فقد بذلت قصارى جهدي في الحصول على المعلومات ذات الصلة بحياته الظاهرية والتحقق من صحتها.

رحّب سوامي كيشابانندا بجماعتنا ترحيباً حاراً في صومعته كاتياياني بيث في برندبان، وهو بناء فخم مصنوع من الطوب وله أعمدة سوداء ضخمة مثبتة وسط حديقة جميلة. وعلى الفور دعانا إلى غرفة جلوس تزينها صورة كبيرة للاهيري مهاسايا. ومع أن عمر السوامي كان يناهز التسعين إلا أن جسمه العضلي كان يشع قوة وعافية. وكان بشعره المسترسل، ولحيته البيضاء بلون الثلج، وعينيه الوامضتين فرحاً، تجسيداً حقيقياً للهيبة والوقار. وقد أخبرته بأنني أنوي ذكر اسمه في كتابي عن معلمي وحكماء الهند.

ولما كان اليوغيون العظام متحفظين في أغلب الأحيان، فتوددت إليه مبتسماً وقلت: «أرجو أن تخبرني عن حياتك المبكرة.»

فأومأ كيشابانندا بتواضع وقال: «لا يوجد الكثير مما له أهمية خارجية، فقد صرفت معظم حياتي تقريباً في خلوات الهملايا متنقلا مشياً على الأقدام من كهف هادئ إلى آخر. وقد احتفظت لبعض الوقت بصومعة صغيرة خارج هردوار تحيط بها أشجار باسقة من كل جانب. وكانت خلوة هادئة قلما قصدها الزائرون لكثرة ثعابين الكوبرا فيها.»

ضحك كيشابانندا وواصل حديثه: «بعد ذلك جرف أحد فيضانات الغانج الصومعة والأفاعي السامة معاً! فيما بعد ساعدني تلاميذي على بناء صومعة برندبان هذه.»

وسأل أحد أفراد جماعتنا السوامي عن الطريقة التي حمى بها نفسه من نمور الهملايا.

سوامي كيشابانندا (يقف على اليسار)، تلميذ لاهيري ماهاسايا، البالغ من العمر تسعين عاماً، ويوغانانداجي؛ وسكرتيره سي. ريتشارد رايت، في صومعة كيشابانندا، برندبان، ١٩٣٦

فهز كيشابانندا رأسه وقال: «الوحوش الضارية نادراً ما تضايق اليوغيين في تلك المرتفعات الروحية الشاهقة. وفي إحدى المرات التقيت وجهاً لوجه مع نمر في الغابة، فعاجلته بزعقة قوية جعلته يجمد في مكانه كالحجر.» وضحك السوامي مرة أخرى لتلك الذكريات[٨] وقال:

٨ يبدو أن هناك وسائل عديدة للتغلب على النمور. فقد روى المستكشف الاسترالي فرنسيس برتلس أنه وجد غابات الهند «متنوعة، جميلة، وآمنة.» وتعويذة الأمان التي استعملها كانت ورق أو شريط صيد الذباب. وقال موضحاً: «كل ليلة كنت أضع حول خيمتي كمية

«في بعض الأحيان كنت أترك خلوتي وأذهب إلى بنارس لزيارة معلمي الذي كان يمازحني بسبب تنقلاتي المتواصلة في براري الهملايا، وقال لي ذات مرة:

«إن دمغة الهيام بالتنقل والتجوال مطبوعة على قدميك، ويسعدني أن الهملايا المقدسة واسعة بما يكفي لاحتوائك!»

واستطرد كيشابانندا: «لقد ظهر لاهيري مهاسايا أمامي بالجسد مرات عديدة قبل وبعد وفاته. فبالنسبة له لا توجد مرتفعات هملايا يتعذر الوصول إليها.»

وبعد ساعتين دعانا إلى بهو الطعام فتنهدت بيأس صامت! وجبة أخرى من خمسة عشر لونا! ففي أقل من سنة واحدة من الضيافة الهندية ازداد وزني خمسين رطلاً! ومع ذلك فإن رفْض أي من تلك الأطباق المحضّرة بعناية كبيرة، لتقديمها في مآدب لا تنتهي تكريماً لي يعتبر من أقصى درجات الوقاحة. والسوامي البدين يعتبر منظراً مبهجاً (للأسف في الهند وليس في أي مكان آخر!)

بعد الغداء أخذني كيشابانندا إلى ركن منعزل وقال لي: «إن مجيئك لم يكن غير متوقع، ولدي رسالة لك.»

دهشت لقوله، فأنا لم أخبر أحداً بأنني أنوي زيارة كيشابانندا.

وتابع السوامي حديثه: «أثناء تجوالي العام الماضي في شمال الهملايا قرب بدريناريان ضللت طريقي فالتجأت إلى كهف واسع وخالٍ، مع أن جمرات من النار كانت تتوهج على أرضه الصخرية. فجلست أستدفئ وأنا أتعجب من ساكن هذا المأوى المنعزل. قعدتُ قرب النار وكان نظري متجهاً نحو مدخل الكهف المضاء بنور الشمس.

«وفجأة سمعت صوتاً يقول: 'إنني سعيد لوجودك هنا يا كيشابانندا.'

«جاءت تلك الكلمات التي أجفلتني من خلفي فاستدرتُ وانبهرت لرؤية باباجي! فقد تجسد المعلم العظيم في فجوة داخل الكهف. وإذ شعرت بسرور

من الأوراق اللاصقة المستعملة لمسك الذباب، فلم أتعرض للمضايقة أبداً.» وقد فسر ذلك بالقول: «إن السبب هو نفسيٌّ. فالنمر حيوان ذو شعور قوي بكرامته . فهو يطوف ويجول متحدياً الإنسان إلى أن يقترب من ورق صيد الذباب ثم ينسل مبتعداً عن المكان. ولا يجرؤ نمر مهيب على مواجهة إنسان يجلس القرفصاء على ورق ذباب لزج!»

فائق لرؤيته مرة أخرى بعد انقضاء سنوات طويلة فقد انبطحت عند قدميه المباركتين. واستطرد باباجي:

«’لقد استدعيتك إلى هنا ولهذا السبب ضللت طريقك وتم توجيهك إلى إقامتي المؤقتة في هذا الكهف. لقد مضى وقت طويل على آخر لقاء لنا، ويسعدني أن أحييك مرة ثانية.‘

«وباركني المعلم الخالد ببعض كلمات فيها عون روحي، ثم أضاف: ’أريدك أن تنقل رسالة إلى يوغانندا الذي سيزورك لدى عودته إلى الهند. إن أموراً عديدة تتصل بمعلمه وبالتلاميذ الأحياء للاهيري مهاسايا ستُبقي يوغانندا مشغولاً بالكامل. اخبره عندما تقابله بأنني لن أراه هذه المرة كما يأمل بفارغ الصبر، لكنني سأراه في مناسبة أخرى.»

تأثرت بعمق لحصولي على وعد باباجي المعزي من شفتيّ كيشابانندا ، فانشرح صدري ولم أعد حزيناً لعدم ظهوره لي في احتفالات الكومبه ميلا مثلما لمّح سري يوكتسوار.

أمضينا ليلة ضيوفاً على الصومعة ثم ارتحلت مجموعتنا بعد ظهر اليوم التالي إلى كلكتا. وإذ اجتزنا جسراً فوق نهر يمونا تمتعنا بالمنظر الرائع لأفق برندبان عندما أشعلت الشمس صفحة السماء فصارت مثل أتون إله النار بركان بألوان انعكست تحتنا في المياه الهادئة.

وشاطئ يمونا تقدس بذكريات الطفل شري كريشنا. فهناك كان يلهو بعذوبة بريئة مع الغوبيز (العذارى) مجسداً الحب السماوي الموجود دائماً بين التجسد الإلهي ومريديه. لقد أخطأ الكثير من المفسرين الغربيين فهم حياة السيد كريشنا، وسببت الرموز في النصوص المقدسة إرباكاً لعقولهم نظراً لتقيّدهم بحرفية النص. وهناك خطأ طريف وقع فيه أحد المترجمين يوضّح هذه النقطة. الرواية تتعلق بقديس القرون الوسطى الإسكافي الملهم رافيداس الذي كان ينشد، مستخدماً عبارات بسيطة مستوحاة من مهنته، مترنماً بالمجد الروحي الكامن في كل البشر على هذا النحو:

«تحت السماء الفسيحة الزرقاء
تحيا الألوهية مكسوة بالجِلد.»

ولا يستطيع الشخص إخفاء ضحكة وهو يقرأ التفسير المرتجل التالي لأحد الكتاب الغربيين لقول رافيداس:

«بعد ذلك ابتنى لنفسه كوخاً ووضع فيه صنماً صنعه من الجلد وراح

أيامي الأخيرة مع معلمي

يتعبد له.»

كان رافيداس أخاً في التلمذة للعظيم كبير. وكانت أميرة شيتور واحدة من التلاميذ المبجلين لرافيداس. وقامت ذات يوم بدعوة مجموعة من البراهمة إلى وليمة على شرف معلمها، لكنهم رفضوا تناول الطعام مع إسكافي حقير. وعندما جلسوا بترفع وتجبّر لتناول وجبتهم الخاصة غير الملوثة فوجئوا برؤية شكل رافيداس وقد تجسّد بجانب كل واحد من أولئك البراهمة. وقد أحدثت تلك الرؤيا الجماعية انتعاشاً روحياً واسع الانتشار في شيتور.

بعد أيام قليلة وصلنا كلكتا. وإذ كنت متشوقاً لرؤية سري يوكتسوار فقد خاب أملي عندما علمت بأنه غادر سيرامبور إلى بوري التي تبعد ثلاثمائة ميل جنوباً.

وفي ٨ مارس/آذار أرسل أخ في التلمذة برقية إلى أتول تشاندرا روي شودهري أحد تلاميذ المعلم بكلكتا مفادها: «احضر فوراً إلى صومعة بوري.» عندما بلغني نبأ الرسالة شعرت باللوعة لمضمونها وجثوت على ركبتيّ وتوسلت إلى الله كي يستبقي على حياة معلمي. وبينما كنت على وشك مغادرة منزل والدي لأخذ القطار خاطبني صوت داخلي مقدس قائلاً:

«لا تذهب الليلة إلى بوري، إذ لا يمكن الاستجابة لطلبك.»

فقلت والحزن يملأ قلبي: «يا رب، إنك لا ترغب في ذهابي إلى بوري حيث سأطلب منك بإلحاح إبقاء معلمي على قيد الحياة دون أن تستجيب لتوسلاتي المتواصلة، فهل يتعين عليه أن يغادر ويلتحق بواجبات أسمى تنفيذاً لمشيئتك؟»

لم أذهب إلى بوري في تلك الليلة امتثالاً للأمر الداخلي. وفي مساء اليوم التالي ذهبت للالتحاق بالقطار. وفي الطريق حجبت الجو بغتة سحابة كوكبية داكنة عند الساعة السابعة مساء.[٩] وبعد ذلك، حينما انطلق القطار نحو بوري ظهر أمامي سري يوكتسوار في رؤية. لقد كان جالساً بملامح رزينة للغاية ونور على جانبيه.

رفعت ذراعيّ متوسلاً وقلت: «هل انتهى كل شيء؟» فأومأ المعلم بالإيجاب ثم اختفى ببطء.

٩ انتقل سري يوكتسوار في هذه الساعة — السابعة من مساء التاسع من مارس/آذار ١٩٣٦.

وحينما وقفت في صباح اليوم التالي على منصة قطار بوري متمسكاً ببصيص من الأمل، اقترب مني شخص لا أعرفه وقال لي: «هل علمت أن معلمك قد ارتحل؟» ثم تركني دون أن ينطق بكلمة أخرى، ودون أن أكتشف هويته أو كيف عرف أين يجدني.

أصابني الذهول وترنحت مستنداً على حائط المنصة إذ أدركت أن معلمي كان يحاول أن ينقل إليّ الأخبار المروعة بطرق مختلفة. فشعرت بالتمرد يغلي في داخلي وأصبحت نفسي كالبركان الثائر. وحينما وصلت إلى صومعة بوري كنت على وشك الانهيار، في حين كان الصوت الداخلي يردد برقة وبحنان: «تمالك نفسك، والتزم الهدوء.»

دخلت الغرفة في الصومعة حيث كان المعلم متربعاً في وضعية اللوتس، وقد بدا صورة حية للصحة والمظهر الجميل. وكان معلمي قد عانى من حمى طفيفة قبيل رحيله، لكن جسمه كان قد تعافى تماماً قبل يوم واحد من صعوده إلى المطلق اللانهائي .

وبغض النظر عن عدد المرات التي تطلعت فيها إلى شكله المحبوب لم أستوعب أن الحياة قد فارقته. وكانت بشرته ناعمة طرية وقد ارتسم تعبير من الطمأنينة الطوباوية على محياه. وكان قد فارق جسده بصورة واعية ساعة الاستدعاء الغامض للروح. فصحت وقد تملكني الذهول «لقد ارتحل أسد البنغال!»

وفي العاشر من مارس/آذار قمت بالمراسم الرسمية، ودُفن سري يوكتسوار بحسب طقوس السوامي القديمة[10] في حديقة صومعته في بوري. وقد حضر تلاميذه ومريدوه من أماكن بعيدة وقريبة لتأدية واجب الاحترام لمعلمهم. ونشرت كبرى صحف كلكتا أمريتا بازار باتريكا صورته مع البيان التالي:

> «في ٢١ مارس/آذار أقيمت الشعائر الجنائزية [للمعلم الروحي الكبير] سريمات سوامي سري يوكتسوار جيري مهراج البالغ من العمر ٨١ عاماً،

١٠ تقضي الشعائر الجنائزية الهندوسية بحرق جثامين أرباب العائلات. أما السواميون والرهبان من الرتب الأخرى فلا تحرق جثامينهم بل تدفن (وهناك استثناءات في بعض الأحيان). وتعتبر جثامين الرهبان – من الناحية الرمزية – بأنها تطهرت في نيران الحكمة عندما قطعوا على أنفسهم عهداً بمراعاة النذور الرهبانية.

حيث جاء تلاميذه ومريدوه إلى مدينة بوري لحضور مراسم الدفن. وكان سوامي مهراج أحد أعظم مفسري البهاغافاد غيتا وتلميذا متقدماً لليوغيراج سري شياما تشاران لاهيري مهاسايا من بنارس. والسوامي مهراج [سري يوكتسوار] قام بتأسيس عدد من مراكز يوغودا ساتسانغا [Self-Realization Fellowship] في الهند وكان المُلهِم العظيم وراء حركة اليوغا التي نقلها إلى الغرب تلميذه الأول سوامي يوغانندا. وكانت قوى سري يوكتسوار النبوية ومعرفته العميقة هي التي ألهمت سوامي يوغانندا لاجتياز المحيطات من أجل نشر رسالة معلمي الهند في أمريكا.

«إن تفاسيره لكتاب البهاغافاد غيتا وغيره من الأسفار المقدسة تشهد بتبحر سري يوكتسوارجي في الفلسفتين الشرقية والغربية، وتظل دليلاً يبين وحدة الشرق والغرب. ولأنه كان مؤمناً بوحدة جميع المذاهب الدينية فقد أنشأ سري يوكتسوار مهراج سادهو سابها (جمعية القديسين) بالتعاون مع رؤساء الطوائف والمذاهب الأخرى بغية ترسيخ الروح العلمية في الدين. وقد رشّح عند انتقاله سوامي يوغانندا خلفاً له لرئاسة سادهو سابها.

«إن الهند هي في الحقيقة أفقر اليوم برحيل هذا الرجل العظيم، ونأمل من الذين أسعدهم الحظ في القرب منه أن يغرسوا في نفوسهم الروح الحقة لثقافة الهند وينتهجوا التهذيب الروحي اللذين تجسدا في شخصه.»

عدت إلى كلكتا لكنني لم أثق بقدرتي على الذهاب إلى صومعة سيرامبور بما فيها من تذكارات مقدسة، فاستدعيت برافولا التلميذ الصغير لسري يوكتسوار في سيرامبور، وقمت بالترتيبات اللازمة لإلحاقه بمدرسة رانشي. وقد قال لي:

«في صباح اليوم الذي ذهبت فيه لحضور احتفالات الكومبه في الله أباد، ألقى المعلم بنفسه بتثاقل على الأريكة وصاح 'لقد ذهب يوغانندا، لقد ذهب يوغانندا.' ثم أضاف بغموض: 'لا بد لي أن أخبره بطريقة أخرى'، وقد بقي صامتاً بعد ذلك لعدة ساعات.»

كانت أيامي مليئة بالمحاضرات، والفصول التعليمية، والمقابلات، والاجتماعات مع الأصدقاء القدامى. لكن تحت ابتسامة جوفاء وحياة من النشاط المتواصل كان تيار من التفكير القاتم يعكّر نهر الغبطة الداخلي الذي ظل يجري لسنوات عديدة تحت رمال كل أحاسيسي ومدركاتي.

وصرخت بصمت من أعماق روح معذّبة: «أين ذهب ذلك الحكيم الإلهي؟» ولكن دون جواب.

وقال لي عقلي مؤكداً: «من الأفضل للمعلم اتحاده الكامل مع المحبوب

الكوني. إنه يسطع للأبد في مملكة الخلود.»

وبكى قلبي متفجعاً: «لن تراه بعد الآن أبداً في صومعة سيرامبور القديمة، ولن تدعو أصدقاءك لمقابلته أو أن تقول لهم: 'تعالوا وانظروا بأنفسكم حكيم الهند العظيم!'»

وعمل المستر رايت الترتيبات اللازمة لسفر مجموعتنا من بومباي إلى الغرب في أوائل يونيو/حزيران. وبعد أسبوعين من شهر مايو/أيار قضيتهما في حضور ولائم وإلقاء خطب وداعيّة في كلكتا غادرت بسيارة الفورد مع الآنسة بليتش والمستر رايت إلى بومباي، ولكن لدى وصولنا طلب منا المسؤولون إلغاء رحلتنا لعدم توفّر مكان للفورد التي سنحتاجها ثانية في أوروبا.

وقلت للمستر رايت وأنا أشعر بالاكتئاب: «لا بأس من ذلك، فأنا أرغب بالعودة مرة أخرى إلى بوري.»

ثم أضفت بصمت: «كي تبلل دموعي ضريح معلمي من جديد.»

معبد سري يوكتسوار التذكاري
في حديقة صومعته في بوري (راجع الصفحة ٤٨٦)

الفصل ٤٣

# قيامة سري يوكتسوار

«السيد كريشنا!» ظهر لي شكل التجسد الإلهي الرائع بوهج ساطع عندما كنت جالساً في غرفتي بفندق ريجنت في بومباي. إذ تراءى لي فجأة فوق سطح بناية عالية مقابلة للفندق، وقد أشرقت الرؤية التي تعصى على الوصف أمام بصري بينما كنت أحدّق من نافذتي المفتوحة في الطابق الثالث. ولوّح لي الشكل الإلهي وحيّاني بابتسامة وهزة رأس. وإذ لم أدرك بالضبط فحوى رسالة السيد كريشنا فقد ارتحل بإيماءة توحي بالبركة. وقد ارتفعت بالروح بشكل عجيب وأحسست أن حدثاً روحياً على وشك الحدوث.

وكنت قد ألغيت بصورة مؤقتة رحلتي إلى الغرب حيث كان من المقرر لي إلقاء عدة محاضرات في بومباي قبل العودة في زيارة إلى البنغال.

وبينما كنت أجلس على سريري في الساعة الثالثة من بعد ظهر التاسع عشر من يونيو/ حزيران ١٩٣٦ – بعد أسبوع واحد من رؤية كريشنا – أيقظني من تأملي نور طوباوي، وقد تبدلت الحجرة بأكملها إلى عالم عجيب أمام عينيّ المندهشتين وتحوّل نور الشمس إلى بهاء ذي ألق سماوي.

وغمرتني أمواج من النشوة الروحية الفائقة عندما أبصرت سري يوكتسوار أمامي بلحمه ودمه! وقد خاطبني بحنان وعلى وجهه ابتسامة ملائكية ساحرة: «يا ابني!»

ولأول مرة في حياتي لم أركع عند قدميه لتحيته، بل تقدمت على الفور لأضمه بشوق ولهفة بين ذراعيّ. يا ساعة الرحمن ويا فرصة العمر! فلوعة الشهور المنصرمة بدت لا شيء مقابل الغبطة الربانية المنهمرة الآن بغزارة. وقلت متلعثماً من شدة الفرح: «يا معلمي ويا حبيب قلبي، لماذا تركتني؟ لماذا سمحت لي بالذهاب إلى احتفالات الكومبه ميلا؟ لقد وبّختُ نفسي بشدة على مغادرتي لك!»

فأجابني: «لم أرغب بالتدخل في توقعك السار لمشاهدة بقعة الحج المقدسة التي قابلتُ فيها باباجي لأول مرة. ولم أتركك سوى لفترة قصيرة. ألست معك الآن من جديد؟»

فقلت: «ولكن هل أنت بذاتك يا معلمي نفس أسد الله؟ وهل ترتدي جسماً كالجسم الذي دفنته تحت رمال بوري القاسية؟»

فأجاب: «نعم يا بني، إنني أنا بذاتي. فهذا جسم من لحم ودم مع أنني أراه أثيرياً، لكنه يبدو مادياً لبصرك. فمن الذرات الكونية استحدثتُ جسماً جديداً بالكامل يماثل تماماً ذلك الجسم المادي المصنوع من الحلم الكوني، والذي وضعته أنت تحت رمال بوري الحالمة في دنيا أحلامك. فأنا في الحقيقة بُعثت ليس على الأرض، بل على جرم سماوي كوكبي سكانه أكثر قدرة من سكان الأرض على تحقيق معاييري السامية. ولسوف تأتي إليه يوماً ما مع محبيك المبجلين لتكونوا معي.»

فقلت: «يا معلمي الخالد، اخبرني بالمزيد!»

فضحك المعلم ضحكة قصيرة مرحة وقال: «أرجوك يا عزيزي، هلّا أرخيت قبضتك عني قليلا؟»

قلت وقد كنت ممسكاً به كالأخطبوط: «قليلاً فقط!» وقد تمكنت من تحسس نفس الرائحة الطبيعية الرقيقة العطرة التي كانت تميز جسمه من قبل. ولا زلت أشعر باللمسة المثيرة لجسمه المقدس في الجانب الداخلي لكل من ذراعيّ وراحتيّ يديَّ كلما استذكرت تلك الساعات المجيدة!

وقال سري يوكتسوار موضحاً:

«مثلما يُرسل الأنبياء إلى العالم لمساعدة البشر على استهلاك كارماهم المادية، هكذا بعثني الله للخدمة كمخلّص في عالم كوكبي يدعى هيرانيالوكا: 'العالم الكوكبي المنير'، حيث أقوم بمساعدة كائنات متقدمة على تخليص أنفسها من كارماها الكوكبية بغية التحرر من الولادة الكوكبية المتكررة. وسكان هيرانيالوكا متقدمون جداً في الروحيات، وجميعهم كانوا قد حصلوا في تجسدهم الأرضي الأخير على القوة التي يمنحها التأمل على مغادرة أجسادهم المادية بكيفية واعية عند الموت. ولا يمكن لأحد أن يدخل هيرانيالوكا ما لم يكن قد تجاوز أثناء وجوده على الأرض حالة سابيكالبا سمادهي إلى حالة نيربيكالبا سمادهي[1] الأكثر تقدماً.

١ راجع الصفحة ٢٩٠. في السابيكالبا سمادهي يدرك المريد وحدته مع الروح الإلهي لكنه لا يستطيع الاحتفاظ بوعيه الكوني إلا في الغيبوبة أو حالة الاستغراق التام دون أية حركة جسدية. وبالتأمل المتواصل يصل إلى حالة النيربيكالبا سمادهي الأسمى، حيث يمكنه التنقل

«لقد اجتاز سكان هيرانيالوكا بالفعل العوالم الكوكبية العادية التي يتحتم على جميع البشر تقريباً الذهاب إليها عند الموت. وهناك قضوا على الكثير من بذور أفعالهم السابقة المتصلة بالعوالم الكوكبية. وهذا العمل الفدائي لا يمكن أن يقوم به بطريقة فعالة في العوالم الكوكبية[٢] إلا المريدون المتقدمون. ومن أجل تحرير ذاتهم بصورة كاملة من كل الآثار والبقايا الكارمية فقد جُذب أولئك الطامحون بواسطة القانون الكوني للتجسد ثانية في أجسام كوكبية جديدة على هيرانيالوكا: الشمس الكوكبية أو الفردوس، حيث أنا موجود لمعونتهم. وهناك أيضاً كائنات على هيرانيالوكا قاربت درجة الكمال أتت من عالم السببية الأعلى والأكثر سمواً.»

لقد كان عقلي آنذاك في تناغم تام مع عقل معلمي بحيث كان ينقل إليّ صوره الكلامية جزئياً عن طريق الكلام وجزئيا عن طريق تخاطر الأفكار، وهكذا تمكنت من تلقي أفكاره المركّزة على نحو سريع.

ومضى معلمي يقول: «لقد قرأتَ في الأسفار المقدسة أن الله غلّف النفس البشرية بثلاثة أجسام هي على التوالي: الجسم العقلي أو السببي، والجسم الكوكبي الشفاف مركز طبيعتيّ الإنسان العقلية والعاطفية، والجسم المادي الكثيف. فعلى الأرض يتم تزويد الإنسان بحواسه المادية، أما الكائن الكوكبي فيعمل بوعيه وأحاسيسه وبجسم مكوّن من إلكترونات أو كهارب الحياة،[٣] في حين يظل الكائن السببي في منطقة النعيم والأفكار السعيدة. وعملي هو مع تلك الكائنات الكوكبية التي تستعد لدخول العالم السببي.»

بحرية في العالم دون أي فقدان لإدراكه لله. وفي النيربيكالبا سمادهي يُذيب اليوغي آخر بقايا كارماه المادية أو الأرضية. ومع ذلك فقد يبقى لديه كارما كوكبية وسببية معينة ينبغي استهلاكها، ولذلك يتخذ أجساماً كوكبية ومن ثم سببية في مناطق ذات اهتزازات عالية.

٢ لأن معظم الأشخاص لا يرون أية ضرورة لبذل مجهود روحي إضافي حثيث نظراً لتمتعهم بمحاسن ومباهج العوالم الأثيرية.

٣ استخدم سري يوكتسوار كلمة برانا *prana* وقد ترجمتها إلى لايفترونات lifetrons أي كهارب الحياة. وتشير النصوص الهندوسية ليس فقط إلى «الذرة» آنو وإلى «ما وراء الذرة» بارامانو وهي طاقات إلكترونية أكثر شفافية، بل أيضا إلى برانا «قوة الحياة الجوهرية الخالقة». الذرات والالكترونات هي قوى عمياء، في حين أن كهارب الحياة الموجودة في برانا *prana* الموجودة في الحيوانات المنوية والبويضات، على سبيل المثال، تسيّر النمو الجنيني طبقاً لتصميم كارمي.

وقلت: «بالله يا معلمي الحبيب، أخبرني المزيد عن الكون الكوكبي!»

ومع أنني أرخيت قليلاً تطويقي لسري يوكتسوار استجابة لطلبه، لكن ذراعيَّ كانا لا يزالان ملتفين حوله، فمعلمي الذي هو كنز الكنوز سخر من الموت لكي يأتي إليّ! فبدأ يشرح:

«هناك الكثير من الكواكب التي تغص بالكائنات الكوكبية ويستخدم قاطنوها طائرات كوكبية أو كتلاً من النور للانتقال من كوكب إلى آخر بسرعات تفوق سرعة الكهرباء أو الطاقات الإشعاعية.

«الكون الكوكبي مكوّن من اهتزازات شفافة متنوعة من الضوء واللون، وهو أكبر من الكون المادي بمئات المرات. والخليقة المادية بأسرها تتدلى مثل سلة صغيرة صلبة من أسفل البالون العملاق المضيء للمجال الكوكبي.

«ومثلما توجد شموس ونجوم مادية كثيرة تحوم في الفضاء، هكذا هناك مجموعات شمسية ونجمية كوكبية لا حصر لها. ولكواكبها شموس وأقمار كوكبية تفوق نظيراتها المادية روعة وجمالاً. أما النيّرات الكوكبية فتشبه أنوارها أنوار الشفق القطبي الشمالي. والشفق الكوكبي المشرق أكثر توهجاً من الشفق القمري ذي الأشعة اللطيفة. والنهار والليل الكوكبيان أطول من نظيريهما الأرضيين.

«والعالم الكوكبي هو غاية في الجمال والنظافة والنقاء والترتيب. ولا توجد أجرام ميتة أو أرض قاحلة. ولا وجود أيضاً للشوائب الأرضية من بكتريا وحشرات وثعابين. وعلى عكس المناخات والفصول الأرضية المتغيرة، تحتفظ العوالم الكوكبية بدرجة حرارة ثابتة لربيع دائم. وبين الحين والآخر ينهمر ثلج أبيض لامع ويتساقط مطر بألوان متعددة. كما تزخر العوالم الكوكبية ببحيرات بلون الأوبال وبحار لامعة وأنهار بلون قوس قزح.

«الكون الكوكبي العادي – وليس فردوس هيرانيالوكا الكوكبي الأكثر شفافية – مأهول بملايين الكائنات الكوكبية التي أتت إليه حديثاً تقريباً من الأرض، وأيضاً بعدد كبير من الجنيات وحوريات البحر والأسماك والحيوانات والعفاريت والكائنات الأسطورية وأنصاف الآلهة والأرواح. وجميع هذه الكائنات تسكن أجراماً كوكبية مختلفة بحسب مؤهلاتها الكارمية. وهناك مساكن كروية أو مناطق اهتزازية مختلفة مُعدّة للأرواح الطيبة والشريرة. الأرواح الطيبة باستطاعتها التنقل بحرية بينما الأرواح الشريرة مقيدة ضمن مناطق محددة لا يمكنها تخطيها. وبنفس الطريقة التي يعيش فيها

البشر على سطح الأرض، والديدان تحت التربة، والسمك في الماء، والطير في الهواء، هكذا خصصت للكائنات الكوكبية ذات الدرجات المتفاوتة، مناطق مهتزة تلائم كل منها.

«ومن بين ملائكة الشر الظلاميين الساقطين الذين تم طردهم من عوالم أخرى، يحدث الخصام والاحتراب بقنابل من كهارب الحياة أو أشعة المانترا[٤] العقلية المهتزة. وتلك الكائنات تعيش في أقطار من الكون الكوكبي السفلي يسودها الظلام الدامس، وتعمل على التكفير عن كارماها [نتائج أعمالها] الشريرة.

«كل شيء مشرق وجميل في الأقطار الشاسعة فوق السجن الكوكبي المظلم. والكون الكوكبي هو بطبيعته أكثر توافقاً من الأرض مع الإرادة الإلهية ومع خطة الكمال. وكل شيء كوكبي يحدث بإرادة الله في المقام الأول، ويحدث جزئياً بإرادة الكائنات الكوكبية التي تملك القوة لتعديل أو تحسين أي شيء خلقه الله. وقد منح الله أبناءه الكوكبيين الحرية والإمتياز لتغيير أو إدخال التحسين بإرادتهم على الكون الكوكبي. وفي حين تُستخدم على الأرض عمليات طبيعية أو كيماوية لتحويل الصلب إلى سائل أو إلى شكل آخر، فإن المواد الكوكبية الصلبة تتحول على الفور إلى سوائل أو غازات أو قوى كوكبية بإرادة قاطنيها.

وتابع معلمي: «إن الأرض مظلمة بالحروب والتقتيل في البحر والبر والجو، أما الأقطار الكوكبية فتنعم بالانسجام والمساواة السعيدين. والكائنات الكوكبية تبدد أشكالها أو تجسدها بإرادتها. ويمكن للزهور أو الأسماك أو الحيوانات أن تغير أشكالها لبعض الوقت إلى أشكال أشخاص كوكبيين. كما تمتلك جميع الكائنات الكوكبية الحرية لاتخاذ ما يروق لها من أشكال. وباستطاعتها التحدث بسهولة مع بعضها البعض دون أن يحدها أو يقيدها قانون طبيعي ثابت. ويمكن لأية شجرة كوكبية، على سبيل المثال، أن تنتج المانغو الكوكبي أو غيره من ثمر أو زهور، وفي الحقيقة أي شيء

٤ المانترا *mantra* هي بذور أصوات إنشادية تُقذف من مدفع التركيز العقلي. وتصف نصوص البورانا (رسائل الشاسترا\القديمة) حروب المانترا هذه بين الديفات و الأسورات (الآلهة والشياطين). ففي إحدى المرات حاول شيطان القضاء على إله باستخدام أنشودة ذات قوة تركيزية عالية، لكن الشيطان أخطأ في اللفظ فارتدت القذيفة العقلية عليه وقتلته.

آخر مرغوب فيه. هناك قيود كارمية محددة، غير أنه لا وجود للفروق أو والتمايزات في العالم الكوكبي فيما يتعلق بالرغبة في أشكال متباينة، وكل شيء ينبض بنور الله الخلاق.

«لا يولد أحد من امرأة، بل تقوم الكائنات الكوكبية بتجسيد الأولاد بالاستعانة بإرادتها الكونية وفق أنماط وأشكال خاصة يتم تكثيفها كوكبياً. والإنسان الذي ترك حديثاً جسمه المادي يصل إلى أسرة كوكبية بدعوة منها، تجذبه إليها ميول عقلية وروحية مشابهة.

«لا يتعرض الجسم الكوكبي للبرودة أو الحرارة أو لظروف طبيعية أخرى، ويشتمل على دماغ كوكبي أو لوتس النور ذات الألف ورقة، وعلى ستة مراكز يقِظة في سوشومنا: المحور الدماغي الشوكي الكوكبي. ويسحب القلب طاقة كونية ونوراً من الدماغ الكوكبي ويقوم بدوره بضخه في الأعصاب الكوكبية والخلايا الجسدية أو كهارب الحياة. وللكائنات الكوكبية القدرة على إحداث تغييرات في أشكالها عن طريق القوة الحيوية أو باهتزازات المانترا المقدسة.

«وفي معظم الحالات يكون الجسم الكوكبي صورة طبق الأصل من الشكل المادي الأخير للإنسان. فوجه وشكل الشخص الكوكبي مشابهان لوجهه وشكله في مرحلة شبابه خلال إقامته الأرضية السابقة. وأحياناً يختار أحدهم مثلي الإحتفاظ بمظهر شيخوخته.». وهنا ضحك المعلم بمرح وكان نشاط وحيوية الشباب يشعان منه، ثم واصل حديثه:

«وعلى نقيض العالم المادي الثلاثي الأبعاد الذي لا يُدرك إلا بالحواس الخمس، فإن الأفلاك الكوكبية يمكن رؤيتها بالحاسة السادسة – بصيرة الروح التي تشمل كل شيء. فالكائنات الكوكبية يمكنها أن تسمع وتشم وتتذوق وتلمس بواسطة الشعور الحدسي. ولتلك الكائنات ثلاث عيون: اثنتان مغمضتان جزئيا، أما الثالثة فهي العين الكوكبية الرئيسية وهي موضوعة بشكل عمودي على الجبهة. والكائنات الكوكبية تمتلك جميع أعضاء الحس الخارجية من أذنين وعينين وأنف ولسان وجلد – لكنها تستخدم الإحساس البديهي، أو الحدس، لاختبار الإحساسات عن طريق أي من أعضاء الجسم. فهي قادرة على الرؤية بواسطة الأذن أو الأنف أو الجلد، مثلما تستطيع السمع بالأعين

أو اللسان، والتذوق بالأذان أو الجلد، وما إلى ذلك.[٥]

«الجسم المادي للإنسان عرضة لأخطار عديدة ومن السهل جرحه أو تشويهه، أما الجسم الأثيري الكوكبي فقد يتعرض أحياناً للجروح أو الرضوض، لكن يتم شفاؤه على الفور بمحض الإرادة.»

وسألتُ قائلاً: «يا معلمي الملائكي، هل يتمتع جميع الأشخاص الكوكبيين بالجمال؟»

فأجابني سري يوكتسوار: «الجمال في العالم الكوكبي هو ميزة روحية وليس مظهراً خارجياً. ولا تعلق الكائنات الكوكبية أهمية كبيرة على تقاطيع الوجه. ومع ذلك فقد مُنحت القدرة لكي ترتدي – بإرادتها – أجساماً كوكبية جديدة نابضة بالحيوية. ومثلما يلبس الدنيويون ثياباً جديدة في الأعياد هكذا تجد الكائنات الكوكبية مناسبات كي تتزين بأشكال صممت خصيصاً لتلك المناسبات.

«وتقام احتفالات كوكبية بهيجة في العوالم الكوكبية الأرفع مثل هيرانيالوكا عندما يتحرر كائن من العالم الكوكبي عن طريق التقدم الروحي ويصبح مؤهلاً لدخول فردوس العالم السببي. في مثل تلك المناسبات يتخذ الآب السماوي غير المنظور مع قديسيه المتحدين به أجساماً يختارونها ويشاركون في الاحتفال الكوكبي. ولكي يُدخل السرور إلى نفس متعبدّه المحبوب يتخذ الله الشكل الذي يرغبه المتعبد. فإذا كان المتعبد من تابعي طريق الحب الإلهي يرى الأم الإلهية. بالنسبة للسيد المسيح فإن المظهر الأبوي للواحد اللانهائي كان أكثر جاذبية من كل المفاهيم الأخرى. فالفردية التي وهبها الخالق لكل واحد من مخلوقاته تجعل بالإمكان الحصول من الله على أي شكل من الأشكال، سواء تلك التي يمكن تصورها أو التي لا يمكن تخيلها.»

وضحكت بفرح مع معلمي الذي واصل حديثه بصوته العذب كنغمة الناي:

«وأصدقاء الحيوات الأخرى يتعرفون على بعضهم بسهولة في العالم الكوكبي. وإذ يبتهجون بخلود الصداقة فإنهم يدركون استحالة فناء الحب، وهو أمر غالباً ما يبعث على الشكوك وقت الفراق الوهمي المحزن للحياة الأرضية.

«وبصيرة الكائنات الكوكبية تخترق الحجاب وترى أنشطة البشر على

٥ لا نفتقر للأمثلة على وجود مثل هذه القوى حتى على الأرض، كما في حالة هيلين كيلر، وبشر آخرين نادرين.

الأرض. لكن الإنسان لا يمكنه رؤية العالم الكوكبي ما لم تكن حاسته السادسة قد نمت نوعاً ما. وهناك الآلاف من سكان الأرض ممن لمحوا للحظات كائناً كوكبيا أو عالماً كوكبياً.[٦]

«والكائنات المتقدمة في عالم هيرانيالوكا غالباً ما تظل مستيقظة في نشوة روحية طوال النهار والليل الكوكبيين الطويلين، وتساعد على حل المسائل الدقيقة للحكومة الكونية وعلى افتداء الأبناء الضالين والأرواح المكبلة بقيود وارتباطات أرضية. وحينما تنام كائنات الهيرانيالوكا تبصر رؤى كوكبية شبيهة بالأحلام، وعادة ما تستغرق عقولها استغراقاً واعياً في نعيم النيربيكالبا الأسمى.

«والقاطنون في جميع العوالم الكوكبية ما زالوا عرضة للمعاناة العقلية. فالعقول الحساسة للكائنات المتطورة في كواكب مثل هيرانيالوكا يشعرون بألم حاد إن هي ارتكبت أي خطأ فيما يتعلق بالسلوك أو إدراك الحق. فهذه الكائنات المتقدمة تسعى لتوفيق كل عمل من أعمالها وكل فكر من أفكارها مع كمال القانون الروحي.

«ويتم التواصل بين السكان الكوكبيين عن طريق التخاطر الفكري والتلفزة الكوكبية دون الحاجة إلى كتابة أو كلام ينتج عنهما من التباس وسوء فهم يعاني منهما سكان الأرض. ومثلما يظهر الأشخاص على شاشة السينما متحركين في سلسلة من الصور الضوئية دون أن يتنفسوا، هكذا تتحرك الكائنات الكوكبية وتعمل كصور نورانية متناسقة تسترشد بالذكاء دون الحاجة إلى استخلاص القوة من الأكسجين. وفي حين يعتمد الإنسان في غذائه على الأطعمة الصلبة والسائلة والغازية وعلى الطاقة لإعالته، تقتات الكائنات الكوكبية بصورة رئيسية بالنور الكوني.»

«يا معلمي الحبيب، هل تأكل الكائنات الكوكبية أي شيء؟»

توجهت إلى معلمي بهذا السؤال وكنتُ أتشرّب شروحه المدهشة بقوة التقبل والاستيعاب التي في ملكات العقل والقلب والنفس. فالمدركات السامية

٦ يستطيع الأطفال ذوو الفكر النقي أن يشاهدوا على الأرض أحيانا أشكال حوريات أثيرية جميلة. إن تعاطي المخدرات أو المشروبات المُسكرة – التي تحرّمها كل الكتب المقدسة – قد يُحدث تشويشاً في وعي الإنسان بحيث يرى الأشكال الشنيعة والفظيعة لمناطق الجحيم الكوكبي.

للحق هي ثابتة ولا تتغير أبداً، في حين أن الاختبارات الحسية والانطباعات العابرة هي مجرد اختبارات وقتية ذات حقيقة نسبية، وتفقد وضوحها وملامحها الدقيقة في الذاكرة بعد فترة زمنية قصيرة. لقد كانت كلمات معلمي تُنقش بصورة لا تمحى على صفحة كياني بحيث كان باستطاعتي في أي وقت أقوم فيه بتحويل عقلي إلى حالة الإدراك السامي أن أعيش من جديد ذلك الاختبار المقدس.

فأجابني: «تكثر في التُرَب الكوكبية الخضار المضيئة الشبيهة بالأشعة. والكائنات الكوكبية تقتات الخضروات، وتشرب رحيقاً يتدفق من ينابيع رائعة من الضوء ومن جداول وأنهار كوكبية. وكما أن صور الأشخاص غير المنظورة على الأرض يمكن استخراجها من الأثير ورؤيتها بواسطة جهاز التلفزيون وتُطلق في الفضاء فيما بعد، هكذا النماذج الكوكبية وغير المنظورة للخضر والنباتات السابحة في الأثير، التي خلقها الله، تترسب على أحد الأجرام الكوكبية بإرادة ساكنيه. وبنفس الطريقة تتجسد، من أخيلة وتصورات تلك الكائنات، حدائق كاملة من الزهور العطرة ثم تعود ثانية إلى الأثير غير المنظور. ومع أن سكان العوالم السماوية مثل هيرانيالوكا متحررون تقريباً من أية حاجة إلى الطعام، فأسمى من ذلك هو الوجود الخالي من القيود للنفوس المتحررة كلياً تقريباً في العالم السببي والتي لا تأكل شيئا سوى جوهر الغبطة.

«والكائن الكوكبي الذي تحرر من الأرض يلتقي بعدد كبير من الأقارب والآباء والأمهات والزوجات والأزواج والأصدقاء الذين اختارهم وتعرف عيهم أثناء التجسدات المختلفة على الأرض،[٧] عندما يظهرون بين وقت وآخر في أجزاء مختلفة من الأقطار الكوكبية، فيحتار في معرفة من يحب منهم بصورة خاصة. وبهذه الكيفية يتعلم كيف يمنح حباً مقدساً ومتساوياً للكل كأبناء ومظاهر فردية لله. ومع أن الشكل الخارجي للأحبة قد يكون تغيّر قليلاً نظراً لاكتساب صفات جديدة في آخر حياة أي روح من الأرواح، لكن الكائن الكوكبي يستخدم بصيرته التي لا تخطئ للتعرف على من كانوا أعزاء لديه في مستويات أخرى من الوجود، وللترحيب بهم في موطنهم الكوكبي الجديد.

٧ في إحدى المرات سئل السيد بوذا: «لماذا ينبغي أن يحب الشخص كل الناس بالتساوي؟» فأجاب المعلم العظيم: «لأنه إبان الحيوات العديدة والمختلفة كان كل إنسان، في وقت أو آخر، عزيزاً عليه.»

قيامة سري يوكتسوار

ونظراً لأن كل ذرة من ذرات الخليقة موهوبة بفردية[8] غير خاضعة للفناء، فإن الصديق الكوكبي ستُعرف هويته مهما كان الزي الذي يرتديه، بنفس الكيفية التي تنكشف فيها شخصية الممثل على الأرض على الرغم من محاولة التنكر والتمويه. وفسحة العمر في العالم الكوكبي أطول بكثير من مثيلتها على الأرض. فمتوسط العمر الطبيعي للكائن المتقدم يتراوح ما بين خمسمائة وألف عام بحساب السنين الأرضية. وكما أن بعض أشجار الخشب الأحمر تعيش أكثر من معظم الأشجار الأخرى بآلاف السنين، أو كما أن بعض اليوغيين يعيشون لمئات الأعوام بينما يموت معظم الناس قبل بلوغهم سن الستين، هكذا تعيش بعض الكائنات الكوكبية لفترة أطول بكثير من فترة الحياة الكوكبية العادية. وزائرو العالم الكوكبي يعيشون هناك لفترة أطول أو أقصر اعتماداً على ثقل كارماهم المادية التي تجذبهم ثانية إلى الأرض خلال فترة محددة.

«والكائن الكوكبي لا يصارع الموت ولا يتألم عند طرحه جسمه المنير. وبالرغم من ذلك فإن العديد من هذه الكائنات تشعر ببعض التوتر عند التفكير في ترك أجسامها الكوكبية وارتداء أجسام سببية أكثر شفافية. والثالوث المرعب الذي هو لعنة الأرض، المتمثل في الموت القسري والمرض والشيخوخة، لا وجود له في العالم الكوكبي. لقد سمح الإنسان لوعيه، على الأرض، بأن يرتبط ارتباطاً تاماً تقريباً مع جسم مادي واهن ويحتاج لبقائه على الاطلاق إلى مدد متواصل من الهواء والطعام والنوم.

«وفي حين يصاحب الموت الجسدي انعدام التنفس وتحلل خلايا الجسد، يحدث الموت الكوكبي بتبدد ذرات الحياة التي هي وحدات ظاهرة من الطاقة التي تكوّن حياة الكائنات الكوكبية. وعند الموت المادي يفقد الإنسان وعيه بالجسد ويصبح على دراية بجسمه الشفاف في العالم الكوكبي. وعندما يحين وقت الموت الكوكبي ويمر بذلك الاختبار ينتقل من وعي الولادة والموت الكوكبيين إلى وعي الولادة والموت الماديين. وهذه الدورات المتكررة للأغلفة [الأجساد] الكوكبية والمادية هي المصير الحتمي لكل الكائنات غير المستنيرة. التفسيرات الواردة في النصوص المقدسة عن الفردوس والجحيم

٨ الخواص الجوهرية الثماني التي تدخل في تركيب جميع أشكال الحياة المخلوقة، من الذرة إلى الإنسان، هي التراب والماء والنار والهواء والأثير والعقل الحسي (ماناس) والذكاء (بودهي) والفردية أو الأنا (أهامكارا). (راجع البهاغافاد غيتا ٧:٤).

توقظ في الإنسان أحياناً ذكريات أكثر عمقاً من التذكارات اللاشعورية لسلسة الاختبارات الطويلة في العوالم الكوكبية السعيدة والعوالم الأرضية المخيبة للآمال.»

وهنا سألت: «يا معلمي المحبوب، هل بالإمكان أن تتفضل وتشرح لي بمزيد من التفصل الفرق بين الولادة على الأرض والولادة في العالمين الكوكبي والسببي؟»

فقال المعلم موضّحاً: «الإنسان كنفس فردية هو في الأساس ذو جسم سببي. وذلك الجسم هو منشأ يحتوي على خمس وثلاثين فكرة استخدمها الله كقوى أساسية أو أفكار سببية وكوّن منها بعد ذلك الجسم الكوكبي الشفاف المؤلف من تسعة عشر عنصراً والجسم المادي الكثيف المؤلف من ستة عشر عنصراً.

«وعناصر الجسم الكوكبي التسعة عشر هي عقلية وعاطفية وحيوية. والمكونات التسعة عشر هي الذكاء والذات (الأنا) والشعور والعقل (الوعي الحسي) وخمس أدوات للمعرفة هي النظيرات الشفافة لحواس البصر والسمع والشم والذوق واللمس، وخمس أدوات للفعل هي النظيرات العقلية للقوى التنفيذية للتناسل وإخراج الفضلات والنطق والمشي وممارسة المهارة اليدوية. وخمس أدوات لقوة الحياة، تلك التي مُنحت القدرة على القيام بوظائف الجسم الخاصة بالتبلور والتمثيل الغذائي (تحويل الطعام إلى طاقة) والتخلص من الفضلات والاستقلاب أو الأيض والدورة الدموية. وهذا الغلاف الكوكبي الشفاف ذو التسعة عشر عنصراً يبقى حياً بعد موت الجسم المادي المكوّن من ستة عشر عنصراً كيماوياً خشناً.

«لقد فكر الله أفكاراً مختلفة في ذاته ثم أبرزها على هيئة أحلام فظهرت بصورة سيدة الحلم الكوني المزدانة بكل زخرفات النسبية العملاقة التي لا نهاية لها.

«وبخمس وثلاثين فئة فكرية للجسم السببي أتقن الله جميع التعقيدات ذات الصلة بالنظيرات التسعة عشرة الخاصة بالجسم الكوكبي، والستة عشرة الخاصة بالجسم المادي. وبتكثيفه للقوى الاهتزازية، الشفافة أولاً والخشنة فيما بعد، أنتج الله جسم الإنسان الكوكبي وشكله المادي في المرحلة الختامية. ووفقاً لقانون النسبية الذي بواسطته أصبحت البساطة الأولية التعدد المذهل، فإن الكون السببي والجسم السببي يختلفان عن العالم الكوكبي والجسم

الكوكبي. كما أن الكون المادي والجسم المادي يختلفان أيضاً عن أشكال الخليقة الأخرى.

«الجسم المادي مصنوع من أحلام الخالق الثابتة والمجسّمة. الثنائيات كالمرض والصحة، والألم واللذة، والخسارة والربح، هي موجودة بصورة دائمة على الأرض. والبشر يواجهون عوائق ومقاومة في مادة ثلاثية الأبعاد. وحينما تهتز رغبة الإنسان في الحياة وتتزعزع بشدة، سواء بفعل المرض أو لأسباب أخرى، يحدث الموت ويتم التخلي وقتياً عن المعطف الجسدي الثقيل. ومع ذلك تبقى النفس مغلفة بالجسمين الكوكبي والسببي[٩]. والرغبة هي القوة التي تحتفظ بالأجسام الثلاثة متماسكة معاً. وقوة الرغبات التي لم يتم تحقيقها هي أصل كل عبودية الإنسان.

«وتكمن الرغبات المادية في حب الذات والملذات الحسية. والإغراء الحسي أو الدافع الذي لا يقاوَم هو أقوى من الرغبة المرتبطة بالتعلقات الكوكبية والمدركات السببية.

«وتنحصر الرغبات الكوكبية في المتع على صورة اهتزازات، وتستمتع الكائنات الكوكبية بموسيقى الأفلاك الأثيرية وتغتبط برؤية كل الخليقة كتعبيرات لا نهاية لها للنور المتغير. كما تشم الكائنات الكوكبية الضوء وتتذوقه وتلمسه. ولذلك فإن الرغبات الكوكبية تتوقف على مدى قدرة الكائن الكوكبي على تجسيد كل الأشياء والاختبارات كصور ضوئية أو كأفكار وأحلام مكثفة.

«والرغبات السببية تتحقق فقط عن طريق الإدراك. والكائنات التي أصبحت على وشك التحرر والمغلفة بجسم سببي لا غير ترى الكون بأسره كمدركات لأفكار الله الحلمية. وباستطاعتها تحقيق أي شيء وكل شيء أو تحويله إلى مادة بمجرد التفكير. ولذلك فإن الكائنات السببية تنظر إلى المتع الحسية المادية أو المسرات الكوكبية على أنها مباهج خشنة وخانقة لإحساسات النفس اللطيفة. وتحقق الكائنات السببية رغباتها بتجسيدها الفوري.[١٠] والذين

٩ كلمة «جسم» تعني أي غلاف للنفس، سواء كان كثيفاً أو لطيفاً. والأجسام الثلاثة هي أقفاص لطائر الفردوس.

١٠ تماماً كما ساعد باباجي لاهيري مهاسايا على تحقيق رغبة باطنية اعتملت في نفسه في حياة سابقة لامتلاك قصر، حسبما ورد في الفصل ٣٤.

يجدون أنفسهم مغلفين فقط بحجاب الجسم السببي الشفاف يمكنهم أن يأتوا بأكوان إلى الوجود الظاهر تماماً كما يفعل الخالق. ولأن الخليقة بأسرها مصنوعة من نسيج الحلم الكوني فإن النفس المغلفة بالرداء السببي الشفاف تمتلك مدركات واسعة وقدرات جبارة.

«النفس بطبيعتها هي غير منظورة، ولذلك لا يمكن تمييزها إلا بواسطة جسمها أو أجسامها. ومجرد وجود جسم من أجسامها يعني أن ذلك الجسم موجود بفعل رغبات لم يتم تحقيقها.»[11]

«وما دامت نفس الإنسان مغلفة بوعاء جسدي واحد أو وعاءين اثنين أو ثلاثة، ومسدوداً عليها بإحكام بسدادات الجهل والشهوات، فمن العسير على الإنسان أن يندمج ويمتزج في بحر الروح الإلهي. وعندما تكسر مطرقة الموت الوعاء المادي الكثيف يظل الوعاءان الآخران – الكوكبي والسببي – موجودين للحيلولة دون امتزاج النفس بصورة واعية مع الحياة الكونية الموجودة في كل مكان. وعندما يتم بلوغ حالة عدم الاشتهاء – بالحكمة – فإن قوتها تحطم الوعاءين الباقيين وتبزغ عندئذ النفس البشرية الصغيرة حرة في النهاية وتتحد مع الاتساع الكوني الذي لا حدود له.»

وطلبت من معلمي الإلهي كي يلقي مزيداً من الضوء على العالم السببي السامي الذي يكتنفه الغموض، فأجابني:

«العالم السببي غاية في الشفافية بحيث يتعذر وصفه. ولكي يتمكن الإنسان من فهمه يجب أن يمتلك قوى هائلة من التركيز العقلي بحيث يمكنه أن يغمض عينيه ويتصور الكون الكوكبي والكون المادي بكامل اتساعهما – البالون المضيء مع السلة الصلبة – على أنهما فكرتان فقط. فإن تمكن بفعل هذا التركيز الذي يفوق قدرات البشر من تحويل أو حل هذين الكونين بكل تعقيداتهما إلى أفكار بحتة سيصل عندئذ إلى العالم السببي ويقف على الخط الحدودي للانصهار بين العقل والمادة، ويدرك كل الأشياء المخلوقة، من جوامد وسوائل وغازات وكهرباء وطاقة، وجميع الكائنات من آلهة وبشر

---

[11] «فقال لهم: حيث تكون الجثة فهناك تجتمع النسور» – لوقا ١٧:٣٧. أي حيث توجد النفس مغلفة بالجسم المادي أو بالجسم الكوكبي أو بالجسم السببي فهناك تجتمع نسور الرغبات – التي تفترس نقاط الضعف في الحواس البشرية، أو التعلقات الكوكبية أو السببية – كما تجتمع أيضاً لإبقاء النفس قيد الأسر.

وحيوانات ونباتات وبكتريا، كأشكال من الوعي، تماماً مثلما يغمض الشخص عينيه ومع ذلك يدرك أنه موجود، مع أن جسمه يكون غير منظور لعينيه الجسديتين، وأنه موجود كفكرة لا غير.

»وكل ما يمكن أن يقوم به الكائن البشري بالصور الذهنية أو الخيال يحققه الكائن السببي في الواقع. العقل البشري العملاق والأكثر قدرة على التخيّل يمكنه أن يتجول – بالعقل فقط – ما بين أقصى حدود الفكر، أو القفز بعقله من كوكب إلى كوكب آخر، أو السقوط في هوة سحيقة لا قعر لها ولا قرار، أو التحليق كالصاروخ في القبة السماوية ذات المجرات، أو الوميض كالمصباح الكشاف فوق المجرات والفضاءات النجمية. لكن الكائنات في العالم السببي تمتلك حرية أكثر من ذلك بكثير، ويمكنها دون مجهود تجسيد أفكارها على الفور ودون أية عوائق مادية أو كوكبية أو قيود كارمية.

»والكائنات السببية تدرك أن الكون المادي غير مصنوع في المقام الأول من إلكترونات، ولا الكون الكوكبي يتكون أساساً من كهارب الحياة، بل كلاهما في الحقيقة مخلوق من أدق جزيئات الفكر الإلهي التي تم تقطيعها وتقسيمها بفعل الوهم الكوني مايا: قانون النسبية الذي يتدخل على ما يبدو ليفصل الخليقة عن خالقها.

»النفوس في العالم السببي تعرف بعضها البعض كنقاط فردية من الروح الكونية السعيدة، ولا يحيط بها سوى أمورها الفكرية فقط. والكائنات السببية تدرك أن الفرق بين أجسامها وأفكارها هو مجرد أفكار لا غير. ومثلما يغمض الإنسان عينيه ويتصور نوراً أبيضاً باهر، أو سديماً أزرقاً خافت، هكذا الكائنات السببية تستطيع أن ترى وتسمع وتحس وتذوق وتلمس بالفكر فقط. فهي تخلق أي شيء أو تذيبه بقوة العقل الكوني.

»الموت والولادة الثانية يحدثان بالفكر في العالم السببي. والكائنات ذات الأجسام السببية تستمتع فقط بالولائم السماوية للمعرفة المتجددة طوال الأبدية. وتشرب من ينابيع السلام، وتتجول في أرض المدركات التي لم يختبرها أحد من قبل، وتسبح في محيط الغبطة اللامتناهية. ويا لروعة أجسامها الفكرية وهي تنطلق عبر تريليونات العوالم المخلوقة روحياً، وبفقاعات جديدة من الأكوان، وبنجوم الحكمة، وبأحلام الأطياف والسدم الذهبية على الصدر السماوي الذي لا نهاية له.

»هناك الكثير من الكائنات التي تبقى في العالم السببي لآلاف السنين.

وبنشواتٍ روحية أعمق تسحب النفس المتحررة ذاتها من الجسم السببي الصغير وتلبس اتساع الكون السببي. وفي بحر الغبطة الدائم الأفراح تذوب كل دوامات الأفكار المنفصلة والأمواج المستقلة للقوة والحب والإرادة والفرح والسلام والبصيرة والهدوء وضبط النفس والتركيز. ولا تعود النفس بعد ذلك تختبر فرحها كموجة منفردة من أمواج الوعي، بل تتحد بالمحيط الكوني الواحد بكل أمواجه وضحكته الأبدية وهزات طربه وخفقات ابتهاجه.

«وعندما تخرج النفس من شرنقة الأجسام الثلاثة تفلت للأبد من قانون النسبية وتصبح الكائن السرمدي الذي يفوق الوصف. ويا لروعة فراشة الوجود الكلي وقد رُصّعت أجنحتها بالنجوم والأقمار والشموس![12] فالنفس التي تتمدد إلى الروح الإلهي تبقى لوحدها في منطقة النور عديم الضوء والعتمة غير المظلمة، والفكر عديم التفكير، منتشية بابتهاجها الغامر في الحلم الإلهي للخليقة الكونية.»

وهنا صحت منذهلاً « تصبح نفساً حرة!»

ومضى المعلم قائلاً: «حينما تخرج النفس في النهاية من الأوعية الثلاثة للأوهام الجسدية تصبح واحداً مع المطلق اللانهائي دون أن تفقد شخصيتها الفردية. وقد فاز السيد المسيح بهذه الحرية النهائية حتى قبل أن يولد كيسوع. ففي ثلاث مراحل من ماضيه تمثلت في حياته الأرضية بالأيام الثلاثة لتجربة الموت والقيامة، امتلك القوة للصعود التام بالروح.

«الإنسان غير المتطور يتوجب عليه المرور في تجسدات أرضية وكوكبية وسببية لا حصر لها إلى أن يخرج نهائيا من أجسامه الثلاثة. والمعلم الذي بلغ هذا التحرر الكامل يمكنه اختيار العودة إلى الأرض كنبي كي يأتي بالبشر الآخرين إلى الله. أو قد يختار – مثلما فعلت أنا – الإقامة في الكون الكوكبي حيث يتحمل المخلّص هناك بعض عبء الكارما عن المقيمين[13]

١٢ «من يغلب فسأجعله عموداً في هيكل إلهي، ولا يعود يخرج إلى خارج (أي لا يعود للتجسد بعد ذلك). من يغلب فسأعطيه أن يجلس معي في عرشي، كما غلبت أنا أيضا وجلست مع أبي في عرشه» – رؤيا ٣: ١٢، ٢١.

١٣ لقد عنى سري يوكتسوار بذلك، مثلما تحمّل في بعض الأحيان في تجسده الأرضي عبء المرض لتخفيف كارما تلاميذه، هكذا تمكنه مهمته كمخلّص في العالم الكوكبي من أن يأخذ على عاتقه كارما محددة لساكني هيرانيالوكا، من أجل تسريع تطورهم وارتقائهم إلى عالم السبب الأسمى.

وبذلك يساعدهم في إنهاء دورة تجسدهم في الكون الكوكبي والدخول بصورة دائمة إلى الأقطار السببية. أو قد تدخل النفس المتحررة إلى العالم السببي لمساعدة كائناتها على اختصار مدة إقامتها في الجسم السببي وتحقق بذلك الحرية المطلقة.»

لقد شعرت أن بمقدوري الإصغاء للأبد لمعلمي الكلي المعرفة، فقلت: «يا من بُعثت حياً، أريد أن أعرف المزيد عن الكارما التي تُرغم النفوس على العودة إلى العوالم الثلاثة.» ولم يحدث مطلقاً في حياته على الأرض أن تمكنت من استيعاب مثل هذا القدر الكبير من الحكمة. الآن ولأول مرة كنت أحصل على معرفة يقينية واضحة ومحددة عن المساحات البينية الغامضة بين الحياة والموت.

فراح معلمي يشرح بصوته العذب: «الكارما الدنيوية أو شهوات الإنسان ينبغي أن تُستهلك بصورة كاملة قبل أن تصبح إقامته الدائمة ممكنة في العوالم الكوكبية. وهناك نوعان من الكائنات التي تعيش في العوالم الكوكبية: تلك التي ما زال لها كارما أرضية تعمل على التخلص منها، والتي ينبغي لها أن ترتدي – بسببها – مرة أخرى جسماً مادياً كثيفاً لسداد ديونها الكارمية. وتلك الكائنات يمكن تصنيفها بعد الموت الجسدي على أنها زائرات وقتيات إلى العالم الكوكبي بدلاً من مقيمات دائمات.

«والكائنات التي لها كارما أرضية لم يتم التكفير عنها لا يُسمح لها بعد الموت الكوكبي بالذهاب إلى العالم السببي الأعلى للأفكار الكونية، بل تبقى متأرجحة جيئة وذهاباً بين العالمين المادي والكوكبي لا غير. وتظل مدركة تباعاً بجسميها المادي ذي العناصر الستة عشر الخشنة، والكوكبي ذي التسعة عشر عنصراً شفافاً. ومع ذلك، فإن الكائن غير المتطور يبقى في الغالب، بعد كل مرة يفقد فيها جسمه المادي، في غيبوبة الموت العميقة، وبالكاد على دراية بالعالم الكوكبي الجميل. وبعد فترة الراحة الكوكبية يعود مثل هذا الإنسان إلى المستوى المادي ليتعلم المزيد من الدروس، معوّداً نفسه تدريجياً – عن طريق الرحلات المتكررة – على العوالم ذات التركيبة الكوكبية اللطيفة.

«ومن ناحية أخرى، فإن المقيمين العاديين منذ فترة طويلة في الكون الكوكبي هم الذين تحرروا للأبد من كل المشتهيات المادية، ولا حاجة لهم للعودة ثانية إلى اهتزازات الأرض الخشنة. ومثل تلك الكائنات ليست لها سوى كارما كوكبية وسببية يتعين التخلص منها. وعند الموت الكوكبي تذهب

تلك الكائنات إلى العالم السببي الذي يتسم بالشفافية واللطافة اللامتناهيتين. وعند انتهاء فترة معينة يحددها القانون الكوني تعود تلك الكائنات المتقدمة إلى هيرانيالوكا أو إلى جرم كوكبي رفيع مشابه له، عن طريق الولادة ثانية في جسم كوكبي جديد لاستهلاك كارماها الكوكبية التي لم يتم التخلص منها.

وواصل سري يوكتسوار: «والآن يمكنك يا بني أن تدرك بصورة أوفى أنني بُعثت، طبقاً للإرادة الإلهية، كمخلّص للنفوس القادمة من العالم السببي تحديداً والمتجسدة في العالم الكوكبي، وليس للكائنات الكوكبية الوافدة من الأرض. فالوافدون من الأرض إن ظلوا محتفظين بآثار ولو قليلة من الكارما المادية لا يصعدون إلى العوالم الكوكبية الرفيعة جداً مثل هيرانيالوكا.

«وكما أن معظم البشر على الأرض لم يقدّروا بالرؤيا المكتسبة بالتأمل المباهجَ والفوائد الفائقة للحياة الكوكبية، ولذلك يرغبون بعد الموت في العودة إلى المسرات الأرضية التي تشوبها النواقص والعيوب، هكذا هي الحال أيضا بالنسبة للكثير من الكائنات الكوكبية. فهي عند التحلل الطبيعي لأجسامها الكوكبية تعجز عن تصور الحالة المتقدمة للفرح الروحي في العالم السببي. وإذ تتمسك بأفكار السعادة الكوكبية الكثيفة والأكثر إبهاراً، فإنها تتشوق للعودة ثانية إلى الفردوس الكوكبي ثانية. وهناك كارما كوكبية ثقيلة ينبغي على تلك الكائنات استهلاكها قبل حصولها، بعد الموت الكوكبي، على إقامة دائمة في عالم الأفكار السببي الذي لا يوجد بينه وبين الخالق سوى حجاب في غاية الرقة والشفافية.

«وحينما يتحرر الكائن من الرغبة في الاختبارات المُبهجة للعين في الكون الكوكبي، ولا يمكن إغراؤه بالعودة ثانية إليه، عندئذ فقط يمكنه البقاء في العالم السببي. وإذ يتخلص [في العالم السببي] من كل الكارما السببية أو بذور الرغبات السابقة، تدفع نفسه الحبيسة عنها سدادة الجهل الثالثة والأخيرة. وإذ تبزغ من الوعاء الأخير للجسم السببي فإنها تتوحد مع الكائن الأبدي السرمدي.

«فهل عرفت الآن؟»

فأجبته: «نعم، بفضلك وإحسانك. إن الفرح وعرفان الجميل يغمرانني ولساني عاجز عن التعبير.»

إنني لم أحصل من قبل سواء عن طريق الأناشيد أو القصص الروحية على مثل هذه المعرفة الإلهامية. ومع أن النصوص الهندوسية المقدسة تشير

إلى العالمين السببي والكوكبي وإلى أجسام الإنسان الثلاثة، لكن صفحات تلك الكتب بدت نائية ولا معنى لها مقارنة بالأصالة الدافئة لمعلمي الذي بُعث حياً بعد الموت! وفي الحقيقة لم يبقَ بالنسبة له «بلدٌ لم يُكتشف ولم يعُد منه مسافر!»[١٤]

وواصل معلمي العظيم حديثه قائلاً: «إن تداخل أجسام الإنسان الثلاثة فيما بينها يبدو بطرق عديدة من خلال طبيعته الثلاثية. ففي حالة اليقظة على الأرض يحس الإنسان بأجسامه الثلاثة إلى حد ما. فحينما يستخدم حواسه ويستغرق في الذوق أو الشم أو اللمس أو السمع أو النظر فإنه يعمل بشكل أساسي بجسمه المادي. وعندما يتخيّل أو يريد يعمل بجسمه الكوكبي. وعندما يفكر تفكيراً عميقاً أو يغوص في فحص الذات أو التأمل يعمل بجسمه السببي. والأفكار الكونية للنبوغ تأتي للإنسان الذي يتصل عادة بجسمه السببي. ومن هذا المنطلق يمكن تصنيف الإنسان بوجه الإجمال على أنه 'إنسان مادي' أو 'إنسان نشيط' أو 'إنسان مفكّر'.

«ويرتبط الإنسان بجسمه المادي نحو ست عشرة ساعة يومياً ثم ينام. فإن استغرق في الأحلام يبقى في جسمه الكوكبي ويخلق دون عناء كل ما يريده تماماً مثلما تفعل الكائنات الكوكبية. أما إن كان نومه عميقاً وخالياً من الأحلام لعدة ساعات يكون قد تمكن من تحويل وعيه أو إحساسه بذاته إلى الجسم السببي. ومثل هذا النوم منعش ومجدد للقوى. الشخص الحالم يلامس جسمه الكوكبي وليس السببي، ولا يكون نومه منعشاً بالكامل.»

كنت أنظر بمحبة وحنان إلى سري يوكتسوار وهو يقدم هذا العرض الإيضاحي المدهش، وقلت له:

«يا معلمي الملائكي، إن جسمك هذا هو تماماً نفس الجسم الذي بكيت فوقه في صومعة بوري.»

فأجابني: «نعم، إن جسمي الجديد هو نسخة مطابقة للجسم القديم. فأنا أستطيع تكثيف هذا الجسم أو إذابته بإرادتي في أي وقت، أكثر بكثير مما كنت أفعل أثناء وجودي على الأرض. وبإذابته بسرعة، أنتقل الآن على الفور بمركبة ضوئية فائقة السرعة من عالم إلى عالم، أو بالأحرى من الكون الكوكبي إلى السببي أو إلى المادي.»

١٤ شكسبير في مسرحية هاملت (*Hamlet* (Act III, Scene 1.

وابتسم معلمي الإلهي وقال: «ومع أنك تتنقل بسرعة هذه الأيام، لكنني لم أجد صعوبة في اكتشاف مكان وجودك في بومباي!»

وقلت: «يا معلمي، لقد شعرت بحزن عميق على موتك!»

فأومضت عينا سري يوكتسوار بالحب والأنس وقال: «في أي مكان مُتُّ؟ أليس هناك بعض التناقض؟

«لقد كنتَ تحلم على الأرض. فعلى تلك الأرض رأيت جسمي الحلمي، وبعد ذلك قمت بدفن ذلك الشكل الحلمي. والآن فإن جسمي اللحمي الأكثر شفافية الذي تراه وما زلت حتى الآن تضمه بقوة! قد بُعث على كوكب آخر حالم لكنه أكثر رقة من كواكب الله الأخرى الحالمة. ويوماً ما سيتلاشى ذلك الجسم الحلمي الشفاف وأيضاً الكوكب الحالم لأنهما ليسا للأبد. وكل فقاعات الأحلام لا بد أن تنفجر في النهاية بلمسة اليقظة النهائية. فميّز يا ابني يوغانندا بين الأحلام والحقيقة!»

لقد أصابتني فكرة البعث الفيدنتية[١٥] بالدهشة، وشعرت بالخجل لأنني تأسفت على معلمي عندما رأيت جسمه الذي فارقته الحياة في بوري. وأخيراً أدركت أن معلمي كان مستيقظاً على الدوام في الله، وعلى دراية بأن حياته ووفاته على الأرض وقيامته الحالية ليست أكثر من أمور نسبية لأفكارٍ إلهية في الحلم الكوني.

وأردف قائلاً: «لقد أطلعتك الآن يا يوغانندا على الحقائق المتعلقة بحياتي وموتي وقيامتي، فلا تحزن عليّ، بل أعلن في كل مكان قصة قيامتي من أرض الحلم الإلهي إلى كوكب آخر من أحلام الله تسكنه أرواح ترتدي أجساماً كوكبية، وسيبزغ أمل جديد في قلوب الحالمين في العالم ممن يرزحون تحت وطأة الشقاء ويرهبون الموت.»

فقلت: «نعم يا معلمي.»

فكم سأسعد بمقاسمة الآخرين عن طيب خاطر ابتهاجي بقيامته!

وأضاف معلمي بحنان: «لقد كانت معاييري على الأرض سامية بكيفية غير مريحة وغير ملائمة لطبائع معظم الناس. وغالباً ما عنّفتك أكثر مما كان

١٥ الحياة والموت هما فكرتان نسبيتان في العقل فقط. وتشير الفيدانتا إلى أن الله هو الحقيقة الواحدة، وأن كل الخليقة أو الوجود المنفصل ليس سوى مايا أو خداع [بصري]. وقد حصلت فلسفة الوحدانية هذه على أسمى تعبير لها في شروحات شانكرا للأوبانيشاد.

ينبغي، لكنك اجتزت امتحاني وأشرقت محبتك من بين غيوم التأنيب والتوبيخ. كما أنني أتيت اليوم لأخبرك بأنني لن أنظر إليك بعد اليوم نظرة زاجرة ولن أنتهرك أبداً.»

وقلت: «يا معلمي الأعز، عنفني مليون مرة – عنّفني الآن!»

آه، كم تشوقت إلى تأديبات معلمي العظيم! فقد كان كل منها ملاكاً حارساً يوفر لي الحماية والأمان.

لكنه أجابني: «كلا، لن أوبخك مرة أخرى.»

وكان صوته المقدس جاداً وممتزجاً بابتسامة عندما قال: «أنتَ وأنا سنبتسم معاً طالما ظهر شكلانا مختلفين في الحلم الإلهي للوهم الكوني مايا، لكننا سنمتزج في النهاية ونصبح واحداً في المحبوب الكوني. ابتسامتنا ستصبح ابتسامته، وأغنية فرحنا الموحّدة ستتخلل اهتزازاتها أرجاء الأبدية وتُبَثُّ لكل النفوس المتناغمة مع الله!»

وأعطاني سري يوكتسوار إضاءات على أمور محددة لا يمكنني أن أفصح عنها هنا. وخلال الساعتين اللتين قضاهما معي بغرفة الفندق في بومباي أجاب على كل سؤال من أسئلتي. والعديد من النبوءات العالمية التي نطق بها في ذلك اليوم من يونيو/ حزيران ١٩٣٦ قد تحققت فعلاً.

ثم خاطبني قائلاً: «والآن أتركك أيها المحبوب!»

ومع هذه الكلمات شعرت بالمعلم يتلاشى من بين ذراعيّ الملتفتين حوله. ودوّى صوته مهتزاً في أفق روحي قائلاً: «أي بني، عندما تدخل باب النيربيكالبا سمادهي وتناديني سأجيئ إليك بلحمي ودمي مثلما فعلت اليوم.»

وبهذا الوعد السماوي تلاشى سري يوكتسوار من أمام بصري، وظل صوتٌ سحابيّ يردد في هدير موسيقي: «خبّر الجميع أن من يتحقق عن طريق إدراك النيربيكالبا أن أرضكم هي حلم إلهي يمكنه أن يأتي إلى كوكب هيرانيالوكا الحلمي ويجدني هناك قد بُعثت في جسم يماثل تماماً جسمي الأرضي. يوغانندا، خبّر الجميع!»

انقضى الحزن على فراقه، وولّت اللوعة والأسف اللذان حرماني راحة البال لفترة طويلة. وتدفقت الغبطة كينبوع من مسامات الروح التي لا حصر لها. فبعد أن كانت مسدودة من قبل بسبب عدم الاستعمال فقد فُتحت الآن واتسعت بفعل سيل الغبطة النقي العارم. وظهرت تجسداتي السابقة لعيني الداخلية في تتابع شبيه بالصور السينمائية. وذابت الكارما السابقة الطيبة

والرديئة معاً في النور الكوني الذي نثرته حولي زيارة معلمي الإلهية.

في هذا الفصل من سيرة حياتي امتثلتُ لطلب معلمي وأعلنت البشائر السارة مع أنها ستحيّر مرة أخرى عقل هذا الجيل الغافل وغير المبالي. الإنسان على دراية جيدة بالتذلل كما أن القنوط ليس غريباً عنه إلا ما ندر. لكن هذه الشواذ والانحرافات ليست جزءاً من قدَر الإنسان الحقيقي. ففي اليوم الذي يستنهض فيه همته ويفعّل إرادته سيضع قدميه على طريق الحرية. لقد أصغى طويلاً إلى تشاؤم الناصحين المتمثل في: «أنك تراب وإلى التراب تعود» ولذلك لم يهتم بنفسه التي لا تقهر.

لم أكن الوحيد الذي حظيت برؤية المعلم الذي بُعث حياً، بل رأته أيضاً تلميذة له متقدمة في السن تعرف تحبباً باسم ما(الأم). فقد كان بيتها قريباً من صومعة بوري، وغالباً ما كان سري يوكتسوار يقف للتحدث معها أثناء مَشيَه في الصباح. وفي مساء ١٦ مارس/آذار ١٩٣٦ أتت «ما» إلى الصومعة وطلبت رؤية معلمها، فنظر إليها بحزن سوامي سَبانندا المشرف آنذاك على صومعة بوري وقال: «عجباً، فالمعلم توفي منذ أسبوع.»

فاعترضت بابتسامة وقالت: «ذلك مستحيل!»

فأجابها سَبانندا بأنه بالفعل قد توفي، ثم روى لها تفاصيل الدفن، وقال: «تعالي، سآخذك إلى الحديقة الأمامية حيث يوجد ضريحه.»

فهزّت «ما» رأسها وقالت: «لا يوجد ضريح بالنسبة له! ففي العاشرة من هذا الصباح مرّ المعلم من أمام باب منزلي أثناء سيره المعتاد، وقد تحدثت إليه لعدة دقائق في إشراقة النهار، وقال لي:

«'تعالي إلى الصومعة هذا المساء.' وها أنا قد أتيت!

«ألا فلتحل البركات على هذا الرأس العجوز الأشيب! فالمعلم الخالد أرادني أن أعلم في أي جسم فائقٍ متجلٍّ زارني هذا الصباح!»

فركع سَبانندا المندهش أمامها وقال:

«يا أماه، لقد رفعتِ الآن عبئاً ثقيلاً من الحزن عن قلبي! فهو قد بُعث حياً!»

الفصل ٤٤

# مع المهاتما غاندي في واردها

«أهلا بكم في واردها!»

بهذه الكلمات الودية وبأكاليل من الـ khaddar (القطن المنسوج محلياً) رحّب ماهاديف ديزاي سكرتير المهاتما غاندي بكل من الآنسة بلتش والمستر رايت وبي. وكانت مجموعتنا الصغيرة قد وصلت للتو إلى محطة واردها في صباح باكر من شهر أغسطس/آب، وقد كنا مسرورين للتخلص من غبار وحر القطار. أودعنا أمتعتنا عربة نقل وركبنا في سيارة مكشوفة مع المستر ديزاي وكل من رفيقيه بابا صاحب دشموخ والدكتور بنغيل. وبعد الإنطلاق لمسافة قصيرة فوق الأرض الموحلة بلغنا «ماغانفادي» صومعة قديس الهند السياسي.

أخذنا المستر ديزاي على الفور إلى المكتب حيث كان المهاتما غاندي يجلس متربعاً وفي إحدى يديه قلم وفي اليد الأخرى ورقة، وعلى وجهه ابتسامة عريضة جذابة، صادرة عن قلب دافئ.

وكتب القديس بالهندية كلمة «أهلا ومرحبا!»، إذ كان الاثنين هو يوم صومه الأسبوعي عن الكلام.

ومع أن ذلك كان لقاءنا الأول إلا أن كلاً منا ابتسم للآخر بمودة. وكان المهاتما غاندي قد شرّف مدرسة رانشي سنة ١٩٢٥ ودوّن في سجل الزائرين عبارة تقديرية كريمة.

كان القديس الصغير الحجم الذي لا يتجاوز وزنه المئة رطل [٥٤ كيلوغرام] يشع صحة بدنية وعقلية وروحية. وأبرقت عيناه البنيتان الرقيقتان بالذكاء والإخلاص والتمييز الحصيف. فرجل الدولة هذا دخل ألف معركة قضائية واجتماعية وسياسية وخرج منها منتصراً. ولم يحرز أي زعيم في العالم مكانة في قلوب شعبه كالتي أحرزها غاندي في قلوب الملايين من الهنود الأميين الذين يعبّرون عن تقديرهم العفوي له بتسميته مهاتما أي

«النفس العظيمة»[1]. فمن أجلهم وحدهم اختصر غاندي ملابسه واكتفى بقطعة من القماش – كثر التفنن بتصويرها – يلفها حول وسطه رمزاً لوحدته مع الجماهير المضطهدة التي لا قدرة لها على امتلاك أكثر من ذلك.

وبلباقته المعهودة ناولني المهاتما ملاحظة مكتوبة على عجل تحمل الكلمات التالية: «كل سكان الصومعة تحت أمركم فالرجاء أن تطلبوا منهم أي خدمة تلزمكم.» ثم قادنا المستر ديزاي من مكتبه إلى دار الضيافة.

سار بنا مرشدنا عبر بساتين وحقول مزهرة إلى مبنى مسقوف بالقرميد له نوافذ شبكية. وأمام المبنى كان هناك حوض بعرض خمسة وعشرين قدماً، قال المستر ديزاي إنه يُستخدم لسقي الماشية. وكانت بالقرب منه عجَلَة إسمنت دوارة لدرس الأرز. وكانت غرف نومنا الصغيرة تحتوي على أدنى حد ممكن من الأثاث الذي لا يمكن اختزاله أكثر من ذلك، وهو عبارة عن فراش مصنوع يدوياً من الحبال. وكان المطبخ المطلي باللون الأبيض يفخر بوجود صنبور ماء في أحد أركانه، وموقد للطهي في ركن آخر. وقد بلغت مسامعنا أصوات ريفية بسيطة – نعيق الغربان وتغريد العصافير، وخوار البقر، ونقر الأزاميل المستخدمة في تقطيع الحجارة.

وإذ لاحظ المستر ديزاي دفتر يوميات المستر رايت فتحه ودوّن في إحدى صفحاته قائمة بمبادئ الساتياغراها[2] وهي النذور التي قطعها على أنفسهم أتباع المهاتما غاندي الجادون وتشمل:

> «اللاعنف، الصدق، عدم السرقة، التبتل، عدم التملك، العمل الجسدي، التحكم بشهوة الطعام، عدم الخوف، الاحترام المتساوي لجميع الأديان، سواديشي (استخدام المصنوعات اليدوية)، التحرر من فكرة المنبوذين [التي تعتبر أفراد الطبقة الدنيا في الهند منجسين ومنبوذين.] وهذه القواعد الإحدى عشرة يجب مراعاتها كنذور وبروح التواضع.»

(وفي اليوم التالي وقّع غاندي نفسه على هذه الصفحة في ٢٧ أغسطس/ آب ١٩٣٥).

وبعد ساعتين من وصولنا دعيت مع رفاقي للغداء، حيث كان المهاتما جالساً تحت شرفة الصومعة المقنطرة، في الناحية المقابلة لمكتبه. وكان نحو

١ اسم غاندي الكامل هو موهنداس كارمشند غاندي، وهو لم يشر لنفسه مطلقا بـ «مهاتما».

٢ المعنى الحرفي للكلمة السنسكريتية ساتياغراها Satyagraha هي «الاعتصام بالحق.» وهي حركة اللاعنف المشهورة بقيادة غاندي.

**تناول الغداء في أشرم (صومعة) المهاتما غاندي في واردها**

يوغانندا يقرأ ملاحظة كتبها للتو غاندي (على اليمين). (لقد كان يوم الاثنين، وهو اليوم الذي يراعي فيه المهاتما الصمت). في اليوم التالي، ٢٧ أغسطس/آب ١٩٣٥، وبناء على طلب غاندي قام شري يوغاناندا بتكريس المهاتما في الكريا يوغا.

خمسة وعشرين من الساتياغراهيين الحفاة يجلسون القرفصاء أمام فناجين وصحون نحاسية. استُهل الغداء بصلاة جماعية ثم تناولنا الطعام في أوانٍ نحاسية كبيرة تحتوي على خبز مصنوع من الطحين الكامل غير المخمر (تشاباتي)، عليه زبدة مصفاة وخضار مسلوقة ومقطعة (تلساري)، ومربى الليمون.

وتناول المهاتما خبز التشاباتي والبنجر (الشمندر) المسلوق وبعض الخضار النيئة والبرتقال. وعلى جانب صحنه كانت كتلة كبيرة من أوراق النيم شديدة المرارة، وهي مشهورة كمطهرٍ للدم. وقد عزل قسماً منها بملعقته ووضعه فوق صحني فازدرتها مع الماء وتذكرت أيام الطفولة عندما كانت تضطرني أمي إلى ابتلاع مثل تلك الجرعة غير المستحبة. ومع ذلك فقد كان غاندي يتناول ببطء عجينة النيم دون نفور.

ومن هذه الملاحظة البسيطة أدركت مدى قدرة المهاتما على فصل عقله عن الحواس بإرادته. وتذكرت عملية استئصال الزائدة الدودية التي أجريت عليه وحظيت بتغطية إعلامية كبيرة. فقد رفض استعمال المخدر وظل يتحدث بمزاج رائق مع مريديه طوال العملية. وكانت بسمته الهادئة تظهر عدم درايته بالألم.

بعد الظهر أتيحت لي الفرصة للتحدث مع تلميذة غاندي المشهورة الآنسة مادلين سليد ابنة قائد البحرية الإنكليزي المعروفة باسم ميرابهن[٣]. وأضاء وجهها القوي الهادئ بالحماس عندما أخبرتني بلغة هندية صحيحة عن أنشطتها اليومية، فقالت:

«إن إعادة بناء الريف أمرٌ مجز. فهناك مجموعة منا تذهب في الخامسة صباحاً لخدمة القرويين القريبين وتلقينهم أبسط قواعد النظافة والصحة. فإننا نحرص على تنظيف مراحيضهم وأكواخهم المصنوعة من الطين والمسقوفة بالقش.» ثم ضحكت مبتهجة واستطردت: « القرويون أميون ولذلك لا يمكن تعليمهم إلا بالقدوة!»

نظرت بإعجاب إلى هذه السيدة الإنكليزية ذات النسب العريق، والتي دفعها تواضعها المسيحي الصادق للقيام بأعمال الكسح والتنظيفات التي عادة ما يقوم بها «المنبوذون.» وقد قالت لي:

«جئت إلى الهند في العام ١٩٢٥، وأشعر هنا أنني في وطني ولا رغبة لي في العودة إلى حياتي واهتماماتي السابقة.»

ناقشنا أمريكا لبعض الوقت، وقالت لي: «يسعدني دوماً أن أرى ذلك

٣ لقد نشرت عدداً من الرسائل التي كتبها المهاتما والتي تبيّن التدريب على الانضباط الذاتي الذي تلقته على يد معلمها بعنوان:
(*Gandhi's Letters to a Disciple*; Harper & Bros., New York, 1950).

وفي كتاب آخر لها بعنوان: (*The Spirit's Pilgrimage;* Coward-McCann, N.Y., 1960)، ذكرت الآنسة سليد عدداً كبيراً من الأشخاص الذين زاروا غاندي في واردها قائلة: «بعد مضي هذه الفترة الزمنية الطويلة لا يمكنني أن أتذكر معظمهم، لكن اثنين منهم لا يزالان ماثلين بوضوح في ذهني وهما الأديبة التركية المشهورة هاليدي أديب هانم وسوامي يوغانندا مؤسس Self-Realization Fellowship في أمريكا. (ملاحظة الناشر)

الاهتمام العميق الذي يبديه العديد من الأمريكيين[4] الذين يزورون الهند في الأمور الروحية.»

وراحت يدا ميرابهن تدير الشاركا (عجلة المغزل) الذي عمّ انتشاره في كل أرياف الهند بفضل جهود المهاتما.

ولغاندي أسباب اقتصادية وثقافية عميقة لتشجيع الصناعة المنزلية، لكنه لا يوصي بنبذ جميع ضروب التقدم العصرية بدافع التزمت أو التعصب. فالماكينات والقطارات والسيارات والتلغراف كلها لعبت أدواراً هامة في حياته الجبارة! والخمسون عاماً التي قضاها في الخدمة العامة، داخل وخارج السجن، باذلاً قصارى جهده في معالجة تفاصيل عملية دقيقة وحقائق قاسية في دنيا السياسة، زادته اتزاناً وسعة أفق ورجاحة عقل وتقديراً للمشهد البشري الغريب مع حسٍّ من الدعابة والمرح.

في السادسة مساء استمتعنا ثلاثتنا بعشاء في ضيافة بابا صاحب دشموخ وفي السابعة كنا في صومعة ماغانفادي للصلاة. فصعدنا إلى السطح حيث كان ثلاثون من الساتياغراهيين متجمعين حول غاندي على شكل نصف دائرة. كان غاندي يجلس القرفصاء على حصيرة مصنوعة من القش وقد وضع أمامه ساعة جيب قديمة. وما أن أرسلت الشمس المودعة شعاعها الأخير فوق أشجار النخيل والبانيان حتى بدأ طنين الليل وأصوات الصراصير؛ أما الجو فكان صورة حية للسلام والسكينة وقد غمر نفسي بالبهجة والسرور.

بدأ المستر ديزاي الصلاة بترنيمة خاشعة رددتها المجموعة، أعقبتها قراءة من الغيتا. ثم أومأ إليّ المهاتما كي أتلو الصلاة الختامية. ويا له من اتحاد مقدس في الأفكار والأشواق. ولقد ترك ذلك التأمل على سطح صومعة واردها تحت النجوم الباكرة ذكرى دائمة في النفس.

وفي تمام الساعة الثامنة أنهى غاندي صمته. فأعماله الجبارة تتطلب منه تقسيم وقته بدقة بالغة.

وخاطبني قائلاً: «أهلاً وسهلاً يا سواميجي!» هذه المرة لم تكن تحية

٤ ذكرتني الآنسة سليد بامرأة غربية مشهورة هي الآنسة مرغريت وودرو ويلسون كبرى بنات الرئيس الأمريكي العظيم، والتي التقيت بها في نيويورك وكانت مهتمة للغاية بالهند. بعد ذلك ذهبتْ إلى بوندي تشيري حيث أمضت السنوات الخمس الأخيرة من حياتها وتابعت بسرور طريقاً لتهذيب النفس عند قدمي المعلم المستنير شري أوروبيندو غوش.

المهاتما عن طريق الورق. وكنا قد نزلنا للتو من السطح إلى غرفته التي يستعملها للكتابة والمفروشة ببساطة بحصائر مربعة (دون مقاعد)، وطاولة كتابة منخفضة عليها كتب وأوراق وبعض أقلام عادية (ليست أقلام حبر)، وساعة عادية تدق في إحدى الزوايا. إنه بالفعل جو من السلام الشامل والإخلاص، وكان غاندي يجود بإحدى ابتساماته الساحرة من فم أدرد يكاد يكون خالياً من الأسنان.

وشرح غاندي لنا قائلاً: «منذ سنين بدأت بتخصيص يوم في الأسبوع لممارسة الصمت كوسيلة لكسب الوقت والاهتمام بمراسلاتي. لكن هذه الأربع والعشرين ساعة أصبحت حاجة روحية حيوية. وهذا الصمت الأسبوعي المنتظم ليس عذاباً، بل نعمة.»

وافقت من كل قلبي[٥]. وسألني المهاتما عن أمريكا وأوروبا، ثم بحثنا الهند والظروف العالمية.

وقال غاندي للمستر ديزاي عندما دخل الغرفة: «مهاديف، أرجو أن تعمل الترتيبات اللازمة مع دار البلدية كي يتحدث السواميجي مساء الغد عن اليوغا.»

وبينما كنت أتمنى للمهاتما ليلة سعيدة تلطف بإعطائي زجاجة من زيت السترونيلا، وقال وهو يضحك: «إن بعوض واردها لا يعرف أي شيء عن \الأهيمسا\ (اللاعنف)[٦] يا سواميجي!»

في صبيحة اليوم التالي تناولتْ مجموعتنا الصغيرة فطوراً باكراً من ثريد القمح الكامل والعسل الأسود والحليب. وفي العاشرة والنصف دعينا إلى شرفة الصومعة لتناول الغداء مع غاندي والستياغراهيين. وقد اشتملت قائمة الطعام اليوم على الأرز البني وتشكيلة جديدة من الخضار وحب الهال.

وعند الظهيرة رحت أتجول في أرض الصومعة إلى حيث ترعى بعض

٥ على مدى سنوات في أمريكا راعيت فترات من الصمت مما سبب الحيرة للزائرين والسكرتيرين.

٦ عدم إلحاق الضرر أو اللاعنف هو صخرة الأساس في تعاليم غاندي. فهو قد تأثر بعمق بتعاليم جماعة الجين التي يحترم أفرادها مبدأ الأهيمسا (اللاعنف) كفضيلة جوهرية. والجينية هي طائفة هندوسية كانت واسعة الانتشار في القرن السادس قبل الميلاد. وكان مؤسسها مهاويرا معاصراً لبوذا. فيا ليت مهاويرا («البطل العظيم») يطلّ عبر الأجيال ليرى ابنه البطل غاندي!

الأبقار بهدوء وطمأنينة، كون حماية الأبقار عاطفة قوية ومتأصلة في غاندي. وقد أوضح لي غاندي قائلاً:

«البقرة بالنسبة لي تعني العالم الأدنى من البشر بأسره. فهي تستدر عطف الإنسان وحنوه إلى ما هو أبعد من حدود جنسه. ويتحتم على الإنسان – من خلال البقرة – تحقيق وحدته مع كل ما هو حي. أما لماذا اعتبر الحكماء القدامى البقرة مقدسة فهذا واضح بالنسبة لي. والمقارنة الأفضل هي في الهند. فالبقرة كانت مانحة الخير والوفرة؛ فهي لم تعطِ الحليب وحسب، بل جعلت الزراعة ممكنة أيضاً. البقرة هي قصيدة من الحنو والإشفاق حيث يقرأ الإنسان الشفقة والحنان في الحيوان الوديع. كما أنها الأم الثانية لملايين البشر. وحماية البقرة تعني حماية كل خلائق الله البكماء. وجاذبية المخلوقات الأدنى تصبح أكثر قوة بسبب عدم قدرتها على النطق.»[٧]

هناك بعض الطقوس المفروضة على الهندوسي المحافظ. إحداها بهوتا ياجنا: تقديم الطعام للمملكة الحيوانية. وهذا الطقس هو رمز لمعرفة الإنسان ما يترتب عليه من التزامات نحو الكائنات الأقل تطوراً، والمرتبطة غريزياً بمطالب أجسادها (وهو خداع يقع البشر أيضا تحت تأثيره). غير أن الحيوانات تعوزها هبة العقل المحررة التي تنعم بها البشرية.

فإطعام الحيوانات بهوتا ياجنا يعزز في الإنسان الرغبة في إغاثة الضعفاء تماماً مثلما تواسيه كائنات عليا غير منظورة بأنواع لا تعد ولا تحصى من الرعاية والتعاطف. والإنسانية أيضاً مدانة للطبيعة لهباتها التجديدية المنعشة والغزيرة في الأرض والبحر والسماء. والحاجز التطوري المتمثل في عدم القدرة على التواصل بين الطبيعة والحيوان والإنسان والملائكة الكوكبيين يمكن تذليله وتجاوزه (بطقوس) ياجنا – المحبة الصامتة.

أما الطقسان الآخران فهما بتري و نري. بتري ياجنا هي تقديم القرابين للسلف رمزاً لاعتراف الإنسان بفضل الأجيال السابقة التي تستنير الإنسانية اليوم بكنوز حكمتها، ونري ياجنا هي تقديم الطعام للغرباء أو الفقراء رمزاً

٧ لقد كتب غاندي مواضيع رائعة في مختلف المجالات. وقال فيما يتعلق بالصلاة: «إنها مذكّر لأنفسنا بأننا ضعفاء عاجزون بدون العون الإلهي. وما من مجهود يكتمل بدون الابتهال والدعاء وبدون الاعتراف الأكيد أن أفضل المساعي البشرية هي عديمة الأثر ما لم تكن مدعومة بمباركة الله. الصلاة هي نداء للتواضع.. نداء لتطهير النفس، وللبحث الباطني.»

لالتزامات الإنسان الحاضرة وواجباته نحو معاصريه.

قمت في وقت مبكر من بعد الظهر بطقس نزي ياجنا بزيارة ودية لصومعة غاندي للفتيات الصغيرات. ورافقني المستر رايت في مشوار بالسيارة استغرق حوالي عشر دقائق حيث رأينا وجوهاً صغيرة فتية شبيهة بالورود، فوق تنورات الساري الطويلة والملونة. وفي ختام كلمة قصيرة ألقيتها بالهندية[8] في الهواء الطلق أمطرتنا السماء بوابل غزير فصعدت مع المستر رايت إلى السيارة ونحن نضحك وعدنا إلى ماغانفادي وسط الغيث المنهمر كتدفق المياه الفضية اللون من المزاريب، ويا لها من زخات استوائية شديدة الزخم!

ولدى دخولنا ثانية إلى دار الضيافة دهشت مجدداً للبساطة الشديدة وعلامات تضحية الذات الموجودة في كل مكان. فقد نذر غاندي عدم التملك في فترة مبكرة من حياته الزوجية بعد أن ترك عمله في السلك القضائي الذي كان يدر عليه دخلاً سنويا يزيد على عشرين ألف دولار، وقد وزع المهاتما ثروته على الفقراء والمحرومين.

كان سري يوكتسوار يتندّر بالمفاهيم غير الكافية عن الزهد فيقول: «المتسول لا يمكنه نبذ الثراء. وإن راح أحدهم يتفجع قائلاً: 'لقد فشلت أعمالي التجارية وهجرتني زوجتي ولذلك قررت أن أترك كل شيء وأعتكف في منسك للتعبد.' فعن أي تضحية دنيوية يتحدث؟ إنه لم يتخلَّ عن الثراء والحب، بل هما اللذان تخليا عنه!»

أما القديسون من أمثال غاندي فإنهم لم يقدموا تضحيات مادية ملموسة وحسب، بل قاموا أيضا بما هو أصعب وهو نبذ الدوافع الأنانية والأغراض الشخصية بدمج كيانهم الداخلي مع جوهر الإنسانية ككل.

وزوجة المهاتما الرائعة كاستوراباي لم تعترض عندما لم يخصص لها ولأولادهما قسماً من ثروته. فهو تزوج في وقت مبكر من شبابه ونذر التبتل

٨ الهندية هي لغة هندية – آرية مبنية إلى حد كبير على جذور سنسكريتية، وهي اللغة المحكية في شمال الهند. أما الهندوستانية فهي اللهجة الرئيسية للهندية المستخدمة في غرب الهند، وتكتب بحروف ديفاناغاري (سنسكريتية) وبحروف عربية. ويتفرع عنها اللهجة الأردية التي يتكلمها المسلمون والهندوس في شمال الهند.

مع زوجته بعد أن أنجبا أربعة أولاد[٩]. وكبطلة هادئة في تلك الدراما الجياشة التي جمعت حياتهما معاً، تبعت كاستوراباي زوجها إلى السجن وشاركته بالصوم لثلاثة أسابيع وتحمّلت حصتها الكاملة من أعباء المسؤوليات التي لا نهاية لها، وقد أدت لغاندي الشهادة التالية:

«أشكرك على منحي الامتياز لأكون شريكة حياتك ورفيقتك المساعدة. أشكرك على أكمل زواج في العالم مبني على براهماتشاريا (ضبط النفس) لا على الجنس. وأشكرك لأنك اعتبرتني مساوية لك في عملك من أجل الهند. أشكرك لأنك لم تكن أحد أولئك الأزواج الذين يصرفون أوقاتهم في المقامرة والرهان والنساء والخمر والأغاني، والذين يضيقون ذرعاً بزوجاتهم وأبنائهم كما يملّ الصبي الدمى التي يتلهى بها في مرحلة الطفولة. وكم أنا ممتنة لك لأنك لم تكن واحداً من هؤلاء الأزواج الذين يكرسون وقتهم لتحقيق الثراء من خلال استغلال عمل الآخرين.

«وكم أنا متشكرة لأنك وضعت الله ووطنك قبل الرشوات، وامتلكت الشجاعة في قناعاتك مثلما امتلكت إيماناً لا يتزعزع بالله ووضعت الله والوطن قبلي. وكم أنا ممتنة لك لتحملك لي ولشوائب شبابي عندما تذمرتُ وتمردتُ ضد التغيير الذي أحدثته في نمط حياتنا، من البحبوحة والوفرة إلى أقل القليل.

«لقد عشتُ كطفلة صغيرة في منزل أبويك وكانت أمك امرأة عظيمة وصالحة، وقد دربتني وعلمتني كيف أكون زوجة شجاعة مقدامة وكيف أكسب حب واحترام ابنها الذي أصبح فيما بعد زوجي. ومع مرور السنين حينما سطع نجمك وأصبحت أعظم زعماء الهند المحبوبين لم يخالجني الشك الذي يساور الزوجة التي ينبذها زوجها عندما يرتقي سلّم النجاح، مثلما يحدث أحياناً في بلدان أخرى. وإنني واثقة من أن الموت سيجدنا أيضاً زوجاً

٩ وصف غاندي حياته بصراحة رهيبة في كتابه قصة تجاربي مع الحقيقة *The Story of My Experiments with Truth* (Ahmedabad: Navajivan Press, 1927–28) وهذه السيرة الذاتية لُخصت في كتاب بعنوان *Mahatma Gandhi, His Own Story* تحقيق سي.أف. أندروس مع مقدمة بقلم جون هاينس هولمز: (نيويورك، شركة ماكملان ١٩٣٠).

وهناك سير ذاتية متنوعة تعج بأسماء شهيرة وتشتمل على أحداث عديدة ومتنوعة لكنها صامتة تقريباً حيال أي جانب من جوانب التحليل الذاتي والتطور الداخلي. ولا يسع المرء إلا أن يطرح جانباً مثل هذه الكتب ببعض التأفف ولسان حاله يقول: «هذا إنسان عرف العديد من الشخصيات الشهيرة غير أنه لم يعرف ذاته أبداً.» لكن ردة الفعل هذه لا تنطبق أبداً على سيرة حياة غاندي، فهو يعرض عيوبه وذرائعه بإخلاص موضوعي للحقيقة نادر المثال في سجلات أي عصر.

وزوجة.»

وعلى مدى سنوات قامت كاستوراباي بمهمة أمينة صندوق الأموال العامة التي استطاع المهاتما المحبوب أن يجمعها بالملايين. وهناك قصص طريفة يرويها الهنود في بيوتهم، وهي أن الأزواج يرتبكون إذا ارتدت زوجاتهم أي مصوغات ومجوهرات في الاجتماعات التي كان يعقدها غاندي، لأن لسان المهاتما السحري أثناء تحدثه عن المنبوذين المضطهدين كانت كفيلة بجذب الأساور الذهبية وقلائد الماس من أذرع ورقاب الثريات إلى سلة التبرعات.

وفي أحد الأيام لم تتمكن أمينة الصندوق العام كاستوراباي من توضيح سبب إنفاق أربع روبيات، فقام بنشر كشف بالحساب مشيراً بصراحة لا هوادة فيها إلى التناقض الذي تسببت فيه زوجته وأدى إلى عدم معرفة مصير الروبيات الأربع.

غالباً ما ذكرت تلك الحادثة إلى تلاميذي الأمريكيين، وفي إحدى الأمسيات صاحت امرأة في القاعة وقد استولى عليها الغضب: «مهاتما أو غير مهاتما، لو كان زوجي لسددت له لكمة قوية تترك أثرها على وجهه نتيجة لتلك الإهانة العلنية التي لا مبرر لها!»

وبعد عقد مقارنة بين الزوجات الأمريكيات والزوجات الهنديات تخللها بعض الفكاهة والمزاح اللطيف، قمت بتفسير أوفى للموضوع فقلت:

« السيدة غاندي لم تعتبر المهاتما زوجها بل معلمها الذي من حقه تهذيبها حتى في الأخطاء الطفيفة. وبعد ذلك التوبيخ العلني لكاستوراباي حُكم على غاندي بالسجن بتهمة سياسية. وعندما كان يودّع زوجته بهدوء وقعت عند قدميه وقالت بتواضع: 'يا معلم، إن كنت قد أسأت لك من أي ناحية فأرجوك أن تسامحني.'»

في الساعة الثالثة بعد ظهر ذلك اليوم في واردها توجهت، بحسب موعد مسبق، إلى مكتب القديس الذي جعل من زوجته تلميذة صامدة لا تتزعزع – وهذا بحد ذاته معجزة نادرة! فرفع غاندي بصره بابتسامته التي لا تنسى.

جلست القرفصاء بجانبه على حصيرة بدون وسائد وقلت له: «مهاتماجي، أرجو أن تخبرني عن تعريفك للأهيمسا.

فقال: «إنها تعني تحاشي إيقاع الأذى بأي مخلوق حي، بالفكر أو الفعل.»

قلت: «إنه مثل أعلى جميل! ولكن العالم سيتساءل دوماً: 'ألا ينبغي أن يقتل المرء أفعى الكوبرا لإنقاذ حياة طفل أو للدفاع عن النفس؟'»

فأجاب: «’لا يمكنني قتل كوبرا دون أن أنتهك اثنين من نذوري، وهما عدم الخوف وعدم القتل. الأفضل أن أقوم بتهدئة الأفعى باهتزازات المحبة. فأنا لا أستطيع خفض معاييري لملائمة ظروفي.‘ ثم أضاف بصراحته المعهودة: ’مع ذلك أعترف أنني لن أقوى على مواصلة هذا الحديث بهدوء لو واجهني ثعبان كوبرا!‘»

وأبديت بعض الملاحظات حول عدد من الكتب الغربية الحديثة جداً عن التغذية كانت موضوعة فوق طاولته، فقال غاندي ضاحكاً:

«نعم، فالغذاء، كما في أي مكان آخر، يلعب دوراً هاماً في حركة الساتياغراها. ولأنني أنصح الساتياغراهيين بضبط النفس التام فيما يتعلق بالنشاط الجنسي، فإنني ابحث دوماً عن الغذاء الأنسب لغير المتزوجين. فالمرء ينبغي أن يضبط شهوة الطعام حتى يتمكن من ضبط الغريزة الجنسية. التجويع أو التغذية غير المتوازنة ليسا حلاً. وبعد قهر الشره الباطني للطعام يتعين على الساتياغراهي اتباع نظام غذائي نباتي معقول يحتوي على جميع العناصر الأساسية من فيتامينات ومعادن وسعرات حرارية وما إلى ذلك. وبالحكمة الداخلية والخارجية فيما يتعلق بالطعام، فإن السائل المنوي عند الساتياغراهي يتحول بسهولة إلى طاقة حيوية لصالح الجسم بكامله.»

وقمت مع المهاتما بمقارنة معرفتنا حول الأطعمة الجيدة التي يمكن الاستعاضة بها عن اللحوم فقلت: «إن ثمر الأفوكادو المعروف بكمثرى التمساح هو رائع، وهناك بساتين عديدة منه بالقرب من مقري في كاليفورنيا.»

هنا أشرق وجه غاندي اهتماماً وقال: «أتظن أنه ينمو هنا في واردها؟ لا شك أن الساتياغراهيين سيرحبون بطعام جديد!»

فأجبته: «سأبعث لك ببعض أغراس الأفوكادو من لوس أنجلوس إلى واردها.» وأضفت قائلاً: «البيض أيضاً هو غذاء غني بالبروتينات، فهل هو محرّم على الساتياغراهيين؟»

فضحك المهاتما مستعيداً ذكرى قديمة وقال: «ليس البيض غير الملقح. فعلى مدى سنوات لم أوافق على تناوله. وأنا شخصياً حتى الآن لا آكل البيض. وذات يوم كادت إحدى كناتي تموت بسبب سوء التغذية، فألحّ طبيبها على تناولها البيض فلم أوافق، ونصحته بأن يصف لها غذاءً بديلاً عنه. فأجابني الطبيب:

«’البيض غير الملقح يا غانديجي لا يحتوي على السائل الحيوي، ولذا

ليس هناك من قتل؟ عندئذ سمحت بسرور لكنّتي بأن تأكل البيض، فاستعادت صحتها بعد ذلك بقليل.»

في الليلة السابقة أعرب غاندي عن رغبته في الحصول على الكريا يوغا: طريقة لاهيري مهاسايا. وقد تأثرت لرحابة صدر المهاتما وروح البحث لديه. وفي بحثه المقدس أظهر براءة تنبئ عن ذلك الاستعداد الذي امتدحه السيد المسيح في الأطفال بقوله: «...لأن لمثل هؤلاء ملكوت السموات.»

وحانت ساعة التعليم الذي وعدتُ به، فدخل الغرفة عدد من الساتياغراهيين – المستر ديزاي والدكتور بنغيل وقليلون غيرهم ممن رغبوا في الحصول على طريقة الكريا.

قمت أولاً بتلقين المجموعة الصغيرة تمارين يوغودا الجسدية، حيث يتم تصوّر الجسم على أنه منقسم إلى عشرين جزءاً، وحيث يتم بالإرادة توجيه النشاط إلى كل جزء بدوره. وعلى الفور راح الجميع يهتزون أمامي كمحرك بشري. وكان من السهل ملاحظة التأثير التماوجي على أجزاء جسم غاندي التي كانت واضحة بشكل كامل للعيان! فمع أنه نحيف للغاية لكن نحافته لم تكن غير سارة، إذ كان جلده طرياً ناعماً وخالياً من التجاعيد[١٠]

بعد ذلك قمت بتكريس المجموعة في طريقة الكريا يوغا المحررة.

لقد درس المهاتما بتقديس واحترام جميع أديان العالم. فكُتب الجين المقدسة والعهد الجديد ومؤلفات تولستوي[١١] في علم الاجتماع هي المصادر الرئيسية الثلاثة التي أسس عليها غاندي قناعاته الخاصة باللاعنف. وقد شرح عقيدته على النحو التالي:

> «إنني أؤمن بأن الكتاب المقدس والقرآن والزند أفستا[١٢] كلها موحى بها ألهياً ككتب الفيدا. وأومن بهيئة المرشدين الروحيين (الغوروز)، ولكن يتعين على الملايين في هذا العصر أن يكونوا بدون مرشد روحي، لأنه من النادر العثور على مزيج من الطهارة التامة والمعرفة التامة. ولكن يجب ألّا

١٠ صام غاندي مرات عديدة ولفترات طويلة وقصيرة، وكان يتمتع بصحة جيدة على نحو استثنائي. وكتبه *Diet and Diet Reform* و *Nature Cure* و *Key to Health* متوفرة من Navajivan Publishing House, Ahmedabad, India.

١١ ثورو وراسكن وماتزيني هم ثلاثة كتّاب غربيين آخرين درس غاندي وجهات نظرهم الاجتماعية بعناية.

١٢ الكتاب المقدس الذي أعطاه زرادشت لبلاد فارس سنة ١٠٠٠ قبل الميلاد.

يقنط الإنسان من معرفة حقيقة دينه لأن الأصول الجوهرية للهندوسية هي كما في كل الأديان العظيمة، غير قابلة للتغيير ويمكن فهمها بسهولة. وكأي هندوسي آخر أؤمن بالله وبوحدته وبالعودة إلى التجسد وبالخلاص... ولا يمكنني وصف شعوري عن الهندوسية بكيفية أفضل من وصف شعوري نحو زوجتي التي تحرك مشاعري أكثر من أية امرأة أخرى. ليس لأنها منزهة عن الخطأ، ولا أبالغ إن قلت إن لديها من الأخطاء أكثر مما أراه – بل لأن رباطاً وثيقاً لا ينفصم يربط ما بيننا. هكذا أحس نحو الهندوسية مع كل ما فيها من عيوب ومحدوديات. فلا شيء يفرحني مثل ترتيل الغيتا أو الرامايانا من تأليف تولسيداس. وعندما تصورت بأنني ألفظ آخر أنفاسي كانت الغيتا هي عزائي.

«الهندوسية ليست ديناً مقتصراً على فئة من الناس دون سواهم، بل فيها أيضا مجال واسع لعبادات باقي أنبياء العالم[١٣]. وهي ليست ديانة تبشيرية بالمفهوم المتعارف عليه من مصطلح التبشير، ومما لا شك فيه أنها استوعبت العديد من الجماعات العرقية في كيانها، لكن هذا الاستيعاب تم على نحو تطوري وغير محسوس. والهندوسية تطلب من كل إنسان أن يعبد الله بحسب إيمانه أو ميوله التعبدية دهارما[١٤]؛ ولهذا فهي تحيا في سلام مع كل الأديان.»

وعن السيد المسيح كتب غاندي: «إنني متأكد من أنه لو كان يعيش الآن بين الناس لبارك حيوات كثيرين ممن ربما لم يسمعوا باسمه مطلقاً... تماماً مثلما هو مكتوب: 'ليس كل من يقول لي يا رب يا رب... بل الذي يفعل إرادة أبي.'[١٥]. ومن خلال حياته المثالية بيّن يسوع للإنسانية الهدف الأسمى والغاية الوحيدة التي ينبغي أن نحاول بلوغها جميعاً. إنني أثق بأنه ليس للمسيحية

١٣ الميزة الفريدة للهندوسية بين ديانات العالم هو أنها لا تُنسب إلى مؤسس واحد عظيم بل للأسفار الفيدية التي لا تُعزى إلى أشخاص. ولذلك تتيح الهندوسية مجالاً يتسع للعبادات والأنبياء من كل الأجيال والبلدان. والأسفار الفيدية لا تقتصر على الممارسات التعبدية فقط، بل تشتمل أيضا على العادات والتقاليد الاجتماعية الهامة، في محاولة لجعل كل عمل من أعمال الإنسان منسجماً مع القانون الإلهي.

١٤ كلمة سنسكريتية شاملة للقانون، وتعني الامتثال للناموس أو البِر الطبيعي. وتعرّف الأسفار المقدسة دهارما على أنها «القوانين الطبيعية العامة التي تمكّن مراعاتُها الإنسانَ من وقاية نفسه من التردي والمعاناة.»

١٥ متى ٧:٢١.

وحسب، بل للعالم بأسره ولكل البلدان والأجناس.»

وفي آخر أمسية لي في وردها تحدثت في الاجتماع الذي دعا إليه المستر ديزاي في دار البلدية. وقد اكتظت الحجرة حتى حافات النوافذ بنحو أربعمائة شخص اجتمعوا للاستماع للحديث عن اليوغا. تحدثت أولاً بالهندية ثم بالإنكليزية، وقد عادت مجموعتنا إلى الصومعة في الوقت المناسب للتمتع برؤية غاندي عند المساء وهو مستغرق في السلام والمراسلات.

كان الليل على وشك التلاشي عندما استيقظت في الخامسة صباحاً، وكان نبض الحياة قد دبّ فعلاً في القرية؛ فهنا عربة يجرّها ثور بالقرب من أبواب الصومعة، ثم قروي بحمله الضخم المتوازن بشكل غير مستقر فوق رأسه. وبعد الإفطار قصدنا ثلاثتنا غاندي لكي نودعه، فالقديس يستيقظ في الرابعة لرفع صلاة الصباح.

ركعت لألمس قدميه وقلت: «وداعاً يا مهاتماجي. إن الهند آمنة في رعايتك!»

انقضت أعوام منذ زيارة واردها الرائعة وأصبحت الأرض والمحيطات والفضاء قاتمة بسبب عالم في حالة حرب. ومن بين زعماء العالم العظام قدّم غاندي اللاعنف كبديل عملي عن القوة المسلحة. فلرفع المظالم والتخلص من الظلم استخدم المهاتما طرقاً غير عنيفة أثبتت فعاليتها المرة بعد الأخرى، وقد عرّف مبدأه بهذه الكلمات:

> لقد وجدت أن الحياة تستمر وسط التدمير والخراب. فلا بد من وجود قانون فوق الخراب والدمار. وفقط في ظل ذلك القانون يمكن للمجتمعات المنظمة أن [تزدهر] وتصبح الحياة جديرة بالعيش.
>
> وإن كان هذا القانون هو قانون الحياة فمن واجبنا أن نطبقه في حياتنا اليومية. فحيثما وُجدت حروب، وكلما واجهنا خصمٌ، فيجب أن ننتصر بالمحبة. ولقد تبين لي أن قانون المحبة المؤكَّد أعطى الأجوبة في حياتي في حين لم يعطِ قانون التدمير أي جواب.
>
> ولقد ظهرت للعيان آثار هذا القانون في الهند على أوسع نطاق. ولا أدعي أن اللاعنف في الهند قد وجد طريقه إلى الثلاثمائة والستين مليوناً، لكنني أؤكد أنه بلغ عمقاً لم تبلغه أية عقيدة أخرى في فترة زمنية قصيرة للغاية.
>
> والاستعداد النفسي لقبول عدم العنف والعمل به يستلزم منهجاً تدريبياً شاقاً إلى حد ما لبلوغ حالة نفسية متقبلة لفكرة اللاعنف. فعدم العنف يقوم على حياة منضبطة تماما كحياة الجندي، ويمكن بلوغ تلك الحالة الكاملة عندما يكون هناك تنسيق سليم بين العقل والجسم والكلام. ولا بد أن كل مشكلة ستجد لها

حلّاً إن صمّمنا على جعل قانون الحق واللاعنف قانوناً للحياة.

إن مسار الأحداث السياسية في العالم المحفوف بالقلق والاحباط ينبئ بما لا يتطرق إليه الشك عن أن البشر يهلكون بدون بصيرة روحية. فالعلم، إن لم يكن الدين، قد أيقظ في البشر شعوراً قاتماً من عدم الطمأنينة والطبيعة الواهية لكل الأشياء المادية. فإلى أين يمكن للإنسان أن يذهب الآن إن لم يكن إلى مصدره وأصله الإلهي، إلى الروح في داخله؟

ونحن إن قرأنا التاريخ يمكننا الاستنتاج على نحو معقول أن مشاكل الإنسانية لم يتم حلها عن طريق استخدام القوة الغاشمة. فالحرب العالمية الأولى أحدثت على الأرض كرة ثلجية ضخمة من الكارما أدت إلى الحرب العالمية الثانية. ولا شيء سوى الدفء الأخوي قادر على إذابة كرة الثلج الهائلة للكارما الدموية الحالية، والتي بخلاف ذلك ستتضخم وتتحول إلى حرب عالمية ثالثة: ثالوث القرن العشرين الدنس. إن استبدال العقل بمنطق الغاب في تسوية الخلافات سيعيد الأرض إلى غابة. وإن لم يعش البشر كأخوة في الحياة سيصبحون أخوة في الموت العنيف. وليس من أجل هذا الخزي والعار سمح الله بمحبة للإنسان باكتشاف طريقة إطلاق القوى الذرية!

الحرب والجريمة لا يجديان نفعاً. ومليارات الدولارات التي تحولت إلى دخان بفعل التفجيرات التي لا معنى لها كانت كافية لخلق عالم جديد متحرر تقريباً من المرض ومتحرر كليا من الفقر. لا يحتاج الإنسان إلى أرض تعج بالمخاوف والمجاعات والاضطرابات والأوبئة ورقصة الموت المروعة، بل إلى أرض يعم أرجاءها السلام والرخاء والمعرفة المتنامية.

إن صوت غاندي اللاعنفي يناشد الضمير الإنساني الأسمى. فلتتحالف الأمم بعد الآن ليس مع الموت بل مع الحياة. ليس مع التدمير بل مع التعمير. وليس مع الكراهية بل مع معجزات المحبة الخلاقة.

تقول المهابهاراتا: «ينبغي أن يصفح الإنسان مهما كانت الإساءة. فقد قيل إن استمرارية الأنواع هي نتيجة لصفح الإنسان. فالصفح قداسة والصفح يحتفظ بالكون متماسكاً. والصفح هو قوة القوي، والصفح تضحية وسلام للعقل. والصفح والطيبة هما مِن مزايا مَن يمتلك نفسه، ويمثلان الفضيلة الأبدية.»

اللاعنف هو النتيجة الطبيعية لقانون التسامح والمحبة. وقد أعلن غاندي: «إن كان لا بد من فقدان الحياة في معركة عادلة، فمن واجب المرء أن يكون

مستعداً كالسيد المسيح لأن يريق دمه هو لا دماء غيره، وبذلك يقلّ الدم المُراق في العالم.»

الملاحم البطولية ستُكتب يوماً ما عن الستياغراهيين الهنود الذين قابلوا الكراهية بالمحبة والعنف باللاعنف، والذين سمحوا لأنفسهم بأن يُقتلوا بلا رحمة، مفضلين الموت على حمل السلاح. وفي بعض الحالات الموثقة كانت النتيجة أن خصومهم ألقوا أسلحتهم وفرّوا خجلاً وقد اهتزوا حتى أعماقهم لرؤية رجال قدّروا حياة الآخرين فوق حياتهم. يقول غاندي:

«سأنتظر أجيالاً إذا اقتضى الأمر، مفضلاً الانتظار على التماس الحرية لبلادي من خلال الوسائل الدموية. فالإنجيل يحذرنا أن 'الذين يأخذون السيف بالسيف يهلكون.'»[16] وقد كتب المهاتما:

> إنني أعتبر نفسي وطنياً، لكن وطنيتي واسعة مثل الكون، فهي تشمل كل البلدان على وجه الأرض[17] مثلما تشمل رفاهية وازدهار العالم بأسره. إنني لا أريد أن ترتفع الهند على رماد الدول الأخرى، ولا أن تستغل إنساناً واحداً. بل أرغب في أن تكون الهند قوية كي تُعدي بقوتها البلدان الأخرى أيضاً. والأمر ليس كذلك اليوم بالنسبة لأي دولة واحدة من دول أوروبا التي لا تفسح المجال للدول الأخرى بأن تصبح قوية.
>
> لقد ذكر الرئيس ولسون نقاطه الأربعة عشر الحسنة، لكنه قال: «فإن فشل مسعانا هذا في تحقيق السلام بعد كل ذلك، فيمكننا عندئذ اللجوء إلى استخدام سلاحنا.» لكنني أرغب في أن أعكس هذه الموقف بالقول: «بما أن أسلحتنا قد فشلت بالفعل فلنبحث الآن عن بديل جديد. دعنا نجرّب قوة المحبة وقوة الله الذي هو الحق.» فعندما نفعل ذلك لن نحتاج لشيء آخر.

وبتدريب المهاتما لآلاف الستياغراهيين الحقيقيين، (الذين قطعوا على أنفسهم النذور الأحد عشر الصارمة الواردة في مطلع هذا الفصل)، يقوم هؤلاء بدورهم بنشر الرسالة عن طريق تعليم الجماهير الهندية بصبر كي يدركوا المنافعَ الروحية، وبالتالي المادية للّاعنف. وبتسليح شعبه بأسلحة اللاعنف – عدم التعاون مع الظلم والاستعداد لتحمل الإهانة والسجن والموت

١٦ متى ٢٦:٥٢. وهذه فقرة من الفقرات العديدة في الكتاب المقدس التي تشير إلى عودة الإنسان إلى التجسد (راجع الصفحة ٢١٧ حاشية.) هناك الكثير من تعقيدات الحياة التي يتعذر تفسيرها بدون فهمٍ لقانون العدل الكارمي.

١٧ «دع الإنسان لا يفتخر بمحبته لبلده، بل دعه بالأحرى يفتخر بمحبته للجنس البشري الذي ينتمي إليه.» – مثل فارسي

ذاته بدلاً من اللجوء إلى السلاح؛ وباستقطاب تعاطف العالم من خلال نماذج البطولة التي لا تحصى المتمثلة في الاستشهاد بين الساتياغر اهيين، فقد حدد غاندي بكيفية مؤثرة الطبيعة العملية لعدم العنف وقدرته على تسوية الخلافات دون اللجوء إلى الحرب.

**خط المهاتما غاندي بالهندية**

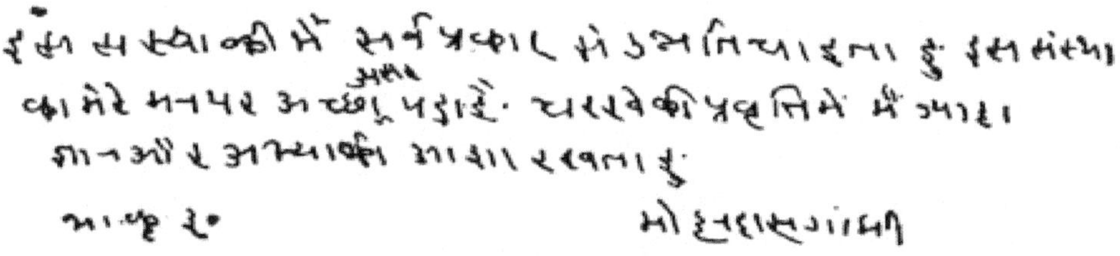

لقد قام المهاتما غاندي بزيارة لمدرستي الثانوية يوغودا ساتسانغا براهماتشاريا فيديالايا لتدريب اليوغا في رانشي، وتكرم بتدوين السطور أعلاه في سجل زوار المدرسة. وترجمتها هي:

«لقد ترك هذا المعهد أثراً عميقاً في نفسي، وكلي أمل في أن تشجع هذه المدرسة استخدام المغزل على نحو متزايد.»

١٧ سبتمبر/أيلول ١٩٢٥ [التوقيع] موهنداس غاندي

من خلال اللاعنف، حقق غاندي بالفعل لبلاده مكاسب سياسية كبيرة تفوق ما حققه أي قائد آخر لأي بلد آخر، باستثناء عن طريق إطلاق النار. فوسائل اللاعنف من أجل استئصال كل الأخطاء والشرور تم تطبيقها بكيفية مذهلة، ليس على الساحة السياسية وحسب، بل في المجال الأكثر دقة وتعقيداً للإصلاح الاجتماعي في الهند. لقد تخلص غاندي وأتباعه من الكثير من العداوات القديمة بين الهندوس والمسلمين، وأصبح مئات الألوف من المسلمين ينظرون إلى المهاتما كقائد لهم، ووجد فيه المنبوذون بطلهم المنتصر الذي لا يعرف الخوف. وقد دوّن غاندي العبارة التالية: «إن كانت هناك ولادة ثانية لي فأتمنى أن أولد منبوذاً بين المنبوذين لأنني بذلك سأكون قادراً على تقديم خدمة لهم بفعالية أكبر.»

المهاتما هو بالفعل «نفس عظيمة»، وملايين الأميين هم الذين أطلقوا عليه هذا اللقب. ولهذا الرسول الوديع كرامة في وطنه إذ استطاع الفلاح البسيط أن ينهض لمواجهة التحديات الكبيرة من خلال نموذج غاندي. والمهاتما يؤمن

من كل قلبه بالسمو الفطري للإنسان. والاخفاقات الحتمية لم تخيبه أو توهن عزيمته أبداً. وفي هذا الصدد يقول: «إذا تعرض الساتياغراهي عشرين مرة للغدر من الخصم سيظل مع ذلك على استعداد لأن يثق به في المرة الحادية والعشرين، لأن الثقة الضمنية بالطبيعة البشرية هي جوهر العقيدة.»[١٨]

وذات مرة وجه أحد الناقدين إلى غاندي الملاحظة التالية: «مهاتماجي، إنك شخص استثنائي، ولا ينبغي لك أن تتوقع من العالم أن يقوم بما تقوم به.»

فأجابه غاندي: «عجيب كيف أننا نخادع أنفسنا! نتصور أن بإمكاننا تحسين الجسم، ولكن من الصعب علينا استنهاض القوى الروحية التي في داخلنا! وما أحاول القيام به هو أن أبيّن أنه إن كنت أمتلك أياً من تلك القوى فإنني إنسان ضعيف كأي واحد منا. فأنا ليس لدي ما هو استثنائي من قبل أو حتى الآن. أنا مجرد شخص بسيط عرضة للخطأ كأي إنسان آخر، لكن لدي من التواضع ما يكفي للاعتراف بخطأي والعودة إلى الصواب، ولدي ثقة مطلقة بالله وبكرمه، مثلما لدي إيمان لا يتزعزع بالله وصلاحه وانعطاف قوي نحو الحق والمحبة لا يقف عند حد. ولكن أليس هذا موجوداً في نفس كل شخص؟» ثم استطرد قائلا: «إذا استطعنا القيام باكتشافات واختراعات جديدة في العالم الخارجي فهل يتعين علينا إعلان عجزنا وإفلاسنا في المجال الروحي؟ وهل من المستحيل مضاعفة الاستثناءات حتى نجعلها قاعدة؟ وهل يحتم على الإنسان أن يكون وحشاً أولاً ثم إنساناً بعد ذلك، فيما إن أصبح على

١٨ «حينئذ تقدم إليه بطرس وقال له: يا رب، كم مرة يخطئ إليّ أخي وأنا أغفر له؟ هل إلى سبع مرات؟ فقال له يسوع: لا أقول لك إلى سبع مرات، بل إلى سبعين مرة سبع مرات. – متى ١٨:٢١–٢٢. لقد صليت بحرارة كي أفهم هذه النصيحة القاطعة وقلت محتجاً: «هل هذا ممكن يا رب؟» وأخيراً عندما أجابني الصوت الإلهي بالقول: «كم من المرات أصفح عن كل واحد منكم يومياً أيها الإنسان» أحسست بأن الإجابة جلبت معها فيضاً من النور يبعث على التواضع.

الإطلاق؟»[١٩]

لربما يتذكر الأمريكيون بفخر تجربة وليم بن William Penn الناجحة في مجال اللاعنف عندما أنشأ مستوطنته في القرن السابع عشر في بنسلفانيا، حيث «لم تكن هناك حصون أو جنود أو ميليشيا، ولا حتى أسلحة.» ووسط الحروب الحدودية الوحشية والمجازر التي حدثت بين المستوطنين الجدد والهنود الحمر، نجت جماعة الكويكرز وحدها من الأذى في بنسلفانيا. «لقد تعرّض الآخرون للذبح والتقتيل، في حين ظل الكويكرز آمنين، إذ لم يحدث اعتداء على أي امرأة من الكوكيرز، ولم يُقتل طفل من الكويكرز، ولم يتعرض أي رجل من الكويكرز للتعذيب.» أخيراً عندما أُرغم الكويكرز على التخلي عن حكم الولاية اندلعت الحرب وقتل بعض سكان بنسلفانيا، ولكن لم يُقتل سوى ثلاثة فقط من الكويكرز: نفس الثلاثة الذين فقدوا إيمانهم فحملوا أسلحة للدفاع.»

لقد أشار الرئيس فرانكلين دي. روزفلت بالقول: «إن اللجوء إلى القوة في الحرب العالمية (الأولى) لم يأتِ بالسلام، فالنصر والهزيمة كانا عقيمين على حد سواء، وكان يتوجب على العالم فهم ذلك الدرس.»

وكان لاو- تزو يعلّم: «مع ازدياد أسلحة العنف يزداد شقاء البشرية. فانتصار العنف ينتهي باحتفال من النواح والعويل.»

لقد أعلن غاندي: «إنني أكافح لا لشيء أقل من السلام العالمي. فإن نجحت الحركة الهندية على أساس الساتياغراها غير العنيفة فستمنح معنىً جديداً للوطنية وللحياة نفسها، إن جاز لي أن أقول ذلك بتواضع تام.»

وقبل أن يرفض الغرب برنامج غاندي على أنه سياسة غير عملية

١٩ ذات مرة سأل مستر روجر دبليو. بابسون المهندس الكهربائي العظيم تشارلز بي. ستاينمتز: «أي نوع من البحث سيشهد أعظم تقدم على مدى الخمسين سنة القادمة؟» فأجابه: «أعتقد أن أعظم اكتشاف سيكون في المجالات الروحية. ويخبرنا التاريخ بوضوح أن لدينا قوة كانت القوة الأعظم في تطور الإنسان. ومع ذلك فلم نأخذها بجدية ولم ندرسها دراسة مستوفية مثلما درسنا القوى الطبيعية. إنما سيأتي اليوم الذي يدرك فيه الناس أن الأشياء المادية لا تجلب السعادة، وهي قليلة الفائدة في جعل الرجال والنساء مبدعين وأقوياء. عندئذ سيوجّه علماء العالم بحوثهم وتجاربهم نحو دراسة الله والصلاة والقوى الروحية التي بالكاد تم تمحيصها ومعرفة ماهيتها لغاية الآن. وعندما يأتي ذلك اليوم سيشهد العالم في جيل واحد تقدماً يفوق ما شهده في الأجيال الأربعة السابقة.»

لشخص حالم، دعه يفكر أولاً بتعريف الساتياغراها (عدم العنف) الذي قدّمه معلم الجّليل [السيد المسيح]، عندما قال: «سمعتم أنه قيل: عين بعين وسن بسن. أما أنا فأقول لكم: لا تقاوموا الشر [بالشر]. بل من لطمك على خدك الأيمن فحول له الآخر أيضاً.»[٢٠]

لقد اتصل عصر غاندي – بفعل التوقيت الكوني الرائع – بقرن دمّرته حربان عالميتان وجعلته موحشاً مقفرا. وعلى الجدار الصواني لحياة غاندي تظهر كتابة مقدسة تقول: حذارِ من إراقة المزيد من الدماء بين الأخوة.

٢٠ متى ٥:٣٨–٣٩.

## في ذكرى المهاتما غاندي

«لقد كان أباً للأمة بالمعنى الدقيق للكلمة، وقد اغتاله رجل معتوه. والملايين الكثيرة تعلن الحداد لأن النور قد انطفأ... فالنور الذي سطع في أرجاء البلاد لم يكن نوراً عادياً، وسيظل لألف عام بادياً للعيان في هذه البلاد وسيراه العالم.» تلك كانت الكلمات التي نطقها رئيس وزراء الهند جواهر لال نهرو فور اغتيال المهاتما غاندي في نيو دلهي في ٣٠ يناير/ كانون الثاني ١٩٤٨.

وقبل ذلك بخمسة شهور حصلت الهند على استقلالها بالطرق السلمية، وكان قد اكتمل عمل غاندي البالغ من العمر ٧٨ عاماً. لقد شعر بأن ساعته قد اقتربت عندما قال لحفيدته في صباح يوم الفاجعة: «احضري لي يا أبها كل الأوراق الهامة إذ ينبغي أن أجيب عليها اليوم، لأن الغد قد لا يأتي أبداً.» وفي فقرات عديدة من كتاباته أعطى غاندي تلميحات حول مصيره النهائي.

وبينما كان المهاتما المحتضر يسقط ببطء إلى الأرض بفعل رصاصات ثلاث اخترقت جسده الضعيف والمتهالك، رفع يديه في الإيماءة الهندية التقليدية للتحية، مانحاً صفحه بسكون. وغاندي الذي كان فناناً بريئاً طوال حياته أصبح فناناً فائقاً في لحظة وفاته. إن كل تضحيات حياته الإيثارية جعلت تلك الإيماءة الختامية المشبعة بالمحبة ممكنة.

وفي كلمة تأبينية للمهاتما كتب ألبرت أينشتاين: «لن تصدق الأجيال القادمة أن إنساناً من لحم ودم، كهذا الإنسان، سار في أي وقت على هذه الأرض.» كما ورد في رسالة من الفاتيكان: «لقد تسبب الاغتيال بحزن كبير هنا، ويعز علينا رحيل غاندي بصفته رسولاً للفضائل المسيحية.»

إن حيوات جميع العظماء الذين يأتون إلى الأرض للقيام بمآثر طيبة محددة هي مليئة بالمعاني الرمزية. وموت غاندي المأساوي في سبيل وحدة الهند أبرزَ رسالته إلى عالم ممزق بالانقسام في كل قارة من قاراته. وقد لخص رسالته تلك بالكلمات التنبؤية التالية:

«لقد أتى اللاعنف إلى الناس وسوف يحيا بينهم، لأنه رائد السلام في العالم.»

الفصل ٤٥

# الأم البنغالية المنتشية بالفرح الإلهي

نظرتْ إليَّ ابنة أختي أميو بوز وقالت بحماس: «سيدي، أرجو ألّا تغادر الهند قبل أن ترى نيرمالا ديفي ذات القداسة الفائقة والمعروفة في كل مكان باسم آنندا مايي ما (الأم المنتشية بالفرح الإلهي).»

أجبتها: «بكل تأكيد! فأنا أود كثيراً رؤية القديسة التي قرأت عن حالتها المتقدمة في معرفة الله، ومنذ سنين نُشر مقال صغير عنها في مجلة *East-West*.»

واستطردت أميو قائلة: «لقد قابلتها مؤخراً أثناء زيارتها لمدينتنا الصغيرة جمشيد بور. واستجابة لتوسلات أحد التلاميذ ذهبت الأم إلى منزل شخص محتضر ووقفت بجانب سريره. وما أن لمست جبينه بيدها حتى توقفت حشرجة الموت وزال المرض. ولسعادته ودهشته تماثل على الفور للشفاء.»

بعد بضعة أيام علمت أن الأم المباركة كانت تقيم في منزل أحد تلاميذها في حي بهوانيبور بكلكتا، فانطلقت فوراً مع المستر رايت من بيت أبي في كلكتا. ومع اقتراب السيارة الفورد من المنزل في بهاوانيبور رأينا في الطريق مشهداً غير اعتيادي.

كانت آنندا مايي ما تقف في سيارة مكشوفة وتبارك حشداً من مائة تلميذ تقريباً. وقد بدا أنها كانت تهم بالمغادرة عندما أوقف المستر رايت الفورد على بعد خطوات منها، وسار معي إلى حيث التجمع الهادئ، ونظرت القديسة في اتجاهنا ثم نزلت من سيارتها واتجهت نحونا، وخاطبتني قائلة:

«لقد أتيتَ يا أبي!» وبهذه الكلمات المتحمسة (بالبنغالية) وضعت ذراعها حول عنقي ورأسها على كتفي. وقد استمتع المستر رايت للغاية بهذا المشهد الاستثنائي من الترحيب لا سيما وأنني كنت قد أخبرته بأنني لم أعرف القديسة من قبل، في حين راح المائة تلميذ ينظرون ببعض الدهشة إلى هذا المنظر الودي.

ولاحظت على الفور أن القديسة كانت في حالة رفيعة من الوعي السامي

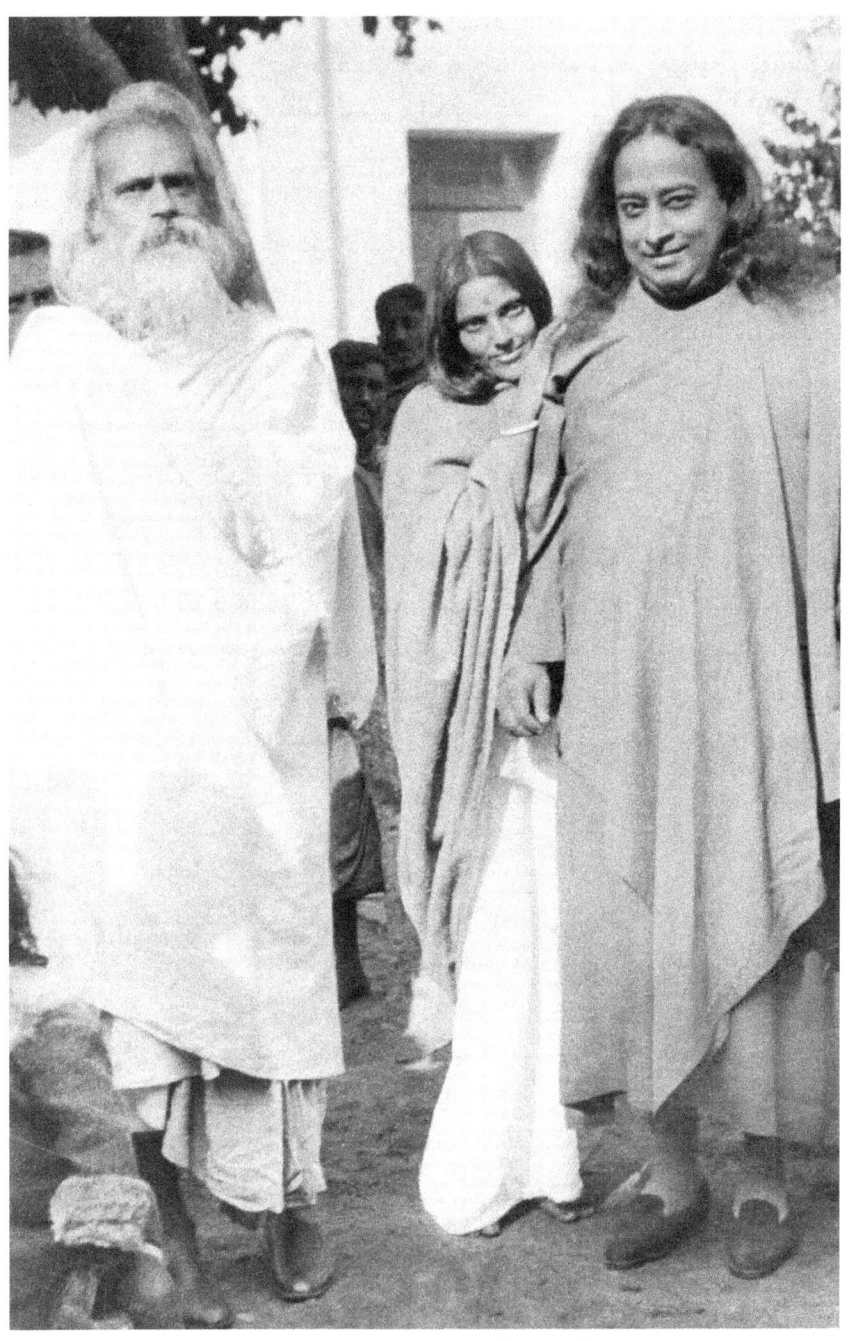

شري يوغانندا مع آنندا مايي ما وزوجها بهولانات، كلكتا

سماذهي، غافلة بالمرة عن كيانها الخارجي كامرأة، وعلى دراية بأنها النفس التي لا تتغير أبداً. ومن ذلك المستوى كانت تُحيي بسرور متعبداً آخر لله. ثم أمسكت بيدي وأخذتني إلى عربتها، فقلت محتجاً: «آننداً مايي ما، إنني أؤخر سفرك.»

فأجابتني: «يا أبي، إنني ألتقي بك لأول مرة في هذه الحياة[1] بعد أجيال! أرجوك ألا تغادر الآن.»

جلسنا معاً في المقعدين الخلفيين للسيارة، وبسرعة دخلت الأم المغتبطة حالة النشوة الروحية الساكنة، وشخصت عيناها الجميلتان نصف المغلقتين نحو السماء ثم أصبحتا هادئتين وهي تنظر إلى الفردوس الباطني القريب البعيد، في حين كان التلاميذ ينشدون بهدوء: «النصر للأم الالهية!»

لقد وجدت في الهند العديد من الرجال العارفين بالله، غير أنني لم ألتقِ من قبل بمثل هذه القديسة المجيدة. فوجهها اللطيف الذي تجلّى فيه الفرح الرباني الذي لا يمكن التعبير عنه بالكلام قد أكسبها لقب الأم المغتبطة. وكانت جدائل شعرها الأسود الطويل منسدلة خلف رأسها غير المغطى. وقد ظهرت نقطة حمراء من معجون خشب الصندل على جبينها رمزاً للعين الروحية المفتوحة دوماً في داخلها، وبدا وجهها الدقيق ويداها وقدماها الصغيرتان على نقيض عظمتها الروحية!

وفي حين كانت آننداً مايي ما لا تزال مستغرقة في نشوة الروح طرحتُ بعض الأسئلة على تلميذة قريبة فأجابتني:

«الأم المغتبطة كثيرة الأسفار والتنقلات في الهند. ولها مئات التلاميذ في مناطق متعددة، وقد اسفرت جهودها الجريئة عن الكثير من الإصلاحات الاجتماعية المرغوب فيها. ومع أن القديسة برهمية المولد لكنها لا تعترف بالفوارق الطبقية. وأثناء تنقلاتها ترافقها دوماً مجموعة منا للحرص على راحتها، إذ علينا أن نعتني بها لأنها ليست على دراية بجسمها. فإذا لم يتم تقديم الطعام لها لن تأكل ولن تطلب طعاماً. وحتى عندما توضع أمامها وجبات الطعام لا تلمسها، فنطعمها بأيدينا للحيلولة دون مغادرتها هذا العالم. وغالباً ما تبقى لعدة أيام في نشوة قدسية متواصلة بالكاد تتنفس خلالها، ودون أن ترمش جفونها. وزوجها هو أحد تلاميذها الرئيسيين، وقد نذر الصمت منذ سنوات

١ ولدت آننداً مايي ما سنة ١٨٩٦ في قرية كهيورا من مقاطعة تريبورا شرق البنغال.

طويلة، بُعيد زواجهما بفترة قصيرة.»

ثم أشارت التلميذة إلى رجل عريض الكتفين، حسن المظهر، شعره مسترسل ولحيته بيضاء، كان يقف بصمت بين الجمع ويثني كفيه بخشوع كأحد التلاميذ.

وإذ انتعشتْ بغطسةٍ في بحر الروح الكوني راحت آنندا مايي ما تركّز الآن وعيها على العالم المادي. وسألتني بصوت واضح ورخيم قائلة: «أرجو أن تخبرني يا أبي أين تقيم.»

فأجبتها: «في الوقت الحالي في كلكتا أو رانشي، لكنني سأعود قريباً إلى أمريكا.»

فقالت: «أمريكا؟»

قلت: «نعم. إن قديسة هندية ستلقى تقديراً كبيراً من الباحثين الروحيين، فهل ترغبين في الذهاب إلى أمريكا؟»

أجابت: «إن استطاع أبي أن يأخذني، سأذهب.»

لكن هذا الجواب اضطربتْ له نفوس تلاميذها القريبين، فقال لي أحدهم بتأكيد لا لبس فيه:

«إن عشرين أو أكثر منا نتنقل دوماً مع الأم المغبوطة، إذ لا يمكننا العيش بدونها، وأينما تذهب نذهب معها.»

وصرفت الفكرة على مضض كونها غير عملية من حيث هذه الزيادة التلقائية في عدد المرافقين.

فقلت وأنا أودع القديسة: «أرجو أن تأتي على الأقل إلى رانشي مع تلاميذك. وبصفتك طفلة مقدسة ستفرحين برؤية الصغار في مدرستي.»

أجابت: «سأذهب بسرور إلى حيثما يأخذني أبي.»

بعد ذلك بفترة قصيرة كانت مدرسة رانشي فيديالايا تعيش جواً احتفالياً استعداداً للزيارة التي وعدت القديسة بالقيام بها. وكان الصغار يتشوقون لأي يوم من أيام الأعياد والاحتفالات، حيث لا يوجد دروس، إنما ساعات من الموسيقى تتوجها وليمة فيها ما لذ وطاب.

وما أن دخل فريق القديسة بوابة المدرسة حتى راح التلاميذ يرشونه بالورود الصفراء ويهتفون بأعلى أصواتهم: «النصر للأم آنندا مايي ما. يا أهلا ومرحبا!» وسط رنين الصنوج وصوت الأبواق وقرع طبلة المريدانغا! بعدها تجولت الأم المغتبطة وهي تبتسم في باحة مدرسة فيديالايا المشمسة،

برمهنسا يوغانندا مع مجموعة مرافقة له في مدينة أغرا لزيارة التاج محل «الحلم المجسّد في الرخام» ١٩٣٦

حاملة الفردوس المتنقل في قلبها على الدوام.

وبينما كنت أسير معها إلى المبنى الرئيسي قالت بلطف: «ما أجمل هذا المكان!» وجلست بالقرب مني وهي تبتسم كالطفل الصغير. ومع أنها أقرب وأعز الأصدقاء، لكنها تجعل الشخص يشعر بأن هالة من البعد تحيط بها على الدوام – هالة الحضور الكلي القريب البعيد.

قلت لها: «بالله عليكِ أن تخبريني عن بعض أحداث حياتك.»

فأجابت: «إن أبي يعرف كل شيء عنها، فلِمَ التكرار؟» وعلى ما يبدو أنها كانت تشعر بأن الوقائع التاريخية لتجسد واحد قصير لا تستحق الذكر.

ضحكت وكررت طلبي بلطف. فبسطت يديها الجميلتين في إيماءة تنم عن الاعتذار وقالت:

«يا أبي، ليس هناك ما أقوله سوى القليل. فوعيي لم يرتبط ارتباطاً تاماً مع هذا الجسم المؤقت. فقبل مجيئي إلى هذا العالم[٢]، يا أبي 'كنت أنا ذاتي.'

٢ لا تشير آنندا مايي ما لذاتها بـ (أنا) بل تستعمل كلمات وعبارات متواضعة ذات مدلولات

وعندما كنت فتاة صغيرة 'كنت أنا ذاتي.' وعندما بلغت مرحلة النضج 'كنت أنا ذاتي.' وحينما قررت الأسرة التي ولدت فيها تزويج هذا الجسم 'كنت أنا ذاتي.' وفي هذه اللحظة أقولها أمامك يا أبي، 'أنا ذاتي لم أتغير.' ومهما تغير العالم من حولي، الآن أو طوال الأبد سأكون 'أنا ذاتي على الدوام.'

واستغرقت آننداً مايي ما في حالة تأملية عميقة وأصبح شكلها كتمثال جامد. لقد انطلقت إلى مملكتها التي تناديها على الدوام، فنضب ماء عينيها السوداوين وخبا بريقهما كما لو أن الحياة قد فارقتهما. وهذا المظهر الجسدي يبدو غالبا عندما يقوم القديسون بفصل وعيهم عن الجسد المادي الذي يصبح عندئذٍ مثل جثة هامدة لا حياة فيها. وقد جلسنا معاً لمدة ساعة في بهجة روحية غامرة، ثم عادت إلى هذا العالم بضحكة قصيرة مفعمة بالسرور، فقلت لها:

«أرجو يا آننداً مايي ما أن تأتي معي إلى الحديقة حيث سيقوم المستر رايت بالتقاط بعض الصور.»

فأجابت: «بالتأكيد يا أبي، فإرادتك هي إرادتي.» وقد احتفظت عيناها الفائقتا الجمال ببريق مقدس وهي تتأهب لالتقاط العديد من الصور.

وحان وقت الوليمة! فجلست آننداً مايي ما القرفصاء على مقعدها الذي كان عبارة عن بطانية، وجلست بجانبها تلميذة لإطعامها. وكطفل كانت القديسة تتناول عن طيب خاطر الطعام الذي تضعه التلميذة بالقرب من شفتيها. وكان من الواضح أن الأم المغتبطة لا تميّز بين الطعام المبهّر بالكاري وبين الحلوى!

وعند الغروب غادرت القديسة مع مجموعتها وسط أوراق الورد المنثورة، وقد لوّحت بيديها مباركةً الصغار الذين أشرقت وجوههم بالمحبة التي أيقظتها فيهم دون عناء.

لقد أعلن السيد المسيح: «تحب الرب إلهك من كل قلبك، ومن كل نفسك، ومن كل فكرك، ومن كل قدرتك، هذه هي الوصية الأولى.»[٣]

وإذ تخلت آننداً مايي ما عن كل ارتباط ثانوي فإنها تقدم ولاءها الأوحد للرب. وهذه القديسة البريئة براءة الأطفال لم تعتمد حذلقة العلماء، بل الإيمان

مثل «هذا الجسد» أو «هذه الفتاة الصغيرة» أو «ابنتك»، ولا تشير إلى أي شخص بأنه «تلميذ» لها. وبحكمة مجردة تمنح كل الناس الحب الإلهي للأم الكونية.

٣ مرقس ١٢:٣٠.

وحده في حل المشكلة الوحيدة في حياة البشر: بلوغ الوحدة مع الله.

لقد أغفل الإنسان هذه البساطة الكلية التي طغت عليها ملايين المسائل الأخرى. وإذ ترفض الأمم تقديم الحب التوحيدي لله، فإنها تموّه عدم وفائها بتقديم إجلال عظيم للمظاهر الخارجية لمعابد الإحسان والأعمال الخيرية. صحيح أن هذه اللفتات الإنسانية هي بارّة لأنها تبعد انتباه الإنسان عن نفسه لبرهة قصيرة، لكنها لا تعفيه من مسؤوليته الرئيسية في الحياة التي أشار إليها السيد المسيح في «وصيته الأولى.» والالتزام بحب الله، الذي بواسطته يسمو الإنسان، هو واجب عليه منذ أول تنفس له للهواء الذي يحصل عليه مجاناً من المانح الأوحد للنعم والخيرات.[٤]

وفي مناسبة واحدة أخرى بعد زيارتها لمدرسة رانشي أتيحت لي الفرصة لرؤية آنندا مايي ما. فبعد شهور من تلك الزيارة كانت تقف مع مجموعة [من تلاميذها] على رصيف محطة سيرامبور بانتظار القطار. وقد أخبرتني بالقول:

«إنني ذاهبة يا أبي إلى الهملايا، حيث بنى لنا بعض الطيبين صومعة في ديهرادن.»

وحينما صعدت إلى القطار عجبت لأن أراها لا تبتعد بنظرها عن الله أبداً، سواء كانت وسط الحشد، أو في القطار، أو أثناء تناولها الطعام، أو الجلوس بصمت وهدوء. ولا زلت أسمع صوتها بعذوبته اللامتناهية يتردد صداه في داخلي:

«ها أنا الآن واحدة مع الله الأزلي الأبدي دائماً وأبداً. 'إنني أنا ذاتي على الدوام.'»

٤ «كثيرون يشعرون برغبة ملحّة لخلق عالم جديد وأفضل، ولكن بدلاً من السماح لأفكارك بالتركيز على تلك الأمور يجب أن تفكر بالله، إذ بالتأمل فيه يوجد أمل بالسلام التام. وواجب الإنسان أن يسعى لمعرفة الله أو الحق.» – آنندا مايي ما.

الفصل ٤٦

# المرأة اليوغية التي لا تأكل أبداً

«سيدي، إلى أين سنذهب هذا الصباح؟»

خاطبني المستر رايت بهذه الكلمات وهو يقود سيارة الفورد، وقد أبعدَ عينيه عن الطريق بما يكفي لينظر إليّ وفي عينيه ومضة تحمل تساؤلاً. فهو نادراً ما كان يعرف من يوم إلى يوم المكان التالي الذي سيكتشفه في البنغال.

فأجبته بإيمان: «بعونه تعالى نحن في طريقنا لمشاهدة ثامن عجائب الدنيا: قديسة غذاؤها الهواء الرقيق.»

فضحك المستر رايت بشغف وقال: «العجائب تتكرر – بعد تريز نيومن.» بل أنه زاد من سرعة السيارة. فتلك المفاجآت كانت بمثابة مدد جديد لدفتر يومياته الذي لم يكن دفتر يوميات سائح عادي!

استيقظنا قبل بزوغ الشمس وبعدها بقليل تركنا مدرسة رانشي خلفنا. وبالإضافة إلى سكرتيري وأنا ضمت مجموعتنا ثلاثة أصدقاء بنغاليين، فشربنا جرعات من شراب الصباح الطبيعي المتمثل في الهواء المنعش، وقاد سائقنا السيارة بحذر بين القرويين المبكرين وبين العربات البطيئة ذات العجلتين والتي تجرها ثيران محدودبة الأكتاف، ترغب في مقاسمة الطريق مع سيارة متطفلة تطلق بوق تنبيه!

وقال رفاقي: «سيدي، نود أن نعرف المزيد عن تلك القديسة الصائمة.»

فأجبتهم موضحاً: « اسمها جيري بالا. لقد سمعت عنها منذ سنوات من رجل علم محترم يدعى ستيتي لال نوندي كان غالباً ما يأتي إلى منزلنا على شارع غوربار لتدريس أخي بشنو، وقد أخبرني ستيتي بابو بما يلي:

«أعرف جيري بالا جيداً، وهي تستخدم طريقة معينة من اليوغا تمكّنها من العيش بدون طعام. وقد كنت جارها القريب في ناوابغانج بالقرب من

إيشابور[1]. وقد صممت على مراقبتها بدقة لكنني لم أجد أبداً أي دليل على أنها كانت تتناول الطعام أو الشراب. أخيراً زاد اهتمامي بها بشكل كبير فذهبت إلى مهراجا بردوان[2] وطلبت منه أن يقوم بإجراء تحقيق. وإذ أدهشته القصة دعاها إلى قصره فلبت الدعوة وقبِلت بإجراء اختبار عليها ومكثت شهرين في ركن صغير مقفل في منزله. بعد ذلك عادت إلى القصر ثانية لمدة عشرين يوماً، ثم ذهبت مرة ثالثة لخمسة عشر يوماً. وقد أخبرني المهراجا ذاته أن فحوص المراقبة الثلاثة الصارمة أقنعته بما لا يتطرق إليه الشك بحالتها وبأنها بالفعل لا تأكل ولا تشرب.»

واختتمت حديثي بالقول: «ظلت هذه القصة التي أخبرني بها ستيتي بابو ماثلة في عقلي لأكثر من خمسة وعشرين عاماً. وأثناء وجودي في أمريكا كنت أتساءل أحياناً عما إذا كان نهر الزمن سيبتلع اليوغيني[3] قبل أن أقابلها. وإن كانت لا تزال على قيد الحياة فلا بد أن تكون الآن قد تقدمت كثيراً في السن. إنني لا أعرف أين تعيش وما إذا كانت ما زالت حية ترزق. لكننا سنصل بعد ساعات قليلة إلى بوروليا حيث لشقيقها منزل هناك.»

في العاشرة والنصف كانت مجموعتنا الصغيرة تتحدث مع شقيقها لامبودار دي وهو محام من بوروليا. فقال لنا وهو ينظر بارتياب إلى سيارة الفورد:

«نعم، شقيقتي لا تزال على قيد الحياة، وفي بعض الأحيان تقيم معي هنا. أما الآن فتسكن في منزل العائلة في بيور. لكنني لا أعتقد يا سواميجي أن أية عربة اخترقت الداخل وصولاً إلى بيور. وقد يكون من الأفضل لكم لو قنعتم بركوب عربة تجرها الثيران بالرغم من خضخضتها المزعجة»

لكننا أعلنا ولاءنا وبصوت واحد لسيارة الفورد مفخرة ديترويت، وأخبرت المحامي:

«لقد أتت الفورد من أمريكا، ومن العار حرماننا من فرصة التعرف على قلب البنغال!»

١ في شمال البنغال.

٢ هو صاحب السمو الراحل السير بيجاي تشاند مهتاب. ولا بد أن أسرته ما زالت تحتفظ ببعض السجلات ذات الصلة بتحقيقات المهراجا الثلاثة عن جيري بالا.

٣ المرأة اليوغية.

وقال السيد لامبودار ضاحكاً: «فليرافقكم غانيش[4]! ثم أضاف بلطف: «إن تمكنتم من الوصول إلى هناك فأنا متأكد من أن جيري بالا ستبتهج برؤيتكم. إنها تقترب من السبعينيات من عمرها لكنها ما زالت تتمتع بصحة ممتازة.»

ونظرتُ مباشرة إلى عينيه وهما النافذتان اللتان تكشفان ما يدور في الفكر وسألته: «أرجو أن تخبرني يا سيدي إن كانت حقاً وحقيقةً لا تأكل أي شيء.»

أجابني وكانت نظرته واضحة ومحترمة: «هذا صحيح. فلأكثر من خمسين عاماً لم أرها تأكل أبداً ولو لقمة واحدة. ولو أن العالم انتهى فجأة لن أندهش بمثل رؤية شقيقتي وهي تتناول الطعام!»

فضحكنا معاً لعدم احتمالية وقوع هذين الحدثين الكونيين!

واستطرد السيد لامبودار: «لم تطلب جيري بالا خلوة يصعب الوصول إليها للقيام برياضتها اليوغية، بل عاشت معظم حياتها مع أسرتها وأصدقائها الذين اعتادوا جيداً الآن على حالتها الغريبة. وما من أحد منهم إلا وسيصاب بالذهول لو أن جيري بالا قررت فجأة أن تأكل أي شيء! شقيقتي تميل بطبيعتها للاعتزال بما يليق بأرملة هندوسية، لكن حلقتنا الصغيرة في بوروليا وبيور تدرك أنها بالفعل امرأة 'استثنائية'.»

لقد كانت صراحة الأخ واضحة فشكرناه بحرارة وانطلت مجموعتنا نحو بيور. وفي طريقنا توقفنا عند دكان لابتياع بعض الكري وأرغفة اللوتشي مما جذب بعض الصغار الذين تجمعوا حولنا ليتفرجوا على المستر رايت وهو يأكل بأصابعه على الطريقة الهندية البسيطة[5]. وقد حصّنا أنفسنا بوجبة شهية إزاء ما تبين أن مشقات لم نتوقعها ستعترض سبيلنا بعد ظهر ذلك اليوم.

انطلقنا الآن باتجاه الشرق وسط حقول الأرز التي لوّحتها حرارة الشمس مروراً بإقليم بردوان بالبنغال. تابعنا تقدمنا في طرق وعرة تغص بحشائش كثيفة. وكانت طيور المينا والبلابل ذات الرقاب المخططة تغرد في أشجار تشبه أغصانها الضخمة المظلات. وبين الحين والآخر كان صرير عربات الجر المنبعث من محورها وعجلاتها الخشبية المغلفة بالحديد، على نقيض

٤ «مزيل العقبات» إله الحظ السعيد.

٥ كان معلمي سري يوكتسوار يقول: «لقد منحنا الله ثمار الأرض الطيبة. فنحن نحب أن نرى طعامنا وأن نشمه ونتذوقه؛ والهندي يرغب أيضا أن يلمسه!» ولا مانع لدى الشخص أن يسمعه أيضا [أثناء قضمه]، ما دام لا يوجد بقربه شخص آخر عند تناول الوجبة!

حفيف إطارات السيارات فوق طرق المدن المعبدة بالإسمنت الناعم.

قلت للمستر رايت: «قف يا دِك! فشجرة المانغو تلك ذات الحمل الثقيل تدعونا إليها!» وبناء على طلبي المفاجئ تسبب توقفها المباغت بارتجاج شبيه بالاحتجاج، فهجم خمستنا كالأطفال على الأرض التي نُثرت عليها حبات المانغو التي رمتها الشجرة عند نضجها بكل سخاء. فقلت مستشهداً ببيت من الشعر مع بعض التصرف:

«كثيرة هي حبات المانغو التي تظل بعيدة عن العيون، وتهدر رحيقها الشهي فوق الأرض الصخرية.»

فضحك ساليش مزومدار أحد تلاميذي البنغاليين وقال: «لا يوجد شيء كهذا في أمريكا يا سواميجي، أليس كذلك؟»

أجبته وقد غمرني شعور بالامتلاء والرضا: «بالفعل لا يوجد، ولكم افتقدت هذه الثمار في الغرب! فجنة الهندي لا يمكن تصورها بدون مانغو.»

والتقطتُ حجراً وقذفت به حبة مانغو جميلة كانت مختبئة خلف غصن كبير فهوت إلى الأرض.

وسألت المستر رايت بين قضمات المانغو اللذيذ الذي سخنته حرارة الشمس الاستوائية:

«دِك، هل أحضرت أجهزة التصوير معك؟»

قال: « نعم يا سيدي إنها في صندوق الأمتعة.»

قلت: «إن تأكّدَ فعلاً أن جيري بالا هي قديسة حقيقية فسأنشر قصتها في الغرب، فامرأة يوغية هندية بهذه القوى الملهمة، لا ينبغي أن تعيش وتموت مجهولة كغالبية ثمار المانغو هذه.»

بعد ذلك بنصف ساعة كنت لا أزال أتجول في سلام الغابة إلى أن قال لي المستر رايت:

«سيدي، يجب أن نصل إلى جيري بالا قبل غروب الشمس حتى نحصل على ما يكفي من الضوء للتصوير.» ثم أضاف ضاحكاً: «الغربيون أناس مرتابون، ولا يمكننا أن نتوقع منهم تصديق القصة دون أية صور!»

تلك كانت نصيحة حكيمة لا تقبل الجدل، فأدرت ظهري للإغراء ودخلت السيارة مرة ثانية.

انطلقنا بسرعة فتنهدت وقلت: «أنت مصيب يا دِك، وها أنا أضحي بفردوس المانغو على مذبح الواقعية الغربية. لا بد لنا من التقاط الصور

الفوتوغرافية!»

وأصبح الطريق أكثر وعورة وظهرت فيه أخاديد وشقوق ونتوءات من الصلصال الجاف الشبيهة بعاهات الشيخوخة المحزنة! وبين الحين والآخر كانت مجموعتنا تترجل للسماح للمستر رايت بمناورة السيارة بسهولة أكبر، في حين كنا جميعاً ندفعها من الخلف.

وقال ساليش معترفاً: «لقد كان السيد لامبادور على حق، فالسيارة لا تحملنا، بل نحن من نحمل السيارة!»

وبعد الدخول المتكرر إلى السيارة والخروج منها بدت لنا قرية كان كل منظر من مناظرها يوحي ببساطة جذابة. وقد دوّن المستر رايت في يومية أسفاره بتاريخ ٥ مايو/أيار ١٩٣٦ الوصف التالي لتلك الرحلة:

«تعرّجَ طريقنا وأصبح التفافياً وسط بساتين من النخيل بين قرى قديمة ما زالت محتفظة ببساطتها الفطرية، تقبع في ظل الغابة. وكم هي رائعة تلك المجموعات من الأكواخ المصنوعة من الطين والقش وقد تزيّنت أبوابها بأحد أسماء الله. هناك العديد من الأطفال الصغار العراة يلعبون ويمرحون ببراءة، يقفون للتحديق بنا أو ينطلقون هاربين من هذه العربة الكبيرة السوداء التي لا تجرها ثيران والمندفعة بسرعة كبيرة عبر قريتهم. أما النساء فقد اكتفين بالنظر خلسة إلينا من الظلال، في حين جلس الرجال بتراخٍ وكسل تحت الأشجار على جانبي الطريق وقد بدا عليهم الفضول بالرغم من تظاهرهم بعدم الاكتراث. وفي أحد الأمكنة كان جميع القرويين يستحمون بابتهاج في الحوض الكبير (بثيابهم، بلفّ قطع قماش جافة حول أجسامهم وطرح الثياب المبللة.) وكانت بعض النسوة يحملن الماء إلى بيوتهن في جرار نحاسية ضخمة.

«ازدادت تحديات الطريق فوق المرتفعات والأخاديد، فارتددنا وهبطنا وغصنا في قنوات صغيرة والتففنا حول عبّارة غير مكتملة البناء، وانسللنا عبر مجاري أنهار رملية جافة. أخيراً وعند الخامسة مساء اقتربنا من وجهتنا بيور. فهذه القرية الصغيرة تقع داخل منطقة بانكورا المحتجبة وسط أغصان الأشجار الكثيفة. وقيل لنا إن المسافرين لا يمكنهم الوصول إليها في موسم الأمطار حيث تتحول الجداول إلى سيول جارفة وتلفظ الطرق الملتوية كالثعابين سموم الطين.

«وحينما سألنا عن دليل من بين جماعة من المتعبدين كانوا عائدين إلى

منازلهم من الصلاة في معبد (في حقل منعزل)، أحاط بنا ما يقرب من إثني عشر صبياً شبه عراة، تسلقوا جانبي السيارة متلهفين ليأخذونا إلى بيت جيري بالا.

«سرنا على الطريق نحو بستان من النخيل في وسطه مجموعة من الأكواخ المصنوعة من الطين. ولكن قبل وصولنا إليه انحرفت الفورد لحظياً عند زاوية حرجة فاندفعتْ إلى أعلى وسقطت إلى أسفل. وكان الدرب الضيق يمر حول الأشجار وخزانات المياه وفوق حواف مرتفعة وصولاً إلى حُفَر وأخاديد عميقة. ثم علقت السيارة ببعض شجيرات خفيضة وأخيراً استقرت على مرتفع مما استدعى إزاحة الكتل الترابية. تقدمنا ببطء وحذر، وبغتة اعترضت سبيلنا كتلة من الحشائش والأغصان الكثيفة وسط سكة لمرور عربات الجر مما جعلنا نغيّر الاتجاه عبر منحدر حاد إلى حوض جاف تطلّب منا القيام ببعض الجَرف والقطع والتعزيل. ومرة بعد أخرى بدا من المتعذر عبور الطريق لكن المسيرة يجب أن تواصل التقدم، وقد جلب بعض الصبية الخدومين رفوشاً وحطموا العوائق (ببركات غانيش!) في حين كان المئات من الأولاد والآباء يحدّقون.

«بعد ذلك بقليل انطلقنا بمحاذاة الأخدودين القديمين في حين كانت النسوة ينظرن إلينا بأعين واسعة من أبواب أكواخهن، والرجال يسيرون متقاطرين على الجانبين ومن خلفنا، والأطفال ينضمون للموكب فيزداد عدد السائرين فيه، ولعل سيارتنا كانت الأولى التي تسير فوق تلك الدروب، إذ لا بد أن يكون 'اتحاد عربات الجر' كلي القدرة هنا! ويا له من أثر أحدثناه كمجموعة بقيادة أمريكي في سيارة تشخر وتنخر مقتحمة حصن ضيعتهم، منتهكة خصوصيتها وقدسيتها القديمتين!

«توقفنا بجانب زقاق ضيق فوجدنا أنفسنا على بعد مائة قدم من بيت أسرة جيري بالا وأحسسنا بنشوة الإنجاز بعد سفر طويل تُوِّج بخاتمة شاقة. اقتربنا من دار كبيرة مؤلفة من طابقين من القرميد والملاط، تشمخ على أكواخ الطوب المحيطة بها. وكان المنزل قيد الترميم لأن سقالة من الخيزران الاستوائي كانت تحيط به.

«وبترقب حار وابتهاج مكتوم وقفنا أمام الأبواب المفتوحة لبيت المرأة التي بوركت بلمسة الرب التي 'لا تعرف الجوع.' وكانت دهشة القرويين متواصلة، سواء في ذلك الصغار والكبار، العراة [من الأطفال] والمكتسون.

أما النسوة فقد كنّ متحفظات بعض الشيء، إنما بفضول أيضاً. وسار الرجال والأولاد بلا خجل في أعقابنا وهم يحدّقون بهذا المشهد الذي ما سبق لهم أن رأوا مثله من قبل.

«بعد ذلك بقليل ظهر عند مدخل الباب شكل قصير - إنها جيري بالا بذاتها! وكانت متلفعة بقطعة من الحرير الذهبي الداكن. وبحسب التقاليد الهندية تقدمت بحياء وتردُّد وهي تنظر إلينا من الطية العليا لثوبها السواديشي المحلي. كانت عيناها متوهجتين كالجمر الخافت في ظل غطاء رأسها، وقد استهوانا وجهها – وجه الخير ومعرفة الذات، المتحرر من شوائب التعلقات الأرضية.

«وبوداعة اقتربت منا ووافقت بصمت على التقاطنا صوراً ساكنة ومتحركة لها[٦]. وبأناة وحياء تحملت مشقة متطلبات التصوير من حيث تسوية وضع الجلسة وتعديل الضوء. أخيراً تمكنا من أخذ العديد من الصور الفوتوغرافية للأجيال، للمرأة الوحيدة في العالم المعروفة بأنها عاشت بدون طعام أو شراب لأكثر من خمسين عاماً. (وبالطبع صامت تريز نيومن أيضا منذ العام ١٩٢٣.) كان وجه جيري بالا يطفح بحنان الأم عندما وقفت أمامنا وهي ملتحفة بشكل كامل بقطعة قماش فضفاضة غطت جسمها بحيث لم يظهر منه سوى وجهها وعينيها المخفوضتين، ويديها وقدميها الصغيرتين. كان وجهها يتألق بسلام نادر واتزان بريء، وكانت شفتها عريضة مرتعشة كشفاه الأطفال، وأنفها أنثوياً، وعيناها البراقتان ضيقتين، وفي ابتسامتها لهفة وحزن.»

شاركتُ المستر رايت انطباعه عن جيري بالا التي كانت الروحانية تغلفها كحجابها الذي ينبعث منه لمعان هادئ. وانحنت أمامي بإيماءة الترحيب التقليدية من ربة المنزل لراهب. وقد منحتنا جاذبيتها البسيطة وبسمتها الوادعة ترحيباً تفوق الخطابة المعسولة، جعلتنا ننسى مشقات السفر عبر طرق وعرة ومغبرة.

تربعت القديسة الصغيرة على الشرفة، ومع أن آثار العمر كانت بادية عليها لكنها لم تبدُ هزيلة ضامرة. خاطبتها بالبنغالية قائلا: «يا أمي، لأكثر من

٦ أخذ المستر رايت أيضاً صوراً متحركة لسري يوكتسوار أثناء احتفاله الأخير بعيد الانقلاب الشتوي في سيرامبور.

خمسة وعشرين عاماً بقيت أتطلع بشوق لهذه الزيارة! لقد سمعت عن حياتك المقدسة عن طريق ستيتي لال نندي بابو». فهزت رأسها بالموافقة وقالت: «نعم إنه جاري الطيب في ناوابغانج.»

واستطردتُ قائلاً: «خلال هذه السنوات عبرتُ المحيطات لكنني لم أنسَ نيتي في رؤيتك يوماً ما. فالدراما السامية التي تؤدينها هنا بعيداً عن الأضواء ينبغي أن يعرف بها عالم نسي منذ زمن بعيد الغذاء الإلهي الداخلي.»

رفعت القديسة عينيها لبرهة قصيرة وهي تبتسم باهتمام هادئ، وأجابت بوداعة: «البابا (الأب المحترم) سيد العارفين.»

سررت لأنها لم تنزعج، إذ من الصعب معرفة ردود أفعال اليوغيين واليوغيات إزاء ضجيج الإعلان. فهم في العادة يتحاشونه ويرغبون في أن يتابعوا بصمت بحثهم الروحي العميق. لكنهم يحصلون على التأكيد الداخلي في الوقت المناسب لعرض أحداث حياتهم على الملأ لمنفعة العقول الباحثة.

وتابعت قولي: «يا أمي، سامحيني إن أنا أثقلت عليكِ بالكثير من الأسئلة. أرجو أن تجيبي فقط على تلك التي ترتاحين لها، وإن لم تجيبي سأفهم صمتك أيضاً.»

ففتحت يديها بإيماءة ودية وقالت: «تسعدني الإجابة إن أمكن لواحدة عديمة الأهمية مثلي إعطاء أجوبة شافية.»

فاعترضتُ صادقاً: «لا، لا. لستِ عديمة الأهمية، فأنتِ نفس عظيمة.»

وأضافت بطريقة جذابة: «إنني خادمة الجميع الصغيرة. فأنا أحب الطبخ وإطعام الآخرين.»

واعتبرتُ الطبخَ هواية غريبة لقديسة لا تأكل!

قلت لها: «أريد أن أسمع من فمكِ مباشرة يا أمي. فهل تعيشين دون طعام؟»

أجابت: «هذا صحيح.»

ظلت صامتة لبعض لحظات، وقد أظهرت ملاحظتها التالية أنها كانت تعاني من صعوبة في حل مسألة حسابية ذهنية، حيث قالت: «منذ سن الثانية عشرة وأربعة شهور ولغاية الثامنة والستين وهو عمري الآن – لأكثر من ستة وخمسين عاماً– لم أتناول طعاماً أو أشرب سوائل.»

قلت: «ألا تشتهين الطعام أبداً؟»

أجابت: «لو اشتهيت الطعام لأكلت.» ويا لها من عبارة بسيطة وسديدة

يعرفها جيداً عالَم يدور حول ثلاث وجبات طعام كل يوم!»

قلت بنغمة تحمل عتاباً: «لكنكِ تأكلين شيئاً ما!»

أدركتْ بسرعة ما عنيت فتبسمت وقالت: «بالطبع!»

قلت: «إنك تحصلين على غذائك من الطاقات الشفافة الموجودة في الهواء ونور الشمس[٧]، وكذلك من القوة الكونية التي تعيد شحن جسمك عن طريق النخاع المستطيل.»

وافقت وقالت بهدوء وبساطة: «بابا يعلم.»

قلت: «يا أمي، أرجو أن تخبريني عن حياتك المبكرة فهي تحمل في تضاعيفها اهتماماً عميقاً للهند بأسرها ولإخوتنا وأخواتنا ما وراء البحار.»

هنا تخلّت جيري بالا عن تحفظها الاعتيادي وأصبحت في مزاج مريح يسمح لها بالمحادثة وقالت بصوت خفيض وثابت:

«ليكن كذلك. لقد ولدتُ في مناطق الغابات هذه ولم يكن في طفولتي من شيء غير عادي باستثناء شهية للطعام لا تعرف الشبع.

٧ في ١٧ مايو/أيار ١٩٣٣ في ممفيس، أخبر الدكتور جورج دبليو. كرايل من كليفلاند فريقاً من العاملين في المجال الطبي بهذه المعلومات التي نُشر بعض منها على النحو التالي: «إن ما نأكله هو إشعاع؛ فطعامنا عبارة عن كمّيات كبيرة من الطاقة. وهذا الإشعاع الشديد الأهمية، الذي يفرز تيارات كهربائية لدائرة الجسم الكهربائية المتمثلة في الجملة العصبية، يتحول إلى طعام بواسطة أشعة الشمس.» ويقول الدكتور كرايل: «الذرات هي مجموعات شمسية ووسائط مشحونة بالإشعاع الشمسي، وهي تشبه الزنبركات الحلزونية المشدودة. وهذه الذرات التي لا حصر لها المشبعة بالطاقة يتم تناولها كغذاء. وعندما تدخل الجسم البشري تقوم هذه الوسائط أو الذرات بإفراغ شحنتها في بروتوبلازم الجسم، وهكذا يوفر الإشعاع طاقة كيميائية جديدة وتيارات كهربائية جديدة.» كما قال الدكتور كرايل: «إن [أجسامكم] مكونة من تلك الذرات، وهي عضلاتكم وأدمغتكم والأعضاء الحسية كالعينين والأذنين. ويوماً ما سيكتشف العلماء كيف يمكن للإنسان أن يحيا بالطاقة الشمسية. وكتب وليم أل. لورنس في صحيفة نيويورك تايمز: «الكلوروفيل هو المادة الوحيدة المعروفة في الطبيعة التي تملك بكيفية ما القدرة التي تمكنها من 'اصطياد نور الشمس.' فهي 'تلتقط' الطاقة الصادرة عن ضوء الشمس وتختزنها في النبات وبدون هذا لا توجد حياة. فنحن نحصل على الطاقة التي نحتاجها للعيش من الطاقة الشمسية المختزنة في الطعام النباتي الذي نتناوله، أو في لحوم الحيوانات التي تتغذى على النبات. والطاقة التي نحصل عليها من الفحم أو النفط هي طاقة شمسية تم اصطيادها بواسطة الكلوروفيل في الحياة النباتية منذ ملايين السنين. فنحن نعيش بواسطة الشمس من خلال الكلوروفيل.

«ثم تمت خطبتي وأنا في التاسعة من عمري. وغالباً ما كانت أمي تحذرني بالقول: 'يا ابنتي، حاولي التحكم بنهمك. فحينما يأتي الوقت لتعيشين بين أفراد أسرة زوجك الغرباء، فماذا سيكون رأيهم فيكِ إن كنتِ تمضين أيامك في الأكل ولا شيء غير الأكل؟'

«وبالفعل حصلت المصيبة المتوقعة. فقد كنت في الثانية عشرة فقط عندما تزوجت وذهبت لأعيش مع أسرة زوجي في ناوابغانج. وكانت حماتي تحرجني وتخجلني بسبب عادات شراهتي كل يوم، صباحاً وظهراً ومساءً. لكن توبيخاتها كانت نعمة بصورة نقمة لأنها أيقظت ميولي الروحية الكامنة. وذات يوم كانت سخريتها قاسية لا ترحم، فقلت لها وقد شعرت بأن أحاسيسي جُرحت حتى الأعماق: 'قريباً سأثبت لكِ بأنني لن أذوق الطعام بعد الآن ما دمت على قيد الحياة.'

«فضحكت حماتي بسخرية وقالت: 'أكيد؟ كيف تقدرين على العيش بدون طعام في حين لا يمكنك العيش بدون الإفراط في تناول الطعام؟'

«كانت تلك الملاحظة غير قابلة للإجابة، لكن تصميماً راسخاً دخل قلبي، فجلست في ركن منعزل وصلّيت للآب السماوي بلا توقف قائله:

«'يا رب أتضرع إليك أن ترسل لي معلماً يستطيع أن يعلمني كيف أعيش بنورك وليس بالطعام!'

«غمرني إحساس روحي فائق، وبابتهاج عظيم انطلقت إلى ركن التطهّر «الغات» في ناوابغانج على ضفة الغانج. وفي الطريق التقيت بكاهن أسرة زوجي فخاطبته بثقة قائلة:

«'سيدي الجليل، أرجو أن تتلطف وتخبرني كيف يمكنني العيش بدون طعام!'

«فحدّق في وجهي ولم يُجبني. أخيراً قال بنغمة مواسية: 'يا ابنتي تعالي هذا المساء إلى المعبد وسوف أقيم طقساً فيدياً خاصاً بك!'

«لم يكن هذا الجواب الذي توقعته، فواصلت طريقي نحو «الغات» وقد غمرت شمس الصباح المياه فاغتسلت بمياهه كما لو كنت أحضّر نفسي لتكريس مقدس. وما أن تركت ضفة النهر بثيابي المبللة حتى تجسّد أمامي معلمي في وضح النهار! وخاطبني بنغمة كلها عطف وحنان قائلاً:

«'أيتها العزيزة الصغيرة، إنني معلمك الذي أرسلني الله لأحقق صلاتك الملحّة. فهو تأثر جداً للطبيعة غير العادية لصلاتك، واعتباراً من

## المرأة اليوغية التي لا تأكل أبداً

**جيري بالا، القديسة التي لا تأكل**
إنها تستخدم طريقة يوغية معينة لإعادة شحن جسمها بالطاقة الكونية من الأثير والشمس والهواء. قالت القديسة: «لم أمرض أبداً. أنام قليلاً، فالنوم والاستيقاظ متشابهان بالنسبة لي.»

هذا اليوم سوف تعيشين على الضوء الكوكبي وستُشحن ذرات جسمك بالتيار اللانهائي.'»

صمتت جيري بالا فأخذت قلم ودفتر المستر رايت وترجمتُ بعض العبارات إلى الانكليزية كي يطلع عليها.

واصلت القديسة حديثها بصوت رقيق يكاد لا يُسمع: «كان الغات مقفراً من الناس، وقد أحاطنا معلمي بهالة من النور الحارس بحيث لم يقم بعدها أي من المستحمين المتسكعين من إزعاجنا. ثم كرّسني في إحدى طرق الكريا التي

تحرر الجسم من الاعتماد على غذاء البشر الكثيف. وهذه الطريقة تتضمن ترديد مانترا[8] معينة مع تمرين للتنفس فوق طاقة احتمال الشخص العادي، دون أدوية أو سحر. لا شيء أكثر من الكريا.»

وبأسلوب مراسل صحيفة أمريكية، علمني طريقته دون أن يدري، استجوبتُ جيري بالا بخصوص مسائل كثيرة شعرت أنها ستكون ذات أهمية للعالم. فزودتني تدريجياً بالمعلومات التالية:

«لم أنجب أي أطفال وأصبحت أرملة منذ سنين عديدة. أنام لفترات قصيرة جداً لأن النوم والاستيقاظ هما نفس الشيء بالنسبة لي. أتأمل في الليل وأقوم بالواجبات البيتية في النهار، وأشعر قليلاً بتغيّر المناخ من فصل لآخر. لم أمرض ولم أُصب بأي داء في حياتي أبداً. وأشعر بألم خفيف عندما أتعرض لإصابة عن طريق الخطأ. ليست لدي إفرازات جسدية ويمكنني التحكم بدقات قلبي وبتنفسي، غالباً ما أرى معلمي وأرواحاً عظيمة أخرى في الرؤى.»

وسألتها: «لماذا يا أمي لا تلقنين الآخرين طريقة العيش بدون طعام؟»

وتبددت على الفور آمالي الكبيرة من أجل الملايين من جياع العالم عندما هزّت رأسها وقالت:

«لا يمكنني ذلك، لأن معلمي أمرني بشكل صارم كي لا أفشي السر. فهو لا يريد أن يعبث أحدٌ بمسرحية الخليقة التي أوجدها الله. والمزارعون لن يشكروا لي صنيعي إن قمتُ بتلقين أناس كثيرين طريقة العيش بدون طعام! كما أن الثمار الشهية ستُلقى على الأرض بلا فائدة. ويبدو أن الشقاء والجوع والمرض هي أسواط كارمانا [نتائج أعمالنا السابقة] التي تدفعنا أخيراً للبحث عن المعنى الحقيقي للحياة.»

وسألتها ببطء: «يا أمي، ما هو الغرض من وقوع الاختيار عليكِ وحدك للعيش بدون طعام؟»

فأضاء وجهها بالحكمة وقالت: «لكي أبرهن أن الإنسان هو روح ولكي

٨ أنشودة اهتزازية فعالة. الترجمة الحرفية لكلمة مانترا السنسكريتية هي (أداة الفكر) وتعني «الأصوات المثالية غير المسموعة التي تمثل مظهراً من مظاهر الخليقة؛ وعندما يتم نطقها كمقاطع لفظية، تشكل المانترا مصطلحاً عالمياً (قاموس وبستر العالمي الجديد، الطبعة الثانية). وتشتق قوى الصوت اللامتناهية من الكلمة المقدسة أوم أو الهدير الخلاق للمحرك الكوني.

يدرك أنه بالتقدم الروحي يمكنه أن يتعلم تدريجياً كيف يعيش بالنور الأبدي وليس بالطعام[٩].»

دخلت القديسة في حالة تأملية عميقة، وحوّلت بصرها نحو الداخل وخَلَت أعماق عينيها الوديعتين من أي تعبير. ثم أطلقت تنهيدة محددة تمهيداً لغيبوبة النشوة الروحية التي يصاحبها وقف التنفس. وانطلقت لبعض الوقت إلى مملكة الفرح الباطني الخالية من الأسئلة والاستفسارات.

حلّ الظلام الاستوائي وخفق ضوء مصباح الكيروسين الصغير بشكل متقطع فوق رؤوس العديد من القرويين الذين كانوا يجلسون القرفصاء بصمت في الظلال. ورسم الحباحب (سراج الليل) والفوانيس الزيتية للأكواخ البعيدة نماذج لامعة وموحشة على صفحة الليل المخملية. واقتربت ساعة الفراق المؤلمة، وكانت أمام مجموعتنا سَفرة بطيئة ومتعبة.

وقلت للقديسة عندما فتحت عينيها: «جيري بالا أرجو أن تعطيني قطعة من ثيابك للتبرك؟»

وبعد برهة قصيرة عادت ومعها قطعة من حرير بنارس ناولتها لي وارتمت فجأة على الأرض.

فقلت لها باحترام: «يا أمي، بالأحرى دعيني ألمس قدميكِ المباركتين!»

٩ إن حالة الامتناع عن الطعام التي بلغتها جيري بالا هي إحدى القوى اليوغية التي وردت في سترات (حِكم) اليوغا لبتانجالي ٣:٣١. فهي تستخدم تمريناً معيناً للتنفس يؤثر على المركز الخامس «فيشودها شاكرا» للطاقات الشفافة الموجودة في العمود الفقري. و«فيشودها شاكرا» التي تقع مقابل الحلق تتحكم بالعنصر الخامس «أكاش» أو الأثير المنتشر في الفضاءات التي بين ذرات خلايا الجسم. والتركيز على هذه الشاكرا («العجَلة») يُمنح المتعبد القدرة على العيش بالطاقة الأثيرية. وتريز نيومن لا تعيش بالطعام الخشن، ولا تمارس طريقة يوغية للاستغناء عن الطعام. وتفسير ذلك يكمن في تعقيدات الكارما الشخصية. وهناك أشخاص عديدون يشبهون تريز نيومن وجيري بالا في تكريس حياتهم لله بالرغم من اختلاف طرق التعبير الخارجية. ومن بين القديسات والقديسين المسيحيين الذين عاشوا دون طعام (وظهرت عليهم أيضاً جروح المسيح) يمكن ذكر القديسة لدوينا من سخيدام، والطوباوية أليصابات من رنت، والقديسة كاترينا السيانية، ودومينيكا لازيري، وأنجيلا الطوباوية من فولينيو، ولويزا لاتو من القرن التاسع عشر، والقديس نيقولاوس من فلو (هو راهب القرن الخامس عشر الأخ كلاوس الذي أنقذ التماسُه الحار الاتحاد الكونفدرالي السويسري) والذي توقف عن تناول الطعام لمدة عشرين عاماً.

الفصل ٤٧

# أعود إلى الغرب

«لقد أعطيت العديد من دروس اليوغا في الهند وأمريكا، لكنني كهندي أعترف بأنني سعيد جداً لإعطاء درس للطلبة الإنكليز.»

ابتسم طلاب لندن استحساناً لقولي، إذ لم تعكر السياسة أبداً سلام اليوغا الذي شعرنا به.

الآن أصبحت الهند ذكرى مقدسة. فنحن في سبتمبر/أيلول ١٩٣٦ وقد أتيت إلى إنكلترا للوفاء بوعد أعطيته منذ ستة عشر شهراً لأحاضر مرة أخرى في لندن.

فإنكلترا هي أيضا متقبلة لرسالة اليوغا الخالدة، إذ احتشد المراسلون والمصورون عند الجناح الذي أقيم فيه في فندق غروزفينور هاوس. وعقد المجلس الوطني البريطاني لأخوة الأديان العالمية اجتماعاً في ٢٩ سبتمبر في كنيسة وايتفيلد الجماعية حيث ألقيتُ في الحضور كلمة في موضوع هام بعنوان «كيف يمكن للإيمان بالإخاء إنقاذ الحضارة.»

وقد استقطبت محاضرة الساعة الثامنة في قاعة كاكستون جمعاً غفيراً، بحيث أنه على مدى أمسيتين اضطر البعض ممن لم يتمكنوا من سماع محاضرة الثامنة الانتظار في قاعة وندسور هاوس للاستماع لحديثي الثاني في التاسعة والنصف. وقد ازداد كثيراً عدد الذين حضروا فصول اليوغا خلال الأسابيع التالية مما اضطر المستر رايت إلى ترتيب الانتقال إلى قاعة أخرى.

وللإصرار الإنكليزي تعبير يبعث على الإعجاب في العلاقة الروحية. فبعد مغادرتي نظّم طلبة اليوغا في لندن بتفانٍ وإخلاص مركزاً لـ Self-Realization Fellowship عقدوا فيه اجتماعات تأملهم الأسبوعية طيلة سنوات الحرب المريرة.

صرفنا أسابيع لا تنسى في إنكلترا! إذ قضينا أياماً في مشاهدة معالم لندن ثم قمنا برحلة إلى الريف الجميل. وقد استعنت مع المستر رايت بسيارتنا الفورد الموثوقة لزيارة مسقط رأس وأضرحة شعراء وأبطال التاريخ البريطاني العظام.

في أواخر أكتوبر/تشرين الأول أبحرت مجموعتنا الصغيرة من ساوثامبتون باتجاه أمريكا على متن الباخرة برَمِن. وقد ترك منظر تمثال الحرية المهيب في ميناء نيويورك أثراً عاطفياً ساراً في نفوسنا.

وكانت سيارة الفورد التي تعرضت لبعض الاهتراء في صراعها فوق الأراضي القديمة ما زالت قوية وقد راحت الآن تقطع المسافات الطويلة باتجاه كاليفورنيا. وبحلول نهاية عام ١٩٣٦ كنا في مركز ماونت واشنطن.

وأعياد نهاية العام يتم الاحتفال بها سنوياً في مركز لوس أنجلوس بتأمل جماعي لثماني ساعات في ٢٤ ديسمبر/كانون الأول (عيد الميلاد الروحي)[١]، يلي ذلك مأدبة في اليوم التالي (عيد الميلاد الاجتماعي). واحتفالات تلك السنة تضاعفت بحضور أصدقاء وطلبة أعزاء أتوا من مدن بعيدة للترحيب بعودة السائحين الثلاثة من رحلتهم حول العالم.

وشملت وليمة عيد الميلاد أطايب جُلبت من مسافة خمسة عشر ألف ميل من أجل هذه المناسبة السعيدة: فطر غوتشي من كشمير، وراساغولا ولب مانغو معلّب، وبسكويت البابار الرقيق وزيت زهرة كيورا الهندي لإعطاء نكهة للآيس كريم (البوظة). وعند المساء جلسنا حول شجرة ميلاد ضخمة مشعشعة بالأنوار، في حين كان الموقد القريب يفرقع بقروم خشب السرو الطيب الرائحة.

وحانت ساعة توزيع الهدايا! هدايا من أقصى الأرض: من فلسطين ومصر والهند وإنكلترا وفرنسا وإيطاليا. وكم اجتهد المستر رايت في عد الحقائب والصناديق عند كل نقطة عبور أجنبية حتى لا تمتد يد لاختلاس الكنوز التي جلبناها لأحبتنا في أمريكا! لوحات منقوشة من خشب الزيتون المبارك من الأراضي المقدسة، ومشغولات تطريز دقيقة من بلجيكا وهولندا،

١ منذ عام ١٩٥٠ يتم تخصيص يوم كامل للتأمل في ٢٣ ديسمبر/كانون الأول. كما أن أعضاء Self-Realization Fellowship في جميع أنحاء العالم يحتفلون أيضاً بالميلاد بهذه الطريقة حيث يكرسون يوماً خلال موسم الميلاد في بيوتهم ومراكز ومعابد SRF للتأمل العميق والصلاة. وقد أكد كثيرون أنهم حصلوا على مساعدة روحية كبيرة من خلال هذا الاحتفال السنوي الذي بدأه برمهنسا يوغانندا. كما أسس برمهنساجي أيضاً مجلس الصلاة في مركز ماونت واشنطن (نواة دائرة الصلاة العالمية لـ Self-Realization Fellowship) حيث تقام صلوات يومية لكل الذين يطلبون المساعدة لحل أو ملاشاة مشاكلهم الخاصة. (ملاحظة الناشر)

وسجاد عجمي، وشالات كشميرية منسوجة بدقة، وصَوانٍ من خشب الصندل دائمة العطر من ميسور، وأحجار شيفا من ولايات الهند الوسطى، وعملات هندية قديمة لأسر حاكمة انقضى عهدها منذ زمن بعيد، وأصص وأكواب مرصعة بالأحجار الكريمة، ومنمنمات مزدانة بالرسوم، ولوحات نسيجية، وأنواع من بخور وعطور المعابد، وأقمشة سواديشي قطنية عليها صور مطبوعة، ومشغولات عليها طلاء اللك، ومنحوتات ميسور العاجية، ونعال فارسية ذات رؤوس طويلة على نحو فضولي، ومخطوطات عتيقة مزخرفة، وأنسجة مخملية، وديباج موشى، وعمائم غاندي، ومصنوعات فخارية وقرميد وأعمال نحاسية وسجاجيد صلاة –غنائم من ثلاث قارات!

ومن الكومة الضخمة الموضوعة تحت الشجرة قمتُ بتوزيع الهدايا الملفوفة على نحو مبهج، الواحدة تلو الأخرى.

قلت: «الأخت غياناماتا!» وناولت صندوقاً مستطيل الشكل للسيدة الأمريكية ذات السيرة الطاهرة والملامح العذبة والمعرفة العميقة التي تولت مسؤولية مركز ماونت واشنطن خلال غيبتي. فرفعتْ من بين الأغلفة الورقية رداء «ساري» من حرير بنارس الذهبي وقالت:

«شكراً يا سيدي! فإنه يضع أمام عيني أمجاد وروائع الهند.»

ثم قلت: «مستر دكنسون!» وكانت العلبة الثانية تحتوي على هدية ابتعتها خصيصاً له من أحد أسواق كلكتا، وفكرت آنذاك: «هذه سوف تعجب المستر ديكنسون،» وهو تلميذ محبوب حضر كل احتفال من احتفالات عيد الميلاد منذ تأسيس مركز ماونت واشنطن سنة ١٩٢٥.

وفي هذا الاحتفال السنوي الحادي عشر وقف أمامي وهو يحل أشرطة علبة مستطيلة.

قال وهو يحدّق بهديته ويحاول السيطرة على عواطفه: «الكأس الفضي!» وهو عبارة عن كوب طويل للشرب. ثم جلس على بُعد خطوات، منذهلاً على ما يبدو. فابتسمت له بمودة قبل أن أستأنف لعب دور بابا نويل في توزيع الهدايا.

واختتمت الأمسية الحافلة بالمشاعر الودية بصلاة لمانح كل العطايا والهبات. ثم عزفت مجموعةُ الإنشاد ترانيم عيد الميلاد.

في وقت لاحق كنت أتحدث مع المستر دكنسون فقال: «سيدي، اسمح لي بأن أشكرك الآن على الكأس الفضي. فأنا لم أجد الكلمات المناسبة للتعبير

ليلة عيد الميلاد.

قلت: «لقد جلبت الهدية خصيصاً لك.»

نظر إليّ المستر دكنسون بخجل وقال: «على مدى ثلاثة وأربعين عاماً وأنا أنتظر هذا الكأس الفضي! إنها حكاية طويلة احتفظت بها في داخلي. البداية كانت دراماتيكية: إذ كنت أغرق عندما دفعني أخي الأكبر على سبيل المزاح فسقطت في بركة بعمق خمسة عشر قدماً في بلدة صغيرة في نبراسكا. كنت في الخامسة من عمري آنذاك، وإذ كنت على وشك أن أغرق تحت الماء للمرة الثانية ظهر لي نور ساطع متعدد الألوان غمر الفضاء وظهر في وسطه شكل إنسان بعينين هادئتين وابتسامة تبعث في النفس الطمأنينة. وعندما كان جسمي يغرق للمرة الثالثة قام أحد رفاق أخي بإمالة شجرة صفصاف نحيلة إلى أن لامست الماء بحيث تمكنت من الإمساك بها بأصابعي اليائسة، ثم رفعني الصبية إلى الضفة ونجحوا في تقديم إسعافات أولية لي.

«بعد ذلك بإثني عشر عاماً من تلك الحادثة، عندما كنت فتىً في السابعة عشرة، ذهبت إلى شيكاغو مع أمي. كان ذلك في سبتمبر/أيلول ١٨٩٣ حيث كان البرلمان العالمي للأديان منعقداً. وإذ كنت أسير مع أمي في أحد الشوارع الرئيسية رأيت مرة أخرى النور القوي الساطع، ورأيت على بعد خطوات نفس الرجل الذي أبصرته قبل سنوات في الرؤية، وهو يمشي بخطوات وئيدة ويقترب من قاعة محاضرات كبيرة ثم اختفى بعد دخوله من الباب.

صحت قائلاً: «يا أمي، ذلك كان نفس الرجل الذي ظهر لي عندما كنت أغرق!»

«أسرعنا إلى داخل المبنى حيث كان الرجل يجلس على منصة الخطابة، وقد علمنا حالاً أنه السوامي فيفاكانندا من الهند[٢]. وبعد أن ألقى محاضرة ألهبت المشاعر تقدمت للتعرف عليه، فبادرني بابتسامة لطيفة كما لو كنا صديقين قديمين. كنت إذ ذاك يافعاً جداً بحيث لم أعرف كيف أعبر عن مشاعري، إلا أنني كنت آمل من قلبي أن يعرض بأن يكون معلمي. وإذ قرأ فيفاكانندا ما كنت أفكر به، نظر في عينيّ بعينيه الجميلتين النفاذتين وقال: 'لا يا بني، أنا لست معلمك. إن معلمك سيأتي فيما بعد وسيعطيك كأساً فضياً!' ثم أضاف: 'وسيسكب عليك بركات أكثر مما تستطيع أن تستوعبه الآن.'

٢ التلميذ الرئيسي للمعلم الشبيه بالمسيح سري راما كريشنا.

واستطرد المستر دكنسون قائلاً: «غادرت شيكاغو بعد بضعة أيام ولم أرَ العظيم فيفاكانندا مرة أخرى. لكن كل كلمة قالها كُتبت بكيفية لا تمحى في أعماق وعيي. مرت أعوام ولم يظهر المعلم. وذات ليلة في عام ١٩٢٥ ابتهلت بعمق لله وطلبت منه أن يرسل لي معلمي. وبعد ذلك ببضع ساعات استيقظت من النوم على أنغام رخيمة وظهرت أمام بصري فرقة من الكائنات السماوية وهي تحمل نايات وآلات أخرى. وبعد أن ملأتْ الجو بموسيقى رائعة اختفى الملائكة بهدوء.

«وفي الأمسية التالية حضرت لأول مرة إحدى محاضراتك هنا في لوس أنجلوس وعلمت حينذاك أن صلاتي قد حصلت على استجابة»

ابتسمنا لبعضنا بصمت.

وواصل المستر دكنسون حديثه: «الآن مضى عليّ كتلميذ لك في الكريا يوغا أحد عشر عاماً، وأحياناً تساءلت عن الكأس الفضي وكدت أن أقنع نفسي أن كلمات فيفاكانندا كانت مجازية لا غير. ولكنك عندما ناولتني الصندوق الصغير ليلة عيد الميلاد بالقرب من الشجرة رأيت للمرة الثالثة نفس ومضة النور المبهِرة. وبعد ذلك بلحظة كنت أنظر إلى هدية معلمي التي تنبأ بها فيفاكانندا قبل ثلاثة وأربعين عاماً: الكأس الفضي!»[٣]

٣ قابل المستر دكنسون السوامي فيفاكانندا في سبتمبر/أيلون ١٨٩٣ — السنة التي ولد فيها برمهنسا يوغانندا (٥ يناير/كانون الثاني). ويبدو أن فيفاكانندا كان على علم بأن يوغانندا قد عاد إلى التجسد وأنه سيذهب إلى أمريكا لتعليم فلسفة الهند.

في عام ١٩٦٥، حصل المستر دكنسون، الذي كان لا يزال بصحة جيدة ونشطاً في سن ٨٩ عاماً، على لقب يوغاتشاريا (معلم يوغا) في حفل أقيم في مقر Self-Realization Fellowship في لوس أنجلوس.

غالبا ما كان يتأمل لفترات طويلة مع برمهنساجي، ولم يهمل أبداً ممارسة الكريا يوغا، ثلاث مرات يومياً.

وقبل عامين من وفاته في ٣٠ يونيو/حزيران ١٩٦٧، تحدث يوغاتشاريا دكنسون إلى رهبان SRF وأخبرهم بتفاصيل مثيرة للاهتمام كان قد نسي أن يذكرها لبرمهنساجي، إذ قال: «عندما صعدتُ إلى منصة المحاضرات في شيكاغو للتحدث إلى سوامي فيفاكانندا، وقبل أن أتمكن من تحيته قال: «أيها الشاب، أريدك أن تبقى خارج الماء!» (ملاحظة الناشر)

الفصل ٤٨

# في إنسينيتاس بكاليفورنيا

«مفاجأة يا سيدي! فأثناء غيابك في الخارج قمنا ببناء صومعة إنسينيتاس هذه، وهي هدية ترحيباً بعودتك للوطن.»

قادني المستر لِن والأخت غيانا ماتا ودورغا ما وبعض المريدين الآخرين عبر بوابة وممر صاعد تظلله الأشجار والابتسامات تعلو وجوههم.

رأيت مبنى بارزاً شبيهاً بعابرة محيطات بيضاء ضخمة تبحر في المياه الزرقاء المالحة. في البداية بقيت صامتاً، ثم هتفت: «يا إلهي!» و «يا سلام!» أخيراً، ومع عدم قدرة المفردات على التعبير عن السرور والامتنان رحتُ أتفقد الصومعة المكونة من ست عشرة حجرة كبيرة بشكل غير عادي، تم ترتيب وتجهيز كل منها على نحو رائع.

كانت القاعة الوسطى الفخمة ذات النوافذ الضخمة التي بعلو السقف تطل على محراب من الحشائش وعلى المحيط والسماء: ويا لها من سيمفونية متناغمة من الزمرد والأوبال والياقوت! وعلى رف الموقد الضخم للقاعة وُضعت صور لكل من المسيح وباباجي ولاهيري مهاسايا وسري يوكتسوار، وقد شعرتُ أنهم يجودون ببركاتهم على هذه الصومعة الغربية الهادئة.

وتحت القاعة مباشرة وداخل الجرف بُني كهفان للتأمل يطلّان على لانهائية السماء والبحر. وعلى الأرض أُنشئت زوايا للحمامات الشمسية وممرات من الحجر الرملي تفضي إلى دروب مشجرة، وحدائق ورد وأشجار كافور وبستان فاكهة.

وعلى أحد أبواب الصومعة عُلقت 'صلاة للمسكن'، مأخوذة عن كتاب زندا أفستا، وتُقرأ كما يلي:

«لتأتِ أرواح القديسين الطيبة والباسلة إلى هنا، ولتسِر معنا يداً بيد، ولتمنح القوى الشافية لعطاياها المباركة، الواسعة كالأرض، والمتسامية كالسموات!»

إن المبنى الضخم في إنسينيتاس، كاليفورنيا، هو هدية إلى Self-Realization Fellowship من المستر جيمس جيه. لين James J. Lynn وهو ممارس مخلص

لطريقة الكريا يوغا منذ تكريسه في عام ١٩٣٢. ومع أنه رجل أعمال أمريكي ولديه مسؤوليات لا نهاية لها (بصفته رئيساً لمصالح نفطية ضخمة ولأكبر شركة تأمين متبادل ضد الحرائق في العالم) فقد تمكن المستر لين مع ذلك من تخصيص الوقت كل يوم لممارسة تأمل الكريا يوغا. ولأنه عاش حياة متوازنة جراء ذلك، فقد حصل من خلال النشوة الروحية سمادهي على نعمة السلام الذي لا يتزعزع.

إبان وجودي في الهند وأوروبا (من يونيو/حزيران ١٩٣٥ إلى أكتوبر/تشرين الأول ١٩٣٦)، اتفق المستر لين[1] بمودة مع مراسلي في كاليفورنيا على عدم إخباري ببناء الصومعة في كاليفورنيا. ويا لها من دهشة! ويا له من فرح!

أثناء سنواتي الأولى في أمريكا قمت بتمشيط ساحل كاليفورنيا بحثاً عن موقع صغير لصومعة ساحلية. وقد حدث أنني في كل مرة كنت أجد مكاناً مناسباً كانت دائماً تظهر عقبة ما لإحباط مسعاي. والآن إذ أرنو ببصري فوق المساحة المشمسة في إنسينيتاس أرى بتواضع تحقيق نبوءة سري يوكتسوار القديمة عن «خلوة بجانب المحيط».[2]

بعد أشهر قليلة، في عام ١٩٣٧، ومع شروق الشمس، أقمتُ أولى الاحتفالات الصباحية العديدة بعيد القيامة فوق حشائش الصومعة الجديدة، وقد تطلع عدة مئات من الطلبة بدهشة تعبدية للمعجزة اليومية: طقس اليقظة المتمثل في بزوغ الشمس من السماء الشرقية.

إلى الغرب من الصومعة يقع المحيط الهادئ وهو يدمدم تمجيده بخشوع. ومن مسافة بعيدة يظهر مركب شراعي أبيض صغير وطائر نورس يحلق وحيداً في الفضاء. «لقد قمت يا مسيح!» لا مع شمس الربيع وحسب، بل في فجر الروح الأبدي.

مرت شهور عديدة سعيدة، وفي جو السلام المثالي في إنسينيتاس قمت

١ بعد انتقال برمهنساجي من هذا العالم، أصبح المستر لين (راجارسي جاناكانندا) رئيساً لـ Self-Realization Fellowship و Yogoda Satsanga Society of India. ومما قاله المستر لين عن معلمه: «إن مصاحبة القديس هي ذات طبيعة سماوية! فمن بين كل ما حصلت عليه في حياتي أعتبر البركات التي أغدقها عليّ برمهنساجي أثمن الكنوز.» انتقل المستر لين من هذا العالم في نشوة روحية واعية سنة ١٩٥٥.

٢ راجع الصفحة ١٥٧.

برمهنساجي وفاي رايت، التي أصبحت فيما بعد شري دايا ماتا في صومعة SRF بإنسينيتاس، ١٩٣٩. (انظر الصورة على الصفحة ٢٥١.)، بعد فترة وجيزة من دخولها الصومعة في عام ١٩٣١، قال لها المعلم «أنتِ بيضة العش في مؤسستي. فعندما جئتِ عرفتُ أن هناك كثيرين من المخلصين الحقيقيين لله ممن سينجذبون إلى هذا الطريق.» وقال ذات مرة بمودة: «هناك الكثير من الخير الذي ستفعله فاي!... وأعلم أنني أستطيع العمل من خلالها لأنها متقبلة [لأفكاري].»

برمهنسا يوغانندا وجيمس جيه. لين، فيما بعد سري راجارسي جاناكانندا (انظر الصورة على للصفحة ٢٥١). المعلم والتلميذ يتأملان على أرض المقر العالمي لـ SRF-YSS، لوس أنجلوس، ١٩٣٣. قال برمهنساجي: «بعض الناس يقولون: 'الإنسان الغربي لا يستطيع التأمل'. وهذا غير صحيح. فمنذ المرة الأولى التي حصل فيها السيد لين على طريقة الكريا يوغا، لم أره أبداً عندما لم يكن على تواصل داخلي مع الله.»

برمهنسا يوغانندا على أرض صومعة SRF في إنسينيتاس. الصومعة تقع على منحدر يطل على المحيط الهادئ، ١٩٤٠.

بإتمام مشروع طال انتظاره وهو كتاب أناشيد كونية *Cosmic Chants*[٣]، حيث وضعت كلمات إنكليزية ونوتات موسيقية غربية للعديد من الأغاني الهندية، بما في ذلك أنشودة شانكرا «لا ولادة ولا موت»، والأنشودة السنسكريتية «ترنيمة إلى براهما» وأنشودة طاغور «من الذي في معبدي؟» وعدد من الأناشيد من تأليفي مثل «سأكون لك على الدوام»، و «في الأرض التي ما وراء أحلامي»، و«أبعث إليك بنداء روحي»، و«اصغِ إلى نداء روحي»، و«في معبد السكون.»

وقد ذكرت في مقدمة كتاب الأناشيد أولى اختباراتي البارزة مع تجاوب الغربيين مع الأناشيد الشرقية. كانت المناسبة محاضرة عامة ألقيتها في ١٨ أبريل/نيسان ١٩٢٦ في قاعة كارنيغي في نيويورك.

في ١٧ أبريل قلت لأحد التلاميذ الأمريكيين المستر ألفن هنسكر: «أنوي الطلب من الحاضرين إنشاد الأغنية الهندية القديمة يا الله الجميل

٣ من منشورات Self-Realization Fellowship. تم تسجيل عدة أناشيد من كتاب أناشيد كونية *Cosmic Chants* بصوت برمهنسا يوغانندا وتتوفر أيضاً من Self-Realization Fellowship. (ملاحظة الناشر)

في إنسينيتاس بكاليفورنيا

منظر جوي لصومعة Self-Realization Fellowship المطلة على المحيط الهادئ، في إنسينيتاس، كاليفورنيا. في مكان آخر على الأراضي الفسيحة توجد مساكن للمقيمين في الصومعة وخلوة روحية. وفي مكان قريب يوجد معبد SRF.

*O God Beautiful.*»[٤]

اعترض المستر هنسكر على أساس أنه ليس من السهل على الأمريكيين فهم الأغاني الشرقية.

أجبته: «الموسيقى هي لغة عالمية وبكل تأكيد سيحس الأمريكيون بالأشواق الروحية التي تتضمنها هذه الأنشودة الجليلة.»

في الليلة التالية ترددتْ أنشودة «يا الله الجميل» ذات النغمات التعبدية لأكثر من ساعة من ثلاثة آلاف حنجرة. لقد أبدعتم بما فيه الكفاية يا أهل نيويورك الأعزاء! فقلوبكم حلّقت فرحاً في فضاء الإنشاد. وفي تلك الأمسية حدثت حالات من الشفاء الإلهي للمريدين الذين أنشدوا بمحبة اسم الله المبارك.

في سنة ١٩٤١ قمت بزيارة لمركز Self-Realization Fellowship في بوسطن وقد أنزلني الدكتور أم. دبليو. لويس رئيس مركز بوسطن في جناح أنيق وفاخر وقال وهو يبتسم: «سيدي، خلال السنوات المبكرة لوجودك في أمريكا سكنتَ في حجرة واحدة بدون حمّام. وأريدك أن تعلم أن بوسطن تفخر بشقق مزودة بوسائل الراحة.»

مرّت بسرعة أعوام سعيدة حافلة بالنشاط في كاليفورنيا. ففي عام ١٩٣٧ تأسس مجتمع معرفة الذات[٥] ، ويشمل نشاطه تدريباً للتلاميذ متعدد الجوانب طبقاً لمُثل Self-Realization Fellowship. وتُزرع الفواكه والخضروات لاستهلاك المقيمين في مركزيّ إنسينيتاس ولوس أنجلوس. «وصنع من دم واحد كل أمة

٤ فيما يلي ترجمة لأنشودة المعلم نانَك «يا الله الجميل»:
يا الله الجميل! يا الله الجميل!
في الغابة أنت الخضرة، وفي الجبل أنت العلو.
في النهر أنت الانسياب المتواصل، وفي المحيط أنت الجلال.
أنت للخدوم خدمة، وللمحب أنت الحب.
أنت العزاء للمحزون، ولليوغي أنت الغبطة!
يا الله الجمل! يا الله الجميل! عند أقدامك أسجد!

٥ هو الآن مركز لصومعة مزدهرة تشتمل مبانيها على الصومعة الرئيسية الأصلية، وأماكن إقامة للرهبان والراهبات، ومرافق للطعام، وخلوة جذابة للأعضاء والأصدقاء. وهناك سلسلة من الأعمدة البيضاء مواجهة للطريق العام الذي يمر من أمام أرض رحبة [للصومعة]. وتتوج الأعمدة زهور لوتس مصنوعة أوراقها من معدن مطلي بماء الذهب. في الفن الهندي ترمز زهرة اللوتس إلى مركز الوعي الكوني (ساهاسرار ا) في الدماغ: «لوتس النور ذات الألف ورقة.»

من الناس.»[٦] «الأخوة العالمية» هي مفهوم واسع وواجب الإنسان العمل على توسيع دائرة تعاطفه واعتبار نفسه مواطناً عالمياً. ومن يدرك بحق، ويستطيع القول إن موطني هو أمريكا، والهند، والفلبين، وأوروبا، وأفريقيا، وما إلى ذلك، لن يفتقر أبداً لفرص تجعل الحياة مفيدة وسعيدة.

ومع أن جسم سري يوكتسوار لم يسكن في أي أرض غير الهند، لكنه كان يدرك هذه الحقيقة الأخوية:

«العالم هو موطني!»

٦ أعمال الرسل ١٧: ٢٦.

الفصل ٤٩

# السنوات من ١٩٤٠ إلى ١٩٥١

«لقد عرفنا فعلاً قيمة التأمل ونعلم أن لا شيء يمكن أن يزعج سلامنا الداخلي. ففي الأسابيع القليلة الأخيرة استمعنا لإنذارات الغارات الجوية وسمعنا انفجارات القنابل المتأخرة، لكن طلابنا واصلوا مع ذلك الاجتماع والتمتع بجلساتنا التأملية الجميلة.»

تلك الرسالة الجريئة التي كتبها رئيس مركز Self-Realization Fellowship في لندن، وكانت واحدة من رسائل عديدة أُرسلت لي من إنكلترا ومن بلدان أوروبية دمرتها الحرب خلال السنوات التي سبقت دخول أمريكا الحرب العالمية الثانية.

في عام ١٩٤٢ بعث لي الدكتور أل. كرانمر بينغ المحرر المشهور لسلسلة حكمة الشرق *The Wisdom of the East Series* في لندن، رسالة جاء فيها:

«عندما قرأت مجلة الشرق والغرب *East-West*[١] أدركت كم نبدو بعيدين عن بعضنا، كما لو أننا نعيش في عالمين مختلفين. فالجمال والنظام والهدوء والسلام تأتيني من لوس أنجلوس مبحرة إلى الميناء كمَركبٍ مليء ببركات وتعزية الكأس المقدسة إلى مدينة محاصرة.

«إنني أبصر كما في حلم بساتين نخيلكم، والمعبد في إنسينيتاس وفسحة المحيط المترامية، ومناظر الجبال. وعلاوة على ذلك التوافق بين رجال ونساء تجمع ما بينهم الميول الروحية – جماعة تقوم على مفهوم الوحدة، مستغرقة في العمل الخلاق، ومتجددة بالتفكير التأملي... فتحياتي للجماعة من جندي عادي يكتب إليكم من برج المراقبة منتظراً بزوغ الفجر.»

وفي عام ١٩٤٢ قام عاملون في Self-Realization Fellowship ببناء كنيسة جميع الأديان في هوليود بكاليفورنيا وقد تم تكريسها في نفس العام. وبعد سنة من ذلك تم تأسيس معبد آخر في سان دييغو بكاليفورنيا. ومعبد آخر في لونغ

١ اسم المجلة الآن هو Self-Realization.

**مزار البحيرة ونصب غاندي التذكاري للسلام العالمي في مركز SELF-REALIZATION FELLOWSHIP** باسيفيك باليسيدس، لوس أنجلوس، كاليفورنيا. قام برمهنسا يوغانندا بتدشين مزار البحيرة الذي تبلغ مساحته عشرة أفدنة في ٢٠ أغسطس/آب ١٩٥٠. وأثناء إشرافه على غرس الأشجار والنباتات وأعمال البناء في عام ١٩٤٩، كان يمكث أحياناً في القارب المنزلي الذي يبدو في الصورة اليسرى. وفي الصورة الثانية يظهر، بين الأعمدة الوسطى، التابوت المنحوت الذي يضم جزءاً من رماد المهاتما غاندي. في الصورة اليسرى، على الجانب الآخر من البحيرة، يظهر معبد صغير مع طاحونة هوائية. تقام خدمات، وتأملات، وصفوف Self-Realization Fellowship أسبوعياً في مزار البحيرة المفتوح للجمهور.

**برمهنسا يوغانندا**

تم التقاط الصورة في ٢٠ أغسطس/آب ١٩٥٠ أثناء تدشين مزار البحيرة التابع لـ Self-Realization Fellowship، باسيفيك باليسيدس، كاليفورنيا.

بيتش بكاليفورنيا[٢] سنة ١٩٤٧.

ومن أجمل الأماكن في العالم مزار البحيرة *Lake Shrine*: أرض الزهور العجيبة في قسم باسيفيك باليسيدس من لوس أنجلوس، الذي تم إهداؤه إلى Self-Realization Fellowship في سنة ١٩٤٩. وهذا المدرج الطبيعي الذي تبلغ مساحته عشرة أفدنة تحيط به التلال الخضراء. البحيرة الطبيعية الكبيرة تشبه درة زرقاء ترصع تاجاً جبلياً وقد منحت الموقع اسم مزار البحيرة. وعلى الأرض يوجد بيت ظريف تعلوه مطحنة هواء هولندية ويحتوي على معبد صغير هادئ. وبالقرب من حديقة منخفضة يرش دولاب مائي كبير الرذاذ فتصدر عنه عند دورانه موسيقى هادئة. وهناك تمثالان رخاميان من الصين يزينان المكان – تمثال السيد بوذا وتمثال كوان ين (التجسيد الصيني للأم الإلهية). ويوجد أيضاً تمثال للسيد المسيح بالحجم الطبيعي، يقف على هضبة فوق شلال ويشع وجهه الهادئ وأرديته الفضفاضة على نحو بديع عند إضاءته ليلاً.

كما تم تدشين نصب تذكاري خاص بالمهاتما غاندي في مزار البحيرة سنة ١٩٥٠– في الذكرى الثلاثين[٣] لـ Self-Realization Fellowship في أمريكا. وهناك جزء من رماد المهاتما الذي أُرسل من الهند محفوظ في ناووس عمره ألف عام.

في سنة ١٩٥١ تم تأسيس «مركز الهند»[٤] في هوليود، وقد شاركني نائب حاكم كاليفورنيا السيد غودوين جيه. نايت ومستر آر. آهوجا قنصل الهند العام في القيام بطقوس التكريس. ويضم المبنى قاعة الهند التي تتسع لمائتين وخمسين شخصاً.

الزائرون الجدد للمراكز العديدة غالبا ما يريدون مزيداً من الضوء على اليوغا. وأحياناً أسمع السؤال التالي:

٢ في عام ١٩٦٧ لم يعد معبد لونغ بيتش كافياً لاستيعاب الحضور فتم الانتقال إلى معبد Self-Realization Fellowship الأرحب في مدينة فوليرتون بكاليفورنيا. (ملاحظة الناشر)

٣ إحياءً لتلك الذكرى قمت بطقس مقدس في لوس أنجلوس في ٢٧ أغسطس/آب ١٩٥٠ حيث كرّست خمسمائة تلميذ في الكريا يوغا.

٤ يؤلف مع المعبد المحاذي له نواة لمركز كبير لصومعة يشرف عليها مريدون كرسوا حياتهم لخدمة الإنسانية وتحقيق المثل السامية، التي وضعها برمهنسا يوغانندا، في حياتهم الخاصة. (ملاحظة الناشر)

السيد غودوين جيه. نايت، نائب حاكم ولاية كاليفورنيا (في الوسط)، مع يوغانانداجي والسيد أيه. بي. روز، بمناسبة تدشين مركز الهند التابع لـ Self-Realization Fellowship والمحاذي لمعبد SRF الذي يظهر في الصورة أدناه، هوليود، كاليفورنيا، ٨ أبريل/نيسان ١٩٥١.

**معبد Self-Realization Fellowship**
كنيسة جميع الأديان، هوليوود، كاليفورنيا

«هل صحيح – بحسب ما تزعم بعض المؤسسات – أن اليوغا لا يمكن دراستها بنجاح من خلال نشرات مطبوعة، بل ينبغي تعلّمها مباشرة من معلم قريب؟»

في هذا العصر الذري ينبغي تلقين علوم اليوغا بوسيلة تعليم محددة مثل (دروس معرفة الذات *Self-Realization Fellowship Lessons*)[٥]، وإلا فقد يقتصر علم اليوغا المحرِّر على قلة مختارة. صحيح لو استطاع كل تلميذ الاحتفاظ بجانبه بمعلم راسخ في الحكمة الإلهية لكان ذلك نعمة لا تقدر بثمن، لكن العالم مؤلف من «خاطئين» كثر ومن قديسين قلائل. فكيف إذاً سيتسنى للجماهير أن تستفيد من اليوغا إن لم يتم ذلك في بيوتهم عن طريق دراسة تعاليم من وضع يوغيين حقيقيين؟

البديل الوحيد هو تجاهل الشخص العادي وحرمانه من معرفة اليوغا. لكن تلك ليست خطة الله للعصر الجديد. لقد وعد باباجي بإرشاد وحماية كل الممارسين المخلصين للكريا يوغا وهم في طريقهم نحو الهدف الأسمى.[٦] الحاجة تمس لمئات الألوف – وليس للعشرات وحسب – من طلاب الكريا يوغا للإتيان بالعالم الذي ينعم بالسلام والرخاء اللذين ينتظران الذين يبذلون المجهود الصحيح لاستعادة مكانتهم كأبناء للآب الإلهي.

إن إنشاء مؤسسة Self-Realization Fellowship في الغرب لتكون «خلية للعسل الروحي» هو واجب كلفني القيام به سري يوكتسوار ومهافاتار باباجي. ولم يكن الوفاء بتلك الثقة المقدسة خالياً من الصعوبات والعراقيل.

في إحدى الأمسيات ابتدرني الدكتور لويد كنال المشرف على المعبد في سان دييغو بالسؤال التالي المقتضب:

٥ هذه السلسلة الشاملة للدارسة المنزلية متوفرة من المقر العالمي لـ Self-Realization Fellowship وهي المؤسسة التي أنشأها برمهنسا يوغانندا لنشر علم الكريا يوغا للتأمل والعيش الروحي. (راجع الصفحة ٥٨٩.) (ملاحظة الناشر)

٦ كما أخبر برمهنسا يوغانندا أيضا تلاميذه في الشرق والغرب بأنه، بعد هذه الحياة، سيظل يرعى التقدم الروحي لكل طلاب الكريا يوغا (طلاب دروس معرفة الذات *Self-Realization Fellowship Lessons* الحاصلين على تكريس الكريا (راجع الصفحة ٣٧٥ حاشية). وحقيقة هذا الوعد الرائع تأكدت منذ مغادرته الواعية للجسد «ماهاسمادهي»، من خلال رسائل عديدة بعث بها ممارسو الكريا يوغا الذين أصبحوا على دراية واعية بحضوره الكلي وإرشاده. (ملاحظة الناشر)

«أخبرني بصراحة يا برمهنساجي: هل استحق ذلك كل [ما كابدته]!»

وقد أدركتُ أنه عنى بذلك: «هل كنت سعيداً في أمريكا! ماذا عن الأكاذيب التي يروجها المضللون الحريصون على منع انتشار اليوغا؟ وماذا عن خيبة الأمل ووجع القلب، والمشرفين على المراكز الذين لم يحسنوا القيام بعملهم، والطلاب الذين تعذّر تعليمهم؟»

فأجبته: «مبارك هو الرجل الذي يجرّبه الرب.» فهو قد تذكر أن يضع من حين لآخر عبئاً على كاهلي.» ثم تذكرت الأوفياء وتذكرت المحبة والإخلاص والفهم التي تنير قلب أمريكا. وواصلت قولي بتأكيد بطيء: «إن جوابي هو نعم، وألف مرة أقول نعم! إن ما قمت به يستحق الاهتمام وقد فاق ما كنت أحلم به من رؤية الشرق والغرب وقد اقتربا من بعضهما بواسطة الرباط الدائم والوحيد: الرباط الروحي.»

إن معلمي الهند العظام الذين أعربوا عن اهتمام كبير بالغرب كانوا على دراية وثيقة بالظروف العصرية. ويعلمون أنه ما لم تتوفر كل البلدان على فهم أفضل للفضائل المميزة للشرق والغرب فلن تتحسن الشؤون العالمية. إن نصفاً واحداً من الكرة الأرضية يحتاج إلى أفضل مما لدى النصف الآخر من تقْدِمات.

أثناء أسفاري في العالم شاهدت الكثير من المعاناة[٧]. المعاناة في الشرق هي على المستوى المادي، أما في الغرب فالشقاء هو على المستوى العقلي أو الروحي. وكل الأمم تدرك الآثار المؤلمة للمدنيات غير المتزنة. فالهند والعديد من البلدان الشرقية الأخرى يمكن أن تنتفع كثيراً من محاكاة البلدان الغربية مثل أمريكا في المعالجة العملية للأمور والفعالية المادية. ومن ناحية أخرى فإن الشعوب الغربية بحاجة إلى فهم أعمق للأسس الروحية للحياة، لا سيما الأساليب العلمية التي قامت الهند بتطويرها منذ القدم من أجل اتصال الإنسان بالله بطريقة واعية.

إن المثل الأعلى لمدنية متوازنة ليس أمراً تصورياً يتعذر تحقيقه. فعلى

٧ «الصوت يدوي من حولي هادراً كالبحر: 'هل تَحطَّمَ عالمك الذاتي وأصبح أنقاضاً فوق أنقاض؟ أما آن لك أن تدرك أن كل الأشياء تهرب منك وتفلت من بين يديك لأنك تبتعد عني؟! ... إن كل ما أخذته منك لم آخذه لأسبب لك الحسرة، بل لعلك تطلبه من يدي. وكل ما ظننتَ – كالطفل – أنك فقدته، ما زلت أحتفظ لك به في بيتي. فهيا انهض، ضع يدك بيدي، وتعال إليّ!'» – فرنسيس تومسون *"The Hound of Heaven"*

مدى آلاف السنين كانت الهند بلاداً تشع نوراً روحياً وتتمتع بازدهار مادي على نطاق واسع. أما الفقر الذي خيّم عليها في المائتي سنة الأخيرة من تاريخها الطويل فلم يكن سوى أحد المظاهر الكارمية العابرة. وقد كانت ثروات الهند[8] مضرب المثل على مدى قرون. فالوفرة المادية وأيضاً الروحية

٨ تُظهر سجلات التاريخ الهند، حتى القرن الثامن عشر، كأغنى دولة في العالم. وبالمناسبة، لا يوجد شيء في الأدب أو التقاليد الهندوسية يميل إلى إثبات النظرية التاريخية الغربية الحالية التي تقول إن الآريين الأوائل «غزوا» الهند من جزء آخر من آسيا أو من أوروبا. من المعروف أن العلماء غير قادرين على تحديد نقطة البداية لهذه الرحلة الخيالية. الأدلة الداخلية في كتب الفيدا، التي تشير إلى الهند باعتبارها موطن للهندوس منذ عصور سحيقة، تم تقديمها في مجلد غير عادي وسهل القراءة بعنوان *Rig-Vedic India*، بقلم أبيناس تشاندرا داس، من منشورات جامعة كلكتا عام ١٩٢١. ويقول البروفيسور داس أن المهاجرين من الهند استقروا في أجزاء مختلفة من أوروبا وآسيا، ونشروا اللسان والفولكلور الآريين. اللغة الليتوانية، على سبيل المثال، تشبه في كثير من النواحي اللغة السنسكريتية بشكل ملفت للنظر. لقد دُهش الفيلسوف كانط، الذي لم يكن يعرف شيئاً عن اللغة السنسكريتية، من البنية العلمية للغة الليتوانية، حيث قال: «إنها تمتلك المفتاح الذي سيفتح كل [صناديق] الألغاز، ليس فقط بالنسبة لفقه اللغة ولكن للتاريخ أيضاً.» يشير الكتاب المقدس إلى ثروات الهند، فيخبرنا في (أخبار الأيام الثاني ٩: ٢١، ١٠) أن «سفن ترشيش» جلبت إلى الملك سليمان «ذهباً وفضة وعاجاً وقروداً وطواويس» وخشب الصندل وحجارة كريمة من أوفير» (التي هي سوبارا على ساحل بومباي). وقد ترك لنا السفير اليوناني ميغاستثين، (القرن الرابع قبل الميلاد)، صورة مفصلة عن ازدهار الهند. ويخبرنا بليني (القرن الأول الميلادي) أن الرومان أنفقوا سنوياً خمسين مليون سيسترسل (٥ ملايين دولار) على الواردات من الهند، التي كانت آنذاك قوة بحرية هائلة. وكتب الرحالة الصينيون بوضوح عن الحضارة الهندية الفخمة، وتعليمها الواسع الانتشار، وحكومتها الممتازة. ويخبرنا الكاهن الصيني فا-هسين (القرن الخامس) أن الشعب الهندي كان سعيداً وصادقاً ومزدهراً. راجع كتاب صموئيل بيل: السجلات البوذية للعالم الغربي *Buddhist Records of the Western World* (الهند كانت «العالم الغربي بالنسبة للصينيين!») تروبنر لندن؛ و كذلك رحلات يوان شوانغ في الهند *On Yuan Chwang's Travels in India A.D. 629–45* تأليف توماس واترز، الجمعية الملكية الآسيوية.

كان كولومبوس، الذي اكتشف العالم الجديد في القرن الخامس عشر، يسعى في الواقع إلى إيجاد طريق تجاري أقصر إلى الهند. فعلى مدى عدة قرون، كانت أوروبا حريصة على امتلاك الصادرات الهندية – من الحرير، والأقمشة الفاخرة (التي استحقت وصف "الهواء المنسوج" و"الضباب غير المرئي")، والمطبوعات القطنية، والقماش المقصّب، وأشغال الإبرة (التطريز)، والسجاد، ولوازم المائدة، والدروع، والعاج، ومشغولات

برمهنسا يوغانندا في صومعة SRF، إنسينيتاس، كاليفورنيا، يوليو/تموز ١٩٥٠

هي تعبير أساسي « ريتا *rita*“ للقانون الكوني أو الصلاح الطبيعي. لا يوجد

العاج، والعطور، والبخور، وخشب الصندل، والفخاريات، والأدوية والمراهم الطبية، والنيلة، والأرز، والتوابل، والمرجان، والذهب، والفضة، واللؤلؤ، والياقوت، والزمرد، والماس. وسجّل التجار البرتغاليون والإيطاليون دهشتهم من الروعة الفائقة في جميع أنحاء إمبراطورية فيجاياناغار (١٣٣٦–١٥٦٥). كما وصف السفير العربي رزاق مجد عاصمتها التي «ما لا عين رأت ولا أذن سمعت بمكان يشبهها على وجه الأرض.»

في القرن السادس عشر، وللمرة الأولى في تاريخها الطويل، وقعت الهند ككل تحت حكم غير هندوسي. فقد غزا بابر التركي البلاد عام ١٥٢٤ وأسس فيها سلالة من الملوك المسلمين. ومع أن الملوك الجدد استوطنوا الأرض القديمة، لكنهم لم يستنزفوا ثرواتها. مع ذلك، وبعد أن أضعفتها الخلافات الداخلية، أصبحت الهند الغنية فريسة للعديد من الدول الأوروبية في القرن السابع عشر. وأخيراً ظهرت إنجلترا كقوة مسيطرة. وفي ١٥ أغسطس/آب ١٩٤٧ حصلت الهند على استقلالها بالطرق السلمية.

وكالعديد من الهنود، لديّ قصة يمكن روايتها الآن. [ذات يوم] اقتربت مني مجموعة من الشبان الذين كنت أعرفهم في الكلية خلال الحرب العالمية الأولى وحثوني على قيادة حركة ثورية. فرفضت وقلت لهم: «إن قتل إخواننا الإنكليز لا يمكن أن يحقق أي خير للهند. فحريتها لن تأتي من خلال الرصاص، بل من خلال القوة الروحية.» ثم حذّرت أصدقائي من أن السفن الألمانية المحمّلة بالأسلحة، والتي كانوا يعتمدون عليها، سيتم اعتراضها من قبل البريطانيين في دايموند هاربور، البنغال. ومع ذلك، مضى الشبان قدماً في خططهم التي فشلت على النحو الذي توقعته. بعد ذلك ببضع سنوات تم إطلاق سراح أصدقائي من السجن. وبعد أن تخلوا عن إيمانهم بالعنف، انضم العديد منهم إلى حركة غاندي السياسية المثالية. وفي النهاية رأوا انتصار الهند في «حرب» تم الفوز بها بالوسائل السلمية.

إن التقسيم المحزن للبلاد إلى الهند وباكستان، والفترة الفاصلة القصيرة، ولكن الدموية التي تلت ذلك في بعض الأجزاء من البلاد، كان سببها عوامل اقتصادية، وليس أساساً التعصب الديني (الذي هو سبب ثانوي غالباً ما يتم تقديمه بشكل خاطئ على أنه سبب رئيسي). والآن، كما كان الحال في الماضي، يعيش عدد لا يحصى من الهندوس والمسلمين، جنباً إلى جنب في مودة ووئام. وقد أصبح الناس من كلا الديانتين، وبأعداد كبيرة، تلاميذاً للسيد "اللامنتمي" كبير (١٤٥٠–١٥١٨)؛ وحتى يومنا هذا لديه الملايين من الأتباع [الذين يعرفون باسم] (كبير- بانثيس). وفي ظل الحكم الإسلامي للإمبراطور أكبر، سادت الهند كلها أوسع حرية دينية ممكنة. واليوم لا يوجد أي تنافر ديني خطير بين ٩٥٪ من البسطاء. إن الهند الحقيقية، الهند التي يمكنها أن تفهم وتتبع المهاتما غاندي، لا توجد في المدن الكبيرة المضطربة، ولكن في ٧٠٠ ألف قرية مسالمة، حيث أن أشكال الحكم الذاتي البسيطة والعادلة من قبل البانشيات (المجالس المحلية) كانت سمة من سمات البلاد منذ زمن سحيق. ومن المؤكد أن المشاكل التي تعاني منها الهند المحررة حديثاً

تقتير عند الله ولا عند الطبيعة ذات الخير الكثير والعطاء الوفير.

تعلّم الكتب الهندوسية المقدسة أن الإنسان ينجذب إلى هذه الأرض بالذات ليتعلم في كل حياة تالية، بشكل أكثر اكتمالاً، الطرقَ اللامتناهية التي يمكن للروح بأن تظهر من خلال الظروف المادية وتتغلب على تلك الظروف. والشرق والغرب يتعلمان هذه الحقيقة العظيمة بطرق مختلفة ويتعين عليهما تقاسم نتائج اكتشافاتهما عن طيب خاطر. وما من شك أن الله يفرح لرؤية بنيه الأرضيين يكافحون للوصول إلى مدنية عالمية متحررة من الفقر والمرض والجهل الروحي. إن جهل الإنسان بموارده المقدسة (الناجم عن سوء استخدامه للإرادة الحرة)[٩] هو السبب الرئيسي لكل أشكال المعاناة الأخرى.

والبلايا المنسوبة إلى تجريدٍ أنثروبومورفي يدعى «المجتمع» يمكن أن تُعزى بواقعية أكبر لكل إنسان[١٠]. والمجتمع المثالي (اليوتوبيا) يجب أن تنمو جذوره في نفوس الأفراد قبل أن يزهر ويزدهر كخير عام. فالإصلاحات الداخلية تفضي بصورة طبيعية إلى إصلاحات خارجية. ومن يُصلِح ذاته يصلح الآلاف.

إن أسفار العالم المقدسة التي صمدت لتجارب واختبارات الزمن هي واحدة في جوهرها وتلهم الإنسان في رحلته نحو تحقيق طموحاته السامية. ومن أسعد فترات حياتي التي صرفتها في إنسينيتاس كانت تلك التي أمضيتها

سوف يتم حلها في الوقت المناسب على يد هؤلاء الرجال العظماء الذين لم تفشل الهند أبداً في إنجابهم.

٩ بسخاء نخدم، لإننا نسخو بمحبتنا وبإرادتنا الطيبة. إن بقاءنا وسقوطنا منوطان بمحبتنا أو عدمها. البعض سقط.. سقط بفعل التمرد والعصيان.. سقط من السماء إلى أعماق الجحيم. فما أفظع السقوط من حالة النعيم إلى حيث البلاء والعناء! (ميلتون في كتابه: الفردوس المفقود *"Paradise Lost"*).

١٠ إن الخطة الإلهية «ليلا *lila*» التي بواسطتها أتت العوالم الظاهرة إلى الوجود هي نوع من المبادلة أو الأخذ والعطاء بين المخلوق والخالق. والهبة الوحيدة التي يستطيع الإنسان أن يقدمها لله هي الحب الذي يكفي لأن يستجلب سخاءه العميم. «إياي أنتم سالبون هذه الأمة كلها. هاتوا جميع العشور إلى الخزنة ليكون في بيتي طعام وجربوني بهذا قال رب الجنود إن كنت لا أفتح لكم كوى السماوات وأفيض عليكم بركة حتى لا توسع.» – ملاخي ٣: ٩–١٠.

سفير الهند لدى الولايات المتحدة، السيد بيناي رانجان سِن، مع شري يوغانندا في المقر العالمي لـ Self-Realization Fellowship، لوس أنجلوس، ٤ مارس/آذار ١٩٥٢ - قبل ثلاثة أيام من رحيل اليوغي العظيم.

في كلمة تأبينية أثناء مراسم الجنازة في ١١ مارس، قال السفير سِن «لو كان لدينا اليوم رجل مثل برمهنسا يوغانندا في الأمم المتحدة، فلربما كان العالم مكاناً أفضل مما هو عليه الآن. وعلى حد علمي، لم يعمل أحد أكثر مما قام به لربط شعبيّ الهند وأمريكا معاً.»

في إملاء تفسيري لجزء من العهد الجديد[١١] لنشره في مجلة معرفة الذات *Self-Realization Magazine*. وقد توسلت بحرارة للمسيح كي يلهمني المعاني الحقيقية لتعاليمه التي على مدى عشرين قرناً أُسيء فهم الكثير منها على نحو محزن.

وذات ليلة، بينما كنت أصلّي بصمت، امتلأتْ حجرة الاستقبال في صومعة إنسينيتاس بضوءٍ بلون الأوبال الأزرق، وأبصرتُ الشكل المشع للسيد المبارك يسوع المسيح.

١١ إن تفسير برمهنسا يوغانندا الشامل للأناجيل الأربعة منشور في كتاب بعنوان *The Second Coming of Christ: The Resurrection of the Christ Within You*. وهو من منشورات *Self-Realization Fellowship*. (ملاحظة الناشر)

لقد بدا شاباً في حوالي الخامسة والعشرين، بلحية وشارب خفيفين؛ وكان شعره الفاحم الطويل، المفروق في الوسط، محاطاً بهالةٍ من الذهب المتوهج.

كانت عيناهُ عجيبتين طوال الوقت، بشكل خارق للعادة. وإذ حدّقتُ بهما لاحظت أنهما تتغيران بكيفية لا نهائية. وفي كل انتقال مقدّس لتعبيرهما أدركتُ يقيناً الحكمة المنبثقة عنهما، ولمستُ في نظرته المهيبة القوة التي تسند العوالم التي لا حصر لها.

وظهرت كأس مقدّسة على فمه؛ انتقلت لشفتيَّ، ثم عادت ليسوع. وبعد برهة قصيرة نطق بكلمات جميلة ذات طابع شخصي، بحيث أحتفظ بها في قلبي.

وقد صرفت الكثير من الوقت بين سنتي ١٩٥٠ و ١٩٥١ في خلوة هادئة بالقرب من صحراء موهافي في كاليفورنيا. وهناك قمت بترجمة وتفسير البهاغافاد غيتا مع شرح مفصل[١٢] يعرض الطرق المتعددة لليوغا.

لقد أشارت البهاغافاد غيتا صراحة مرتين[١٣] إلى طريقة يوغية (هي الطريقة الوحيدة المذكورة في أعظم كتب الهند المقدسة، وهي نفس الطريقة التي سمّاها باباجي ببساطة كريا يوغا)، وبذلك قدّمت [البهاغافاد غيتا] تعليماً عملياً إضافة إلى التعليم الخلقي. في بحر عالمنا الحالم، التنفس هو تلك العاصفة الوهمية المحددة التي تجعلنا على دراية بالأمواج الفردية – من أشكال البشر وكل الأشياء المادية الأخرى. وإذ أدرك السيد كريشنا أن المعرفة الفلسفية والأخلاقية غير كافية لإيقاظ الإنسان من حلمه المؤلم لوجوده المنفصل، فقد أشار إلى العلم المقدس الذي بواسطته يمكن لليوغي التحكم بجسمه وتحويله بالإرادة إلى طاقة نقية. وهذا الإنجاز اليوغي ليس خارج نطاق الإدراك النظري للعلماء العصريين، إذ ثبتَ أن كل المادة قابلة للاختزال إلى طاقة.

١٢ *God Talks With Arjuna: The Bhagavad Gita — Royal Science of God-Realization*، من منشورات Self-Realization Fellowship. كتاب البهاغافاد غيتا هو أكثر كتب الهند المقدسة قرباً إلى القلوب. يتألف من محاورة بين السيد كريشنا (الذي يرمز إلى الروح) وتلميذه أرجونا (الذي يرمز إلى النفس: نفس التلميذ المثالي): ويتضمن كلمات خالدة من الهداية الروحية قابلة للتطبيق من قبل كل الباحثين عن الحقيقة. وتنطوي الرسالة الجوهرية للغيتا على إمكانية حصول الإنسان على الخلاص من خلال حبه لله، والحكمة، والقيام بالأعمال الصحيحة بروح من عدم التعلق.

١٣ بهاغافاد غيتا ٤:٢٩ و ٥:٢٧-٢٨.

وتشيد أسفار الهند المقدسة بعلم اليوغا الذي يمكن للبشرية استخدامه بشكل عام. صحيح أن سر التنفس تم اكتشافه في بعض الأحيان دون استخدام أساليب اليوغا التقليدية، كما هو الحال بالنسبة للمتصوفين من غير الهندوس الذين امتلكوا قوى فائقة من الحب العظيم لله. ومثل هؤلاء القديسين المسيحيين والمسلمين وغيرهم قد شوهدوا في حالة الغيبوبة عديمة التنفس والحركة (سابيكالبا سمادهي)[١٤] والتي لا يمكن بدونها لأي إنسان أن يدخل المراحل الأولى لإدراك الله. (لكن بعد أن يبلغ القديس حالة نيربيكالبا سمادهي أو نشوة السمادهي الروحية الأسمى يصبح راسخاً رسوخاً كلياً في الله – سواء أكان دون تنفس أو يتنفس، ساكناً أو نشطاً.)

ويخبرنا المتصوف المسيحي الأخ لورنس من القرن السابع عشر أنه حصل على اختباره الأول في معرفة الله عندما كان ينظر إلى شجرة. إن معظم البشر تقريباً رأوا شجرة، لكن للأسف القليل منهم فقط أبصر خالق الشجرة. معظم الناس لا يقدرون البتة على استقطاب قوى الحب الإلهي التي لا تُقاوم والتي يملكها دون عناء عدد قليل من القديسين «الصادقين المخلصين» إيكانتنز، الموجودين في كل الأديان، سواء في الشرق أو الغرب. ومع ذلك، فإن الشخص العادي[١٥] لن يُحرم من إمكانية التواصل الإلهي. وهو لا يحتاج من أجل التذكّر الروحي إلى أكثر من طريقة الكريا يوغا والمراعاة اليومية للوصايا الأخلاقية مع الرغبة الصادقة في المناجاة بالقول: «يا رب أتشوق للتعرف عليك!»

ولهذا فإن القبول العالمي لليوغا يكمن في قدرتها على التقرب من الله بواسطة ممارسة علمية وعملية على أساس يومي، بدلاً من حماسة تعبدية ملتهبة تفوق المجال العاطفي للشخص العادي.

١٤ راجع الفصل ٢٦. ومن بين الصوفيين المسيحيين الذين شوهدوا في حالة سابيكالبا سمادهي نذكر القديسة تريزا الأفيلية التي كان جسمها يصبح ثابتاً بشدة وعديم الحركة بحيث لم تتمكن راهبات الدير المندهشات من تغيير موضعها أو إيقاظها كي تعود إلى الدراية بالعالم الخارجي.

١٥ يجب أن يشرع «الشخص العادي» ببداية روحية في مكان ما وفي زمن ما. قال لاو تسو ملاحظاً «إن رحلة الألف ميل تبدأ بخطوة واحدة.» والسيد بوذا أيضاً قال: «يجب ألا يستخف أحد بالخير، مفكراً في قلبه: 'لن يأتي إليّ'. فبقطرات الماء المتساقطة يمتلئ الإناء. والحكيم يمتلئ بالخير حتى ولو استجمعه شيئاً فشيئاً.»

ويطلق على عدد من معلمي الجين العظام لقب تيرثاكاراس «صُناع المعابر»، لأنهم يدّلون على الممر الذي بواسطته يمكن للبشرية الحائرة أن تعبر بسلام فوق بحار السمسارا المتلاطمة (عجلة الكارما التي ترمز إلى الحيوات والميتات المتعاقبة). والسمسارات (التي تعني حرفياً «الانجراف» مع التيار الهائل) تغري الإنسان بالسير على المسار الأقل مقاومة. «من أراد أن يكون محباً للعالم فقد صار عدواً لله.»[16] ولكي يصبح موالياً لله يجب على الإنسان أن يقهر شياطين أو شرور الكارما الخاصة به أو أفعاله التي تحثه دوماً على الإذعان لأوهام العالم دون مقاومة. إن معرفة قانون الكارما الذي بصلابة الحديد يشجع الباحث الجاد في البحث عن طريق للإفلات بصورة نهائية من قيود وأغلال ذلك القانون. ولأن عبودية البشر الناجمة عن كارماهم متجذرة في شهوات ذوي العقول المظلمة بالخداع الكوني مايا، فإن اهتمام اليوغي منحصر في ضبط العقل[17]، حيث يتخلص الإنسان من حجب الجهل — المتراكمة بفعل الكارما — ويبصر ذاته في جوهره الأصلي.

إن سر الحياة والموت مرتبط ارتباطاً وثيقاً بالتنفس. واكتشاف هذا السر هو الغاية الوحيدة من وجود الإنسان على الأرض. فعدم التنفس يعني عدم

١٦ يعقوب ٤:٤.

١٧ بثبات يشتعل المصباح محمياً من الريح.
وهكذا أيضاً عقل اليوغي.
فإذ يُغلَق في وجه عواصف الحواس، يتقد ويشرق نوره نحو السماء،
حينما يتأمل بهدوء وصفاء مقدس.
عندما تتأمل النفس في ذاتها تصبح مطمئنة
وتعرف الفرح الذي يفوق كل المسميات وتتخطى نطاق الحواس؛
ذلك الفرح يتم الكشف عنه للنفس وحدها!
وإذ تحظى النفس بالمعرفة، تفارقها الحيرة والارتباك
و تصبح مخلصة للحق الأسمى مكرسة له.
وإذ تعتصم بالحق وتستقر فيه،
تدرك أن ما من كنز آخر في الوجود يقارن به.
عندئذٍ لا يمكن لشيء أن يزعجها ولن تؤثر بها أشد الأحزان.
تلك الحالة تدعى 'السلام'. وذلك التحرر يدعى اليوغا.
وذلك الإنسان يدعى اليوغي الكامل!
البهاغافاد غيتا ٦:١٩-٢٣ (ترجمة آرنولد [من السنسكريتية إلى الإنكليزية])

الموت. وإذ أدرك حكماء الهند القدامى (الريشيز) هذه الحقيقة فقد امتلكوا الدليل الأوحد فيما يتعلق بالتنفس وابتكروا علماً دقيقا ومنطقياً لوقف التنفس.

ولو لم تقدم الهند هدية أخرى للعالم، فإن الكريا يوغا وحدها تكفي لأن تكون هدية ملكية.

الكتاب المقدس يتضمن فقرات تبين أن الأنبياء العبرانيين كانوا على دراية وثيقة بأن الله جعل التنفس رباطاً شفافاً بين الجسم والنفس. ويذكر سفر التكوين: «وجبل الربُ الإلهُ آدمَ تراباً من الأرض، ونفخ في أنفه نسمة حياة فصار آدمُ نفساً حية.»[١٨] فالجسم البشري مكوّن من مواد كيميائية ومعدنية موجودة أيضاً في «تراب الأرض». وجسم الإنسان لا يمكنه أبداً القيام بأي نشاط أو إظهار الطاقة أو الحركة لولا تيارات الحياة التي تنقلها النفس إلى الجسم بواسطة التنفس (الطاقة الغازية) في الأشخاص غير المستنيرين. وتيارات الحياة التي تعمل في الجسم البشري على شكل خمسة أنواع من الطاقة الحيوية الشفافة براناهي مظهر من مظاهر اهتزاز أوم للنفس كلية الوجود.

وانعكاس الحياة أو مظهرها الذي يلمع في خلايا الجسم من مصدر الروح هو السبب الوحيد لتعلق الإنسان بجسمه؛ إذ من المؤكد أنه لن يبدي اهتماماً بالغاً بكتلة من الطين. والإنسان يحقق ذاته من قبيل الوهم مع جسمه المادي بفعل تيارات الحياة المنبثقة عن النفس والتي يتم نقلها عن طريق التنفس إلى الجسم بقوة هائلة تجعل الإنسان يظن أن النتيجة هي السبب ويتوهم أن لجسمه حياة مستقلة بذاتها.

في حالته الواعية يكون الإنسان على دراية بجسمه وتنفسه. وحالة اللاوعي، التي تنشط أثناء النوم، تقترن بانفصاله العقلي المؤقت عن الجسم والتنفس. وفي حالته السامية يتحرر من التوهّم بأن «بقاءه حياً» يعتمد على الجسم والتنفس.[١٩] الله يحيا دون تنفس، والنفس المخلوقة على صورته تصبح

١٨ تكوين ٢:٧.

١٩ «لن تستمتع بالعالم بشكل صحيح ما لم يجرِ البحر ذاته في عروقك، وما لم ترتدِ السموات كثوب لك، وتتوج بالكواكب والنجوم، وتدرك أنك الوارث الأوحد للعالم بأسره وأكثر من ذلك. والناس أيضاً موجودون في العالم وكل واحد منهم وارث أوحد مثلك، وما لم تنشد وتفرح وتبتهج في الله ابتهاج البخلاء بالذهب والملوك بالصولجانات... وحتى تكون على معرفة بطرق الله في كل العصور معرفتك بطريقة مشيك وبمائدتك؛ وحتى

**برمهنسا يوغانندا – «الابتسامة الأخيرة»**

صورة فوتوغرافية التقطت قبل ساعة من الماهاسمادي (الخروج الواعي الأخير لليوغي من الجسد) في مأدبة أقيمت على شرف سفير الهند بيناري آر. سِن، ٧ مارس/آذار ١٩٥٢، في لوس أنجلوس، كاليفورنيا.

وكان المصور قد التقط هنا ابتسامة محبة تبدو وكأنها بركة الوداع لكل واحد من الملايين من أصدقاء المعلم وطلابه وتلاميذه. إن العينين اللتين كانتا تحدقان بالفعل في الأبدية لا تزالان مليئتين بالدفء والفهم الإنساني.

لم يكن للموت سلطان التحلل على هذا المحب لله الذي لا يضاهى؛ فقد أظهر جسده حالة استثنائية من عدم التغير. راجع الصفحة ٥٨٨).

لأول مرة على دراية واعية بذاتها فقط أثناء الحالة الواعية لعدم التنفس.

عند انقطاع التنفس الذي يربط النفس بالجسد – بفعل الكارما التطورية – يحدث الإنتقال الفجائي أو ما يسمى «الموت» فتعود الخلايا المادية إلى حالتها الطبيعية الواهنة. أما بالنسبة لممارس الكريا يوغا فإن رباط التنفس ينقطع إرادياً بطريقة علمية حكيمة وليس بالتطفل الفظ للضرورة الكارمية. وبالاختبار الفعلي يصبح اليوغي على دراية فعلية بطبيعته الجوهرية غير المادية دون الحاجة إلى الإشارة الواضحة إلى حد ما من الموت بأن الإنسان يخطئ بشدة إن هو وضع ثقته في جسد مادي.

وفي حياة بعد حياة يتقدم كل إنسان (بحسب طريقة سيره، مهما كان غير منتظم) – نحو هدفه الأسمى. والموت الذي لا يحول دون التقدم صعوداً، يوفر للإنسان بيئة أكثر ملاءمة في عالم كوكبي لتنقية نفسه من الشوائب. «لا تضطرب قلوبكم... ففي بيت أبي منازل كثيرة.»[٢٠] في الحقيقة من غير المعقول أن يكون الله قد استنفد براعته في تنظيم هذا العالم، أو أنه لن يقدم في العالم التالي شيئاً أكثر تشويقاً وملاءمة لاهتماماتنا من عزف القيثارات!

الموت ليس محواً للوجود ولا هروباً نهائياً من الحياة. وليس الموت الطريق إلى الخلود. فالذي ترك ذاته العليا وانغمس في المباهج الأرضية لن يستردها وسط المحاسن الشفافة في عالم كوكبي. ففي ذلك العالم يستجمع فقط مدركات أكثر دقة واستجابات أكثر رهافة للجميل والصالح اللذين هما واحد. وعلى سندان هذه الأرض الكثيفة يجب أن يطرق الإنسان المكافح الذهبَ الخالد لهويته الروحية. وإذ يحمل الإنسان بيده الكنز الذهبي الذي اكتسبه بصعوبة ويقدمه للموت الجشع، الذي لا يقبل هدية أخرى غيره، فإنه يحصل على تحرره النهائي من دورات التجسد المادي.

لقد قمت لعدة سنين بعقد فصول دراسية في إنسينيتاس ولوس أنجلوس حول سترات اليوغا *Yoga Sutras* لبتانجالي ومواضيع أخرى معمقة في الفلسفة

تعرف أسرار الفراغ الكوني الغامض الذي منه أتى العالم إلى الوجود.»

*—Thomas Traherne, "Centuries of Meditations"*

٢٠ يوحنا ١٤:١-٢.

الهندية.

في إحدى الأمسيات سألني أحد طلاب الصف: «لماذا جمع الله النفس والجسد معاً؟ وما الذي قصده من بدء هذه الدراما التطورية للخلق؟» لقد طرح عدد لا يحصى من أشخاص آخرين مثل هذه الأسئلة التي حاول الفلاسفة، دون جدوى، الحصول على إجابات شافية عليها.

عادة ما كان سري يوكتسوار يقول مبتسماً «دع بعض الأسرار لكي تكتشفها في الأبدية. فكيف لقوى الانسان الفكرية المحدودة أن تدرك دوافع الكائن المطلق غير المخلوق التي لا يتصورها العقل؟[٢١] إن قدرة الإنسان العقلية المقيدة بمبدأ السبب والنتيجة في هذا العالم الظاهر تقف حائرة أمام لغز الله الذي لا بداية له ولا مُسبب. مع ذلك، وبالرغم من عدم قدرة عقل الإنسان على سبر أغوار الخليقة، إلا أن الله نفسه سيقوم في نهاية المطاف بإطلاع المريد على كل الأسرار.»

إن من يتشوق بصدق للحكمة يقنع بأن يبدأ بحثه بالإلمام المتواضع ببعض أولويات المخطط الإلهي ولا يطالب قبل الأوان بمعرفة تفصيلية «لنظرية أينشتاين» الرياضية.

«الله لم يره أحد قط» (لا قدرة للإنسان الخاضع لـ 'الزمن': لنسبيات

٢١ «لأن أفكاري ليست أفكاركم، ولا طرقي طرقكم يقول الرب. لأنه كما علت السموات عن الأرض، هكذا علت طرقي عن طرقكم وأفكاري عن أفكاركم.» أشعياء ٥٥: ٨ -٩.
وقد شهد دانتي في كتابه الكوميديا الإلهية *The Divine Comedy* بما يلي:

«كنت في تلك السماء فائقة الإنارة بنور منبثق منه،
ورأيت أشياء لا يمكن للعائد منها أن يتحدث عنها
لعدم امتلاكه الحذق والمعرفة اللازمين.
فعندما تقترب عقولنا من غاية أشواقها تغمرها أعماق لا قرار لها
فتعجز عن تلمّس السبيل ثانية [إلى تلك السماء].
ولكن كل ما استطاعت الذاكرة أن تختزنه من تلك المملكة المقدسة
سيظل هاجسي حتى آخر لحظات عمري.»

الوهم الكوني مايا[٢٢] على إدراك المطلق اللانهائي.) الابن الوحيد الذي هو في حضن الآب (وعي المسيح المنعكس، أو العقل الكلي الظاهر في الوجود، والذي يوجّه كل الظواهر البنيوية عن طريق اهتزاز أوم، قد انبثق من 'حضن' أو أعماق الله غير المخلوق من أجل إظهار التنوع في الوحدة)، هو خبر: أي أخبرَ عن وجوده[٢٣] (وأظهره للعيان).

لقد أوضح السيد المسيح هذا بقوله: «الحق، الحق أقول لكم لا يقدر الابن أن يعمل من نفسه شيئاً إلا ما ينظر الآب يعمل، لأن مهما عمل ذاك فهذا يعمله الابن كذلك.»[٢٤]

إن طبيعة الله الثلاثية حسبما يعلن وجوده في العوالم الظاهرة ترمز إليها الأسفار الهندوسية المقدسة ببراهما الخالق، وفيشنو الحافظ، وشيفا المدمر – المجدد. وتلك الطبيعة يتجلى نشاطها الثلاثي في كل جزء من أجزاء الخليقة الإهتزازية. وكما أن المطلق هو ما وراء قوى الإنسان التخيلية، فإن الهندوسي التقي يعبده في مظاهره الثلاثية المجيدة.[٢٥]

ومع ذلك فإن مظهر الله العام للخلق والحفظ والتدمير لا يمثل طبيعته النهائية ولا حتى طبيعته الجوهرية (لأن الخليقة الكونية ليست سوى ملهاته الخلاقة ليلا *lila*.)[٢٦] فخصائصه الجوهرية لا يمكن إدراكها حتى بإدراك كل أسرار التثليث، لأن طبيعته الخارجية حسبما تبدو في التدفق الذري تعبّر عنه

٢٢ إن دورة الأرض اليومية من النور إلى الظلام وبالعكس، هي تذكير دائم للإنسان بأن الخليقة غارقة في الوهم الكوني مايا أو الحالات المتعاكسة. (لذلك فإن الفترتين الانتقاليتين أو المتعادلتين من اليوم: الفجر والغسق تعتبران ميمونتين للتأمل.) وبتمزيق نسيج الوهم الثنائي يدرك اليوغي وحدته الإلهية الفائقة.

٢٣ يوحنا ١:١٨.

٢٤ يوحنا ٥: ١٩.

٢٥ هناك مفهوم مختلف عن حقيقة التثليث هو: سات، تات، أوم، أو آب وابن وروح قدس. ويمثل براهما - فيشنو - شيفا المظهر الثلاثي لله في صورة تات أو الابن، وعي المسيح الحال في الخليقة الاهتزازية. أما القوى *shaktis* "قرينات" الثالوث فهي رموز لـ أوم أو الروح القدس، القوة السببية الوحيدة التي تسند الكون عن طريق الاهتزاز (راجع الصفحة ١٨٧ حاشية، والصفحة ٢٤١ حاشية.)

٢٦ «أيها الرب... أنت خلقت كل الأشياء، فهي لسرورك كائنة وخُلقت.» – رؤيا ٤:١١.

فقط دون أن تظهره. أما الطبيعة الختامة لله فتعرف فقط عندما «يصعد الابن إلى الآب.»[٢٧] الإنسان المتحرر يعبُر المناطق الاهتزازية ويدخل إلى المصدر الكوني عديم الاهتزاز.

لقد التزم جميع الأنبياء العظماء الصمت عندما طُلب منهم الكشف عن الأسرار النهائية. وحينما سأل بيلاطس «ما هو الحق»[٢٨] لم يعطِ المسيح جواباً. فالأسئلة الكبيرة المتباهية التي يطرحها العقلانيون من أمثال بيلاطس نادراً ما تصدر عن روح مهتمة بالبحث والتحقيق. بل مثل هؤلاء الأشخاص يتكلمون باستعلاء أجوف يَعتبر أن عدم الاقتناع بالقيم الروحية[٢٩] هو علامة من علامات «الانفتاح العقلي.»

«لهذا قد ولدت أنا ولهذا قد أتيت إلى العالم لأشهد للحق. كل من هو من الحق يسمع صوتي.»[٣٠] بهذه الكلمات القليلة قال المسيح مجلدات. فابن الله «يشهد [للحق]» من خلال حياته. إنه يجسّد الحق وإن قام بشرحه فذلك فضل منه وزيادة عن الحاجة.

الحق ليس نظرية ولا منظومة فلسفية تخمينية. الحق مطابق تمام المطابقة للحقيقة. وبالنسبة للإنسان، الحق هو المعرفة الراسخة لطبيعته الحقيقية – لذاته كروح. وقد أثبت السيد المسيح في حياته، من خلال كل عمل قام به وكل كلمة نطقها، بأنه أدرك حقيقة وجوده – مصدره الإلهي. ولأنه كان متحداً اتحاداً تاماً بوعي المسيح، فقد تمكن من القول بتأكيد بسيط وقاطع: «كل من هو من الحق يسمع صوتي.»

وبوذا أيضاً رفض إلقاء الضوء على الحقائق الماورائية النهائية، مشيراً بجدية إلى أن أفضل استخدام للحظات الإنسان القصيرة على الأرض هو في تهذيب طبيعته الخلقية وجعلها مثالية. والصوفي الصيني لاو تسو كان صائباً

٢٧ يوحنا ١٤:١٢.

٢٨ يوحنا ١٨: ٣٨.

٢٩ «حِب الفضيلة فهي وحدها حرة طليقة،
ويمكنها أن تعلّمك الصعود إلى ما فوق قبة السماء.
أو لو أن الفضيلة كانت مستضعفة واهنة
لنزلت السماء إليها من عليائها.»
— *Milton, "Comus"*

٣٠ يوحنا ١٨:٣٧.

عندما علّم قائلاً: «من يعرف [الحق] لا يتحدث عنه، ومن يتحدث عنه لا يعرفه.» فأسرار الله النهائية ليست «قابلة للنقاش.» وفك تشفير أسراره هو فن لا يمكن لإنسان أن ينقله لغيره. الله هنا هو وحده المعلم الإلهي.

«كفّوا [عن الحركة] واعلموا أني أنا الله.»[٣١] فالسيد الرب الذي لا يباهي بحضوره يُسمع صوته فقط في أعماق السكينة التامة. والصوت الأزلي المدوي في أرجاء الكون بصورة اهتزاز أوم الخلاق يترجم ذاته على الفور إلى كلمات يفهمها المريد المتناغم معه.

لقد شرحت الفيدا الغرض الإلهي من الخليقة بقدر ما يستطيع عقل الإنسان إدراكه. فقد علّم الحكماء القدامى (الريشيز) أن الله خلق كل كائن بشري كنفس لكي تُظهر على نحو فريد ميزة خاصة من مزايا اللانهائي قبل استعادة وحدتها المطلقة معه. وبحصول كل البشر على مظهر من الفردية الإلهية فإنهم أعزاء عليه على حد سواء.

إن الحكمة التي ادّخرتها الهند الأخت الكبرى بين البلدان هي تراث البشرية جمعاء. فالحقيقة الفيدية ككل حقيقة أخرى هي لله وليس للهند. والحكماء القدامى الذين كانت عقولهم أجهزة استقبال نقية لتلقّي الأسرار الفيدية العميقة المقدسة كانوا أفراداً من الجنس البشري، وُلدوا على هذه الأرض بدلاً من كوكب آخر لكي يخدموا الإنسانية ككل. الفوارق التمييزية على أساس العرق أو الوطن لا معنى لها في منطقة الحق، حيث المؤهَّل الوحيد هو الاستعداد الروحي للتلقي والتقبل.

الله محبة، وخطته من أجل الخليقة لا يمكن إلا أن تكون مؤسسة على الحب وحده. ألا تقدم هذه الفكرة البسيطة للقلب البشري عزاءً أكبر من كل الحجج والبراهين الغزيرة؟ إن كل قديس نفذ إلى قلب الحقيقة شهد بأن هناك خطة كونية مقدسة وأنها جميلة ومليئة بالفرح.

لقد كشف الله للنبي أشعياء عن مقاصده في الكلمات التالية:

> «هكذا تكون كلمتي [أوم المبدعة الخلاقة]، التي تخرج من فمي لا ترجع إليّ فارغة. بل تعمل ما سررت به وتنجح فيما أرسلتها له. لأنكم بفرح تخرجون وبسلام تحضرون. الجبال والآكام تشيد أمامكم ترنماً وكل شجر

٣١ مزامير ٤٦:١٠. إن الغاية من علم اليوغا هي امتلاك تلك السكينة الباطنية الضرورية التي بواسطتها يمكن للإنسان أن «يعرف الله.»

الحقل تصفق بالأيادي.» (أشعياء ٥٥: ١١-١٢).

«بفرح تخرجون وبسلام تحضرون.» إن أناس القرن العشرين الذين يعانون من ضغوط شديدة يستمعون بشوق لذلك الوعد الرائع! والحقيقة الكامنة في تلك الكلمات يمكن أن يدركها من يعمل بهمة وإقدام لاستعادة إرثه المقدس.

إن دور الكريا يوغا المبارك في الشرق والغرب هو بالكاد في بدايته. ونأمل أن يعلم جميع الناس أن هناك طريقة علمية أكيدة لمعرفة الذات تساعد على التغلب على كل شقاء بشري!

وإذ أبعث بالمحبة عبر الأمواج الفكرية إلى الآلاف من طلاب الكريا يوغا المنتشرين كالجواهر المتلألئة على سطح الأرض، غالباً ما أفكر شاكراً: «يا رب، لقد منحتَ هذا الراهب أسرة كبيرة!»

# برمهنسا يوغانندا:
# يوغي في الحياة والموت

دخل برمهنسا يوغانندا حالة ماهاسمادهي (الخروج الواعي الأخير لليوغي من الجسد) في لوس أنجلوس، كاليفورنيا، في ٧ مارس/آذار ١٩٥٢، بعد اختتام كلمة ألقاها في مأدبة أقيمت على شرف سعادة سفير الهند بيناري آر. سِن.

لقد أظهر المعلم العالمي العظيم قيمة اليوغا (الأساليب العلمية لمعرفة الله) ليس فقط في الحياة بل في الموت أيضاً. فبعد أسابيع من رحيله، ظل وجهه الذي لم يتغير ولم يتطرق إليه الفساد يشع بريقاً مقدساً.

وقد أرسل المستر هاري تي. رو Harry T. Rowe، مدير مدفن فورست لاون ميموريال بارك Forest Lawn Memorial Park (حيث تم وضع جثمان المعلم العظيم مؤقتاً) خطاباً موثقاً إلى Self-Realization Fellowship، وهذه مقتطفات منه:

«إن عدم وجود أي علامات مرئية للتعفن في جثمان برمهنسا يوغانندا هو الحالة الأكثر استثنائية في تجربتنا... إذ لم يظهر تحلل مادي في جسده حتى بعد عشرين يوماً من وفاته... ولم تظهر علامات التعفن على بشرته، ولم يظهر جفاف في أنسجة الجسم. وهذه الحالة من الحفظ التام للجسد هي، على حد معرفتنا بالسجلات الجنائزية، حالة لا مثيل لها... فعند استلام جثمان يوغانندا، توقع عمال الدفن أن يلاحظوا من خلال الغطاء الزجاجي للنعش، علامات التحلل التدريجي للجسد. لكن دهشتنا زادت مع توالي الأيام دون حدوث أي تغيير واضح في الجسد الذي كان تحت المراقبة. فجسد يوغانندا كان على ما يبدو في حالة استثنائية من عدم التغيير... حيث لم تنبعث من جسده رائحة التعفن في أي وقت...

«ففي ٢٧ مارس كان المظهر الجسدي ليوغانندا، قبل وضع الغطاء البرونزي على التابوت، هو نفسه كما كان في ٧ مارس. لقد بدا يوم ٢٧ مارس غضاً دون أثر للتحلل مثلما كان ليلة وفاته. وفي ٢٧ مارس لم يكن هناك سبب يدعونا للقول بأن جسده قد عانى من أي تحلل جسدي مرئي على الإطلاق. ولهذه الأسباب نعلن مرة أخرى أن حالة برمهنسا يوغانندا هي فريدة من نوعها في تجربتنا.»

# طوابع وعملات تذكارية
# تكريماً لبرمهنسا يوغانندا
# ولاهيري مهاسايا

في مناسبتين اثنتين، أصدرت حكومة الهند طوابع تذكارية خاصة تكريماً لحياة وأعمال برمهنسا يوغانندا: (يسار) في عام ١٩٧٧، بمناسبة الذكرى الخامسة والعشرين [لخروجه الأخير بصورة واعية من الجسد] مهاسمادهي؛ و(يمين) في عام ٢٠١٧، تكريماً للذكرى المئوية لتأسيسه جماعة يوغودا ساتسانغا في الهند.

في عام ٢٠١٩، كرّمت حكومة الهند برمهنسا يوغانندا بإصدار عملة خاصة بقيمة ١٢٥ روبية بمناسبة الذكرى ١٢٥ لميلاده. وجاء في جزء من نشرة مصاحبة صادرة عن الحكومة: "إن لتعاليم برمهنسا يوغانندا الخاصة باليوغا العلمية وغير الطائفية جاذبية عالمية للناس من جميع الأديان ومختلف مناحي الحياة."

وفي عام ٢٠٢٠، أصدرت الحكومة أيضاً عملة تذكارية بقيمة ١٢٥ روبية تكريماً للذكرى ١٢٥ لمهاسمادهي لاهيري مهاسايا، رائد الكريا يوغا.

# موارد إضافية بخصوص تعاليم برمهنسا يوغانندا حول كريا يوغا

Self-Realization Fellowship مكرّسة لتقديم المساعدة دون قيود للباحثين في جميع أنحاء العالم. للحصول على معلومات بخصوص سلسلتنا السنوية من المحاضرات والفصول العامة، وخدمات التأمل الإلهامية في معابدنا ومراكزنا حول العالم، وجدول الخلوات والأنشطة الأخرى، ندعوكم لزيارة موقعنا على الإنترنت أو مقرنا العالمي:

www.yogananda.org

Self-Realization Fellowship
3880 San Rafael Avenue
Los Angeles, CA 90065-3219
+1 (323) 225-2471

# دروس
# Self-Realization Fellowship

إرشادات وتعليمات شخصية
من برمهنسا يوغانندا
حول التأمل ومبادئ الحياة الروحية

إذا كنت تشعر بالانجذاب إلى الحقائق الروحية المشروحة في مذكرات يوغي *Autobiography of a Yogi*، فإننا ندعوك للتسجيل في دروس معرفة الذات *Self-Realization Fellowship Lessons.*

لقد أنشأ برمهنسا يوغانندا سلسلة الدراسة المنزلية هذه لإتاحة الفرصة للباحثين المخلصين لتعلّم وممارسة أساليب تأمل اليوغا القديمة التي يحتويها هذا الكتاب – بما في ذلك علم الكريا يوغا. وتقدم الدروس أيضاً إرشاداته العملية لتحقيق التوازن والرفاه الجسدي والعقلي والروحي. تتوفر دروس *Self-Realization Fellowship* مقابل رسم رمزي (لتغطية تكاليف الطبع والبريد)، ويقدم رهبان وراهبات *Self-Realization Fellowship* لجميع الطلاب إرشادات شخصية حول الممارسة التطبيقية للدروس.

**لمزيد من المعلومات...**

يرجى زيارة الموقع الإلكتروني www.srflessons.org لطلب حزمة تتضمن معلومات مجانية شاملة عن الدروس.

# كتب باللغة العربية من تأليف برمهنسا يوغانندا

منشورات عربية من Self-Realization Fellowship
متوفرة على الموقع الإلكتروني
www.srfbooks.org
أو غيره من مكتبات بيع الكتب عبر الإنترنت

Self-Realization Fellowship
3880 San Rafael Avenue • Los Angeles, CA 90065-3219
Tel: +1 (323) 225-2471 • Fax: +1 (323) 225-5088

**كيف يمكنك محادثة الله**

يُعرّف برمهنسا يوغانندا الله بأنه الروح الكوني الفائق والأب، والأم، والصديق الشخصي المحب والقريب من الجميع، ويبيّن مدى قرب الرب من كل واحد منا، وكيف يمكن إقناعه بأن "يكسر صمته" ويستجيب بطريقة محسوسة.

**توكيدات شفاء علمية**

في هذا الكتاب الذي يشتمل على مجموعة واسعة من التوكيدات يقدم برمهنسا يوغانندا شرحاً عميقاً للأسس العلمية للتوكيد. ويشرح طريقة عمل التوكيدات، وكيف يمكن استخدام قوة الكلمة والفكر ليس فقط لاستجلاب الشفاء، ولكن أيضاً لإحداث التغيير المرغوب في كل مجال من مجالات الحياة.

**تأملات ميتافيزيقية**

أكثر من ٣٠٠ من التأملات والصلوات والتوكيدات الروحية التي تلهم الفكر وتسمو به، والتي يمكن استخدامها لتنمية قدر أكبر من الصحة، والحيوية، والإبداع، والثقة بالنفس، والهدوء؛ وللعيش بدراية أكبر بحضور الله الذي يغمر النفس بالغبطة والابتهاج.

**عِلم الدين**

في هذا الكتاب، يبين برمهنسا يوغانندا أن داخل كل إنسان توجد رغبة حتمية لا مفر منها وهي التغلب على المعاناة والحصول على سعادة لا انتهاء لها. وإذ يشرح كيف يمكن تحقيق هذه الأشواق، فإنه يتناول بدقة الفعالية النسبية للمقاربات المختلفة لتحقيق هذا الهدف.

## قانون النجاح
يشرح المبادئ الديناميكية لتحقيق أهداف المرء في الحياة، ويحدد القوانين الكونية التي تحقق النجاح وتجلب الرضا – على المستوى الشخصي والمهني والروحي.

## همسات من الأبدية
مجموعة من صلوات برمهنسا يوغانندا واختباراته الإلهية في حالات التأمل السامية. إن كلماته المدونة بجمال شعري وإيقاع رائع تظهر تنوعاً لا ينفد لطبيعة الله والعذوبة اللامتناهية التي يستجيب بها لمن يبحثون عنه.

## حيثما يوجد النور
يوفر هذا الكتاب الزاخر بالحكمة المستقاة من مقتطفات مختارة من كتابات ومحاضرات برمهنسا يوغانندا، مؤلف كتاب مذكرات يوغي، ثروة من الإرشادات العملية والإلهام لكل من يسعى إلى مزيد من الانسجام والتوازن الروحي.

## العيش بجرأة وبدون خوف
يعلمنا كتاب العيش بجرأة وبدون خوف كيف نكسر قيود الخوف ويبيّن لنا كيف يمكننا التغلب على عوائقنا النفسية. هذا الكتاب الموجز فيه قدر كبير من الإرشادات التي تغير الحياة [نحو الأفضل] ومن أساليب اليوغا التي أثبتت فعاليتها في التغلب على الخوف.

## لكي تنتصر في الحياة
في هذا الكتاب الفعّال يوضح برمهنسا يوغانندا كيف يمكننا تحقيق أسمى أهداف الحياة من خلال إبراز الإمكانات غير المحدودة التي في داخلنا. ويقدم لنا نصائح عملية لتحقيق النجاح، ويمنح طرقاً محددة لخلق سعادة دائمة، ويوضح كيفية التغلب على السلبية والقصور الذاتي من خلال استخدام القوة الديناميكية لإرادتنا.

## لماذا يسمح الله بالشر وكيف يمكن تجاوزه
لقد سعى الفلاسفة وعلماء الدين في جميع أنحاء العالم للإجابة على السؤال: لماذا يسمح الله المحب بالشر؟ في هذه الصفحات، يقدّم برمهنسا يوغانندا القدرة على التحمل والعزاء في أوقات الشدائد من خلال شرح أسرار الدراما الإلهية. سيتمكن القرّاء من معرفة سبب الطبيعة الثنائية للخلق – التفاعل الإلهي بين الخير والشر – وسيحصلون على إرشادات حول كيفية تجاوز أصعب الظروف وأكثرها تحدياً.

**في محراب الروح**

قد نتساءل في كثير من الأحيان: "هل صلاتي فعالة؟ وهل يستجيب لي الله؟" يقدم هذا الكتاب الملهم حكمة وومضات تنويرية مختارة من كتابات برمهنسا يوغانندا. كما يتطرق إلى الطرق التي يمكننا من خلالها تعميق قوة صلواتنا وجعلها مصدراً يومياً للحب والعزيمة والإرشاد. إنه دليل روحي مصمم على نحو جميل لإلهام أتباع جميع الأديان.

**السلام الداخلي**

لكل من يشعرون بأن التوتر والعصبية حقيقة لا مفر منها في الحياة الحديثة، يذكّرنا برمهنساجي بأن في داخل كل واحد منا مركز من السلام يمكننا أن نتعلم كيفية الوصول إلية كلما أردنا.

**مأثورات برمهنسا يوغانندا**

مجموعة من الأقوال والمشورة الحكيمة التي تنقل ردود برمهنسا يوغانندا الصريحة والمفعمة بالمحبة لأولئك الذين قصدوه التماساً للتوجيه والإرشاد. المأثورات في هذا الكتاب، التي تم تدوينها بواسطة عدد من تلاميذه المقربين، تتيح للقارئ فرصة المشاركة في لقاءاتهم مع المعلم.

# كتب باللغة الإنكليزية لبرمهنسا يوغانندا

**God Talks With Arjuna: The Bhagavad Gita**
*— A New Translation and Commentary*

**The Second Coming of Christ:**
**The Resurrection of the Christ Within You**
*— A Revelatory Commentary on the Original Teachings of Jesus*

**The Yoga of the Bhagavad Gita**

**The Yoga of Jesus**

**The Collected Talks and Essays**

**Volume I: Man's Eternal Quest**
**Volume II: The Divine Romance**
**Volume III: Journey to Self-realization**
**Volume IV: Solving the Mystery of Life**

**Wine of the Mystic:**
**The Rubaiyat of Omar Khayyam**
*— A Spiritual Interpretation*

**The Science of Religion**

**Whispers from Eternity**

**Songs of the Soul**

**Sayings of Paramahansa Yogananda**

**Scientific Healing Affirmations**

**Where There Is Light:**
*Insight and Inspiration for Meeting Life's Challenges*

**In the Sanctuary of the Soul:**
*A Guide to Effective Prayer*

**Inner Peace:**
*How to Be Calmly Active and Actively Calm*

**How You Can Talk With God**

**Metaphysical Meditations**

**The Law of Success**

**To Be Victorious in Life**

**Why God Permits Evil and How to Rise Above It**

**Cosmic Chants**

*A complete catalog of books and audio/video recordings —
including rare archival recordings of Paramahansa Yogananda —
is available on request or online at www.srfbooks.org.*

# Video DVD

**Awake: The Life of Yogananda**
A film by CounterPoint Films

Self-Realization Fellowship
3880 San Rafael Avenue • Los Angeles, CA 90065-3219
tel (323) 225-2471 • fax (323) 225-5088
www.yogananda.

# تسجيلات برمهنسا يوغانندا الصوتية

*Beholding the One in All*

*The Great Light of God*

*Songs of My Heart*

*To Make Heaven on Earth*

*Removing All Sorrow and Suffering*

*Follow the Path of Christ, Krishna, and the Masters*

*Awake in the Cosmic Dream*

*Be a Smile Millionaire*

*One Life Versus Reincarnation*

*In the Glory of the Spirit*

*Self-Realization: The Inner and the Outer Path*

# منشورات أخرى من
# Self-Realization Fellowship

**The Holy Science**
— Swami Sri Yukteswar

**Only Love:**
*Living the Spiritual Life in a Changing World*
— Sri Daya Mata

**Finding the Joy Within You:**
*Personal Counsel for God-Centered Living*
— Sri Daya Mata

**Intuition:**
*Soul Guidance for Life's Decisions*
— Sri Daya Mata

**God Alone:**
*The Life and Letters of a Saint*
— Sri Gyanamata

**"Mejda":**
*The Family and the Early Life of Paramahansa Yogananda*
— Sananda Lal Ghosh

**Self-Realization**
(مجلة أسسها برمهنسا يوغانندا في عام ١٩٢٥)

# خط المعلمين الروحيين

مهافاتار باباجي هو المعلم الأسمى في خط المعلمين الهنود الذين يضطلعون بمسؤولية تقديم المساعدة والفائدة لجميع أعضاء Self-Realization Fellowship و Yogoda Satsanga Society of India الذين يمارسون الكريا يوغا بأمانة وإخلاص. لقد أعطى باباجي الوعد التالي: «سأبقى متجسداً على الأرض حتى انتهاء دورة العالم المحددة هذه.» (راجع الفصلين ٣٣ و ٣٧.)

في عام ١٩٢٠ قال مهافاتار باباجي لبرمهنسا يوغانندا: «أنت هو من اخترته لنشر رسالة الكريا يوغا في الغرب... إن الكريا يوغا – الطريقة العلمية لمعرفة الله – سوف تنتشر أخيراً في كل البلدان وتساعد على نشر السلام بين الأمم عن طريق إدراك الإنسان الشخصي الفائق للأب اللانهائي.»

مهافاتار يعني «التجسد العظيم» أو «التجسد الإلهي»؛ يوغافاتار يعني «تجسد اليوغا»؛ جنانافاتار يعني «تجسد الحكمة.»

بريمافاتار يعني «الحب الإلهي المتجسد» – وهذا اللقب أطلقه على برمهنسا يوغانندا في عام ١٩٥٣ تلميذه العظيم راجارسي جاناكانندا (جيمس جيه. لين). راجع الصفحة ٣٩٢ حاشية.

**بهغوان كريشنا**

**مهافاتار باباجي**

**يوغافاتار لاهيري مهاسايا**

**جنانافاتار سوامي سري يوكتسوار**

**بريمافاتار برمهنسا يوغانندا**

# الأهداف والمثل العليا
# لـ Self-Realization Fellowship

كما وضعها المؤسس برمهنسا يوغانندا
رئيس الجماعة الأخ تشيداننندا

نشر معرفة بين الأمم تتضمن أساليب علمية أكيدة للحصول على تجربة شخصية مباشرة مع الله.

التلقين بأن غاية الحياة هي تطوير وعي الإنسان البشري المحدود، من خلال المجهود الذاتي، إلى الوعي الإلهي؛ ولهذه الغاية تأسيس معابد Self-Realization Fellowship في كافة أنحاء العالم للتواصل مع الله، والتشجيع على تأسيس معابد فردية لله في بيوت وقلوب الناس.

إظهار الانسجام التام والوحدة الجوهرية بين المسيحية الأصلية كما علّمها يسوع المسيح واليوغا الأصلية كما علّمها بهاغافان كريشنا؛ والتوضيح أن مبادئ الحق هذه هي الأساس العلمي المشترك لجميع الديانات الحقيقية.

تبيان الطريق الرئيسي المقدس الذي تفضي إليه جميع دروب المعتقدات الدينية الحقيقية: طريق التأمل اليومي، العلمي، التعبدي على الله.

تحرير الإنسان من معاناته الثلاثية: المرض الجسدي، الاضطرابات العقلية، والجهل الروحي.

تشجيع "العيش البسيط والتفكير السامي"؛ ونشر روح الإخاء بين كل

شعوب العالم بتلقين الأساس الأبدي لوحدتهم: صلتهم بالله.
إثبات سمو العقل على الجسد، والروح على العقل.
قهر الشر بالخير، والحزن بالفرح، والقسوة باللطف، والجهل بالحكمة.
توحيد العلم والدين عن طريق معرفة الوحدة القائمة بين مبادئهما الأساسية.
الدفع باتجاه التفاهم الثقافي والروحي بين الشرق والغرب، وتبادل أفضل خصائصهما المميزة.
خدمة البشرية بصفتها ذات الإنسان الكبرى.